航向

HEADING TO TREASURE ISLAND

金銀島

航向金銀島的由來

　　福爾摩沙（臺灣）與世界接觸的源頭－－臺窩灣（大員、安平一帶），而源頭的源頭－－拉美島（琉球，俗稱小琉球）。盼讀者讀後都能去探索自己的故事，知道自己的故事，說出自己的故事，知道自己是誰，從何而來，找到回家的方向。

　　臺灣自古以來就有人類居住，可上溯至數萬年前，而數千年的臺灣人遺址也紛紛出土，被公開研究討論不再被掩藏。臺灣人被文字記載的歷史很短，但不是臺灣人過去沒有歷史，也不是臺灣島上過去沒有住人是一座荒島。筆者被教育成，臺灣人都是「唐山」過臺灣（開墾）所繁衍的後代，自我的身份認知也被教到定型成「中華民族」，迷迷糊糊的活了數十年，但心中的疑惑從未得到真正的解答。筆者自我探索所得到的答案，都跟已被教育而定型的認知產生衝突，也跟祖先留下的琉球（拉美）傳說產生衝突。是先人騙我還是學校老師騙我，還是他們都騙我。筆者年幼時到琉球（俗稱小琉球）的烏鬼洞遠足，烏鬼洞入口右側有新立一碑文，返家後開心的將碑文內容跟先人分享，得到的回答是：那是亂寫的亂編的內容不是真實的。喔！那真實的是什麼？先人又不願意詳細的講。剛開始只願意講一些提示，只是要我用功讀書也不要再問。筆者是知道琉球美人洞的故事是捏造的，跟蘇州美女是完全搭不上邊的。美人洞是被警總捉來關在琉球的犯人兵（管訓人員）開鑿的，這是筆者親眼見證的事假不了，怎麼烏鬼洞的碑文，中文英文都有，刻寫的有日期，有故事，有人物，清清楚楚的刻著昭告天下，會是亂寫的？胡說八道的。

　　而這件事也開啟了筆者內心的探索之路，斷斷續續持續了數十年。筆者也經歷戒嚴時代，言論不自由的時代，真相不能說的時代。幸運的在臺灣人共同努力之下，臺灣已經成為政治民主言論自由的進步社會。筆者經歷數十年的探索了解了大概。筆者驚覺連族親親友都不知道自己的歷史，自己的子孫也不了解自己，大部份的臺灣人也一樣，大部份的琉球人（俗稱小琉球）也一樣。於是筆者提起筆把自己知道的事都寫下來，與祖先對話也留話給子孫，不知不覺無法停筆竟成了書。那就硬著頭皮把自己當成作家出書吧！

　　書名就定為：航向金銀島

　　在此特別感謝江樹生先生用數十年的精力翻譯的，熱蘭遮城日記 1,2,3,4 冊，幫助了筆者將故事串連。是臺灣人都應當了解熱蘭遮城日記的內容，而歷史教師跟歷史系的學生更當熟讀。

著者的話

　　本書以臺灣原住民族的觀點書寫，若是習慣以中土觀點思考的讀者，或會疑惑不解，筆者期盼人人都能以全方位的觀點細思歷史，這將有助於各族群的團結和諧，為共同生活在臺灣的人指引出坦途。有真相的歷史才能有真正的反省，現在生活在臺灣的臺灣人有著共同的未來，希望本書能有助於現在所有生活在臺灣的人更加團結。

　　本書所使用的各種詞彙，只是要盡可能的呈現當時的情況，並無任何不敬之意。對於歷史知名人物的敘述也是一樣，恐怕會與讀者早已認知的印象相反，這也是讓讀者有用不同角度去獨立思考的機會。

　　本書的歷史主幹敘述都是事實，書中的小故事也是真實的，書中的主要人物也是事實的存在，只有一小部份是筆者為了讓故事連貫而略有調整。

　　提醒 30 ～ 60 年次的讀者，恐因學校未教過荷蘭時期跟日本時期的歷史，或會跟筆者一樣感到震驚，甚至是憤怒，或認為是胡說八道。這是正常現象務必耐心的把故事看完。

　　或有讀者會於看到本書內容，尤其是筆者有敘述到的歷史發生地後，會深感震驚難安。怎麼自己一下子可能變成是臺灣原住民族，而不是自認為的「漢人」。這或會引發不同見解的親人間衝突，筆者認為這是正常現象，畢竟這也是筆者經歷過的過程，只盼這小小說能引起大大的討論，幫助大家認識自己是誰，從何而來，知道回家的方向。

　　歷史就是歷史了，就讓歷史成為借鏡不再重蹈錯誤，現代的文明人不要再被歷史糾結，更不要用歷史來引發仇恨。想要用歷

史來引發仇恨的人或政黨，讓我們共同的來唾棄他們。但歷史的真相不要隱藏或扭曲，或只有允許以一種觀點來敘述。

筆者自認為，民族（種族）主義，分人種分民族分地域（如分東，西方）為人類戰爭的根源，希望人人都能提高高度，以世界一族的觀點來看世界才能實現世界大同。而真實的情況也是如此，地球上的現代人都是共同的祖先。

看完本書還是無法理解的讀者，不必恐懼也不必生氣，用血統來定義的落後觀念早該過去，重要的是腦中的價值，而筆者自認的價值是：自由，民主，人權。

拜科學進步之賜，人類早已發明 DNA 鑑定，可以清楚的知道每個人的遺傳密碼。但筆者不鼓勵讀者們去做 DNA 鑑定，因為有心人會用此分化我們，大家都做世界的公民。

筆者特別要感謝江樹生先生，以畢生精力數十年的時間翻譯的，熱蘭遮城日記（熱蘭遮城長官的日記）1,2,3,4 冊所紀錄的連貫歷史，讓筆者能將破碎的歷史片段完整的組合起來，不致於陷入胡說八道。本書能夠寫作完成，完全是這日記的功勞。熱蘭遮城日記的內容，理當放入歷史教科書上讓所有臺灣人研讀。而歷史教師或歷史系的學生，更應該人人都有一本熱蘭遮城日記，並熟讀內容。

本小說的歷史故事，各項敘述，習俗，地名……等等，也引用了以下各書的部份內容：東番記，從征實錄，梅氏日記，番俗六考，台南縣古地名誌，諸番志，賜姓始末，小琉球漫志，大肚社古文書，臺灣府志，臺灣縣志，諸羅縣志，鳳山縣志，彰化縣志，恆春縣志，以及荷蘭聯合東印度公司臺灣長官致巴達維亞總督書信集……等古書集。

　　本書的古地名都是真實的存在過，古地名都是西拉雅語，瑪卡道語，大武壠語，虹雅語，道卡斯語，排灣，卑南，阿美（阿密斯）語的翻譯音。讀者如能以台語發音較能接近原音。讀者會發現臺灣大部份的地名都被更改了，臺灣東部的地名被更改的比較少。

　　筆者也多次前往每一個故事的發生地做鄉野調查，深怕所述失真。並結合了琉球傳說（拉美），綠島傳說（火燒島），蘭嶼傳說（紅頭嶼），瑪卡道，西拉雅，排灣，卑南，斯卡羅……等傳說。也到各歷史博物館體驗了解古代臺灣人的歷史後。才正式書寫本小說。

　　現在已經是言論自由的進步社會，生活在幸福社會的臺灣人早已免於恐懼，臺灣的原住民族族群沒有必要再意圖隱藏自我，拾起自信綻放笑容，做一個堂堂正正的臺灣人。

　　希望臺灣人都能自己去探索臺灣人的歷史，也真心希望中國人能正確了解臺灣的歷史，不再被錯誤的歷史引導。

　　本書的愛情故事情節，符合當時的社會習俗，當時是以女性為主，女尊男卑的社會，女性有愛情的主動選擇權。讀者也可以把本書當成是愛情故事小說般欣賞。

　　臺灣的歷史，還是要由臺灣的原住民族來敘述，才能最貼近事實。就如同你家的故事還是要問你才最明瞭。歷史就是要讓後人反省，不再發生相同的錯誤跟悲劇，而唯有把真相說出來，才能避免再發生相同的悲劇，有真相的歷史才能有真正的反省，能共同面對真相的歷史，才能共同創造美好的未來。

　　筆者才疏學淺，臺灣原住民族沒有文字可以留下自己的證明，要還原臺灣的歷史異常的艱難，只能四處蒐集錯誤難免，還盼各界指教大家共同理性討論。

　　最後再次感謝江樹生先生翻譯的熱蘭遮城日記，感恩。

附註說明

1. 拉美島：琉球嶼，俗稱小琉球。現屏東縣琉球鄉。

2. 長山：臺灣原住民族航行在海上時，看見當時的中國大陸一帶的海岸山脈很長，故稱為長山。漳州泉州語也是唸長山。後來政府宣傳的（唐山過臺灣）一詞不知是刻意宣傳或是誤稱。讀者可試著用台語唸唐三藏，唐朝，就知道意思了。

3. 牽手：臺灣平埔地原住民族對妻子的稱呼。當時是重女輕男的社會，是女方選擇牽男方的手，選擇跟誰牽手結婚。後來演變成是老婆的意思。

4. 蕭壠：以佳里為中心，北有漚汪（將軍）南有蚶西港（現屬西港）的西拉雅部落。當時大部落的四周都有為數不少的小聚落。

5. 西拉雅：是人意思。臺灣原住民族之一，著名的西拉雅四大部落為蕭壠（佳里），麻豆，目加溜灣（善化，安定），新港（新市）。除拉美島（琉球）上的拉美人外，是最早跟荷蘭人接觸的民族。

6. 麻達：臺灣平埔地原住民族的傳令人員，一般為 12 到 16 歲的青少年。

7. 馬西馬西：平埔地原住民族對喝醉酒的人的稱呼。而馬西酒為當時流行的一種自製的酒。至今臺灣人尚有在用馬西馬西一詞，在形容酒醉的人。

8. 口簧琴：流行於當時臺灣各個原住民族的一種竹製樂器。用來吹奏娛樂，談情說愛，也能互相溝通。有多種形式的口簧琴。

9. 安姨阿：南島語系的民族，文法跟漳州泉州語剛好相反，學了漳州泉州語後仍可分辨出不同。人稱常以安開頭，阿結尾。安母阿，安姑阿，安爸阿。有別於阿娘，阿爹，阿姨。而稱呼人名也慣用尾音為阿，如：明阿，利阿，旺阿。而漳州泉州語對人名的稱呼是：阿明，阿利，阿旺，剛好相反。讀者細細品味會覺得很有趣。

10. 小屋子：當時平埔地原住民族會在女兒滿 16 歲時，在住家附近蓋一間小屋子讓女兒獨居自選牽手的對象。是招女婿的習俗，非嫁女兒。當時是重女輕男的社會，男人沒有選擇權。

11. 新港字：又稱新港文書。是荷蘭人牧師用羅馬拼音幫西拉雅發明的文字。是當時的官方語言跟文字，一直用到 18 世紀還很流行。滿清統治中期才被用各種手段嚴格禁止，新港文書也被系統性的銷毀。至今留下極少數的新港文書，成為研究西拉雅語跟瑪卡道語的珍貴線索。

12. 大龜文王：排灣族建立的聯合（政體，王國），約是上瑯嶠 18 個部落的範圍，一度嘉祿堂（枋山，枋寮）也加入其中。

13. 大員：員同灣，為臨海的意思。大員是台江內海一帶。當時有台窩灣部落，漳州人稱大員。也是臺灣一詞的由來。荷蘭人侵略佔領統治時期以福爾摩沙稱呼臺灣，當時的住民也以福爾摩沙稱呼現在的臺灣。

14. 諸羅縣,鳳山縣,臺灣縣:清朝初設的三個縣,最初有效範圍北起八掌溪南至阿公店溪。雖稱諸羅縣但縣治設在佳里興(佳里境內),雖稱鳳山縣但縣治設於在二層行(仁德境內),臺灣縣的縣治設在今台南市的中西區。而後清廷才慢慢擴充佔領範圍,侵略原住民族的土地。

15. 大山:拉美島上(琉球,俗稱小琉球)的拉美人對福爾摩沙(臺灣)的稱呼。琉球老一輩的人也是如此稱呼臺灣,臺灣是大山頭,琉球稱是小山頭或剖腹山。

16. 瑪卡道:臺灣平埔地原住民族之一,應為當時人數最多的一族。瑪卡道是指太陽之子的意思。排灣語的瑪卡道是指太陽底下曬太陽的人。排灣族人也稱自己是太陽之子。

17. 卑南覓:朱一貴事件後官府公告:卑南覓,琉球,瑯嶠,為番社禁地,禁止與漢人往來禁止漢人進入。覓,為道路的意思,應為官府不了解意思的情況下公告的,想禁止的是卑南(以台東市為中心)。

18. 頭家:福佬人對領頭的稱呼,一般是第一家跟平埔族群租地開墾的人,再招來農民工加入,稱呼他為頭家。演變成現在指的是老闆。在漳州泉州講頭家,人家是聽不懂的。而已經漢化的領頭稱頭人,未漢化的稱土目或頭目。

19. 唐山:近代才出現的詞,有廣泛的媒體以後一直被誤用。原臺灣人都是稱長山。

20. 福佬人:當時對講漳州泉州語的人的稱呼。閩南人,閩南語,也是近代才出現在臺灣的詞。真正閩南尚有眾多的客家跟少數民族居住。

21. 鳳山縣：本書中後期的鳳山縣府已搬至興隆莊（現左營），轄有 8 個里。當時的下淡水河（高屏溪）以東地區，尚未是官府兵力的有效統治範圍。主要是瑪卡道聯盟自己在管理，當時已有少數的客家墾民。朱一貴事件爆發時客家的後代仍然是極少數。和朱一貴作戰的主要兵力仍是瑪卡道。

22. 羅漢腳：長山來臺灣的單身漢。有的當農民工，有的無業，有的當搬運工。演變成臺灣人稱呼年紀大了的男人還娶不到老婆的人。

23. 贌租（售）：荷蘭人將各地區的買賣權利，或農地的種植權利，捕魚權利，甚至各項稅收。以一年一次標售（租）的方式公開招標。

24. 犯人兵：琉球人對被警總關在琉球管訓的人員的稱呼。他們外出工作時，兩人一組或多人一組被綁在一起，琉球的美人洞跟環島公路，都是他們辛苦開鑿的，琉球人都很感謝他們。至今美人洞的介紹仍完全不提他們的功勞，用錯誤又扭曲的方式向遊客介紹著美人洞，足見當時的政治氣氛，也是當今轉型正義被無理阻擋的可悲。

目次

航向金銀島之世紀之謎

航向金銀島之再次啟航

航向金銀島之
世紀之謎

01

一切都是為了金跟銀

1653 年 在蕭壠（佳里）

姊阿，你跟我說阿母是怎麼嫁給阿爸的？七歲的小娜美充滿好奇的問著。姊阿只知道一點點，真正的情形要問阿母才知道。姊阿，我常看到阿母在想事情偷偷的哭。她在想她阿爸跟他阿兄，他們坐船去了很遠的地方。姊阿，他們怎麼去那麼久？都還沒回家？聽阿母說要去十年才能回來，姊還沒出世他們就去了。姊阿，你現在已經 14 歲了，那已經超過很多年了耶！所以阿母最近常常偷偷的哭，那天跟她種菜時她一直掉眼淚，我問她，她說：是風吹沙啦！安姊阿，阿嬤去了天國，阿公坐船去很遠的地方，十幾年了還不回家是不是遇到風暴了！不是的，索阿哥哥有幫忙問城堡的主人，牧師恩人也說：他們還在巴達維亞（雅加達），等做好了應該做的工作，有順風的船，說不定突然就回來。嗯！有恩人牧師的話那應該不假。小娜美，妳要學寫字，讀書，上教堂聽講道，像姊姊一樣認真學習，會寫字最好。我知道，阿爸阿母也這樣說，我現在會寫很多字了，鄰居小朋友都在玩都不用寫字。娜美阿，因為他們的爸媽也不會寫字，我們有牧師教，阿爸教，妳要好好用功讀書，聽講道。好，我要學得比阿姊、阿兄還要多，這樣才能像阿姊一樣給索

阿哥哥寫信，也幫其他的人寫信，他們就會送我喜歡吃的東西，送布給我。哈哈！妳快把豆子剝一剝，菜洗一洗，姊來把魚跟玉米切一切，阿母就快要從田裡回來，妳豆子剝好去學校陪隆克一起回家來，看到牧師、看到學校老師要有禮貌喔！好啦！好啦！隆克哥哥很沒用，學校就那麼近，還要我去陪他回來，哼！豆子剝好了，我去學校了喔！

　　安娜邊切菜邊想著，索阿哥哥去城堡學做木工一年了，不知道現在學得怎麼樣？生活上還習慣嗎？半年前回來變壯了不少，變成很有禮貌的，荷蘭話說得比我好，希望他能好好的學習技能，他送我這隻木刻的小白兔我好喜歡，等他下次回來，聽他講城堡裡的故事一定好有趣，他要做木箱用來裝好多好多的白銀，也要裝黃金，要幫忙搬幫忙裝，怎麼會運來那麼多的黃金跟白銀，福爾摩沙真的是金銀島，能出生在福爾摩沙真的好幸福，阿爸阿母都很疼我，牧師也是大好人，阿母常說拉美島（琉球，俗稱小琉球）有多美有多好是人間天堂，拉美島有比大員（指現安平一帶）好嗎？有比大員的金銀多嗎？既然拉美島那麼美那麼好，是人間天堂，為什麼阿母從來不說在拉美島的故事給我們聽呢？只有在喝拉美來的椰子水時會開心的唱歌，阿爸去大員時，在他朋友那邊買回來的拉美椰子真好喝，阿爸每次都只買 7 顆，全家人一人一顆，就媽媽喝兩顆，邊吃烤鹿肉邊喝椰子水真是一大享受，利安和阿爸送貨去大員，今天晚上不知道會不會回家，蕭壠（現佳里），新港（現新市），麻豆人也都單純和善，只是打起架來好兇。突然，轟……轟……轟……哇！好大的雷聲，天空烏黑一片涼風直吹，糟糕，要下大雨了，隆克和娜美還沒回來，阿母去田裡也還沒回家。突然間聽到媽媽的聲音：小心，小心，你們兩個跑慢一點，不要跌倒。哇！好險，娜美第一個跑進屋來，隆克跟著跑進來，隨後黛咪也跑進屋內，並關上大門嚷叫著：安娜，快把窗戶合上綁住，要起暴風雨了要綁好窗戶。屋內瞬間暗了下來，屋外也下起了大雨，黛咪點亮油燈，

走到廚房煮起飯來。安娜幫忙著燒起柴火讓阿母炒菜。安娜忍不住
心中的疑問便問起了黛咪。阿母，你小時候住的拉美島有沒有鮎呆
魚？拉美島沒有鮎呆魚，這種鮎呆魚難看又難吃，拉美的魚有漂亮
的顏色，有紅有黃有橘有藍有綠有黑有白，有的魚有很多條紋，是
怎麼煮怎麼好吃，比這裡的魚好吃十倍。阿母，這哪有可能！我喜
歡吃鮎呆魚，肉多刺少。乖女兒，妳如果吃過了拉美島的魚，記得
那鮮美的味道，妳會想把吃進嘴裡的鮎呆魚吐出來。真的嗎？

　　阿母，拉美島那麼好，你講拉美的故事給我們聽好不好，講
在拉美生活的故事，還有還有，你跟阿爸是怎樣認識結婚的？也跟
我們講好不好，我已經長大了懂事了，還有還有，阿公搭船去巴達
維亞（雅加達）做工十幾年了，牧師恩人說：有順風的船他可能會
突然的回來，昨天有大船進大員港，弟弟跟阿爸去大員（指安平一
帶）送貨接貨，說不定阿公剛好突然回來。安娜把放在心裡的話全
部說了出來，沒注意到柴火太旺。黛咪急忙的說：鑊要燒去了，火
太大了，抽幾根柴出來。啊！好，好。乖女兒，妳去看看弟弟妹妹
洗澡洗好了沒？身體要仔細擦乾，看衣服有沒有穿好，這邊我自己
處理就可以，等一下吃飯我跟你們講在拉美島的故事。耶！感謝上
帝！安娜開心的叫著。一陣暴風雨後，雨突然停了下來還出了大太
陽，黛咪忙著煮菜，也把門窗再次打開通風，天黑之前一切事情都
要處理完畢，並吃飽飯洗好澡。黛咪叫喚著女兒安娜，安娜幫弟妹
穿好衣服正走來廚房要幫忙。安娜，妳送這些菜，蕃薯，玉米去給
鄰居們，分著送，趁著雨停趕快去，送完趕快回來吃飯。安娜應了
一聲，好。提著裝滿的加至（提籃）出門。黛咪忙著把飯菜擺上桌
也看著窗外，從拉美拿來種下的小椰子樹，看著看著又想起了阿爸
阿兄，他們去巴達維亞做苦工蓋城堡，十幾年了都沒有消息，每次
問起恩人牧師他都說不出原因，明天禮拜日，我要跟恩人牧師問個
清楚。黃掛說他們應該都死了，還說早死早解脫早投胎，聽說是兩
個人用鐵鍊綁住腳連在一起，連睡覺工作也不能放開，他們兩個又

沒殺人，就要被抓去巴達維亞做十年苦工，這些可惡的荷蘭士兵，除了上帝除了牧師，我要學著不能相信任何人，這裡跟拉美島不同，在拉美可以相信任何人沒有人會說謊，沒有人會詐欺也沒有人會殺人，一個沒有槍沒有箭的天堂，大家互相幫忙，種田捕魚吃魚吃椰子，也不怕颱風來，颱風來躲入洞穴就安全了。不像蕭壠（佳里）這邊都是竹子草屋，大颱風來就怕屋頂被吹走，颱風來怕得要死，晚上睡也睡不著整夜擔心受怕的。阿母，我回來了，蕃薯跟玉米也分給鄰居們了，初阿的阿母送這一塊鹿肉給我們。哇！鹿肉，蕭壠的鹿越來越少還能有鹿肉送我們。

　　初阿說：是去到靠近哆囉國（東山）的地方換的。黛咪把已經醃製好的鹹鹿肉，放入臉盆裡蓋上蓋子，然後放入水缸裡讓它浮在水面，水缸再蓋上蓋子，這樣就不怕老鼠螞蟻，水也比較涼，這樣鹿肉可以多存放好幾天。禱告後，全家坐下來吃飯，黛咪，安娜，隆克，娜美就這樣開心的吃起飯來。隆克，娜美，姊跟你們說，晚上睡覺時阿母要講故事給我們聽喔！是要講在拉美島的故事。太棒了！一定是上帝聽到了我的禱告，指定阿母要講拉美的故事給我們聽，娜美搶著發言。好，你們把飯菜都吃光光，以後要乖乖聽話用功讀書，聽講道學寫字，阿母教的阿爸教的，牧師教的學校老師教的，都要認真的學起來，像安娜，利安，三種話都會講也會寫。阿母好貪心喔！講個故事就要人家學好三種話，還要會寫字，自己也學不會寫荷蘭字還要求那麼多。小娜美又搶著回答。坐在旁邊的哥哥隆克，一句話也沒有。你們還小，能學的時間很多，阿母每天忙東忙西的，會聽會講已經很厲害了，你們沒聽見牧師恩人怎麼誇讚我們，說我聰明生的女兒兒子更聰明嗎？可是阿爸教的字好難學，寫沒幾個字手就好痠，太困難了啦。安娜安慰著娜美說：不難不難只要多寫幾遍，記住了就永遠不會忘記，三種字姊都可以教你們，阿爸常要出門買貨送貨常常不在家，姊可以教你們兩個，你們去學校時學新港文，回來時我教你們漢文，荷蘭文。我這乖巧又懂事的

女兒，阿母感謝你，幸好上帝賜予妳給我，來到我們的家庭，也賜給我你們姊弟，兄妹，好讓我在痛苦之中得到安慰，也得到快樂，心裡的悲傷得以平復不再怨恨，你們也漸漸的長大懂事，只要你們能平安長大阿母就心滿意足了，將來如果有機會，未死之前能再回去拉美島走一趟，這輩子就再也沒有遺憾。阿母，荷蘭人現在把拉美島，租給阿爸的頭家朋友採椰子，都不准任何人去拉美島，如果能去拉美島我也要跟著去看看。還有我。還有我。隆克終於開口說了話：阿母，我也要去，學校老師知道我是拉美人生的小孩，對我特別好，還問我說，你阿母有沒有跟你們講拉美的故事，我回說沒有，確實也沒有，可是有些調皮的同學都恥笑我說：你阿母被荷蘭人從拉美島抓來大員，他們全家人都被荷蘭人害死了，只剩你阿母一個人，你們還跟荷蘭人那麼要好，荷蘭人不可信啦。

有的同學還說：荷蘭人傳我們基督教也是為了要方便統治我們的，只能把他們的神當神，把我們的阿立祖都丟到河裡去，就你們家最虔誠把基督當神。還說：他們來學校來教堂，是因為不去的話要被處罰被打，要不然他們才不想去上學上教堂。也因為不去會被罰錢，大家都怕罰錢，同學們才勉強配合去上學的。隆克，你都怎麼回答同學的？我就都不跟那幾個調皮的同學講話，也不想理他們，他們調皮常被學校老師打屁股，哈哈！我看到他們被打得唉唉叫也不會可憐他們，誰叫他們恥笑我。隆克，下次再有同學說我們家怎樣怎樣，恥笑你，你就把老師發給你的小糖果分給他們吃，然後邀請他們來我們家玩，說阿母要請他們吃糖果，他們都還是不懂事的小孩子，講話沒經過大腦，你不要跟他們計較，到了學校見了面也要跟他們打招呼互相問好，你辦的到嗎？阿母，他們恥笑我，我沒有跟老師報告就很好了，見了面還要跟他們打招呼，連糖果也要分給他們吃，我想拿回家給妹妹吃。好吧！要不然你明天去上學，帶糖果去分給每一位同學吃，這些阿母做的糖果一人一顆。我不敢，你叫姊姊跟我去。好，姊陪你去，去分完糖果再回家來，吃

飯吃飯，快吃飽飯，準備好聽阿母講故事。忙了一天，終於在天黑之前忙完所有事情，黛咪洗完澡，在客廳點上油燈，全家人在臥房躺成一排準備睡覺，黛咪跟安娜，隆克，娜美講著拉美島的故事：拉美是一個非常漂亮的島，那邊的海水是湛藍色的，海邊佈滿奇形怪狀的珊瑚礁岩，島上住著善良又講信用的人，小山上有青翠的森林，平地上的農田除了種菜，種玉米種香蕉種水果，也種豆子蕃薯，其他地方都長滿了椰子樹跟樹林，也有的地方長竹子，海邊的沙子是白色的，靠近海岸邊長滿整排的林投樹，林投樹上長橘紅色的林投果，海裡的魚多到數不完，五顏六色應有盡有，有紅的，黃的，藍的，橘的，綠的，黑的，白的，有條紋的，有長的，有扁的，有全身長滿刺的，有的魚會飛，有的魚會叫，有的魚有毒不能吃，海裡的貝殼海螺多到撿不完，淺灘地裡的蛤仔多到挖不完，淺灘地長滿好吃的海菜，海底每條珊瑚溝裡都有龍蝦，海底珊瑚暗洞裡滿滿的龍蝦，有的大海貝比臉盆還要大，一個大海貝一個人吃不完，海裡的珊瑚更是漂亮，有會動的珊瑚，有不會動的珊瑚，有硬的珊瑚有軟的珊瑚，有黑色的海參也有紅色的海參，也有非常多會刺人的海膽，也有踩到會傷腳的海印，海邊的洞穴很多寄居蟹，偶而也有海蛇跑出來嚇人，海龜也多到數不完。

我們拉美人，把海龜當成是會救人的吉祥物，祖先傳說當有人落海時，海龜有靈性會來救人，拉美的海龜很多很大隻，最大隻的海龜像桌子那麼大，更多是可愛的小海龜，海裡還有說不完的奇妙生物，小溪流裡也有鰻魚，但海裡的鰻魚特別多，種類至少有十幾種，海裡的大鰻魚像阿母的手臂那麼粗，章魚魷魚花枝烏賊軟絲，什麼都有。而阿嬤也養豬，養雞，二月時開始抓飛烏魚（飛魚），可以連續抓好幾個月，5月時有多到數不清的鱟，會爬上來淺水灘交配，黑鴉鴉一片連腳踩的地方也沒有，我們稱鱟是夫妻魚，都一大一小，一對一對的，大隻的是母鱟小隻的是公鱟，9月時飛來一群又一群的伯勞鳥，我們會抓來烤著吃，10月時會有一大群又一大群的飛烏鳥（灰面鷲）飛來，飛烏鳥長得就像是大員的老鷹，

當牠飛來連天空都暗了下來，遮住了
太陽光，有的飛烏鳥繼續往南飛，有
的在拉美島上空盤旋降落過夜，我們
會用長竹竿打一些飛烏鳥，隨便往灌
木叢上打，就可以打到幾隻就夠全家
人吃，12 月時抓烏魚，整年都有抓
不完的魚，吃不完的食物，大家生活
在拉美島，小孩子可以四處亂跑不用
擔心壞人，大人們也不會打打殺殺，
蓋房子時大家互相幫忙，小孩子互相
照顧，有吃的東西都跟鄰居分享，捕
了太多魚就分給每一個家庭，開心的
事大家跟著開心一起笑，悲傷的事大
家跟著悲傷一起哭，沒有小偷沒有強

曾經是拉美人捕捉鼇的美麗海灘
（今肚阿坪海灘）。

盜，更不會有殺人砍頭的事情。……耶！……怎麼都沒聲音？你們
都睡著了嗎？阿母，我沒有睡著，我也沒有，我也沒有。你們三個
小鬼，都沒出聲音。安娜開口問說：阿母，妳一下子說了那麼多神
奇的事情，我們感到不可思議，不要說拉美島的魚沒吃過，不知道
味道比魽呆魚鮮美十倍。從來沒看過連想也想不到，拉美島真是人
間天堂，海裡的珊瑚，貝殼，這些寶貝也應有盡有，麻豆，蕭壠（佳
里），新港（新市），目加溜灣（善化，安定），哆囉國（東山），
諸羅山（嘉義），阿里山的人，可都把珊瑚跟貝殼當成寶貝，比黃
金還要珍貴，他們打架打死人，也是用 2 顆珊瑚跟一隻豬，加上
幾個寶貝賠償就又和好了呀！結婚也是用寶貝，珊瑚當禮物。哈！
是，是這樣，因為他們沒見過嘛！對他們來說是珍貴稀有的寶貝。
而福爾摩沙這邊的人常打來打去的，牧師被他們氣得常罵人處罰他
們，拉美跟大員這邊完全相反，東西的價值相反，沙子的顏色也相
反，海水的顏色也相反，連魚也是彩色的，拉美有吃不完的食物，
上帝在固定季節又會送上食物來。

　　拉美島的小孩子，可以自由自在的四處跑也沒有危險，難怪阿母常常想念拉美，要再回去拉美島，可見阿母在蕭壠（佳里）是過得多麼辛苦，我們家在蕭壠還算是好的，阿爸有在賺錢，也能買很多別人家沒有的東西，阿爸識字有讀書算是有學問的商人，也受蕭壠人尊敬，我還想說這樣我是最幸福的人了，現在才知道，完全不能跟住在拉美島的人比。阿母，哪天荷蘭人可以讓我們搬家去拉美島，我們全家搬去拉美島住，好不好。我也要去。我也要去。哈！當然好啊！不過那是很難的事啦！從前幫爸媽證婚的那個大恩人牧師，就有幫我們請求過長官了，他希望來大員的拉美人，都能再回去拉美島居住，他要跟我們一起去住在拉美島，把我們教成基督徒，他願意老死在拉美島，可是長官不答應，說我們是很兇惡很危險的人，還把我們拉美人分散到這幾個鄰近的部落做幫傭，打雜幫忙種田，最多人被分配到新港（新市）人的家庭裡，成年的男人都被送去巴達維亞（雅加達）做苦工建城堡。唉！回不去了！十幾年了我不再抱太大希望，大恩人前牧師還幫我們求新來的長官，甚至跟長官起了言語衝突，每一任的長官都不讓我們搬回去拉美島，把拉美島租給別人採椰子。牧師還懇切的請求長官說，讓我們重新回去拉美島住，那些漂亮的農田才不會荒廢，而我們拉美人不應該受到這麼嚴厲的處罰。但長官說，等他們回去拉美島就又會兇惡起來，萬一又有船難在拉美島，他們還是會殺光所有人，他們現在當然表現得溫馴和善，那些表面的和善都是在騙取同情而已。長官對我們拉美人成見那麼深，我們怎麼可能回得去，現在全福爾摩沙人大都順服了荷蘭人，聽荷蘭人的指揮，沒有人能幫我們了。四周沉靜了一會兒，娜美發聲問著：我的名子是不是就是拉美的意思？海龜，龍蝦是什麼？海膽，海參又長怎樣？嗯！娜美就是要紀念阿母的故鄉拉美。海龜長得跟這邊的烏龜很像，牠沒有腳不會走路，牠的腳是四肢鰭，在海裡游泳飛快，比阿母游的還快很多，海龜主要是吃海菜海草，但也吃魚。龍蝦嘛！跟溪裡的小蝦長得不一樣，一隻龍蝦一個人吃差不多就飽了，煮熟也跟小蝦一樣變成紅色，拉

美島海裡有五種龍蝦，都很好吃。海膽嘛！一顆圓圓的外面長著幾百支刺，長刺的海膽會刺人，刺到超痛，到海裡游泳要小心不要被海膽刺到，也有短刺的海膽，這種海膽不會刺人，也是一顆圓圓的外面常黏住很多海草，海膽也有彩色的。海參嘛！是一條長長軟軟的，有黑色的表面黏白色沙子，有紅色的比較大隻。

海參前後各有一個洞，用手壓會噴水出來，很像男生尿尿，拉美的小孩子去海邊玩，會抓海參互相噴水很好玩。我們拉美人不吃海參，阿爸他故鄉的人，把海參當成是珍貴的食物在賣，是有錢人才吃得起的食物。阿母，我好想去住在拉美島喔！隆克突然問起：那我的名字是怎麼取的？你們四個姊弟的名字都是阿母取的，安娜，利安都是要紀念大恩人前牧師的，隆克是要紀念救阿母一命的荷蘭士兵的，娜美是要紀念故鄉拉美。說到救阿母一命，故事是這樣的：17 年前，荷蘭人派船去拉美島抓人，把拉美的房子都放火燒掉，用槍打死了很多人，很多人。黛咪停頓了一下又繼續說：那時正是夫妻魚成雙成對出現的季節，本來我們正準備要去淺灘抓鱟，鱟可以吃，牠的殼曬乾當水勺子用，殼很輕能浮在水上，當水勺子很好用，阿母就看到海面上飄來好幾艘荷蘭船，大家心裡明白，這些往拉美島飄來的荷蘭船是不懷好意的，好意的船只會是一艘。因為在這次的 3 年前，也就是 20 年前，同樣有荷蘭艦隊來拉美島，他們一上岸就先開槍，跟我們打了起來，並且燒毀了三個部落的其中一個，我們全逃到山上，或躲入珊瑚礁岩洞穴躲藏，荷蘭人找不到我們，就把我們養的豬殺死洩恨，後來突然吹起暴風雨，他們就匆匆忙忙離開了拉美島，當我們隔天從洞穴出來看時，看到有一艘荷蘭人的大船，撞到礁岩擱淺在珊瑚礁上，船斷成兩截，船的周圍還有十幾個士兵，也看到很多荷蘭士兵淹死了，漂在海面上，這暴風雨來得及時解救了我們，另外兩個部落的房子才沒被燒毀。而在這次的更久之前，也就是大約在 30 年前，也有荷蘭船士兵，划著小船上來拉美島偷水，還開槍嚇跑在顧水的人，顧水的

人跑去跟頭目報告，頭目帶人出來阻止，其中一個荷蘭士兵因為緊張，開槍打傷了我們當中的一個人的大腿，大家於是發怒把那兩個來偷水的荷蘭士兵殺死。頭目心裡想著，從前殺死你們荷蘭人兩個士兵，這次我們也被你們殺死兩個，還燒了我們一個部落，豬也被殺光，算扯平了，看到荷蘭人被上天處罰遇到暴風雨，淹死了那麼多人，想說叫人拿一些食物，給這些落水發抖的荷蘭士兵吃，大家不要計較算是誤會一場。當我們十幾個人，拿水拿食物要去給落難的士兵時，躲在礁岩旁邊的士兵馬上開槍。

這又打死了我們好幾個人，頭目非常生氣，命令全島的男子武裝起來，等待攻擊那些殘暴的士兵，剛好上天又下起大雨來，他們的槍沒辦法擊發，荷蘭士兵被殺死了幾個，其他的士兵逃得無影無蹤，幾天後又看見荷蘭船來接剩下的士兵，也搬走撞壞的船上面的物品，連大砲也搬走。而這次我們在遠遠的地方警戒，沒有出去攻擊他們，想說經過這次教訓，荷蘭人不敢再來了吧！ 17 年前的這一次，就是阿母被抓來大員的這一次，也是差一點死掉的這一次，想不到的事發生了，阿母跟好多人好多人，躲入祖先的大洞穴躲藏，其他的人也四處分散，各自躲藏起來，因為這次大小荷蘭船好幾艘，還跟著舢舨船，我們早就看到了船隊往拉美島飄來，這是又要來攻擊我們的船隊，消息馬上傳遍全拉美島，頭目武裝十幾個勇士帶往海邊，準備跟荷蘭人談判說明，頭目也命令其他人帶著食物躲到各處洞穴，或山上樹叢中躲避。阿母跟大家靜靜的躲在祖先的大洞穴中，等待消息。突然門外傳來叫聲：黛咪，水某呢！開門喔！來開門喔！娜美馬上叫出聲音來，阿爸回來了，利安哥哥回來了，我去開門，我去開門。黛咪，安娜，隆克，娜美都立刻起身，全家人都開心的跑到客廳開門，全家陷入歡樂聲中，黃掛抱起娜美一直親一直親，開心的笑著說：小寶貝，小寶貝阿爸好想妳。黛咪開口問說：怎麼拖到晚上了才回到家，不等天亮回來才安全，你們父子倆吃飽了沒？我們帶在身上的食物還有剩，吃飽了，你們看，這次

我還帶回來十顆拉美島的椰子，而且是免錢的喔。黛咪驚訝的問：
免用錢買的？水某吔！是啦！先幫我打一盆水，我跟利安擦擦身體
洗洗腳，椰子是贌租拉美島的頭家送我的，就那個我漳州的同鄉。
我每次跟他買 5 個他送我 2 個，因為他知道我娶了拉美公主，生了
4 個聰明又乖巧的拉美小孩。黛咪端出一盆水問說：拉美的椰子那
麼珍貴，每次要派七，八個工人去採，船工也要錢船租也要錢，為
何一次送你十顆？黃掛一邊給兒子利安擦臉，一邊說：他說 5 顆給
安娜，其他的我們一人一顆，他兒子阿志，馬上就拿這串最大顆的
給我帶回家，就堅持不收我的錢，他一番好意又是同鄉實在沒辦法
拒絕。黛咪接著說了：你上次帶安娜，利安去大員街上買東西逛街，
有沒有去他家？水某吔！有啦！也有一起吃飯，同鄉嘛！來大員
（安平一帶）賺錢互相照顧，我一個人去大員時，如果過夜有時後
也是去借住他家，這沒有什麼。

　　安娜搶著回話：阿爸，你下次再去大員時，把十顆椰子的錢
還給人家，就說來大員賺錢不容易，我們家有錢買椰子，謝謝他們
的好意。黛咪接著說了：下次去大員，帶一些鹿肉干去回送他們，
但要明確的跟他們說，按照以前那樣用買的，不然我們不好意思，
只能不再買拉美的椰子。好，完全聽水某的話，就照著辦，我就說
是水某命令只能照辦。很晚了，大家上床睡覺吧！黛咪一家人又回
臥房睡覺，全家人依照自己的位置躺成一排睡覺。一向最安靜的隆
克問說：利安哥哥，這次跟阿爸去大員，有沒有進去大城堡看看？
剛才阿母跟我們講她在拉美的故事，好神奇，好好聽，可惜你沒有
聽到。哪可能進去城堡，阿爸也不能進去城堡，只有有錢的頭家跟
荷蘭人才可以，一般人要特別經過允許才可以進入熱蘭遮城（俗稱
安平古堡）。拉美的故事？阿母偏心，趁著我不在家的時候才講。
哈！哈哈！大家笑成一團。黛咪回話：剛好你跟阿爸去學做生意，
幫忙搬貨記帳，會再講給你聽。弟弟，姊再講給你聽，很精彩很新
奇，是聞所未聞超乎想像。哈！真的！真的！弟弟妹妹也開心的發

出聲來。水某吔！你跟小孩子們講這個好嗎？好啦，他們都長大懂
事了，相信這一切都是上帝的安排，總不能永遠放在心裡不說，我
想開了，也原諒過去的一切，我阿爸跟阿兄去巴達維亞（雅加達）
做苦工，我也有他們永遠不會再回來的心理準備，他們跟那些被抓
來大員當奴隸的班達人是一樣的情況，多年來我一直不說，是抱著
最後一絲希望，十幾年過去了，我阿爸如果還活著也老了，就像你
曾經對我說過的，早死早解脫，明天做禮拜我要跟恩人牧師告解，
說個清楚問個明白，他也沒有必要再隱瞞著來安慰我，最近我看到
部落裡好多人突然生病死去，人生無常，能平安活著小孩們能平安
長大，像現在這樣平安的過日子，其他的就交給上帝安排吧！水某
吔！我從漳州逃難來大員，上帝安排我們的緣份，妳願意讓我跟著
妳生活，生了這 4 個聰明又乖巧的女兒，兒子，我覺得我是全漳州
最幸福的男人，很幸運我能成為大員人，在大員安穩的生活，荷蘭
人雖然小氣，但不會無緣無故殺人，在長山[註]是一批人殺另外一批
人，強盜海盜無法無天，有時連一口飯也沒得吃，貪官污吏更是可
怕，說謊詐欺算是日常。

　　對了！這次去大員聽到說，有班達人奴隸跑出來，還四處搶劫
殺人，晚上睡覺要關好門窗並且綁好，白天外出也要小心，盡量不
要離開部落太遠，要結伴同行。孩子們接著問，阿母，換你再講講
剛才沒有講完的故事。安娜搶著回話：太晚了，大家睡覺吧！阿母
愛睏的要死掉了，阿爸跟利安也是愛睏，明天再繼續講。安娜說得
對，阿母真的愛睏了，明天睡覺時再繼續講故事，明天是禮拜日，
休息一天全家一起上教堂。阿母要交代你們喔！阿母講的故事，是
我們全家人的秘密，都不允許跟任何人講喔。每一個小孩都答：好。
晚安了！於是全家人一個拉著一個的手，互道晚安。

───────────

【註】當時的福爾摩沙人對福建廣東沿海一帶的稱呼，長山人指那一帶來的人。

　　天剛亮，黛咪起床準備早餐，安娜也早起幫忙，這是每天例行的工作，左右鄰居也傳來燒柴煮飯的聲音，伴隨著彼此的問好道早聲，部落一片祥和的氣氛，今天禮拜日，是敬拜主的日子，黛咪全家圍坐在低矮的餐桌上，顯得特別的歡欣。黃掛首先說著：今天是禮拜日，禮拜完我先帶你們回家休息，你們阿母今天有很多話要問恩人牧師，可能要很久的時間，我們在場不太適合。不會的，全家都留下來，我們一起問恩人牧師，一起聽，表示我們全家一條心，很重視今天要問的問題。喔！要不然小孩們跟你留下來聽恩人牧師的講解，我回家等，因為我工作上常要跟荷蘭人接洽，有些事不要知道的太多，見面時比較自然，就這麼決定，我在家準備午飯等你們回來。部落裡來上教堂的大部分是小孩子和年輕人，老年人很少，像黛咪全家都來上教堂的更少，荷蘭人禁止部落的人崇拜阿立祖，私下偷拜祖靈被發現會被處罰，也會把擺設的物品丟到河裡去，一直要部落的人改信基督教，說這是唯一的神。今天照例由牧師講道，講一些激勵人心的故事，也講了一個神蹟奇事。安娜幫忙分發小糖果，每個來教堂的人都開心的領了小糖果，互相問候各自

回去自己的家。牧師看到黛咪跟小孩子們一起留下來，就先開口問說：黛咪，安娜，利安，隆克，娜美，蒙主恩典，經過去年的紛亂，現在已經平靜下來，大家平安健康。感謝主，感謝牧師這幾年的恩惠，使我們全家都幸福平安，有一些事趁現在的時間，沒有其他人在場，我跟我的小孩想請求恩人牧師，以主之名，懇切的愛，正直的心，毫無保留地告訴我們真相，幫助我們全家脫離那內心的黑暗，見到真正的光，指引正確的道路。親愛的黛咪，你說。恩人牧師，今年的大船從巴達維亞來了，沒盼到我阿爸阿兄突然回來，也打聽不到他們的任何消息。前幾天巴達維亞的大船是來了大員，可能明年吧！或下一批船。

恩人牧師，最近有幾個班達人逃了出來，四處搶劫還殺傷人。黛咪，你們不必害怕，有抓到幾個人了也送去了城堡，長官已通令各部落加強查緝，很快會抓到剩下的逃犯，主跟我們同在。恩人牧師，班達島的人怎麼會來到大員（安平一帶），又他們什麼時候才能回去班達島（印尼）。喔！他們因為被判決有罪，被送來大員做苦工洗清他們的罪，等罪洗清了，時間到了他們就能回去班達島。恩人牧師，我阿爸阿兄的罪早就洗清了，說是去巴達維亞（雅加達）十年，也超過很多年了卻還沒有回來，更何況他們本來就沒有罪，上帝知道他們沒有罪。是的，他們沒有罪，他們如果有罪也早就洗清了罪，上帝確實知道他們沒有罪，有罪的是我們荷蘭人。恩人牧師，你要正確不再隱瞞的告訴我，在主的面前告訴我，我阿爸阿兄現在在哪裡？他們怎麼了？黛咪啊！聰明又善解人意的黛咪啊，他們早在去巴達維亞的那一年，就去了天國，跟在主的身邊，從此脫離苦海。四個小孩子聽到牧師的回話，各個紅了眼眶，但都沒有哭出聲來。恩人牧師，上帝原諒你們荷蘭人了，我也原諒了你們荷蘭人。謝謝妳能原諒我們，從前你問起他們的事，我沒有正確的告訴你，是因為妳生活辛苦，你的小孩也還小怕你承受不住，現在時候到了，而我再也隱藏不住真相。感恩牧師的善意為我保存一絲希望，好讓我堅強的生活到現在，也把孩子漸漸養大。純潔善

良的拉美人阿！如果福爾摩沙的人，蕭壠（佳里）的人都能像你這樣，即使遭受苦難也仍然相信上帝，原諒一切罪行，那天地間無憂無慮。恩人牧師，他們是怎麼死去的？啊！他們到巴達維亞不到一年就生病死去了，因為不習慣那邊的氣候那邊的食物，加上每天勞苦的工作沒有足夠的休息，又想念在拉美島的一切，想念他們的家人，承受著他們無法承受的壓力。

　　他們幾乎每個人都生病了，生病了也要工作受盡痛苦折磨，上帝憐憫，不願意再讓他們承受。啊！是我們荷蘭人有罪，我有罪。恩人牧師，上帝赦免你的罪了，我們也都赦免了你的罪，上帝要你們不要再重複錯誤。除了他們兩個人，其他兩百多個男人呢？他們也都生病死掉了嗎？啊！幾乎都去天國了，可能還有幾個人逃走，在山地森林裡生活，但也會被野獸吃掉吧！他們兩百多個男人，有的還沒有到達巴達維亞（雅加達），在船上反抗被殺死丟入大海，有的受不了工作的苦自殺了，大部份的人是生病死掉的，兩年後已經沒有記錄到還有拉美人在巴達維亞工作。恩人牧師，我的親人族人在我們祖先的洞穴中，被燒死三百多人，在拉美島上也被殺死數百人，來了大員又死了數十人，這兩百多個男人，也全死在巴達維亞，上帝為何安排這麼深重的痛苦，在我們拉美人的身上，是我們拉美人罪有應得嗎？四個小孩子聽到這邊，都啜泣了起來，牧師也跟著哭出聲來說：拉美人沒有罪，我再一次的跟你們道歉，有罪的是我們荷蘭人，雖然這都是上帝的安排，上帝的安排不是我們能理解的，時間久了時間到了才會顯現。恩人牧師，既然是上帝的安排，那上帝有沒有可能安排我們，能再回去拉美島生活。聰明又賢慧的黛咪啊！會有的，善良又寬大的拉美人，會再回到拉美島生活的，回到屬於你們的天堂，如果有那麼一天，我也要跟著你們去住在拉美島，直到老死。恩人牧師，為什麼長官堅持不讓我們再回去拉美島生活？是為了那些椰子嗎？啊！當然不是為了那些椰子，你是知道真正原因的，是為了要抓一些男人來做工，也要抓一些女人來給一些人當老婆，大員金銀財寶很多就缺女人，剛好拉美

人殺死上島取水的荷蘭士兵，用這理由當藉口而已。而現在拉美的
男人大部份死掉了，女人也各自生活在個別的家庭，小男孩小女孩
在城堡學習，四散的拉美人回不去拉美島了。恩人牧師，你知道在
拉美島，秋冬以後是嚴重的缺乏淡水，秋冬季節頭目要管制全島的
飲用水，還要派人把守，任何人都不能去取水，那珍貴的水是救命
用的，近兩千人住在拉美島，如果沒有管制好那些水，人，豬都會
渴死，再多的椰子也不夠喝的，30 年前那次是荷蘭士兵上拉美島
偷水，還先開槍打傷了我鄰居，你知道嗎？

　　黛咪啊！上帝啊！再一次原諒我們荷蘭人吧！我們真的不知
道那些水的重要性，我們是去偷水，還去殺人抓人的惡魔，我們荷
蘭人會有報應的。恩人牧師，班達人的命運，是不是也和我們拉美
人相同，他們被抓來福爾摩沙，而我們被抓去巴達維亞（雅加達）。
是的，班達島的人，跟拉美島的人是相同的命運，相同的悲苦，我
們犯了相同的罪，這個罪即使上帝原諒，你們都原諒了我們，我們
卻不能原諒自己。恩人牧師，我們吃的胡椒，丁香，肉荳蔻是班達
島來的，就像椰子是拉美島來的，是吧。是的，這些香料主要都是
從那邊來的，最後集中到巴達維亞，送往世界各地交易賺錢，就好
像是福爾摩沙的鹿皮一樣。恩人牧師，那班達島是很大的島，才能
種那麼多香料，也要有很多的人，才能種那麼多香料，管理那麼多
貨物。是的，班達是一組群島，是許多大大小小的島嶼組成的，也
住了約五萬個原住民。恩人牧師，你們荷蘭士兵也把他們都殺了，
都抓光了嗎？啊！差不多是這樣的，比拉美島還悲傷啊！班達島的
人個性強悍不願意妥協，雙方發生幾次戰爭，最後活著的約剩兩千
人而已，他們有的人不願意被抓紛紛跳下懸崖死去，就像有的拉美
人不願意被抓，也跳下懸崖摔死一樣。而勉強活著沒有死去的班達
人，就替我們荷蘭人辛苦的工作著，種著香料。至高無上的主啊！
上帝啊！賜罪給我們荷蘭人吧！四個小孩子聽到這裡，都不再哭
泣，互相拉起手來，一臉驚恐。恩人牧師，班達島也跟拉美島一樣，
是漂亮的珊瑚礁島嗎？是的，我聽說那邊的海沙是白色的，海水是

清澈的湛藍，海裡的魚五顏六色非常漂亮，但是班達人固執強悍，不像拉美人溫馴善良，善解人意又心胸寬大。

　　恩人牧師，我的養子索阿，就你知道的那個，我姊姊臨終前託付給我的索阿，他說城堡裡有一箱又一箱的金跟銀，大員是金銀島，這些金跟銀都是用這些香料換來的吧。是的，是把這些香料加上福爾摩沙的鹿皮賣了，去買布買瓷器，再把布跟瓷器賣了，變成黃金跟白銀，再買更高級的東西送回去祖國荷蘭，再賣出更高的價錢，賺更多的錢，也有一些錢是用在建設福爾摩沙。恩人牧師，很多荷蘭人來到大員就生病死了，或者打仗死了，也有不適應的自殺了，為了賺這些錢命都沒有了，這樣值得嗎？是啊！寬大的黛咪啊！我也覺得不值，何況又殺人奪去他人的生命，毀滅他人原本的幸福，真是罪孽啊！所以我遠從荷蘭到福爾摩沙，來到大員（安平一帶）又來到蕭壠（佳里），就是信奉主的旨意，來傳遞福音，為了消除人世間的痛苦，洗清人世間的罪惡，讓人心由邪惡轉為善念，作為我一生的志業，願世人都能成為基督徒，永生永樂。恩人牧師，巴達維亞（雅加達）在哪？荷蘭在哪？有多遠？賢淑的黛咪啊！由大員往南快船半天到達拉美島，再往南約一個半月到達巴達維亞，再往西，有時往西北，一個多月到達錫蘭，再經過無數次的風浪危險往西南再往西，忍受大海茫茫不分日夜，千辛萬苦的旅程，內心孤寂煎熬，有的人在船上太久沒吃新鮮食物，甚至生病死在船上，這樣經過了好幾個月甚至一年，才能到達荷蘭，我也是經歷了相反的路程，才到達福爾摩沙，現在才能出現在你們一家人的面前，當著上帝的面跟你們講話。恩人牧師，感恩你教我們全家寫字，講道給我們聽教我們知識，使我們全家成為基督徒，也讓我們知道原來世界是這麼大，有這麼多不同的人，願主賜福我們，感謝牧師感謝主。

　　來，大家跟恩人牧師道別。黛咪一家人跟牧師道別，牧師分別擁抱了每一位小孩後，黛咪全家才離開教堂回到家裡吃飯。黃掛已

準備好了午餐，是一大鍋的什錦菜，跟一大盤烤鹿肉，再加上每人一顆椰子。全家坐下來吃飯，黃掛急切的問說：今天問了恩人牧師，牧師有說什麼嗎？每一個人都沉默著，娜美搶著回答：去巴達維亞（雅加達）的男人都死掉了，早就都生病死掉了，阿公他們也早就死掉了。唉！阿爸早就有預感，好多年前就有聽說，只是剛開始時跟你阿母講，你阿母一直不肯面對不肯接受，所以我也就不再提起。水某吧，你釋懷吧！他們早已去了天國享福享樂，說不定也早已投胎轉世，生在一個沒有壞人的國度，一個和樂的家庭呢。利安也開口問了他阿爸說：阿爸，恩人牧師很誠懇的懺悔，也誠實的說了實話，他認了是荷蘭人的罪，抓拉美的男人來做奴隸，抓拉美的女人來做老婆，小孩子分配給各個家庭當幫傭。唉！是這樣沒錯，這個現實的世界是強者吃弱者的世界，聰明的吃憨人，憨人只能吃天公啦！所以阿爸要你們學漢字，學荷蘭話，也學荷蘭人教我們的新港字，學越多越好，是要增加知識，有知識才有力量，像阿爸這樣懂字會寫，會講荷蘭話，才能跟荷蘭人做生意賺錢養你們，為了要跟大員的人交易，我來大員兩年就學會講西拉雅[註]語，現在也會拉美語，這就是知識，就是力量。安娜接著問說：阿爸，荷蘭人為什麼抓人還要殺人？殺死那麼多拉美人，班達人。啊！牧師連班達島的事也說了！黃掛一臉驚訝說了：聽上次逃出來被抓到的班達人大聲怒罵說，你們這些荷蘭人的狗，放開我，我是班達人我是人，荷蘭人是魔鬼，你們替荷蘭人抓住了我，你們良心會安嗎？我沒有罪，荷蘭人殺害我們好幾萬人，強佔了我們的土地。

荷蘭人又把我抓來大員當奴隸，我今天的遭遇就是你們以後的遭遇，放開我。我們團結起來一起把荷蘭人趕出大員，你們才會

【註】荷蘭人初到福爾摩沙時主要接觸的臺灣原住民族，有四個大部落，新港（新市），蕭壠（佳里），麻豆，目加溜灣（善化，安定），西拉雅還有眾多的小部落

得救，不要為了那十里爾，出賣你們真正的朋友－－班達人。這個班達人來大員做十幾年奴隸，很會講荷蘭話，阿爸剛好去大員，上前去湊熱鬧聽到的。後來他被吊死了，就在刑場上。至於拉美人，唉！除了是要抓男人抓女人，最主要的目的是要震懾福爾摩沙人，讓福爾摩沙人感到害怕，讓每一個部落的頭目害怕，就會乖乖的來結盟，交出土地的使用權，所以就殘忍的殺，燒，再殺，再燒，就是要讓這件事情傳遍整個福爾摩沙，最後統治福爾摩沙，得到福爾摩沙的所有利益。唉！說來無奈又殘忍，這個班達人，是被幾個長大了的拉美人抓住的。隆克也問了說：聰明的荷蘭人有知識有力量，是來吃我們這些傻瓜的，所以我們要學習他們的知識，跟他們一樣聰明，他們就不敢吃我們。是啦！是要學習他們的知識，也信仰他們的主，做一個基督徒，荷蘭人就顯得和善愉悅，還可以放心的跟他們做生意。我們要認真的學，誠心的敬拜主。黛咪接著也說了：頭家，如果人人都是基督徒，敬拜主，這個世界就祥和安樂，沒有打打殺殺了不是嗎？水某吔！你真是善良又寬大，聰明又單純的大好人，你沒看到荷蘭人去搶劫葡萄牙人的船嗎？也跟英國人打仗嗎！也跟西班牙人在馬尼拉征戰，他們可都是基督的信徒啊，或是信奉天主。只要人心貪婪不變，強就吃弱，上帝是什麼都不重要了。唯一可以讓我們得救的是要強起來，福爾摩沙人要團結的強大起來才有用。可是這邊每個部落誰也不服誰，打來打去的，像是注定要讓荷蘭人來管的，現在打打殺殺的事漸漸少了，是好的開始。娜美又問了說：阿爸現在比較少去大員跟麻豆做生意常在家裡，沒去大員就沒有拉美的椰子可吃。黃掛摸摸寶貝小女兒說：你也發現了，真是我聰明又可愛的女兒。

現在因為鹿變少了，能收到的鹿皮越來越少，長山那邊長年的打仗，海盜鄭成功跟滿清朝廷也在打仗，死了好多人也餓死好多人，動盪不安民不聊生，長山沒辦法生產布，所以來大員的船變少了，自然少了很多生意，頭家已經跟荷蘭人借了很多錢，我這小小的合夥人，今年幾乎沒有賺到錢，再這樣下去也不知道該怎麼辦？

好在各地農作物收成不錯，農民們還能生活，還不至於餓肚子。黛咪接著問說：那怎麼辦，有沒有什麼打算？有，水某吔，我正想跟你商量，蚶西港溪那一帶，賤租那一帶土地的頭家還沒有找到足夠的農民工，我想分賤一些土地，請幾個蕭壠（佳里）人來耕種，他們現在也都學會了種田，多一點工資請他們，也請他們幫忙放幾頭牛，在蚶西港溪（七股溪）旁草地吃草，那邊的草肥，這樣來增加收入。安娜馬上說：好，這樣很好，以後沒鹿肉吃就吃牛肉。黛咪也附和著說：我覺得可以，蕭壠人都信任我們一定請得到人，我也可以幫忙種田。哈哈！水某幫我記帳就可以了，田你犁不動的，我想種一些甘蔗跟蕃薯，收成比較有保障，至於種稻子要再想想，常常缺水風險比較高。黛咪接著說：現在部落裡荷蘭人有開商店，部落的鹿皮也可以拿去大員交易，部落的人不必跟以前一樣只能跟我們交易，生意大不如前是該做改變。謝謝水某的支持，我打算繼續做生意賺錢，等蚶西港那邊的田地種成功了再轉移重心，這樣比較保險。利安終於問說：阿爸，租地買牛請人都要花大筆的錢，我們家有這能力嗎？嗯！這個阿爸要再核算核算，跟你阿母仔細的計畫計畫，一定要試試看，不試試看永遠也不會成功。全家大小開心的邊聊天邊吃飯，和樂融融。下午全家一起到離住家不遠的小農地農作，黛咪，黃掛，安娜忙著澆水，採收。隆克，娜美玩成一片，利安忙著抓蟋蟀玩蟋蟀，突然利安嚷著說：阿爸，阿母，今天好奇怪，蚱蜢變多了，而且是棕色大隻的，跟以前那種綠色小隻的不同，你們看，這邊一隻那邊也有一隻，那隻飛起來了，紅色的翅膀飛得好遠。

黛咪跟安娜也有看到蚱蜢，說昨天就有幾隻，今天更多一點，不怕人跳來跳去的，受到驚嚇就飛起來，紅色的翅膀飛得好遠。水某吔，不妙，這是蝗蟲，這是會飛很遠很遠的蝗蟲，以前我住在長山時，還很小的時候就遇過，蝗蟲大軍飛來天空黑壓壓的一片遮雲蔽日，當牠們降落幾天之後就會吃光所有農作物，連田邊的青草也會被吃光，樹葉也吃光，所有你能看到的綠色的葉子都會被吃光。

希望不會發生這種事，現在蝗蟲還算少的，如果不繼續增加不會有事，是我擔心過度了。幾天後的傍晚，蕭壠部落的人都跑出戶外嚷嚷，從西北方向從海上飛來一大群又一大群的，天空密密麻麻的像飛沙一樣流動，有高有低，整個天空像是黃沙滾滾一樣，不是飛鳥飛鳥飛得比較高，不是黃沙黃沙會瀰漫著連接地面，那細細的小黑點佈滿整個天空，遮雲蔽日連天空都暗了下來。眾人驚嘆連連，直呼要不是親眼看見，不敢想像也不能相信。部落的長者活了一輩子也沒見過，大家議論紛紛。啊！慘了！慘了！黃掛驚呼一聲，完了，蝗蟲大軍來了！黛咪一家人跟蕭壠的居民都安靜了下來，聽著黃掛叫了又叫，這次真的完了，死定了，蝗蟲大軍來追殺我們，比海盜比貪官比荷蘭士兵還要可怕百倍的蝗蟲大軍，牠們是真正的惡魔，三十幾年前我在長山，牠們飛來吃掉我們所有的食物，四處鬧饑荒，飢餓的人們當起海盜互相搶奪，官府積糧自保不願施捨，大家互相殘殺四處殺人放火，我為了活命，逃離那可怕的地方，逃到福爾摩沙才安穩下來，安穩了二十幾年，現在這些惡魔追殺到這邊來了，天公伯啊！主啊。黛咪只見過伯勞鳥，飛鳥鳥漫天飛來的景象，從未見過這麼恐怖的蝗蟲大軍。

黛咪伸手拉著跪在地上的黃掛說：怎麼辦，怎麼辦！就把牠們抓來吃，像伯勞鳥那樣抓來炒著吃，只要牠們敢降落在我們的土地上，我們把牠們都抓來殺光，殺光這些可惡的惡魔。水某呦，沒用的，沒有用的，黃掛站了起來說：這是有毒的蝗蟲，吃不得的，這不是田邊草地上的蚱蜢，蟋蟀，炒起來還香噴噴的。當牠們降落大家就會明白，三天之內牠們會吃光我們的食物，十幾天後又生了更多的小蝗蟲，大隻的用飛的，小隻的用跳的，直到吃光我們所能看到的綠色植物為止，只能祈禱了！部落的人聽完黃掛所言後，紛紛以自己的方式祈求，有的求主，有的求祖靈，有的求荷蘭人，整個部落紛亂了起來。政務員，牧師跟學校老師們也沒見過這等場面，心中也慌亂不已，也紛紛禱告祈求上帝，這場景就如同世界末日要降臨一樣。果然蝗蟲大軍一波又一波的降落，比下大豪雨的聲

音還恐怖，沙沙沙沙的，殺殺殺殺的聲音，有的飛往更遠的地方，往麻豆，新港（新市）方向飛去，地上樹上房屋上每個人的身上，到處都佈滿蝗蟲，土灰色有條紋的身體，長約兩寸，翅膀是紅色的雙腳長有短刺，彈跳有力，抓在手上，還會用兩隻有力的後腿彈人的手，還會痛呢！一波飛來又一波，一波降落又一波，像無止無盡般，整個天空都暗了下來，地上佈滿蝗蟲看不到原來的地面，每走一步就會踏死幾隻蝗蟲，大家紛紛走避躲入屋內。黛咪一家回到屋內，關起門窗點起油燈，全家手拉著手圍成一圈禱告！主啊！萬能至高無上的神啊！您要憐憫我們啊！憐憫純真善良的福爾摩沙人啊！要幫助我們度過這次劫難啊！阿門。利安去廚房拿了些乾木材乾草說：我出去燒死牠們，燒光牠們。荷蘭人不是也用這一招嗎，他們殺人前先放火燒屋燒糧，大家沒房子住沒東西吃就投降了。我出去燒死蝗蟲。

大家跟著我用火燒，叫全蕭壠（佳里）的人跟著我做，一起燒死蝗蟲，跟牠們拼了！不能等著看著牠們吃光我們的食物。黛咪，安娜正要阻止利安，黃掛說了：就讓利安試試學習經驗，你們兩個去準備晚飯，準備剛好的份量就好，先吃飽這一餐，往後的日子再來想想辦法，不好保存的東西先吃，米，蕃薯，芋頭，乾貨，這些能保存比較久的食物要節省使用，想辦法備妥半年的食物。隆克跟著利安跑出去，利安吆喝著：大家拿柴火出來，跟著我把蝗蟲燒光，話一喊完，還真的有很多人拿著柴火出來，成堆放在空地上燒起蝗蟲來，隨著火堆越大火也越旺，眾人一起努力把成堆的蝗蟲丟入火堆燒死，劈裡啪啦！劈裡啪啦的燒死很多蝗蟲，還散發出濃濃的香氣，剛開始時大家忙得開心，紛紛喊著燒死你們，燒死你們這些惡魔，隨後大家發現沒有用的，越燒越多怎麼也燒不完，再飛來的比燒死的多太多了！只能說是燒好玩的，地上積滿厚厚的蝗蟲，到處都是蝗蟲，農地上更是滿滿的蝗蟲開始吃起農作物來。利安吩咐大家回家去吧，我們試過了沒有用的，蝗蟲是燒不完的。回家去時記得跟每一個人說，食物節省著吃，不好保存的先吃，要想辦法預留

半年的食物，只求上天憐憫能幫助我們。眾人紛紛回家去，利安帶著弟弟氣餒的回到家裡。黃掛見利安低著頭回來問說：沒有用的對吧！蝗蟲太多太多了，而且很快的又會生下更多，阿爸是早知道沒有用的，只是想讓你去努力試試，至少有努力試過了。阿爸，哪來的那麼多蝗蟲？怎麼會有這麼多蝗蟲？唉！天災人禍，是天災加上人禍，因為長山多年的戰爭，田都荒了，地也荒了，久旱不雨氣溫異常，很多人搬離農村逃往山上去，這些蝗蟲肆無忌憚的繁殖，吃盡這裡就又飛往那裡，那裡吃盡了又繁衍更多，現在竟然飛到福爾摩沙來了，真是奇事奇觀啊！長山應該鬧饑荒很久了，才會有這麼多蝗蟲飛來大員啊！

　　現在連大員也不是可以安心無憂快樂生活的地方了，你們都還小不知道以後的日子會有多苦，辛苦的日子在等著我們，等著全福爾摩沙人。黛咪跟安娜做好晚飯擺上餐桌說：別那麼悲觀，大家坐上來吃飯，我把剩下的鹿肉全煮了，青菜不好保存也煮了，把剩下的椰子剖開分著喝，今晚先吃得飽飽的，上帝會有好的安排，全家靜默禱告靜靜的吃完晚餐。晚餐後，安娜點上油燈，認真的教起弟弟妹妹們，荷蘭文，漢文，新港文，照例三種文字一起學，一種東西的名字用三種文字標示，邊讀邊寫。安娜心裡想著，長山人有文字，荷蘭人也有文字，就福爾摩沙人，拉美人沒有文字，還好現在恩人牧師幫西拉雅人發明文字，簡單好學，荷蘭字也好學，就漢字難學。幸好阿爸買很多紙給我們學寫字，這些珍貴的紙連荷蘭人都覺得珍貴，每次拿到紙，阿爸就會說一次，很驕傲的說著，這紙最早是由長山人發明的。而這寫字的筆是恩人牧師教我們的，把鵝毛削尖沾墨來寫字，長山人跟荷蘭人都好聰明，我們拉美人跟西拉雅真笨，以前我們連文字也沒有，沒有辦法紀錄事情，沒有辦法傳遞知識，難怪荷蘭士兵會說我們是野人，長山人會說我們是番阿。耶！也不太對，長山人也稱荷蘭人發明的火柴是叫，番阿火。莫非在長山人的心目中，拉美人，福爾摩沙人，連荷蘭人都是番阿，只有長山人才是人。哈哈！怎麼會這樣。

哆囉嘓（東山）

蕭壠（佳里）　麻豆　目加溜灣（善化）
新港（新市）　大武壠（玉井）
蚊西港　卓猴　拔馬（左鎮）　Formosa
熱蘭遮城（俗稱安平古堡）
大目降（新化）
大員（安平一帶）　普羅岷西亞城（赤崁樓）　木柵（內門）
噴哩（關廟）　大傑巔（旗山）
堯港（興達港）　桌山（大崗山）　大澤機（高樹）
阿猴林（大樹）　塔樓（里港）　珊珠瑪（三地門）
九如
搭加里揚（九曲堂）　阿緱（屏東）
打狗（高雄）　坤頭（鳳山）　大木連（萬丹）
下淡水河（高屏溪）　麻里麻崙
力力（崁頂）
新遠（新園）　加藤（南州）
東阿土港（東港）　放索仔（林邊）
相思埔　力里（春日）　加羅板
天台　白沙尾　大寮　嘉祿堂（平埔厝）　巴塱衛（大武）
Lamey 拉美島（小琉球）（琉球）　（枋寮）
（枋山）
瑯嶠（恆春半島）
社寮

新港（成功）
卑南（以台東市為中心）　火燒島（綠島）
太麻里
加瑪崙（金崙）

拉美人（黛咪）被荷蘭人捉到福爾摩沙路線圖

Chapter

03

不再痛苦的回憶

　　黛咪全家人躺上床準備睡覺，小孩子們催促著說：阿母，拉美島的故事還沒講完。好阿母再講，這幾天忙著田裡的事，抓蝗蟲挖蕃薯，那天你們也有聽到恩人牧師講了一些，我就再詳細的講，這些故事你們以後也要跟自己的小孩講，要心中沒有怨恨的講，但不能洩漏家族的秘密喔！利安搶著說：阿母，我們知道啦！我上次沒聽到，你快點講啦！黛咪稍微重複了先前講的故事，接著說了：荷蘭船去了拉美島 2 天後又全部離開，我們開心的跑出大洞穴，5 天後荷蘭艦隊又再次出現，我們又跑入大洞穴等待消息，那是一個祖先留下來的洞穴，洞穴很大很深，有三個出口，從主要的洞口進入往下約一個人的高度，然後往右走進入再往左走，洞口小但裡面很寬很大，這又寬又大的前方洞穴，我們稱它為大廳，大廳的左方有 4 個祖先挖好的小洞口，是圓形的小入口，人可以爬進去，爬進去後可以半蹲著前進，而再前進的左方有一個小出口，小孩子可以很勉強的爬出去，這個小出口也提供光線照進洞穴來，洞穴內稍微可以看得到，進入洞穴久了更能約略看清楚東西，再往更深處爬進去，又來到一個寬廣的地方，這裡有閃閃發亮的石頭，用油燈照亮

晶晶一閃一閃的，洞穴的上方滴著水珠，不停的滴著，也積了水有
小水坑，整個洞穴地面四面八方都閃著亮光，當你看見了，會彷彿
來到一個奇異的世界，這個奇異的世界中間有一條小小的溪流，是
很小的流水但全年有水，順著這小流水往前爬又往下爬，就又來到
第 3 個出口，但全身會沾滿泥土，所以一般人最多都只有來到第 2
個洞中洞中，欣賞閃閃發亮的石頭後，就會爬回大廳再從第 1 個出
口出去。而第 2 個洞中洞又有 3 處分岔的小通道，沒有人知道通往
何處，因為只有小孩子才能爬進去，通道太小，沒有人真正爬過。
這個我們拉美人祖先的洞穴，就是我們拉美人的聖地，裡面有祖先
們留下來的石桌，石椅，石床，有幾千年了，只知道是祖先們居住
過的地方。平時頭目會儲存食物在洞穴的大廳裡，萬一有大颱風，
大家就躲入洞穴中，等颱風過後安全了才出來，每次我們都這樣，
躲過了無數次的天災跟人禍。

　　在拉美島像這樣的洞穴還有好幾處，分散在四處，但比較小，
小洞穴可以躲十幾個人或幾十個人，阿母躲的這個洞穴就在阿母家
不遠處，通往海邊的懸崖下方，可以躲幾百個人。四個小孩跟黃掛
聽得入神，連吭一聲也沒有。黛咪接著說：我跟我已經懷孕的姊
姊，就是索阿的阿母，還有我的阿母，全部落的婦女，小孩，甚至
有的男人都躲進去了大洞穴，我阿兄跟幾個勇敢的男人在洞穴口張
望守衛，好告訴我們荷蘭士兵的動態，我跟我姊姊因為比較晚進入
洞穴，只能在洞穴入口不遠處蹲著，洞穴裡面早已躲滿了人，也不
知道擠滿多少人，突然間在洞外的人說：你們躲好不要出聲，遠遠
的地方有很多人，帶領著紅毛人往這個方向走來，還手持高高的旗
子。他們跑到別處，故意用石頭丟荷蘭人，想引開他們不讓荷蘭
人發現我們，過了一會兒就聽到槍聲了，碰，碰，碰，碰的響著，
一槍又一槍的響著，我們躲在洞穴連呼吸也不敢出聲，時間好像凝
結了一般，空氣也凝結了，我聽到了我的心跳聲，後來我們聽到了
吵雜的聲音，有很多人說了一些我們聽不懂的話，我們更加不敢出

聲，心裡期待著老天趕快下大雨趕走他們，又過了不久，就又有更多人來到洞口外，他們還搬來很多乾木材，他們很神奇的找到了洞穴另外 2 個小出口，也把小出口堵住，荷蘭士兵守在大洞口外，並用乾木材乾草放在出口處，他們在外面叫喊了幾聲，我們也聽不懂他們在喊叫什麼，心裡想著出去都會被士兵開槍打死，就像我們聽到的槍聲那樣，我們極度害怕祈求祖靈保佑，不敢哭不敢發出聲音，洞外在幾次的叫罵跟喊叫聲後，洞口就被放火燒了起來，洞內慢慢的有煙跑進來，大家一直咳嗽眼淚直流，他們聽到了咳嗽聲不但沒有停止，還加多了柴火大笑了起來，也罵了一些我們當時聽不懂的話。

有一些在大廳的親友族人擠入洞中洞，我跟很多人根本擠不進去，不知道又過了多久，我姊姊昏過去了，也有好多人也昏倒了，其他的人一直咳嗽一直流眼淚，大家哭著，叫著，叫著，哭著，濃煙持續被吸入洞穴中來，阿母心想這次就要死去，迷迷糊糊中看見了亮光，是洞口不再吹煙進來了，他們拿開了柴火，沒被煙熏昏的人紛紛往外爬，我拉起姊姊拖著她拼命往外爬，剛爬到洞口前方我也昏了過去，洞內後來的事阿母就不知道了。我只記得最後我爬不出洞口，就這往上爬的最後一步，我拉著癱軟的姊姊有一隻長滿黃毛的大手拉住我。當阿母醒來時是躺在洞口外側的平坦草地上，還是迷迷糊糊的，依稀聽到姊姊的哭聲，還有很多人的哭聲，這些哭聲呼喚著我，還有一雙大手在按壓我的胸膛，輕拍我的臉頰，不停的對我吹氣，突然聽到已死去的阿嬤叫著我，我驚醒了過來，大口的呼吸，放聲大哭，這個身體巨大的紅毛人，又跪在地上講了一些我當時聽不懂的話，我看見他眼眶泛紅也哭泣了起來，過了一會兒他拿水給我喝，我喝了一口馬上嗆到，他輕拍了我的背，又講了一些當時我聽不懂的話，我姊姊早已醒來在我旁邊一直哭，一直哭，是嚇傻了！一句話也說不出來。這個草地平台，就是我們平常看海看夕陽的地方，也可以看見遠方的福爾摩沙，我們小時候也常坐在

這小草地上，看一些帆船經過，帆船有的從南方上來，有的從福爾摩沙的方向過來，一年有十幾艘帆船，我們不知道這些帆船從何而來，我們知道船上載著很多奇奇怪怪的貨物，因為更久以前就有帆船遇到風暴，撞在拉美島的礁岩上沉船了！人都死了，我們把他們順海流海葬，希望他們的靈魂能順著海流回到他們的故鄉。當我再看到大洞穴口又冒起白煙，還沒反應過來，就被綁住綁在一起了，十幾個人綁成一串，被荷蘭士兵拉著，往荷蘭人的大帆船走去。

安娜終於開口問了：我知道了，那個紅毛的名字就是叫隆克，他當時講了什麼話？哈！阿母後來在船上聽到其他荷蘭士兵喊他克隆克。而當時他講的話就是：主啊！你要救救這可憐的小女孩啊！主啊！你一定要救救這可憐的小女孩啊。而他餵阿母喝水時是講：你沒事了，感謝主，你沒事了，不急喝一點水。後來我信了基督教成了基督徒，也是受克隆克跟恩人牧師的影響，荷蘭人也是有很多善良的人。生隆克時要取名，漢名的克隆克是不吉利的，是會剋死的意思，所以就取名叫做隆克，隆克就是這樣取名的。安娜又問了：克隆克後來呢？去哪裡了？他跟公司簽約的時間到了，他騎著馬來跟阿母道別，從此回去了荷蘭。

他一有放假就會來看阿母，所以沒有人敢欺負我，阿母原本被安排在新港（新市）的一個家庭裡生活，因為克隆克的關係新港人都對我很好，我也很認命很聽話，幫新家庭抓魚種田打雜。克隆克另外一次救我是在船上，荷蘭士兵把我的手綁得很緊，克隆克幫我鬆開了一些，他怕綁痛我了，在船上甲板時我鬆開了雙手，看著遠方的拉美島越來越遠，心中悲傷了起來，船上每一個人都悲傷的哭了起來，因為在綁著走向大帆船的路上，看到被殺死的親人，朋友鄰居，一個一個倒在路邊，都流了好多好多血，到處都是死人，小山上，海邊也不停的傳來槍聲和喊叫聲，我們知道那是怎麼一回事，突然一個大浪打來船上下搖晃，我一個失神掉落海裡了，當時

船已飄到打狗（高雄）外海，阿母會游泳，但一天沒吃東西風浪又大，一下子沒了體力，克隆克丟下一個浮球要救我我沒抓到，一個又一個大浪打來，阿母就要淹死了！我冷靜的浮著，有時又想，倒不如就這樣死去，這樣死去就不用再害怕。正當完全沒有體力時，當時身體是完全放鬆的，四周是安靜的，完全聽不到聲音，又是迷迷糊糊的，身體不聽使喚慢慢下沉，阿母不再掙扎，也沒有力氣掙扎，突然又聽到克隆克的聲音，他抱著浮球出現在我身邊，我又昏了過去。

　　他又救了我一次，把我拉回船上，這次是聽我姊姊講的，我還沒被拉上船時早就昏過去了，船一直快到大員才醒了過來，直到要下船還要姊姊扶著我，我再也走不動了，克隆克跑過來抱著我下船。在被關在大房子期間，姊姊說著我在船上的事，大家都認為我死了，克隆克著急的救我，我吐了一大口又一大口的水，才緩慢的會呼吸，慢慢的才又活了過來。我在昏迷中看見了天上一輪大圓圈的亮光，看到一個跟克隆克長得很像的男人，長滿鬍鬚，一臉慈善滿面笑容，他對著我笑，說著拉美話：醒來，醒來，金銀島還在前方等著你，醒來。阿母驚醒了過來，也聽見了自己的呼吸聲，是克隆克就在我的眼前，又是按壓我的胸口，又是對我嘴巴吹氣，又是他救了我。利安也說話了：阿母，你當時看見的就是主耶穌。是啊！當阿母第一次上教堂，看到了掛在牆壁上的畫像，同樣的眼神同樣的人啊！我驚呆了，不知不覺流下了眼淚，那不是悲傷，那是一種莫明的感動，於是我將我的心完全託付給主，相信人世間的一切都是主的安排。上帝也安排了克隆克回去了他的故鄉荷蘭，從此也十幾年沒見，失去了音訊。黃掛這時接了話：很晚了，讓你們阿母睡覺了吧！以後講故事的機會還很多，明天可忙了，那些蝗蟲會讓我們忙好幾個月的，大家睡吧。好，四個小孩都乖巧的回著，大家互道晚安各自睡去。只有安娜一直想著，一直沒有辦法睡著，安娜想著自己的頭髮，比弟弟妹妹還要棕紅，皮膚也比他們白，心裡納悶

著，或許有阿母不能講的，又或許有阿爸不能聽到的，而這也是我不能問的，想著想著不知不覺才睡著。連續幾天部落裡都是在討論蝗蟲的事，都跑來問黃掛，因為只有他有蝗災的經驗，黃掛一一交代要大家準備好糧食，政務員那邊也貼出公告說：抓一擔蝗蟲可以換一分里爾，還派人挨家挨戶的傳達，但是就那麼一點點錢，還要拿去大員換很麻煩，荷蘭人真是小氣到不行，想靠這一點錢消滅蝗蟲是不可能的，而這蝗蟲也不能埋在農田裡，會孵化出更多小蝗蟲，除非埋很深。

學校也貼出公告，上學的學生只需要一半的時間到學校，一半的時間到田裡幫忙抓蝗蟲，黃掛告訴部落的人說：城堡長官都沒來部落看看，那麼多蝗蟲，就多幾個學生就能抓光蝗蟲，簡直天真又好笑，我看荷蘭人也沒有蝗災的經驗。黃掛交代女兒安娜，趁這段期間好好的教弟妹們讀書寫字，田裡的工作，找食物的事由他來負責，這找食物會成為幾個月內最重要的事。就如黃掛所說的一樣，十幾天後放眼望去，能看得到的植物都變成光禿禿的一片，都像枯死了一樣，榕樹，鹿兒樹，香蕉樹，各種農作物，連路邊的小草都變成光禿禿的一片，一片綠色的葉子也沒有，只剩下竹子葉沒被吃完。看到這景象每個人都嚇傻了！還有更壞的消息傳來，新港（新市），麻豆，目加溜灣（善化，安定），大目降（新化），哆囉嘓（東山），諸羅山（嘉義），虎尾壠（褒忠，虎尾），都佈滿蝗蟲，連最北的淡水也有蝗蟲，蝗蟲也往南飛，搭加里揚（大樹，九曲堂）塔樓（里港），阿緱（屏東），大木連（萬丹北），麻里麻崙（萬丹南），力力（崁頂），加藤（潮州，南州），放索仔（林邊），東阿土港（東港），新遠（新園），也都出現蝗蟲，蝗蟲遍佈福爾摩沙。這蝗蟲大軍每天飛來，飛走一批又飛來一批，而且還很聰明，像是有人指揮一樣，往有綠色植物的地方降落，大家都束手無策，荷蘭人也想不出辦法。站在黃掛身邊的利安說了：阿爸，竹子葉太硬蝗蟲不喜歡吃，現在的季節還有竹筍，快跟頭目，跟政務員

講，管制好竹筍，專人管理竹筍收割分配，讓竹筍長長一些再割，確保一段時間還有菜可吃。還有，蕃薯先不要挖起來，土裡蕃薯長出葉子，我們多一道菜可吃，要先挖芋頭吃。

河裡，海灣裡的魚，也要管制，專門的人抓大隻的魚，平均分配給每一個家庭，不能多抓。還有，我看到了不小心飛到河裡的蝗蟲都被魚吃了，我們抓蝗蟲丟入河裡餵魚，養大河裡的魚，我觀察到蝗蟲怕水，魚如果不吃，蝗蟲也會被淹死，這樣又能撐得更久，撐到新的農作物再長出來，我們所有人都會得救。利安說得頭頭是道，一直拜託部落的人配合不要驚慌，聽的人越圍越多，政務員跟牧師也圍了過來聽，紛紛點頭稱讚。黃掛也驚訝自己兒子的見解，接著說：這辦法好，如果不把食物控管好，到最後只能人吃人。現場的人聽到人吃人都驚呼了出來！只聽過人殺人，還能有人吃人！那太恐怖了。沒錯，到最後只能人吃人，現在鹿也很少了，雞（咕囉嘓）也要抓來吃，現場的人聽到要抓咕囉嘓來吃，都睜大了雙眼，連忙說：咕囉嘓（雞）都吃髒的小蟲，蜈蚣，吃咕囉嘓會生病我們會死掉。政務員站在人群中說話了：善良又充滿愛的福爾摩沙屬民啊！你們聽我說，這次我們面對著的，是比去年的惡匪還要恐怖百倍的敵人啊！去年我們有驚無險的團結起來才度過危險，感謝去年大家團結努力消滅敵人，這次我們要更團結才可以，就依照利安說的方法，這也是我的命令，大家聽命令依指派按計劃進行，由頭目由長老們執行。至於吃雞的事，我們荷蘭人吃了一輩子也都白白胖胖的，雞是人間美味啊，不會因為吃了蟲子就骯髒的，雞正是因為吃了蟲子也能長大，所以我們吃雞更會長得頭好壯壯，雞是補品是上帝的恩賜。頭目聽完政務員的話後，連忙答應說：全部落的人聽令，按政務員的命令，利安的意見，充份配合照著做，如有違反規定案例處罰。我回去馬上殺一隻咕囉嘓烤來吃看看，當著大家的面吃給大家看，我們的好盟友荷蘭人跟長山人都在吃雞，我們就跟著吃。

　　又過了幾天，黃掛跟黛咪到田裡看看，小孩子們留在家裡讀書寫字，夫妻倆走著走著，看到滿地是小小的蝗蟲，像米粒那麼小的蝗蟲，都往山的方向跳，大隻一點的像指甲般大，都還沒長翅膀，也都拼命的往同一個方向跳，大隻的會飛的蝗蟲反而少了，有的死了有的飛走了，空氣中都是蝗蟲的腥臭味，像是魚腥味加上死老鼠的味道，是滿地的蝗蟲屍體加上蝗蟲糞便的味道。黛咪先說了話：頭家，你在長山時蝗蟲離開時也是這樣嗎？是啊！情形是一樣的，這是不祥的事啊！福爾摩沙要鬧饑荒了，那兩棵拉美的椰子樹也被吃光死掉，種了6年長得比人高了，唉！難過啊。沒關係的頭家，以後再種就好，蝗蟲不知道會不會飛去拉美島？水某吔，應該不會吧！如果蝗蟲真的飛去拉美島，那遍佈拉美島的椰子樹，山上的樹，林投樹都會被吃光的，真是可怕的蝗蟲啊。頭家啊，本來計劃要去蚶西港（原屬蕭壠的小聚落，現屬西港的範圍）種田的事，現在怎麼辦啊。水某吔，草都被蝗蟲吃光了，牛也會跟著死去，最後只剩下幾頭瘦弱的牛怎麼耕田。稻子甘蔗蔬菜都被吃光了，種子怎麼來。頭家啊！是啊！一片光禿禿的，鹿跟所有野生動物都會死去，沒死的也逃往高山去了。水某吔，是啊！黃掛紅了眼眶哭了起來，他想起小時候在長山的恐怖經驗說：最後就怕大家搶食物啊！飢餓的人是不怕死的，也不怕殺人，不搶不殺人的就會餓死，人吃人是真實的事，餓到頭昏眼花恍恍惚惚，連能抓到老鼠也開心啊。頭家吔，是啊！到那時候有食物不拿出來分享的人，反而有生命危險，祈求上帝憐憫我們福爾摩沙人啊。水某吔，熱蘭遮城堡內應該還有很多米跟糖，到時候我們的主人會幫助我們的，或許是我們擔心過頭了。頭家啊，你傻啊，直到現在荷蘭人也沒有什麼動作，他們先顧著自己，福爾摩沙人跟長山人還是自己要想辦法。水某吔，沒辦法了，現在有錢也買不到食物，錢又不能吃，金跟銀是吃來自殺用的。

　　頭家啊，有吃的東西金跟銀才有價值，跟荷蘭人結盟的福爾摩沙的部落人口眾多，沒有結盟的應該也有數十萬人，城堡裡的食物如果要分給我們福爾摩沙人，吃三天就吃完了。我擔心有跟荷蘭人結盟的，沒有跟荷蘭人結盟的兩邊會為了搶食物而打起來。水某呢，是啊！平時為了打獵的小事就打來打去的，這下子會更嚴重，到時候連荷蘭人也保護不了我們，我們會捲入搶食物的戰爭。頭家，那我們都會死吧。一向樂觀的黛咪也紅了眼眶說：還是拉美島好，這裡是是非之地，荷蘭人來了跟來了長山人，抓來了拉美人，抓來了班達人，原本食物充足的福爾摩沙人，鹿肉魚肉吃不完，那拔（番石榴），柑仔蜜（蕃茄），山柑阿（毛西番蓮），番木瓜（木瓜），蕃薯（地瓜），香蕉吃不完，無憂無慮的生活著。水某呢，也是因為這樣，吸引更強大又更有貪念的人到來，還有像我這樣的人，逃命為了能活下來的人到來。靠天公疼惜的憨福爾摩沙人，生活在天堂的拉美人，遠方的班達人，你們的命運都被攪和在一起了，現在連蝗蟲大軍也參一腳。頭家呢，上帝會有安排的，我們誠心的祈禱，上帝會派天使來救我們的。水某呢，你就是善良啊，我知道這是安慰我的話，我在長山什麼神都拜，保生大帝，關帝爺，媽祖，觀世音菩薩，王爺公，結果呢！我全家死的死逃的逃，我慶幸自己已成為福爾摩沙人，大員人，拉美人，蕭壟人，不再是那令人悲傷的長山人，我跟妳生下這幾個小拉美人，還希望能有一天全家搬回去拉美島住，離開這是非之地，現在看來是沒希望了啊。頭家呢，回家後不要說這些會讓孩子們悲傷害怕的事，我們要假裝沒什麼事，一切都會沒事，我繼續每天開開心心的去河裡抓魚，你負責找一些野菇木耳，禮拜日全家照樣上教堂，孩子們照樣上學，照樣在家讀書寫字。水某呢，好啦，現在也沒有生意可做，要等大船入大員港，才能再去大員去赤崁，再帶拉美的椰子回來給你吃。頭家，謝謝你，上帝自有安排我們回家去吧！太晚了孩子們會擔心。黛咪牽著黃掛的手漫步走回家去。黃掛不敢說出口的事是，蝗災過後最可怕的事，餓昏的人什麼都吃，結果是傳染病，瘟疫接著來，真有那麼一天到來，黃掛不敢再往下想。

04
再見了！拉美島

　　又過了幾天，又到了晚上睡覺時間，黛咪全家人躺成一排睡覺。黛咪繼續講著她的故事：我們被捉到了大員，所有人都被關到城堡的大房子裡，陸陸續續有我們拉美人被抓來關在一起。我們哭，荷蘭人不准我們哭，哭的人就被皮鞭鞭打，有的男人受不了反抗，就被打到吐血死亡，也有的女人撞牆自殺了！荷蘭人不打小孩，有小嬰兒的媽媽也不打，太老的老人都給很少的食物，老人們故意不吃食物，有的就餓死了，後來成年的男人們被分開帶走關在別的地方，我阿爸阿兄就這樣跟我們分開了，說是要去大員北方的魍港（東石）做碉堡。這是那個原本就跟我們不友好的放索仔（林邊）頭目，他來大員當翻譯講給我們聽的，這個可惡的放索仔頭目說：他也沒辦法他也不願意這樣，荷蘭人拿槍逼著我，我只能帶路去拉美島。這個可惡的放索仔頭目，他明明去年才有去過我們拉美島，還想看說有沒有拉美島的女人，要去住在放索仔跟他們的男人結婚，像古時候那樣雙方常有往來。我們的頭目跟他明確的說：不可能，這古老的情誼早就結束了，保持朋友關係，但再也沒有親

戚關係，因為從前從拉美去住在放索仔的拉美人，都生活的不好，甚至被凌虐或生病死了。他被拒絕懷恨在心，帶荷蘭士兵上來拉美島時，他們放索仔的人衝第一，後面跟著荷蘭人，新港（新市）人又跟在荷蘭人的後面。也是放索仔頭目，帶著荷蘭人找到阿母躲藏的大洞穴的，我們恨死他了。他還得意的對我們女人說：你們的男人都要被載去一個很遠的地方當奴隸，要做十年苦工才能回來，那是從拉美島往南再往南再往南，叫巴達維亞（雅加達）的地方，你們以後沒有男人保護你們了，何必留在大員受苦，不如跟我去住在放索仔吧，我可是出了名的疼惜女人，我可以替你們求情，荷蘭人可是我的好盟友。我們所有女人紛紛站起來罵他：你是給雞吃的小蟲，蜈蚣，逃不過雞嘴吧。這就像是長山人罵人，雞狗不如的畜牲，不知羞恥是一樣的。他怕了，在場的士兵也嚇了一大跳。過沒幾天，瑯嶠王的弟弟來看我們，瑯嶠（恆春半島）跟我們拉美是友好的，自古就有往來，他弟弟也來過拉美島，他們有兩個部落有拉美人的親戚，我阿祖聽說是瑯嶠美女，聽說她是皮膚很白很漂亮的阿密斯，她會用苧麻做布，做衣服做繩子，比這些長山來的粗布還漂亮，瑯嶠王是有信用又有威望的人，有 18 個部落歸他管理，瑯嶠有幾萬人，我們拉美才 2 千人。

　　我們拉美的女人很喜歡去住在瑯嶠（恆春一帶），如有喜歡的人也願意跟他們結婚，他們是文明的國度，吃的魚吃的鳥也跟拉美人一樣，他們每個男人都是勇士，每個女人都是淑女，他們穿自己做的衣服，不比荷蘭人差，而且瑯嶠也不缺水，只有一點麻煩的事，他們跟我們講的語言不一樣，只能聽懂一點點。瑯嶠也跟放索仔是敵對的關係，我們看到瑯嶠王的弟弟來都開心了起來，但我們失望了，他沒有多說什麼，在那麼多荷蘭士兵的監視下，他不敢多說什麼，他好像說了：這是我們拉美人應該受到的公正處罰。但我們看得出來他心情沉重。四個小鬼都睡著了嗎？都沒有聲音。有啦！有啦！還認真的聽著。哈哈！我也還沒睡，水某吔，我跟你

講，贌租^註瑯嶠的朋友說，他在瑯嶠有看到很多拉美人被瑯嶠君主保護著，分配在隱密的部落裡，我半信半疑所以沒講。喔！那是拉美人，是拉美人，荷蘭人來攻擊我們又離開，5 天後又回來攻擊我們，這幾天中很多拉美人逃去瑯嶠投靠遠親，也有逃去嘉祿堂（枋山，枋寮一帶）的，原來他們都平安的到達，感謝主啊！他們是趁著黑夜划竹筏離開的。耶！好耶！四個小孩都開心的叫了起來。頭家啊！下次去大員再問問，贌租力力（崁頂），東阿土港（東港），新遠（新園）的朋友，看看有沒有拉美人在那邊隱藏起來生活，因為我的小哥哥跟幾個鄰居男人，在下淡水溪（高屏溪）跳船逃走了。我跟你說，我們被關在大倉庫的時候，後面被抓來的人說的，說他們那一船有十幾個男人，在帆船進入下淡水溪汲水的時候跳船逃走了，我小哥哥一定還活著。黃掛大吃一驚！啊！那真是太好了，可是那一年有聽說又抓到了幾個，也被放索仔人殺死幾個。頭家啊！我算過，逃走十幾個，抓回來 3 個被殺死 5 個，那還有好幾個人是被保護起來著啊。東阿土港（東港），新遠（新園），力力（崁頂）他們都是拉美人的好朋友，我們在那邊都有遠親，自古以來雙方都有在往來。真的，水某吔，那太好了。頭家啊，你要小心的問，他們可是逃犯，跳船逃跑前還殺死了荷蘭人，如果被發現是很危險的。水某吔，我會小心的問，都過十幾年了荷蘭人早已忘記，現在荷蘭人對拉美人這麼信任，還指定十幾個拉美小孩進去城堡學習，我們的索阿也進去了城堡學習，現在風頭過了應該沒事。

　　頭家啊，還是謹慎一點較妥當。嗯，我了解我來想想辦法，啊！對了，下次開地方會議的時候，這幾個部落的頭目都會來，我提前兩天去赤崁等他們，我懂很多瑪卡道語，可以跟他們探尋看看，而贌商朋友的夥計很會講他們的話，我送個酬勞不難辦。福爾摩沙人人人愛錢，這幾個頭目我會多送一點，假裝慰勞他們遠道大

【註】贌租：荷蘭人將各地區的買賣權利以一年一次的方式標售權利。

員來開會，也假裝想去贌租他們的地方，請頭目們多多關照，一定可以打聽出一些消息。哈！頭家，這就是你們長山人的專長，這次你要把專長發揮出來喔。阿爸，阿母，索阿哥哥在城堡裡學習，不知道過得好不好？安娜，他現在肯定過得比我們好，至少有東西吃不會餓死，我們要想辦法找食物，省著吃才不會餓死。頭家啊！別講這些嚇小孩，直到今天還不是都有東西吃，只是吃少一點而已。娜美忍不住說了：阿母，我有一點餓。隆克也說了：我也有一點點餓。黃掛搶著回答：那大家互道晚安睡覺吧！夜深了，你們阿母天天抓魚累壞了，我也好睏啊。黛咪全家人互道晚安紛紛安靜的睡著。蝗災持續了幾個月，比較遠的哆囉嘓（東山），諸羅山（嘉義），虎尾壠（褒忠，虎尾），傳出鬧饑荒，開始有人餓死了，鄰近的麻豆，新港（新市），大目降（新化），目加溜灣（善化，安定）也是相同的情況，沒有草沒有樹葉，鹿都逃往山區去了，下午常常會下雨的天氣，也很異常的好幾個月沒下雨，風一吹來黃沙滾滾，連風也熱的讓人受不了，河裡海灣的魚也抓光了，冬天才來的烏魚季也還沒到，更壞的是黃掛最擔心的事也發生了，好多部落都傳出傳染病，也有人病死了，這熱病這天花要是傳染到，再強壯的人也會受不了，更何況現在大家只吃一餐，每個人都瘦了不少，要不是分配得宜，恐怕蕭壠人早就吃土了。一向信奉上帝樂觀的一家人也悲傷了起來。黛咪全家人坐在客廳裡喝水，也不禱告了就呆坐著，現在外出也找不到食物，也沒魚可抓，田裡的土裡的能挖的也都挖了，別說是雞連老鼠也少了，蕭壠沒有傳染病算是最好的。

黃掛忍不住咒罵了起來：這些小氣自私毫無憐憫之心的荷蘭人，都躲在城堡裡吃香喝辣的，連發一包米也沒有，都不來救濟我們，當我們是他們養的狗，是連他們養的狗也不如，就剩這幾條蕃薯了，誰來救我們。全家都默默的聽他發怒大喊。過了一會兒，安娜應了一句：政務員跟牧師都有跟城堡長官反應了，說船早就去了日本買米，只等船回來。黃掛聽了更是發火：聽他們放屁，我知

道鄭成功在跟滿清皇帝打仗，沒辦法去長山買米，那巴達維亞呢？也沒有看到巴達維亞載米來啊！即使是米買來了載來了，會發給我們福爾摩沙人嗎？去年郭懷一跟農民工起來反叛他們，我們是怎麼幫助荷蘭人的，我們福爾摩沙原住民（指平埔地原住民族群），我們西拉雅，我們瑪卡道是怎麼解救他們的，我們是荷蘭人的救命恩人，救命恩人都要餓死了，荷蘭人卻還躲在城堡裡。郭懷一叛變是可惡，沒有我們跟荷蘭人一起作戰，就憑那一千多個荷蘭士兵，能打贏有一萬多人的郭懷一嗎？郭懷一是不知感恩的叛徒，幻想著當大員王，大家從長山逃來大員安穩的生活著，做生意的做生意，種田的種田，他還不滿足，洗腦農民工起來叛變搞得一團亂，這也是你們荷蘭人太小氣的結果。黃掛滔滔不絕的講。全家人靜靜的聽讓他發洩，雖說這些事是大家共同的經驗，也都知道情況，還是默默的聽他講：郭懷一死得好，那五千個不滿足的傻瓜農民工死得好，想當大員王，哼！還想分封功臣當皇帝呢？哼！通通死得好。糖價低了一點是怎麼啦！米價高了一點又是怎麼啦！是長山常年打仗害的呀！海盜跟貪官造成的啊！大員的糖沒辦法運出去，荷蘭人的貨沒辦法賣啊！長山人，自己貪心不足想稱王不說，說一大堆借口啊！人頭稅多一點又是怎麼了，大家都還有生意做，有書讀也有飯吃，沒有戰爭沒有打打殺殺，已經是活在天堂了啊。郭懷一把大員說得那麼差，那為何不帶著農民工回去長山，大員不是不好嗎？把大員說得好像是地獄一般，把荷蘭人說得好像是吸血鬼一樣，自己想當大員王取代荷蘭人不說，哼！郭懷一，死了下十八層地獄永世不能超生。安娜拿了水給她阿爸喝：阿爸你慢慢說，盡量說心情會好一點。黃掛喝了水，又繼續說：郭懷一死了，跟隨他的幾千人也死了，害怕的心裡有鬼的逃回長山去，隱匿不報的頭家也跑了，只剩下像我一樣，早自認是福爾摩沙人的人留著，對荷蘭人忠心的人還留著。

　　人少了人頭稅也少了，生意蕭條賺錢更加困難，叛亂也毀壞房屋農田，一切都變了樣，這些不滿足不懂感恩的長山人死好，沒

有人可憐你們。但也很好笑，現在鬧饑荒了，荷蘭人也沒有可憐我
們。我們福爾摩沙人拼了命也犧牲了命，才消滅郭懷一，你們荷蘭
人就賞那幾塊布，放一天假慶祝，免除那一點點稅，不值啊！憨福
爾摩沙人，不值啊！小氣的荷蘭人你們會有報應的。我們福爾摩沙
的鹿也被抓光了，鹿肉賣去長山，鹿皮賣去日本，每艘大船裝滿十
幾萬張的鹿皮載走，我們福爾摩沙人是要吃土是不是啊！黃掛直嚷
著，不知不覺的跪了下來，大喊：上天啊！上天啊！突然烏雲密佈
狂風直吹，狂風直吹烏雲密佈。哈哈！哈哈，黃掛開心的笑出聲來
站了起來，全家也跟著站了起來。哈！哈哈！要下大雨了，不，不
不，好像是要做颱風的前兆。果真幾個小時後，瘋狂的下起大雨，
接著風雨交加，是特大號的颱風。黛咪一家人緊閉門窗躲在屋內，
黃掛在屋內開心的又叫又跳說了：我們得救了，福爾摩沙人得救
了，這大風雨會淹死所有蟲卵，吹死所有蝗蟲，下了雨植物很快
會活過來，我們會有吃不完的嫩芽，四處逃跑的動物會再跑回來，
田裡很多死蝗蟲田地正肥，只要重新種些農作物，很快的我們又
恢復正常的生活，只要颱風不吹走我們這竹草屋，我們都得救了。
感謝主！感謝主！黛咪全家又手拉著手禱告了起來。颱風走後又連
續下了幾天雨，荷蘭人也派人挨家挨戶送了很多種子，穀，黍，豆
子都有，在田地裡沒挖到的小蕃薯，小芋頭也紛紛快速冒出芽，才
幾天的時間，樹也冒了新芽，草長得更快，像是奇蹟一般大地回復
生機，鳥也飛回來了，每個人都忙著種田，大家也才明白了一個道
理，原來沒有植物，所有的動物所有的人都活不下來，也警覺現在
沒有鹿了，要學習荷蘭人的知識，學長山人勤奮的種田，才能再無
憂無慮的生活。也要學著囤糧，那肚子餓時，再去抓鹿抓魚來吃的
日子早已遠去，那喝酒玩樂，吃飽睡睡飽吃的日子早已遠去，那隨
著自己開心，隨心所欲的生活方式再也回不來了。

　　這年，烏魚也守信用的大量的來，蝗蟲不見了一切恢復生機，
傳染病也消失無蹤，聖誕節是辦得全部落開開心心的，荷蘭人好像
是心中有愧似的，分送了每個家庭小禮物，政務員也宣佈說：福爾

摩沙的原住民以後的稅都會取消，看得出來是在用這小恩惠，討大家歡心消除大家的不滿。跑回長山的農民工又開始跑回來大員，商人頭家也又回來大員，經過可惡的郭懷一事件，恐怖的蝗災之後，整個福爾摩沙元氣大傷。幸好現在平地上的福爾摩沙人，已經不再打打殺殺，農民工跟荷蘭人的敵意也漸漸消失，都努力的工作著，很快的一切又恢復了秩序。四月份，一年一度的地方會議要在赤崁舉行，黃掛跟黛咪商量好了，趁這次去打聽他小哥哥的消息，順便買一些拉美椰子回來，也要跟頭家們商量，在蚶西港一帶租地種田的事，以後就專心做一個種田的農夫，全家人當當翻譯，也能開開心心的生活在一起，幸好來大員這些年有存些錢，就帶足錢出發去大員，黃掛信心滿滿，要牽手等他回來，臨行前一再交代兒女們要好好讀書，上教堂上學校。安娜忍不住內心的牽掛說：阿爸，你也打聽一下索仔哥哥的消息，他去城堡生活現在不知道怎麼樣了。好的，這也是阿爸心裡想的，我這次去多留幾天，你們等我的好消息。今夜又如平常那樣安詳又寧靜，全家人又躺成一排睡覺，前陣子忙著找食物累翻了，都沒能好好的講故事給孩子們聽。阿母要講故事了喔。好，好，四個小孩又興奮的聽著：瑯嶠朋友那個瑯嶠王的弟弟離開後沒幾天，我阿爸阿兄跟幾十個男人都被綁上鐵鍊，搭小船去大員北方建碉堡。而我們被告知要被帶到一個叫新港（新市）的地方，所有女人跟小孩，跟十幾個很老的老人，全部被帶到新港（新市），我們都很害怕但也很認命，心裡想著乖乖的聽話配合，等著我們拉美的男人們再回來，那個放索仔頭目塔哭米說：最久十年，表現好的 3，4 年就回來，但是我們如果逃跑他們就會殺死男人，同樣的男人逃跑也會殺死他們的女人，小孩。我們哭也哭不出來，一句話也不想說，像行屍走肉般，被用一條繩子綁著，荷蘭士兵跟新港（新市）人監視著我們走到新港（新市），這個給雞吃的小蟲塔哭米，不知道拿了荷蘭人多少錢跟布，才會這麼沒良心，上帝會懲罰他的。

　　還真是報應，塔哭米幾年前被他兄弟殺死了，還被砍頭。耶！太棒了，四個孩子忍不住都叫出聲來。後來我跟姊姊被分配到一個新港（新市）的家庭裡。克隆克也是監視我們的士兵之一，在路上他會拿水給我們姊妹喝，我阿姊懷孕有 4 個月了，我姊夫已死在拉美島，大家的命運都一樣悲慘，也不知道以後的命運會怎樣，阿母的腦筋是一片空白，不哭不笑不說話，就像沒靈魂一樣。克隆克陪我們姊妹到最後才帶著整排士兵回去，他跟新的主人說了一些話，也跟我們點點頭才離開，還有一個拉美的小孩跟我們一起分配給這新家庭，沒有人認識這個小男孩，沒有人知道他是誰的兒子，他都黏著我們姊妹叫我們姊阿，像他這樣只有 6，7 歲自己一個人的小孩子，還有好幾個，他就是有空就會來找阿母的德哈利，利阿舅舅。安娜驚訝的問：是喔！阿舅不是你親弟弟喔！上個月還拿那麼多東西來，還有鹿肉乾吔。對了，他跟一個新港（新市）的女人結婚了，因為蝗災饑荒沒來通知我們，早已搬去跟他牽手住，可喜的是他也學會新港字，漢字，荷蘭字也會一點，阿母想找個時間去看看他們，他好像很忙這次來一下下就說要回家去，我要他下次帶他牽手來跟我們見面，他推託說他牽手很胖走不動。哈！哈哈，每一個小孩都笑了出來，娜美忍不住說：阿舅騙人，就都鬧饑荒了，差一點大家沒餓死，還有胖到走不動的女人。哈！哈哈。其實你們阿舅跟我們姊妹，算是比較幸運的，他也成為虔誠的基督徒，比我們還虔誠，只是對長山來的人很有成見，只有對你們阿爸不會，對其他長山人批評的像什麼似的。我們住在新港（新市）家庭的時候，小雜事都是他在做，他也懂事勤勞不哭不鬧，很得頭目喜愛。安娜驚訝的問：是喔！你們被分配到新港（新市）頭目的家喔。哈！是啦！不知道是頭目他心裡愧疚，因為他派了幾十個戰士去拉美島參加作戰，還是克隆克跟他講了什麼話，頭目夫妻跟他的小孩都對我們很好，客客氣氣的非常友善，也有一些拉美人被分配到麻豆，目加溜灣（善化，安定），蕭壠（以佳里為中心）生活。

　　好景不常，令人悲傷的事發生了。幾個月後我姊姊生下索阿，她難產大出血死去，只看了她的小孩一眼就昏死了，我們都不知道怎麼救她，沒有人能救活她，她臉色死白看著我看著幫忙生產的頭目夫人，什麼話也沒說就闔眼了。蒙主恩寵她解脫了！荷蘭人早已禁止將死去的人埋在屋內，有集中的墓葬區，頭目派人將她埋葬，牧師也來主持葬禮，我跟德哈利，頭目一家人跟幾個鄰居都參加了這個簡單的葬禮。頭目夫人抱著索阿參加葬禮，剛出生三天的小孩子是不會懂得什麼的。阿母哭阿舅跟著哭，就只有我們兩個在哭，葬禮就要完成，突然間索阿也大哭了起來。還好有頭目夫人，頭目夫人找來兩位婦人輪流餵奶，他們都剛生小孩奶水充足，頭目夫人幫他取名索阿，說這是代表遠方的意思，從遠方來此安居的意思，從此不用再流浪的意思。當時你們阿爸是贌租新港（新市）的頭家的合夥人之一，常來頭目家走動，他是跑腿的小股東，胸前掛著一個牌子常在新港（新市）走動，做交易收鹿皮，帶鍋子，碗，鹽，布跟一些小東西來交易，也顧用幾個新港（新市）人當幫手，阿爸在交易時不會偷斤減兩，跟另外兩個同伴不同，常跟他們兩人起爭執，我們都看得出來但假裝不懂不知道，因為當時部落沒有商店，只能跟他們交易，我們很需要鍋，碗，布，既使是吃了虧也不願意說，另外兩人都會藉口鹿皮有傷口，鹿皮品質不好少給錢，但你阿爸都按照規定給錢，他們常會送禮物給頭目跟長老們，你阿爸還會偷塞東西給我，藉口說我身邊帶一個小孩很辛苦要幫助我，他知道那是我姊姊的小孩，有一次冬天的時候他拿了二匹布給頭目，藉口說冬天到了一匹給我做衣服。哇！利安說了話：阿爸好有心喔！一匹布耶！工作三個月也買不到一匹布。是啊！阿母知道布的珍貴，但他是拿給頭目的，也有一匹布是要送頭目夫人的，阿母連拒絕的機會都沒有，頭目夫人也開心的大笑。你們阿爸每次來都會送小禮物給頭目夫人，還當面說：他在新港（新市）要走得通，完全要靠頭目夫人啊！甚至有時還偷塞錢給頭目夫人，也藉口說，頭目夫人家一下子多了好幾個人要負擔，這一點小心意還請夫人不要計較。

　　頭目跟夫人常說，謝天謝地托黛咪的福。所以對我跟阿舅還有索阿都很好，連他的兩個兒子有時也吃起醋來。每兩個月克隆克會來看我一次，牧師跟克隆克很熟，克隆克來時都住在教堂，最久住一個禮拜，他來必會帶禮物送給頭目，也會送東西給我，剛開始我們言語不通比手畫腳的，但我知道他的意思，部落的人都很怕荷蘭士兵，頭目也很怕他，他拿東西給我我不敢收，頭目看我不收都嚇得要跪下來了，阿母知道頭目的意思，只能收下禮物。頭目夫人也示意要我陪克隆克四處走走，我們走到哪後面總跟著一群小孩，他們對荷蘭人都很好奇，都想看看這高大白皮膚長紅毛的人。我是被紅毛人抓來的，也是紅毛人救活的，紅毛人殺死了我眾多族人，我阿爸阿兄也被他們抓去巴達維亞當奴隸，在當時除了牧師跟克隆克，我痛恨其他的荷蘭人，我跟著他一起走時心情都很複雜。說也奇怪只要克隆克出現，你們阿爸就好像失蹤了一樣不會出現在頭目家。哈哈！阿爸是膽小鬼也怕荷蘭人，娜美又搶著答話。全家都笑成一團。是的，對的，看你阿爸那麼怕我也知道。幾個月後克隆克又來找我，這次他竟然學了幾句西拉雅語，想要能跟我說些什麼，但我西拉雅語也只懂一半，兩個人又是比手畫腳溝通比較快。那時候阿母已經信了主耶穌，是恩人牧師帶我上教堂的，恩人牧師竟然會說一些拉美語，他也精通西拉雅語，原來恩人牧師是去放索仔（林邊）學拉美語的。克隆克不敢請恩人牧師當翻譯，怕要跟阿母講的話讓牧師知道。克隆克一回去熱蘭遮城堡，你阿爸就巧妙的出現在頭目家，送來更多更大的禮物給頭目，其實大家心裡明白禮物是要送給……是要送給阿母的。娜美你再調皮。哈！哈哈，全家又笑成一團。那時候你阿爸年紀看起來不小了，長相斯文很有學問的樣子不像生意人，算是很帥，他說他一個人逃來大員，要永遠都住在福爾摩沙，他說他在長山沒結婚過，長山的親人早已死的死逃的逃，大家都不相信他說的，因為長山人是出了名的愛說謊。他也取了荷蘭名也信了上帝，他也說他是大員人永遠不再是長山人，他死也要死在福爾摩沙。當時阿母把他的話當成是開玩笑，後來偷聽到

他跟另外兩個合夥人講話才相信，他們又為了換鹿皮的的事爭執，另外兩個合夥人說：我們在漳州有妻兒要養跟你不同，賺飽了錢就走人，沒心思管這些憨番的死活，你全家剩你一個人是活該，假愛心裝善良，跟你合夥還真倒霉，別的販商都發大財了。

　　阿母看到了你阿爸跟其他人不同，長得帥又殷勤誠實，阿母身邊又帶了個小孩，到後來你阿爸先問我的意思，請求阿母牽他的手讓他跟著，而這個小孩索阿，他會如同自己的兒子般養大，他只有一個請求是，他跟現在的合夥人不合，如果阿母願意牽他的手，我們要搬到蕭壠住，他要去蕭壠做生意。呸！然後阿爸阿母就結婚了，就搬到蕭壠來住，就生下我們四個，就……娜美又調皮的說著，全家又笑成一團。安娜貼心的說：很晚了，今晚讓阿母講了太久，以後多的是時間，讓阿母休息大家睡覺了吧。於是全家人愉快的互道晚安。安娜心裡想著：克隆克呢？緊要關頭跑去那兒了？依照阿母說的內容，克隆克肯定是愛上阿母了，他救了阿母兩次，水深火熱的救了過來，阿母也把弟弟取名隆克，感覺的出來他們的關係不只是友情啊！真的是荷蘭人在阿母的心中有陰影嗎？我一頭紅棕色的頭髮是怎麼了？我該直接明白的問阿母嗎？不可以我不能問，阿母命運坎坷好不容易熬了過來，無論如何只能讓她自己說出口，她說的就是事實我要完全相信，我不能也不必懷疑，就像我的皮膚白，是有阿密斯的血緣一樣。想著想著，不知不覺中安娜也睡著了。

05

拉美情歌

做禮拜後黛咪全家人到小田地農作，之前種下的各種豆子，蕃薯芋頭香蕉都長得極好，也收成不少的菜。利安說：我們還沒有種的地方要種蕃薯跟芋頭，這兩種農作物好吃好種又能預防蝗災，種越多越好避免蝗蟲大軍再來。全家都幫忙種蕃薯跟芋頭，這蕃薯藤剪一小段約二尺長，一尺種入土中一尺外露就可以了，而芋頭，只要把大芋頭旁邊的小芋頭再種下就可以。利安也把種蕃薯跟種芋頭的想法告知全部落，每個人都照辦了。這比種稻子要快收成，蕃薯芋頭切絲曬乾能保存好幾個月，這樣就不怕蝗蟲大軍再來了。全家忙完農事回到家門前，看見初阿手裡抓著一隻山雞要送給他們，初阿說：安娜愛吃山雞，我去河灘地長草中埋伏射了兩隻，這隻母山雞肉細好吃送你們，另外這隻漂亮的公山雞我抓回去。黛咪開心的收下初阿的咕囉囉，也給初阿帶一些菜跟豆子回去。安娜也禮貌的感謝初阿。初阿開心的又跳又叫說：再有抓到山雞會再抓過來，

一下子就跑得不見人影。初阿是部落出名的長跑能手，沒有其他麻達[註]能跑贏他，他也是神射手擲鏢槍也奇準。初阿孝順也不喝酒，但他的阿爸是一個酒鬼，他大安娜兩歲，相仿年紀的男生女生都喜歡跟初阿做朋友，他在家排行老大還有三個弟弟，因為生不到女兒，初阿的阿爸在家中很沒有地位，他整天喝酒不做事。利安看著初阿跑走後說：初阿跑得快又會打獵，連鹿也射得中是我心目中的英雄。我不要說鹿了，連一隻咕囉嘓也抓不到。黛咪說了：可惜，現在鹿少了，長山人用獵鹿機抓鹿，連懷孕的母鹿小鹿都抓，蕭壠（佳里）的鹿快絕種了，要不然初阿會是獵鹿王。隆克說了：阿母，大目降（新化）大武壠（玉井，南化，楠西）哆囉嘓（東山）諸羅山（嘉義）還有鹿。安娜說了：連山邊一帶的鹿也少了，政務員說，打算禁止捕鹿了，長山人都違反規定亂抓，照這樣下去鹿會絕種。

很快的部落四處都種滿了蕃薯跟芋頭，全部落的人都大大稱讚利安，政務員跟牧師也當著黛咪的面稱讚起利安，說有這麼聰明賢慧的黛咪，當然會生這麼有智慧的兒子。黛咪一想起兒子被連連的稱讚開心不已，常常開心的唱起拉美情歌來：

純潔無瑕的白沙啊！代表我的心。湛藍清澈的海水啊！傳達我的情。迎風搖曳的椰子樹啊！考驗著我們的愛情。妳是人見人愛的紅珊瑚啊！讓我跟著妳此生不渝。純潔無瑕的白沙啊！代表我的心。湛藍清澈的海水啊！傳達我的情。迎風搖曳的椰子樹啊！考驗著我們的愛情。你是少女仰慕的翠綠山巒啊！我願意我願意。純潔無瑕的白沙啊！代表我的心。湛藍清澈的海水啊！傳達我的情。迎風搖曳的椰子樹啊！考驗著我們的愛情。妳是人見人愛的紅珊瑚啊！讓我跟著妳此生不渝。純潔無瑕的白沙啊！代表我的心。湛藍

【註】麻達：臺灣平埔地原住民族的傳令人員，一般為 12 至 16 歲的青少年

清澈的海水啊！傳達我的情。迎風搖曳的椰子樹啊！考驗著我們的愛情。你會像那嘎嘎嘎叫的伯勞鳥啊！飛過來又飛過去。黛咪一邊做菜一邊開心的唱著拉美情歌，四個小孩也跟著哼唱，全家人都會唱拉美情歌，從古老的時代開始拉美人都會唱這首歌，也不知道誰先會唱的。拉美人開心的時候更是喜歡唱，安娜還跟黛咪對唱著女生那一段，逗得黛咪更是開心。阿母答應今夜要講完她跟克隆克的故事，又後來是怎麼跟阿爸結婚的，安娜想到自己，屬於我自己的愛情故事呢？要對我唱情歌的人在哪兒？什麼時候會出現？這是專屬於少女的煩惱。聽阿母講他的愛情故事好唯美，怎麼我的愛人還沒出現，就先煩惱了起來。當夜，黛咪是這樣說的：

　　你阿爸跟我表白意思後我沒有答應他，他一個大男人也沒唱過情歌給我聽，我也沒有跟他出去約會過，他像個冒失鬼一樣講的吞吞吐吐的，他人是正派也是老帥哥一個，在頭目或頭目夫人面前嘴巴特別甜，都說阿母是公主，頭目的養女當然是公主，又是從拉美來的也可以稱是拉美公主。又特別會送禮，所以他怎麼講頭目夫人就怎麼應和。後來你阿爸改變了做法，開始送花給我，牽牛花配上薔薇花，還是他自己摘採的，配成一束一束的每次來都帶，我真的被感動到心裡漸漸的接受他，但沒有表現出來。在一個特別的日子特別的早晨，那是一個秋天已經稍微起北風的早晨，有馬蹄聲在頭目家停了下來，以前如果有荷蘭人騎馬來頭目家，都是快中午了，怎麼今天特別早，而一般都是城堡的傳達兵來，今天卻是克隆克騎著一匹駿馬來，我跟頭目都跑出來看，也都看傻了！部落的人都知道這個荷蘭人隔一段時期就會來找我，這次竟然是騎著馬來，在頭目同意後，克隆克拉我上馬坐在他的前面，阿母從來沒騎過馬，坐上去有高高在上的感覺，坐在馬鞍上其實很穩，馬走起路來一上一下的，不可怕還真好玩，以前看荷蘭人騎馬也很想能騎看看，真的騎上了馬阿母開心不已，部落的人看著我們在空地上繞來繞去都跑

出來鼓掌，大家都知道他是救過我的命的好荷蘭人，也都跟他揮手打招呼，我第一次感覺我是公主。克隆克指揮著馬繞離部落直到路上沒人，開始讓馬慢慢的跑起來，我大叫因為晃得厲害，他突然拉住我摟著我讓馬跑得更快，我叫得更大聲他卻呵呵的大笑。他有時候讓馬小慢跑，有時候讓馬用走的，又有時候再讓馬跑快一點，是要讓我適應，而馬鞍上有一個小握把，我雙手緊緊的握著順著馬的步伐起伏，感覺沒什麼危險。小鬼，你們又都睡著了嗎？安娜應著：沒睡著，阿母快再講啦！哈！阿母睏了不講了。四個小孩一遍慘叫說：阿母沒講完我們會睡不著啦。好，阿母繼續講，你們聽清楚了：

就這樣我們騎馬越過小溪，穿過林投叢來到海邊沿著海灘前行，克隆克指著遠方一棟白色的大房子，屋頂是紅色的，是熱蘭遮城堡（俗稱安平古堡），阿母想起從前的傷心事，他看著我感覺不對，連忙搖搖手再指向城堡旁邊的大帆船，要我看那幾艘大帆船。從遠處看海上的大帆船畫面真美，白色的帆藍色的海就如一幅美麗的畫。這讓我又想起在拉美島時候，在夕陽下天台的小草地上，看帆船飄過拉美島的畫面，當時還小很想看帆船飄過的美景，根本沒想到帆船是危險的船。我們又一路走到一處小森林，來到小森林中的一大片草地上野餐，哇！那是神秘的祕境，安靜又美麗，草地的遠處還看到幾隻鹿在吃草，一群白色的飛鳥受到驚嚇飛了起來，那群鹿也警覺起來躲入樹林中，我們走上一處小高地上，不是很高但坐在上面看整個小草原，看天空的白雲，內心有無限的感動。克隆克試著用他學到的西拉雅語跟我講話，我一知半解只能猜而已，阿母感覺到以前他來找我都是開開心心的，這次看他若有心事的樣子。我跟他在一起並不害怕，反而很有安全感，我常想荷蘭人有殘暴的也有慈愛的，長山人有詐欺的也有誠信的，福爾摩沙人有正直的也有喝酒鬧事的。四個小孩異口同聲的說：只有拉美人是純真善良又守信用的。哈！哈哈，小鬼們別亂插話，但你們說的是事實。我們在小台地上野餐，克隆克帶了很多種食物，還帶了一瓶葡萄酒

一瓶烈酒，這些東西要花他很多錢，阿母第一次喝到葡萄酒，因為很貴所以很好喝。哈！哈哈，四個小鬼笑成一團。其實感覺不到好喝在哪，澀澀的比馬西馬西酒^註還難喝。野餐後休息了一會兒我們又騎馬繞了幾個地方，回程時他加快騎馬的速度一路摟著我，快到部落時才放慢速度也放開了我，他把沒吃完的東西都拿給頭目後，又帶著我去見恩人牧師。

　　克隆克要我站在遠處，他跟恩人牧師談了一會兒，阿母想著他是跟牧師禮貌性的道別，因為他要回去城堡了，他們兩個人的眼光卻常常望向我。臨走前他送阿母一包禮物時，雙手緊緊的握住我的手，我還沒回過神來，他一轉頭騎上那匹駿馬，頭也不回的快速離去。這是不尋常的事，他從來沒有像這樣匆匆的來又匆匆的離去，連頭也不回也沒說再見，讓阿母一直呼喊：克隆克，克隆克，克隆克。圍觀的人很多，我進屋打開那包禮物，是一匹精美的絲綢，一瓶香水一支銀釵，一支銀製的小十字架，和一個內裝十里爾的小袋子，我看完立刻哭了出來，阿母終於知道是怎麼回事。隔天禮拜日後，恩人牧師拉著我到旁邊小聲的跟我說話，安慰著我說：一切都是主的安排啊！克隆克要我傳達給你，他在遠方會祝福著妳的，他很開心能在拉美島遇見如此純真善良的女孩，幾年來能支持他在福爾摩沙當兵，而不感到痛苦的是因為有妳，他要我謝謝你也要我跟你表示歉意，他帶了士兵去毀滅了你們的天堂，他會誠心懺悔也會為你祝福禱告，願妳此生永遠平安快樂。他是任期到了合約期滿，他今天已登上大帆船要去巴達維亞（雅加達），再隨歸國艦隊回去我們的母國荷蘭。阿母聽完牧師講的話後一臉茫然。恩人牧師看我一動也不動一句話也沒回，最後拍拍我的肩膀說：克隆克回到他該回去的地方，上帝安排他回去他應該回去的地方，他的妻子跟

【註】馬西馬西酒為一種流行在當時臺灣平埔地原住民族的酒。至今臺灣人尚有稱喝醉酒的人是，馬西馬西。

兩個小孩還在等著他回家去。你現在已經是大人了，你經歷的苦也夠多了，主會保佑著你，妳放寬心吧！以後有什麼心事都可以跟牧師講，牧師要看著你以後都快快樂樂的。牧師又送給我一個銀製小十字架後，點點頭轉身離去。安娜聽完了說：所以我這支銀釵就是克隆克送的那支。對，所以妳要好好珍惜。放在小櫃子裡裝滿拉美白沙的小空瓶子，是那瓶用完的香水瓶，而白沙是請你阿爸的朋友從拉美島帶來的。而那匹閃閃發亮的蠶絲綢，阿爸拿去大員做了禮服，我結婚當天穿在身上的。利安說了：那件禮服呢？藏在哪裡？快拿出來看看。哈！早被阿母賣了，結婚後沒幾天就賣了，價錢可高呢，足夠買家裡的所有用品器具，剛好新婚後家裡有需要。克隆克離去後一個月我跟你阿爸結婚，去了婚姻事務處登記結婚後搬來蕭壠（佳里）住，上帝有保佑在此安居了十幾年，生了四個乖巧又懂事的小孩。

我們帶著 3 歲的索阿來到蕭壠住，離開了新港（新市）也跟你們的利阿阿舅分離。今晚的故事就講到這裡，晚安。

今天是娜美第一天上學，隆克可高興了，以後有妹妹陪著上學，又哥哥利安也因為黃掛那邊沒什麼生意，也跟著上學當小老師，利安早已會寫荷蘭文，漢文，新港文。荷蘭語，漢語，西拉雅語，瑪卡道語也都精通，是學校老師的得力助手。三個兄妹一起快樂的上學去。安娜跟黛咪一起在田裡澆水除草，黛咪問女兒安娜：乖女兒，你有沒有心上人？初阿，學校教師，大員頭家的兒子阿志，他們都對你有意思。安娜愣了一下回說：我也不知道，我沒有心上人吧。哈！妳也長大了，蕭壠人會在女兒 16 歲時另外蓋一個間小屋子，給長大的女兒自己住讓她自己挑選合意的男生，吸引有意的男生來吹口簧琴。而阿爸他們漳州人都是靠媒人來說媒，由父母做決定。而我們拉美人，是男生女生自由認識自由戀愛，在海灘在椰子樹下，在月光中在珊瑚礁岩前唱情歌，對著唱情歌互表心

意。現在時候到了，阿母需要幫你蓋一間小房屋嗎？阿母啊！我可是拉美人咄。對，是，你是阿母生的自然就是拉美人。福爾摩沙人也一樣，是阿母生的就是福爾摩沙人。

　　黛咪唱著：純潔無瑕的白沙啊！代表我的心。湛藍清澈的海水啊！傳達我的情。迎風搖曳的椰子樹啊！考驗著我們的愛情。妳是人見人愛的紅珊瑚啊！讓我跟著妳此生不渝。安娜對唱著：純潔無瑕的白沙啊！代表我的心。湛藍清澈的海水啊！傳達我的情。迎風搖曳的椰子樹啊！考驗著我們的愛情。你會像那嘎嘎嘎叫的伯勞鳥啊！飛過來又飛過去。母女倆開心的對唱著拉美情歌。女兒，這次你阿爸從大員回來後，我們全家去新港（新市）看看你阿舅，給他一個驚喜。好啊！不能食言喔。哈！不會食言。母女倆開心的澆水，也採了一些菜回家，安娜照例把多出來的菜分送鄰居，安娜挑選特別漂亮的菜送給初阿阿母。刀阿很開心的接下說：喔！這麼大把這麼漂亮的菜，人漂亮種的菜也漂亮，又聰明懂事會讀書，是我最喜歡的女孩，初阿去抓咕囉嗝（山雞）了，他不知道你要來，不然會等你來後再出門。

　　安娜回著：是初阿上次抓山雞來給我們要謝謝他。我要去學校接弟妹們回家，今天是娜美第一天上學，我也去問問學校老師看她的表現怎麼樣。說完後禮貌的跟初阿的阿母道別。安娜心裡想著，初阿的阿爸坐在屋旁喝馬西酒，喝到馬西馬西的，唉！天天醉，馬西馬西的，要不是初阿懂事刀阿勤奮，這一家子看怎麼辦。到了學校安娜跟教師談了起來，學校老師一直稱讚娜美說：娜美什麼都會了，現在教的內容她早就被你們教會了，而且有利安幫忙教，利安也是我的老師，有的西拉雅語我還得問他呢，他還教我一些簡單的漢字。老師您客氣了，利安的荷蘭語還不行，您要多多教他。這沒問題啊，我們是互相學習，你們全家都是又聰明又漂亮又懂事。這幾天放學後我要到各個學生家家庭訪問，想請漂亮賢淑的安娜陪

著我去做家庭訪問，幫我翻譯帶路，有些西拉雅語我還不是很懂。利安搶著幫姊姊回答：老師，我陪著你去，有的學生家住得遠我比較知道路。喔喔！這樣很好，有利安幫忙真是太好了，老師勉強的笑著。下午，黃掛回到家裡，還帶著在城堡內學習技能的索阿回家來。安娜大叫著，開心的又跳又叫，急著喊著索阿哥哥，你變壯又變黑了耶。黛咪也從廚房跑出來，太好了，上帝帶著你們父子一起回來。安姨阿[註]我回來看你們我好想你們，安娜也變大人了都快認不得。現場氣氛和樂，索阿放下一麻布袋的椰子。安娜好奇的問說：咃！這裡面是裝些什麼？圓圓的一顆一顆的。黃掛解釋著：那是球啦！是椰子球是你們最愛吃的拉美椰子。頭家啊！以前不都是拿一整串的，怎麼現在是一顆一顆的。喔！水某咃，是因為贌租拉美的頭家，上回下雨天連摔了兩個農民工摔成重傷，現在他們改用長竹竿綁著套索，用套索拉椰子下來，還利用拉美島上中間路上凹地裡的小溪滾椰子，滾到一大片白沙的地方再裝上船，有下大雨時小溪水多，椰子浮在小溪上順流而下方便運送又安全，椰子一顆一顆圓滾滾的就像球，現在他們要去拉美島，都說是要去遛球呢。

　　每個人都笑出聲來，去拉美島遛球，去遛球，哈哈！哈哈。水某咃，這次從大員回來，有好多事要跟你們講，都是天大的好消息，第一件天大的好消息是，我們的利阿，現在當上了新港（新市）的長老，現在是新港（新市）的德哈利頭目。真的，頭家啊！你沒騙人吧！長山人最會說謊騙人盡是甜言蜜語。水某咃，這種事不能騙人啦！我看到他來參加地方會議的，他手拿著長官發的權杖，我顧著招呼力力（以崁頂為中心）跟新遠（新園）的頭目，還沒跟他說上話轉眼他人不見了。聽完全家大小又是一陣歡呼。還有，我這次打聽了你小哥哥同阿的消息，果然是還活著。真的嗎？黛咪

[註] 安姨阿。平埔族群對人的稱呼慣用（安）開頭（阿）結尾。漳州泉州語慣用（阿）開頭，阿姨。

像是小孩子般的尖叫著。水某呐，你冷靜的聽我說，果然新遠，力力跟東阿土港（東港）的頭目們收了我的錢，講起話來就都吞吞吐吐的。我看他們信任了我，就表明我的夫人是拉美人要打聽他的小哥哥同阿，是從前在拉美島被抓來福爾摩沙，而在下淡水河（高屏溪）口跳船的人之一。新遠（新園）的頭目吞吞吐吐的說了：不能確定是不是同阿，但是部落的遠處小聚落，聽說有住拉美島逃走的人，跟我們新遠人結婚生了小孩，不過我沒見過他也不知道是不是真的。頭家啊！這一定是真的啦。水某呐，我懂他的意思，他是頭目不知道部落的人，這有可能嗎？還有，東阿土港的頭目也說了，他的部落很大小聚落很多，我們東阿土港 5 個主要聚落近萬人，我不知道有沒有逃走的拉美人，但是我們跟拉美人一向友好，荷蘭人曾經要來請我帶路去拉美島，我拒絕他們，後來荷蘭人去請放索仔（林邊）的頭目帶路，十幾年過去了現在風頭也過去了，我們也都跟荷蘭人結盟，我明確的講是有很多拉美人住在東阿土港（東港），這是古老以來就有的事，要不然拉美島早就住不下了，我們互相往來自古就有。力力（以崁頂為中心）的頭目也說了，他們那邊也有住少許的拉美人，但那是從東阿土港再搬過來的，我們力力跟東阿土港一向友好，但是我們跟放索仔就打打鬧鬧的。頭家啊！他們兩個頭目講的是對的，那邊都有我們的親友，加祿堂（枋山，枋寮）跟瑯嶠（恆春半島）也有。水某呐，新遠（新園）的頭目塔瑪威說的比較謹慎，也說加祿堂跟瑯嶠有逃走的拉美人，還說我可以去那邊問問。全家人聽完，又都興奮的大叫了起來。

安娜說：我們拉美人不孤單，不止這鄰近的部落有拉美人，現在連南福爾摩沙也到處有拉美人，只要是拉美人生的小孩就都是拉美人。乖女兒啊！你何時要生很多拉美人啊。哈哈，全家又笑成一團，氣氛和樂無比。我再跟大家說另外一個好消息，我分租到在蚶西港（屬蕭壠的小聚落，現屬西港）的農地了，是贌租拉美島的

頭家熱心幫忙牽線的，我也付了訂金，近期去看地選地，我以後就可以當個快樂的農夫。全家又是一陣歡呼。索阿冷不防的接話說：我有事要跟阿母（阿姨）商量，我想當荷蘭兵。黛咪著急的問索阿：現在是什麼情況？當荷蘭兵，我反對，阿母（阿姨）反對。水某吔，你冷靜的再仔細聽索阿的說法再決定，他在路上有跟我提了，我們每一個人都應該冷靜的聽他說說。阿母（阿姨）阿爸謝謝你們養我長大，你們就像是我的親生父母，我進城堡學木工一年多，想說以後學造船，可是現在在福爾摩沙找不到造船的木料，打狗山（鼓山）的，大桌山（大岡山）的，珊珠瑪（山地門，現稱三地門）的，瑯嶠（恆春半島），哆囉嘓（東山），大目降（新化），大武壠（以玉井為中心）都找遍了我也跟著去找，都曬成像烏鬼一樣也沒找到，都是一些容易腐爛的木材，最近他們打算去阿里山找看看，聽說那邊有很直很高大的杉木。索阿，我的乖兒子，那你就再去阿里山找看看再做決定。阿母（阿姨），我在城堡裡也有去學一陣子鐵工打鐵，本來想學著做槍，可是城堡裡沒在做槍，只有做刀子，鐵器跟一些船用的鐵件，打鐵好學我知道了原理，用大火加上風鼓吹就可以熔化鐵，只要收集足夠的廢鐵一起熔化，再打造新的鐵件，刀，鏢槍頭，箭頭都可以，荷蘭人信任我們拉美人，換做是其他人是不能去打鐵房的。喔！我聰明的兒子你真棒。阿母，我進城堡就是要學荷蘭人的知識，他們會的我都要學起來，知識才是力量，我都學會了就可以教福爾摩沙人，人人都學會了荷蘭人的知識，那團結的福爾摩沙人不怕任何挑戰，福爾摩沙人的命運將改變，不再受人欺負。我志向遠大的兒子你真棒，可是那要吃多少苦忍受多少寂寞。阿母，這我都不怕我也願意，我自己一個人無牽無掛的，我有自己的想法跟抱負，城堡裡很多士兵是來自四面八方的，不是全部都是荷蘭人，士官欣賞我隊長也要幫我推薦，是難得的機會。

只是簽約 5 年，期滿看個人意願是不是要續簽。安娜忍不住答說：索阿哥哥，當兵不好啦！如果被派出去殺人，那怎麼辦？荷

蘭士兵給人的印象很差，常喝酒鬧事又兇巴巴的，福爾摩沙人跟長
山人都很害怕甚至痛恨。妹妹，這你不用擔心，我懂福爾摩沙語部
隊需要我這樣的人當翻譯，我被外派時剛好可以溝通彼此，很多
情況是雙方因為語言不通引起誤會而打起來，一但打起來就沒完沒
了，我也要經過長久的訓練才會被外派打仗，到海外打仗就更不可
能了。我想趁著當兵好好學學槍枝跟作戰方式，甚至看看能不能學
到火藥是怎麼製造的。而且只簽約 5 年，這期間也會有放假，也
常能回家來。大家聽了都覺得有理，只是安娜還是不放心的說了：
那大砲很危險火藥更危險，有時候爆炸炸死自己，你要不要再考慮
考慮。黛咪也附和著說了：是啦！阿母也不放心。阿母，安娜你們
放心，我會很小心的，而大砲手不是我這種小兵可以操作的，只能
當跟班的份，當兵錢多是學習員的 5 倍。黛咪答說：我們不是窮苦
人家賺錢不是重點，重點是我們擔心，從來沒有想過你要當荷蘭兵
的事。阿母，其實我想當荷蘭兵原本還有兩個想法，說不定可以探
聽到去巴達維亞的拉美人的事，在回家的路上阿爸說他們都去天國
了。另外一個想法是找黃金的事，福爾摩沙找黃金的事。黃掛驚訝
的說：那是找不到的啦！黃金就在城堡裡你見過的，長山來的日本
來的黃金，都拿來大員買鹿皮鹿肉，交易布料絲綢，香料，精美瓷
器，金跟銀都在大員的城堡裡啦。幾年前荷蘭人看到東阿土港（東
港）的頭目戴著薄薄的金片後，開始全福爾摩沙找黃金，聽說那薄
金片是瑯嶠君主送的，就大隊人馬去瑯嶠（恆春一帶）找，聽瑯嶠
君主說薄金片是從太麻里那一帶拿來的，就又去了太麻里找，太麻
里頭目又說薄金片是從卑南（以台東市為中心）那邊拿過來的，長
官還親自帶大隊人馬去卑南找，結果又是沒找到金礦，又聽卑南君
主說金子是在北方的哆囉滿（新城）產的，長官信心滿滿派了更大
隊的人馬，分兩路搭帆船出發，一路從雞籠往南，一路從卑南往北
費盡千辛萬苦，結果只在哆囉滿（新城）的溪中找到一點點沙金，
找不到金礦山。

　　找到那一點點的沙金連買一匹布都不夠。全家聽了又都哈哈大笑了起來說：荷蘭人真笨。阿爸，你聽我說，我如果當荷蘭兵，會有很多機會到福爾摩沙各處去，既然哆囉滿（新城）河裡有沙金，那福爾摩沙的某個地方一定有金礦山，只是金礦山在深山裡，而深山裡又住著強壯的福爾摩沙人，荷蘭人無法入山去。我也是福爾摩沙人，我或許有機會能取得他們的信任，他們不能信任荷蘭人不表示不能信任我，為了找到金礦山我會想出好辦法。索阿，憨兒子，這能有什麼辦法。阿爸，這我想過了，福爾摩沙西邊南邊東邊，荷蘭人都找遍了都沒有找到金礦山，只剩下北邊雞籠（基隆）附近，東北邊的哆囉滿（新城）有沙金，這就更可疑了，金礦山一定在東北邊的山裡，我聽雞籠調回來城堡的士兵說，雞籠附近也找不到金礦山，但山中有一條奇怪的河流，河水顏色偏黃河流中沒有魚，那附近山區也有一個產硫磺的小山，冒著煙出產硫磺。我想雞籠離哆囉滿不算太遠，雖然還隔著噶瑪蘭（蘭陽平原），但山區是連在一起的，福爾摩沙的山又高又大又遠，可能金礦山是連到雞籠（基隆）這邊來的，才會有那條奇怪的溪。索阿，憨兒子啊！雞籠那邊有在挖硫磺了，現在也開始挖煤炭，都還送來大員呢，挖好多硫磺跟煤炭送來大員城堡了，也沒聽到有挖到黃金啊！有煤炭的山是不會有黃金的。而哆囉滿有沙金，是在他們的山區有很小很小的金礦山，含金量很少很少的，所以連荷蘭人也早就放棄尋找，你很有想法跟看法是很好，但是你一個人能找到的機會不大。阿爸，我知道找到的機會不大，可是只要我找到了金礦山，我會要求長官讓我們拉美人再回去拉美島住，甚至我會要求長官永遠的供應拉美人生活所需，各種食物，布，船，錢，鐵只要我們拉美人需要的，都供應給我們。哈！哈哈，全家又笑成一團，也是笑得心虛心虛的。你們相信我，當了兵有很多機會可以去淡水跟雞籠，只要能找到金礦山，以荷蘭人的技術跟器具挖出金礦來，可以養活全福爾摩沙人，全福爾摩沙人都會變成有錢人。

　　索阿，當你發現了金礦山你要跟荷蘭人簽約，他們是看合約辦事講信用的人，要白紙黑字的寫好條件，荷蘭人看在對拉美人的虧欠上會滿足你的要求，若真能找到金礦山，我們福爾摩沙會成為荷蘭王國最富裕的地方。阿爸支持你，但你當兵這事最後要由你阿母做決定。黛咪跟安娜都不敢表示支持但也不再反對，只是擔心著。安娜說了：索阿哥哥，你若當了兵不能開槍殺人，放假也要回家來，我們都擔心受怕的，上次寄信給你你都沒回。安娜真對不起，因為我跟大隊出門去找木材沒收到信，本來還要去卑南，聽說那邊風景漂亮，卑南王是英明神武的人，他又忠於荷蘭人，是不得了的君主，是真正可信賴的朋友。如果我跟去了卑南（以台東市為中心），今天就沒辦法回到家裡來。黃掛接著說：當兵的事就讓索阿自己決定，你要再多多想想。喔！對了還有更精彩的事，你們知不知道那地方會議辦得多盛大啊！南福爾摩沙的頭目長老都來參加了，是赤崁一年一度的大事啊！熱鬧滾滾的在普羅岷西亞（現赤崁樓位置）開會，有阿緱（屏東），塔樓（里港，九如），大木連（北萬丹），麻里麻崙（南萬丹），珊珠瑪（三地門），佳平，排灣（大龜文），瑯嶠（恆春半島），力力（崁頂），加藤（以南州為中心），放索（林邊），嘉祿堂（枋山，枋寮）。幾十個部落的君主或頭目來出席，全赤崁的人都擠成一團來爭睹風采，城堡鳴砲致意，士兵們也列隊鳴槍致意，荷蘭長官也親自出來迎接他們，我們長山人看到這麼多的福爾摩沙頭目，嚇傻也看傻，他們真是雄壯威武的人啊！我們也看到了很多位女頭目，打扮的很華麗，頭戴花圈羽毛裝飾特顯尊貴，最值得一提的是瑯嶠的公主，她是公主兼一個小部落的頭目啊！皮膚白皙氣質出眾，四週圍繞著眾多服侍的僕人跟保鏢，是女英豪啊！他們是男女平等的！甚至是女人當頭目。長山的女人完全沒得比，長山的淑女是大門不出二門不邁的，長山人不可能讓女人當王的，他們比我們長山人進步太多了。阿爸，我是接待的助手之一，我跟你們講，福爾摩沙北區的地方會議也同樣熱鬧，除了我們鄰近的部落外，還有諸羅山（嘉義），虎尾壠（褒忠，虎尾），土庫，

他里霧（斗南），馬芝隣（鹿港），東螺（北斗），二林，牛罵（清
水）打貓（民雄），干仔霧（那瑪夏），阿拔泉（竹崎），阿里山，
貓兒干（崙背），阿束（彰化市），貓羅（南投），斗尾壠岸（沙
鹿），水裡（水里）等數十個部落，連尊貴的大肚王也派代表來參
加呢。

　　聽說前幾年尊貴的大肚王，還親自來出席好幾次地方會議，這
次因他年邁派了他兒子跟他弟弟前來，大肚王聽說管十幾個部落，
荷蘭長官都稱他是君主。跟瑯嶠王，卑南王一樣，稱呼為君主。是
啊！真是百聞不如一見。父子兩人一搭一唱的說著。索阿又說了：
各地的頭目長老代表齊聚一堂有說有笑的，荷蘭人還設宴，長官，
議長，議員共同進餐直到黑夜，大家才依依不捨的互相道別離去。
福爾摩沙各部落自古就打打殺殺的，現在有荷蘭人在當老大哥，跟
荷蘭人結盟後，都彼此諒解不再計較過往的仇恨團結在一起。而這
每年辦一次的地方會議，分南北各辦一次，我也是第一次才知道，
福爾摩沙有那麼多不同的民族，這是福爾摩沙各民族團結在一起的
大喜事啊。忽然間聽到利安的聲音：我回來了，我陪老師去家庭
訪問可真好玩。看到全家都在連索阿哥哥也在，利安連忙向索阿問
好。娜美搶著說：利安哥哥，我們整個下午都在講故事，好精彩喔。
啊！又是趁著我不在時講故事，抗議。哈！哈哈，全家又笑成一
團。利安，我的乖弟弟，阿姊會補充跟你講故事，誰知道那麼巧合，
你陪老師去家庭訪問，而阿爸剛好帶索阿回來，這一切都是巧合。
黛咪也安慰著利安說著，真的是巧合，你們開椰子球來喝，安娜跟
我去準備晚餐，其他人陪索阿到部落走走，問候鄰居朋友們。晚餐
時間，黛咪全家商議這幾天要去新港（新市）拜訪德哈利，也探望
新港（新市）老頭目，也要去蚶西港選好農地的位置。

06
新生活

　　幾個小朋友跟學校老師請了假，全家人去蚵西港選看農地，黛咪也準備好一併去野餐。蚵西港離蕭壠不遠就在蕭壠南方，也是屬於蕭壠的小聚落，只住著幾戶人家，有一戶是長山人的農戶，其他都是西拉雅人，西拉雅幫忙種田也學著種田，也有幾戶西拉雅幫荷蘭人放牛，就在蚵西港溪（七股溪）兩岸。黃掛跟黛咪選中溪邊北方的一片農地，選在溪旁是因為取水灌溉方便，也可以抓抓魚，黛咪可是抓魚高手，如果哪天真的搬來蚵西港住，是很適合的地方。而贌租的頭家在旁邊也說了：這塊土地肥沃種什麼都適合，是可以安居的地方，以後在此一代傳一代不必再四處奔波做生意，恭喜你們全家，說不定還能賺些錢呢。贌租的頭家離去後黛咪全家在新農地上野餐，欣賞溪中清澈的溪水魚蝦，幾個兄妹在草地上追逐玩耍，黃掛跟黛咪決定，如果農地種得好，幾年後要搬來蚵西港住，今年就先試著種看看。隔天全家人起了大早，準備了兩份禮物要去新港（新市），對黛咪來說算是回去新港（新市）。他的小孩都沒去過新港（新市）都很興奮，而索阿 3 歲就離開新港（新市），早就不記得新港（新市）的任何事，只稍微有印象是住在一間大房子

內。新港（新市）說近不近說遠不遠，往東南方走要過幾條小溪，還要坐竹筏過蕭壠大溪（曾文溪），又再走很長的路再過幾條小溪才能到達，帶著一群小孩中午之前要到達有點困難，黛咪也想在老頭目家或利阿弟弟家住上幾天。今天是風和日麗的連老天也幫忙，最近喜事特別多做什麼都很順利，利阿弟弟結了婚又當上了新港（新市）頭目，這能不開心嗎，黛咪心頭一樂又哼唱起拉美情歌：

　　純潔無瑕的白沙啊！代表我的心。湛藍清澈的海水啊！傳達我的情。迎風搖曳的椰子樹啊！考驗著我們的愛情。妳是人見人愛的紅珊瑚啊！讓我跟著妳此生不渝。全家人都靜靜的聽著黛咪優美的歌聲，拉美公主優美的歌聲。中午之前全家來到了新港（新市），新港部落的人看到黃掛跟黛咪一家人出現，都興奮的打著招呼，黃掛是部落裡人人知曉的人物，他也幾乎還認得每一個人，他也都能叫出每一個人的名字，也親切的跟他們打招呼，遇到更熟識的朋友，還會上前跟他們擊掌互相摩擦鼻子，黃掛在新港（新市）很受歡迎。而黛咪，部落裡的人也都還認得，就是那位拉美公主，跟荷蘭人騎上駿馬的那位拉美公主，後來跟黃掛搬去住在蕭壠，現在突然回到部落裡來還帶回他們的小孩，十幾年不見消息立即傳開，麻達早已自動跑去老頭目家通報。黛咪沿路走也簡單介紹孩子們給大家認識，有部落的婦人認出索阿，跑過來拉住索阿的手說：這個年輕的帥哥是不是索阿。黛咪連忙稱是，還沒來得及介紹，婦人先搶著說：索阿是吃我的奶水長大的。婦人緊緊拉著索阿的手不放。黛咪趕緊跟索阿說明，沒有她你還是小嬰兒時就餓死了。索阿很有禮貌的也緊握著這婦人的手說：謝謝你，阿姨謝謝你，我早有聽說但我記不得了，今天算是第一次見面，謝謝你謝謝你，說完又點頭三，四次致意。全家人所到之處都熱絡了起來，黃掛準備很多小糖果分送給遇到的小朋友，全部落的小朋友都像跟班似的緊跟在後嬉戲。終於走到老頭目家前方，這也是黛咪從拉美來時住的家。老頭目跟老夫人已站在門外等候，黛咪跟黃掛快走上前去攙扶著老頭目

跟老夫人，十幾年不見頭目跟夫人已顯老態，白髮蒼蒼步伐不穩還柱著拐杖。老頭目夫人甚是開心，黃掛連忙送上大禮，老頭目看見老朋友黃掛又看到禮物，笑得合不攏嘴。

　　黛咪吩咐小朋友們快叫阿公，阿嬤。小孩們都很有禮貌的叫著阿公，阿嬤。索阿走向前拉住老頭目夫人說：我是索阿，我想起來了，我記得頭目夫人常抱著我親，會親很久很疼我的頭目夫人。是索阿喔！我是完全不認得啦！現在變成大人了喔！很好很好，時間過得飛快，我現在老眼昏花眼睛已看不太清楚，老死之前還能再跟你們見面，實在太好了實在太好了。頭目在旁邊也跟著說：索阿聽說在城堡內學習，我今年沒有去參加地方會議，沒想到索阿跑來看我，都變大人了完全不認得。黃掛搶著問老頭目：頭目大哥，今年地方會議我跑去赤崁湊熱鬧，遠遠的看到利阿手上拿著權杖，還拿著一大包長官送的禮物離開，利阿是現在的新港（新市）頭目嗎？哈哈，利阿是代表我去的啦！我打算以後要推派他擔任長老代替我，現在給他訓練訓練，他在部落是人人稱讚，荷蘭人也欣賞他，他很聰明能幹又勤奮肯學，荷蘭話長山話都會，拉美來的人人都優秀啦！他一直跟著我幫忙我也住在我這裡。現在他結婚了住在他牽手家，他正代表我去麻豆商量一些事情，天亮就出門了應該很快就會回來，我帶你們去他的新家看看。一行人往利阿家走去，黛咪跟索阿分別攙扶著老頭目跟頭目夫人，黃掛很不好意思的跟黛咪說：水某吔，不好意思我會錯意了，原來利阿是代表老頭目去的。頭家，沒要緊啦！一樣開心，正因為這樣才決定來新港（新市）走走，很好很開心會錯意的好。哈！全家都開心的笑了起來。一家人來到了利阿家，利阿的牽手走路一拐一拐的，拿了椅子出來給老頭目老夫人坐，老頭目介紹了一下雙方，雙方都顯得陌生，點了點頭簡單的說了幾句客套話。利阿的老婆先說了話：我是利阿的牽手我叫招阿，我有聽過利阿說起你們，今天你們突然來我沒什麼準備，很不好意思。黛咪跟黃掛連忙稱：別這樣說，我們是突然決定的，這一份禮物是祝賀你們新婚用的。

　　因為去年蝗災沒能來參加，知道消息以後就安排來看看你們，祝福你們結婚愉快幸福美滿。謝謝姊姊，謝謝姊夫，是我們失禮了，利阿說蝗災大家都沒飯吃，不方便去通知你們。黛咪連忙稱：弟媳，我們算是一家人不必客氣，去年大家都很困難，以後都會順順利利的啦。正好利阿從麻豆回到家，見門前一大堆人也很驚訝，原來是阿姊跟姊夫回來，還帶小朋友們一起來，頭目跟頭目夫人也在，左右鄰居也都來了。今天是什麼好日子，我想見的人都來我的新家找我，這比代表頭目去參加地方會議還光榮。哈哈！哈哈太開心了。在黛咪與安娜的協助下，招阿把家裡現有的食物都拿出來煮了，頭目跟頭目夫人也一起留下來用餐，利阿也拿出所剩不多的馬西酒招待。菜色雖不是很豐盛，但大家也都飽餐一頓，有說有笑的。席間利安跟利阿舅舅還有老頭目報告說：要注意蝗災可能再來，有備無患要多種蕃薯跟芋頭。老頭目決定照著做，也要麻達傳話去目加溜灣（善化，安定）跟麻豆，照著利安的建議多種蕃薯跟芋頭。利阿的新家很小，老頭目要黛咪全家人，利阿夫妻兩人今晚都住到他家。老頭目說：你們姊弟從拉美島來時就住在我家，那些年是我這一生最快樂的時光，今天大家又能團聚，沒有什麼能比這更讓人安慰的了，我的房子大剛好熱鬧熱鬧。隔天近午拿著招阿準備的餐點，一行人跟大家告辭由原路回蕭壠。回程中一家人似乎各有心事，交談不多忙著趕路。黃掛想著他在新港（新市）做生意的點點滴滴，遇見從拉美來的純真少女黛咪，還真的如願跟她結婚搬去住在蕭壠（佳里）。

　　索阿努力回想著他小時候住在新港（新市）的事，他生母從拉美島被抓來大員，跟阿姨阿舅被分配到新港（新市）頭目家住，生母生下他後死去，是阿姨跟頭目夫人帶著他才能活下來。能記得的實在有限，總算有到過新港（新市）圓了夢。黛咪心情複雜，一來看到弟弟利阿跟一個走路一拐一拐的女人結婚，經濟狀況也算普通，二來他想起克隆克，那個救他兩次的克隆克，那個回去荷蘭

跟他家人團聚的克隆克，那個在那秘密的地方，抱她吻她摸遍她全身的克隆克，那個讓她原本痛恨又害怕的克隆克，那個讓她第一次感受到男人的愛與溫暖的克隆克，那個她不能再想起的克隆克，今天卻清晰的讓她一次又一次的想起。全家到蕭壠的家後，安娜先說話了：阿母啊！原來舅媽不是太胖走不動，是因為她走路不太方便，想走來蕭壠（佳里）有困難。是啦！你阿舅上次來不敢說出來現在我們都看見了。黃掛安慰大家說：這沒什麼啦，只要他們真心相愛就能幸福一輩子，不必操心啦！我看那招阿人很好會是賢妻良母，也是一位美人，除了腳不太方便其他都是優點，也能走路只是出遠門不方便而已，生活上工作上都沒問題啊。頭家啊！是這樣沒錯啦！我只是想不通，利阿弟弟一表人才勤奮又聰明，要找更適合的女人結婚很容易啊！而且我看招阿家也是普通人家。水某吔，跟普通人家結婚才好啊！如果像老頭目說的那樣，利阿以後會代替他當頭目，那更能證明我們的利阿的能力，只有他們相愛才是最重要的，我們要全力的支持。頭家啊！我是支持只是一個結打不開，第一眼看到招阿有點不太能接受。水某吔，你一向開朗是充滿陽光的女人，怎麼這次表現走樣了。頭家啊！真對不起，後來我跟招阿下廚，發現她什麼都能做也放心不少。水某吔，對啦！要這樣才對，今天大家都累了，晚上我來煮個大鍋菜，讓拉美公主休息。

　　蕭壠（佳里）一帶的鹿幾乎絕跡了，蕭壠部落也開了專屬交易的商店，黃掛沒什麼生意可做，從前是贌租的交易專利權生意好做沒有競爭，鹿是全福爾摩沙一年幾十萬隻的交易，現在全年只剩十萬隻不到，還到卑南，噶瑪蘭（蘭陽平原）瑯嶠（恆春半島），淡水等地收購才能勉強湊成一船的獸皮。蕭壠只剩下竹子了，一百根賣一里爾，要砍要運賺不了錢，幸好現在順利轉行當農夫，蕃薯芋頭甘蔗樣樣長得極好，試種了一些稻子也長得不錯，一切就如原本設想的。黃掛也在蚵西港建了竹架草屋居住，方便一家人偶而來住，他大部份的時間就住在草寮照顧農田，禮拜日才回家團聚上教

堂。黛咪跟小孩們仍住在蕭壠大部落內，小孩子要上學，安娜常上教堂幫忙，利安也常到學校幫忙，姊弟倆還兼做翻譯有一些收入。黛咪也一如往常種種自己的小農地，光這片小農地種的菜就吃不完，還能分鄰居們吃。人人都稱讚這一家拉美家庭是部落的榜樣，而部落的人也跟著勤奮起來，不再常常喝得馬西馬西的，也勤勞的農作著。正逢伯勞鳥嘎嘎嘎叫的季節，這天利安跟著黛咪在小農地幫忙。阿母，我發現了今年的伯勞鳥特別少，去年就很少了今年更是看不到幾隻，而現在應該是伯勞鳥到處飛的時候。利安啊，可能今年會晚一點飛來吧！是怪怪的從來沒有這種現象。阿母，我懷疑蝗蟲今年會再飛來，因為專門吃蟲的伯勞鳥在長山就被抓光了，聽阿爸說長山連年戰亂民不聊生，海盜盜匪眾多，長山鬧大饑荒已經死掉很多人，長山也流行傳染病死去更多人。利安啊，別擔心，今年阿爸的農地都收成了，吃不完還能賣來賺錢，而現在每個家庭都有存糧，你別亂想。

阿母，我已經擔心好幾天了，這太異常了，因為……阿母你快看，阿母快看西北方的天空，像風吹沙密密麻麻的小黑點，跟上次一樣蝗蟲大軍又來了！阿母，我們快回家去。母子倆快速的回到家裡，黛咪順著兒子利安的意思一起去拜訪政務員，也拜訪了牧師跟學校教師，利安和安娜都是政務員跟牧師的重要助手，姊弟很得政務員跟牧師的喜愛，而黛咪更是政務員跟牧師的好朋友。雙方見了面如同家人見面一般。利安直接跟政務員說了：今年伯勞鳥出奇的少幾乎沒有，而蝗蟲大軍已經來了正在我們頭上飛，蝗蟲也比去年晚到幾個月，想必蝗蟲會比去年多很多，我們要提早做好萬全的準備做最壞的打算，現在第一批蝗蟲已在西北方的天空黑壓壓一片。所以請求政務員跟城堡長官建議，立即停止稻米甘蔗出口，甚至其他食物也要禁止出口，鹿肉干魚干也要禁止。政務員大力的稱讚利安說：好，我立即傳信去城堡建議長官，這利安以後會是大人物，小小年紀設想周到，如果是我的兒子不知道該有多好，如果利

安願意跟著我去荷蘭住，我是求之不得。黛咪聽得哈哈大笑，政務員大哥你過獎了，他去荷蘭就跟我分開了我是不會答應的。哈！哈哈現場氣氛和樂。黛咪母子剛回到家，蝗蟲大軍就像下大雨一樣的降落，沙沙沙沙殺殺殺殺的聲響，母子倆對坐著。阿母啊！幸好阿爸的農田剛收成好，收穫超出預期的多，但還是要做好準備，今年的收成絕對不能賣要留著。乖兒子，我贊成你的想法，但是那麼多收成吃不完，沒有賣一些我們明年沒錢僱人種田啊。阿母，現在是保命的時刻，不只是我們家要保命，蕭壠部落四千個人的命都要保住，是全福爾摩沙人都要保命的時刻，只能先過這一關，不然真的會發生像阿爸說的那樣，人吃人。

我們家的農作物，可以確保蕭壠（佳里）部落十幾天不挨餓，賣了被運出這個共和國是錯誤的啊。如果農民都賣了稻米食物，那這個共和國的人民將大難臨頭。我們禱告上帝要幫這個共和國的人民渡過這一難關，這次會比去年嚴重數倍啊。剛好黃掛回到家來，很開心的跟母子倆說：大豐收大豐收啊，第一次當農夫就大豐收，已經收成完畢現在蝗蟲大軍又飛來了，可我們有吃不完的食物，完全不怕，免驚。阿爸，收成很好是很開心啦，但是蝗蟲來得急又多，現在正逢旱季蝗蟲容易大量繁殖，老天如不幫忙，這次恐怕不會像上次那麼幸運。利安跟黃掛解釋一番，黃掛覺得很有道理回說：那就這樣吧，就只賣一些以便明年有能力僱人工，其他的暫時不賣，說不定晚賣價錢更好，哈哈，如果蝗災嚴重我們有東西吃，剩下來的農產更能賣得高價，這次要賺大錢了，賺翻了，賺翻了。阿爸，不是這樣啦，賣一些明年才有能力再種是好，剩下的除了我們家夠吃，其他的都準備著要應急用，緊急時刻分給部落的人吃，甚至是分給在新港（新市）的阿舅吃，這次蝗災會是大災難。好吧，乖兒子，阿爸就照著你的意思做。果然連續三個月每天都有數不盡的蝗蟲飛來，每天天空都是黑壓壓的一片，讓人驚恐的壯觀，比去年多好幾倍的蝗蟲大軍，吃光了所能看得見的綠色植物，這次連竹子葉

也吃光光。唯一的好消息是，荷蘭長官禁止了稻米出口。三個月後福爾摩沙各地都傳出鬧饑荒的消息，淡水，竹塹（新竹），大肚，諸羅山（嘉義），打狗（高雄），阿緱（屏東）各地傳出開始有人餓死的消息，也傳出一些傳染病的訊息，從城堡內傳來的消息依然是，已派出船去日本，廣南（現越南境內），柬埔寨，暹羅（泰國）等地買米，也已經跟巴達維亞（雅加達）總督求援，但各部落連收到來自城堡的一包救濟米也沒有。黛咪一家的食物也分給了部落居民應急，家裡的食物也撐不了多久，每個家庭的情況是越來越糟。

　　蝗蟲是多到大家都放棄撲殺。這天夜裡黛咪全家一起吃著簡單的晚餐，黃掛感嘆著：荷蘭長官再不發米救濟，如果再發生一次郭懷一叛變，這福爾摩沙王會換人當，荷蘭長官那麼小氣只顧著城堡內的人，現在各地紛紛傳出饑荒跟傳染病，米再不運來福爾摩沙後果不堪設想，我們蕭壟（佳里）算是最好的了，有的人也開始有一餐沒一餐的。安娜接著說：是啊！阿爸，政務員說已到國外買米，但也透露了在二林，阿拔泉（竹崎），土庫，甚至力力（崁頂）都發生了搶食物的情況。乖女兒啊，飢餓是最可怕的事，會讓人沒有羞恥心會讓人不怕死，不搶食物來吃是自己會死的。這情況繼續下去會發生動亂的真是讓人擔心。還好米禁止出口要不然撐不到今天。利安接著說：福爾摩沙山區廣闊，那邊的部落沒有傳出蝗災，應該還有足夠的食物，只是山裡的部落有的還沒有跟荷蘭人結盟，要不然可以取得一些食物救命。黛咪接著說：對了，城堡內的米是不夠發給各部落吃的，但城堡內有很多交易不出去的布，布又不能吃但是人人喜愛，用布可以跟山區的部落交換很多食物。利安答說：阿母，這是好辦法，而且現在長山完全沒有船來大員，鄭成功跟滿清皇帝打仗，長山一團亂貿易中斷，城堡內的布很難買賣獲利，正好可以派上用場。黃掛應著說：對，大家說的有道理，而利用這次機會，正好跟山區尚未結盟的部落有好的開始，這是兩

全其美的好辦法，問題是小氣的荷蘭人會做這大的犧牲嗎？黛咪，安娜，利安都應和著說：我們一起去跟政務員跟牧師請求，請他們傳信給長官，不管有沒有效果一定要試試。政務員於是給長官寫了請求信，長官也緊急的發給了每個部落一些布，讓各部落自行去山區交易食物。這又解決了一些困難。兩個月後各地傳出更嚴重的饑荒，黛咪一家的食物也吃光了，幾乎每個家庭都沒有食物了，只剩香蕉根可吃每個人都瘦了一圈。

　　情況相對比較好的麻豆，目加溜灣（善化，安定）也傳出開始有人餓死，更遠的部落謠傳來說死亡大半，部份餓死部份病死，因搶食物而殺人的也常常聽到。黛咪一家人都不抱希望的呆坐在客廳裡。畢竟全家人餓了一天，只有喝水不動的坐著，或睡覺或不講話節省力氣。實在是想不出辦法也找不到食物了，就喝水吧！也只能喝水。娜美哭著說：阿母，我肚子好餓。吔，娜美，利安呢？躺在你後面的利安呢？黛咪大聲的叫著，全家大小餓到昏昏沉沉的也驚醒了過來。安娜說：我出去找。隆克也說：我也跟著阿姊去找哥哥。正要踏出大門就見利安急忙的跑回家來。我帶來好消息，去日本的大船已入大員港，滿載著白米正卸貨著，米正運來各部落的路途上，長官還要各部落儘速派人趕路去接米。全家都跳了起來。得救了！得救了！大家都得救了。而後廣南（越南中部），暹羅（泰國）的米也陸續運抵大員，憨直樸實樂天知命的福爾摩沙人又度過了一劫。原來利安不甘心想不出辦法，至少也要出去探聽探聽消息，雖然肚子餓但他帶足水，打算走到赤崁找荷蘭長官要米，就算要不到也要說出部落的實情，不然餓死也不甘心的。才走到半途就遇到長官派出來的傳令兵，立即就飛奔回部落去跟頭目跟政務員報告，才跑回家跟家裡的人告知這好消息。

　　五月天，老天終於才下起雨來，蝗蟲被大雨淹死光光，城堡
送來各種農作物的種子，黃掛的農田也都種植完畢，也花光了黃掛
畢生的積蓄，去年把農產都分給部落的人吃，這次部落的人都來幫
忙耕種，順利又節省的種植完成。唯一讓黃掛忿忿不平的反而是漳
州城的事，他聽到漳州傳來的消息說：漳州城都毀於戰爭，鄭成功
因為害怕滿人佔據漳州城所以把漳州城燒了，完全燒成灰燼。黃掛
生氣又無奈的說著：我的故鄉漳州城被燒成灰燼了，鄭成功躲到廈
門去了，可憐又可恨的漳州人啊，你們可憐啊不懂得反抗，你們可
恨啊不懂得團結，被一個海盜王燒了，燒成灰隨風飄，落得死的死
逃的逃，你們逃到山區就能活命嗎？不覺悟不團結起來反抗，暫時
活了命就能平安過日子嗎。黃掛越說越激動又喃喃著：我的故鄉漳
州城被可惡的海盜燒成灰燼了，我的記憶也被燒成灰燼了，鄭成功
又躲到金門去了，可惡又可恨的鄭成功啊！你會不得好死，把我的

家鄉燒成灰燼，把我的親朋好友都燒死，幹這種事你會心安嗎？滿人沒有你的可惡啊！你這欺詐的海盜四處殺人放火搶劫，假藉反清復明欺騙善良的百姓，是想成就你自己的野心而已，不是真正的為了百姓，你騙得了那些愚昧的人，騙不了我黃掛。反清復明？反清復明？反清復明有需要燒了漳州城嗎？幸好我現在是福爾摩沙人，幸福的活在這共和國的大員人，萬幸我早已經不是長山人，30 年前就不是長山人了。你們長山人活該被騙，鄭成功你會遭天譴不得好死。黃掛氣得是直發抖。娜美幫黃掛倒了杯水說：阿爸你喝杯水慢慢說。安娜也安慰著黃掛說：阿爸，別生氣了，我們在大員生活的好好的就好，長山的苦漳州的苦就讓他們自己去承受，各人造業各人擔，不是嗎？他們寧願被騙寧願被砍頭，寧願加入海盜集團殘殺自己的鄉親，那也都跟我們無關對吧。阿爸，你就放寬心吧。乖女兒，你說得對，慶幸阿爸早已脫離那可怕的長山，我們是幸福的福爾摩沙人，那個充滿謊言的長山，那些貪得無厭的官員，那個有皇帝的恐怖世界。

　　像現在的大員，雖然是荷蘭人在統治，但是安安定定的，每個人安心的各自為著自己的前途努力，有法院有醫院，有教會有學校，結婚要登記戶口在普查，土地在規劃農地開墾越來越多，馬路也在興建，各地往來漸漸方便，每年各地的頭目君主們來赤崁開會，我們福爾摩沙已漸漸成為安定的共和國，我們有這麼多善良實在的福爾摩沙人，未來我們這福爾摩沙共和國，會比日本，廣南，柬埔寨，暹羅，馬尼拉還要強盛富裕。長山人不覺悟那就讓他們自己去打打殺殺吧，我們是快樂幸福的福爾摩沙人，是荷蘭人在領導又怎麼了，長山現在是滿人在當皇帝是又怎麼了，人人有書讀人人有錢賺是礙到誰了。黃掛終於說累了才安靜了下來。這年 4 月赤崁開過地方會議後，黛咪家突然來了貴客，是新港（新市）的新頭目德哈利。那個從小被抓來新港的拉美小孩利阿，也就是安娜的利阿

舅舅。利阿在赤崁開完地方會議後，隔天帶著放假的索阿先來蕭壠（佳里）黛咪家。兩個全家最掛念的人一起出現。利阿手握新權杖跟阿姊黛咪報喜，長官贈送的禮物也分給黛咪一半，以分享喜悅並答謝鬧饑荒時送來食物。黛咪開心的不得了，很是安慰弟弟真的當上了新港頭目，現在在新港的拉美人有福了。而索阿也如他所願當了荷蘭兵，索阿又更加強壯成熟，成為一個可以依靠信賴的大人了。黛咪開心對著利阿說：我們拉美人出頭天了，分散到鄰近部落兩百多個家庭裡的拉美人出頭天了，希望我們拉美人都能再回去拉美島居住，在那屬於我們的天堂重新團聚，帶著我們拉美人的小孩跟親屬再回去拉美島，那也是阿姊全家人的心願。姊阿，這也是在新港（新市）的拉美人共同的心願，我也是這麼想，真有那麼一天我會開心的抱著我牽手，連夜也要趕路，只抱著一片浮木也要漂回去拉美島居住。居住在那祥和地方，不必有弓箭鏢槍的地方，能老死在拉美島，那是最幸福的事。

　　索阿呢？當了荷蘭兵，講講故事給全家人聽聽。阿母，我當了兵學得可多了，見識完全不同，光是今年準備全共和國的地方會議，就可以講三天三夜。娜美搶著回應：索阿哥哥才當了荷蘭兵就先學會吹牛。哈！哈哈真的不吹牛，我講給大家聽聽。我見到了尊貴的瑯嶠君主，還是我倒的酒，他帶來十幾名隨從跟僕人，有的僕人是皮膚白皙氣質出眾的阿密斯，瑯嶠的公主也來了，她穿著全身華麗的衣服，髮飾是色彩繽紛的珠寶跟珊瑚，馬上成為現場的嬌點啊，連長官也親自接待瑯嶠君主跟瑯嶠公主，在瑯嶠（恆春半島）是男女平等的，女生是可以繼承家業的。另外讓我見了面以後，遲遲無法忘懷的是卑南的少年君主，風度翩翩的卑南少年君主，十幾歲而已吧！他的隨從保鏢個個是高大威猛的勇士，帶領幾十個保鏢的竟是卑南長公主，也就是少年君主的姊姊。一個少年人統領十幾個部落，英雄出少年我完全不如他的萬分之一啊！長官跟議長都親

自歡迎接待啊！陪著少年君主四處參觀走動。來自各地的酋長，頭目，長老齊聚一堂，開會喝酒聊天，過去各部落的仇恨早都不存在了，荷蘭人統合了福爾摩沙，這是全福爾摩沙人的福氣啊。安娜回答著說：索阿哥哥，這可是我們拉美人的犧牲換來的。安娜妹妹，是這樣沒錯，我們拉美人的犧牲，是全福爾摩沙各部落，願意跟荷蘭人結盟團結在一起的開端，從剛開始害怕跟拉美人有同樣的遭遇，到現在發現不再打打殺殺生活安全了時間也多了，安心的打獵耕田內心不再恐懼，有荷蘭人當老大哥保護著也是不錯。或許這就是上帝的安排，上帝安排了拉美人的命運，但願拉美人的犧牲值得，能讓福爾摩沙人的命運從此改變，以後福爾摩沙人都能過著幸福快樂的日子。我當兵有機會的話，一定要去卑南去瑯嶠看看，學學他們的君主是如何管理他們的王國。

黃掛回著：阿爸支持你，你不是還要找到金礦山嗎，一併也找出來，我們全家就搬回去拉美島住。索阿，你可以的，阿舅以新港（新市）頭目的名義命令你，一定要達成目的。哈，哈哈！全家都興奮的應和著。其實在新港每個拉美人都有共同的心願，就是再回去拉美島居住，從前來新港（新市）居住的拉美人也都有了後代，而我的牽手也懷孕了。喔！那太好了，那我們家又多了一個人了，多生一些小拉美人，以你的身份更要多生一些。黛咪一說完，全家又是一陣歡呼。黃掛擔憂著說了：長山來大員做工的農民工圈謠傳著，鄭成功要來侵略我們攻打大員的消息，做生意的頭家口風很緊不敢多說些什麼，但好像都心裡有鬼似的。而那些從長山來大員做古老行業的婦女，也都預付了船頭家們錢，打算有風吹草動時要跑去澎湖避難，甚至回去廈門，他們都害怕海盜們一來最先抓住的就是她們。現在也幾乎沒有商船從長山來交易，只剩一些捕烏魚的漁船，這恐怕是鄭成功的詭計，聽說鄭成功跟滿人皇帝打仗吃了大敗仗，現在躲在廈門派手下四處搶劫過活，萬一走投無路難保謠

傳成真啊！阿爸，我在城堡內也有聽荷蘭人說到相同的消息，大家內心害怕但也做好了準備，長官也跟巴達維亞（雅加達）總督寫了信告知大員的現況，這邊剛遇上蝗災福爾摩沙體質虛弱，又農民工們這幾年沒賺到錢，很多農民工回去長山了，商人們生意也不好，也有商人把家眷都帶回去長山了。索阿，這就是阿爸最擔心的，跡象都指向這些商人這些農民工，知道或害怕鄭成功要來侵略攻打大員，他們害怕承擔這個風險，萬一這殘暴的海盜來攻打大員難保證能活命，長山人早已熟知這群殘暴的海盜，殺人放火搶劫四處抓女人，不被殺死也會被奴役著，那是悲慘的末日啊！我們福爾摩沙人在郭懷一叛變的時候，支持荷蘭人打敗叛變的農民工，如果鄭成功來攻打我們，有異心的農民工跟海盜王鄭成功裡應外合，那大事不妙啊。

　　頭家，黛咪安慰著黃掛說：那些有異心的農民工早就都回去長山了，留下來的都是忠心的，幸運的人也跟福爾摩沙女人結了婚，能帶家眷來對荷蘭人沒信心的商人，也把家眷送回長山了，現在留在赤崁的長山人，都已經是福爾摩沙人了，不會有事的。對啦！阿姊說得對，如果鄭成功膽敢來侵略我們，我會帶領新港（新市）人跟荷蘭人團結起來把海盜們趕走。說到長山來的商人，各個奸詐謊話連篇，擅長做表面功夫沒有一個可信的，跟我們大員人性情完全相反，我們只要一句話永遠守諾子孫也信守，他們是寫了合約白紙黑字也沒有用，只要別人履行對他有利的，他認為是對他不利的到時候就百般的理由耍賴，臉皮厚到不可理喻。全家聽得都很尷尬，利阿頭目似乎忘了他姊夫是漳州來的。利阿說得很貼切，我就是跟他們不合才下定決心當農夫的，況且我們現在都是拉美人了。哈！哈哈全家又笑成一團。而我也要提醒利阿頭目，海盜們勢力龐大又高舉反清復明的大旗，一時之間聚集了很多人，我擔心他們來攻擊時我們不得不逃。喔！姊夫說得我也擔心了起來，不是我對長山人

有成見，真是不曉得他們是怎麼了？用捕鹿機用圍網捕鹿，講也講不聽，禁止也是偷抓，我們這一帶鹿都絕跡了，他們買賣商品用的磅秤，會偷換小秤錘詐欺，給的里爾銀會參雜雜物是不純的銀，甚至是假的錢幣，連人頭稅的稅單也敢造假，連鹽也摻沙子賣我們，賣的布打開後有很多有污損，偷斤減兩偷灌水，少算鹿皮少算竹子數量，欺負憨直不計較的福爾摩沙人，得了便宜還賣乖稱我們是憨番。要不是大部份的福爾摩沙人都不識字，怎麼會讓他們這樣百般欺負欺騙。弟弟啊，這就是阿姊要你們都去上學上教堂的原因，只要我們福爾摩沙人都有讀書都會寫字，就不是長山人稱的番了，就不是荷蘭人剛來時稱的野人了。

現在你當上了新港（新市）頭目，要求部落的人讀書識字是最重要的事，荷蘭字新港字漢字都要盡量學。現在時代不一樣了，連日本人廣南人，柬埔寨人暹羅人都來大員交易，我們也常聽到馬尼拉人西班牙人，葡萄牙人，英國人，我們過去幾千年來，單純的無憂無慮的日子已經遠去。想要再好好的生活著，就必須學加倍的學，努力的學習各種我們不會的，我們差別人差很大，這樣你知不知道。是，遵命。全家都恭敬的應和著黛咪，全家大小愉快又興奮的聊了一整天。索阿也跟大家說了，分配給城堡內荷蘭人家庭的拉美小女孩，都已長大成年，幾乎都跟城堡的職員結了婚也生了小孩，日子過得不錯。最近長官常告誡他們要小心防範長山人，不能相信長山人，也在地方會議上通告各地頭目，要謹慎防範不可靠的長山人。很快的又到農作物收成的季節，整個蕭壠部落的人都來幫黃掛收成，以報答去年鬧饑荒時黛咪家的救助，是大大豐收的一年，黃掛也順利賣出農產賺了一筆，賣相較差的農產，黃掛也大方的讓來幫忙的人帶回家。黃掛買了十幾頭牛放養在蚶西港溪（七股溪）旁，也僱了部落的人看管牛隻。蚶西港的竹木草寮也擴建完成，全家人都可以來住在新家，全家都期待著新的生活。這天天空

烏雲密佈氣氛詭異，是颱風要來的前兆。黛咪全家正吃著晚餐，一陣天搖地動屋子嘎嘎作響，啊！是大地震，連續搖了許久一片驚叫聲，這次地震特別大，全家人嚇得緊緊的抱在一起，鄰居也是叫聲連連太恐怖了。幸好竹木屋禁得起地震，只有物品散落一地有驚無險。地震後全家驚恐的收拾散落的物品。深夜，先是下起了大雨接著是狂風驟雨，黛咪全家人躲在床上等待黎明。

　　狂風吹得部落旁的竹林刮刮作響，不時傳來竹木折斷的聲音，從沒經歷過如此可怕的颱風，吹得黛咪家的竹木草屋是搖搖晃晃的，竹木草屋不怕地震但最怕颱風。雖然草屋的四周都用繩子拉住，但似乎還不夠牢固，這大風大雨的房子假使不飛走，農作物也會全毀，幸好黃掛的田今年剛收成完畢，差一點點就來不及收成。有部落的人免費幫忙快速收成完畢。其他的農戶就沒那麼幸運了，大概還有一半的農田還沒收成完畢，這也是沒有辦法的事，天意如此當農民就是要看天吃飯。黃掛也跟著其他農戶偷偷拜起了天公，保生大帝，媽祖。信奉基督教的他知道這是迷信，但是連續兩年的豐收讓他有些改變，反正又不是自己在供奉偶像，是其他農戶偷偷供奉偶像，他去偷拜一下求個心安，求天公賜福風調雨順，黃掛不敢讓家裡的人知道他在偷拜偶像，剛開始時是基於禮貌拿著香跟拜，後來次數多了內心的不安也漸漸消失，不覺得對不起上帝，當年在長山也是有拜偶像，來大員後為了要親近荷蘭人跟荷蘭人做生意，才信了耶穌。又為了要親近黛咪才勤於上教堂，這也讓他抱得美人歸。颱風夜睡不著，黃掛想著又想著。黛咪也是睡不著，擔心房子飛走，草屋容易漏水也開始漏水了，滴滴答答的一直漏。黛咪想到女兒安娜已經成年，很明顯的部落的男生都喜歡她，刀阿家的初阿是有為的青年，但他阿爸是個酒鬼家裡也窮，學校教師也對她有意思，只是他是一個荷蘭人，赤崁頭家的兒子阿志，長得胖胖的人品也還端正，家裡算是富有，但他是長山人，長山人用娶老婆

的，安娜如被娶去動亂的長山那怎麼辦？荷蘭就更遠了，安娜若結婚後去了荷蘭，等於我們母女永遠分離。唉！真令人煩惱。

　　而利安也漸漸長大成人，超過年齡的成熟機智，每個人都說以後會是一個大人物，是最讓我放心的。隆克沉默膽小，但他認真學習從不惹事。小娜美也 9 歲了是開心果，活潑外向人見人愛。至於索阿，也讓人安慰，志向遠大，很有自己的想法無須我擔心，他去當荷蘭兵竟然是有著遠大的抱負，說不定是以後的荷蘭王呢。利阿弟弟現在是新港（新市）頭目，跟我被抓來大員把我當成是他唯一的親人，現在他結了婚也有自己的小孩，時間過得好快啊，都來福爾摩沙 20 年了。安娜也沒睡著，狂風暴雨的不可能睡得著，安娜想著，克隆克跟阿母的關係，真的像阿母說的那樣嗎？好可疑喔！我一直告訴自己要相信阿母，但是……看得出來學校教師喜歡我，常常藉口要我去幫忙翻譯或當助教，還好有利安擋著，阿母跟克隆克也沒有結果，克隆克丟下阿母回去荷蘭跟他家人團聚。初阿對我已經直接表達愛意，什麼好吃的，他能獵得的獵物都找各種理由送來，長得帥又肯上進的青年，刀阿阿姨也對我超好，甚至開了口問我喜不喜歡他兒子初阿。至於阿爸的朋友，住在大員的頭家兒子阿志，長得白白胖胖的老實人，家裡有錢，可是我實在是沒感覺，上次見了一次面，不討厭但也沒感覺，還請媒人來探尋阿爸的意思，真無聊。索阿哥哥現在當荷蘭兵，有他遠大的理想，這工作隨時有生命危險，讓人擔心不已。索阿哥哥真的只是把我當成妹妹看待，我又不是他的親妹妹。唉！那個要對著我唱情歌的男人何時才會出現呢。利安也是睡不著，利安拉住隆克跟娜美的手心裡想著，阿爸說的勢力龐大的鄭成功，他是什麼樣的人？為何荷蘭人提防著他怕他來攻打大員，阿爸口中的鄭成功是個殺人不眨眼的海盜王，甚至說鄭成功的阿爸鄭芝龍也曾經是海盜頭，全家都當海盜還能有那麼多追隨者。聽說年輕時的鄭芝龍，是荷蘭聯合東印度公司的職員在

當翻譯，鄭芝龍也是靠著荷蘭人才賺了大錢，那他的兒子鄭成功若來攻打大員，豈不是忘恩負義嗎？長山人都這麼忘恩負義嗎？

　　颱風越來越大，部落裡尖叫聲四起，各處傳來房子倒塌的聲音。糟糕了，廚房飛走了，雨水從牆壁灌入臥房，四處一片漆黑油燈也點不著，全家人縮在臥室通舖角落，緊緊的靠在一起發抖，強風把雨水吹得滿地都是，傢俱物品東倒西歪，客廳門也被吹開，一下開一下關，每個人都不敢起身躲在角落動也不敢動，客廳的屋頂也被強風吹走了，臥房的牆壁也被吹歪，黛咪全家每個人都濕答答的。終於熬到天亮，全家人整夜沒睡，整個部落的人也都沒睡，風力漸小雨還是不停的狂洩，部落的房子一半以上倒塌，只有建得堅固的教堂跟學校沒有倒塌。颱風過後還在下著雨，全部落的人總動員互相幫忙收拾殘局，政務員，牧師跟學校教師都來關心，也幫忙修理黛咪家半倒的房子，全部落的人都看得出來，黛咪一家人被荷蘭人特別的照顧著，可能是黛咪全家都會說荷蘭話，也可能是安娜的關係，黛咪家的房子是部落裡最早修復完成的。黃掛去了一趟蚶西港回來時說：蚶西港溪邊淹水一個人高，根本看不到農田，分不清是路還是田，大草寮也飛走了不知去向，等水退天氣放晴再去搭建一個，牛少了 4 頭，其他還在的牛還開心的游著泳。荷蘭人放牧在蚶西港溪旁的牛有幾十頭還在，有一些牛跑去高地吃著僅剩的農作物，幸好今年的主要農作物，稻子甘蔗都已收成。十幾天後部落又恢復了往常，房屋都已修好，十幾天下來大家累壞了也有人病倒發高燒。長官通令各部落要防範傳染病，要注意飲用水乾淨，也通告說可能會是傳染病，每個人都要注意不能跟病人有密切接觸。生病的人異常的發高燒，嘴唇發黑臉色蒼白，甚至忽冷忽熱開始有人死亡。

　　鄰近部落也有傳染病的消息，生病的人越來越多，死亡的人也越來越多，確定是傳染病。荷蘭人禁止以前的墓葬方式，一律在公墓區墓葬，如果是傳染病死亡的人，更是要在一天內下葬，在指定的兩個廣南人幫忙下快速掩埋，親人只能在遠處看著不能接近。黃掛怕一家人得病，建議全家人暫時搬去蚶西港的新草寮住，全家人討論後認為，得病的人又不是一定會死，也有很多人沒事，最後決定黃掛帶著安娜跟利安去草寮住，也可以幫忙農作，黛咪跟隆克，娜美留在蕭壠家裡，小孩可以去上學，黛咪顧著家整理小農地，也幫政務員翻譯，颱風過後雜事很多部落需要黛咪幫忙。蚶西港離部落很近，傳染病如果太嚴重再帶兩個小孩去蚶西港住。當天黃掛就帶著安娜跟利安去蚶西港住，留下黛咪隆克跟娜美在蕭壠。臨離去前利安一再提醒黛咪說：阿母，你要特別小心謹慎去鄰居家不要進入屋內，弟妹們去學校上課，不要跟同學有身體接觸，如果有同學生病就不要讓他們去上學，讓他們在家裡自己讀書，萬一傳染病嚴重流行起來，要立刻到蚶西港來住，不必傳消息等回覆，記得立即到蚶西港來。好，乖兒子，阿母知道。黛咪全家人互相擁抱道別暫時分離。十幾天後，麻達跑來蚶西港傳話：傳頭目的話，黛咪，隆克跟娜美發高燒，政務員已請來城堡的荷蘭醫生到部落診治，頭目特別命令我來傳話。黃掛急切的問著麻達：詳細的情況是怎樣請你說得更詳細一點。喔！娜美跟隆克發高燒全身長滿皮疹，黛咪也發了燒在照顧他們，荷蘭醫生說是天花傳染病。你們回到蕭壠家不能進入，更不能在家過夜，只能遠遠的在圍起來的繩索外面看。頭目禁止任何人員靠近，只能送餐到窗口。而部落裡也有十幾戶人家是相同的情形。麻達說完立刻飛奔回蕭壠，身上綁的竹片發出吱吱吱的聲響。

Chapter 08
黛咪

　　上帝啊！主耶穌啊！老天爺啊！保生大帝媽祖婆啊！觀世音菩薩王爺公啊！黃掛唸唸有詞跪在地上，一向不下跪的安娜跟利安也跟著跪在地上禱告著：上帝啊！主啊！請求您再賜恩典幫忙我們家，阿母跟弟弟妹妹能平安無事，渡過難關擊敗病魔。三人決定立刻回家一趟，正巧前幾日，黃掛託人去大員買回來十幾顆拉美的椰子，本想週日帶回家去，今天就一起帶回去。三個人簡單準備後匆匆趕回蕭壠的家。一回到家門前只見四周已圍起繩子，房子外，頭目派人看守著不得靠近。房屋外空無一人部落也冷冷清清，人都不知道躲哪去了。學校教師前來關心說：上帝會有安排上帝會保佑他們，可能是娜美在學校被傳染了，醫生說是天花，醫生回城堡前吩咐大家不得靠近，說這是可怕的傳染病，有很多部落也發生了天花傳染病。四個人走到臥房窗戶外三步的距離叫著，拉美公主，水某，阿母，娜美，隆克。黛咪走到窗前窗戶半開著，眼眶泛淚一臉哀傷，很明顯的虛弱無力，她開口說了：隆克跟娜美全身長滿皮

疹是天花，他們吃不下東西只有喝水，睡了一早上。恐怕是主的主意，是我沒有照顧好他們。公主啊！水某呧，這幾顆拉美椰子昨天剛從大員買來，很退火趕快喝一些，黃掛說完用長竹竿綁繩子吊給黛咪。椰子早已開孔並插上細竹子吸管。黛咪開心的流下淚來，接下椰子說：頭家啊！如果隆克跟娜美去天國見了主，你就責罵我是我沒有照顧好他們。水某呧，這不是你的錯這是傳染病，快給他們喝拉美的椰子，你也多喝一點，你們都會平安無事妳安心主會保佑我們全家，頭目送來的食物你們要盡量吃，多吃才有體力病才會好。頭家啊，政務員跟牧師也有送東西來，吃不了那麼多也吃不下。我現在也是頭痛發燒全身無力。水某呧先別說了，你們先喝一些椰子水等一下再聊。黛咪勉強的餵隆克跟娜美喝椰子水，隆克身體虛弱娜美更虛弱，連叫阿母都叫不出聲來，隆克跟娜美全身長滿皮疹，臉也是滿臉皮疹，凸起來一圈一圈的皮疹，幾乎認不出來是原來的隆克跟娜美。

　　一向堅強樂觀的黛咪也忍不住悲傷了起來，黛咪心裡已有最壞的打算，雖然她還沒有長出皮疹。這天花，去年鄰近的部落就有人得過，沒想到今年是自己跟小孩被傳染。水某呧，阿母，窗外的黃掛，安娜跟利安又呼叫著：有沒有想要吃什麼，我們去準備。頭家，不用啦也吃不下，你們快回去蚶西港草寮住，來蕭壠太危險了，我不希望你們也被傳染，有什麼急事頭目會派麻達傳話。水某呧，我們不放心，我們會暫住在牧師家，牧師要提供一間房讓我們暫時住下。頭家，你要把安娜跟利安照顧好，你們姊弟要聽阿爸的話，要乖乖的用功讀書，阿母如果蒙主寵召。阿母，主會保佑我們全家人都平安無事，你不要亂想，很多人得了天花也都好了啊。安娜，利安，你們要好好的陪在你阿爸身邊，昨夜阿母昏睡時，夢見了你阿公阿嬤來接我，還有隆克跟娜美，我們五個人走在拉美的白沙灘上散步，看著海上的一群海龜在嬉戲，忽然間天空昏暗，刮起了風下

起了雨，驚天的一聲雷把我嚇醒了。這是壞預兆，你阿公阿嬤早去
了天國，我夢見他們像我小時候那樣，牽著他們的手在海邊散步，
我的手還拉著隆克跟娜美。安娜聽了哭紅了雙眼。利安回答著說：
阿母，這是你太思念阿公阿嬤，太思念拉美島的關係才會有這樣的
夢，這不代表什麼。我們全家還要再回去拉美島住，這是心願也是
約定，主會讓我們完成心願你別亂想。水某咧，聽說大員有漢藥可
以治療天花，我立刻去買藥來試吃看看，今晚安娜跟利安先去住牧
師家，我明天再趕回來。頭家啊！荷蘭醫生來看過了都沒辦法，漢
藥能有效嗎？水某咧，就試吃看看，別人家不知道但我們家吃了一
定有效，就這麼辦。

　　黃掛交代了安娜跟利安一些事情後，立刻趕往赤崁。下午守
在窗外的安娜跟利安，看到從新港（新市）趕來的利阿舅舅，蕭壠
頭目也陪著一起來探望。阿姊，我利阿啦，阿姊。黛咪起身來到窗
邊說：我的利阿頭目你怎麼也來蕭壠（佳里）。阿姊，是蕭壠頭目
昨天令麻達傳話給我，我放心不下，我也拿了些哆囉嘓山區的草藥
來，聽說煮水喝對治療天花有效果。憨頭目啊！荷蘭醫生來看過了
也沒有辦法，哆囉嘓（東山）的草藥能有什麼用，要不然去年哆囉
嘓流行天花，怎麼死了那麼多人。阿姊啊！你就試試看吃看看當開
水喝也不壞啊。是啊，一旁的蕭壠頭目應和著說：我們蕭壠的大好
人黛咪啊！你就都吃吃看，要不然我們都很擔心啊，荷蘭醫生來看
了也沒開什麼藥，就只說多休息多喝水多吃，這沒藥病怎麼會好。
以前大家也吃草藥啊！也有很多人病好了啊。頭目謝謝你，那我
就都試試，謝謝你來關心。阿姊，聽說隆克跟娜美很嚴重。是啦！
他們全身都長滿了凸出來的皮疹，臉更多。娜美一個女生，如果病
好了以後也會是麻花臉，那該怎麼辦。阿姊，你不要想這些能活著
才重要，我馬上來煮草藥，你們多喝一點，喝了有精神病馬上好起
來。新港（新市）頭目德哈利為黛咪他們煮來草藥，吩咐好安娜跟

利安後返回了新港，約定三天後再來。隔天黃掛也從赤崁買回來漢藥，在鄰居的幫忙下煮了漢藥要給他們服用，端到窗口的平台上要給黛咪拿取，安娜跟利安正巧也從牧師家趕來。聽到屋內傳來黛咪的哭泣聲，是很大聲的哭泣聲，黃掛，安娜跟利安心裡都知道不妙。黛咪哭喊著：我的兒啊，隆克啊，我的心肝寶貝啊！娜美啊，我的甜心啊！哭聲很大聲，鄰居們也都知道是怎麼回事。黃掛父子女兒三人也是淚水不停，喃喃自語不知所措。過了一會兒政務員派來兩位廣南人，頭目也帶來兩件草蓆準備。那兩位廣南（現越南中部）人一看就知道以前有得過天花，痤瘰後滿臉的坑疤，還好較黑的皮膚掩蓋了坑疤。他們是專門來處理因天花死亡的病人的後事的。其他人都不能靠近不能接觸，而且一天內要在公墓區下葬完畢，死者的親人只能在遠遠的地方觀看送別。公墓區早已挖了好多的坑洞準備，近期死亡的人增多每天都有人死亡。當天下午黃掛安娜利安三人，從遠處看著隆克跟娜美下葬，三個人除了眼淚還是眼淚，這太突然了完全沒有心裡準備，安娜跟利安不忘給弟妹禱告：安息吧！蒙主恩寵，你們結伴去了天國，從此告別人世間的苦痛。黃掛也是唸唸有詞，但聽不清楚是說些什麼，只能聽懂一句，主啊！你怎麼那麼殘忍，怎麼這樣安排。

三人回來看黛咪，從窗外往屋內看黛咪呆坐著。水某呧，我們回來了，你吃點東西，漢藥也沒喝照這樣下去不是辦法，隆克跟娜美去了天國，有他阿公阿嬤陪也不孤單，我們現在只擔心妳你要堅強。阿母，阿爸說得對，利安跟我都擔心你，拜託阿母你要吃東西喝藥。利安重新煮了漢藥黛咪也喝下了漢藥，又吃了一些東西，神情還是哀傷，一想到隆克跟娜美，淚水還是不聽使喚，黛咪自責的說著：當初如果全家都去住在蚶西港就不會這樣了，是我要留在蕭壠顧家讓他們兩個去上學，結果上到天國去了，是我不好。水某呧，你這樣說不好，沒有人知道會這樣，我知道你傷心我們都傷心，現在是堅強的時候，上帝安排這樣來考驗我們家，我們不能被

打倒。是啦，阿母，還有我跟利安，我們都會孝順你孝順阿爸。今
天起我們都會借住在牧師家，直到你病好了我們全家去看拉美島。
憨女兒，去哪裡看拉美島。阿母，我聽說爬到打狗山上往南邊望
去，好天氣時就可以看到拉美島。水某呧，是啦，大員的農民工有
在說，他們去堯港（興達港）南邊的山上，爬到最高處往南方看可
以看到溜球（拉美島）。東阿土港（東港）跟新遠（新園）的頭目
也說，他們那邊每天都可以看到拉美島，你快好起來，我們全家走
去看拉美島，一言為定。黛咪一聽到可以看到拉美島，暫時忘了悲
傷還回說：以後全家都要搬回去拉美島住。好，好，好，黃掛父子
女兒三人同聲回答。那我們走去打狗山要走多久。水某呧，我這次
去大員買藥有問了，第一天我們搭舢舨直接到堯港，借住在我認識
的農民工家，第二天早起走到打狗山上就可以看到拉美島。

喔！那真好，原來拉美
島也不遠，那我又可以看到
我的故鄉我的天堂了。我就
住在拉美島西南方的高地上
頭目的住家旁邊，離祖先的
大洞穴很近，那裡有高高的
平坦草地，我常坐在平台的
小草地上看海，從我家旁的
小海灣沿著拉美島的中央凹
地，直到拉美島東北方的白
沙灘，都有我們拉美人的住
家跟農田，長滿椰子樹，另
外在南方的碧海平原上，也
有一個我們拉美部落，也開
墾了很多農田，也是長滿了
椰子樹，荷蘭人來抓我們時，

曾經是荷蘭人要抓拉美人時，所蓋的大寮子
所在地。也是琉球島上「大寮」地名的由來。

臨時在碧海平原上用椰子樹幹搭建了一個大寮子。我們在開墾的農
地上種香蕉，黍，豆子，蕃薯，花生，而島上的竹子，椰子樹跟林
投樹都是共有的，島上的小山上跟北方高地上的森林也是我們共有
的森林，提供我們充足的柴薪。在拉美島的中央凹地是很好的居
住區，兩旁有高起的小山脈長滿翠綠的樹木，剛好可以抵擋颱風，
凹地有天然的小湖泊，也有一條清澈的小溪，提供我們拉美人乾淨
的飲用水，只在冬天的時候缺水，小溪跟小湖泊乾涸，要到各處的
珊瑚岩洞下找飲用水。我好懷念拉美島，近日生病，更是常常夢見
在拉美島生活的點點滴滴。大小孩帶小小孩在海邊戲水，到海邊的
礁岩洞穴探險，到沙灘旁的林投樹下抓寄居蟹。這美好的一切都在
三十幾年前，荷蘭士兵踏上拉美島偷我們珍貴的活命水時變了調，
上帝為何如此安排，毀了我們如在天堂般的生活。拉美人的犧牲真
的是上帝安排要來團結福爾摩沙的嗎？是要讓福爾摩沙人以後也
有宛如在天堂般的生活嗎？阿母，等你的病好了，我們就馬上安排
去看拉美島，你要乖乖的吃藥多多的吃東西。好，我乖巧懂事的女
兒，你年紀不小了，如果有合意的對象快跟阿母講，阿母感覺得到
學校教師很關心妳。阿母，那個對我唱情歌的人還沒出現，我是拉
美人，誰唱拉美情歌唱得讓我心動，我就選誰。

安娜唱著：純潔無瑕的白沙啊！代表我的心。湛藍清澈的海
水啊！傳達我的情。迎風搖曳的椰子樹啊！考驗著我們的愛情。妳
是人見人愛的紅珊瑚啊！讓我跟著妳此生不渝。

黛咪合著：純潔無瑕的白沙啊！代表我的心。湛藍清澈的海
水啊！傳達我的情。迎風搖曳的椰子樹啊！考驗著我們的愛情。你
是少女仰慕的翠綠山巒啊！我願意我願意。

黃掛含著眼淚聽著。利安驚見阿母黛咪的臉上已長出些許皮
疹。利安說：阿母我去煮草藥跟煎煮漢藥，你先吃一些東西喝一些

拉美椰子水，說完正要離去。利安，乖兒子等阿母說完再去：雖然你是弟弟，但是你聰明有主見，人人都稱讚你以後會是大人物，你要保護好你姊姊，幫你阿爸做事更要繼續用功讀書，政務員跟牧師那邊有需要你幫忙的要盡力去做，那是對我們蕭壠（佳里）最有貢獻的事，不要因為有天花傳染病，就害怕去教堂去學校。好的，阿母的話我謹記在心，我去煮藥你要乖乖的吃藥，等病好了全家一起去打狗山看拉美島。當晚黃掛跟兒女們在牧師家過夜。利安先開口說了：阿爸，阿姊我看見阿母的脖子跟臉已經長出皮疹。弟弟，我也看到了。我的乖女兒乖兒子，阿爸也看到了，你阿母今天講話時是以前沒有的情況，感覺她頭昏昏的，想到什麼或夢到什麼就講，是有點奇怪。阿爸，我覺得阿母比昨天還要嚴重，所以唱拉美情歌給她聽想讓她開心開心，結果她是唱成哀傷的曲調，含著淚唱著歌。阿爸，我也很擔心阿母的病情，有說不出的感覺。唉！兩個乖小孩，我們明天禁食一天，去一趟教堂誠心的禱告，祈求上帝憐憫，讓你阿母能戰勝病魔。來，我們手拉著手，先跟主耶穌祈禱。

天才剛亮，安娜急著先到住家前探望黛咪，黛咪已坐在窗前。阿母，你怎麼那麼早起。安娜，阿母昨晚又發高燒了，半夜時昏昏沈沈的睡著，卻夢見隆克跟娜美回來看我，就站在床前叫我，我起身抱住他們，我說：這幾天你們跑去哪裡玩都沒看到人。他們說：我們去拉美島玩，拉美島真的跟阿母講的是一模一樣，那裡好美好美喔！我們兩人在白沙灘玩沙，在海邊游泳玩水，太好玩了忘了要回家。我回他們說：以後不可以貪玩，阿母在家等得好害怕。我正要再問，他們兩個卻跟我揮揮手說：阿母，沒時間了，親完我的臉頰後，往這窗外飛了出去。我大叫著醒來，就一直坐在這窗口看著月光，直到天亮看到妳出現。阿母，弟弟跟妹妹回來看妳了，他們在拉美島跟阿公阿嬤快樂的在一起，你就放寬心，好好的吃些東西，好好的吃藥多多的休息，別再擔心他們了。安娜，現在除了我們母女倆沒有別人，阿母的病越來越嚴重了，一夜之間皮疹已長滿

全臉全身，又一直發高燒也沒什麼胃口，阿母跟你說你要一輩子保
密，雖然我曾說我阿祖是皮膚白皙的阿密斯，她年輕時頭髮偏黃，
40歲時頭髮就全白了，我一直以來都跟你講你是我阿祖的遺傳，
這都不是真的。其實那一天，克隆克騎著馬帶我出去那一天，在那
秘密的森林草地上，阿母沒有拒絕他，也不知道怎麼拒絕他，如果
他沒有回去荷蘭，阿母是會跟他結婚的，如果他要帶我去荷蘭，阿
母也願意跟著他去。無奈上帝竟如此安排，一個月後你阿爸跟我結
婚，隔年生下了妳。克隆克要離去時跟恩人牧師講了一些秘密，有
一些內容連阿母也不知道。阿母，你的意思是我可能是克隆克的女
兒。安娜，不是可能，他就是你的生父。你要永遠的孝順你阿爸黃
掛，他都假裝不知道，這是長山人最擅長的地方，妳也要假裝不知
道，永遠的不要提永遠的孝順他，他跟我結婚我肚子裡有妳，我手
上又拉著一個三歲的小孩索阿，他無怨無悔的奉獻這個家，他跟我
結婚真是我的福氣，我好感謝他。

　　這天花恐怕是要來奪我的命的，大火沒把我燒死在大洞穴，大
浪沒把我淹死在大員外海，蝗災也沒把我餓死，這次恐怕沒那麼幸
運了。阿母，你會好起來，你不要再胡思亂想，黃掛就是我的阿爸，
我會永遠的孝順他孝順你，我今天聽完就忘了，會永遠保密，永遠
永遠。嗯，乖女兒，妳真懂事。利安因為起床看不到安娜，早已悄
悄的來到附近，也聽到了阿母跟姊姊的談話，利安又悄悄的故意走
到遠處呼叫著：阿姊，安娜，你是不是跑來看阿母。利安又假裝的
跑了過來喊著：阿母，你好一點了沒。利安，乖兒子你看阿母現在
全身都長滿皮疹越來越嚴重。阿母，你會好起來的，我跟阿姊還有
阿爸，等一下要去教堂跟主耶穌禱告讓你戰勝天花，你要堅強，有
上帝幫助你不用擔心。利安，乖兒子，阿母有話要跟懂事的你說，
我怕我再睡著後就醒不來了就沒有機會說了。荷蘭人有槍有砲有火
藥有大帆船，所以他們能從遙遠的大海的那一方來到大員，還把阿

母抓來新港（新市）。而我們福爾摩沙人，富足安逸的過日子從不知外面的天地，自己內部打打殺殺的，不懂得團結誰也不服誰，才會被荷蘭人各個擊破，變成聽命於荷蘭人的小弟，連自己捕鹿的權利也受限，土地的利用也受限，農作物的收成也只分一點點，我們的生活全都變了樣，我們甚至要幫荷蘭人攻打他們認為的敵人，直到現在各個部落還是有打打殺殺的事，就為了幾個里爾幾塊布，這樣很不值啊。阿母，這問題我有仔細想過，除了我們知識不如人，最重要的是我們沒有自己的文字，沒有文字沒有辦法教導傳承知識，連人與人溝通都有困難，我如果有能力我要教全福爾摩沙人讀書識字，荷蘭文，新港文，漢文，都要學會，所以各個部落都要有學校。

　　福爾摩沙人連字都不會，怎麼學造大砲，大帆船，槍，火藥，根本不可能啊。再來是要有方法能團結全福爾摩沙人，這就要造好通往每個部落的路，路方便了往來就密切，往來密切了就能彼此充分了解，才不至於產生誤會，甚至各部落都能互相通婚就變成一家人了。還有要有共同都懂的語言，彼此都能明白彼此講話的意思，像現在常有因為聽不懂意思而打起來的憾事。利安，聰明的乖兒子，等你有能力了就盡力去做，荷蘭人來拉美島偷水，也是因為彼此講話聽不懂才發生憾事的。你現在也長大了，政務員那邊，學校那邊有要幫忙的就盡力去做，部落的小朋友你要盡力的教，你也要認真的上教堂，常保純淨之心讓世間充滿愛，孝順你阿爸親愛你阿姊，就拜託你了。阿母，我會照著你的話做，你病也會好起來的，看著我們福爾摩沙人的轉變，整個福爾摩沙成為和樂幸福的國度。阿母，這漢藥你喝了吧，我趁著你跟利安講話，把藥煮好了。阿母，我跟阿姊要去教堂了，喝完藥後你要多吃點東西，這些都是阿爸準備的。姊弟兩人離去後，黛咪想著，有利安這個兒子有安娜這個女兒是我的福份，我死而無憾。黃掛決定，要在住家臥房窗外空地上

搭一個草屋，父子女兒三人可以就近看見黛咪，夜晚可以陪著黛咪不讓她一個人孤單害怕，希望這樣能讓黛咪的病快快痊癒，鄰居們熱心幫忙搭建下一天就搭好草屋，三人就住在臨時的草寮內，夜晚黃掛要黛咪在房內點著油燈，半開著窗戶好讓他們可以看見她，臨時草屋內也點著油燈，也好讓黛咪看得見他們三人。果真這夜黛咪睡得特別安心直到天亮。

　　隔天早上，索阿回到了蕭壠（佳里）。阿姨，我請了假回來看你了，醫生回到城堡講了這邊的情況，剛踏進蕭壠的路上，就聽到隆克跟娜美的消息，阿姨你不要悲傷。索阿，阿姨正想著你，你就出現在眼前，感謝上帝。你也看到了阿姨滿臉的皮疹，這嚇人的可怕模樣沒嚇到你吧。阿姨，等你病好了臉就恢復以前的美貌，不要緊的。傻孩子，那些得天花沒死的人，都滿臉坑疤我早看過了。阿姨，不會的，不管你變怎樣都是我心中最美的阿姨，最美的拉美公主。哈哈！你去當荷蘭兵，第一招就是學會甜言蜜語。阿姨，我這次回來就是要跟大家講一些事。索阿哥哥，是又有什麼好消息嗎？安娜妹妹，是的，我跟隊長們一行人坐大帆船去了淡水，也去了雞籠（基隆）。我在雞籠城堡不遠處，發現了那一條淡黃色溪水的小溪，小溪裡幾乎沒有魚，溪裡的石頭都卡上一層黃色的東西，像金子的顏色。索阿哥哥，那是黃金嗎？不是，那不是黃金，我刮下一些帶回來城堡給地質學家看，他說那是硫磺不是黃金。我覺得那條溪上的小山丘很可疑，因為小溪是從山丘上流下來的，溪裡沒有魚蝦表示溪水有毒。我問了城堡內的班達人，他們說在他們的故鄉，產金量大的小溪同樣溪裡沒有魚蝦。所以我登上了山丘，往地裡深處挖了一些泥土，也敲下一些岩石，拿給城堡的地質學家研究，他看了也覺得可疑，要帶去巴達維亞（雅加達）或荷蘭進一步研究。索阿哥哥，你好棒。還有一個好消息是，已經在阿里山找到了可以造大帆船的上好木材，以後可以在大員造船。哇！那真是太好了。安娜，另外要提醒你們的是，城堡裡現在流傳著鄭成功要來侵略我

們的消息，他們在長山走投無路想來攻打我們，想來佔領我們的土地。

　　長官特別交代要謹慎提防，還說我們不能相信長山人，有郭懷一叛變的前例，如果鄭成功來侵略攻打我們，難保那些農民工不會吃裡扒外，他們可是把其他人都當成異類的人。索阿哥哥，那怎麼辦。黃掛搶著說：現在我黃掛也算是農民了，我會跟荷蘭人站在一起把海盜王鄭成功趕走，他在那邊搶不過還想搶到大員來，他想來強佔我們的土地，來奴役我們搶我們的食物，我會跟他們拼命，我好不容易才在大員安定下來，他來幹什麼。阿爸，聽說鄭成功還有一兩萬兵馬，跟滿人皇帝作戰失敗現在躲在金門，如果他真的來侵略我們我們要小心應戰才行。放心，他會被滿人皇帝打敗打死，上帝不會讓這種壞蛋活太久，他竟然狠心把我的故鄉漳州城全燒了，他會不得好死。喔！對了，長官還特別強調，要我們提防來部落走動的長山人，他們存心不良要來欺騙我們想侵佔我們的土地，不能相信他們的甜言蜜語。長官擔心善良的福爾摩沙人被他們欺騙，要我們少跟他們往來。現在長官也下了命令，長山人除了跟福爾摩沙女人結婚的除外，其他的長山人都不能留在部落，長山人全部都要去住在赤崁。長山人活該，人頭稅單造假，里爾[註]也造假，布也在中間夾雜不良的布，磅秤也過輕，連糖鹽米也摻雜質，欺騙善良正直的福爾摩沙人。

　.　全家人在小草屋相聚守著黛咪。當夜特別寧靜連蟲鳴的聲音也沒有，風也幾乎完全停止。一早，安娜在窗外叫著黛咪：阿母，阿母阿母。全家人被安娜的叫聲叫醒。阿母，阿母阿母。黛咪一動也不動，雙手緊握著那一瓶裝滿拉美白沙的香水瓶，抱在胸前一動也

－－－－－－－－
【註】里爾：荷蘭統治福爾摩沙時期的錢幣

不動。水某呧！水某呧！阿母，阿母！阿姨，阿姨！阿母！阿母。
利安趕緊跑去通知頭目跟政務員，那兩個廣南人來開門確認，黛咪
已安息了！去了天國。

　　頭目特別送來新草蓆，照例要於天黑前下葬，親屬只能遠觀
不能靠近，新港（新市）頭目德哈利也在近午來到蕭壠想探望他阿
姊，約定的三日後再來，他忙於政務只晚了一日，卻沒能見到阿姊
跟阿姊再說說話，利阿手裡還拿著從哆囉嘓（東山）來的草藥，他
將草藥丟在地上哭紅了雙眼，全家人也都跟著哭紅了雙眼。處理好
黛咪的後事後，黃掛帶著安娜跟利安回去住在蚶西港，德哈利頭目
回去了新港（新市），索阿回去了熱蘭遮城堡（俗稱安平古堡）。
當夜在蚶西港，黃掛父子女兒三人都無法接受這一事實，很難相
信心愛的黛咪就這樣去了天國，安娜跟利安默默的為黛咪禱告著。
黃掛卻怨恨的說：上帝啊！你這麼殘忍啊！為什麼好人不長命啊！
你有沒有長眼睛啊！一下子我家死了三個人，老婆，小兒子，小女
兒，都被你帶走了，你把我也帶走吧。上帝啊！求你把我也帶走
吧，你如果不把我也帶走，讓我痛苦的活著，我是永遠也不會再
相信你了，我不再相信你了，一切都是在騙人的，根本就沒有上
帝啊！

Chapter

09
追求

　　常來幫忙耕種的寬阿，特地來幫忙煮飯，黛咪的不幸她也聽說了，知道今天黃掛父子女兒三人太累了，她特地留下來安慰他們。寬阿是苦命的女人，老公在他懷孕時被鄰近部落的人殺死，幾個月後她生下一對雙胞胎，生下雙胞胎是不吉利的，祖靈懲罰才會生下雙胞胎，兩個人長得一模一樣那多可怕，一個是鬼魂吧！每個人都要長得不一樣才可以，於是雙胞胎不能留下來，寬阿從此也沒有男人敢要了，她被部落的人排擠輾轉流浪到蕭壠，幸好黛咪救助她，讓她來農田幫忙有口飯吃，就搭一個小小草寮在黃掛的農田旁住著，離黃掛的大草寮幾步路而已。四個人吃完晚飯後，平靜無風的夜晚突然下起暴雨，先是狂暴的暴雨後又吹起強風，咻，咻咻，一陣又一陣的狂風，一次比一次強，啪，啪，啪的大雨，一次比一次大，毫無疑問的這是超級強烈颱風來襲。黃掛，安娜，利安，寬阿在新大草寮內驚恐萬分。今天是怎麼了？從早到晚老天爺沒有停止捉弄這一家人，因為天花的關係，在蕭壠的家一個月後才能進入，

全家剛入住蚶西港的家夜晚就刮起強烈颱風。蚶西港新蓋的竹木草屋還算穩固，四周特別拉上防颱風的繩索穩穩的綁住。但在蕭壠的舊家反而沒拉繩索，黃掛擔心著在蕭壠的房子，會不會被颱風吹走。安娜急切的問著：阿爸，這颱風這麼大好可怕，蕭壠家的門不知道有沒有被吹開。乖女兒，別擔心，擔心也沒用，夜已深現在只能求老天爺幫忙，只要我們住的這新草屋沒被吹走，我們一家人都平安就好，先度過這一夜才重要。

　　姊阿，風大不可怕，怕下大雨淹大水，淹大水損失更嚴重，農田如果都淹沒了損失才嚴重，現在只能祈求上帝不要再發怒了，讓暴風雨儘快平息。你們父，子，女三人都免煩惱啦，天公伯阿有長眼睛在看著，我們種的蕃薯芋頭多，甘蔗稻子少，不怕下大雨啦，而且颱風一般都是幾個小時就過了，只要不發生洪水明天天亮就沒事了。寬阿阿姨，謝謝你來幫忙煮飯給我們吃還這樣安慰我們，可是這颱風那麼大雨又下不停，很擔心蕭壠部落的房子，而海邊長山漁民搭的草寮都不太穩固，如果被颱風吹走會淹死很多人。利安真是懂事又考慮周到的好男孩，喔！是男子漢，阿姨很佩服你的看法，還關心起蕭壠部落的人，也關心起長山來的漁民，可是我們也無能為力啊。黃掛接著說：你阿姨說的對，老天爺在發怒我們只能靜靜的躲著，那些從廈門，漳州河，臨時來大員捕魚的漁民朋友，只能祈求老天爺憐憫他們。阿爸說得對，這幾年荷蘭人允許他們拿捕魚證，繳什一稅來大員捕魚，每年都有幾百人來捕魚，曬成魚乾或醃製成鹹魚後運回去長山賣錢，漁民們辛苦又危險，長山的漁民朋友們連冬天也冒著生命危險來大員捕烏魚，為了賺錢養家精神讓人感佩，祈求上帝疼惜他們，讓颱風快點離開風浪快點平息，他們都是善良勤奮的漁民。嗯，弟弟你懂得真多也充滿愛心，上次蝗災要不是有弟弟的好主意，我看蕭壠部落會餓死一半人。安娜說得真對，全蕭壠最受人稱讚的就是茉利安，而最讓人討厭的就是我

憨寬。阿姨，你過獎了，就剛好有想到而已，而阿姨也不要自責，全福爾摩沙人都迷信又缺少正確觀念，能生雙胞胎是最幸運最幸福的事。

荷蘭人跟長山人如果生了雙胞胎，都會大大的慶祝，這是主的恩典，這是老天爺恩賜。我長大結了婚，我發願我牽手能生下雙胞胎，我要請客慶祝將他們養大成年，破除迷信。是啦！我弟弟說得對，牧師也是像利安這個說法，現在長官不也公告，生下雙胞胎要立即通報，生下雙胞胎沒留下來要以殺人罪起訴，如遲不通報也要重罰。謝謝你們安慰我，我現在是人見人怕沒有男人會要我了。雨越下越大風越來越強，四個人根本無法安心睡覺，這颱風是來毀滅大員的嗎？從沒一刻停息，天亮後狂風暴雨還是沒停，草寮外的農田已經開始淹水，蚶西港溪水已外溢一片汪洋，幸好這草屋是墊高的高腳草屋，一整天都沒辦法外出，也沒有人敢外出都緊閉著門窗躲在屋內，寬阿整天忙著弄一些吃的，一切只能等待颱風過後。阿爸，阿姨，阿姊，又黑夜了，整整一天一夜颱風沒有停過，現在雨下得更大四處都淹水了，這次的颱風會死很多人，沒辦法像去年那麼幸運了。阿姊也擔心我們在蕭壠的房子，鄰居們的房子不比我們的堅固，很擔心初阿家，刀阿阿姨的房子破舊怕是飛走了，他們一家人怎麼辦。就在四個人等待聊天中洪水已經快淹入屋內，還差一階梯而已，大家心裡明白各地都淹水了，而且是淹大水。天又亮了四個人迷迷糊糊的睡醒，太累了不知道怎麼睡著的，也不知道是怎麼醒來的。黃掛探向屋外大叫：慘了！不得了，能看得到的房子都淹水一半高，有很多房子不見了。慘了！慘了！我們被洪水包圍出不去了。四個人驚恐的望著門外遠處說不出話來。

颱風過後一片狼藉，樹倒屋毀農田全淹沒，一個星期後淹水退去，黃掛帶著安娜跟利安要回去蕭壠家看看，在路上就知道大事

不妙，路上就看見幾具屍體了，是淹死的腫脹屍體，三個人無心看也無心問，這景象太嚇人，沿路看不到幾間房子都飛走了，剩下的房子也都倒塌，四處都是哭聲。終於走到部落先看到初阿家，看見他們一家人正在搭新草寮，人都還在就好，彼此打個招呼後也沒心情說話，當走到原來的家時三個人都傻了。家呢？房子呢？只剩下幾個陶甕，一個桌子一個櫃子倒在地上，其他的都飛走了飛得乾乾淨淨的，看了四周後才發現，連用竹子蓋的堅固教堂跟學校也倒塌，有幾個人努力的在搶救一些物品。蕭壠部落有一半的房子都飛走，大淹水剛退部落一片泥濘，整個部落都在忙著清理重建。黃掛三人看到房子全沒了也無心留下，黃掛抱著那只原本放在床底下的小甕，是裝里爾錢幣的小甕，利安跟安娜也分別抱了一只陶甕，三個人不發一語的回到了蚶西港。一切只得從蚶西港重新開始。這次的超級強烈颱風據事後傳聞，大員一帶海岸長山漁民的臨時住寮全毀，所有長山來的漁民全部淹死，堯港（興達港）到北線尾海岸的沙丘全部夷平，變成一片平坦的沙灘，長山漁民全部不見蹤影連屍體也找不到，魍港（東石）到虎尾壠（褒忠，虎尾）也有嚴重的災情，大員鄰近的部落也是災情慘重，連赤崁商人的房子也一半倒塌，為數不多的長山人死於這次強烈颱風竟然超過一千人，而人數眾多的福爾摩沙原住民西拉雅，也有一百多人死亡。大小帆船舢舨竹筏沈沒百餘艘，唯一沒有災情的是熱蘭遮城堡（俗稱安平古堡）跟普羅岷西亞城堡（現赤崁樓位置）。但幸運的是，天花疫情從此也消失的無影無蹤。

隔年黃掛父子女兒三人，又在蕭壠（佳里）居民跟蚶西港鄰居的協助下種好了農地，大淹水時牛不知道跑哪去了，只剩下了 5 頭牛，其中有 2 頭懷了孕不久會生小牛，可能是淹過大水土地肥沃，今年的蕃薯跟芋頭又是大豐收。去年突然失去了三位至親，黃掛一家都還在悲傷的氣氛中，還好有寬阿天天來家裡幫忙這個家

才免於混亂。阿姨，很謝謝你的幫忙。安娜，別這樣客氣，阿姨反而要謝謝你們全家人，不然我連住的地方也沒有。阿姨，你就一個人，而我阿母也去了天國，如果你不嫌棄我阿爸年紀太大了，不如就……。是啦，阿姨，我姊姊說得對，不如你就來住在我家，晚上別回去小草寮住了，如果你同意我來負責說服我阿爸。利安很肯定也很誠懇的對寬阿說著。這，這樣好嗎。阿姨，這樣很好很好，等我阿爸從田裡回來，我們姊弟幫你說說，你到時可不要推託。於是寬阿正式的搬到黃掛的大草寮住了下來，黃掛很是開心，自己的年紀不小了 50 幾歲了還能有第二春，寬阿什麼都好，雖然比不上黛咪貌美聰慧，但也很有人緣算得上也是美女，結過婚但還很年輕，讓黃掛更開心的是，安娜跟利安的懂事貼心，黃掛一掃因為老天捉弄而失去妻兒失去房子的陰霾。生了，生了，兩隻母牛同時生了兩隻小牛，都是雙胞胎，一下子多了 4 隻小牛。寬阿開心的跑去農田報喜，黃掛父子女兒三人在農田鋤草，聽到好消息都開心的跳了起來，匆匆趕回家到牛稠裡看小牛。四個人都特別開心。哈！哈哈，奇蹟啊奇蹟，別人家的牛一胎生一隻小牛，我們家有寬阿來，連牛也是雙胞胎，真好。

黃掛喃喃自語著：牛生雙胞胎就很好人生雙胞胎就不好，迷信啊迷信，真是迷信的笨。寬阿，安娜跟利安也都開心的笑著，這半年來全家都沒笑聲了這是第一次。部落的人蚶西港的鄰居，聽聞兩隻牛生四隻牛的消息紛紛跑來參觀，大家議論紛紛。說巧不巧蕭壠頭目的女兒也生下雙胞胎，頭目跟黃掛一家原本就關係密切，頭目以自身家庭當表率，以黃掛家的牛生雙胞胎為例，為了破除迷信，頭目擺宴請客邀請全部落的人，政務員跟牧師學校教師也來祝賀。頭目當場宣佈：我將把我女兒生下來的雙胞胎扶養長大，就像當年我率先吃雞給大家看一樣，不也活得頭好壯壯，感謝大家來祝

賀，大家盡情的吃，馬西馬西酒盡興的喝。從此也破除了生雙胞胎是不吉利的迷信。這天早上風和日麗，頭目夫人不請自來，剛好黃掛一家人都在。黃掛急著向頭目夫人打招呼：頭目夫人您好，今天是什麼風把您給吹來的啊，是什麼神明在保佑著我們全家的啊，您請坐，請坐。安娜懂事的去端茶，寬阿也到廚房準備一點花生米跟糖菓。掛阿，我今天來是有一件好事要跟你說，我看你們家安娜也19歲了，是人見人愛的賢慧淑女，至今沒見你幫她蓋小草屋住，全蕭壠的未婚男人都拿著口簧琴[註]在等著呢。哈！哈哈，謝謝夫人您誇讚，是夫人您不嫌棄。是你們家教好黛咪教得好，安娜漂亮又有學問，大家都看得出來連荷蘭人都喜歡她，我特地請教長山人的習俗，說是要請媒婆來說媒的，跟我們的習俗不一樣。那我就直說了，是刀阿家的兒子初阿，他人品好又勤勞，在蕭壠是人人皆知的事，我跟頭目都很欣賞他，我敢說除了你們家利安沒有哪個蕭壠男士能跟他比。

我特地出面來幫他說媒，聽說長山人要有特別的聘禮，我們福爾摩沙人不知道要準備什麼聘禮，你如果同意就說出來參考，我要出門時頭目有說我們不會失禮的。而我私下觀察初阿跟安娜的互動也很好，是好朋友的關係，今天我就大膽的來說媒。頭目夫人您過獎了，我們家利安是沒辦法跟初

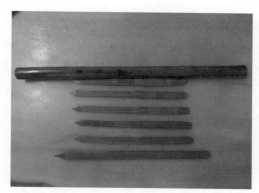

鼻簫及口簧琴。

<hr>

【註】口簧琴：流行於當時臺灣原住民族的一種竹子製樂器，用來吹奏娛樂，談情說愛，也能互相溝通。

阿比的，而且我黃掛在此聲明，我是福爾摩沙人，蕭壠人，長山是我逃離的地方也不會再想回去長山。大員，蕭壠才是我的家我的歸屬，我死後也要埋骨的地方，頭目夫人不可以把我當成外人。初阿我也很喜歡，雖然他阿爸是個酒鬼家裡也窮，但我是看人品。不過我們家是拉美家庭，拉美人都是讓小孩子自由談戀愛，自己做決定。我當然知道蕭壠的習俗是要搭一個小屋，讓長大的女兒自己住，好讓她自己挑選自己決定牽誰的手。所以這事還得問我女兒安娜由她自己來決定，我這阿爸只能照著辦。阿爸，頭目夫人，這事太突然了，我是拉美人，我阿母教導我要我自己選擇喜歡的男生，選好了跟她說，可是那個要對我唱情歌的人，我也不知道他出現了沒，我阿母剛去世半年，我現在沒心思去想跟誰結婚的事，初阿哥哥對我很好這我早有感受，我覺得我還年輕年紀還小，希望頭目夫人能諒解，回去後跟初阿，跟刀阿阿姨說說好話，就跟從前一樣我跟初阿還是好朋友，其他的讓時間去慢慢決定，上帝會有安排，很感謝頭目夫人特地來蚶西港關心我們。喔！黃掛，你看這安娜多懂事多會講話，要不是我沒有兒子年紀跟她相當，今天我就變成是來幫我兒子說媒的。哈！哈哈，頭目夫人真是客氣，我黃掛哪來的這份福氣啊！是夫人不嫌棄，是夫人不嫌棄。頭目夫人離去，安娜定下心來想著，不知不覺又唱起了拉美情歌：純潔無瑕的白沙啊！代表我的心。湛藍清澈的海水啊！傳達我的情。迎風搖曳的椰子樹啊！考驗著我們的愛情。你是少女仰慕的翠綠山巒啊！我願意我願意。

　　安娜啊！阿姨有話跟你說：刀阿家是窮苦人家，初阿的阿爸是出名的酒鬼，按照我們的習俗，初阿如果跟你結婚，他是要來蚶西港跟你住的，那刀阿家會陷入混亂的。赤崁頭家的兒子阿志也喜歡你，也直接跟你阿爸說過了，他們是有錢人，不過按照他們的習俗，是你要去住在赤崁，而他們家如果又搬回去漳州妳也要跟著去

漳州住。傳言現在長山一片混亂，這幾十年都在打仗，唉！阿姨真是擔心，不知道要給你什麼意見才好。妳能不能跟阿姨說說自己的想法跟看法。阿姨，我覺得我還小，我的想法很簡單，就是跟著我心愛的人一起回去住在拉美島，那個沒有天花的天堂，那個不需要弓箭的地方。喔！阿姨了解，那就讓天公伯，上帝去安排吧，這一天一定會到來。

有一天，突然傳來熱蘭遮城堡長官的緊急命令，頭目派麻達先傳來口信，要黃掛安娜跟利安做好準備，不一會兒荷蘭政務員，荷蘭牧師跟頭目，還帶了兩個荷蘭士兵，來到了蚶西港黃掛的家中，其中一個士兵還是索阿，黃掛一家四人出門迎接這突然的大陣仗，好奇的民眾也跟著來看熱鬧。政務員拿起長官命令的公文宣讀：經福爾摩沙議會開議後決議，長官命令，安娜跟茱利安精通荷蘭文，新港文，漢文，福爾摩沙急需這樣的人才來協助推行各項事務，即日起利安搬去住政務員家，安娜搬去住牧師家，以便協助推動各項政務，及基督宣教跟學校教學，他們兩人的各項生活所需費用都由荷蘭政府支付。眾人響起一陣歡呼聲。黃掛一時反應不過來，表面上是連連稱謝：謝謝長官賞識，謝謝議會，謝謝長官賞識。政務員，牧師一行人在屋外等候，要安娜跟利安立即進屋準備。

黃掛一家四人進屋後，黃掛小聲的說著：安娜，利安怎麼會這樣，一下子就剩寬阿阿姨陪著我，長官怎麼做這個決定。利安搶先小聲的回答：阿爸，就只是去住在蕭壠政務員的家而已，我們家跟政務員跟牧師那麼熟，他們都是大好人，我去剛好可以跟政務員學習，這樣很好啊，而阿母在世時也交代，要我有機會盡力去幫助政務員，去幫忙教堂跟學校的事務，這是阿母有感應啊，我就去實現阿母的願望，這也是我的願望，我要教會全福爾摩沙人讀書寫字。是啦，阿爸，我去住在牧師家，幫忙傳教教書這樣很好，而且蕭

壠那麼近是我們從小生長的地方，我們可以常回來看你你也可以常去看我們，蕭壠每個人都認識我們，這就跟回老家一樣你不必擔心啦。好，好，阿爸是擔心你們兩人去住在荷蘭人的家庭裡，又是政務員家跟牧師家，他們是有權利的大人物啊，可以跟荷蘭長官直接當面講話的人啊，可以隨時就進去城堡的人啊，我想到就害怕。阿爸，叔叔，阿爸。索阿在屋外催促著。索阿哥哥我們準備好了，安娜應聲著。黃掛跟寬阿起身跟大家揮手暫別。索阿主動幫安娜拿著行李兩人聊起天來。索阿哥哥，這事怎麼這麼突然。妹妹啊，我也是昨天才知道的也嚇了一大跳，我更不知道長官做這決定的目的。安娜，我看到寬阿阿姨了。索阿哥哥，那是我跟利安的主意啦！如果沒有她，今天就剩下阿爸一個人顧家了。妹妹，我跟你說我看到拉美島了。什麼？真的。是真的，上個月我隨船去卑南運補，船離開大員的第一天，就從拉美島跟下淡水河（高屏溪）之間的海面通過，船離拉美島不遠，一直漂到東阿土港（東港），放索仔（林邊），加祿堂（枋山，枋寮）附近的海面都還能看到拉美島。拉美島真是漂亮，現在只住著一個長山人家庭，是贌租拉美島採椰子的一家人，拉美島的白沙真是潔白漂亮，海水湛藍椰子樹迎風搖曳，海岸邊各種奇特的珊瑚礁岩，風景之美沒有那一個地方比得上。哇！真是太棒了，我也好想能親眼看到。嗯，我看到拉美島後，雙眼就一直盯著看一刻也不想離開，真美啊！

等我當兵期滿，以後能回去拉美島住時我一定要回去。我在我媽媽肚子裡來到新港（新市）是上帝的安排，但我要安排我自己再回去拉美島住，過沒有打打殺殺安定的生活。索阿哥哥，那我也要跟你回去住在拉美島。哈哈，好啊。利安也跟著應和著：還有我。哈哈，好，好。索阿哥哥，你去卑南有見到卑南君主嗎？有，有見到卑南君主，那尊貴的少年君主，現在更顯成熟而威嚴，他是一個誠懇又忠於朋友的人，是值得信賴的好盟友。我們的船第二天漂到

瑯嶠君主的領地範圍，在瑯嶠的河口看見一大群人跟我們揮手歡迎，瑯嶠的沙灘也是白色的，瑯嶠的風景也是美不勝收，但還是拉美島的白沙比較潔白。第三天船繞過福爾摩沙最南端的砂碼磯（鵝鑾鼻），船在離海岸不遠處隨著海流往北漂，途中經過好幾個部落，都看到他們出來揮手歡迎，往北漂的海面右前方望去還看見有兩個島，但距離有點遠看不清楚島上的情況，荷蘭同事跟我說，他們幾年前有去比較遠的那個島抓了兩個人來大員城堡，因為實在沒有辦法溝通，又把他們放回去那個島，而他們有好幾次想去多多了解那個島上的人，可是他們都立即逃到山上去，那個島很大，山高樹多人躲著根本找不到，從此就放棄再去那個大島。同事還說那個大島的小船造得很漂亮是藝術品，是可以放在博物館供人參觀的那種藝術品，那個島比拉美島大很多。至於在更北方的那個島，他們的船只去繞了一圈沒上島過，不知道那個島的情況。利安回應著：哇！原來福爾摩沙的旁邊不是只有拉美島還有好幾個小島。是啦，我們的大帆船又繼續往北漂，來到一個很大的部落的旁邊海岸，同事介紹說是太麻里部落，那大部落的草屋整齊排列很有秩序，聽說以前跟卑南君主他們不合常打打殺殺的，現在在荷蘭人出面下雙方合好，雙方往來互通也接受卑南君主的指揮。索阿哥哥，我也想去卑南，太麻里跟瑯嶠，看看增廣見聞。哈！那就來當荷蘭兵啊，我們拉美人要當荷蘭兵長官跟隊長是很歡迎的。我茱利安只會讀書，沒什麼力氣怎麼當荷蘭兵。哈！哈哈，我們的船又往北漂來到目的地卑南（以台東市為中心），船還沒進入河口，海灘已擠滿人潮，卑南的少年君主親自來歡迎我們。

卑南王謙謙有禮親自前來迎接，我們的職位那麼低，實在覺得不好意思。卑南王的隨從還載歌載舞的歡迎我們，給我們獻酒，我們更不好意思了。那酒是好酒啊！跟馬西酒不同，淡淡的香氣淡淡的甜，不知不覺想喝一大瓶。後來聽中士介紹，是用一種當地特

產的小米做的酒。索阿哥哥把小米酒說得那麼好喝,我也想嚐嚐。
利安,等你有機會去了卑南,就會知道不是阿兄吹牛。卑南的勇士
各個勇猛,高大又強壯的勇士是我們要學習的榜樣,要不是我們手
上有槍,十個荷蘭兵也打不過一個卑南勇士啊。卑南君主統領十幾
個部落真是不容易,我打從心底佩服他,他人又那麼尊貴有禮,這
是福爾摩沙的福氣啊。我們運補完成後跟駐守在卑南的同事道別,
中士跟我們講,說他每隔四個月就要走回來大員城堡述職一次,每
趟要走十天左右很辛苦。我跟中士說,有機會的話我也想去卑南當
兵一陣子,體驗體驗卑南人的熱情。安娜回著:索阿哥哥,走十幾
天回來大員,回去卑南又要走十幾天,這麼遠這麼辛苦,他們是怎
麼走的啊。他們是每次三個人一起走,從大員搭舢舨往南到堯港
(興達港),再走向桌山(大岡山),再往搭加里揚(大樹,九曲
堂),再走到下淡水河(高屏溪)旁,搭竹筏渡河到大木連(萬丹
北),經過麻里麻崙(萬丹南),新遠(新園),力力(崁頂),
加藤(以南州為中心),再走到放索仔(林邊),最後到加祿堂(枋
寮,枋山),翻山越嶺到太麻里南方的巴塱衛(大武),再沿著海
岸走到太麻里,再走到卑南。回程也是這樣。這條翻過山的路還是
中士先發現的,他先走看看確定是最安全又最快的路,以前不知道
有這條路,要去卑南還先走到瑯嶠才再往北走到卑南,要多走好幾
天。哇!那中士好神勇,如果是我茱利安,沒有二十天是走不到卑
南的。現在除了去拉美島,連卑南我也好想走一趟。還有我也想去
雞籠(基隆)看那可疑的金礦山。哈!利安你有機會的。

　　大帆船回來大員的路途,我們又經過了拉美島,這次我們的
船從拉美島的西南方往北漂,拉美島岸邊的奇特珊瑚礁岩看得清清
楚楚。船漂到近岸不遠,我看到了阿姨說的那個小平高地上的小草
坪,也看到了小平高地下方,有一個明顯的燻黑的洞口,我不發一
語靜靜的看,同事過來拍拍我的肩膀安慰我,大家都知道我是拉

美人，他們也知道我在我媽媽的肚子裡時，就是躲在那洞穴裡面，我媽媽沒被燒死，被抓來新港（新市）時生下我以後死去。船沿著拉美島北漂，我又看到漂亮的海灣純潔的白沙灘，翠綠的森林跟林投樹，拉美島這一邊看不到椰子樹，不像另一邊是長滿椰子樹，我心裡想著，能住在這麼漂亮的拉美島真是幸福啊。當時我有想跳下船游上拉美島的衝動呢。索阿哥哥，你能看見拉美島真的好好喔。妹妹，拉美島真的就像阿母說的那樣吔，太美了，美得超乎想像。可是有一件事很奇怪幾乎看不到任何一間房子，一間也沒有。索阿哥哥，是不是都被強烈颱風給吹走了？還是像阿母說的那樣，他們的房子大都在島中央的平坦凹地上，被兩旁的山擋住你們在船上根本看不到。喔！這樣有可能。我送你們到政務員跟牧師家後就放假了，可以放十天假。我去借住在初阿家我們是好朋友，全蕭壠的人都認得我，我要四處走走好好看看我生長的地方。我也聽頭目說了我們蕭壠的家飛走了。這次放假我們可要好好聊聊。

10
新港頭目德哈利

　　很快的又過了一年，安娜跟著牧師在教堂宣教教學，利安跟在政務員身邊學習當助手四處查訪，黃掛的農田又是大豐收，因此大膽的種了更多的甘蔗跟稻子，現在蕭壠跟麻豆一帶都看不到鹿了，根本沒辦法狩獵，靠著政府每年分發金錢作為失去獵場的補貼，大家也勤奮的學習種田，河裡的魚也改成只有原住的福爾摩沙人才能捕捉。寬阿一直沒有再懷孕，黃掛猜想是她生雙胞胎時被打受了內傷，所以無法再生育。黃掛忙於農事幾乎不再上教堂了，但安娜跟利安反而更加虔誠，這一年福爾摩沙各地都還算平靜，只傳聞東北部的噶瑪蘭（蘭陽平原）不想再跟荷蘭人結盟，竹塹（新竹）附近的部落也鬧了幾次事，聽說是當地的少許長山商人教唆他們要起來反抗荷蘭人的，也常聽到說鄭成功要來侵略大員佔領大員。但聽說歸聽說每年都聽說，卻沒有一次是真的。倒是鄰近各地的農田都大豐收，大家日子過得很富足很平靜。只是現在長山幾乎沒有漁船來

捕魚，也是聽說他們被鄭成功威脅不能來大員捕魚，來大員交易的
商船也寥寥無幾，聽說他們同樣被鄭成功威脅著。政府能徵收的各
項稅收變少。商人，農民工，做古老行業的女人大半跑回去長山。
幸好有福爾摩沙的農田支撐著這個政府。最苦的是從長山來大員打
工的農民工。商船不來，米，糖就運不出去價錢就低，只能留著自
己吃，沒辦法存錢寄回去長山養長山的家人，單身的農民工比較沒
有擔憂，但只能住在赤崁不能住在部落裡。從長山來的女人稀少，
少數最幸運的長山農民工跟福爾摩沙女人結了婚，部落頭目會給他
一小塊農地開墾，政府只允許跟福爾摩沙女人結婚的長山人住在部
落裡，這些幸運的羅漢腳如能跟大員女人結婚，都是謝天謝地的敬
拜著，拜天拜地拜地基主。政府只允許長山人在大員蓋一間小廟祭
拜，其他地方一律禁止祭拜。政府也規定，跟福爾摩沙女人結婚的
長山人，一但離了婚就要立即搬離部落到赤崁住，所以幸運能跟福
爾摩沙女人結婚的長山人，都表現的乖巧又體貼。畢竟這是福爾摩
沙人的天下，是荷蘭人在管理統治，長山人的地位只比奴隸要高一
等。有地位的長山人就只是那幾個商人頭家。

　　這些商人頭家，贌租各地農田負擔各項稅收，也幫忙去長山
買貨，是在福爾摩沙唯一有地位的長山人。這些商人大部份是漳
州，泉州跟廈門來的，最大的商人就叫何斌，他因為精通各種語
言文字很受荷蘭人倚重，去長山買布買精美瓷器也倚重他去訂貨，
他舌燦蓮花常被長官挑出毛病，謊報不誠信的事常有發生，也曾經
聯合其他商人頭家圍標贌租農地，還被重新招標。但荷蘭人看中何
斌的社交跟貿易能力，能睜一隻眼就閉上另外一隻眼，只要不太
過份是沒太跟他計較。哪知道何斌竟然在大員跟其他的商人標會，
舉債五千里爾後叛逃到廈門去了，帶著家眷逃走了還跑去投靠鄭成
功。這一年何斌叛逃的消息迅速傳開，這事讓在大員在赤崁的商人
紛紛破產，大家太相信何斌了借給他太多錢，商人破產發不出農民

工工資，只能以農產品當工資讓他們至少還有飯吃，農民工也跟政府陳情，但政府稅收也減少，又加上農民工曾經跟郭懷一叛變過，荷蘭長官決定不給予救濟，其實也無現金救濟。政府怕鄭成功來攻打大員，禁止了米的出口要儲糧以防萬一，但農民工不管這些，沒錢領就抗議，有的甚至跟流浪漢集合起來淪為強盜，四處搶劫甚至侵入民宅強姦婦女，赤崁附近是人心惶惶。這一天，黃掛帶著寬阿到新港（新市）找女兒安娜跟兒子利安，他們前不久跟著政務員跟著牧師搬到新港住了，蕭壠這邊由新的政務員跟新的牧師接替。黃掛心想，新港是我再熟悉不過的地方，年輕時做生意跟黛咪結婚的地方，現在的新港頭目還是黛咪的弟弟德哈利，聽說他牽手生了小孩，也趁這次去探訪探訪。還有那恩重如山的老頭目夫婦，不知道還健在否？照著以前的作風，這次也是帶足了禮物，新港的朋友應該都還認得我。

　　雖然黃掛知道，安娜跟利安去住在新港（新市），有他們的頭目阿舅罩著不會有什麼問題，但沒有親自走一趟還是不放心，他在新港老朋友很多，也去介紹介紹女兒兒子請他們多多協助。寬阿安慰著黃掛：掛阿，我知道你想念兒女們，安娜跟利安是去新港幫忙推行政務的，有政務員跟牧師挺著，又利阿在當新港頭目，沒有人敢為難他們的。哈！哈哈，這我知道，我承認是我好想他們，又不忍心讓他們在放假時走回來蚫西港看我們，我們就當成是去遊玩。到了新港得知老頭目夫婦已仙逝。安娜跟利安都跟著牧師跟著政務員外出探訪，黃掛跟寬阿先來到利阿家，先送上小孩的出生賀禮，招阿開心的收下賀禮歡喜著姊夫的到來，招阿現在是頭目夫人了，精神氣色明顯不同，又生了個女兒，利阿跟招阿都滿意的不得了，女兒取了個名字叫蜜阿，活潑可愛剛在學走路。姊夫，這位是寬阿阿姊吧。喔！是的，相信你也聽安娜他們說了。是啊，他們來新港的第一天就跟我說了。姊夫，你跟黛咪姊把他們兩個教得太成

功了，我可要跟你們多多學習啊。頭目客氣了，我在蚶西港都還能聽到新港頭目的威名啊，是勇於任事認真負責的好頭目啊，在蕭壠的姊夫我是沾光不少。哈哈，姊夫愛說笑，我是學了不少，但還是要再磨練磨練，我也認真的學著新港字荷蘭字跟漢字，有利安跟安娜教我我可是進步神速喔！我不但認為這是上帝安排，我認為這一切是黛咪姊姊在幫助我。新港人都知道您跟黛咪，利安跟安娜在新港生活是如魚得水，你完全不必操心，他們姊弟在新港講的話，比我這頭目阿舅還有威嚴呢。哈！哈哈，頭目真是好口才，姊夫不如你，姊夫不如你。對了，姊夫這幾天就住在我這新家，用竹子堅固搭建的比以前的房子大三倍，住起來可舒適了，安娜跟利安每個禮拜日後都會來住上一晚呢。那就打擾頭目了，姊夫帶來幾瓶麥酒，我們倆好好的喝個痛快。

　　兩個人等不及就坐下聊天喝起酒來，寬阿陪著招阿到廚房準備酒菜，鹹魚，鹿肉乾，花生，烤雞，也炒了幾道菜。利阿開口就問說：姊夫，聽說鄭成功要來侵略我們，他想來攻打大員，這會不會是真的。頭目啊，這傳聞已久，每年春天就會傳一次，春天時黑水溝風平浪靜是適合攻打的季節，夏天常有颱風不適合，秋冬以後吹強烈的東北風也不適合，鄭成功如果要來攻打大員強佔我們的土地會是在春天，我判斷此事是很有可能的。喔！是有什麼跡象嗎？那我們怎麼備戰。利阿，姊夫認識很多長山來的商人，農民工，甚至是來賺錢的女人，這些商人現在都把妻子女兒送回長山，存的錢也帶回去長山。來大員賺錢的女人現在是人心惶惶，深怕鄭成功這群海盜們一來最先受害的就是他們，這幾百人恐怕會成為洩慾的工具，她們已經預先付錢給船家，準備一有狀況要立刻逃離大員。而商人們最近也不來交易了一切都靜悄悄的，這無非是有什麼陰謀，氣氛不對，最有可能的解釋是，他們知道鄭成功要來攻打大員的消息，所以躲避著，另一個可能是他們已經跟鄭成功合作了，聽命於

鄭成功配合著不來大員。我們當百姓的只能備糧，你當頭目要集合訓練好戰士，到時候聽命於荷蘭政府的命令，團結起來打敗海盜，就像上次打敗叛亂匪徒郭懷一一樣。嗯，姊夫說得是，可是荷蘭人還是對我們有戒心，至今也沒有發槍枝給我們，連鐵器也管得嚴，就這些弓箭鏢槍砍刀能打得贏鄭成功嗎？郭懷一他們只是拿鐮刀鋤頭的農民工啊。頭目擔心的是，是打不過有槍有砲的這群海盜，要不然別說全福爾摩沙至少有十幾萬勇士，光我們附近的部落也可以集合一萬多人啊。姊夫，我們不但沒有像樣的武器，還有一個麻煩的問題，現在還留在赤崁附近的農民工跟羅漢腳^註，還有約一萬人。當鄭成功來襲他們會不會也起來造反。頭目說得對啊，內賊難防啊！這才是最讓人擔心的，而他們住的地方剛好把政府大樓，普羅岷西亞（現赤崁樓位置），熱蘭遮城堡（俗稱安平古堡）包圍著。

　　剛好我們這幾個部落被隔開，如要打仗無法跟城堡內的士兵取得聯繫一同作戰。姊夫，還有一個問題，現在就全福爾摩沙的部落來看，雖然跟荷蘭政府結盟的有 300 多個，但最有戰力的遠在卑南，遠在瑯嶠（恆春半島），遠在大肚，遠水救不了近火，而他們跟我們一樣缺乏像樣的武器。頭目真是一針見血啊，我們可以先結合鄰近的諸羅山（嘉義）跟虎尾壠（褒忠，虎尾），他們都是大部落，可以集結五千個擅長弓箭的戰士會是可靠的戰力。喔！那我會跟政務員協商，儘速聯絡各部落，大武壠（以玉井為中心）也是大部落一併聯繫上，大家團結一致必能打敗鄭成功，只要他敢來佔領我們的土地，我們的土地就是他的埋屍地。頭目好氣魄，姊夫欣慰，姊夫佩服。如果海賊王真的來攻打我們，到時候安娜跟利安就拜託你照顧了。姊夫，那是我的責任，真有那麼一天會是一片混亂，您放心我會有安排。對了，有聽說鄭成功的兵馬有多少嗎？

【註】羅漢腳：長山來臺灣打工的單身漢，有的無業，有的當農民工，有的當搬運工。

利阿，這個只是聽說，共約一萬五千名，一半是士兵一半是小兵，有一千多個軍官，軍兵爺數十人，大小戰船二百餘艘。喔！那比荷蘭士兵還多很多，城堡裡才一千多士兵，如能再從巴達維亞（雅加達）調派一千多裝備精良的士兵來才比較保險。頭目分析的極是啊，就像一個軍事家。雖然荷蘭士兵武器比較精良，但鄭成功的士兵人數眾多也訓練有素，海戰也很有經驗，各個都是不怕死的搶匪海盜，如果荷蘭士兵太少是打不贏的。姊夫您放心，福爾摩沙各部落會團結一致打敗海盜們。那福爾摩沙的安危就靠頭目你了。姊夫，想請教你一個問題，你曾住長山二十年，你認識鄭成功嗎？哈！我不認識他，我了解他阿爸多一些，鄭芝龍是泉州府南安縣人年紀跟我相當，長山一帶常年戰爭，盜匪海賊眾多民不聊生，姊夫跟著頭家逃來大員謀生，出生在無法安居的地方只能逃，家裡的人死的死逃的逃真悲慘。啊！而鄭芝龍還曾經是荷蘭聯合東印度公司的翻譯員，他後來投靠海盜顏思齊，他去了日本娶了日本女人生下鄭成功，他後來又回到長山變成海盜頭，我估計鄭成功的年紀跟頭目你差不多，三十幾歲那邊。

　　姊夫是漳州人就住在漳州城內，漳州人與泉州人一向不合，講話的腔調也差很多，有的話還聽不懂呢。現在鄭芝龍投靠了滿人皇帝，但被抓去京城當人質。誰叫他兒子鄭成功繼承了他的勢力，卻高舉反清復明的大旗跟滿人皇帝做對。喔！姊夫，這樣說來鄭成功是大不孝的人。唉！頭目啊！何止是大不孝，這反清復明的大旗才是害人，這不自量力想當皇帝的伎倆，竟吸收了各地不明究理的勢力，為了軍糧四處搶劫殺人放火，還把整個漳州城燒毀，只是怕漳州城被滿清佔領，對他在安海在廈門的老巢不利，竟然如此殘暴。好笑的是，身邊還跟了一批文人學士在給他出計謀呢。而理由就是不給滿人統治，只能漢人統治別人，不能別人統治漢人，苦的是老百姓，死的也是老百姓啊，長山人就這樣被騙幾千年了，還是執迷

不悟。我就是漢人統治的啊，連命差點也丟了，現在滿人統治長山，人人有書讀人人有錢賺。鄭成功現在把歪腦筋動到大員這邊來了，就是為了這五千甲開墾好的良田，並且要來奴役我們幫他反清復明。喔！姊夫的看法是，這一群匪徒就是要來搶這五千甲良田，並且奴役我們幫他反清復明的。鄭成功就投降滿清皇帝保命就好，為何想來侵略我們佔領我們的土地，我們在這裡住幾千年了，荷蘭人現在也管理的好好的，全福爾摩沙漸漸安定團結在一起了，鄭成功是來亂的嗎。利阿，是啦！他是來亂我們的，反清復明，哼！騙一群傻瓜跟隨而已，最後會死得很慘，就怕也拖我們福爾摩沙人下水。姊夫說得很有道理，但我聽了是笑不出來，殘暴的海盜身邊跟著一群有學問的謀士，這難纏啊！這得好好想想辦法預防，難怪連荷蘭人也怕啊。利阿，姊夫最擔心的是，正直誠懇又容易相信別人承諾的福爾摩沙人，這很容易受騙的，他們會說上各種好話，送上各種精美的物品金錢，答應任何要求取得各個頭目信任，進駐軍隊取得控制權後再各個擊破，這是他們最擅長的，相信了他們的花言巧語後準會沒命，長山人要殺人前是先看到笑容，背後藏著刀啊。姊夫說得我是更加擔憂了。我有一個不切實際的想法，如果我們打不贏，荷蘭人又離棄了我們，我們拉美人就可以回去拉美島了啊。利阿頭目啊！希望我們是協助政府打敗海盜，政府感念我們拉美人，讓我們再回去拉美島居住。如果最後是讓長山人統領我們，我們福爾摩沙人的悲慘命運才正要開始。

姊夫，我知道應該怎麼處理了。只能先團結起各個部落跟荷蘭人一同作戰，不到最後關頭絕不放棄。利阿，那如果有到那最後關頭，連命都可能沒了時呢？哈！那我就帶著妻女跟著姊夫一家人，連夜逃命逃到新遠（新園）搭竹筏逃回拉美島，備妥存糧先躲入洞穴再說。哈！哈哈！頭目此計不好但是可行，真有那麼一天也只能這麼辦了。哈！哈哈，兩人是聊的開心又喝得愉快。安娜跟利安一

回到部落，得知他阿爸阿姨在阿舅家，立刻飛奔而來。阿爸阿姨阿舅阿妗我們回來了。喔！乖女兒乖兒子阿爸可想死你們了，吔！都變胖變壯了，利安也曬黑曬成烏鬼了，哈哈。阿爸，我每天跟在政務員身邊學習四處探查，曬黑才好才健康才像拉美人啊。哈哈，阿妗也是拉美人，怎麼還是那麼白，也是跟著牧師四處傳教探訪啊。是啊，安娜是怎麼曬也曬不黑，越曬越白越漂亮。阿舅，你別取笑我啦。哈！哈哈！哈！一家人突然見了面都開心不已，寬阿跟招阿更忙了，忙著準備晚餐，全家和樂融融興奮不已，一掃前年家變的陰霾。安娜西乃（撒嬌）的說：阿舅，我跟利安這幾天都要住在這大新房子裡，直到我阿爸阿姨回去蚶西港為止喔。這當然好這更好，要不是政務員跟牧師需要你們幫忙，阿舅巴不得你們倆人就住在我家呢，那我這頭目就輕鬆又好當了，只要派你們出馬，沒有什麼事是處理不了的。哈！阿舅過獎了，我們只聽命於頭目的命令辦事，一切還是由頭目決定。哈！哈哈，德哈利頭目是笑得更加開心說：利安你這幾個月跟著政務員東奔西跑的有沒有聽到什麼消息，或者是……。阿舅，你是指鄭成功要來侵略我們佔領我們的土地的事吧。喔！是的，阿舅是想聽聽你的高見。阿舅，阿爸，阿姨，阿妗，我認為鄭成功一定會來侵略攻打我們，佔領我們的土地，不是會不會來是什麼時候來而已。利安，為何？有何根據。跟頭目報告：第一，何斌已叛逃去敵營鄭成功那邊。

　　第二，鄭成功在廈門還覺得不安全，現在跑到金門。第三，鄭成功需要軍糧，但長山沿海一帶都被滿清佔領他的糧倉已失。第四，除非他僅剩的廈門跟金門被一次殲滅，不然他會往澎湖或大員逃竄。第五，他的父親在北京當人質他都不屈服，可見他不信任滿人，他怕死他不願意被抓住他寧願逃。第六，大員現在的五千甲良田正好可以提供他的軍糧所需。第七，何斌叛逃投靠鄭成功，口燦蓮花的何斌會說服他來侵略大員，因何斌熟悉大員的一切，熟悉城

堡裡的一切。第八，鄭成功現在剛好也走投無路別無選擇，會跟何斌一拍即合。眾人聽得目瞪口呆，驚嚇連連。利安，阿舅再問你，那有何對策？我們拉美人該怎麼辦才好。再跟頭目報告，不必驚慌，上帝自有安排。首先，我們要團結彼此力量不能分散，各個部落要放棄成見同舟共濟。第二，備妥應戰武器訓練好戰士，也備妥糧食。第三，跟荷蘭人充份合作，忘記他們過去對我們的傷害，團結一心像打敗郭懷一那樣。第四，請求荷蘭政府支援槍枝武裝我們。第五，開放港口讓有意離去的長山人離去，避免大戰時造反為鄭成功所用。第六，重要的長山商人立即集中在赤崁當人質。沒有這些商人，鄭成功佔領大員也無法貿易賺錢。第七，立即請求巴達維亞（雅加達）派兵支援。第八，我們的政府也要立即派船去滿人皇帝那邊，請求合力消滅海盜，殲滅共同的敵人鄭成功。利安，阿舅佩服你，這些都做到了，鄭成功就不敢來攻打大員了，而無處可去的他只能投降滿清，或者在金門被清兵打敗殺死。阿舅佩服你的見解，阿舅佩服你。但是如果，阿舅是說如果，如果我們福爾摩沙人不團結，政府不給我們槍枝，巴達維亞援軍不來，滿清皇帝不跟我們合作，那可怎麼辦？難道只能投降嗎。報告頭目，我們絕對不能投降，但我們很難勝利，鄭成功尚有一兩萬兵馬大小戰船兩百餘艘，他的士兵是有經驗的戰士，武器有槍有砲。哇！利安，我們不能投降，又打不贏海盜，是要眼睜睜的看著土地被搶走，女人被搶走嗎？

　　阿舅，也沒那麼悲觀啦！就看鄭成功的心情跟他來侵略我們的目的了。如果他真的是要反清復明，那他會搶用我們的資源奴役我們。如果他是為了逃命，來大員當王讓我們保護，那他先會假意善待我們，一邊高舉反清復明大旗來團結跟他一起來的長山人，慢慢的再看情勢演變做調整。鄭成功若成功登陸福爾摩沙，會先討好我們再攻擊荷蘭人，分散我們的力量。利安說得是啊！阿舅要跟你

多多學習，你才 18 歲以後前途無量前途無量，阿姊在天之靈要保佑啊！利安，阿舅再問你，你這些看法跟做法你跟政務員說了沒。我有說過很多次了，有的觀點他也贊同，也給城堡長官做了建議，也有的觀點他不同意，認為是多慮了。尤其是提供槍枝武裝我們一事。唉！那可怎麼辦？我們怎麼辦，是要逃回去拉美島嗎？是荷蘭人多慮了。阿舅，政務員對於發槍枝武裝我們部落戰士一事，非常的有戒心，他怕過去對我們施加的懲罰，我們會拿槍指向他們，現在的情況，變成是荷蘭人跟福爾摩沙人之間的信任問題，這恐怕會決定荷蘭人以後的命運，福爾摩沙人以後的命運，也是我們拉美人以後的命運。真有那麼一天，殘暴的鄭成功來了，我們拉美人不得不逃回去拉美島，上帝或許是這樣安排的。利安，這，這你要跟政務員多多溝通，我也會找機會跟政務員報告，他們要相信我們啊。那些二三十年前的冤怨早已是過去的事了，我們也都學了新知識，坦白的說我們也跟著進步了，現在的福爾摩沙是同島一命，荷蘭人如再不相信我們，難道要相信謊話連篇的長山人嗎。阿舅，現在荷蘭人在城堡裡已備足存糧跟武器，這也可以看得出來長官打算堅守城堡抵抗。長官是想讓鄭成功的軍隊因缺糧而退去。喔！利安說詳細來給阿舅聽聽。跟頭目報告，此事若成真，城堡被圍必堅持甚久，以熱蘭遮城堡的堅固鄭成功一時無法攻下，可能被圍數月或數年。這段期間鄭成功的一兩萬多兵馬吃什麼，當然是吃我們的食物，我們不給會沒命，我們給了會餓死。

敢問頭目，如果我們不團結起來消滅鄭成功，當他的士兵拿著槍指著你，這新港（新市）部落的糧是交還是不交。利安，我就是不能讓這事發生，我會做好準備努力團結所有力量消滅這群海盜。阿舅，利安，你們這樣說我好害怕，索阿哥哥在城堡裡當兵，到時候打起仗來該怎麼辦？那些在城堡內學習的拉美人怎麼辦？那些跟城堡裡的荷蘭人結婚的拉美人怎麼辦？他們的小孩怎麼辦，都會

被鄭成功殺死嗎。阿姊，這只能讓上帝安排了，我們能做的就像我說的方法那樣，每一樣都要盡可能的去完成。利安，那主耶穌的宣教工作要怎麼辦，鄭成功他們是一群崇拜偶像的人，到時候我可以跟他們傳教，讓他們不再殘暴嗎。阿姊，這就更不可能了，要比殺了他還困難。荷蘭人來就禁止我們拜阿立祖，只能信主耶穌。鄭成功如果來了，也會禁止我們信主耶穌，要跟著他祭拜偶像。他拜什麼我們就要跟著拜什麼，有跟著拜有保庇，沒跟著拜出代誌啊。別想要再到教堂聽福音，教堂沒被拆沒被燒就已經不錯了。如果那一天來，我們還在祈禱主那肯定是被砍頭而已。哇！這麼可怕，這太恐怖了。阿姊，當大戰來臨大敵已來，我們男人無法保護你們女人時那才是真正的可怕。情形就如同當年荷蘭人去攻打拉美島一樣啊，福爾摩沙人的命運只能任人擺佈，叫天天不應叫地地不靈，求主也沒用。大家盡量吃，喝麥酒吃水果，講點輕鬆的，我招阿相信上帝會安排，我們會平安無事，我肚子裡這第二個小孩會平安出生，我女兒蜜阿會快樂的長大。

利安，阿姊問你。如果，我是說如果，我們齊力仍無法打敗鄭成功，荷蘭人被圍困在城堡內跟我們失去了聯繫，鄭成功的士兵來搶我們的食物，來抓我們女人，來……那我們怎麼辦。是逃回去拉美島，還是跑去高山上，還是留在新港（新市）跟著阿舅。阿姊，如果那種情況發生，確實就只有這三條路可以選擇。先說留在新港，那就要看阿舅到時候是跟鄭成功如何周旋的，敵強我弱的情況，受制於人一切難說，他要阿舅交出豬雞鴨阿舅會交出，他要阿舅交出米，蕃薯，糧食，阿舅也會配合，他要殺幾個出面反抗的勇士，殺幾個不服從的勇士，阿舅也無法保護他們，萬一他要求阿舅交出部落的淑女們，……唉！……。現場聽的人紛紛緊握拳頭不發一語，三個女人也都聽得一臉驚恐。再說逃到山上，是要逃到阿里山還是珊珠瑪（三地門），如逃到大武壠（以玉井為中心）或諸羅

山（嘉義），是可以暫時避一避，他們都跟我們友好沒什麼危險，但不必多久鄭成功的士兵又來了，又得逃。如能逃到珊珠瑪或阿里山會很安全，雖然他們也跟荷蘭人結盟，但我們彼此不常往來不了解彼此，連講的話也聽不懂難保不會有誤會發生。只有每年他們的頭目跟我們的頭目在赤崁開會見面，雖在一起用餐喝酒但那是表面上的和諧，在荷蘭人眼下的和諧。荷蘭人的勢力不在了時，他們會做何反應我們是無法猜測的。最後說我們再回去拉美島，這次確實是一個好機會，長官不准我們回去拉美島，前恩人牧師請求要跟我們回去住在拉美島，也沒被接受，他向巴達維亞法院控告長官對我們過分處置處罰，結果也沒成功。現在反而是海盜王鄭成功如果來侵略，是我們再回去拉美島的好機會。現在荷蘭人處處需要我們拉美人，好多拉美婦女都是他們的妻子了，也生了後代。他們完全信任了我們。進城堡學習，當兵，派回去荷蘭受訓當牧師。只要荷蘭人在，我們永遠也回不去拉美島居住。

現在拉美島贌租給一個漳州人，他們一家七人住在島上，就阿爸認識的那個同鄉，許樂卡一家人。所以我們再回去住在拉美島是沒什麼問題。我甚至利用跟政務員探訪時，詳細了解了怎麼回去拉美島的路線。喔！太棒了，快說來給大家聽聽，快說來給阿舅聽聽。現在從大員搭船去拉美島的海上路線最方便，但是戰事一但爆發，海路是戰場是不可能從大員搭船去的。有一條路線可以很安全的到達新遠（新園）。從新港（新市）往山邊走，沿著大目降（新化）山邊往南走，看著遠處的桌山（大崗山）走，一直走到桌山的前方再往東走，穿越幾座小山丘後繼續往東走，就會到達下淡水河（高屏溪）上游，那溪旁的山坡到處都是竹子，要做幾艘竹筏都可以，我們搭竹筏順流而下，很快就會到達大木連（萬丹北），再順流而下很快就又到了新遠（新園），在新遠出海口就可以看得到拉美島就在前方的海面上。但是出海浪大危險，我們可以在新遠等待

風平浪靜的日子，將小竹筏綁在一起成為大竹筏，一起划回去拉美島。大概準備五天份的糧食就可以安全到達拉美島，回到屬於我們的天堂。喔！利安計畫的真仔細，我猜想散居在新遠，力力（崁頂），東阿土港（東港），嘉祿堂（枋山，枋寮），瑯嶠（恆春半島）的拉美人，也會再划著竹筏回去拉美島會合，就像當年他們為了逃離荷蘭人的攻擊，趁夜划著竹筏逃走時一樣。阿舅，還有一條比較遠的路但是更安全，就是往山區走，到達大目降後沿著山邊往南，越過小山到達卓猴（山上境內），再越過一些小山到達拔馬（左鎮），再越過層層小山丘到達木柵（內門境內），走山谷往南到達大傑巔（內門，旗山），大傑巔旁的溪流也是下淡水溪（高屏溪）的上游，這裡的河道窄可以輕易涉水而過，再往南走到塔樓（里港，九如），再往南走到阿緱（屏東），再往南走到大木連（萬丹北），再往南走到麻里麻崙（萬丹南），再往南就到新遠（新園）了。這一路上的部落頭目都認識阿舅，他們也都跟荷蘭人結盟應當都不會為難我們。只要我們順利到達新遠（新園），要再回去拉美島是很容易的事。

喔！這也是可行，新遠（新園）的頭目我熟，而且聽他說，自古以來他們就跟拉美人有密切的關係，互有通婚往來密切，是因為荷蘭人抓走全部的拉美人的關係，他們不敢太張揚，說不定我們到了新遠，還能找到黛咪姊失散多年的小哥哥同阿呢。阿舅說得對，雖然這條路比較安全但要多走兩天，一大夥人走得也慢，要準備好7天的糧食。嗯，阿舅知道怎麼做了，阿舅知道怎麼做了。弟弟，阿舅，如果情況混亂，阿爸跟阿姨沒有來新港跟我們會合，情況又危急那怎麼辦，另外舅媽恐怕沒辦法走那麼遠。頭目啊！我現在大肚子，我們的女兒蜜阿那麼小我也走不動，這事要再考慮考慮。阿爸，寬阿阿姨，你們兩人有什麼看法。我黃掛當然是跟著女兒兒子回拉美島。黃掛去那裡我寬阿就跟去那裡，他有什麼三長兩短我就

跳蚶西港溪（七股溪）自殺，絕不給那群海盜抓走。那好，我以新港頭目的身份做一個總結。現在新港部落的拉美人後代眾多，像我這樣小時候被抓來的也不少，我會私下秘密調查願意回去拉美島的人數，如果真有那危急的一天我會做好準備，小的走不動的抬也要抬走，不能在新港等死，長山人不可信，長山來的海盜更不可信。大家就來新港（新市）集合，糧食，工具我會事先準備好，大家一起出發。如果情況萬分危急大家無法在新港會合，或者來到新港時找不到我，就分別前往新遠（新園）在新遠會合。在新遠也無法會合就在拉美島會合。好，好，就這麼決定。大家來做一次禱告吧！祈求上帝幫助我們能團結一致打敗鄭成功，消滅這幫海盜們。如果上帝另有安排不能讓我們如願，那就讓我們平安的回到拉美島吧。全家人於是手拉著手禱告，內心虔誠卻也擔憂。安娜閉著雙眼，想著在城堡裡當兵的索阿哥哥怎麼辦？初阿呢，在蕭壠的初阿一家人怎麼辦。利安閉上雙眼也想著，荷蘭人會怎麼做？大難來時他們會怎麼對待我們，我利安又能幫上什麼忙。黃掛閉上雙眼也想著，這可惡的海賊啊！我都逃到大員了才安頓下來，你來幹什麼，你來大員統治我們奴役我們嗎？那我留在漳州就好了，逃來大員就是不想讓長山人統治啊！你來把大員變成長山嗎？那災難豈不永不止息一直循環，不行我不能讓這種事發生，拼了老命也要保護好我女兒，兒子。德哈利頭目閉上雙眼，心裡想著，我能跟鄭成功周旋嗎？我能確保新港安全嗎？我這一家人的性命能保得住嗎？我是頭目，我若回去拉美島，新港人群龍無首那該怎麼辦？

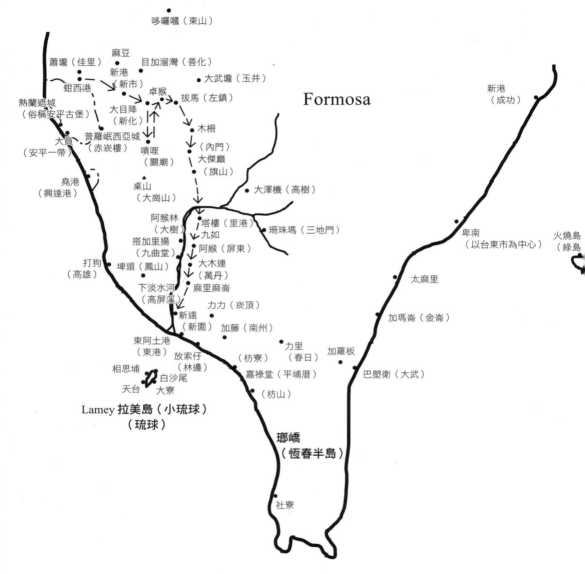

哆囉嘓（東山）

蕭壠（佳里）　麻豆
　　　　　　目加溜灣（善化）
　　新港
　蚶西港（新市）
　　　　　　卓猴　　大武壠（玉井）
熱蘭遮城　　　　　　拔馬（左鎮）　　Formosa　　　　　新港
（俗稱安平古堡）　大目降　　　　　　　　　　　　　　　　（成功）
　　　　　　（新化）
大員　　　普羅岷西亞城　　　木柵
（安平一帶）　（赤崁樓）
　　　　　噴哩　　（內門）
　　　　　（關廟）　大傑巔
　　　　　　　　　　（旗山）
堯港　　　桌山　　　　　大澤機（高樹）
（興達港）　（大崗山）
　　　　　阿猴林　塔樓（里港）
　　　　　（大樹）　九如　珊珠瑪（三地門）　　卑南
　　　　　搭加里揚　　　　　　　　　　　　（以台東市為中心）　火燒島
　　　　　（九曲堂）　阿緱（屏東）　　　　　　　　　　　　　（綠島
打狗　　坤頭（鳳山）　大木連
（高雄）　　　　　　（萬丹）　　　　　太麻里
　　　　下淡水河　麻里麻崙
　　　　（高屏溪）　力力（崁頂）　　加瑪崙（金崙）
　　　　　　新遠
　　　　　（新園）　加藤（南州）　　　　　巴塱衛（大武）
　　　東阿土港
　　　　（東港）　放索仔　　　力里
相思埔　　　　　（林邊）　（枋寮）（春日）　加羅板
天台　白沙尾　　　　　嘉祿堂（平埔厝）　巴塱衛（大武）
　　大寮　　　　　　　　（枋山）
Lamey 拉美島（小琉球）
　　　（琉球）

瑯嶠
（恆春半島）

社寮

鄭成功來襲，安娜、利安逃離路線圖

11
鄭成功來襲

　　又過了一段平靜的日子，一切美好欣欣向榮，每個人都為了前途打拼著。不好了！不好了！寬阿急急忙忙的跑回屋子裡，正在喝茶的黃掛起身問著：怎麼了？慢慢說別慌。我們的牛十幾隻，都跑去跟荷蘭人的牛混在一起了，被荷蘭人的看牛工趕去他們的牛稠。嚇我一跳，寬阿這沒關係啦，明天他們放出來吃草時，我再去趕回來就好了。另外還有一件事啦，頭目要派 250 名戰士去山區找力里（春日境內）部落打架，還要聯合麻豆，新港（新市）跟目加溜灣（善化，安定）的戰士去找力里部落討公道。寬阿，這次又是為了什麼事？跑那麼遠去山區找人打架，阿是吃飽沒事幹。聽說是力里部落的人到放索仔（林邊），加祿堂（枋山，枋寮）先打人的，還殺死 5，6 個人。吔，那又關我們蕭壠（以佳里為中心）什麼事了。掛阿，長官說如果去懲罰力里人有賞，也可以表現出我們跟他們穩固的關係。天啊！這是荷蘭人在利用我們啊！就為了那幾塊布

幾個臭里爾，憨番就是憨番，講也講不聽，教也教不會，好騙歹教，大敵當前大禍臨頭，還派 250 戰士要走 7，8 天去山區跟人打架，出征。現在是春天，4 月天，黑水溝風平浪靜，鄭成功要是來侵略我們偷襲我們怎麼辦。掛阿，去年春天也傳聞海盜要來攻打我們，最後也沒來啊。寬阿，所以今年最危險啊，我那天去赤崁看到那邊的街上一片安靜都沒有人做生意，有開著的店也沒什麼顧客氣氛很詭異。我問了幾個同鄉沒有人願意說真話，神神秘秘的樣子，而且所有從長山來的婦女，都已準備好了行李也付了船家船資，他們正準備著隨時逃離，避免被海盜們捉住。現在是最危險的時刻，我們的戰士應該是隨時準備好跟鄭成功作戰才是，怎麼還要跑去山區打架，自己打自己。掛阿來不及了，他們一早就出發了。唉！只能跟老天爺祈禱了，戰士們快快平安回來，鄭成功不要來亂。當黃掛這邊得知蕭壠戰士出征的消息時，戰士們已跟麻豆的戰士會合來到新港（新市）。德哈利見狀，立刻跟帶隊的領頭說：

不是派麻達回覆你們頭目消息了嗎，說現在是春天海面上風平浪靜的，傳聞鄭成功要來侵略我們，有一兩萬兵馬要來攻打我們搶我們的土地，怎麼今天你還帶隊來。跟德哈利頭目報告，我們的頭目讓我們自由參加，所以就這些人，麻豆也有一百多人加入，加上目加溜灣的戰士，現在是七百多人，來新港（新市）是要看看還有沒有自願加入的戰士。領頭啊！現在去出征力里人不是好時機，我們福爾摩沙人也不應該再打來打去，我每天派麻達去赤崁探聽，現在的赤崁一片詭異的安靜，這不尋常啊！現在的長山農民工各個神色有異，好像是在聯合什麼事，我猜測他們是暗地裡聯合了敵人，或者是他們已經知道了敵人要來隱匿不報。這事非同小可，你們冒然的出征得了勝又如何，說不定你們下個月回到蕭壠時，家園土地已被敵人佔據，到時候你們後悔莫及啊，把隊伍帶回去吧。頭目多慮了，鄭成功，鄭成功，說要來攻打我們，已經說好幾年了，哪一

次成真啊！況且荷蘭人至今仍不相信我們，連一支槍也沒有發給我們，我們怎麼打得贏啊，是要送死的吧？我們要做多大的犧牲才能戰勝，你們新港是最先跟荷蘭人結盟的，你們領到槍了沒？領到火藥了沒？唉啊！別傻了福爾摩沙人，荷蘭人也是在利用我們，鹿都被他們雇來的長山人捉光了，也沒考慮到我們的生活，不發槍給我們也是沒考慮到我們的死活。鄭成功如果來我們能怎麼辦？一兩萬兵馬，有刀有箭有槍有砲，還聽說身上穿的戰甲是刀槍不入的，而我們只有鏢槍跟弓箭，還有身上這支砍刀，我們打得贏嗎？領頭阿，你說得也不假，所以我們要更團結，緊急時荷蘭人會發槍枝給我們也說不定，而且那群海盜也沒像你說的那麼神勇啦！環境我們熟我們跑得快，可以躲藏偷襲啊，可以放火燒啊，可以在他們的食物裡下毒啊，我們鄰近各部落，加上諸羅山（嘉義），大武壠（以玉井為中心），虎尾壠（褒忠，虎尾），二林，大肚的戰士就有數萬人，若再加上瑯嶠（恆春半島）的戰士，我們團結起來鄭成功是打不贏我們的，況且卑南王還能做我們的後盾。只要鄭成功敢來，大員就是他的葬身之地。

　　頭目您有所不知啊，荷蘭人已來三十幾年了，我們的生活有比較好嗎，我喜歡以前的日子啊！我也不喜歡再有外來的人來福爾摩沙，尤其是欺善怕惡詭計多端的長山人，鄭成功一定也不是什麼好貨色，聽說是海盜頭一個。但有什麼辦法呢！給我一支槍，我的要求就這麼簡單，你叫荷蘭人給我一支槍。領頭啊！那至少你們也要在啊，你們都走了，這段期間鄭成功要是真的來襲，槍要發給誰啊。頭目啊！你想想郭懷一那件事吧！我們立了最大功勞，荷蘭人如果沒有我們幫忙作戰，現在是郭懷一在當大員王吧！但是小氣的荷蘭人給了我們什麼，就那幾塊布，慶祝玩樂一天，沒了。唉！荷蘭人不會對我們多好的，他們只是來賺金跟銀的，他們把福爾摩沙當成是他們的金銀島。如頭目不願意派人參加，那我們要出發了。

頭目要想想，今天我們都是結盟的部落，這次我們不去幫助放索仔
（林邊），嘉祿堂（枋山，枋寮），哪天他們也不會願意來幫助我
們啊。領頭，你說的也不是沒有道理。就這樣吧，新港（新市）有
自願參加的不得超過 20 人，拉美人沒什麼戰力不得參加，你們快
去快回不要耽誤太多時間，如能談和最好，祝你們一路平安。

　　這一天，安娜跟利安來找利阿舅舅，並在他阿舅家過夜，晚飯
過後。安娜，阿舅問妳，你有沒有意中人，你每天跟著牧師，教師
忙進忙出的，福爾摩沙的勇士都不敢接近你啊！你 22 歲了，阿舅
擔心啊。阿舅，都大敵當前了還談兒女情事啊。阿舅這幾天都睡不
著啊，每天都派麻達去赤崁探聽最新消息，萬一鄭成功真的來侵略
我們，我最擔心妳啊，長得越年輕越漂亮就越讓人擔心啊。阿舅，
你是用言語在調侃我，抗議！！安娜啊，不是阿舅欺負你，阿舅是
真的擔心，擔心每一個人，尤其是每個婦女。我們安穩的生活，不
知道會變成怎麼樣。我這小兒子佳阿才剛在學走路，招阿天生走路
又不太方便，萬一我們打不贏鄭成功，我這一家怎麼逃啊。阿舅，
上帝會保佑我們的，擔心太多也沒有用啊。是啦阿舅，前幾天我們
鄰近四個部落 7，8 百位戰士去出征力里人，是最不應該的。

　　他們如果在有安定人心的作用，現在他們不在了，萬一鄭成
功真的來襲，我們鄰近的四個部落會一片混亂。人心一亂，怎麼跟
鄭成功周旋。利安說得對，我們部落只有政務員配一支槍，長官是
怎麼了，連我當頭目的也沒有配槍，鄭成功一來肯定是針對城堡，
我們的戰士如果都有配槍，剛好可以從外圍夾擊鄭成功的士兵，變
成包圍鄭成功。再加上用漳州泉州話來向士兵喊話，只要他們投降
就可以免死回去長山，那時被迫來大員的士兵會紛紛投降，人生
地不熟士兵們會喪失鬥志，說不定會反叛鄭成功。阿舅分析得是，
可是我們一支槍也沒有，戰士又離去數百人，太困難了只能跟上帝

祈禱。利安啊，你跟安娜做好先撤離的準備，新港的一百多位拉美人，有約一半的人有意願先撤離，假如海盜來襲拉美人的命運就交給你了，明天就準備就緒，我決定聯合鄰近的所有戰士準備與海盜作戰，實在是打不贏再做其他的對策。我們新港離城堡最近首當其衝，我一走等於新港就投降了，新港一投降鄰近的部落也會信心動搖，那會動搖整個福爾摩沙，對熱蘭遮城堡內的士兵的士氣是嚴重的打擊，索阿還在城堡內當兵呢！我這做阿舅的至少要給索阿一個榜樣，我女兒蜜阿就拜託你們姊弟先帶離，同是我們拉美人的守阿夫婦會幫忙照顧。如恢復平靜再帶回來新港，如果情況混亂我會先去新遠（新園）找你們，最後再回去我們的天堂，拉美島（琉球，俗稱小琉球）。我如能活命我們自然會再相見，如果上帝召我那蜜阿就拜託你們了。阿舅只有一個要求，等蜜阿長大要跟她講故事，說他阿爸是了不起的戰士，為守護家園戰死。阿舅，我茱利安 20 歲了，早已成年，您放心我一定能保護好蜜阿，平安的再送回來跟你團圓，你要等著好消息，任何失敗都不可喪志。利安，還有一件事就是安娜，戰亂中她的安危是最讓人擔心的，她長得一半像荷蘭人，有荷蘭人在她最安全，人人疼愛，萬一荷蘭人跟我們打不贏鄭成功，安娜會是這一群海盜的攻擊目標。

　　他們分不清楚的，會以為安娜是荷蘭混血，那就糟了。在新港（新市）在蕭壠（佳里）人人認識她沒有問題，但是到了遠方那就麻煩了，這就是你這當弟弟的責任了，知道嗎。頭目，我懂，我會保護好我姊姊，也會帶領這五十幾位拉美人安全的先撤離，找適當的時機回到拉美島，蜜阿會平平安安的，阿舅您放心。安娜在旁不發一語，頻頻點頭眼眶含淚，似乎是心事重重。兩天後……清晨。

　　慘了！慘了！鄭成功來侵略我們了，黃掛，黃掛快起床。寬阿又慌又急大喊著。黃掛連忙從床上跳起來，一夜失眠的黃掛著急

的問：是真的嗎，怎麼昨天深夜才剛回來都還沒睡穩，天剛亮鄭成功就來襲。掛阿，是真的，天剛亮，去海邊捉蚶仔的鄰居跑回來說的，他們看到西南方的海面上，有數百艘大小帆船直向鹿耳門航道漂來，連外海也有綿延好幾里的帆船。哇！那糟了，你快準備好行李，值錢的東西跟一些路上吃的在家等我，我趕去蕭壠跟頭目報訊後立即回來，我們再趕去新港，你不用害怕。我們農地裡的農作物，分坵，全部平均分給鄰居們收成，牛也一樣，每戶一隻，房子就麻煩鄰居們看顧，跟鄰居說我們出一趟遠門，幾個月後再回來。說完話，黃掛拼了老命往蕭壠跑去，到了蕭壠見了頭目跟政務員說：不好了，萬分緊急，鄭成功的艦隊已駛入鹿耳門水道。我們也接到通報了，在瞭望台上的戰士也看到了海面上的帆船，現在一半的戰士出征力里人，才去了幾天鄭成功就來襲，鄭成功的眼睛是長在我們蕭壠嗎？政務員，您現在有何高見，面對此一狀況我們該如何處理？頭目有何高見，不知頭目的下一步是？黃掛啊！我現在還在等著城堡長官下達命令，眼前只能要求大家準備好武器，聽候城堡長官的命令行事。是啦，我最好的朋友黃掛，我贊同政務員的意見。那好，我這就回去準備也叫鄰居們準備，還請求頭目立刻派出麻達，分別前往各處部落報訊，再立即請他們將訊息傳遍福爾摩沙，大家團結一致等待長官的命令，告辭。

　　黃掛匆匆趕回蚶西港家裡，將門窗鎖上後帶著寬阿趕往新港（新市）。路上寬阿說：掛阿，都照你的意思把農地上的農作物分配給鄰居們收成了，牛也都分配給常來幫忙耕種的人了。嗯，做得很好，這樣我們將來真的有再回來的一天，屋子還會留著，他們得到了好處，自然會幫我們看顧好房子。以後我們真能再回來，他們也會再幫助我們，說不定到那時後是不一樣的情況，若鄭成功打贏，這些土地會被他佔有，我們一樣一無所有，他說地是誰的就是誰的。掛阿，你講得很有道理，你們長山人就是聰明。寬阿，

如果地被鄭成功佔有，我們也只能幫他種田，收成是士兵們的，我
們勉強有一口飯吃不餓死，就要謝天謝地了，他就是為了糧草才要
來侵略大員的，大員這開墾好的五千甲農田，才是他主要的目標，
我們留在蚶西港會是麻煩的開始，快趕路去新港跟安娜他們會合。
掛阿，你到哪裡我就跟著到哪裡。這個鄭成功那麼厲害嗎，如果荷
蘭人打贏我們可以再回來啊。寬阿，我們先逃就是，萬一戰事拖太
久，不逃會連飯吃也沒有，照今天海邊看到的大小帆船有兩三百
艘，那估計有一兩萬兵馬，這些人都是來吃我們的糧的，在長山如
果還有糧他們是不會冒險來大員的，他們會先吃光我們的存糧甚至
我們的牛，他們還沒有餓死我們會先餓死。嗯，那我們趕快趕路
吧！安娜跟利安還在著急的等著我們呢。中午黃掛趕到了新港立刻
到了頭目家。安娜立即上前給阿爸一個擁抱。阿爸，我們都著急的
等著你們，不知道怎麼辦才好，你終於出現了。姊夫，午飯帶在路
上吃，你們馬上上路，按照之前的計劃行事。利阿，你不跟我們走
嗎？還有，政務員跟牧師呢？姊夫，我是走不了了，政務員跟牧
師，帶著數十個荷蘭人跟荷蘭人的小孩往麻豆去了，只有學校教師
還留著，他們說要先去麻豆，再去哆囉嘓（東山），再去諸羅山（嘉
義），如果還不夠安全，可能要再往北走，甚至去淡水跟駐守在那
邊的士兵會合。而且他們兩個小時前已經出發了。

　　什麼！荷蘭人自己先跑了，連政務員也跑了。是啦，姊夫，
所以我如果再離去，新港（新市）會一片混亂，而且我兒子佳阿才
剛在學走路，招阿又天生走路不太方便，我決定留下來跟鄭成功周
旋，你們帶著我女兒蜜阿先走。剛好六十個人，你們要平安的到達
新遠（新園）或在拉美島等我。還留在新港的拉美人需要我，新港
人都需要我留下來。我不相信鄭成功會那麼殘暴，一來就把我們砍
頭，他也要尋求我們原始住民的支持才是啊。那好，頭目好氣魄好
膽識。說不定鄭成功打不贏荷蘭人。姊夫啊，麻達回報，鄭成功來

襲的大小戰船有兩百多艘，我估計有一兩萬兵馬，他們有槍有砲，
沒想到上次才跟大家在討論，他今天天剛亮就來了，估計是趁夜從
澎湖大膽出航而來，他們真是航海的能手啊！不怕死的一群人。頭
目，他們確實是身經百戰的的海盜，身邊又聚集了一群想反清復明
的策士，難纏，難纏啊。你要見機行事不可魯莽，如已盡了全力又
無可奈何，就帶著還留在新港的拉美人逃走吧。還有一件事提醒，
他們是詭計多端，善於詐欺說謊之徒，不可輕信他們的諾言，要
處處提防懂嗎？謝謝姊夫提醒。利安，安娜，一路小心。蜜阿來，
阿爸再抱一下，阿爸跟你說，利安哥哥，安娜姊姊要暫時帶你去一
個安全的地方，那裡風景優美有很多五顏六色漂亮的魚，湛藍的海
水，奇形怪狀的珊瑚礁岩，潔白的沙灘翠綠的山丘，還有吃不完的
椰子跟龍蝦喔。阿爸處理好新港這邊的事，很快的就去找你，你要
乖乖的聽利安哥哥跟安娜姊姊的話。蜜阿四歲不到異常懂事竟說：
阿爸你放心，我知道我要去拉美島，安娜姊姊有跟我說了，阿爸跟
阿母快點辦好新港這邊的事，帶著弟弟來拉美島。現在每個人都怕
鄭成功，可是我不怕。哈！哈哈，不怕最好，阿爸也不怕鄭成功，
我的乖女兒你真棒，去拉美島要走很遠的路，有時候晚上也要走路
喔，還要搭竹筏喔。阿爸，有利安哥哥在我什麼都不怕，我走不動
時利安哥哥會抱著我走。是，遵命，我茱利安會保護好蜜阿妹妹，
你走不動時會抱著你走。我們大家上路吧。

　　招阿也抱起女兒蜜阿，講了一些話，她雙唇發抖一把鼻涕一
把眼淚，沒有人聽得懂她講了什麼。

　　在利安的帶領下，一行人往東南走往大目降（新化），利安
跟安娜走在前頭，要大家兩人一組跟在後方，荷蘭人教師跟黃掛走
在最後，很有秩序的走著，一行人來到了大目降（新化）受到大目
降居民的歡迎，跟大目降居民談論的話題都圍繞著鄭成功來襲之

事，長老努阿說：我們已得知海盜來襲的消息，不知道熱蘭遮城堡
（俗稱安平古堡）那邊的現況怎麼樣了。長老，現在普羅岷西亞城
堡（現赤崁樓位置）已經被海盜包圍，也有一批海盜堵住了熱蘭遮
城堡的出路。喔！你們從新港（新市）來不知德哈利頭目面對海盜
來襲如何應處。長老，德哈利頭目已組織好戰士們等待著長官的命
令，要配合城堡長官對抗海盜們，我們離開新港時新港還很安定安
全。喔！那我們這邊也要做好準備，我們跟新港一向是一起行動
的。你們一行人是？跟長老報告，我們這群沒有戰力的人，受德哈
利頭目的命令先撤離新港，找一個比較安全的地方暫住，想再往南
走往桌山（大崗山）的方向前進，天黑之前先找個地方棲身。喔！
那你們再往南走到嗊哩（關廟境內）後再往南走到龜洞，狗咬溪上
有一個竹橋可以通過，通過咬狗溪（許縣溪）後，有一條明顯的路
可以到達阿蓮部落，此時桌山就在你們的眼前。喔，謝謝長老指
路。利安，你們路上要小心，長山的海盜來襲，那些長山來的農民
工有很多人對荷蘭人不滿，你們隊伍裡又有兩個荷蘭人，遇到了長
山農民工或羅漢腳要小心應付才是，這些水果你們帶著路上吃，我
們也要武裝起來聽候城堡長官的指示。利安一行人跟大目降長老道
謝告辭後往嗊哩（關廟）走去，順利到達嗊哩後立即趕往龜洞（關
廟境內），在茂密竹林中休息時遇到了砍竹筍的居民老伯。伯阿，
這邊再往南走通往哪裡。喔！年輕人，再往南走就到咬狗溪溪邊，
有一個小竹橋可以過溪通往阿蓮，你們一大群人去阿蓮做什麼。伯
阿，我們是從新港（新市）來的想走到阿蓮部落旁的桌山，想說到
了那邊會比較安全。喔！早上聽到長山的海盜來襲，阿蓮旁邊的一
大片農地上，有住著一批長山農民工，他們已配合海盜起來反叛荷
蘭人了，有的還說要為郭懷一為死去的五千農民工復仇呢！

　　你們一大群人如到了阿蓮可能會有危險，雖然阿蓮都是住著
我們的人，但有許多長山農民工在阿蓮教種田。伯阿，沒想到你消

息靈通，也知道長山海盜來襲。嗯，雖然住在這密林深處，但我們這小部落離赤崁也不算太遠，中午就聽到海盜來襲的消息了，建議你們往山區走去比較安全，從這邊往東越過層層小山可到達大傑巔（內門，旗山），那邊就安全了。但是要越過一層又一層的山丘，路途上毒蜂毒蛇眾多，又是密林容易迷路太危險了，連我住在這裡幾十年的人也不太敢走。伯阿，那我們如果要走往大傑巔要怎麼走比較安全。喔，年輕人你們應該往回走，再走回大目降，從大目降往東走去卓猴部落（山上境內），再從卓猴走去拔馬（左鎮）再請當地人指路，這條路是明顯的道路很安全，是要多走兩天但是安全為重，不怕遇到長山農民工跟海盜們。

利安一行人商討後決定往回走，於是又回到大目降過夜。隔天清晨，大目降頭目得知利安他們的計劃，派了兩位嚮導帶著他們上路，路過卓猴於中午時分到了拔馬（左鎮）。這拔馬是一個有層層小山巒小溪谷的地方，這邊的小山丘有的光禿禿的一棵樹也沒有很奇特，這景象大家都是第一次看到，而溪谷長滿竹林或是香蕉樹，看來住在這裡的居民，吃香蕉吃竹筍抓些山產就不愁吃穿了。溪谷中還看得到不少的鹿，猴子更多。住在拔馬的居民應該很安全，這邊的小溪彎彎曲曲的，有很多可以躲藏的小溪谷，海盜們找不到也不敢進來吧。可是利安一群人的目的地是新遠（新園）或是拉美島。在拔馬當地居民的指引下他們往東走，往前方看到的烏黑山脈走去，當地居民說越過幾個小溪谷小山坵，就會到達烏黑山脈旁的較寬廣平地，再沿著山脈往南走就會到達木柵小部落（內門境內）。利安一群人按照指引的小路往前走，這條路比在嗊哩的路好走多了，不必穿越濃密的竹林，雖路也有些高低起伏但不怕迷路，小路常有人走路很明顯，沿途也經過一些平坦的埔地，有住一些居民講著大武壠（以玉井為中心）話，還好利安略懂一點大武壠話，也能跟他們溝通。一行人看著前方的烏黑山脈向前走，山脈越來越近越來越清晰。

　　利安，你們看樹上好多猴子，一大群又一大群。安娜指著山邊樹上的猴群，母猴抱著可愛的小猴，有的猴子互相找身上的蝨子模樣可愛，小孩子們紛紛停下來觀看猴群，一夥人也停下來休息，暫時忘了這兩天的疲憊，大家在大樹下吃著拔馬居民送的香蕉，猴群紛紛向前來乞討香蕉吃，也在旁邊吃起香蕉來。安娜說著：這些猴子還比我們人類可靠呢，至少他們不會互相殘殺互相搶奪，我們人類拿刀拿槍從那麼遠的地方來搶奪別人的東西，殺人強佔別人的土地，看來我們人類比猴子還不如。每個人都有同感但都靜默著，大家心裡想著，到了木柵（內門境內）又會是什麼情況，天黑之前要趕到木柵才行。於是一行人又往南往木柵的方向走去，路是有高有低也經過一些竹林，也過了幾條小溪，小溪上都有當地居民搭建的小竹木橋，橋雖簡陋但過溪也還安全，也經過了一些小聚落，聚落居民都不知道海盜來攻打大員的消息，看來這山中桃花源並不知道外面的世界，讓利安驚訝的是，這裡講的語言跟拉美語很像，腔調不一樣但大部分聽得懂，安娜也很興奮的用拉美語跟居民們問好。原來你們兩人會講我們的語言，當地居民不可置信的問，聽你們說是從新港（新市）來的，怎麼你們西拉雅人也懂得瑪卡道語。喔，這位大哥這說來話長，剛好我們的阿母有教。請問這位大哥你們這邊都是瑪卡道族人嗎。喔，不是的，我們這邊是瑪卡道跟西拉雅都有，彼此和平的相處著，但我是瑪卡道族人，是從大傑巔（旗山，內門）搬來木柵（內門境內）住的。你們再往南走，路會越來越平，經過幾個溪谷會先到木柵，再往南走就到大傑巔，那是很大的部落。你們不留在新港（新市）走那麼遠的路要去大傑巔（內門，旗山）做什麼。這位大哥，是因為新港那邊有海盜來襲，我們暫時撤離要找個地方避一避。哇！你們新港靠近海邊容易被海盜攻擊，不如就留在木柵或住在大傑巔。我們住在這山谷中很安全。

　　利安帶著一行人跟住民大哥道謝道別，拿著他贈送的鹿肉乾香蕉，繼續往南往木柵走去。每一個人都很開心，路越來越平，沿著小溪谷一直往南走，越走越有信心。而且這邊一個長山人也沒有，看來此行是安全了，這邊的人連鄭成功來攻擊熱蘭遮城堡都不知道，嗊哩（關廟境內）阿伯叫我們繞遠一點的路是對的。下午時分一行人終於來到木柵（內門境內），木柵幾十戶人家都很親切的招待著他們，就像好久未見的朋友般，當夜木柵居民烤肉招待他們，大家喝著酒唱著歌，很顯然木柵居民也不知道海盜來襲之事，還是像平常一樣，歡喜的過著自在的生活。木柵長老的兒子傑阿，一直坐在安娜的旁邊，對安娜表現出既友好又關心，一直拿烤肉給安娜吃。傑阿問說：安娜，你是一個荷蘭人，你怎麼會講我們的語言。喔，傑阿弟弟，是我阿母教我的，我不是荷蘭人啦，我是新港（新市）人。喔，那妳旁邊這一位荷蘭人朋友，跟妳是夫妻嗎。喔，傑阿弟弟，我還沒有結婚。他是學校教師跟著我們想要去找南區政務員。喔，南區政務員在大木連（萬丹北），那還要走幾天的路才會到達，而且大木連溪（高屏溪）現在水很急，這幾天山區常下雨說不定橋被沖毀了。喔，傑阿，你知道去大木連溪怎麼走嗎。我當然知道啊，妳看東邊這個高山，高山過去就是大木連溪的上游，另外你們明天走到大傑巔（內門，旗山），就有一條很大的路通往大傑巔溪（旗山溪），大傑巔溪就是大木連溪的上游了。安娜看著傑阿瞪大了眼睛。傑阿看著安娜說了：明天我可以帶路，從木柵到大傑巔一天之內可以到達。只是你們如果怕海盜就留在木柵住就好了，等海盜被荷蘭人趕跑再回去新港住就可以。你們住在木柵我們木柵就增加人口也比較熱鬧。對啦，一旁的木柵長老應和著：難得有這麼多好朋友來木柵，不如你們就不要再走了，我們這邊很安全啊，荷蘭人來福爾摩沙三十幾年了，除了有少數幾個荷蘭人曾經過此地往南走，也沒看過幾次荷蘭人啊，海盜假如佔領大員也找不到木柵的。你們就留在這邊生活，如何？

　　因為不敢跟木柵長老說要去的目的地是拉美島，推託說要到大木連（萬丹北）跟南區政務員會合。隔天在傑阿的帶路下一行人來到了大傑巔（內門，旗山），臨行前長老還吩咐，如果路上不安全，或是去了大木連還是覺得不安全，記得回來木柵，我們木柵永遠歡迎你們。到了大傑巔下起了豪大雨。大傑巔頭目識得傑阿，在頭目安排下眾人在公廨躲雨。大傑巔部落很大，依溪旁而建，一邊是整排的小山丘。大傑巔溪（旗山溪）河面寬廣，這幾天山區下大雨溪水湍急，一時之間是無法過河去塔樓（里港）的，而竹子架的橋也被大水沖毀了，黃掛一行人不知道該如何是好，這一大隊人可能要在大傑巔住上幾天，黃掛拿了幾個里爾給頭目夫人說：頭目夫人，我們這一行人本來打算到大木連（萬丹北）的，沒想到山區下大雨過不了河，勢必要打擾你們幾天。喔，這長山人還會講我們的話呢，沒問題的我會安排幾個地方讓你們過夜。謝謝頭目夫人，我這瑪卡道語是跟我已過世的牽手學的。至於吃的方面，我們有帶食物在身上我們自己會處理，如有不夠的我們在跟貴部落買，不會白吃白住的。唉啊！這是什麼話，只要我們有的大家儘管吃，都別客氣。這些錢我不收，這樣太見外了，消息傳了出去我們大傑巔人很沒面子啊。頭目見到這一幕說了：你們既然是傑阿的朋友，就是我的朋友，傑阿的阿爸可是我的好朋友呢，他阿爸小時候還是我的鄰居呢。他跟木柵的美女結婚以後才搬去木柵住的。謝謝頭目謝謝頭目夫人，可是我們這一大群人要住上好幾天，我們可會不好意思的，不曉得要如何回報您的恩情呢。哈，就別說這些，你們安心的先住下來，等雨停水退再說，我還恨不得雨不要停呢。哈！哈哈，眾人被頭目逗得哈哈大笑，一時忘記自己是在逃難的。連續下了兩天的雨溪水暴漲，終於等到雨停溪水漸退，頭目命令部落居民儘速再架起竹木橋，就這樣又過了兩天。安娜跟傑阿道別後，一行人終於過橋往塔樓（里港）前行。眾人都懷著感恩的心跟大傑巔人道別。利安喃喃自語著：大傑巔頭目，大傑巔人的盛情真是永生難忘，是我該學習的。

　　中午時分利安一行人來到了塔樓（里港），大傑巔（內門，旗山）頭目派出的隨行勇士，跟塔樓頭目交接了一些事情後，跟眾人辭行回去大傑巔。喔！你們是新港（新市）頭目德哈利的親友，想要去大木連（萬丹北）。我去赤崁參加地方會議的時候，還跟德哈利一起喝酒呢。頭目您好，德哈利是我阿舅，他命令我帶這群沒有戰力的人，前往大木連跟南區政務員會合。年輕人，你叫利安是吧。是的，利安點頭稱是。利安啊，我們接到海盜來攻擊大員的消息了，就是南區政務員發出通知的。包括東邊的武洛（里港境內），大澤機（高樹），南邊的阿緱（屏東市），都接到通知了，你看我們現在都已經武裝了起來，正準備配合著趕走鄭成功呢。請問頭目，有赤崁那邊的最新消息嗎。利安啊，最新消息是，守普羅岷西亞城堡（現赤崁樓位置）的守軍已經投降了，而熱蘭遮城堡城門緊閉還堅守著。哇！眾人一聽都叫出聲來。頭目啊，那麼快，普羅岷西亞城堡已經投降了嗎，都沒有戰鬥嗎？利安啊，我們這邊各部落都武裝好了，要配合長官趕走鄭成功，幾天下來都在等消息，卻等到從新遠（新園）傳來的壞消息說：普羅岷西亞城堡被包圍幾天後已經投降，全部守城堡的人都被俘虜。早上又傳來一些壞消息說，赤崁，堯港（興達港）一帶的長山農民工都叛變投靠了鄭成功。而蕭壠（佳里），新港（新市），麻豆，目加溜灣（善化，安定）的戰士打不贏鄭成功，又都逃回去自己的部落了。哇！頭目，還有什麼壞消息嗎。唉！利安，還聽說城堡的隊長率領士兵出城堡作戰，戰敗被殺，士兵陣亡一百多人呢。哇！鄭成功那麼厲害嗎。是啊，我們也不知道怎麼辦才好，一直等不到長官的命令，只能先武裝起來等最新情況。今天早上下淡水河（高屏溪）河口，也就是新遠（新園）部落旁河口也來了幾艘海盜船，鬼鬼祟祟的勘查後又駛離，我們鄰近各部落都很緊張。還好我們塔樓這邊一個長山農民工也沒有，要不然可麻煩了。真希望這些壞消息都是那些農民工放的

假消息，目的是要欺騙我們讓我們害怕，不管消息是真是假，只要海盜們敢到塔樓來，我和我的戰士們會殺光所有海盜，絕對不能讓他們搶佔我們的土地，抓走我們的女人。這條下淡水河（高屏溪）就是海盜們的葬身之地。頭目，感謝您的茶水招待，也給我們這些消息，我們打算趕往下一站阿緱（屏東市）。

　　利安啊，你們辛苦了，從這邊一直往南走就是阿緱（屏東市）了，路很大行走的人也多不會迷路，但是太陽很大很熱，要適當休息多喝水，歡迎你們以後再到塔樓來。辭別塔樓頭目後一行人向南往阿緱前進，馬路寬大又筆直是這幾天最好走的路。剛聽到赤崁傳來的壞消息，每個人心情都很沉重，擔心著新港（新市）的安危，但這也增加了一行人要前往拉美島的信心，也認為這是個正確的決定。才走一半路，就看到不遠的前方有一個很大的部落，那裡就是阿緱了，到了阿緱會有更多的消息才是。快接近阿緱部落的時候，阿緱頭目早已派戰士出來探查，在戰士的接引下一行人來到了頭目住處。頭目也聽了戰士的報告，知道利安一行人的目的地。阿緱頭目說了：歡迎你們，德哈利頭目的親友們，新港也是跟我們結盟的好盟友，我們都接到了鄭成功正在攻打熱蘭遮城堡的消息，現在消息紛亂無法分辨是真是假，我們只能先做好戰鬥的準備。直到今天早上，傳來南區政務員帶著四十幾個荷蘭人，往南方走去已經離開大木連（萬丹北），我才相信了之前的壞消息。哇！頭目，您是說南區政務員帶著荷蘭人逃走了嗎？是啊！利安，他們逃走了，也沒有說要去哪裡，可見他們認為此地也開始不安全了，你們一行人要去跟南區政務員會合是遲了點，等你們明天到達大木連是見不到人的。哇！謝謝頭目的最新消息，我們明天先到大木連再想辦法，說不定我們就再往南走去麻里麻崙（萬丹南），再從麻里麻崙走去新遠（新園），或走去力力（崁頂）。利安啊，去大木連還算安全，

去到新遠就要小心了，在下淡水河（高屏溪）溪口出現好幾艘海盜船，海盜船停在溪口的沙洲附近，不清楚海盜船的目的是什麼。你們如果要找安全的地方只能往山區走，去新遠太危險了。哇！大家聽到新遠不是安全的地方，都慌張不已。利安發聲安慰大家：大家別慌別急，只是幾艘海盜船在河上，也沒有其他動作我們不必害怕，等明天我們到了大木連再看情況，至少我們現在在阿緱還很安全。嗯，利安真是有大將之風啊，今天晚上你們就在阿緱過夜，我為你們準備準備，歡迎我們阿緱的朋友自新港遠道而來，利安竟然是說著我們瑪卡道語，這太難得了，新港不是都說著西拉雅語嗎？

頭目，是我已過世的阿母教我瑪卡道語的，而西拉雅語跟瑪卡道語也有很多相同。喔！那你也算是我們的人。阿緱在去年的時候，政務員就帶著城堡的設計專家來設計街道呢，本來要設計成比赤崁還要漂亮的街道，有一個中央廣場大道，四，五條筆直的街道，教堂，學校，醫院，法院，政務員的官舍，辦公廳，結婚登記所，連以後要興建房屋也要臨著馬路興建，規模很大呢。也要以阿緱為中心，建造一條通往塔樓（里港），武洛（里港東），大澤機（高樹），珊珠瑪（三地門）的大馬路。另外一條往南通往大木連（萬丹北），麻里麻崙（萬丹南），新遠（新園）。還有一條是通往加藤（潮州，南州），力力（崁頂），東阿土港（東港），放索仔（林邊）。路都要加大加寬，讓原本只能騎馬的路都能走馬車，牛車。哇！荷蘭人也很有心，想把這一帶建設得像赤崁那一帶一樣，到那時候路可以走牛車，他們是計劃要開墾更多的農田，利用這邊豐沛的水灌溉，生產更多的食物。利安，你的見解很對，你才剛到阿緱，就觀察到這個平原區水源充足土地肥沃，真不簡單啊。荷蘭政務員跟我說了，以後我們福爾摩沙人就分享這些豐富的農產品，可以輕輕鬆鬆的過好日子，苦的工作就由長山農民工來做，我

們只要管好他們提防他們就可以了。頭目，荷蘭人在新港（新市），赤崁，堯港（興達港）一帶的農田，都贌租給長山來的頭家，頭家再雇農民工或租地給農民工耕種，收成的米，甘蔗也沒有分給我們啊，只是每年補貼一些錢補償我們失去獵場的損失而已，大部分的收穫還是荷蘭人的，如果可以的話，我寧願由我們福爾摩沙人自己來開墾，自己種植自己的土地。利安，你說得很對，我們要好好的學習農作，自己開墾自己耕種，但是我部落的人還是習慣打獵的生活，是到了慢慢改變生活方式，好好學習農作的時候了。嗯，頭目，如果我們也跟著學習農耕，食物將穩定充足，才有更多的時間學習新知識，有了更多新知識我們將強大起來，不必再害怕荷蘭人，也不必提防長山人，但這需要我們每一個部落都能先團結起來，也不再打打殺殺才行。利安，你真是聰明過人啊！我同意，我完全同意。

利安一行人都感受到阿緱（屏東市）人的熱情，就跟阿緱的太陽一樣熱情，這邊的人因為太陽的關係，每個人都曬成很健康的膚色。當夜，安娜問利安說：怎麼辦，我們原本要走到新遠（新園）等待，現在新遠河口來了海盜船不再安全了，我們該怎麼辦才好。阿姊，先安心的睡吧，一切等到了大木連（萬丹北）或麻里麻崙（萬丹南）再說，如真有危險我們就去力力（崁頂），再去加藤（潮州，南州），再往山區去等待。明天到了大木連就會知道政務員們去了哪裡。利安，如果政務員們去了卑南（以台東市為中心）那該怎麼辦。卑南，政務員他們是有可能去卑南，因為卑南王武力強大，又對荷蘭人極度忠誠，上次索阿哥哥也說了他去卑南的故事，說現在的卑南王是一位很優秀的青年。政務員跟其他荷蘭人，可能覺得福爾摩沙西部都已不再安全，而去了卑南受卑南王保護才覺得安全呢。利安，鄭成功那麼強大，大到荷蘭人都要躲去卑南，那我們還

有什麼地方是安全的呢？不如回去木柵（內門境內）或大傑巔（旗山，內門）等消息，我看那邊山區有很多溪谷可以躲藏著生活。姊姊，我知道你現在很擔心大家也都很擔心，有海盜船在下淡水河（高屏溪）河口，我們是沒辦法去拉美島的，就明天再煩惱吧，如果我們要去卑南才安全，我也會陪著妳去你不要擔心。利安，這些拉美親友怎麼辦。姊姊，以前聽阿母說，新遠（新園），東阿土港（東港），嘉祿堂（枋山，枋寮）都有我們拉美人親友，所以到了那邊應該會有人接應我們，到了那邊我們就可以大方的說出，我們是拉美人想回去拉美島，再看看他們的想法說法。嗯，也只能先這樣了。利安心裡想著，一行人安全的到了阿緱，暫時是安全的，只擔心姊姊跟荷蘭教師，如果荷蘭人再打敗仗，福爾摩沙人覺得荷蘭人靠不住了，轉而依附鄭成功，那姊姊跟教師會是被攻擊的目標，長山人更是想攻擊他們，還好阿緱這邊沒有長山人，現在長山人都開始攻擊荷蘭人了。一早一大隊人往南走往大木連，來到了大木連教堂，教堂已空無一人，學校也空無一人。大木連居民告訴利安，他們荷蘭人都逃走了，都往山區的方向走去，可能前往加藤（南州，潮州），再去嘉祿堂（枋山，枋寮），越過大山，最後去到卑南找卑南王保護。

經過討論後，多數人決定再往南走到麻里麻崙（萬丹南）。大木連（萬丹北）頭目請利安傳達要聯合起來反抗鄭成功們，以下淡水河（高屏溪）為天然屏障。海盜船要來登陸必定要從下淡水河外海進來，而溪口沙洲淺灘密佈船隻容易擱淺，沙洲很多爛泥，人一下船就會陷入爛泥裡，只要我們做好準備躲在草叢內放箭，他們不容易登陸成功，這樣就能保住我們的土地保護住我們的族人。頭目，阿緱（屏東市）跟塔樓（里港，九如）也已武裝好戰士，準備為自己的家園戰鬥，他們說只要鄭成功敢來，下淡水河就是海盜們的葬身之地，絕對不會讓他們搶走土地。嗯，這樣很好，利安，

你們一行人路上小心，前幾天海盜船出現在河口，可能是來偵查地形的，現在海盜船開走了，我派五位戰士護送你們到麻里麻崙。大熱天的，我特別準備了椰子水給大家路上喝。利安一行人很快的就到達麻里麻崙，受到頭目跟長老的盛大歡迎。跟頭目報告，我荣利安，受大目連頭目指令要跟您報告，請大家聯合起來一起對抗海盜們，雖然荷蘭人逃往山區去了，但是只要我們團結起來，趁海盜欲於河岸登陸時，還沒站穩就從草叢放箭攻擊，他們必定落荒而逃。嗯，利安，這也是我想做的事，前幾天還有長山的交易員贌商，來說要我們不要抵抗鄭成功，說鄭成功帶來十幾萬兵馬，有槍有砲是我們無法對抗的，這分明是來分化我們欺騙我們的，好讓我們投降再各個擊破。我回他說，十幾萬兵馬怎麼到現在還沒攻下熱蘭遮城堡呢？這熱蘭遮城堡我是去過的，如果再三天還攻不下堅固的城堡，這十幾萬兵馬會自動餓死，或餓著肚子逃回去長山，我看是鄭成功會被荷蘭人消滅吧。長山人交易員贌商的謊言被我拆穿，他才渡河離去。頭目您說得是，分析的很有道理，只要我們下淡水河以東十幾個部落聯合起來，絕不怕鄭成功帶來的區區一萬多兵馬，如果山區各部落還加入我們的行列，那就更不必怕鄭成功了。雙方正討論著現在的情勢，突然麻達來報說：頭目，又有三艘海盜船出現在河口徘徊，就在新遠（新園）部落旁邊的河面上。你們都聽到了，海盜船又出現在河口，今晚你們先在我這邊過夜等待消息。

等海盜船離開再去新遠（新園），早上出發中午就可以到新遠，而這邊到新遠就一條路，沿著下淡水河（高屏溪）河岸往南走就會到。而新遠再往南走到河口就是大海，可以看到拉美島就在眼前的海面上。敢問頭目，怎麼知道我們去新遠是想去拉美島。利安，你一口拉美口音我是聽得出來的，我常去新遠，在新遠有很多朋友，新遠也有住著幾戶拉美人的家庭，他們是二十幾年前荷蘭人攻擊拉美島期間，搭竹筏趁夜逃來新遠的。頭目，能聽到您說這些

消息真是太好了。利安，還有各位，我看你們這一群人中，除了兩位荷蘭人外其他人都是拉美人吧。你們從新港（新市）遠道而來，如果是道地的新港人，是不會跑來我們麻里麻崙（萬丹南）的，你們必定是去了新港的拉美人，而這些年輕的跟小孩子，也必定是拉美人的後代。頭目，您好眼力，不瞞您說，我佩服您的智慧，佩服！佩服。利安，我代表麻里麻崙歡迎你們的到來，二十幾年了，拉美人被荷蘭人拆散了，如果荷蘭人被鄭成功打敗，你們又可以重新成為拉美島的主人，這是名正言順啊！可是聽你們的說法，又希望荷蘭人能打敗鄭成功，這真是矛盾啊。頭目，我們只希望海盜們可以離開福爾摩沙，這樣才是福爾摩沙人的福氣，現在的荷蘭人已經跟剛來的時候不一樣了，全福爾摩沙人大部份都已團結在一起，這是荷蘭人的功勞啊。我們福爾摩沙平原區現在都不再打架了，從這裡到淡水到噶瑪蘭（蘭陽平原）都已團結在一起，連瑯嶠（恆春半島）卑南（以台東市為中心）也團結在一起了。我們也學得很多新知識，農業，造船，槍枝，火藥，織布，燒磚，造路，蓋房子，各方面的技能我們也都學得，又有荷蘭牧師幫我們發明的文字（新港文），以後我們必能追趕上長山人跟荷蘭人，甚至超越他們。利安，說得是，英雄出少年啊，我們在福爾摩沙安逸生活的太久了，完全不知道外面的世界有多大，現在知道比別人落後太多了，落後數百年吧。頭目，只要我們以後團結在一起，不再打打殺殺，認真學習會有超越他們的一天。唉！利安，一個禮拜前蕭壠（佳里），麻豆，目加溜灣（善化，安定）的數百名戰士才從這裡路過，要去幫放索仔（林邊）找力里（春日境內）部落報仇呢！我勸他們回去別再打打殺殺，他們就是不聽勸告。大家多多溝通和平相處，才有時間學習才能進步啊。頭目說得是，如果每個頭目都能有您這樣的想法，那我們福爾摩沙人，有朝一日必能超越長山人，超越荷蘭人。

　　利安啊，我估計去找力里人打架的那幾百個戰士，現在正和力里人打起來，他們現在如果是留在自己的部落，那該有多好，他們的頭目少了這些戰士肯定心急如焚啊。是啊，頭目，我們要離開新港（新市）時就是這個情況。頭目您的見解是完全命中啊。利安，我跟你雖然年紀差很大，但我跟你是一見如故我欣賞你，以後你茱利安有什麼事就是我的事。頭目您不嫌棄您過獎了，還要多多跟您學習呢。大家既然來到了麻里麻崙（萬丹南）算安全了，雖然一時之間還不能回去拉美島，但有的是機會。等海盜船走了我派人護送你們去新遠（新園）投靠親友，這幾天就先留在我這邊吃住都包在我身上。你們是我們麻里麻崙永遠的朋友。頭目，感謝您的大恩大德，感謝您。喔！對了，政務員帶領的四十幾個荷蘭人隊伍，前幾天從我這邊往加藤（潮州，南州）而去，說要走往山區，要從嘉祿堂（枋寮，枋山）越過高山後前往卑南，跟在卑南據點的荷蘭士兵會合，並在卑南（以台東市為中心）等待消息。我還特地為他們準備食物跟飲水，他們看起來很怕鄭成功，鄭成功到底是什麼樣的人物連荷蘭人都那麼怕他。跟頭目報告，鄭成功並不可怕，只怕我們各個部落不能團結，只要我們團結一心，海盜們是越不過下淡水河（高屏溪）的。說不定鄭成功也打不贏荷蘭人，雖然熱蘭遮城堡現在被圍困，但城堡內彈藥食物充足，誰輸誰贏還不曉得，我們不要自亂陣腳。鄭成功就那一萬多個兵，武器也沒比荷蘭人的精良。嗯，利安說得有理，我們必須團結一心，要是我們也有槍，十個鄭成功也打不贏我們啊，我們也不必害怕這群海盜了。於是，利安一群人在麻里麻崙住了下來，這一住就是三天，頭目也早就派了人去新遠通報，要新遠方面預作準備。三天後海盜船駛離了，海盜船是來取淡水補給的，也順便來探查這一帶的情形。利安一行人終於來到他們的目的地新遠（新園），他們也望見海面上遠處有一個小島，那就是夢中的拉美島，他們終於親眼見到了夢中的拉美島（琉球嶼，俗稱小琉球）。

　　這天天氣特別晴朗，遠處海上的拉美島依晰可見，就如他阿母黛咪說的一樣，兩側有翠綠的小山巒，中間比較低的山凹，海邊有一點白色的亮亮反光，那應該就是純白的沙灘了，距離太遠其他的看不清楚。一行人見到拉美島就在眼前，都紅了眼眶，也忘了這十幾天來的辛勞，每個人的心情是既興奮又複雜。姊姊，那就是阿母說的她的天堂之島。是啊，利安，從這邊看去拉美島美極了，像是人間仙境，原來拉美島離福爾摩沙不遠，如果天氣好風平浪靜時，划竹筏應該不用半天就可以到達。姊姊，我們回去拉美島的心願就快要成真了。利安，現在看到拉美島就在眼前，我反而有一些不安，現在鄭成功圍困了熱蘭遮城堡（俗稱安平古堡），雙方還沒分出勝負，我們是要在新遠等多久？我們現在如果回去拉美島，荷蘭人打敗鄭成功後，我們是不是又要被抓回來大員，那一定會被吊死。姊姊，這確實是可能發生的事，我們暫時在新遠等，荷蘭人打贏我們就回新港（新市），鄭成功打贏，荷蘭人離開大員，才是我們回去拉美島的時候。可是我又希望是鄭成功被打敗，又希望能回去拉美島安穩的生活。利安，我們只能先在新遠住下來等待時機，先投靠新遠的拉美親友。姊姊，你看前方，大家看前方，新遠頭目跟長老們，還帶了一大群人來歡迎我們呢。歡迎你們，歡迎你們大家來到新遠（新園），一路上辛苦了！一路上辛苦了。頭目，長老們，你們大駕出迎真是感動啊！我們逃難到此，還勞煩你們親自出部落來相迎，你們的盛情無以回報啊。喔，你是黃掛吧，我記得你，我記得你，那一年我去赤崁參加地方會議，有跟你見過面，你還送我十瓶麥酒呢，東阿土港（東港）跟力力（崁頂）頭目，我們四個人一起喝酒聊天，我都還記得呢。頭目好眼力好記憶。是的，小弟黃掛，是有跟您打聽一些消息，還說可能會來新遠當贌商的事。

　　哈！哈哈，想跟我打聽同阿的消息是真，想來我這邊當贌商是假，你是想跟我拉近關係而已。哈！什麼事都無法隱瞞頭目您的慧眼啊。黃掛，你們一大隊人馬都來到新遠（新園）了，現在的情況也不需要再隱瞞，同阿正是我女婿，我也不怕你們之中的一個荷蘭教師知道，大不了我把他殺了。哇！黃掛，安娜，利安，連寬阿都叫出聲來。真的，那太好了，那太好了，我們根本是一家人。跟頭目報告，同阿正是我阿母黛咪的小哥哥，我要叫他阿舅呢。利安，我想請問你，你的阿母在拉美時的名字是叫？喔，這位叔叔，她就叫美美，她的姊姊叫茵茵，請問這位阿叔是。我就是同阿，我是美美的鄰居，她從小就跟著我玩，她都叫我小哥哥。另外茵茵呢？茵阿呢？她現在在哪裡？她還在新港（新市）嗎？請問同阿叔叔，茵阿跟你是什麼關係。喔！他是我親妹妹，我們三個人都一起玩一起長大。他們兩個人先被荷蘭人抓去了大員（安平一帶），後來我也被抓上船，大帆船來下淡水河（高屏溪）取水時，我們三十幾個男人利用機會跳下船，大家分開逃，有的被殺死了有幾個又被抓回去，我們成功逃走的有五人，有兩個躲在新遠生活，我就是其中一個，有三個逃去了嘉祿堂（枋山，枋寮），現在還在嘉祿堂活得好好的。哇！原來是這樣啊！所以我阿母都叫茵阿姊姊，原來阿姨不是她的親姊姊，是一起長大的鄰居好朋友。是的，這位瑪卡道語講得那麼好的荷蘭女孩是。喔，同阿叔叔，美美是我阿母，我叫安娜，我不是荷蘭人我是拉美人，是因為我有祖先是皮膚很白的阿密，所以我才長得像荷蘭人。嗯，我能理解妳的說法，拉美人確實是有祖先是皮膚很白的阿密。同阿叔叔，茵阿阿姨到了大員以後，跟我阿母美美被分配到新港頭目家生活，還有一個當時 6 歲的小孩叫德哈利，德哈利就是現在的新港頭目。安娜，那我妹妹茵阿現在呢？你快說，她當時已經有了身孕。同阿叔叔，她生下索阿哥哥後，因為流了太多血就去天國了。哇！我的妹妹早已經去天國了！

　　那她的小孩索阿呢？現在也應該有二十幾歲了。同阿叔叔，索阿哥哥在熱蘭遮城堡當荷蘭兵，現在被鄭成功圍困在城堡內，他是我阿母跟我阿爸養大的，我跟利安從小就跟在他的身邊一起長大的。我阿爸就是黃掛。喔！原來是這樣，謝謝黃掛大哥，謝謝你把我妹妹的兒子養大成年，現在還在當荷蘭兵，被海盜圍困在大員城堡內，唉！命運真是太奇妙了，上帝的安排讓人怎麼猜也猜不透。那能請問安娜，你阿母黛咪怎麼沒跟著你們來新遠（新園）。同阿叔叔，我阿母也已經上天堂了，四年前的事了，是因為天花病死了。唉！上天安排我這輩子都不能再見到美美了，卻見到了她的女兒跟她的一家人。一行人邊走邊聊來到了新遠部落內，頭目安排了安娜一家人暫時住在頭目家裡，其他的人也都分配到有拉美人親戚的家中暫住。今天新遠是喜氣洋洋的。大家知道一時之間還無法回去拉美島，頭目命令全部落的人合力蓋了十幾間房子，給這十幾個家庭住，也指定了部落旁的一片土地，給新來的拉美人耕種。其中有幾個家庭在東阿土港（東港）有親戚的，頭目也安排他們去東阿土港依親。大家相約時機成熟時，一起回去拉美島居住，回去那屬於拉美人的金銀島。黃掛一家人暫時在新遠住了下來，他們的房子就在頭目家旁，是頭目刻意安排的。也特地要荷蘭教師住在他家裡，好讓他親自招待，畢竟他的部落跟荷蘭人結了盟，認了荷蘭長官是老大哥，當然這招待荷蘭人的事要由他來親自負責。新遠頭目年紀很大了，名叫塔瑪威，頭目夫人早已去逝，只有一個女兒名叫麻莉，麻莉就是同阿的牽手，麻莉是這一家之主，麻莉也生了個女兒名叫芸阿，芸阿16歲了活潑又外向，很得老頭目喜愛，整天都跟著老頭目，但這一段期間見到利安他們到來，一向活潑外向卻變得沉默寡言，端茶或拿東西給利安都漲紅著臉，明眼人看在眼裏都知道意思。

　　老頭目看到這一幕更是開心的眉開眼笑，有什麼事要跟利安討論，都故意要芸阿去隔壁叫利安。但是整個新遠（新園）部落的人，對安娜跟荷蘭教師的態度，都表現出不太歡迎，畢竟他們對荷蘭人還不能完全信任，尤其是二十幾年前荷蘭人還攻擊過這裡一帶，也燒了不少房子，當時雙方打得不分勝敗，後來荷蘭人撤走了。要不是拉美島被荷蘭人殘忍對待的事件震驚了他們，他們是反對跟荷蘭人結盟的，當時頭目獨排眾議，聯合東阿土港（東港）等五個部落一起跟荷蘭人結盟，也有很多長老持反對意見，但眼看著跟荷蘭人結盟的部落越來越多，荷蘭人的勢力越來越大，才去大員城堡跟荷蘭人結盟。結了盟後雙方一直相安無事，但荷蘭人收購太多鹿皮，也引起部落居民的不滿。而贌售專門的交易生意給長山人，讓部落居民常常被長山人欺騙，也造成部落的人對荷蘭人跟長山人的不信任。現在這些不信任都反應在安娜跟荷蘭教師的身上，連部落的小孩子也反應出不友善的態度。無論安娜怎麼解釋自己是拉美人，怎麼表現友善也得不到信任，主因是荷蘭教師就跟在安娜身邊，安娜很氣餒但也無可奈何。反而是利安，處處受歡迎，才來新遠不到一個月，幾乎人人認得他，常有人來邀請他去作客，每天都有三四個家庭來邀約。老頭目也常來找利安談話。安娜在新遠就好像是一個外人，這段期間安娜總是悶悶不樂。阿緱（屏東市）頭目每天派人渡河去搭加里揚（大樹，九曲堂）探聽大員城堡那邊的消息，再把消息傳遞給附近的各個部落，好一起應對最新的情勢，至少兩天會傳遞一次消息。這一天傳來大員一帶的確定消息：熱蘭遮城堡仍然被圍困著，雙方互有砲擊，雙方僵持著。蕭壠（佳里）率先投靠了鄭成功，後來麻豆也投靠了鄭成功。新港（新市）聯合目加溜灣（善化，安定）曾反抗過鄭成功但失敗了，新港頭目被抓去了赤崁。

　　傳來的消息還說到：有一群荷蘭人去到了諸羅山（嘉義），
被諸羅山頭目保護著。另外也有一批荷蘭人去了淡水跟雞籠（基
隆）。也有很多長山的農民工，跟著鄭成功的叛兵一起逃回長山去
了。赤崁附近的農地都被鄭成功強佔，還命令士兵跟農民工種植蕃
薯。鄰近各個部落的食物，長山農民工們的食物，都被鄭成功拿走
了，只留下很少的食物。諸羅山（嘉義）以北的各個部落已經聯合
起來對抗著鄭成功。同一天，阿緱（屏東市）頭目派代表傳達來要
各個部落配合改變戰術，之前假意口頭承諾不和鄭成功對抗之事，
現在要改變做法，只要有海盜船或海盜出現，用盡一切方法一律把
他們趕走。因為鄭成功答應大員鄰近各部落的承諾，證明都是欺騙
的美麗謊言，那一帶的人都快沒食物可吃了。想請問塔瑪頭目，對
於我們頭目的意見不知有沒有什麼表示。塔瑪老頭目特別詢問利安
後回應說：我新遠（新園）也跟著一樣的做法，我還會指派可信的
人去東阿土港（東港），力力（崁頂），放索仔（林邊）告知相同
的訊息，並要他們配合行動。喔！那太好了，麻里麻崙（萬丹南），
大木連（萬丹北），塔樓（里港），武洛（里港東），大澤機（高
樹），加藤（潮州，南州）的頭目，也都同意了我們頭目的做法，
一致要對抗鄭成功。請你回去回覆你們頭目，並致上我的問候之
意，我們行動一致對抗海盜，海盜們是越不過這下淡水河（高屏
溪）的。隔天，利安跟兩位戰士，被指派去東阿土港跟放索仔傳達
相同的訊息。從放索仔那邊得知，上個月有四十幾個荷蘭人跟一些
跟班，已平安越過力里（春日境內）一帶的山區抵達了卑南，現在
被卑南王安全的保護著。東阿土港跟放索仔都願意跟著一起對抗海
盜，放索阿頭目在利安的說服下，也派出戰士前往嘉祿堂（枋寮，
枋山）跟瑯嶠（恆春半島）轉告同樣的訊息。鄭成功的勢力最北到
哆囉嘓（東山）最南到打狗（高雄）北方，福爾摩沙其他地方都還
相當平靜。

　　黃掛一家人得知新港（新市）頭目被捉，索阿也被圍困在熱蘭遮城堡內，都憂心的吃不下東西，一時之間全家氣氛都相當凝重，也不知道如何是好。隨著城堡被圍困的時間越來越久，荷蘭教師跟他們說，他留在這邊越來越不安全，每個村民都不喜歡他，老頭目勉強留下他是要看管著他，如果荷蘭人被鄭成功打敗了，他就是要被抓起來邀功的人，如果可能他想去卑南。教師您多心了，我們在這邊被保護得好好的，而且鄭成功已開始缺糧，他會被趕走的。安娜，我知道妳在安慰我，其實妳也很危險，這邊的人對你也越來越不友善，妳也感覺到了吧。教師，有老頭目保護著我們不會有事的，我們再等一些時間先不著急。安娜，我看出來老頭目只信任利安，他連你阿爸也不信任，因為你的阿爸是長山人，老頭目是看在芸阿喜歡利安的份上，而老頭目也是在等新訊息，好做對新遠（新園）最有利的打算，拉美人的安危是其次的。嗯，教師說的不是沒有道理，阿爸要付錢給老頭目他都不收，是想讓我們欠他人情，將來若有事也好推託乾淨，因為我們帶了一個荷蘭人。阿爸，還有同阿叔叔啊，他會保護我們的。安娜，同阿是你阿母的鄰居而已，雖然我養大他妹妹的兒子，但他從沒見過索阿啊，此事都是我們說的，他不一定相信，而且妳是我黃掛的女兒，不是他同阿的女兒，他對你的態度並不親近啊，他只是表面應付應付，要不是同為拉美人，他女兒芸阿喜歡利安，阿爸看得出來他是討厭妳的。哇！怎麼會這樣！怎麼會這樣。是啦，姊姊，從同阿叔叔的反應判斷，阿母16歲被抓來大員前，在拉美島時他們是情意相投的兩個人，阿母一直念念不忘拉美島，有一些原因是她在拉美島時，跟同阿叔叔有著共同美好的回憶，他們被荷蘭人拆散了，他死裡逃生不得不在新遠重生，親人又被荷蘭士兵殺死那麼多人，他的心中說不定隱藏著可怕的恨，而他心中若有恨也是正常啊。一但荷蘭人失勢，難保不會有不好的情況出現。不會啦，你們別嚇我，我看同阿叔叔是正直的人，這一個多月他也是對我們客客氣氣的啊。

安娜，阿爸跟妳說，如果有好的機會，阿爸也贊成妳去卑南躲一躲。卑南王是出名的正派又正直的人，成功的管理著十幾個部落，又有幾十個帶著槍的荷蘭人跟他們在一起，鄭成功再厲害也無法打到卑南去，你暫時去了卑南比留在新遠（新園）還安全。新遠離打狗（高雄）很近，現在海盜船天天在打狗出現，也偶而來下淡水河（高屏溪）取水，熱蘭遮城堡要是撐不住了。鄭成功的目標往南，我們這裡就是他的下一個目標，海盜們的目標如果往北，就是諸羅山（嘉義）跟虎尾壠（虎尾，褒忠）。隨著熱蘭遮城堡被圍困的時間越久我們相對的越危險。阿爸，消息說有一百多個荷蘭人現在在諸羅山（嘉義），他們聯合起虎尾壠（虎尾，褒忠）在對抗鄭成功，而且鄭成功的士兵有很多人病死了，很多人逃回去長山了，我相信最後荷蘭人會贏。當巴達維亞（印尼，雅加達）的援軍到時，鄭成功會嚇破膽逃回廈門去。嗯，利安說得我寬心不少，那大家都先別著急，再等等消息再做決定吧！

12
等待

　　又有新消息，最新的消息是：逃去諸羅山（嘉義）的荷蘭人
有一百多人回來赤崁，接受鄭成功的條件投降。荷蘭人砲擊造成鄭
成功的大將死亡，也炸死幾百人。鄭成功現在住在普羅岷西亞堡
（現赤崁樓位置）指揮軍隊跟荷蘭人作戰。長山農民工都被鄭成功
強迫勞動。鄭成功的士兵搶劫大員附近部落的糧食，所有牛隻都被
鄭成功佔為己有。食物只留下一成給西拉雅人食用。新港（新市）
頭目願意順服鄭成功，已被放回新港。鄭成功派出眾多士兵四處種
蕃薯，並到處強行捉牛回去當食物。鄭成功也派船去長山沿海一帶
搶糧食來支援。塔瑪老頭目帶著孫女芸阿一起來問利安，對於最新
的消息有什麼看法。塔瑪頭目，從最新的消息判斷，鄭成功極度缺
糧，寧願長山農民工餓死也要士兵有飯吃。種蕃薯，去長山搶糧，
都是怕久攻不下熱蘭遮城堡。另外鄭成功的軍隊現在士氣低落，只
要巴達維亞（雅加達）的援軍到來，荷蘭人必能獲勝。喔，利安啊，
巴達維亞援軍也要幾個月才能到達。去求援需要一個多月，巴達維

亞做好各項準備再來大員，這又要兩個多月，恐怕熱蘭遮城堡撐不了那麼久。頭目，不會的，城堡固若金湯你是去過的，城堡內的糧食，彈藥都充足。唯一擔心的是新鮮蔬菜水果，時間一長沒有新鮮蔬菜水果吃，士兵們會生病沒力氣打仗。但是會先被缺糧拖垮的是鄭成功。嗯，利安你說得有道理，那我們還是一樣做好準備，再看看情勢如何變化。喔，利安，你如果有空閒也帶著芸阿出去走走，去海邊看看拉美島，風景可漂亮呢，雖然我們這邊的海沙不是白色的，但細細柔柔的也很不錯。芸阿站在一旁不發一語。利安是頻頻點頭說：好。

這天早晨，利安帶著芸阿去海邊散步，太陽還沒露臉雲霧未散，看不到拉美島。芸阿對新港（新市）的一切都非常好奇，對赤崁跟大員的城堡更是好奇，利安都一一跟芸阿介紹說明，也跟她說了他跟著荷蘭政務員好幾年，四處探訪的所見所聞。芸阿欣賞利安會四種語言，對利安是又愛又崇拜。利安問了芸阿：芸芸，你阿爸有沒有說故事給妳聽，他被荷蘭人捉來福爾摩沙，在下淡水河（高屏溪）跳船逃走的事，還有他在拉美島時的事。利安，我阿爸只要講到荷蘭人就都很生氣，他恨荷蘭人，荷蘭人燒了他家殺死了他的家人，也捉走了他的愛人拆散了他們，全拉美島的人都因為荷蘭人而分離了，大部分的拉美人死去，其他的拉美人也不知去向，遠的去了巴達維亞（雅加達），近的在新港（新市）一帶，也不能團聚相認，而他一個逃犯過著躲藏的生活，不敢說自己是從拉美島來的逃犯，拉美島就在他眼前，每看一次傷心一次，直到這幾年他覺得安全了，才敢跟我們講他在拉美島時的故事。芸阿，同阿叔叔好可憐，我阿母也是跟他同樣的命運，我們福爾摩沙人，武力不如人，知識不如人，才會有今天的下場，而我們拉美人更是最悲慘的一群人，荷蘭人找理由去攻打拉美島，主要是要立威給其他部落看，好讓其他部落害怕而順服，另外一個原因是要捉拉美男人當奴隸，捉

拉美女人當老婆。同阿叔叔親身經歷了這些過程，當然會怨恨荷蘭人。如果換成是我親身經歷，我也忘不了這個恨。利安，你姊姊安娜長得很像是荷蘭人，而且荷蘭教師跟著你們來，我們都很疑惑。芸芸，我姊姊確實是我阿母所生，她是拉美人。而我們在新港時全家都信了上帝，所以我們都相信這是上帝的安排，我們也都原諒了荷蘭人。

　　荷蘭人也有分殘暴的士兵，善良的牧師，正直的教師，不是每一個荷蘭人都是壞人。他們現在也改變做法了，也知道虧欠拉美人，所以有很多拉美人的小孩，能進去城堡學習技能，也有很多拉美人在荷蘭人家庭裡生活，像索阿哥哥，還在當荷蘭兵呢。現在的荷蘭人反而最信任拉美人。利安，那他們現在都被圍困在大員的城堡內了。是啊！芸芸，我也很擔心，尤其是索阿哥哥，他是要跟鄭成功作戰的士兵，消息說有很多荷蘭兵戰死了，也有很多被俘虜了，我們全家都擔心著，日子過得很不愉快。利安，還聽你們說，你們的阿舅德哈利是新港（新市）頭目，他也是 6 歲時被捉去了新港，現在還留在新港。是啊，芸芸，你阿爸也不認識德哈利，我問他德哈利在拉美時的名字是叫利阿，但你阿爸記不得有這個小孩，我阿母也不知道他是誰的小孩，他跟著我阿母跟茵阿阿姨，一起被分配在新港頭目家居住，他把我阿母當成是大姊姊。他是成熟穩重又有能力的人，可能是傷心，想忘掉拉美的恐怖經驗，他從來不講在拉美島的事，連他住在拉美島的哪個地方，他父母親是誰也不願意說，連我們從赤崁買來拉美的椰子，要給他喝他也不喝。喔！利安，那德哈利頭目也好可憐，他這次為什麼不跟著逃，卻把他女兒蜜阿託你們帶走。唉！芸芸啊，他是走不了，他走了新港就亂了，就等於投降鄭成功了，而他有遠大的想法，他想要跟鄭成功周旋，幫我們爭取更多逃走的時間。喔！好特別的人，是經過大悲大難的人才能擁有的勇氣。是啊，他還帶隊反抗鄭成功被捉去赤崁，表現

順服後才又被放回新港。鄭成功聰明，還想利用他來管理新港人，而我阿舅更聰明，小反抗後表現順服是要讓鄭成功更信任他，表明他不是牆頭草，這深不可測的順服是再找更好的機會而已。嗯，利安，我覺得你更聰明，連這樣的事都能看得明白，難怪我阿公特別喜歡你，而⋯⋯我也喜歡你。

芸阿，妳也好特別。妳也是拉美人。利安，我覺得我是新遠（新園）人，我阿母是新遠人我就是新遠人，雖然我阿爸來自拉美島，但我從來也不曾去過拉美島，也不能去拉美島。我阿公有說過拉美島的故事，他年輕的時候去過幾次，他天氣晴朗時划著竹筏去拉美島，拉美島是他此生見過最漂亮的地方，新遠跟拉美自古就互有往來，部落裡也有早期從拉美島搬過來住的人。芸阿，我也不曾去過拉美島，拉美島的一切都是聽我阿母講的，不知道是不是我阿母的關係，連我阿爸是漳州來的，他也覺得他是拉美人，我跟安娜更是覺得我們是拉美人。利安，你阿母一定是很賢淑的女人，她受那麼多苦難卻能原諒荷蘭人，為了生活向現實低頭接納長山人跟她結婚，辛苦的將鄰居的小孩養大，還要養育自己的小孩，還要照顧年紀還小的德哈利頭目，換成是我我恐怕做不到。她還把你們姊弟教育的這麼優秀。嗯，芸阿，妳說的都是事實，你好善解人意懂事乖巧。我現在也好想我阿母，她到死前都沒能再見到拉美島一面。她信了上帝，相信這都是上帝的安排。利安，荷蘭人好奇怪，都要人信上帝，不能再拜佬祖。嗯，因為他們相信神只有一個，萬能的神只有一個，而佬祖，阿立祖不是神。利安，我看你阿爸跟其他長山人都不一樣，嘴巴很甜但他是正直又善良的人，而我見過的長山人贌商，都是說謊欺詐的能手，是不可信任的人。哈！因為我阿爸在漳州時是有讀書的人，他就是不習慣欺詐善良的福爾摩沙人，良心過不去，才沒當贌商改行當農夫的。我有一小段時間，還跟著他去當贌商的助手呢。都是因為鄭成功來侵略我們，我們才逃到這邊

來。雖然我們想去拉美島，但我們更希望荷蘭人趕走鄭成功，我們
又回去蚶西港種田。利安，如果你們又回去蚶西港，或者是回去拉
美島，那我要去哪裡，我想，我想……。哈！芸阿，你想去哪裡都
可以，留在新遠也可以。利安，我害怕去拉美島，拉美島現在除了
住著贌商一家人，其他的地方都住著鬼。

　　我阿爸說，他們拉美人被殺死在各處的有幾百人，光一個大洞
穴就被燒死三百多人，跳懸崖死掉的也有幾十人。芸阿別怕，他們
都是我們的族人啊，別忘了妳阿爸也是拉美人。我是上帝的信徒，
他們不是鬼，他們也算是我們的祖先，是會保佑我們的祖先，他們
是在拉美島處處保護著我們的祖先。嗯，利安你說得對。如果鄭成
功打贏荷蘭人，我也要跟著你回去拉美島。利安看著芸阿，芸阿拉
著他的手。利安順口唱起了拉美情歌：純潔無瑕的白沙啊！代表
我的心。湛藍清澈的海水啊！傳達我的情。迎風搖曳的椰子樹啊！
考驗著我們的愛情。妳是人見人愛的紅珊瑚啊！讓我跟著妳此生不
渝。芸阿調皮的對唱著：純潔無瑕的白沙啊！代表我的心。湛藍清
澈的海水啊！傳達我的情。迎風搖曳的椰子樹啊！考驗著我們的愛
情。你會像那嘎嘎嘎叫的伯勞鳥啊！飛過來又飛過去。利安眼神專
注看著芸阿又唱了：純潔無瑕的白沙啊！代表我的心。湛藍清澈的
海水啊！傳達我的情。迎風搖曳的椰子樹啊！考驗著我們的愛情。
妳是人見人愛的紅珊瑚啊！讓我跟著妳此生不渝。芸阿看著利安跟
唱著：純潔無瑕的白沙啊！代表我的心。湛藍清澈的海水啊！傳達
我的情。迎風搖曳的椰子樹啊！考驗著我們的愛情。你是少女仰慕
的翠綠山巒啊！我願意，我願意。海風徐徐兩人停下腳步，在沙灘
上擁吻了起來……。遠方的拉美島見證了這一切。芸芸，原來妳也
會唱拉美情歌。會啊，最近我阿爸常唱，我也學了起來。兩人刻意
一前一後走回部落。芸阿的阿母麻莉看到他們回來，掩不住內心的
喜悅，要利安常來帶芸阿出去走走，也要求利安能教芸阿識字。倒

是塔瑪老頭目就更直接了，笑著說：利安，新港（新市）混亂，拉美島現在沒什麼人，新遠（新園）平靜又安全，你就留在新遠長住吧，我們也不必給芸阿蓋小屋子了[註]。

　　喔對了，利安，麻里麻崙（萬丹南）又傳來赤崁那邊的最新消息，說那邊的很多長山農民工都跑到山區去了，單身的新港（新市）人，麻豆人也跑走了。鄭成功幾乎把他們的主要糧食都搶走，還要他們砍一萬根竹子呢。而熱蘭遮城堡還是被圍困著。雙方只是互相砲擊，但都按兵不動。鄭成功的士兵很多人因為喝水生病死了。也有很多士兵從打狗（高雄）偷偷的搭舢舨回去長山。你對這新情勢有何看法。跟頭目報告，這說明了鄭成功的士兵也不願意來福爾摩沙，而農民工跟大員附近的人逃離，表示鄭成功不得人心，尤其是連長山農民工也逃離，表示他們已經後悔一開始時支持鄭成功。鄭成功極度缺糧才敢冒險搶西拉雅族人的食物，此時他們如果有良好的武器，跟著荷蘭士兵內外夾擊，鄭成功必敗無疑。是啊，這缺糧又士兵適應不良，正是我們攻擊他們的最佳時機，無奈我們沒有槍，就靠這些箭，既使能打贏死傷也會慘重。現在荷蘭人堅守城堡不出，是想讓鄭成功缺糧知難而退。頭目，長官堅守不出是在等巴達維亞（雅加達）援軍，這堅守不出有好有壞。如果鄭成功是逃來大員的，表示他已無去路，沒食物也會把耕牛吃了，會把福爾摩沙人的食物都吃了，先餓死的會是福爾摩沙人。嗯，你說得有道理。鄭成功還命令士兵四處種蕃薯，把農地都強搶過去佔為己有，還強迫西拉雅人幫他種田，看來是有長期佔有的打算，他不只是當強盜來搶劫而已。頭目，是啊！何斌那個背叛我們的大壞蛋，吃裡

[註] 當時臺灣平埔地原住民族群，女兒長大時會在住家附近蓋一小屋子，讓女兒獨居挑選自己的牽手對象。當時是重女輕男的社會，男人以口簧琴吹奏跟女人溝通來獲得愛情。牽手，原指女士牽誰的手就結婚，後來演變成妻子，老婆的代稱。牽手，也是臺灣原住民族平埔族群對妻子的專有稱呼。

扒外帶敵人來，害我們無法平靜的生活，以長山人無法想像的奸巧，如果讓鄭成功打贏，我無法想像，我們福爾摩沙人以後是會過什麼樣的日子。哈！那個大壞蛋何斌，聽說現在被鄭成功關起來了，因為他跟鄭成功說，只要鄭成功的軍隊來攻擊大員，只要幾天的時間荷蘭人就會投降，而長山農民工都會投靠他，連我們福爾摩沙人也會大大的歡迎他，結果事實不是如此。喔，頭目，那現在的情況對鄭成功更不利了，連他最信賴的何斌都被關了起來，這表示有很多將領對何斌不滿，所以要把何斌關起來好平息將領們的不滿，這何斌把大員說得太容易得手了，鄭成功的將領們正在起著內鬨。

　　嗯，利安，那巴達維亞（雅加達）的援軍一到，就可以擊敗鄭成功了。頭目，現在鄭成功在收集竹子，乾草，就是急著要用火攻來攻下熱蘭遮城堡（俗稱安平古堡），乾草放在整把的竹子上，浮在水面上點火當火船，是想燒掉荷蘭船。利安，你真是聰明。鄭成功聰明荷蘭人應該也不笨，應該也知道如何避免被火船攻擊。只是這苦了大員附近的部落居民，鄭成功是不會付錢跟他們買竹子的。頭目，還好有西拉雅在第一線擋著，我們才能暫時如此平靜，我們要做好戰備，不能讓鄭成功他們越過下淡水河（高屏溪）。利安，我會聯合鄰近部落做好戰備，可惜我們無法跟城堡內取得聯繫。要不然趁此良機，配合著城堡內的士兵夾擊海盜們，必能像打敗郭懷一那樣打敗鄭成功。頭目，會有好機會的，我們再等等巴達維亞來的援軍，那時會是絕佳的機會，五月份求援的船就出發了，來回各一個月的航程，加上準備的時間，我預估 8 月份援軍就會到來。嗯，利安你說得對，現在 6 月底了，那還有一個多月，現在大概也是巴達維亞援軍出發的時間。是的頭目，援軍從南方上來，必會經過新遠（新園）跟拉美島之間的海域，我們會早一天看見援軍的艦隊上來，這段期間我們要隨時注意海上的動態，也要防備著鄭成功

的戰船登陸下淡水河岸。嗯，希望城堡那邊能堅持住等到援軍到
來，我們一起行動趕走海盜們。隨著等待的日子一天一天的過去，
熱蘭遮城堡還是被圍困著，又過了快一個月，各地的部落對荷蘭人
越來越沒有信心，少數還躲在各地部落的荷蘭人也越來越不安全，
已經沒有辦法再命令福爾摩沙人做什麼事了，甚至有的荷蘭人人身
安全開始被威脅著。這都是荷蘭人過去太小氣的結果，各項好處大
都是荷蘭人的，福爾摩沙人越來越窮。甚至有的部落頭目在贌商的
慫恿下，口頭答應了不反抗鄭成功，因為他們都領到豐富的禮物，
美酒，布料，跟華麗的官服。

　　鄭成功出手比荷蘭人大方得多，雖然大家都知道長山人不可
靠，但荷蘭人又可靠了嗎？只是死愛錢吧。安娜跟荷蘭教師都躲在
家裡盡量不外出。這一天在利安的請求下，老頭目指派四位戰士，
陪著利安，芸阿，安娜，荷蘭教師去海灘走走透透氣。一行人來到
河口海邊，坐在一根大漂流木上望著遠方的拉美島，天氣晴朗萬里
無雲吹著微微的南風，拉美島清晰可見，連白色的沙灘，巨大的珊
瑚礁岩，椰子樹，小山巒也依稀看得見，眾人都驚嘆拉美島真是美
啊。安娜首先看見拉美島與嘉祿堂（枋山，枋寮）之間的海面上，
有一艘帆船的影像。大家看那裡有帆船有帆船。是啊！我也看到
了有白色的帆，是大船是大船。眾人一陣歡呼！援軍來了！援軍
來了！眾人是又叫又跳。利安要兩位戰士立即飛奔回去告訴頭目，
他們再等等看看清楚。大船越來越近卻只有一艘，而且是往拉美島
的方向靠近，正當大家疑惑著，荷蘭教師講話了：那是新任長官的
座船，那是載新任長官的船，你們看那旛旗，是長官才能掛的旗。
教師，長官的艦隊呢？怎麼沒跟著艦隊。利安，這就奇怪了！援軍
呢？怎麼沒有援軍，除非是長官的船出發時還不知道大員被圍困
著，不然後面是要跟著龐大的艦隊才對啊。教師，該不會是巴達維
亞（雅加達）派來新長官，是要來跟鄭成功談投降條件的吧。因為

揆一長官堅守不降要戰鬥到底。利安，不會的，說不定在海上有其他狀況，援軍艦隊會跟在後頭，可能差個一兩天就會到來。或許真的是新長官出發前，去巴達維亞求援的船還沒有到達，才會有這樣的情況。眾人看到沒有艦隊跟來，心都涼了半截心情沉重情緒跌落谷底。教師，萬一去求援的船根本沒有到達巴達維亞，那該怎麼辦。安娜，不會的，這幾個月都是風平浪靜的天氣適合航行，應該是新長官的船出發時，求援的船還沒到巴達維亞的關係，我們不要自己嚇自己。眾人等著等著看著看著，看到新任長官的座船漂往拉美島的白沙灘上，是停靠拉美島了，應該是停靠在拉美島補給了。

　　這時同阿陪著老頭目，還帶十幾個戰士也來到了沙灘上。阿公，阿爸，荷蘭新任長官的座船停靠在拉美島補給了。嗯，阿公看到了，只有一艘大船，來救援的艦隊呢？報告頭目，應該會跟在後面，再過一兩天吧，長官的船開得比較快。利安，不對啊！過去巴達維亞的船隊上來大員，大部份都是先來下淡水河（高屏溪）取水，有時候會離我們的海岸很近，或者先進入打狗灣（高雄），怎麼會停在拉美島補給？莫非他們知道這邊危險，所以停在拉美島補給。這樣也好，新任長官就可以從贌商的口中知道大員的情況，城堡被鄭成功圍困的情況，至少讓新任長官有所準備避免危險。阿爸說得是，有船來總比沒船來好，這大船也可以增加一百多個兵力，至少會給城堡方面提昇士氣。同阿叔叔說得有理，艦隊一定在後面不遠處，從現在起我每天都來海灘等，一有好消息立刻通知大家，再通知各部落，新任長官的座船已知道危險而停在拉美島補給，這表示巴達維亞總督也已知道大員被圍困住了，從這點可以證明，救援艦隊也會跟著來。對，利安說得對，從今天起，我指派兩位戰士跟著利安來海邊觀看，希望早日能看到救援艦隊上來，一有好消息立即回報通知我。新遠老頭目派出戰士傳遞鄰近各部落消息說：新任長官的座船率先抵達，後面的救援艦隊隨後而來，要各部落做

好戰備，以便應付新的情勢變化。隔天利安跟芸阿在兩位戰士的陪同下，一早就來到海邊觀看，是看見了新任長官的座船往打狗（高雄）方向漂去，目的地是大員不會錯，但是一直等到黃昏還是沒見到艦隊跟上來。三天過了還是沒有艦隊的蹤影，芸阿靠在利安身旁安慰著利安，分擔著利安的擔憂。又過了三天還是沒有艦隊的消息，卻從阿緱（屏東市）傳來消息說：新任長官的的座船停靠在大員兩天後就離開了，往北航去不知去向。什麼！新任長官的座船航離大員，往北航去不知去向。塔瑪老頭目震驚的問著利安：利安啊！這該怎麼辦呢？救援艦隊不來，新任長官的船卻跑了，這對城堡內的士兵士氣是多麼嚴重的打擊啊。

　　頭目，是的，這是嚴重的打擊，這也可見城堡是被圍困的多麼危急，新任長官的船，形隻影單力量薄弱，不敢在大員外海久停等待，所以先航離。利安，那你判斷她是航往何處。頭目，她往北是航往日本，因為澎湖已被鄭成功佔領，日本也有我們的據點，或許她是航往日本討救兵的。另外她也可能航往長山，去滿清皇帝那邊討救兵，好擊退我們共同的敵人鄭成功。最壞的情況是她航往淡水跟雞籠（基隆），去載那邊的士兵回來大員參加戰鬥。所以說新任長官的船駛離，不一定是壞事。嗯，你這樣說我就比較放心了，但是萬一新任長官的船是去淡水，雞籠載荷蘭士兵，然後航去日本避難不管大員這邊，那該怎麼辦呢。報告頭目，不會有這種情況，如果是這樣，那她何必又停靠在大員外海兩天呢，她就直接航去淡水就好了啊。利安啊，我怕她停在大員是傳達要揆一長官投降的命令。這……這有可能，但我們也不必猜測，只要三天內沒有傳來大員方面投降的消息，或者我們有看到救援艦隊上來，那新任長官就不是來傳達要大員城堡投降的。嗯，那萬一傳來大員城堡投降鄭成功的消息，我們該如何應處。報告頭目，這是最嚴重的情況，我們要先穩住避免混亂，每個部落都要冷靜下來，武裝好並聯合起來準

備作戰，再看鄭成功的態度來應變，我們越是聯合起來一致行動，就不會被各個擊破，能談的條件就越好，也或許能靠我們自己的力量趕走鄭成功，到那時荷蘭人已走了，鄭成功也死了，我們又恢復自由自在的日子。喔，利安說得很有信心可是我沒那麼樂觀，我們缺少一個能號令整個福爾摩沙的人，各個部落的力量彼此分散，我們就是沒有統一力量，才讓荷蘭人讓鄭成功有非份之想，想來佔領我們的土地。頭目說得對，至少我們鄰近十幾個主要部落先團結一致，鄭成功是會怕我們的，再加上我們和瑯嶠（恆春半島）君主聯合，和卑南王（以台東市為中心）聯合。我們有著共同的命運，只要我們不再分彼此，必然不怕任何敵人。嗯，利安志向遠大，福爾摩沙的福氣，新遠（新園）的福氣。那就再觀察幾天等待消息。

　　芸阿跟著利安每天天剛亮就到海邊觀看，過了三天又三天，正當大家都陷入絕望時……。利安你快看，芸阿興奮的跳了起來大叫著：救援艦隊來了！救援艦隊來了。真的，是真的！我看到了。我也看到了！就在拉美島跟嘉祿堂（枋山，枋寮）之間的海面上。太好了，還分成兩排往我們這邊漂來。等一下再數看看有幾艘。隨著時間消逝船越來越近，也越來越清晰。哇！有十幾艘大船。利安，我數是 11 艘，有 11 艘大船，前面一艘是領航船，後面兩排各有 5 艘大戰船，大員得救了，城堡得救了，索阿哥哥得救了。是啊，芸阿我們得救了。快，你們兩個立即回部落向頭目報告好消息，我跟芸阿隨後就到。芸阿開心的拉著利安的手走回部落。芸阿開口問說：利安，救援艦隊來了，鄭成功被打敗後一切又回到了以前，拉美島你們是回不去了，你們會回去新港（新市）嗎？還是會回去蚵西港。芸阿，妳是怕我回去新港丟下你一個人，妳希望我怎麼做？利安，我希望荷蘭人趕走鄭成功，而你留下來新遠（新園），不要回去新港了。芸阿，那如果妳也去住新港呢，就像我阿母她原來

住在新港，我阿爸跟她結婚後他們搬去住在蕭壠（佳里）。利安，我是獨生女，我阿母只有我一個女兒，女兒必需繼承家業男兒才是離家發展，我只能留在新遠（新園）繼承家業。嗯，我知道我們的習俗，但是現在還不知道是荷蘭人會打贏，還是鄭成功會打贏。利安，一定是鄭成功逃回長山去，那麼多荷蘭大戰船來，而荷蘭人打海戰是最出名的，西班牙，葡萄牙都不是荷蘭的對手，鄭成功怎麼會是對手呢。嗯，芸阿，希望是如此，可是鄭成功人多，扣除病死的戰死的逃回去長山的，應該還有一萬人。而 11 艘大戰船能載來的士兵大概一千人，加上城堡內有一千人，總共只有約兩千人。荷蘭人的槍砲是比較厲害，但是人數差五倍。喔！那怎麼辦。別慌，別擔心，我們回去後我跟阿公研究看看，如果有各個部落的戰士配合一致行動，我們必能擊退海盜們。於是兩人開心的手拉著手走回部落去。

13

救援

　　利安你們回來了，正好我有事跟你商量。頭目，是救援艦隊到來之事嗎。是啊，救援艦隊已到來不久後必有大戰，誰勝誰負你的看法如何。頭目，勝負要看天氣也要看運氣，荷蘭人擅長海戰船堅砲利，但鄭成功是海盜出身又跟著一群不怕死的士兵，他小船眾多不是好對付。而且鄭成功的士兵現在都已經登陸，荷蘭戰船在海上也打不到他們，援軍雖然來了，但鄭成功不派出戰船海戰，荷蘭軍一時也拿鄭成功沒辦法，荷蘭戰船只能在海上等著，雙方會僵持一段時間。喔，利安你說得對，那你猜荷蘭軍會怎麼做。頭目，最好是有一半的荷蘭軍在我們新遠（新園）登陸，帶領我們這一帶的兩萬戰士，全部的荷蘭戰船，跟另外一半的荷蘭士兵航去支援城堡作戰，但是長官無法信任我們，連一支槍也不敢發給我們，所以這事不太可能發生。我猜荷蘭軍一半會進城堡共同守備，一半會留在大員外海接應。留在大員外海的荷蘭軍戰船，是想用來攻擊鄭成功的運糧船。嗯，利安你說得太有道理了，新來的消息說，城堡跟鄭成

功雙方每天互有砲擊，仍然僵持著，像這樣僵持著也已經三個多月了，現在鄭軍四處搜刮食物，長山農民工叫苦連天，西拉雅人也已經起來抗議，但沒有什麼效果。現在連耕牛都被殺來吃了。頭目，現在雙方糧食都短缺，都等不及要決戰，荷蘭軍遠道而來必會等待良機主動出擊，我們要想辦法跟城堡內取得聯繫，配合著出擊必能獲勝。唉！利安，這就是最困難的地方，城堡被圍我們想不出跟城堡聯繫的方法，在這邊空等乾著急。頭目，那我們應該聯合好各個部落備戰，前進到鄭軍的外圍埋伏，當荷蘭軍從城堡殺出我們從外圍攻入，則鄭軍兩面受敵，必敗。嗯，是好方法，這是無法跟城堡聯繫的最後的方法了。可是現在有的部落袖手旁觀不當一回事，甚至說荷蘭人只顧著自己，以前也沒有對我們多好。頭目，這反而是最嚴重的事，如果我們自私自利，力量彼此分散是無法成事的，荷蘭人的作法我們已能了解。鄭成功呢？我們不知道啊！一群海盜能讓我們有多少期待呢？說不定比荷蘭人殘忍百倍呢。

　　嗯，利安，那你認為雙方多久會有大戰。頭目，一個月內，一個月內雙方必有大戰，因為戰船能裝運來的糧食也有限，越久糧食越少，城堡內又不生糧食。利安，我覺得巴達維亞（雅加達）不曉得大員的情況嚴重危急，只派來 11 艘戰船是不夠的，這樣的力量無法壓倒性的擊敗鄭軍，只是想讓鄭軍攻擊困難自動退去。是的頭目，如果巴達維亞有派出兩倍兵力，一半兵力在下淡水河（高屏溪）登陸，結合我們這一帶的力量，就可以反向包圍鄭軍，如果多運來足夠的彈藥武器供我們使用，鄭軍只能投降或退去，巴達維亞方面是嚴重失策啊。嗯，利安你說得對。頭目，現在來的兵力雖然少了點，但是如果有一半的兵力是在我們這一帶登陸，則先穩住南方，瑯嶠（恆春半島），大龜文（排灣），卑南都會加入陣營。北方的諸羅山（嘉義），虎尾壠（褒忠，虎尾），大肚王（白晝之王，中臺灣王）等，必會團結接應。而在我們這邊的荷蘭士兵，

不必擔心糧食飲水的問題。荷蘭船載士兵進入城堡形同被困，他們只有一次全力出擊的機會，而且要一次就大獲全勝，否則日子久了糧食飲水不足士氣會崩潰，崩潰的士氣如何作戰。利安說得是啊，太有道理了。利安，那以現在的情況有何辦法，連我們鄰近的部落有的也已信心動搖。頭目，請您指派我赴各部落請託。至於我們也還要每天派人到海岸觀看，有無新的支援艦隊或運糧船，如有新艦隊到來，我們要派出小船到海上與艦隊會合，請他們一半的兵力來我們這邊登陸，我不相信總督怎麼會只有派 11 艘戰船來。嗯，利安，我就照著你的辦法來做，但是如果只等來幾艘運糧船那怎麼辦。頭目，如果只是等來運糧船，那表示後面沒有新艦隊了，就只能看天意了，巴達維亞總督輕忽了大員的嚴重威脅。利安，我指派你全權代表我緊急去各部落聯繫，帶著我的權杖，同阿，加上 4 位戰士陪同你前往，務必達成各部落聯合作戰的任務，半個月內返回新遠（新園）。我會每天親自去海邊等待新艦隊，我需要你阿爸，安娜跟荷蘭教師做翻譯，我會備好小船當有新艦隊出現時，親自與荷蘭教師一同搭小船，至海上與艦隊會合，請求在此登陸如同你的計劃。利安，你立刻準備立即出發。

利安，我要你執權杖傳令，這段期間我們不在部落，如有鄭成功的前哨士兵來，立即擊殺，這樣後續兵力就不敢再來。我們分頭進行。利安跟同阿一同到各部落拜訪，了解現在各部落的態度，順利的說服各個部落再團結一起，各部落的頭目，長老們也都還記得利安，此行拜訪很順利。利安也得知還有少數的荷蘭人，甚至是荷蘭人的小孩受到各個部落保護著，他們也在等待情勢更明朗，好決定下一步該怎麼做。此行頗有收穫，每個部落頭目都讚佩利安的智慧，同阿也對利安刮目相看，但情勢讓利安不安。最後一天回程，利安問起同阿.：同阿叔叔，現在我們已了解各個部落對荷蘭人的態度，我想問叔叔對荷蘭人的看法。利安，基於私事我是痛恨荷蘭人

的，但以整個福爾摩沙來看，荷蘭人確實團結了我們，大家不再打打殺殺了，雖然我不信上帝，但我看你們信了上帝的人，都表現的溫和儒雅很會為別人著想，我內心是充滿矛盾。尤其是看到你對荷蘭人那麼友好，對任何人都可以那麼友好。這一切或許真的是上帝的安排，但是我還是無法原諒荷蘭人，而我現在也沒有報仇的想法了。同阿叔叔，能問你跟我阿母的事嗎，你們在拉美島時是一對情侶嗎。利安，我跟你阿母是一起長大的鄰居，也算是互有好感，如果再回到從前，如果荷蘭人沒有來拉美島，我們是會結婚的，就像你現在跟芸阿一樣。如果上帝是安排我的女兒跟她的兒子結婚，對我來說也是一種安慰。同阿叔叔，你們被荷蘭人抓上船來下淡水河（高屏溪）取水時跳船逃走，能說說當時的情況嗎？可以啊！事情都過二十幾年了，我永遠記得當時的所有事情，那是一輩子也無法忘記的事……。荷蘭士兵帶了新港（新市），蕭壠（佳里），放索仔（林邊）的戰士到拉美島捉人，殺人，放火燒屋，光是在祖先的大洞穴就燒死我們三百多人，美美就是躲在大洞穴內出來投降的一群人之一。我們男人分散躲在各處，想隨機攻擊敵人。

　　但我們沒有什麼武器，只有抓魚的魚叉，打飛鳥鳥的長竹棍，我們連箭都沒有。雖然我們人多但打不贏他們，他們一開槍我們就死一個人，我們第一次看到有那麼多帶槍的士兵，我們都非常害怕，只能逃只能躲，只能利用晚上出來找東西吃，把白天被殺死的人草草掩埋。躲了一段時間後我跟著一群人出來投降，心裡想著，荷蘭人已經殺死我們數百人了，他們心中的恨應該消除了吧，但是他們還是綁我們上船。只要表現出反抗就立即被開槍打死，我們除了害怕還是害怕，當時覺得我們比一隻豬還不如。船到了下淡水河（高屏溪）停靠取水，我見機會來了，先推兩位看守的荷蘭士兵落水，我們一群男人立刻跳下船，水不深我們都會游泳，大家分散著逃，有一些人再被抓回船上，有的被刺死有的被開槍打死。當時也

有幾個人成功逃走，卻被放索仔（林邊）人抓回去城堡領賞，也有的是被殺死領賞。我是最幸運的人，我跳下船時腳扭傷了，跑了一段距離跑不動了，混亂中我全身裹上爛泥巴，躲在長草叢中間，我的身體幾乎是埋在爛泥水裡，直到接近黃昏荷蘭船駛離，我卻爬不出爛泥坑，就這樣過了一夜直到隔天早晨。新遠（新園）人來為死去的人挖坑埋葬，頭目夫人發現了我救我回家，幸好新遠有很多家庭是拉美人的親戚，他們冒著被發現的風險掩護我，幾年後我跟頭目夫人的獨生女麻莉結婚，所以我說我是那一群逃走的人中最幸運的人。同阿叔叔，上次有聽說也有幾個成功逃往嘉祿堂（枋山，枋寮），也有幾個成功逃往瑯嶠（恆春半島）。是有，他們有十幾人成功逃走了，他們一直逃一直逃往南方而去，在放索仔（林邊）被殺死了幾個人，也有幾個人被抓住送回城堡領賞。幾年前有好消息傳來，說有幾個人成功逃到了嘉祿堂跟瑯嶠，找到遠親隱藏在親友那邊生活。哇！還好嘉祿堂跟瑯嶠都跟拉美友好，他們幾個也算是不幸中的幸運人。

是啊利安，命運之神戲弄我們拉美人，但沒有趕盡殺絕。荷蘭人第一次來攻擊拉美島時，因為突然刮起強風下起大雨來，他們的槍沒辦法擊發，又他們有一艘船撞到大岩石船破了被我們打敗了。我們知道荷蘭人會再來攻擊，因此有一些人搬走，搬到新遠（新園），東阿土港（東港），嘉祿堂（枋山，枋寮），瑯嶠（恆春半島），本來我也想離開拉美島避難，因為美美的家人還是要留在島上所以我也留下來。一切就如預料，兩年多後荷蘭人帶來大隊人馬攻擊拉美島，一上島就大開殺戒根本沒有談的空間，他們鐵了心要來毀滅拉美人，他們在放索仔（林邊）頭目帶領下，找到我們祖先的大洞穴，他們竟然狠下心來，將原本有三個出口的洞穴堵住兩個，在出口處堆放木柴放火，光是這樣就燒死三百多人，你阿母跟我懷了身孕的妹妹被救出抓去大員。你阿母也是這樣跟我永遠的分

離了。後來我出來投降，也是抱著希望，希望能再見到美美一面死也值得。命運捉弄我無緣再見到她一面，卻見到了她的兒子，跟她兒子說起痛心的往事。如今的希望是祈求上天，祈求你們的上帝，也祈求祖靈，能保佑我的女兒芸芸，和美美的兒子利安，兩個人的愛情順順利利長長久久。利安，我不能理解的是，索阿怎麼自願要去當荷蘭兵呢。同阿叔叔，索阿哥哥有遠大的志向，他主要是要進入城堡學習知識的，造船，槍枝，建築他都想學，他不會是殘暴的荷蘭兵，他想當合約期滿後回新港（新市）或蕭壠（佳里）貢獻所能給福爾摩沙人，只是沒想到現在被圍困在城堡內。喔！沒想到索阿志向如此遠大，那我誤會他了。同阿叔叔，他還有去雞籠（基隆）找金礦山呢，也去阿里山找到了造船的上好木材，他是行動派不是隨口說說而已。喔！這麼棒，你們兩個一文一武，真是福爾摩沙的福氣，福爾摩沙人的希望啊。只是我們福爾摩沙人，能像你們這樣有想法的人太少了，大部份的人都只是想每天安穩的過日子，不知道自己的責任。同阿叔叔，世界那麼大國家那麼多，他們的知識那麼進步，我們福爾摩沙最落後啊，落後人家數百年啊！只能從我們開始，一步一步的追趕，幾十年後幾百年後終會趕上他們。利安，這是重重困難困難重重。同阿叔叔，那我們就一代一代的學，一代一代的堅持。

同阿叔叔，謝謝你那麼信任我，我來到新遠（新園），開心的找到了我阿母一直想要找到的你，又更開心的認識了芸芸，愛上了芸芸，但因為鄭成功來侵略我們的關係，我的喜悅都被掩蓋了，我擔心著未來。就像當年荷蘭人去攻擊拉美島一樣，鄭成功來攻擊大員不知道又會帶來多少悲傷的故事，現在的西拉雅，悲傷的故事是一件又一件的發生。是啊利安，荷蘭人來，西班牙人也有一段期間在淡水跟雞籠（基隆）使壞，現在又引來海賊王鄭成功，以後不知道還要引誰來，我們福爾摩沙就像是一位漂亮又賢淑的少女，處處

引人注意遐想啊！我們福爾摩沙的男人，要拼命保護著她不能讓她被人欺負。同阿叔叔，我們回到新遠見頭目時，要把話說得完善一點，免得頭目失去對荷蘭人的信心，關於有部落頭目對荷蘭人的批評就先不要提。嗯，我同意，回覆頭目就由你來負責，頭目信任你，我表示贊同就好。同阿叔叔，你有想要再回去拉美島住嗎？我是時時刻刻都想著要去拉美島。同阿看著利安，沒有回應利安。兩人回到新遠立即去見頭目，利安見頭目一臉愁容，心知一定是沒有新的救援艦隊，利安說：報告頭目，我們帶回了消息有好有壞，情勢不一定是對荷蘭人不利。喔！利安我先跟你講一下壞消息，這十幾天我每天去海灘等，只等到兩艘從巴達維亞（雅加達）來的運糧船，並沒有等到新的作戰艦隊，這仗怎麼打得贏呢？頭目，有運糧船來總比都沒有船來好，運糧來城堡就能撐更久，鄭軍也缺糧時間會分出高下，鄭軍人多吃糧快，糧食少士兵叛逃的就多，勝敗還未知。喔！是有一點道理，可是我期待著荷蘭人派兵來新遠登陸會合，最大的希望落了個空，我現在對荷蘭人是失去了信心啊。頭目，萬萬不可因此而喪失信心啊！我們要有憑自己的力量也能打敗鄭軍的決心才可以。喔！這有可能嗎，這要犧牲多少戰士啊！我們沒有槍也沒有火藥。

　　報告頭目，眼前就有一個真實的好消息，鄭軍的一個軍團在二林被大肚王完全打敗，狼狽逃回赤崁。喔，這真是好消息，能說得更詳細一點嗎？跟頭目報告，事情是這樣的，鄭成功的一個軍團一千人，在虎尾壟（褒忠，虎尾）跟二林之間，被大肚王（中臺灣王，白晝之王）跟虎尾壟戰士夾殺，只剩下不到兩百人潰敗逃回赤崁，而逃回來的兩百人都沒穿衣服，全身赤裸裸的狼狽樣逃回赤崁，現在所有鄭成功的士兵都恐懼萬分，沒有人敢再去到諸羅山（嘉義）以北的地方。喔！這是天大的好消息啊，只要我們團結一致鄭軍也不是打不敗的，可還有其他好消息。頭目，我這次有得到

塔樓（里港，九如）阿緱（屏東市）大木連（萬丹北）麻里麻崙（萬丹南）的頭目應允，要團結對抗鄭軍，其他部落的頭目還在觀望，但他們也不至於倒向鄭成功。他們因為城堡被圍困過久，漸漸產生了其他想法，經過我詳細解釋他們願意再等等看。而原本就答應要跟我們共同作戰的力力（崁頂），東阿土港（東港），加藤（潮州，南州）則還是不變。利安，看來荷蘭軍需要一次勝仗來穩定民心，光躲在熱蘭遮城堡內民心漸失對戰事不利啊。頭目，還聽到了一些壞消息，新港（新市）麻豆等地的居民現在只能煮稀飯吃，長山農民工更慘，食物大都被鄭軍拿走了，他們非常抱怨後悔。哼！這些長山農民工吃裡扒外，不知感恩後悔有何用。頭目息怒，這可不是壞事，他們越抱怨越後悔就對荷蘭軍越有利。另外還有消息說，有一批荷蘭人去了阿里山躲藏，也有一批去了淡水。利安啊，這些荷蘭人躲起來有何用啊，應該出來參加戰鬥才是。頭目，現在鄭軍的士兵很多人逃回長山，在打狗（高雄）在魍港（東石）都有士兵搭船逃回長山。利安，這對我們來說是好事。頭目，鄭成功強迫有取荷蘭名的人都要改取漢名，不能再用荷蘭名。利安，看來如果鄭成功打贏，也會要我們取一個漢名，而你這荷蘭名必也不能再用了。是的頭目，看來鄭成功是想來強佔我們的土地的，不只是來搶劫那麼簡單。而他們也很奇怪，荷蘭人並沒有強迫我們要用荷蘭名荷蘭字，一切尊重我們自己的意願，還幫我們發明文字，鄭成功都還沒打敗荷蘭人呢，就急著做這奇怪的事。唉！利安啊，鄭成功會不會想改造我們，把我們也變成善於欺詐的長山人。頭目，還有一個壞消息，有一艘荷蘭船被強風吹走在蕭壠（佳里）擱淺，船上四十幾位士兵被鄭軍捉住，他們被押送去新港（新市），在鄭軍的脅迫下，新港人斬首了十幾個荷蘭人。

　　什麼！鄭成功那麼殘暴，斬首還要求新港（新市）人動手，這分明是要震懾新港人的做法，目的是要讓新港人順服。頭目，還

有更殘暴的事，鄭成功還把兩個荷蘭人釘成十字架，抬到新港頭目家前示眾，他們流血日曬三天後才死去。可惡的海賊，連這種事也做得出來，這更增加我對抗海賊的勇氣而已。頭目，從這些事可以看出，新港鄰近的部落尚未完全順服鄭成功，所以鄭成功才會這麼做，而這麼做也是要讓荷蘭人害怕，要讓荷蘭人投降的伎倆，用殘忍的手段加上甜言蜜語的欺騙，想要騙熱蘭遮城內的荷蘭軍上當。利安，這鄭成功如此殘暴，我們下淡水河（高屏溪）一帶絕不能落入他手，否則生死都在他手上，甚至死的方式還要由他來決定，我寧願戰死也不想讓他凌遲而死。是的，頭目有遠見。另外新港鄰近的部落頭目，現在已被鄭成功削去權利，由鄭成功指派的人接管，原頭目只能聽命行事，連意見也不能提出。利安，這些海賊頭腦還蠻精明的，先騙先滿口答應條件，一旦部落進駐鄭成功的士兵什麼承諾都不是了，那我的好友你的阿舅德哈利現在可苦了，日子一定過得很窩囊。頭目，我這次都沒打聽到他的消息，是生是死還是逃走了都不知道，只能祈禱上帝保佑。利安，別再祈禱上帝了，只求荷蘭軍能先取得一場勝仗，好鼓舞人心士氣。最後一件事跟頭目報告，大員附近單身的人都逃往山區去了，男的怕被抓去當兵，女的怕被當兵的抓去，人心惶惶苦不堪言啊。喔！為何只有單身的未婚的要逃，不全部都逃走嗎？頭目，已婚的，有小孩有老父母的都不敢逃走，只要沒有全家逃走，鄭成功放話會殺掉他們逃不走的家人，而也確實做了。利安，這可惡又可怕的海賊，會遭天譴不得好死。是啊頭目，現在的長山農民工都被壓榨到已經忍無可忍了。成年的居民都被脅迫當兵或當差，都已經失去自由。我慶幸有早一步逃離新港（新市），來到新遠（新園）受頭目您的保護。

突然間，有麻達來報：頭目，這是從新港（新市）送來的信，是新港頭目秘密派人輾轉傳到塔樓（里港），再由塔樓輾轉傳到麻里麻崙（萬丹南）來的。喔！利安，快幫我看看翻譯給我聽。是的

頭目，太好了！阿舅寫信來了。頭目，信是這樣說的：我敬重的盟
友新遠（新園）頭目塔瑪前輩，海盜王鄭成功來襲，荷蘭長官被困
在城堡內，新港處在最前線情況危急，這幫海盜在長山無惡不作，
來到大員亦是如此，數月前我一批親友鄰居，包含我女兒蜜阿，我
姊夫黃掛及他的女兒安娜，他的兒子利安，相約定要去新遠投靠閣
下，因情勢混亂上個月才得知消息，他們正安全的被您保護著，在
此表示萬分謝意，還盼我們團結合作將海賊消滅，恢復我們平靜的
生活。雖然鄭成功指派兩個人監視著我要我依命令行事，但我仍然
安好。巴達維亞（雅加達）的救援艦隊已到大員，鄭軍現在坐立不
安，不久應會有荷蘭軍大勝的好消息。請您放心，我仍然不能離開
新港（新市），我一旦離開新港必亂，請轉告黃掛或利安，請他們
保重，尤其是安娜跟荷蘭教師，萬萬不可被鄭軍發現，或被長山人
發現，他們兩人只要被鄭軍抓住會比死去還要痛苦，鄭軍殘暴無度
天理不容，必有報應。最後提醒您，千萬不可相信鄭成功的任何承
諾。再一次的感謝您的大恩大德，來日必報。叩首。小弟，德哈利
（黃利）。老弟啊，勇氣可嘉啊，你還活著就好，還敢偷偷寫信，
你放心，利安他們的安全由我負責，願上帝與你同在。聽完信的塔
瑪老頭目喃喃自語著。頭目，謝謝你這一段時間對我們的照顧。利
安，自己人不說這見外的話，你們就安心的在新遠待著，等待情勢
變化，就像你阿舅的來信，不久應會有荷蘭軍大勝的好消息。利安
心裡想著，沒想到阿舅也取了漢名，阿舅是百分之百的拉美人，拉
美名叫利阿，荷蘭人來他取了一個荷蘭名德哈利，現在他被迫叫黃
利。荷蘭人至少是看個人意願取荷蘭名，鄭成功那麼無禮，才來幾
個月，也還不知道能不能打敗荷蘭軍，就急著要別人取漢名漢姓。
這個賊啊！聰明的賊啊，頭目先取了漢名漢姓，再加上他的威嚇，
部落的居民也會跟著取漢名漢姓，他是想把善良的福爾摩沙人，都
改造成擅長說謊的長山人嗎，都改造成他能使喚的長山人嗎，這太
可怕了。

　　塔瑪老頭目心裡想著：有字真好，懂字真好，能傳遞訊息能教導下一代知識，有字懂字才能正確學習，才能一代一代的進步，過去都靠傳話靠傳承，一代教一代是落後別人了，難怪荷蘭人長山人都比我們有知識，利安跟安娜真棒，荷蘭字漢字新港字都會，他阿爸阿母真棒，把他們姊弟教得連荷蘭人也佩服，看來我這新遠（新園）也要加緊努力學習文字，要教成人人都會文字，過去我不太願意配合荷蘭人，不想把小孩送去學校送去教堂學習，是嚴重錯誤啊！等情勢穩定下來，我要要求新遠人都輪流上學校上教堂，我要以身示範，雖我七十歲了我也要學識字。如果芸阿能跟利安結婚，會是我新遠人的福氣，祈禱荷蘭軍打敗鄭成功，利安跟芸阿結婚留在新遠教導新遠人。

　　又過了十多天，這天天氣陰陰的，午飯後黃掛一家人坐在屋前，氣氛有些不安，救援艦隊都到快一個月了，熱蘭遮城堡方面都沒有什麼動靜，雙方只偶而互相砲擊試探實力，都不敢有大動作。利安啊，阿爸問你，救援艦隊都來一個月了，一半士兵也進入了城堡，可是雙方都沒有大動作，這氣氛怪怪的。是啊阿爸，荷蘭軍戰船還一直停在大員外海，就是在準備著適當時機要發動作戰，配合著城堡內的所有士兵殺出。我們鄰近的各個部落戰士也都準備好了，準備接應荷蘭軍追殺敗逃的鄭軍。現在是等到空氣像是停止了一樣。過幾天是滿月的大潮日，我猜測荷蘭戰船會利用滿潮日發動攻擊。喔！為何要利用滿潮日才發動攻擊。阿爸，因為大員港灣現在水位淺，荷蘭大戰船吃水太深無法靠近市鎮作戰，而鄭軍盤踞在大員市鎮跟赤崁一帶，在外海的荷蘭戰艦距離太遠無法砲擊，所以只能等待最大潮的時機進入大員港灣作戰。嗯，我聰明的兒子，近幾年因為大員內海港灣淤沙港灣變淺，有時後大船開不進來還要去澎湖分裝卸貨，荷蘭人才剛花了一大筆錢，從清水溪（三爺宮溪）挖了一條運河通到大員港灣要改善淤沙，不知道有改善了多少。

　　阿爸，上次索阿哥哥放假回來，有說起清水溪（三爺宮溪）引水來大員港灣，無法完全解決港灣不夠深的問題，荷蘭長官已計劃在打狗（高雄）灣另建城堡，要把貿易港口漸漸移往打狗（高雄）。但願新運河已經改善了大員港灣的淤沙問題。利安，如果大員港灣還是太淺，荷蘭大戰船開不進港灣那怎麼辦。阿爸，如果是這樣那就麻煩大了，會有可怕的後果，但願不要發生。我相信荷蘭人那麼有知識，他們會先測量港灣的水深的。利安，如果雙方的大戰是在幾天後的大潮日，你認為誰會獲勝。阿爸，一定是荷蘭軍獲勝，荷蘭軍船堅砲利海戰無人能敵，受不了鄭成功們的人也會趁機出擊。但是如果港灣還是太淺，那作戰將困難重重，大戰船如果擱淺在港灣，那可不是鬧著玩的。嗯，阿爸了解你的意思。安娜，我的乖女兒，阿爸有話要跟妳說。阿爸，你就直接說，別那麼神秘，這樣很嚇人，這段期間我已經每天擔心受怕著了。一向樂觀堅強的安娜濕了雙眼。我的乖女兒妳受苦了，現在情勢混沌，兩軍大戰在即我們要有所準備。阿爸，我雖是一個女人，但能幫上忙的什麼事我都願意做。安娜，妳只要準備好當荷蘭軍出擊失敗時，先逃到一個更安全的地方躲避，阿爸想了又想，只有先去卑南投靠卑南王，卑南王跟你索阿哥哥有幾天的相處緣份，而現在也有四十幾個荷蘭人被他好好的保護著，一旦荷蘭軍出擊失敗，現在躲藏在各個部落的荷蘭人會相繼集結去卑南（以台東市為中心），妳跟荷蘭教師也要跟著去才安全。阿爸，我不要去卑南，我怕。我一個拉美人為何要跟著荷蘭人逃，而且在新遠（新園）也很安全啊。安娜，一旦荷蘭軍出擊失敗會有兩個結果，一個是荷蘭軍投降，一個是又退回固守熱蘭遮城堡。一旦荷蘭軍投降，各個部落會很快就依附鄭成功，怕塔瑪老頭目也保護不了妳跟荷蘭教師，如果荷蘭軍是退回固守城堡，也對我們不利，荷蘭人將漸漸失去福爾摩沙人的信任，各個部落會陷入爭辯，新遠居民人心也會浮動，增加老頭目的困擾，但那時候會有一段還可以安全去卑南的時機，拖久了是走不成的。

　　阿爸，我不去卑南（以台東市為中心）除非我們全家一起去。安娜，我的乖女兒，阿爸快六十歲了，老頭子了，從漳州逃來大員，又從蕭壠（佳里）逃來新遠（新園），還要再逃去卑南嗎。我哪兒也不去，我就在新遠等，等到死去為止，我這輩子都不再逃了也不想逃了，死在新遠葬在新遠也安慰，我在漳州時的親人死的死逃的逃，我逃來大員好不容易有個幸福的家庭，現在也是病死的病死，能逃的逃走，上天是在詛咒我嗎？是在懲罰漳州人嗎？長山人是怎麼了！不自己好好的經營自己的土地，天天打打殺殺，四處搶佔別人的土地，現在還搶到大員來，來大員打敗荷蘭人後就天下太平了，就能反清復明了。大明好嗎？如果大明好，大明皇上英明，那阿爸為何要逃離漳州呢。妳跟利安都長大成年了，有自己的獨立世界等著你們，阿爸現在只想跟著你寬阿阿姨，把黃利（德哈利）的女兒黃蜜（蜜阿）養大，至死無憾。安娜哭紅雙眼淚流滿面說：阿爸，我真的不願意去卑南，我們不是要回去拉美島嗎？阿姊，我陪著妳暫時去卑南給卑南王保護，我也好想去見見英明睿智的卑南君主，跟他學習學習，索阿哥哥把卑南君主說得有如神人一般，我陪著妳去。如果荷蘭軍徹底失敗，被鄭成功完全消滅，我們再找機會回去拉美島也還不遲。是啦女兒，荷蘭教師人品很好，很有阿爸的緣，妳暫時去卑南而已，還有機會再回來團聚啊。阿爸，我如果去了卑南，從此再也沒有機會回家來，那怎麼辦？我的乖女兒，那不是壞事啊！只要妳能安全的生活著，去到哪都會有幸福。阿爸支持妳去巴達維亞（雅加達），去荷蘭去世界各地，能豐富妳此生的地方。阿爸年紀大了上帝何時召喚都不一定，阿爸慶幸有如此女兒，有如此兒子，人生值得了。要不是逃離漳州我早就死了，還能活到現在該謝天謝地，我感恩福爾摩沙人，感謝你阿母黛咪，我心中永遠的拉美公主。阿爸，荷蘭軍會贏，上帝會讓他贏，我們回不去拉美島，就再回去蚶西港，一家人又可以快樂的生活在一起。

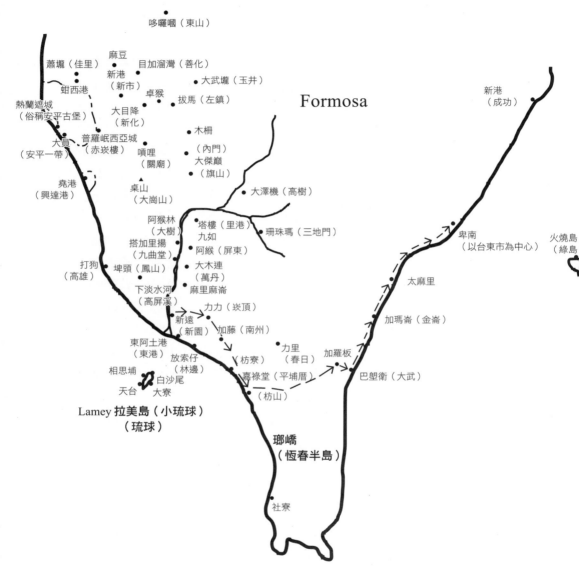

哆囉嘓（東山）

蕭壠（佳里）　麻豆　目加溜灣（善化）
　新港　　　　　大武壠（玉井）
蚶西港　（新市）卓猴　拔馬（左鎮）

熱蘭遮城　　　　大目降
（俗稱安平古堡）（新化）

大員　　普羅岷西亞城　　木柵
（安平一帶）　（赤崁樓）　　（內門）
　　　　　　噴哩　　　大傑巔
　　　　　　（關廟）　（旗山）

堯港　　　　　桌山　　　　大澤機（高樹）
（興達港）　（大崗山）

Formosa

新港（成功）

　　　　　阿猴林　塔樓（里港）
　　　　　（大樹）　九如　　珊珠瑪（三地門）
　　　搭加里揚　　阿緱（屏東）
　　　（九曲堂）
打狗　坤頭（鳳山）　大木連
（高雄）　　　　　（萬丹）
　　　下淡水河　麻里麻崙
　　　（高屏溪）
　　　　　　　力力（崁頂）
　　　　新遠　加藤（南州）
　　　　（新園）
東阿土港　　　　　　力里
（東港）　放索仔　枋寮　（春日）　加羅板
相思埔　　（林邊）　　　　　　巴塱衛（大武）
天台　白沙尾　嘉祿堂（平埔厝）
　　大寮　　　（枋山）

Lamey 拉美島（小琉球）
（琉球）

卑南（以台東市為中心）
火燒島（綠島）
太麻里
加瑪崙（金崙）

瑯嶠（恆春半島）

社寮

安娜、利安卑南行路線圖

14
荷蘭軍大敗

　　幾天後的滿潮日早晨，荷蘭大戰船駛入大員海灣砲擊大員市鎮，熱蘭遮城堡內所有人員配槍準備適時出擊，福爾摩沙原住民族戰士也已等待數日，想一舉打敗鄭成功。……荷蘭軍大敗的消息立即傳遍福爾摩沙……。塔瑪老頭目帶著芸阿來到利安家，芸阿大聲叫著：利安，利安。頭目好，芸芸，什麼事那麼急。利安啊，現在荷蘭軍大敗，戰船沉沒數艘，荷蘭軍死亡百餘人，我們連配合出擊的機會都沒有，荷蘭人又躲回熱蘭遮城堡了，很多躲藏在各地部落的荷蘭人，現在被居民捉住，想要送去赤崁給鄭成功邀功。報告頭目，千萬不可捉荷蘭人去獻給海盜邀功，荷蘭軍雖敗但固守城堡，鄭軍一時之間也無可奈何，荷蘭損失四艘大戰船，也還有十幾艘大戰船。今天他們太早發動攻擊，一開始漲潮就開船入海灣砲擊，沒有等到近中午滿潮才出擊，以致於大戰船紛紛擱淺動彈不了，被鄭軍的小船圍攻，這次荷蘭人沒有測量好海灣的深度，是一時失察而已，荷蘭軍大戰船仍然停在大員外海，此戰鄭軍既然戰勝，為何不

敢出外海乘勝追擊，這表示鄭軍仍然害怕荷蘭軍的實力，鄭軍沒有必勝的信心。如今各個部落都捉荷蘭人去依附海賊，那消息傳到城堡內，荷蘭軍的士氣會立即瓦解，如荷蘭軍投降，到時候我們將自己直接面對海賊，這不是頭目希望的吧？！對啦，阿公，利安說得很有道理，我們反而要立即阻止各個部落捉荷蘭人，那海賊只是一時幸運而已，荷蘭軍經過此次經驗，下次再出擊必會精心策劃，這次小失敗沒什麼影響啦。憨孫女，妳知道這次荷蘭軍是慘敗嗎，鄭軍幾乎沒有損失啊，現在已經有長老跟我要求先捉住荷蘭人，要我以新遠（新園）人為重，居民們議論紛紛把過去對荷蘭人的不愉快對待，都講得非常誇大啊，可見他們心中也是害怕了起來，已失去對荷蘭人的信心。頭目，阿公，這樣吧！我請求您讓我跟著安娜還有荷蘭教師去卑南，暫時去加入在卑南的荷蘭人隊伍，另外也請您盡速阻止各個部落抓捕荷蘭人。哈！利安，你是叫我阿公吧！好，好阿公都答應你，照著你的意見辦，阿公指派 4 位戰士跟隨著你們去卑南，但阿公有一個條件。

你們安全到達卑南後，你要盡快回來新遠（新園），你阿爸就留在新遠等你回來。那你們快準備好快去快回，有二十幾個荷蘭人的隊伍，已快要走到加藤（潮州，南州），你們明日去加藤應該會遇到他們，人數越多越過大山才越安全，他們也是要去卑南，荷蘭人聽到荷蘭軍大敗自己都失去了信心，想跑去卑南躲藏，不能怪福爾摩沙人也對他們失去信心啊。但是以後如果鄭成功被打敗了，我們新遠還會是荷蘭人的堅強盟友。芸阿睜大眼睛看著利安，利安連忙點頭保證。安娜一直哭著不停，幸好有弟弟要陪著她前往卑南，安娜無助又無力腦筋一片空白。荷蘭教師頻頻安慰著她，也向黃掛保證他會拼死保護著安娜。寬阿阿姨也說話了：安娜，妳放心，我會照顧好你阿爸的生活起居，放心去吧！就像我放心跟著你阿爸來新遠，你吉人天相得道多助，把眼淚擦乾。安娜聽完哭得更是大

聲。隔天，眾人依依不捨的來送別，黃掛把畢生積蓄分成兩半，一半給利安帶著運用，一半給了安娜。臨行時安娜分別跟她阿爸，寬阿阿姨，芸啊擁抱道別，也抱了抱蜜阿，蜜阿小小年紀卻跟安娜說：姊姊，我從新港（新市）逃來新遠，跟我阿爸阿母弟弟暫時分開，我也不怕，妳不要怕，要像一個勇敢的拉美人。好，小蜜，姊姊不怕，我聽小蜜的話，是一個勇敢的拉美人，既使是去到世界的盡頭也不怕。芸阿原想陪著走一段路，被她阿母麻莉拉住，在四名戰士的陪同下，一行七人目標往加藤（南至，潮州）而去。一行人越過溪先來到鄰近的力力（崁頂）部落，力力頭目帶了十幾個戰士把他們團團圍住。南阿頭目，我是茉利安，上次還來拜訪您，我們沒有什麼惡意只是路過此地。利安我認得你，也認得這四位新遠的戰士，但是這兩位荷蘭人來此是何目的。南阿頭目，這位是正直的荷蘭教師，而這位是我的親姊姊，安娜她不是荷蘭人，她是道地的福爾摩沙人。喔！那你們往加藤（南州）的方向走去是要去哪裡？頭目，我們是想護送這位正直的荷蘭教師，去卑南跟他的兄弟會合。

我們會再返回新遠（新園），因為要翻山越嶺所以才會這麼多人。利安，現在荷蘭軍戰敗，你姊姊跟著你們外出是非常危險的事。報告頭目，我姊姊隨同是要當翻譯的，她在學校跟教堂當助手，懂多種語言。安娜見狀，立即用瑪卡道語搶著回答：頭目您好，我是道地的瑪卡道人，我的阿母也是，是因為我有祖先是皮膚白皙的阿密，我才會有一點點像荷蘭人。喔！安娜小姐，妳瑪卡道語說得如此流利證明妳不是荷蘭人，可是我看妳一半像荷蘭人。哈！頭目誤會了！所有不認識的人都會誤會呢。哇！妳真是漂亮又會說話的女人，我們瑪卡道第一次有如此漂亮又端莊的女人。頭目過獎了！頭目過獎了。看來這位正直的荷蘭教師是妳非常要好的朋友，他能讓新遠老頭目派出這麼多人陪同，必是人品優秀的好荷蘭人。是啊頭目，他在學校可是出了名的有愛心，教導無數的小朋友，是

大家的模範，而我只是當翻譯拿錢辦事，我們只是很普通的朋友，人家教師在荷蘭已有家室。喔！那你們快趕去加藤（南州），有一群荷蘭人在加藤集結要去卑南，要跟幾個月前去卑南的荷蘭人會合。利安，你要保護好你姊姊，我等你們回程好好的跟你們聚聚。一行人又匆匆的趕到加藤，到了加藤已近黃昏，很幸運的，加藤頭目帶著兩位帶槍的荷蘭士兵前來迎接，一時之間大家都鬆了一口氣。早上還擔心受怕著，傍晚見到了兩位荷蘭士兵，暫時拋開了煩憂。利安，安娜，都跟荷蘭士兵聊了起來，原來他們是駐守在大木連（萬丹北）的士兵，昨天才到加藤的，而他們在加藤（南州）也是在等待其他荷蘭人，打算等個兩三天就出發去卑南，加藤頭目還是如以往一樣忠實信賴可靠，現在在加藤集結的二十幾個荷蘭人當中，有的從大澤機（高樹），有的從武洛（里港東），有的從阿緱（屏東市），有的從塔樓（里港，九如）而來。現在你們從新遠（新園）而來，那大概再等一天就可以出發去卑南了。現在這隊伍有荷蘭士兵，牧師，教師，自由市民，也有幾個荷蘭人的小孩。雖然遠離赤崁感受不到戰爭的威脅，但是荷蘭軍戰敗的消息，讓每一個人心裡都很難過，想去卑南也是因為城堡方面有傳出消息說，要荷蘭人不要回去城堡，那裡現在太危險了。

數個月前政務員帶領四十幾位荷蘭人去卑南，他們是做了最壞的打算，萬一大員那邊全軍覆沒，他們還有可能被載去日本或是巴達維亞（雅加達）。在加藤（南州）集結的每個人都說著他們的故事，安娜不言不語的靜靜的聽他們在談論。終於安娜說了：利安，讓這四位戰士回去新遠（新園）吧，他們快回到新遠就快告訴阿爸好消息，他們才能安心，芸阿也才能安心啊。阿姊，那就我們出發要離開加藤的那一天，就讓他們回去新遠。利安，你也跟著回去吧！現在有一大群荷蘭人，我不怕了，我要學習小蜜做一個勇敢的拉美人，不再害怕，無論遇到什麼事都不再害怕，我就把命運完

全交給上帝去安排。阿姊，你不害怕但我很害怕，我還是會陪著妳去到卑南，也會跟你暫時留在卑南等消息，希望等待荷蘭軍戰勝能再陪著妳走回新遠。妳自己一個人去卑南我是不放心的，我一離開妳就失去安全感了，我們從小就在一起，現在還不是分開的時候，現在那個能讓妳心動，能唱拉美情歌感動妳的人，還沒有出現呢。哈！別學阿爸那麼會講話，好聽是好聽，有時感受不實在。阿姊，說實在話，妳 23 歲了，福爾摩沙的女人再怎麼醜的，23 歲也都結婚了，何況我這美若天仙的姊姊。哈！又學阿爸說話了，阿姊是拉美人啊！不必跟福爾摩沙人一樣，你看荷蘭人也都很晚結婚啊。聽牧師說有的女生當了修女，一輩子也不結婚，全心全意的將人生奉獻給上帝，這樣也不錯。信奉上帝教導子民，不要打打殺殺大家和平相處，做個有愛心的人，對任何人都有全心全意的愛。阿姊，我還是覺得妳是在等一個人，而那個人不是上帝。哈哈！那你覺得阿姊是在等誰。哈哈，那我猜猜看，妳有心事時都會緊握著索阿哥哥送你的，他親自雕刻的小白兔木偶。啊！才不是呢，他只是索阿哥哥啊。阿姊，同阿叔叔說他跟他妹妹只是阿母的鄰居時，我有注意到妳開心的表情。哈！連這個你也注意到了，也看到知道了。我這聰明的弟弟啊，是不是你也知道了什麼其他的事。姊姊，我們都是阿母所生，就都是拉美人，就是一輩子的姊弟。

弟弟，我被你講得好想念阿母喔！我也好擔心被圍困著的索阿哥哥，荷蘭軍戰敗他是生是死不知道，我好擔心喔。阿姊，索阿哥哥很平安啦，他躲在城堡內還來不及配合出擊，荷蘭戰艦就已經戰敗，他又不是海戰的士兵，所以保證他現在是平安無事。嗯，弟弟說得有理，索阿哥哥會平安無事的。阿姊，你有想過如果妳去巴達維亞（雅加達）嗎，跟著荷蘭人一起去巴達維亞。啊！怎麼會有這種事，我不去，我一個拉美人，要逃也只去拉美島，至少是住在福爾摩沙。喔！那如果索阿哥哥也跟著妳一起去巴達維亞或荷蘭呢。

利安，那就更不可能了，不可能會有這種事的。阿姊，這很難說，
上帝要怎麼安排是不會讓我們先知道的。好啦，說說你自己吧，姊
姊看得出來芸阿對你的情意，是每個人都看得出來的。哈！我都在
大家的面前叫老頭目阿公了，我承認我們相愛著，我還吻了她好幾
次呢。哈哈！你什麼都行，連這點也比姊姊厲害好幾倍，對我表示
愛意的男人一大堆，可是我很少去想男女之間的事，可能是受阿母
影響，浪漫的拉美情歌影響著我。姊姊，你心地善良又充滿愛心，
那個唱拉美情歌的男人會出現的。芸阿更好，人見人愛活潑可愛，
跟你是絕配，你要好好的唱拉美情歌給她聽。哈！哈哈，都唱好幾
遍了，她會唱也會合，不然怎麼接吻啦。喔！那麼厲害，原來你
們去海灘等看荷蘭船是假，主要是去談情說愛的，你們好幸福喔！
姊姊好羨慕你們喔。姊姊，以後我不是住在新遠（新園），就是住
在拉美島，時局紛亂，如果我們失散了，記得我是住在新遠或是拉
美島。利安，怎麼講得好像我們現在就要分開那樣，這太悲觀了。
我們即使都結了婚，也會住在附近不遠還是可以常常見面的，上帝
會這樣安排的。嗯，一言為定，祈禱上帝就是這樣安排。利安，姊
姊有一事不明白，福爾摩沙以後會有那麼危險嗎？你跟阿爸都一直
要我去卑南，是想撮合我跟荷蘭教師吧，狠下心來要我離開福爾摩
沙。哈！福爾摩沙以後是會危險，但我不敢撮合你跟荷蘭教師。阿
姊，如果荷蘭軍再一次戰敗，那教師跟你會離不開新遠（新園）。
利安，那我就留在新遠啊。阿姊，荷蘭軍如果突然投降，那我們下
淡水一帶就變成第一線，鄭軍會南下到打狗（高雄），我們的防線
就是下淡水河（高屏溪）了。

　　到那時，如果各個部落不團結對抗，那情勢會立即惡化，我
們的命運會操之在鄭軍手中，如果團結對抗，那就又是另外一場戰
爭，是要跟鄭軍拼殺的。姊姊能早日到達卑南，是最好最安心的
選擇。你都聽到現在赤崁一帶女人的命運了吧！鄭軍一萬男士兵，

都是海盜出身，姊姊跟著荷蘭人到卑南，會是最讓人安心的事。阿舅來信也特別提起你，他最擔心你的安危，海盜們是不會相信你是福爾摩沙人的，難道我們能裝傻不當一回事嗎。利安，你是說海賊們會捉我去強姦嗎？那我立即自殺，這群無恥之徒，強盜。阿姊，別擔心，我們到卑南就更安全了，我們就別再想其他的事，先平安到達卑南再說，我會保護著你，我也看到了每個荷蘭人都想當你的護花使者，所以我們這旅程是很安全的。嗯，十個荷蘭人也抵不過你一個人，只要你在我身邊我什麼都安心。姊姊，我們這逃難隊伍也有幾個荷蘭女士跟小孩，你要跟他們保持親近親切，她們現在最需要人安慰，這事就麻煩妳了。嗯，我會的，你沒看到小孩子都喜歡找我，我會細心的與他們相處。經過一天的等待後再也沒有荷蘭人到加藤（南州）會合，大家決定出發去卑南。利安，安娜，跟四位護送的戰士道謝道別，近午一行人來到了放索仔（林邊）部落旁邊，放索仔長老帶來幾個隨從出來迎接，但似乎不像以前那麼熱絡，也不見放索仔頭目的人影，說是去海邊撿漂流木去了。這放索仔是這一帶最早跟荷蘭人結盟的，現在態度轉變的可快了，以前荷蘭人勢力大時他是神氣的頭目，現在荷蘭人有難他去撿漂流木，還好也還不至於阻撓，一行人決定繼續趕路去嘉祿堂（枋寮，枋山）。嘉祿堂是要轉往力里（春日境內）山區的必經之路，越過大山的山路就在嘉祿堂與力里的交界處，從力里溪上溯到山上，再走明顯的山路翻過力里山跟層層的小山頭，就可以到達加羅板部落，再從加羅板（大武境內）走到海邊，就到達巴塱衛（大武），再沿著海岸往北走會經過幾個小部落，及一個叫太麻里的大部落，在繼續往北走就到達卑南了，卑南王就住在卑南（台東市）。一行人趕著路天黑之前要走到嘉祿堂，急著趕路一路上幾乎都沒有談話。兩位荷蘭士兵倒是異常警戒。

　　原來他們是越來越靠近力里人的勢力範圍，幾個月前蕭壠（佳里），麻豆，少許的新港（新市），目加溜灣（善化，安定）戰士，

才來這裡找他們打架。利安心裡想著,跑那麼遠來做這麼無意義的事,殺人跟被殺都很不值得啊。大家就同住在這福爾摩沙島上,只因為力里人反悔跟荷蘭人結盟,力里人跟放索仔(林邊)衝突殺了幾個人。唉!這些古老的傳統,用殺人來表現勇氣的事,是該有個方法來解除這個不良習俗。雙方戰鬥燒屋燒糧,只是彼此損耗增加仇恨而已。而放索仔過分誇大力里人的惡劣,不知檢討自己侵入力里人的領地狩獵,仗著自己較早跟荷蘭人結盟,又引領荷蘭人攻擊拉美島有功,一有小事誇大求援,造成不符比例的報復,這樣冤冤相報,難怪福爾摩沙會被荷蘭人侵略,現在又引來了鄭成功的侵略。安娜被眼前的美景嚇呆了⋯⋯哇!這裡好美啊!左邊是青翠的山巒,右側是湛藍的大海,外海上拉美島清晰可見,而平地上竟然偶而有小鹿被驚嚇竄出,母鹿呢?是被獵人獵殺了吧!海灘上整排的椰子樹迎風搖曳,如果海沙也是純白色的,那就跟阿母住的拉美島一樣美了啊。能住在這美景中的人好幸福,為何要打打殺殺誰也不服誰,大家互相往來共享領地就好了啊。他們是不知道有上帝的嗎?這裡是極需要上帝的愛的地方,如果我回不去拉美島,能住在這裡生活也是幸福,還可以天天看著拉美島。一行人繼續疾走,接近傍晚被落日晚霞的美景給震懾住,紛紛停下腳步往拉美島方向望去。哇!太美了,眾人讚嘆著,落日就在拉美島的上方,金色的海面閃閃發亮,襯托著神秘的拉美島,一幅畫也畫不出來的美景,難怪拉美島會是阿母口中的金銀島,人間天堂。正當大家駐足觀賞渾然忘我,嘉祿堂頭目問阿,帶領數十戰士前來相迎。還好有利安跟安娜當翻譯,一群荷蘭人都聽不懂他們的語言,原來他們說了兩種語言,一種是瑪卡道語加拉美語,一種不知道是何種語言,利安跟安娜也聽不懂,應該是瑯嶠(恆春半島)那邊的語言吧。

　　問阿頭目知道荷蘭軍戰敗的消息，但他表現出對荷蘭人極為友善，他也願意共同對抗海賊，既使是荷蘭人敗逃，他也絕對不會出賣盟友，他們會盡全力保護荷蘭人跟荷蘭人的朋友。問阿頭目帶著一行人進入部落。行進中利安問起問阿頭目。我叫利安，請問頭目，你們跟力里人和解了嗎？利安，我們跟力里人和好了，我們一向是打鬥一次和解一陣子。頭目，那能永遠和解和好嗎？利安，只要他們不再出來鬧事，我們是不會主動去攻擊他們的。這次麻豆跟蕭壠（佳里）的戰士來，燒了他們大半的房子，後來力里頭目有來跟我們跟放索仔（林邊）談和了，也有說他們願意再跟荷蘭人結盟，也願意跟我們結盟，過去的就都讓它隨風飄散，以後都是好朋友。我當然答應他啊！但我還是要提防著，所以才帶領這麼多的戰士來迎接你們，就是要預防萬一啊。頭目，我們一路而來也沒有見到一個力里人啊，可見他們信守承諾，你們以後就跟他們和平相處吧。就像你們跟瑯嶠人和平相處一樣。哈！利安，你懂得可真多，我們是跟瑯嶠人和平相處，瑯嶠也有人搬來嘉祿堂（枋山，枋寮）住，嘉祿堂再往南走就是瑯嶠了，有 18 個部落，是瑯嶠君主在管理，他們是文明的國度，講信守義一諾千金啊。頭目，我在新港（新市）時已有耳聞瑯嶠君主的威名，也知道瑯嶠公主曾代表他的父親去赤崁開地方會議。當年可是造成大員附近的居民大轟動啊！連荷蘭人都感佩不已，每一個人都被瑯嶠公主的風采迷倒。哈！哈哈！這是自然，利安啊，當時公主帶領數十隨從經過嘉祿堂，還是我親自接待的，去程回程各招待一次，至今還覺得有無限光榮。利安，換頭目問你，你一個新港人應該是說西拉雅語，為何你精通瑪卡道語還說得一口拉美口音。跟頭目報告，不敢隱瞞頭目，我阿母正是拉美人，是當年被捉去大員的拉美人，剛開始被分配住在新港頭目家，後來他又搬去住在蕭壠生下我和我姊姊。我和我姊姊安娜又跟著荷蘭政務員，牧師，去住在新港當他們的助手。直到這次海盜來襲又輾轉來到了您這裡。

哇！利安，這真是緣份啊！也是天意啊！我的阿嬤也是來自拉美島是拉美人，而我的阿母是排灣族人，我的阿爸是瑪卡道人。你知道當年荷蘭人攻擊拉美島後，當荷蘭人離開的空檔，有很多拉美人划竹筏逃來嘉祿堂（枋山，枋寮）嗎。頭目，我有聽說過有拉美人來這裡生活，但不知道有多少人。利安，自古以來我們就跟拉美島有往來。因為誤會荷蘭人無情的攻擊拉美島，荷蘭人離去的空檔，我們還派小船去救人呢。當時拉美島火光沖天，房子都被燒了，他們只能躲入各地的洞穴中，我們趁黑夜冒險上島救人，島上人群四散極度恐慌，一有聲音人人四處奔逃，甚至跳下懸崖跳入海中，拉美人嚇壞了也嚇傻了，見到人有如見到魔鬼一般。唉！荷蘭人像是著了魔一樣，連續數年上島捉人，最後還派兵駐守持續捉拉美人，從第一次攻擊到捉光拉美人，前後花了好幾年的時間，真的狠心把拉美島清空。現在連拉美人也都原諒了荷蘭人，所以嘉

拉美人為逃避荷蘭人追趕被迫跳下的懸崖之一。

拉美人為逃避荷蘭人追趕被迫跳下的懸崖之二。

祿堂（枋山，枋寮）也於
前幾年跟荷蘭人結盟，就
像力里頭目說的，過往的
事就都讓它隨風飄散無影
無蹤，以後都是好盟友。
你們如果多住幾天，就知
道嘉祿堂有住多少拉美人
了，連瑯嶠（恆春半島）
也住了很多拉美人，我也
算是拉美人啊。就像在嘉
祿堂，我們都不分彼此親
密的結合再一起，不管是
排灣，是瑪卡道，是拉
美，是瑯嶠，如果還有阿
密斯，卑南那多好啊，西
拉雅，荷蘭人，長山人，
只要來我嘉祿堂，全都歡

拉美人為逃避荷蘭人追趕被迫跳下的懸崖之三。

迎，全是我的朋友那多好啊。頭目心胸寬闊無人能及，這確實是
處世之道，利安受教了，也感謝嘉祿堂人出手相助拉美人。利安，
你身邊這位大美女就是你姊姊安娜吧。頭目是的，我叫安娜，我是
道地的拉美人，我的祖先有阿密人我只是巧合的遺傳了皮膚白皙的
阿密。喔！這我不太能理解，但是我百分之百相信妳所言，你們就
趁這一兩天，多多問問住在嘉祿堂的拉美人，說不定會有你們的親
人或朋友呢。頭目，這真是太好了，這是我這陣子最感動的時刻，
我都忘了我是在逃難，像是在做夢一樣，在絕望中又見到了一道光
芒，感覺是上帝要來救我們。

　　隔日一大早，一行人又急著出發趕路往山區走去，問阿頭目帶領著數十戰士陪著他們走，還派人抬了一些食物跟飲用水，堅持要陪他們走到入山口，到了入山口見情況一切良好雙方才道別。利安，安娜，你們一路小心，山區人煙稀少能越早走出山區越好，此山不高而且路徑明顯，現在的季節也不容易下雨，路上還能聽聽鳥兒唱歌，景色宜人，沿途有乾淨的小溪當飲用水，也有一大段路是走在樹蔭下，路雖遠但不勞累，如能靜下心來，沿路欣賞各種小動物小鳥，看看美景，不但不累心情還會更愉快呢。頭目，真心感謝您的熱情招待，沒能久留多多與您相處多多了解嘉祿堂（枋山，枋寮），我們會有再相見的一天的。耶！利安，我們都是拉美人就別說這些客套話。還是要叮嚀你們，如果天黑之前無法走出山區，你們也不必害怕，只要找一個擋風處，圍成一圈背對著背坐下來休息，不可以夜間趕路，因為稍微不慎容易發生危險，夜裡如果有聽到怪聲音也不必害怕，那些聲音不是惡魔在叫，也不是什麼危險的野獸。小山羌的聲音就像小狗在叫，但聲音更大聲。貓頭鷹會誤～誤～誤叫的大聲響，聲音都很大聲聽起來很恐怖，但是牠們都是可愛的小動物，是叫著在歡迎你們而已，你們不要出聲不要害怕，安心的休息等待天亮。天亮後再走一段路即可到達加羅板（大武境內），到了加羅板你們就安全了，他們都是熱情友善的好人，只要收起武器面露微笑表現友好。也麻煩你們代替我向卑南王問好，我與他有數面之緣，他上次來赤崁參加地方會議，我還特別邀請他在嘉祿堂參觀接受我的招待，他跟他父親一樣，是不得了的少年君主，跟瑯嶠王，大龜文王一樣，都是我敬重的人。頭目，您這嘉祿堂真好，南來北往東進西出，都要經過您的領地，可以認識各方英雄豪傑，連拉美島也在眼前，嘉祿堂有您領導真是福氣。哈！哈哈！利安，等你見到了卑南君主，你才能體會什麼是福氣。快上路吧！回程到嘉祿堂來，讓你見識見識我們嘉祿堂人的熱情，後會有期。一行人排成一列走上山去，一開始就遇到上坡的小路，婉轉

而上迂迴前進，雖然是在樹蔭下行走，但靜悄悄的無風無息有些悶
熱，對幾個小朋友來說有點吃力。一位士兵走在前頭，利安跟安娜
緊跟在後，最後面是牧師跟另一位士兵。沿路不時有小鳥唱著歌。

　　還有隨時隨地會竄出的小松鼠，一路上也有翩翩飛舞的蝴蝶，
樹梢上偶而也有猴子跳躍，小朋友們驚呼連連，大人們也看得開
心，都忘了他們是在逃難的人。安娜看著這一切想著，這一帶的風
景都是那麼的漂亮，這個季節伯勞鳥特別多，聽問阿頭目說也特別
肥特別好吃，他們也跟拉美人，瑯嶠人一樣，都有放鳥兒踏在捕
捉伯勞鳥，可能是伯勞鳥太多了，嘎嘎嘎嘎的叫不停很討人厭吧！
所以捉來烤著吃，是希望伯勞鳥別再吵了。所以拉美情歌拒絕接受
愛情的那一句話，才會是……你會是那嘎嘎嘎叫的伯勞鳥啊！飛
過來又飛過去。拉美人好浪漫喔，我能當一位拉美人我好幸福喔。
但我看這可愛的伯勞鳥好可憐，我向上帝發誓我絕不吃伯勞鳥。一
行人依序前行來到一處高台，往山下望去能看到大海，也能看見遠
方海上的拉美島，所以現在是還沒有翻過山頭，翻過山頭看到的是
另外一邊的大海了。眾人休息後又出發前行，幾個小朋友開始走不
動了，但也不哭不鬧繼續跟著前進，大家放慢腳步仍勇往直前，走
過一段略為平坦的小路後，接著又是上坡路段，隨著時間的流逝，
也不知爬過多少小山坡，繞過幾次彎道了。眾人從有說有笑到氣喘
吁吁，現在只能一心往前走沒心情看風景了。終於爬上了最高的山
頂。哇！大家一陣歡呼。我們應該走一半路了，看到前方遠處湛藍
的海水，確定是走到山頂了，再往下走就會到加羅板。利安找了一
下山腳下指著說：大家看山腳下的小村落，而海岸邊還有一個大部
落，那就是我們下一個目的地，雖然還很遠房子看起來很小。眾人
精神一振，但實在疲累，又已經是下午時分，這天黑之前是走不出
山區的，大家決定休息片刻，欣賞美景也補充體力，好能在天黑之
前再走一段路。安娜又看著眼前的美景心生感嘆！福爾摩沙人真是

幸福啊！巴塱衛（大武）人真是幸福啊！就住在美麗的畫中呢。如果福爾摩沙人都是和平的共處著，那整個福爾摩沙就是天堂了啊！就是一個大的金銀島了啊。坐在高處往下望，才明白人世間的爭執是多麼的幼稚也多麼的無聊。原來人生也是如此，處事也是如此，要從高處往下看。

　　從高處往下看，一切都是和平的一切都是美麗的，也不必計較什麼紛爭了。利安看著眼前的美景也心有所感，原來從天上看人間就是這樣了，人與人的鬥爭真的是多餘的，不在高位看不到遠處也看不清楚方向，更不知道該走那條路才是正確。而在高處更能體會平靜的氣氛，祥和的真諦。也才能處處是美麗的風景。荷蘭人都稱讚福爾摩沙人，是最真誠正直又善良的一群人，在這美麗的風景中住久了，當然都會是正直又善良啊。卑南王會不會是常在這高處觀看思考養性的人，才培養出來無比智慧的啊。高度夠看到的處處是美景，高度不夠無法看見真正的問題，是高度在決定視野啊。我能走這一段路真是收穫滿滿，難怪我阿爸教我，讀萬卷書不如行萬里路，原來是要我多多親身體驗，四處觀察學習，這樣才能活用書中的知識，真是奇妙啊。利安看得忘我，牧師催促大家再往前行，一行人又走了一大段下坡路段，山路彎來彎去，路邊的樹木也明顯跟山另外一邊的不同，連鳥也有些不一樣，山頂的天空上不時有老鷹盤旋，甚至數十隻老鷹一起盤旋，老鷹的叫聲……嘎……嘎……叫一長聲，還一搭一唱回應呢。聲音宏亮迴盪山間，每個人都不自主的抬頭仰望。這一帶老鷹真多。眾人疲累不堪也近黃昏，剛好路旁大樹下有一平坦的空地。應該是常有人在此停留休息的關係，地面乾淨也不長草。牧師要幾個人找來些乾草乾木材，立即拿出火柴點了火，燒這一堆木材取暖並照亮昏暗的山間，大家心情也跟著平靜下來，完全不感覺到害怕。每個人都吃著問阿頭目準備的熟芋頭熟蕃薯，配上烤熟的鹿肉乾，還有一些是拉美人做法的魚乾。哇！

真是美味，大家都餓了，一口芋頭一口蕃薯，一口鹿肉乾一口魚乾，勝過任何山珍海味。一口香一口甜，一口山珍一口海味，雖沒有酒喝，但配上一口開水竟比配上美酒還順口。在這暗夜的深山中竟能有此享受，也算是難得的美好經驗。安娜看著熊熊火光吃著拉美做法的魚乾，想起黛咪阿母，想像著阿母黛咪在拉美島時，吃著魚乾的幸福日子。

阿嬤一定會做這種魚乾給阿母吃，可惜我不會做，等我再去嘉祿堂（枋山，枋寮）我也要學著做這麼好吃的魚乾。一點點鹹一點點甜又一點點辣，加上椰奶的香氣，越嚼越香，都想在口中多嚼幾下才捨得吞下肚，這太好吃了。怎麼阿母沒做這種魚乾給我們吃。利安一邊吃蕃薯一邊想著，這荷蘭人太厲害了，火柴一點就有火，紅毛土加沙加水攪一攪就變成硬梆梆的石頭，拿來蓋城堡蓋房子堅固異常，槍，砲更是不用說，寫字的紙也不知道是怎麼

曾經的「番仔厝」：現在仍存在於琉球島上的指標牌。

造出來的，衣服也都特別細緻華麗，腳也穿上鞋子，他們在用的東西我們根本沒看過也沒想過，福爾摩沙人何時才能趕上他們啊！福爾摩沙人要學的可還多著呢。利安不知不覺的吃完蕃薯，換吃起

芋頭來，心裡納悶的想著，鄭成功一個長山人能比荷蘭人厲害嗎？
在赤崁的長山人最奇怪了，老愛說別人是番，東番，生番，熟番，
紅毛番，蕭壠部落說是番仔寮，荷蘭人的火柴是番仔火，那拔阿是
番石榴。只要他們不了解的就叫番，是自己心中有番看什麼就都是
番，海盜會比番好嗎？長山人怎麼那麼愛當海盜，怎麼會有那麼多
的人當海盜啊，鄭成功這個海盜頭，那麼殘暴的人，怎麼還會有那
麼多的人跟隨他啊！真是想不通。利安想的出神，牧師起身來到安
娜跟利安的旁邊說了：我親愛的安娜，利安姊弟，我在此先對你們
表示無限的感謝，感謝你們一路的幫忙。牧師您別見外，這都是應
該做的。利安，我們荷蘭人現在的處境大家都是知道的，有好多荷
蘭人被捉去赤崁領賞了，你們卻處處維護著我們。牧師，是你們也
還保護著我們姊弟呢。安娜，我知道你們姊弟是拉美人的小孩，我
們都很清楚的，想起過去在拉美島發生在拉美人身上的事，我要向
你們表示懺悔跟誠摯的歉意。我們是自私的荷蘭人，改變了你母親
的命運，殘殺了無辜的拉美人，只為了佔有漂亮的拉美島，來做為
我們渡假休閒的去處，我就去過漂亮的拉美島好幾次。哇！牧師去
過拉美島渡假嗎。是的安娜，拉美島是我一生見過最美麗的島嶼，
走遍世界各地也就它最吸引著我。另外，我們荷蘭人還有更大的羞
愧也要在此跟你們鄭重道歉。

　　我們把你們拉美島的許多男人，捉去巴達維亞（雅加達）當
奴隸去了，目的是讓拉美的女人沒有男人保護，好分配給各個荷蘭
人或長山來的商人當妻子。我們信奉上帝卻做出這種傷天害理的
事，而你們卻完全原諒我們，我們好慚愧啊！真是對不起你們，真
是對不起。牧師，我們拉美人已原諒了你們，上帝也會原諒你們，
這些事早在幾年前，我們蕭壠（佳里）的牧師就有跟我們說過了，
他也向我們懺悔過了。利安，還有讓我說完，你們拉美人，失去

父母的拉美小孩，也被我們當成是戰利品分贈給各個荷蘭人家庭，或是分送給有功勞的新港（新市）人，麻豆人，蕭壠（佳里）人，目加溜灣（善化，安定）人的家庭，他們現在都長大成年了，他們是多麼的讓人心疼啊！過去我們荷蘭人怎麼會做出如此殘忍的事情來啊！今天所以會逃難到此生死未知，是上帝給我們很公平的處罰。敬愛的牧師，那些事都是二十幾年前的士兵做的，也不是你做的，而且我們也都真心的原諒他們了，都認為這是上帝的安排，是上帝安排著要來考驗我們拉美人，考驗我們福爾摩沙人的。利安，安娜，謝謝你們能夠原諒我們荷蘭人，但我們不能原諒自己的這種行為。再一次的跟你們說對不起。牧師，這些過去的事就像力里頭目說的那樣，都已隨風飄散無影無蹤，以後我們都是好朋友了。謝謝安娜小姐大量，謝謝賢淑美麗的安娜小姐。坐在安娜身旁的小貝克，聽完安娜的話後，張開雙臂緊緊的給了安娜一個大擁抱，緊緊的抱著，好久好久沒有想要鬆手的意思。小貝克是荷蘭人父母生的6歲小孩，他父親已經是自由市民，來福爾摩沙十幾年了，赤崁家裡還有媽媽跟一個一歲的弟弟，他幾個月前跟爸爸外出遊獵，騎著馬到了阿蓮要去桌山（大崗山）遊玩打獵，當天鄭成功正好來襲，他們試著返回赤崁家，但一切混亂危險，長山農民工紛紛起來追打荷蘭人，他們父子又逃往阿蓮，得到城堡傳出的消息要所有荷蘭人遠離，最後他們翻山越嶺到大傑巔（內門，旗山），又覺得不夠安全去到塔樓（里港，九如），最後到達大澤機（高樹），就被大澤機頭目保護著，最後跟大家一樣，逃了又逃來到加藤（南州）趕上往卑南的隊伍。安娜想著，這隊伍裡每個人的故事都差不多，都是逃命的。

可憐的小貝克，跟媽媽分離了，思念著媽媽擔心著弟弟，還好還跟著他爸爸。跟德哈利阿舅的故事好像，希望他們一家都能平安無事，能再次重逢團圓。唉！都是鄭成功惹的禍，這荷蘭人，長

山人，都是來福爾摩沙惹禍的，攪亂了我們原本平靜幸福的生活，惹了禍的荷蘭人現在也在逃命了，難道鄭成功惹了禍，以後就不會跟荷蘭人一樣逃命嗎？祈禱上帝能讓大員快點平靜下來，鄭成功收兵回去廈門，小貝克與他媽媽團聚，我跟弟弟也回去蚶西港，索阿哥哥正好合約期滿也回來團圓。一行人在山中過了一夜，一切都很平靜，沒聽見什麼像小狗在叫的山羌叫聲，也沒聽見誤，誤，誤的貓頭鷹叫聲，安靜的一夜。天色突然亮起，從樹縫中往大海望去，若大的太陽快速從海面上跳起，眾人都驚醒了過來。哇！好漂亮的日出啊！照耀著海面金光閃閃的，灑出萬丈光芒。這是在新港（新市）看不到的奇景，這裡不但是風景美連日出也特別美，利安第一次見到日出奇景，心中難掩興奮。果然又是讀萬卷書不如行萬里路的活見證。原來日出還可以是這樣的姿勢，用跳的，跳出海面。大家又打起精神列隊往山下走，才走了約一個小時，就聽到前方有不明的人叫聲，士兵立刻緊張了起來。牧師要士兵收起槍枝，要大家面露微笑，像問阿頭目交代的那樣，保持笑容表現友好。不一會兒雙方隊伍碰頭了。是十幾個加羅板的勇士，每個人都雄壯威武氣勢非凡，手持弓箭腰間配著砍刀，雙方都面露微笑互相點頭問好，但實在是聽不懂各自的語言。安娜移至隊伍最前面，向勇士們微笑揮手，也用荷蘭語，西拉雅語，瑪卡道語，漢語跟他們問好。但溝通無效，有聽沒有懂。勇士們看見安娜的親切笑容，都開心的笑得更大聲了。原來他們是加羅板小頭目派出來的，要來看看夜晚是誰在山上過夜，那火光他們早就看到了，所以早就做好準備，一早就上山來看看。這條路是常有人在走的但是很少人會在山上過夜，勇士們引導他們下山來到了加羅板部落。

一行人順利來到依小溪畔而建的加羅板，山谷中的小溪畔，這裡到處長滿翠綠色的小灌木，開滿香氣撲鼻的小白花，全部落的

居民都出來歡迎他們，原來加羅板（七里香）就是這種香氣撲鼻的小白花的名字。這裡的小孩子每個人都有碩大的大眼睛，天真無邪的笑容，非常害羞非常可愛，天真淳樸討人喜愛。雖然雙方語言不通，經過比手畫腳一陣努力……，他們是知道我們要前往卑南的。部落的婦女對荷蘭人的小孩都特別有興趣，都想過來抱抱他們，而我們也對他們的小孩特別喜愛，也想抱抱他們。我們吃著他們準備的食物，坐在小頭目家門前的大樹下休息，一群小朋友竟玩了起來，加羅板的小朋友，荷蘭人的小朋友，互相嬉鬧玩了起來。天啊！他們是怎麼溝通的啊！原來溝通是不用語言的，用最純真的原始表情，最善意的眼神是可以溝通的。反而是我們這些大人想得太多，想用言語表達卻無法溝通。前方不遠處的河口海岸就是巴塱衛（大武）了，清晰可見就在眼前，是一個漂亮的大部落，房子井然有序是我們的下一站。大頭目就住在那裡。午飯後一行人向加羅板辭別，在他們的陪同下，一群人浩浩蕩蕩的出發，連加羅板的男女小朋友都加入隊伍了，這是隊伍第一次有嘻笑聲伴隨，領頭的勇士還高唱起他們的歌謠，曲調輕快喜樂開懷，雖聽不懂內容，但一聽就知道是開心的歌曲，最後面的加羅板婦女還會合唱呢。要不是我們不會唱，我們都想跟著唱，不由自主的想跟著唱。原來音樂曲調也是可以溝通的，每個人發自內心的旋律都是一樣的，不論你是那一種人都是聽得懂的。一行人被引領到大頭目的家，大頭目年邁卻很受敬重，勉強的站起來跟我們表示歡迎，笑聲大而爽朗，滿臉皺紋，是我們見過最慈祥的老人，跟我們印象中的頭目不一樣。頭目不是要體格強壯，目光如鷹武藝高強讓人望而生畏嗎。原來受人愛戴敬重的不是這些條件，要能受人敬重愛戴是他的其他領導才能。我們在這大部落隨著他們的引導參觀，見到家家都在準備著豐盛的食物，是要辦結婚喜事嗎？還是要舉辦什麼慶典，也還那麼早，不會是要準備晚餐吧。最後我們又回到老頭目家，被引導到老頭目家旁已空出來的大房子休息。

　　看來他們是要招待我們在此過夜，而家家戶戶正準備著豐盛的
晚餐要一起同樂，他們是把我們當成久違重逢的家人在看待。哇！
熱情好客純真善良的一群人。牧師讚嘆著說出大家的心聲來。從傍
晚時分開始，就在這聚會所前方的大空地上，已生起一堆柴火烤肉
香四溢，大家或坐或站全圍聚在一起，吃肉喝酒食物應有盡有，我
們每一個人都有一個小男孩接待著吃飯，幫我們拿肉斟酒，這酒好
喝，香甜可口濃郁，也不知道是怎麼釀造的，比荷蘭人的葡萄酒，
烈酒，長山人的麥酒要好喝太多了，這酒比較像是馬西馬西酒。巴
塱衛（大武）人喝酒都是一杯一口一飲而盡，婦女酒量更勝勇士，
這情景讓大家開了眼界，我們這逃難的隊伍竟然是被這樣歡迎著。
這夜是歡樂的一夜，酒足飯飽後，巴塱衛人還一起唱歌跳起舞來，
男男女女大人小孩都上場跳舞，他們是天生的舞蹈家也是天生的歌
唱家。利安心又所感，人們努力追求著的不就是這種歡樂嗎？太多
的衝擊讓利安思考著。荷蘭人長山人到底是在追求什麼？千里萬里
追求到福爾摩沙來，福爾摩沙就是讓全世界著迷的那個賢淑美麗
的女孩。隔日一行人依依不捨的向巴塱衛辭行，在牧師的堅持下，
老頭目不得不收下一些精美的小禮物，作為代表珍貴的友誼。但老
頭目退回里爾銀，里爾在這裡是用不到的，在此地里爾銀一點價值
也沒有，但他們知道里爾在別處可以買東西，堅持不收里爾，說這
里爾是我們帶著才有用。老頭目指派四名勇士隨行，我們沿著海岸
往北走，左邊是山右邊是海，天氣陰涼起了風，海浪衝擊著海灘發
出大大的沙沙聲，這裡的海灘是大大小小的圓形石頭組成，細細的
沙子比較少，跟大員附近的海灘，跟拉美島的海灘完全不同。利安
跟安娜又開眼界了，同樣是海灘樣貌可是完全不同。這邊的海水湛
藍，近岸的海水顏色就呈現深藍色，可見大海很深，巨浪打出來的
浪花還隨風飄上岸，每個人都盡量靠著山壁邊走，這也是難得的體
驗，驚奇又刺激但沒有什麼危險性，這隊伍越來越不像是逃難的隊
伍，像是來旅行的。

　　利安欣賞著這俊秀的山巒，寬廣無邊的大海，這裡完全沒有赤崁一帶那樣緊張的生活，福爾摩沙人都應該來這段路走走，才不虛此生啊！利安慶幸自己能陪著安娜來卑南，除了增廣見聞，更增加姊弟倆的感情。利安注意到好幾次荷蘭教師伸手要拉安娜的手，都被姊姊微笑的回絕，她很堅持自己可以勝任這些大大小小的石頭，還示意要教師抱小貝克行走，教師也開心的照辦。近午時分一行人在一處大的海灘上休息，從加藤（南州）出發連續走了好幾天了，每個人的體力都明顯的下滑，腳步是越來越慢。我們的下一站是加瑪崙（金崙），領隊的勇士表示天黑之前可以到達，可以很輕鬆的到達，要我們放鬆心情。雙方語言不通，但勇士們都一直說著話，想讓我們理解這一帶，他們是天生的表演家兼藝術家，還撿起海邊的漂流木，快速有趣的擺起一隻鹿的造形，還擺出兩隻鹿打架的畫面娛樂我們，打完架還交疊了起來，逗得大家哈哈大笑，忘記一身的疲憊。我們的腳程跟不上勇士們的腳步，他們也主動幫我們拿行李，沿途經過幾個小部落，都有好奇的人出來觀看跟我們揮手，也見到勇士們跟他們大喊交談，我們又繼續往前走，途中經過幾條寬大的溪流，水很少河床卻很寬廣，都有當地人搭的簡單小橋可以走過，不危險反而覺得很有趣，一路都是依山傍海的美麗風景，眼看就要傍晚了，但看不到落日，這邊的落日又跟大員一帶嘉祿堂（枋山，枋寮）一帶不同，看不到落日是被這高大的山脈擋住了。我們又經歷了從沒體驗過的事，沒有落日的大海。但這傍晚是平靜又安詳的氣氛，跟大員那一帶的早晨有幾分相似。眼前出現一個更寬大的河口，對岸出現一個中大型的部落。領頭的勇士指著對岸的村落，示意我們那就是今天的目的地加瑪崙（金崙）。我們努力往目的地前進，走上小木橋時已近天黑，寬大的溪流提醒著我們要小心通過，這些勇士一路故作輕鬆，說能輕鬆的在天黑前到達，看來是在鼓勵我們的，沒有這鼓勵我們是到不了。過了橋終於到了加瑪崙，加瑪崙人拿著火把出來相迎，天黑了我們又累又餓，帶頭的勇士和他們簡單交談著。

　　我們被引導到一處已準備好各式食物的廣場坐下來，一下子全部落的人都到這裡來了，也是一圈一圈圍著火堆，我們被安排在第一圈，二頭目說大頭目去太麻里開會，他們加瑪崙（金崙）是屬於太麻里王管轄的。他要我們先吃，見我們先吃了其他人才跟著吃，這情景讓我們想起昨天在巴塱衛（大武）時，感受到的是相同的盛情，大家開心的吃肉喝酒，二頭目還安排他們的勇士跳舞，帶我們來的巴塱衛勇士也加入一起跳，舞步震撼有序，步伐一致節奏分明，這男人跳舞還是第一次看見呢。太震撼太精采了。在旁的加瑪崙婦女們都報以熱烈的掌聲。我們都被眼前的這一幕嚇呆了，我們還沒有回神過來，換婦女們上場了，不論年輕的年長的婦女都手牽手跳起舞來，顯然她們是常常在跳舞的，舞步熟練曼妙，身體一致擺動，手勢腳步也一致，一邊跳舞一邊拍打雙掌，一旁的勇士們也敲打著木器或擊掌應和，我們也不知不覺的跟著節奏拍打。他們連跳舞也是團結一致的，目的就是要取悅我們。隨著節奏的加快越來越快，快到我們跟不上節奏。但是婦女們的舞步是越跳越精彩，跟隨著場邊勇士們的吆喝聲，越跳越起勁。此時安娜被一位端莊的淑女伸手拉了起來，加入了跳舞的隊伍。安娜的步伐明顯錯誤節奏也跟不上，但安娜開心的跟著學著，她親切開朗的笑容，博得大家一致的喝采。利安看到姊姊開心的模樣放下心中的大石頭，姊姊又恢復往昔的開朗樂觀了，這幾個月來她受了太多苦。蕭壠（佳里）新港（新市）的一切苦難，逃難的疲累，隨這歡樂的一刻都暫時消失無蹤。隔天一行人又上路往太麻里前進，這次換加瑪崙的勇士帶路。前一段路也是沿著海岸往北前進，一邊是山一邊是大海，老天幫忙一路都是陰天，有好多部落的勇士來送行，目標明顯是針對安娜，比手劃腳的要安娜留下來，他們可以保護好她，不必跑到卑南去。安娜都親切的一一跟他們握手道謝，用她特有的甜美笑容清楚的跟他們說謝謝，我們向前走了一小段路後，送行的加瑪崙勇士們

竟合唱起歌曲來，曲調動人一聽就知道是在唱著情歌，但我們都聽不懂。安娜卻停下腳步轉身跟他們揮手道別。沒想到他們又叫又跳開心的不得了。

　　帶路的勇士哈哈大笑了起來，很明顯他們聽得懂唱歌的內容，我們全隊也跟著哈哈大笑。又走了一大段路，帶路的勇士示意要我們爬上一座不算太高的小山，是要爬過這座小山丘才可以到達太麻里。我們爬上小山丘在一處高地休息，這裡的海景一絕，但海上迷霧看不清楚遠方，看得到的都是深藍色的海，近岸邊的海是淺藍色的。帶路的勇士指向遠方，是想說遠方有兩個小島，一個在北邊一個在南邊，要天氣晴朗時才看得清楚。他也指指海面上發出，嗡，嗡的大聲響。是要跟我們說有時也會有大鯨魚游過這裡。他也是表演專家，還做出鯨魚會噴水的動作，我們都懂他的意思，他也開心的笑著回應。這福爾摩沙東岸都住著這麼善良又好客的人，雖然說著不同的語言，但他們是值得信賴跟可靠的人。難怪已經有四十幾個荷蘭人來卑南（以台東市為中心），被卑南王保護著，如再加上我們那共有六十幾個人了。在小山中走了一段路後，山腳下眼前是一大片平坦的平地，太麻里就在那大片平地上，太麻里的房屋已經隱約可見。有兩位帶路的勇士先行往太麻里前進，這又跟來加瑪崙（金崙）時的情況一樣，他們是先要去通報太麻里王的。他們對我們是全心全意像好朋友般的對待。下午傍晚前我們又來到了一條寬廣的河流旁，對岸就是太麻里大部落了，房屋依河邊而建，我們在河的南岸是看得清清楚楚。又要過小木橋了，這種長長的小木橋也已經走過好幾次，第一次走時怕怕的，現在大家都老經驗了，連小孩子也走的很自然。才走一半對岸已聚集很多人，我們又成為被觀看的一群人。太麻里王親自來迎接我們，加瑪崙頭目也在。又是盛大的迎接晚會，更盛大的親切招待，不可置信的美酒佳餚，這

一切都是他們精心安排，這排場我們接受的很心虛，牧師握住太麻里王的手足足有數分鐘之久，我們除了感謝還是感謝。雙方言語不通但無言勝有言，這結盟的友誼明擺在眼前。牧師主動的跟在場的每一個人握手致意，只要有伸出手的他都緊緊的去握住，點頭表示感謝。

牧師回座位後低頭簡單的向主禱告，感謝福爾摩沙的每一個人，我們荷蘭人虧欠著你們，如果我們真的被海賊趕走，也是自己的報應，我們對福爾摩沙人太小氣了，如果上帝還給我們機會，我們會好好經營，好讓福爾摩沙富裕起來，回報寬大善良的福爾摩沙人，阿門。太麻里是此處附近最大的部落，太麻里王統領著附近四個部落，過去常與卑南王發生不愉快，也跟更南方的瑯嶠王有過戰鬥，但現在都跟荷蘭人結盟了，也參加每年在福爾摩沙東部舉辦的東部地方會議。現在他們是聽從卑南君主的命令行事，這次有荷蘭人牧師來到此地，他們當然要盡地主之誼。他們對幾個月前有大批荷蘭人去卑南，現在又有一批荷蘭人前來，已猜測出在大員一帶的情況，但他們都表現出無懼的勇氣，願意全力協助荷蘭人。他們也表示這等於是幫助他們自己。利安看見這一切心情更加複雜。福爾摩沙有著驚人的武力，勇敢的戰士，但卻沒有適合的武器，也沒有一個能號令全福爾摩沙的人。力量無法集中，光是語言就有數十種，各自據地各自講自己的話，各自過著安逸的生活，一旦有龐大有組織的武力來侵略時，就被各自擊破，這些力量一定要整合在一起，才能保護好福爾摩沙這位賢淑美麗的少女。但這太難了！不知要到何年何月才能實現，願上帝憐憫福爾摩沙人讓這一切早日實現，這樣才能確保福爾摩沙不再被侵犯。安娜見利安沉思著問起了弟弟。利安，大家都開心的看著歌舞跟著打節拍，怎麼你沉默無語，是不是想芸阿了。哇！是啊！我是想她了。利安，謝謝你陪我一起來卑南，要不是你願意陪著我來我是不會答應阿爸的。姊姊，

我看妳是到哪裡都有男人被妳吸引著，其實阿爸跟我都是擔心荷蘭
人一投降，妳立即會有危險，如果荷蘭人要逃去巴達維亞（雅加
達），為了你的安全我贊成妳跟著去。現在看來，你只要找一個東
福爾摩沙的男人結婚，在這裡住下來也會很安全。這裡沒有長山
人，海盜們也不知道這裡，妳要慎重的考慮考慮。利安，我才不要，
他們講什麼我也聽不懂，我也沒那麼會喝酒，你看他們的婦女人人
好酒量，我若住在這裡那肯定是天天醉。他們又那麼熱情，一次一
杯一飲而盡才盡興，我都快嚇死了。哈哈！姊姊心有所屬了才會說
這些話，他們可都是強壯的勇士呢。

15

卑南王

　　明天就可以見到傳說中的卑南君主，卑南王了。利安難掩心中的興奮輾轉難眠，這一路只偶而想起芸阿，經稍早安娜提起才思念起芸芸來。這次旅程收穫滿滿，利安也放心了下來。姊姊來到此地是安全了，不必像在新遠（新園）時那樣，幾乎整天躲在屋內，一有從新港（新市）來的消息就擔心受怕一次，看著安娜安穩的睡去，利安覺得這次決定來卑南是正確的決定。隔日又是更大陣仗的辭行，牧師照例送了太麻里王精美的小禮物，太麻里王開心的收下。我們婉拒他們要抬轎送我們去卑南的建議，太麻里王親自陪著我們走一大段路送行，同樣也派了人陪著我們去卑南。一行人又是沿著海灘北上，天氣漸漸晴朗。安娜往右前方望去看見海上有一個島嶼依稀可見。哇！那就是加瑪崙（金崙）勇士所指的海島了，應該是索阿哥哥曾經說過的西乃西乃島（綠島），太陽也是從西乃西乃島的那方升起來的，亮光照耀下的西乃西乃島看得是更清晰了，此島跟拉美島一樣的漂亮，但形狀不一樣，日出看西乃西乃島，日

落看拉美島。哇！都好漂亮。這島也是跟拉美島一樣，會是人間仙境人間的天堂島。太陽越昇越高視線越來越清楚，陽光照射在西乃西乃島的山上，發出紅色的光芒，好像是大火燒著，是沒有煙的大火熊熊的燃燒著的模樣，那是山丘的紅土反射陽光造成的，不是真的火燒島。不知道西乃西乃島（綠島）上有沒有住人。往東南方望去，照加瑪崙勇士說的還有一個島，但是看了看沒見到什麼島，可能是距離太遠，也可能是天氣還不夠晴朗。近午我們在一處小山前的沙灘休息，再越過這小山再走一段路，再過一條大河流就可以到達卑南（以台東市為中心）。帶隊的大哥在地上畫了圖告訴我們，我們一看便明瞭。利安又得到了啟示，畫圖可以比寫字還更讓人清楚明瞭，難怪荷蘭人都看著地圖指示前進。農田測量後也畫圖，造房子造城堡也畫圖，造船造槍也畫圖。文字無法表達的就畫圖就對了。福爾摩沙人又多了一項技能要學了。利安又新立了一項志願，學畫圖。如果把福爾摩沙島的全圖都畫了出來，每個部落的位置都標示出來，再寫上各部落到各部落要走的時間，高山，河流，海，也都畫在圖中，福爾摩沙旁邊的島嶼也標示出來，那以後的人要到福爾摩沙各地，都將變成簡單的事了。

越過小山後往北看去是一大平原區，我們在大平原上走著，對伍中漸漸的伴隨著笑聲，大家都開心的談話著。因為目的地就在眼前，我們已經踏在卑南的土地上了。帶隊的大哥看來有些緊張，表情越來越嚴肅。眼前出現若大的部落。不，應該說是城鎮，就在河的對岸，看到對岸有穿著軍服的荷蘭士兵，以及數十人的隊伍，我們在這對岸向他們揮手大聲喊叫，他們也揮手出聲回應著，距離太遠聽不清楚內容，但肯定是歡迎之意。我們一過橋就見到荷蘭中士，帶領十幾個士兵列隊歡迎我們的到來。我們興奮他們也高興，有中士在一切都好辦。中士精通這裡的語言，他已經來卑南很多年了，他每四個月要走回去熱蘭遮城堡報告這邊的狀況，他敬重卑

南君主，卑南王也信任他。根據他的說法，我們從嘉祿堂（枋寮，枋山）走力里溪上山那條古山路，也是他發現的。原本就有路但被他發現，荷蘭人中他是率先走過那條古山路的。後來大家才捨棄從瑯嶠繞道的遠路，這樣從赤崁到卑南節省了一半的時間。中士一邊自信的說著，一邊引導我們全隊的人去面見卑南君主。兩位士兵先解除武裝，中士預先告訴大家，牧師先致意，其他的人一律鞠躬行禮，如果卑南王伸出手來，須上前低頭緊握，每個人都要保持最愉快的笑容，但別笑出聲音來。卑南王去過赤崁開過地方會議，還帶了數十名隨從，在長官跟議長的陪同下自由的四處參觀城堡，赤崁街道，大員市鎮，連新港（新市）部落他都去過。那一次的花費都是由城堡支付，他們在大員一帶參訪近一個月才返回卑南。也是因為有去過大員遊玩的美好經驗，現在荷蘭人有難來投靠他，他一一收留保護。我們終於見到了卑南君主。哇！英雄少年，少年英雄，頂多二十來歲吧！氣宇非凡文質彬彬，不是勇猛戰士的形像。身旁站立十幾位少女隨從，也站立著兩排戰士貼身保護著。中士先到他旁邊做翻譯介紹。牧師致意時他起身相迎。教師隨後上前行禮致意，他親切的微笑點頭，並要他們兩人坐到他兩旁的椅子上。探訪傳道也上前去行禮致意，所有荷蘭人都上前向卑南王行禮了，最後剩下利安，安娜跟小貝克。小貝克很緊張緊拉著安娜的手，安娜拉著小貝克利安緊跟在後。三人行禮後，卑南王親切又開心的指著身邊的椅子，要小貝克來坐在椅子上。小貝克就站著不敢動。

安娜順勢抱起小貝克去坐在椅子上，小貝克緊張的起身站了起來。中士說了：卑南王要小孩子的母親，抱著小孩就坐在他前方的椅子上，不要害怕。安娜聽了又使出她那無敵的甜美笑容，抱起小貝克安穩的坐著，還要中士跟卑南王報告，她叫安娜，是小貝克的好朋友，不是小貝克的母親。卑南王聽了也笑出聲來，現場氣氛從緊繃轉變成輕鬆。卑南王旁邊另外坐著一位端莊的淑女，應該是

卑南王后了，盛裝打扮氣質出眾，但看起來比卑南王年紀大一點，王后腰間還配著精美裝飾的腰刀，手還擺在刀柄上，眼睛盯著每一個人，美麗的臉龐卻有如老鷹般的銳利雙眼。利安再一次的向卑南王行禮，也跟王后點頭致意。卑南王似乎有話要問他，沒有要請他坐到兩旁的意思。中士居間翻譯，卑南王問話了：你叫何名字？住長山哪裡？為何敢帶一隊荷蘭人到卑南。我叫茱利安，住在新港（新市）從新港而來，我不是長山人，我是荷蘭人的翻譯。茱利安，你跟安娜是何關係？你們為何都有荷蘭名。安娜是我親姊姊，我們的母親信奉基督教是虔誠的基督徒，給我們取了荷蘭名，紀念對我們有恩的荷蘭牧師。利安，你荷蘭話說得很好，還會其他語言嗎？途中如何做翻譯。我還會西拉雅語，瑪卡道語，漢語，不但會講字也會寫，我姊姊安娜更勝我一籌。現場眾人一陣喔聲，王后更是睜大雙眼注視著利安。利安，你這樣很棒，能說能寫數種語言我該向你學習。你是如何學得這四種語言，尤其是漢語。我的王，您才是我該學習的榜樣，因為我的阿爸是長山人，我阿母是瑪卡道拉美人，我從小住在蕭壠（佳里），長大後到新港（新市）住，荷蘭牧師，學校教師教我荷蘭語，因此我自然的學得這四種語言，而我姊姊安娜也是。卑南王突然動了動身體又問說：你父親是長山人，他是做什麼工作的，他現在人在何處。我阿爸是租地種田的農民，他剛開始時是贌商，後來轉行當農夫，現在人在新遠（新園）避難。利安啊！當贌商賺大錢，當農夫辛苦只能溫飽，這不合常理啊。我的王，是因為當贌商時，頭家常會要求偷斤減兩，或用劣品充當良品，我阿爸看不習慣，因為他在漳州時是一位讀書人，他良心不安才改行當農夫。嗯，利安你很誠實學問又好，我去過新港，赤崁，大員，也參觀過熱蘭遮城堡，在赤崁市鎮隨意購買物品，花了一里爾跟長山人買了十個碗，回去城堡拆開一看裡面有 4 個碗有小缺角。

　　隔天我又去市鎮參觀，看見一個長山人也買了一疊碗，他跟我說他花了半里爾買了十個碗。我請他拆開檢查看看，全部都是完美無損的碗。眾人一聽都搖頭嘆息。利安，看來你父親把你們教育得很好，不像是長山賤商的子女。拉美人都四散了！你母親是拉美人，她過得還好嗎？她也在新遠避難嗎？我阿母因為生病幾年前過世了，現在陪著我阿爸的是一位西拉雅族的阿姨。利安，我最後問你，你認為你是哪裡人。報告卑南王，我母親是拉美人我就是拉美人，這是我們福爾摩沙人的習俗，連我阿爸也認為他是福爾摩沙人，不再是長山人。我的心願是我們都是福爾摩沙人，不再區分彼此，共同經營著共同的美好未來。喔！確實啊！我母親是卑南人我就是卑南人，這是福爾摩沙人的習俗，我們卑南人也是以母親為中心，是由女性繼承財產，也繼承家族姓氏。或許我們有著共同的心願。大家都累了準備用餐，今晚大家盡興的吃盡興的喝，歡迎我的好朋友們來到卑南，這是卑南人的光榮。卑南王起身大家跟著起身，他先跟牧師握手致意後，轉身來緊握住利安的雙手，連連稱讚著利安，在跟每一位男士握完手後，也跟安娜及女士們點頭微笑致意，安娜又是用她無敵的招牌笑容回應卑南王。卑南王走出大廳時，我們看見王后走在前方開路，卑南王反而走在後面。小聲問了中士以後才知道，這下誤會大了，她是卑南王的姊姊瑪雅，她也是卑南王的保鏢，由她帶領的保鏢群保護著卑南王。卑南王去大員城堡時，也是她帶隊保護著的。我們聽見牧師小聲的問中士，卑南王跟大公主的年紀，中士回說：卑南王 20 歲，瑪雅公主 23 歲。隔天，一群人被分配到卑南王管轄的另外兩個部落，最遠的被分配到掃叭，利安跟安娜被留在卑南，由卑南王親自招待。中士說了，卑南王的意思是，他的其他部落的人都熱烈要求，也能讓他們有機會招待荷蘭盟友，所以跟幾個月前來的荷蘭人一樣，被分配到各處部落接受招待，讓朋友能感受到他們的熱情。利安明白這是要分擔負擔也分擔風險，甚至是想要看出他們一行人是否真誠。卑南王啊！

難怪是享負盛名的卑南王。卑南王統轄的這十幾個部落的人真是好福氣啊。午後，大公主瑪雅突然到來，要利安跟安娜跟著她走。大公主來得太突然，利安跟安娜大吃一驚內心忐忑不安，安娜緊緊拉住利安的手緊跟在大公主後頭。

他們來到一處海灘，驚見卑南王就坐在一根大漂流木上，雙方了見面，利安跟安娜連忙向卑南王行禮。卑南王親切的微笑，用生澀的荷蘭話跟他們說：不必如此，以後私下見面不必如此，也請他們兩人放輕鬆不必緊張。大公主示意要利安跟安娜坐近一點，四個人坐在沙灘的漂流木上，用荷蘭語，在沙灘上畫地圖，也比手畫腳的溝通著。原來卑南王想了解現在赤崁的情況，他知道連續有荷蘭人遠道而來，大員城堡的情況一定危急。也可見海盜的勢力龐大，連荷蘭人都害怕。而駐守在卑南的中士，一來不了解赤崁的情況，二來即使是知道情況也不會正確的跟他講。幾個月前也來了四十幾個荷蘭人盟友，他們請求他派出戰士，去幫助被圍困在城堡內的荷蘭人。希望他們姊弟能說出現在最正確的大員現況。卑南王要大公主問安娜，如果有安娜不知道的事才由利安回答。安娜不敢說謊也不會說謊。利安原本也是希望卑南王能派出戰士支援，但從來卑南時路途的艱難，也了解到遠水救不了近火，也體會到荷蘭人對卑南又無大恩大惠，何能請求卑南人去做那麼大的犧牲。安娜如實說明大員城堡的現況，甚至連他們一群拉美人如何逃離新港（新市）避難，鄭成功如何殘暴，她的阿舅德哈利還留在新港想與鄭成功周旋，最後他們又如何與這群荷蘭人會合，最終又來到卑南，都一一如實的講了出來。大公主瑪雅又問，荷蘭人在大員三十幾年對當地人如何？安娜也都如實詳細的回答。從初始喪失人性的清空拉美島，到後來設教堂設學校，有法院有婚姻登記所，做道路計畫農田教種田，還有設立孤兒院都如實的回答。大公主也問了，基督教，上帝是何德何能，能讓你們拉美人那麼大的仇恨，轉化成為無限的

愛。安娜也以她阿母跟利安跟她的心境，誠懇的回答。最後卑南王
親自問話：利安，荷蘭人與鄭成功的戰事，他認為最後誰才是勝利
者。利安說：除非全福爾摩沙團結在一起，又做了很大的犧牲，犧
牲跟鄭成功的兵力相當的戰士，那才能取勝。也就是要犧牲一萬多
人的戰士。卑南王跟大公主聽到後都失去了笑容，但也表現得很鎮
定。卑南王要他們姊弟放心的在卑南避難等待消息，他也會保護好
荷蘭人，即使是荷蘭人最後戰敗。

　　他不會做出出賣朋友的事，他也想了解基督教，了解上帝。
就用祈禱的方式，我為我在大員在赤崁在新港（新市）見過面的朋
友們，以及住在那邊的居民們祈禱，願他們平安渡過難關。大公
主瑪雅最後回話說：安娜，利安，你們姊弟是我們一輩子的朋友，
今天的談話就只有我們四個人知道，連荷蘭政務員也不知道。是的
遵命，我們姊弟感恩你們的照顧跟保護。卑南王主動伸出雙手，四
個人四雙手伸出緊握，代表友誼長存。安娜心想，中士來卑南當卑
南王的翻譯，幸好卑南王跟大公主也懂得一些荷蘭語。利安心想，
福爾摩沙缺少一位像卑南王這樣的領導人，由他來統一發號命令。
隨著利安跟安娜在卑南等待的日子一天一天的過去，他們的心情非
但沒有安定下來，反而更加焦慮，也不知道大員城堡現在的情況怎
麼了？新港（新市）又是怎麼了？蚶西港的家還在嗎？在新遠的阿
爸阿姨芸阿還好嗎？困在城堡內的索阿哥哥也生死未卜。在卑南，
人是安全了心卻越來越不安。姊弟倆好幾天都吃不下飯，心事重
重。瑪雅公主常來找他們姊弟，也有指派人幫他們打理生活點滴。
卑南王睿耕德忙於政務，常由荷蘭政務員陪著四處走動，要不是有
瑪雅公主常來關心陪伴他們，姊弟倆每天都坐立難安的。這小小的
屋子就住他們姊弟。這天瑪雅公主又來陪伴他們，離去後，安娜
忍不住問了利安：利安啊，我思念阿爸擔心索阿哥哥的安危，你
呢？你有想念芸芸嗎。姊姊，我很想念他們，每天都在想著他們，

每晚都想著芸阿。利安，同樣是女人，我有明確的感覺，瑪雅公主
對你動了真情。姊姊，我知道也感受到了，她從剛跟我們見面時，
雙眼狠狠的瞪著我，到現在雙眼不太敢正視著我。利安，姊姊也看
到了，你從剛開始時只敢偷偷瞄她，現在是雙眼都被她吸住，直到
她離去。姊姊，我……我……。利安，在吸引女人這方面你很行，
都是吸引著公主。哈！姊姊，關於這方面我還差妳很遠，從新港出
發一路來到卑南，所有的男人們都被你吸引了，不分那一族，還有
一位荷蘭教師當跟班呢。哈！眾多男人也輸一個公主啊，何況是兩
個。姊姊，那我怎麼辦。姊姊也沒方法教你，也不知道怎麼辦才好。
阿爸的漳州商人朋友表面上娶一個老婆，有的私下有3，4個小妾。
是有這樣的情形，而荷蘭人只允許娶一個老婆，也只能登記一個老
婆，不然是違法的是要被鞭打的。利安啊，天知道呢？難保荷蘭人
不會被鄭成功打敗，長山人管理大員城堡，只要你有錢愛有幾個老
婆都可以。

　　姊姊，那，那些沒錢單身的長山農民工，羅漢腳阿怎麼辦。利
安，在赤崁有很多從長山來賺錢的女人啊！他們會有他們的辦法。
最好是受不了這邊的苦全部跑回去長山。姊姊，他們是可憐的一群
人，逃無可逃逃出可怕的長山，命運悲慘。利安啊！可是他們來
了，現在反而吸引鄭成功來，變成我們福爾摩沙人命運悲慘，我們
兩個不是也因為這樣才逃到卑南來嗎。唉！姊姊說得是啊！還好卑
南王睿耕德保護著我們，不然我們的命運不是用悲慘可以形容的。
利安，我想用上帝的愛來改變福爾摩沙人，也改變長山人，大家用
愛來和平相處和平的生活。姊姊，妳這想法很好，而我是想要教
全福爾摩沙人讀書識字，有知識才有力量才能有更好的生活。哈！
那變成姊姊是牧師你是教師。姊弟兩人互相對視，兩人異口同聲：
這是何等艱難。正當此時，瑪雅公主又進了門，手裡拿著一隻烤
雞，要拿來給姊弟倆吃。她先剝下一支雞腿給利安，再剝下另外一

支雞腿給安娜，瑪雅公主的眼神也不再像以前那樣逃避利安，直接就盯著利安，還露出看似很兇其實不兇的眼神。三個人都是心跳加速著。安娜自稱尿急，放下雞腿。出去時她把門關上，順勢說了：我會在門外等著。已是下午安娜在門外等著，等到接近黃昏，又等到接近天黑，太陽下山後小門才開啟。安娜收起招牌笑容，只管跟公主猛點頭。公主說了：會再來請利安教她漢字。安娜喔了一聲才回話：好的，歡迎公主常來，天天來學漢字。利安在公主身後也回應：我會盡力。瑪雅公主抿著嘴，嬌羞的離開。姊弟兩人又進了門。安娜用手比著，示意他是不是與公主接了吻。利安搖搖頭。安娜瞪了利安一眼。利安又慌張的點點頭。安娜忍不住開口問了：是不是像夫妻一樣了，這事很重要不能隱瞞。姊姊，這不能說。弟弟啊！那就是有才不能說啊！姊姊看著你長大，你的表情說明了一切。姊姊啊！那怎麼辦？我也是沒想到事情會變這樣。利安啊！就當這是上帝的安排吧，是好的安排，是公主主動送上雞來。此時姊弟瞄了放在桌上的烤雞，連雞腿也還在。安娜拿起桌上的雞腿啃了起了。嗯，還很香，卑南烤雞真是人間美味。利安沒有胃口，就像是一個闖了禍的小孩呆坐著。安娜一邊吃雞腿一邊安慰著弟弟：利安，局勢紛亂，如果還能回去新遠（新園），這事又被芸阿知道，姊姊會替你幫芸阿求情，畢竟是姊姊關的門，有難同當。

　　謝謝姊姊，利安此時才露出笑容。接下來的日子，瑪雅公主天天都來學漢語漢字，但反而大多是學荷蘭語，因為只有用荷蘭語三個人才勉強可以溝通。聰明的瑪雅公主學得飛快，而善解人意的安娜也會適時的尿遁。三個人嘴上不說心裡默契良好，漸漸的三個人變成無話不談，而以現在的關係，也沒有什麼事需要隱瞞的了，公主也了解了他們姊弟的一切事情。姊弟倆不敢講芸阿的事，但瑪雅公主在那一天送烤雞來時，在門外有聽到芸阿跟利安的事，她也是聽到有芸阿，才做出那驚人的舉動。利安跟安娜也猜測到，公主

是有聽到那一天他們兩人的談話，但都裝作不知道。從這一段日子的相處中，公主說五年前他們一行 30 人去大員遊玩，參觀城堡的事。長官跟議長都親自招待，辭行時還送弟弟睿耕德一件大哆囉絨外袍，也送他們每一個隨行的人每人一匹精美的布，議長夫人送她一盒內裝各式化妝品的化妝盒，化妝盒打開還有鏡子，她才第一次從鏡子看清楚自己的模樣。安娜也問公主，公主貌美端莊又是神射手，怎麼沒有對妳唱情歌的男人出現呢。瑪雅公主說了：附近沒有哪一個頭目是她看得上的，而她身經百戰有兩次身受重傷，下腹部受傷嚴重。第一次是 9 歲時被箭射傷，當時躲在茅草屋內的我被敵人誤射，箭還穿過身體足足三個月才痊癒。自從那次以後我努力學習射箭，武裝自己要報仇，既然大難不死是要讓我活著報仇的。第二次是 16 歲時，敵人來偷襲，在跟敵人作戰時下腹部又受到重擊，我嚴重出血，骨頭斷了幾根，甚至還吐血最後昏了過去。敵人退去戰士們抬著我回來。隔天醒來還在吐血，流血，我以為我要死了，也沒有人認為我能活下來。巫師幫我驅魔，每個至親的人都來探望我了，我心裡明白他們是來見我最後一面的，這樣全身疼痛痛苦的日子不知道過了幾天。有一天在睡夢中，夢見一個白髮老婦人，手拿著竹筒裝著海水，口中唸唸有詞，最後她撫摸我的額頭，用海水滴在我的臉上，滴在我的嘴上。我驚醒了過來，原來是我睡夢中流下了眼淚，還流到了嘴角。我醒過來時覺得我整個人變輕鬆了，除了胸前的骨頭還有些疼痛，也開始有了餓的感覺。

　　往後我又躺了三個月才整個人好起來，我瘦成猴子了，也沒有力氣走路，我又是一次大難不死。安娜跟利安聽了公主的故事，都給她一個大擁抱。一向堅強的瑪雅公主也滴下淚來，長嘆了一聲，唉！幸好荷蘭人調解了這些事，這些打打殺殺的無聊事，這幾年才安定下來。

　　姊弟倆在卑南等待消息的日子漫長難熬，每天唯一的欣慰是見到瑪雅的到來，已經是今年的第 12 個月份月中，還是沒有任何大員城堡方面的消息，這天瑪雅又來找姊弟兩人，瑪雅問說：利安，姊姊，你們就在卑南住下來，不要再離開了，卑南沒有大員那些紛紛擾擾，只要我提出要求，睿耕德（卑南王）會欣喜的答應的。瑪雅，姊姊坦白的對妳說，我信任上帝，那個會對我唱情歌的男人還在大員等著我。而我阿爸年邁，我好想能再有孝順他的時間。瑪雅點頭表示理解眼神望向利安。瑪雅，我跟姊姊一樣，我阿爸還帶著我阿舅的女兒蜜阿，我阿舅如果戰死，我年邁的阿爸要如何撫養蜜阿長大成年，我深愛著妳或許上帝能有好的安排，妳跟我回去新遠（新園）或是拉美島。等情勢明朗我也必須再陪著姊姊回去一趟。利安，你回去新遠會再回來卑南嗎？睿耕德跟我說，你阿爸是長山人，長山人的信用不好，嘴巴講的跟實際做的不一定相同。瑪雅，請妳放心如果真的到了那一天，我又陪著安娜回去新遠找我阿爸，我會再回來卑南，我是拉美人的兒子，拉美人跟卑南人一樣，一諾千金。而長山人也不是每一個人都是壞人，我接觸到的農民工，漁民，都是純樸善良又勤勞。瑪雅點點頭說：我信任你，祈求上帝幫忙海盜趕快離開，如果你離開卑南能早去早回，是只離開卑南不能是離開瑪雅。也祈求上帝，能實現安娜姊姊的願望，阿門。安娜主動擁抱瑪雅後，瑪雅也擁抱了利安，瑪雅眼睛泛紅含淚道盡了她內心的擔憂。正當此時，門外傳來戰士的急報：卑南王要公主，利安姊弟立即去見他。三人緊急跟著戰士去見卑南王。瑪雅公主心想，如果弟弟已經知道她跟利安的事，就由她主動跟弟弟講避免怪罪利安，是她主動一切都由她承擔。利安心想，莫非是大員方面有消息，荷蘭軍戰敗或撤離。安娜心裡想，慘了，那麼緊急，我要用最誠懇的心來面對卑南王，或許他知道瑪雅跟利安的事了，上帝保佑！上帝保佑。

　　三人緊急來見卑南王，但見荷蘭政務員與中士也在場，瑪雅公主照例坐在弟弟的旁邊。安娜見到現場狀況，放下心中的大石頭，這不會是要說什麼私事的。利安心裡想著，是壞事，好事的話戰士就直接傳話了，大員方面不妙。卑南王拿出一封信，是瑯嶠君主的特使帶來的，熱蘭遮城堡長官的一封信。卑南王說了：現在我當場拆開這封信，由中士翻譯，安娜跟利安也幫我看看信。除了政務員，公主，中士，安娜，利安，其他人員包含侍衛都退去屋外等候，離屋十步的距離。卑南王向信致意後，親自拆開城堡長官的來信，交給荷蘭中士翻譯。信的內容大意是這樣的：現在城堡情況危急，海盜圍困著我們，我們缺乏新鮮的食物，我們好幾次派船到拉美島補給，幸好有拉美島供應新鮮食物和飲水，士兵都生了嚴重的腳氣病士氣低落，我們已派船向永寧的韃靼（滿人）皇帝請求支援，請皇帝攻擊廈門攻擊金門，好切斷鄭成功的後勤支援。被圍困了數個月，我們堅持拒絕投降，不到最後關頭不會放棄這城堡，我們也再次的向巴達維亞（雅加達）求援，我們急著想知道你們在卑南的情況，你們有都少人？萬一情況更危急，好做最好的安排。誠摯的問候卑南王，感謝他對我們荷蘭人的全力幫助。請立即回信並於十天內送達嘉祿堂（枋山，枋寮），我會派人去取回回信。荷蘭中士雙手發抖，要把信拿給卑南王。卑南王示意要他把信拿給政務員看。現場氣氛嚴肅，荷蘭政務員看完信後，向卑南王請求：我在卑南還有 30 士兵，現在熱蘭遮城堡情況危急，我們在此等待已 7 個月了，受您的完全保護，我們感謝您，此生不敢忘記，我決定帶著這最後有戰力的士兵去到嘉祿堂。如果情勢允許，我們會回去大員，奮力去攻擊海盜們，如您願意支援我們，荷蘭人與卑南人的友誼將會永世流傳。政務員閣下，海盜們的勢力龐大，我佩服您的勇氣，既然城堡方面也向韃靼人（滿人）皇帝，也向巴達維亞求援，援軍一來不是沒有打敗鄭成功的機會，我的戰士雖多，但他們沒有適當的武器，他們都是家有妻子有小孩，我決定派出 25 名自願的戰士支援

你，從旁協助你們，主要是確保你們一路平安到達，戰鬥的事還是要由你的士兵當主力，我的戰士很適合從旁協助，閣下您認為這樣的安排如何？回卑南王：您這樣的安排正是我想要的安排，感謝您的大恩大德。政務員，卑南人的好盟友，當你們到達嘉祿堂，如果情勢太危急記得再返回卑南，或至少送信回卑南，不要讓我們在此焦慮的空等。

經過幾天的準備，荷蘭政務員諾爾定帶領 30 荷蘭士兵，及 25 名卑南戰士從卑南出發，卑南王帶領大家來送行，已接近年底，東北風直吹，大風狂嘯激起一片沙塵，掩蓋了已到對岸的出征隊伍，安娜姊弟也跟著來送行，直到完全看不到遠征隊的人影，眾人才返回部落。卑南又恢復如常的生活，唯一的不同是，瑪雅公主每天一早就會來找利安，直到太陽下山才會回去。這一天瑪雅一大早就來找安娜姊弟。相處幾個月了，安娜細心的發現，瑪雅公主沒有任何懷孕的跡象。瑪雅也把她跟利安的事跟他弟弟講了。這從早就來直到吃完晚飯才回去的事，也是卑南王跟瑪雅說的。既然連卑南王也贊成公主常來，部落的人也都開心的接受了安娜姊弟。瑪雅，怎麼那麼早啊，天剛亮呢。姊姊早，我睡不著，一夜沒睡好等天亮了就來。喔！安娜故意放開聲量說：利安不知道睡醒了沒，姊姊去叫他，把這頭懶豬叫醒。姊姊，小聲一點，讓利安多睡一會兒。利安在房內回應：我正要起床，嘴巴先起床了，手也起床了，腳也起床了。安娜回說：快起床出來別調皮，你讓公主久等了，到海邊下跪賠罪。今天三個人果真到海灘散步，現在的季節早晨無風，中午過後才東北風狂吹飛沙走石。遠處海面的西乃西乃島（綠島），那個看似火在燒的西乃西乃島，感覺近在眼前，而更遠方的那個神秘島嶼，仍然不見蹤影。利安問起瑪雅，知不知道更遠方的那個島嶼，他們稱那個島嶼叫什麼名字。利安啊！你對什麼事都很有興趣，這樣很好，那個遙遠的神秘島嶼，我們稱她不露島（蘭嶼），要天氣非常

晴朗才看得到的，若去到了太麻里更有機會看到，今天的天氣看不到，整個冬天裡幾乎都看不到。瑪雅，那神秘的不露島（蘭嶼）有住人嗎？有啊！有住著很多人，他們造的小船可漂亮呢，是用山上的樹木一片一片拼接造的，他們等待春天良好的天氣時，會划船到西乃西乃島（綠島），他們在西乃西乃島有親戚，也在西乃西乃島放很多山羊。哇！好有趣，瑪雅，妳看過他們的船嗎？西乃西乃島還有住人喔。哈！利安，換我教你。我看過他們的船啊！每年春天他們會划船載著山羊來卑南交易。我們言語不通，但他們是平和的人。不露島再往南還有很多很多的島，有的島比我們福爾摩沙還要大很多，現在是西班牙人在那裡跟那邊的居民一起生活。

利安，西乃西乃島（綠島）上還住著阿密斯，阿密斯跟不露島（蘭嶼）的雅美人分別住在兩個小部落。在卑南，阿密斯就住在卑南人旁邊啊。哇！原來這麼有趣啊！謝謝公主我又增長見識了，那公主怎麼知道有西班牙人。利安，這很簡單啊！偶而會有西班牙的大帆船從卑南海上經過啊！他們也會靠岸補給，老卑南王會跟他們交易，他們會拿很多精美的物品跟我們交易。唯一不跟我們交易的是鐵器。但自從荷蘭人來卑南駐點，小碉堡上插了荷蘭聯合東印度公司的旗幟後，西班牙的大帆船就沒來過卑南了。嗯，牽手啊，其實從前西班牙人，在我們福爾摩沙的最北邊雞籠（基隆），有設城堡對外貿易，後來被荷蘭人佔領。利安，這個事我們也知道，而且是我親身經驗啊！西班牙人在雞籠的時候來來去去的，大帆船都會經過卑南海岸啊！他們的船靠得很近，都看得到船上的人在對我們揮手呢。有時也會停留補給或交換物品。我這精美的腰刀就是西班牙腰刀。但是他們都留在船上過夜，不敢在部落裡過夜，我們也不想讓他們在部落過夜。哇！謝謝牽手給我上了這一課，謝謝公主。那西乃西乃島上的人也會來卑南交易，因為她就在眼前。嗯，我聰明的尪。弟弟，姊姊問妳，政務員諾爾定帶著遠征軍去支援作戰，

會不會成功。姊姊，就多這 50 幾個人去參加作戰，幫忙有限。鄭軍雖死亡與逃回長山的人眾多，但現在還有近萬人，城堡方面都寫信來跟卑南王求援了，表示彈藥也已快耗盡。難得諾爾定政務員有此勇氣，睿耕德也謹慎的配合著他，至於這 50 幾個人的遠征軍能打到大員嗎？想也知道不能。卑南王聰明有智慧，是想讓他們走這一趟傳回更新的消息，他們到了嘉祿堂（枋山，枋寮）就會有更多更新的消息。利安，說不定政務員帶著這支遠征軍，會說服南區各部落聯合在一起，從外圍攻擊鄭軍而大獲成功。姊姊，我也希望能這樣，我在新遠（新園）時有代表老頭目去過各部落，他們願意固守但害怕出擊，因為沒有適當的武器，現在時間又拖延更久了，荷蘭軍更危急，各部落頭目對荷蘭人已失去信心，諾爾定政務員如何能說服他們參戰呢。如果今天政務員是帶著一千個帶槍的士兵，我相信各個部落頭目會願意派出戰士參戰，而鄭軍聞風會逃之夭夭。第一次巴達維亞（雅加達）派來的援軍，如果一半是從新遠登陸，我就能說服各地頭目派出戰士參戰，集結數萬人出征。當時鄭成功的士兵水土不服病倒的死亡的多。

姊姊，當我們數萬大軍包圍鄭軍，我們只要放出消息：鄭成功的士兵如投降者保證生命安全，並贈予錢財可以自由返回長山，鄭軍內部必然崩潰，他的士兵有太多的人是不願意來大員的，那我們將不戰而勝。當我們大軍圍困他們時，他們兩面受敵又無屏障，不降，難道等死嗎？唉！……唉！我們在新遠海灘眼睜睜的看著援軍漂過去，……去了大員……唉！士兵竟然進了城堡……唉！那只是增加更多人被圍困在城堡內而已。我沒有想到援軍指揮官，竟然沒有在下淡水河（高屏溪）我們這一帶靠岸，先跟我們研究對策，先了解最新情勢再做決定。他輕敵了，以為所向無敵的荷蘭艦隊一到，可以靠著自己的力量戰勝一切。現在長官寫信來跟卑南王求援，信上不也清楚的寫了沒有新鮮的食物了嗎。那麼多人被圍困在

熱蘭遮城堡內，想要戰勝在城堡外活動自如的鄭軍，那是何等的艱難。利安你說得有理，那遠征軍會全部戰死嗎？瑪雅聽了也著急的問說：利安，那怎麼辦。哈！妳們兩個不必擔心，遠征軍只會無功而返，實力相差懸殊雙方不會有接觸戰鬥的機會，只會傳回來更新的消息。除非上帝顯靈，又有巴達維亞（雅加達）援軍到來，正好跟政務員的遠征軍在嘉祿堂（枋山，枋寮）會合，又派去永寧向滿人皇帝求援的事順利完成，皇帝派兵攻擊廈門跟金門，如此才能獲勝。我在政務員出發時有跟他說了，要在嘉祿堂多等幾天，每天仔細盯著海面，看看再有沒有新的支援艦隊到來，如果有，要立即搭竹筏到海面與艦隊會合，艦隊士兵要在嘉祿堂登陸，配合南區各部落戰士這樣才有戰勝的機會。諾爾定政務員跟我點點頭表示同意。利安，安娜，瑪雅三個人，最後在海灘上誠心祈禱，請求上帝顯靈救救被圍困在熱蘭遮城堡內的人。又是新的一年開始，還是沒有傳來任何遠征軍的消息，這大山屏障確保了安全卻也阻隔了消息。遠征軍應該到達福爾摩沙西部了。今年完全沒有新年的喜悅氣氛，連聖誕節也沒有辦任何活動。安娜想起去年聖誕節在新港（新市）辦的活動，由她主持部落還玩得開開心心的。去年新年大家也還開心的聚在一塊吃飯。今年的情況這麼冷清，就姊弟倆你看我我看你，還擔心著荷蘭軍跟鄭軍交戰的事，這是最糟糕的一次過年。利安，安娜，瑪雅三個人每天早上都到海邊散步，緩和等待的焦慮，三個人心裡都知道大員城堡很危急，可能隨時會傳來壞消息。瑪雅像是變了一個人似的，變得溫柔又體貼，連講話的語氣也不像是以前那個公主了，就像是個小女人。她表現出來的樣子，透露出她的擔心。

　　她擔心荷蘭軍就要戰敗，利安就要離開卑南，而這一天會突然到來。安娜看得出這一切，安慰著瑪雅說：瑪雅，我看得出來妳的擔憂，利安即使是陪我回去新遠（新園），我也會要他再回來卑

南，妳要放下心來。妳都有去過大員了何況只是新遠，新遠離卑南更近，一個禮拜的時間就可以走到。如果我們真的有回去新遠，若超過三個月沒有消息，妳可以來找我們啊。我會每一個月寫一次信給妳，新遠送信到嘉祿堂（枋山，枋寮）沒有問題，嘉祿堂也會傳信到巴塱衛（大武），巴塱衛傳信到卑南就更容易了。我每個月初寫一封信，妳每個月派人去巴塱衛取信，再派人送回信去巴塱衛，這樣我們就可以互相知道信息。安娜姊姊，謝謝妳，我是擔心你們回去會發生危險，我不是對利安不放心，因為我了解荷蘭軍如果戰敗，海盜的勢力將會到達下淡水河（高屏溪）西岸，新遠雖有大河阻擋，但也會變成面對海盜的第一線，新遠老頭目看重利安，利安責任心又強他會離不開新遠的，芸阿也不會讓利安離開。有時後我自私的想著，海盜也攻擊新遠一帶，而那一帶的部落聯合起來，也守不住海盜的攻擊大家紛紛逃亡。那時後利安就會帶著芸阿來卑南。安娜聽了瑪雅的真誠告白，張開雙手跟瑪雅緊緊的擁抱在一起。安娜姊姊，戰爭最受苦的就是我們女人。瑪雅，妳說得對，我們倆現在正在受這種苦。兩個最堅強最樂觀的女人都大聲的哭了出來。利安站在旁邊呆立著等待，也不知道該說什麼話來安慰她們。停了許久利安開口說：姊姊，如果荷蘭軍戰敗，索阿哥哥戰死，新遠一帶將是鄭成功的下一個目標，他的船會從下淡水河進入登陸，而新遠會是第一個戰鬥的地方，這一戰無法避免。如果妳等待的，那個會對妳唱拉美情歌的人已去天國。如果還幸運的有一艘大船的話，弟弟希望妳跟著荷蘭教師去荷蘭。利安，荷蘭軍如被破城則全軍覆滅，在外海的大戰船會逃回巴達維亞（雅加達），我們遠在卑南，荷蘭戰船逃命都來不及，怎麼還會管在卑南的我們。姊姊，荷蘭軍如果只是獻城，跟鄭成功議和談妥條件，則城堡會要求所有荷蘭人安全離開，那時候就會有大帆船來卑南載我們離開。如果是這樣，弟弟請求妳，再次考慮跟著荷蘭教師搭船離開，去一個屬於妳的幸福國度。

　　而我先回去新遠（新園）跟阿爸見面後再回來卑南。利安，上帝會保佑的，城堡內的人都會得救，索阿哥哥會平安回來。我們已經有跟上帝祈禱過了，上帝會聽到的。突然戰士傳來卑南王的命令：公主，利安，安娜立即到議事大廳會面商議大事。三個人到議事大廳見睿耕德已在大廳等候。你們快坐下來我有些事要跟你們商量。利安，遠征軍出發近月，如不全軍覆沒，我估計這幾天就會返回卑南，因為遠征軍兵力薄弱實在是無法與海盜對抗，他們會知難而退。我的王，我完全贊同你的看法，您只派 25 位戰士隨行也是為此目的，只是希望他們再回來傳達最新的消息。而當遠征軍返回卑南時，他們帶回的消息只會有兩種情況。喔！利安你說說看，看跟我想的是否相同。卑南王，他們會帶回來，全部的荷蘭人在卑南等待接應船隻撤離，或者是全部的荷蘭人集合再到嘉祿堂（枋山，枋寮），同樣是等待接應船隻撤離。弟弟，你為何有如此的把握。姊姊，從城堡已無新鮮食物就可以看出情況緊急，上次的來信就像是在做最後的求救。長官向韃靼（滿人）皇帝求救，向巴達維亞（雅加達）求救，也向睿耕德求救，說不定還期待大肚王來救援呢。這是在無計可施近乎絕望時才會做的事。哈！哈哈，利安說得極對，我也是看到這種情況，才會只派出 25 位戰士陪同出征，是以帶回來最新最正確的消息為目的。在缺乏新鮮食物下，單靠派船去拉美島補給，能供應城堡內的人吃多久？鄭成功不會發現這情況嗎？不會派戰船去圍堵嗎？只要拉美島的補給線被切斷，城堡長官除了投降，已別無他法可以保全。又現在是北風的季節，巴達維亞即使是接到求援信，能逆風來救援嗎？睿耕德，那我們接下來要怎麼做。公主，姊姊妳要做好暫時跟利安分開的心理準備。而妳跟安娜，是只剩最後幾天相處的時間了，這一次分離妳跟安娜何時能再見面，只有上帝知道。妳往後這幾天就陪著安娜過夜，日夜陪著，突然的那一天到來，妳們倆就會急急忙忙的分開。而利安也聽好，命令你到新遠後，每個月寫一次信到巴塱衛（大武），我會派人去取信並

回信，嘉祿堂頭目跟我友好，你也認識他，你就告訴他是我請求他幫忙，請他派人將信送到巴塱衛。我們約定，每月月初我們各寄出信。你要在寄給我的信的信封內放一封給瑪雅的信。寄給我的信，是要說明鄭軍跟新遠一帶的情況，以危急程度用月亮來表示，月越圓表示越安全，一半月表示普通，無月表示危急。

　　這樣就可以細分安全程度，你明白嗎？明白，謝謝卑南王，利安遵命照做。果然三天後的下午，傳令戰士又緊急來報：報告，前哨已看到遠征軍正要渡橋返回卑南，公主，利安，安娜立即跟我去見卑南王。三人趕赴望遠涼亭，與卑南王一同等待遠征軍進入部落，全部落的人歡聲雷動也一路跟著遠征軍。遠征軍被引導來到涼亭下方等候，首先被傳喚的是卑南戰士領隊上涼亭問話：搭米，一路辛苦了！全隊一人無缺平安歸來，荷蘭軍槍彈未見短少，衣服未見破損，我已略知遠征軍的狀況，但還是要聽聽你的說法，你要詳細的把這一趟的情形跟我說明。跟我的王報告：我們一路順利到達嘉祿堂（枋山，枋寮），嘉祿堂頭目勸阻不要再前進，如果繼續前進也只能到達下淡水河岸（高屏溪），如強行渡河，以我們這麼少的兵力，假使順利到達赤崁能殺死多少的鄭軍呢。政務員有向問阿頭目請求支援，也有請問阿頭目跟鄰近的部落通報並請求支援，說了一些鄭軍如何如何殘暴的事，也再三保證荷蘭人以後，會如何如何的來報答我們福爾摩沙人。問阿頭目的態度清楚，也表明他知道鄭軍的殘暴事蹟，他也說了一些鄭軍對荷蘭人俘虜的恐怖對待方式，他也說了，瑯嶠君主現在已公開宣佈跟無道的鄭軍為敵，問阿頭目甚至連大肚王打敗鄭軍的一個軍團，殺害鄭軍七百多人的事也說了。但是現在城堡仍被圍困著情況危急。而他的部落人少戰士就幾百人，主要是沒有適當的武器。他也安慰政務員不必灰心，他們保證不會背棄荷蘭盟友，會熱烈的盡所有能力的招待我們一行人。最後問阿頭目還說了，近期常有荷蘭船從大員來拉美島停留，

要我們等幾天就會看到他們的船。喔！搭米，你繼續說……。是的我的王。我們等幾天後看到荷蘭船，從大員航來嘉祿堂跟拉美島之間的海域，我們全軍都歡欣鼓舞，夜晚我們在海灘升起熊熊烈火，要讓在拉美島上的荷蘭軍看到，隔天在問阿頭目的幫助下，荷蘭人三人划著竹筏，去跟在拉美島的荷蘭大船會合，隔天竹筏又返回嘉祿堂。又等了幾天，在拉美島的荷蘭船來嘉祿堂近岸，他們人沒有上岸，但荷蘭士兵都跟他們互相喊話，我聽不懂喊話的內容。荷蘭船離去前往大員，我們又在嘉祿堂海灘等了幾天，政務員跟荷蘭士兵都焦急的望著南方的海面，似乎是在看還有沒有支援的荷蘭戰船來，我們也跟著尋找海面，直到四天前，我們全軍返回卑南。一路上可以看出荷蘭人的心情都特別沉重，連話也不多。而我們卑南戰士的心情，跟他們正好相反，但我要求所有戰士不能面露欣喜的表情，更不准笑。

搭米，你做得很好，只要不笑出聲音你現在可以笑了。你現在跟在我身邊來保護著我，待會兒政務員上來你要保持嚴肅。睿耕德親自走下涼亭接政務員諾爾定上涼亭，涼亭內除了卑南王，諾爾定政務員，中士翻譯，搭米，還有瑪雅，利安跟安娜。卑南王示意要安娜給政務員倒茶。在荷蘭中士的多年教導下，卑南王也懂得一些荷蘭話。卑南王說了：政務員，我們卑南永遠的朋友，歡迎你們的歸來，你們一路辛苦了！我想更明白的知道遠征軍這趟行程的收穫，福爾摩沙西部的最新消息，以便能對你們做出最好的最有利的決定。諾爾定政務員又一次明白的跟卑南王說明了此行的情況，也一次又一次的感謝卑南王，他們是接到城堡長官的命令，再次回到卑南來，是要把還留在卑南的所有荷蘭人跟隨從都召集完成，於 2 月初前全部人員再次到達嘉祿堂（枋山，枋寮）海灘，等待大員派出來的船來接人，一起航去大員城堡外海等待。喔！那能請問政務員，為何你們沒有留在嘉祿堂，而由我的戰士回來通報既可。

跟我們荷蘭人最忠實可靠的盟友卑南王報告：因為在嘉祿堂等待也
不能保證絕對安全，我也想讓卑南戰士早日安全回到卑南。而去拉
美島補給後來跟我們會合的船太小，小船已載滿食物要回去城堡，
無法再載運我們全部的人，因此我們全隊返回卑南是最安全的方
法，如全部的荷蘭人再次前往嘉祿堂，就不需要再麻煩太多卑南盟
友陪同。喔！政務員說得真實，那應該還有更多的消息。回卑南
王，還聽到消息說：鄭成功派了幾艘船去瑯嶠想在瑯嶠駐點，被瑯
嶠君主打敗，鄭軍被殺死七，八百人，在瑯嶠做生意的商人也被瑯
嶠戰士殺害，瑯嶠君主也宣佈與鄭成功為敵，若再有長山人去瑯嶠
將一律殺害。喔！何以溫良恭謙的瑯嶠君主如此發怒。卑南王，鄭
軍無信，謊言作客交朋友，實則想搶占土地，一上瑯嶠便殺了一位
瑯嶠長老，並四處捉女人。政務員，我相信，因為我的戰士也說了
相同的故事。那有沒有新遠跟那一帶的消息。卑南王，新遠那一帶
的部落現在也都聯合起來，也不准鄭軍進入，那一帶的長山商人都
已被要求帶著財產離開，新遠一帶所有的戰士都已完成武裝自保。
喔！！卑南王，是因為他們都知道了鄭軍在大員的一切惡行，都害
怕海盜們來到新遠一帶。而在幾個月前也有鄭軍兩個軍團到那一帶
勘查，還帶了一位我們荷蘭的土地測量師，假裝是要來規劃土地讓
他們以後有更好的生活。

鄭軍又欺騙他們說，荷蘭土地測量師已投靠他們，熱蘭遮城
堡很快就會投降，只要他們不反抗，仁慈的鄭成功將會如何如何的
對待他們。又殘暴的荷蘭人離去之後，他們會有如活在天堂般的快
樂。喔，那後來的發展呢。卑南王，鄭軍的謊言是不能欺騙樸實又
善良的瑪卡道盟友的，他們早已被贌商欺騙得變精明了。藉口田地
測量哪是這樣測量的？數里遠才測量一次，表明是在劃界線，或是
來勘查的，他們從麻里麻崙（萬丹南）一直測量到加藤（以南州為
中心）呢。夜晚時有的鄭軍假借喝醉酒亂調戲女人。喔！這種事如

果發生在卑南，我會如同瑯嶠王所做的那樣，砍殺所有鄭軍。那新
遠那邊怎麼回應此事。回卑南王，是天意吧！還是水土不服，鄭軍
們都生病了，死亡無數，最後僅剩約三百人撤回赤崁，生病死掉了
一千多人。現在鄭軍雖然圍困住熱蘭遮城堡，但鄭軍已無法去到諸
羅山（嘉義），只能在諸羅山以南到堯港（興達港）之間活動。如
果上帝憐憫，巴達維亞（雅加達）援軍這幾天再來，或許能改變局
勢。政務員，這也是我希望的，但我要說實話，現在是北風狂吹的
季節，要從福爾摩沙去巴達維亞容易，要從巴達維亞來福爾摩沙艱
難，上帝想幫忙也要看天氣。我決定，明日將你們分散在各處的人
集合起來，並準備好你們所需的各項物資，並再派三個戰士隨行，
直到看到城堡了，你們安全了。而我的利安，我的安娜，請您一路
保護他們姊弟，讓他們安全的回到他們的老父親身邊。以後的事就
讓上帝安排，祈禱我們卑南的永遠朋友平安。我已準備了盛大的歡
迎晚宴，歡迎遠征軍平安歸來。政務員，翻譯中士，搭米離去後。
卑南王睿耕德說了：我最親近的姊姊瑪雅，賢淑美麗大方的安娜，
聰明有遠見的利安。現在大員的情勢很明白了，城堡長官已有投降
或議和的準備，荷蘭軍已堅守了近 9 個月，荷蘭軍戰術錯誤，已來
援軍卻自己困住自己，糧食補給困難。如果沒有你們的拉美島在供
應補給，熱蘭遮城堡早就被攻陷了。鄭，荷兩軍勝負已出，城堡方
面已在做撤離的準備。

　　荷蘭人在如此危急之時，還不忘營救遠在卑南的同胞，而遠征
的荷蘭兵也不願丟下還留在卑南的人，又趕回來陪伴再一起離去。
可見荷蘭人也是重情重義的人，這是我們要學習的。我跟瑪雅就快
要跟你們姊弟分離了……。卑南王，感謝你的相助，我跟我姊姊永
生不忘你的大恩大德，你不必擔心瑪雅跟我的事，我們也是重情重
義的人，我會信守諾言。卑南王，我跟我弟弟此生有幸能到卑南，
住上這幾個月，是你賜給我這幾個月完全無恐懼的日子，生活的如

此美好，我無法用言語來表達我內心的感激。還有，我也要感謝瑪雅……（安娜淚眼汪汪，已無法再講下去）……。瑪雅主動擁抱了安娜說了：安娜姊姊，我這條西班牙黑色頭巾送妳，妳把它綁在頭上，外出時都綁上把頭髮包起來，它是我父親送我的禮物，現在它可以保護妳，讓妳回去新遠（新園）時不再被誤認是荷蘭人，避免不必要的麻煩。我留在卑南等你們的消息，記得我們之間的約定。接風晚宴後，瑪雅，利安，安娜回到他們的小屋，三個人都知道再過兩三天就要分離了，這是無法改變的事，瑪雅竟也學著禱告起來，表現反而很堅定不再憂傷。倒是利安跟安娜都憂心沖沖的。兩天後荷蘭人的隊伍都到齊了，隔天一早就要出發去嘉祿堂（枋山，枋寮）海灘。最後一天的下午，三個人又來到他們常來的海邊，西乃西乃島（綠島）清晰的出現在眼前。三個人都有心事，都無言的坐在那根大漂流木上。利安心裡想著，住在那島上的人好幸福，沒有這邊的紛紛擾擾，荷蘭人，鄭成功，大員，赤崁，海盜，荷蘭士兵，這些他們沒聽過也沒想過，在那安靜平和的西乃西乃島上生活，一代又一代繁衍什麼也不怕。瑪雅心裡想著，明天就要跟利安分離，雖是暫時的分離，但祈求海神保佑他平安歸來，這輩子能跟利安永遠在一起，別再有分離。安娜心裡想著，城堡危急索阿哥哥生死不明，或許他已戰死，又或許他已病死，如果上帝是這樣安排那我該怎麼辦？福爾摩沙若真的容不下荷蘭人，我是該再來卑南，還是跟教師去荷蘭。天色漸暗，西乃西乃島（綠島）在眼前消失，三個人手拉著手一起返回小屋。

　　清晨，所有卑南的人都來送行，卑南王也來送行。三位隨行的卑南戰士走在最前面，安娜姊弟倆跟大家揮手道別，安娜拉著利安的手，快步的跟在卑南戰士的後面，

荷蘭人跟隨從近 80 個人的隊伍跟在後頭，荷蘭中士跟教師擠出隊伍來到姊弟身旁，教師接過安娜的行李後拉著利安走在他們的身後遠處。明顯是要讓中士跟安娜說話。中士趁機小聲的問了安娜：就跟我們去巴達維亞（雅加達）吧！這話是教師希望我替他說的。喔！我聽到了，但我在等一個要向我唱拉美情歌的人。安娜小姐，那個人真是幸運又幸福的人，他現在在哪裡？中士，他現在被困在熱蘭遮城堡裡，生死不明。安娜小姐，寬恕我直言，那他凶多吉少……喔！不不，他吉人天相不會有事。是哪一個荷蘭人能有此福份，能比教師還有福氣。中士，他是拉美人，是我從小的青梅竹馬，在城堡當荷蘭兵，本來去城堡學木工後來改當荷蘭兵，簽了 5 年的約，合約也快到期了。安娜小姐，今天我要明白的跟妳說，這事是牧師跟我說的，他擔心妳的安全，所以告訴我此事要我一併說服妳，而這事也只有我跟牧師知道。妳的父親是荷蘭人，巧合的是他正是我的同鄉，如果我們撤離福爾摩沙，我們會保護妳安全的到達荷蘭，妳一個人留在福爾摩沙面對一群海盜，那是非常危險的事。中士，請你忘記你所說的事情，我母親是拉美人我就是拉美人，而我的父親是黃掛。安娜小姐，妳聽我說，妳的父親名叫克隆克，妳死去的小弟隆克，就是妳母親要紀念克隆克才取的名，請妳相信我，而這就是證明。中士，謝謝你們都這麼關心我，這事我阿母親口跟我說了，她說是因為克隆克救過她兩次命，感恩他才給我小弟取名隆克，不是其他什麼原因。如果你回到荷蘭有遇到克隆克，幫我們家謝謝他，你也可以詳細的跟他說我們家的情況，不知道就問牧師他很清楚。安娜小姐，那妳就再考慮考慮吧，教師人真的不錯，他來福爾摩沙是要體驗人生，他家在荷蘭可是很不錯的家庭，生活富足安康。中士，教師人很好我知道，也感受到了他是可以依靠的對象，緣份都是上帝在安排的，我們先能平安到達嘉祿堂（枋山，枋寮）再說吧。隊伍雖然龐大又有小孩，但都有要盡快趕到嘉祿堂的決心，隊伍如願的提前一天趕到嘉祿堂海邊。就立刻

看到了在拉美島的海面上有三艘荷蘭船。眾人照例在海灘上用漂流木點了大火堆，這熊熊大火，希望能讓遠在拉美島方面的荷蘭船看到。表示他們已如命令到達海灘等待。

　　利安跟安娜手拉著手坐著看這熊熊大火，利安知道姊姊的心事。此時姊姊面臨人生最關鍵的選擇。或許他陪著姊姊的時間也不多了。姊姊主動緊握著他的手，內心想必是很掙扎，這個動作也表示她有打算要離開福爾摩沙，跟著荷蘭教師去荷蘭。安娜說了：弟弟，美麗的拉美島就在眼前，阿母生前念念不忘要回去的拉美島，這也是我們從小的願望，而阿母直到死前也沒能再見到拉美島一眼，我們就回去拉美島，我們躲到新遠（新園）來，不是就在等時機回去拉美島嗎？是啊，姊姊，我也好想放下一切回去住在拉美島，可是芸芸呢？新遠的未來呢？我必定是要回新遠負我該負的責任，妳能一個人去拉美島嗎？現在城堡那邊還跟鄭軍僵持著，結局如何只有上帝知道，相約要來載荷蘭人的船是明天，明天船就會來靠岸載人，妳就要做出選擇。是要跟教師上船，還是要留下來等城堡跟鄭軍的結局，再來找機會回去拉美島住。城堡若被攻破，再來就是鄭軍來攻擊我們，我們能不能保命都不知道，我們原本想說躲回去拉美島就安全，鄭軍如果也去拉美島捉人呢，現在看來卑南反而更安全。弟弟，我好難決定喔。姊姊，如無法決定妳就留下來，我會跟妳一起承受後果，如果決定離開，就安心的去巴達維亞（雅加達），去荷蘭。我也早在好幾年前就偷聽到了妳跟阿母的對話，那天早上我也是不放心阿母，想去探望她，不經意的聽到了阿母說的話，克隆克才是妳的生父，阿母就要病死了，她不得不對妳說，但我們都是阿母所生，我們姊弟的感情不受這事影響，我放在心裡從沒向他人提及，包括阿爸，芸阿，瑪雅，任何人我都不會提起，如果索阿哥哥還平安活著，我也不會向他提起這事，這件事是我們姊弟永遠的秘密。弟弟，你好懂事，姊姊謝謝你，我了解你現在跟

我講這事的意思。瑪雅是好女孩，明天萬一姊姊決定上船，你要信守諾言再回去卑南看她，也要記得每個月寫信，簡單的荷蘭字她應該看得懂。好的姊姊，如果明天妳決定上船，就開心的離去，荷蘭是上帝的國度，適合妳也歡迎妳。而瑪雅的事妳也要放心，妳有用簡單的荷蘭字在旁邊畫上圖像給她留著，她對圖就會知道我的信的意思，感謝姊姊的細心幫忙，我也不會讓她等太久，會想辦法去卑南找她。弟弟，如果明天我上了荷蘭船，我就不能幫你跟芸阿解釋瑪雅公主的事了。

利安你要記住，無論芸阿她如何發脾氣，罵你打你，你都要忍耐讓著她。老頭目如果知道也一樣，只要不是砍頭，都要順服表示懺悔，我也會誠心祈禱上帝幫幫你。

隔天中午，在拉美島的荷蘭船航行到嘉祿堂（枋山，枋寮）海灘接人，共有三艘船，有一艘是接駁的平底船，另外兩艘大船在不遠處的海上等候接人，利安跟安娜在隊伍的最後面，教師跟懂卑南話的中士在旁邊陪著。政務員跟牧師跟職位比較高的十幾人，先上了第一趟船。第二趟船又載走了十幾人，接駁速度緩慢，因為一下子無風，一下子起了風又有浪，荷蘭教師跟幾個士兵打算坐最後一趟船。安娜緊握著利安的手，似乎還沒有做最後的決定，姊弟倆坐在海邊的漂流木上也沒有談話。最後一趟船又要靠岸了，荷蘭教師過來拿了安娜的行李說了：長官已準備好和鄭成功議和，我們要被接去大員外海等待，再一起撤離去巴達維亞（雅加達），說完教師往海邊走去。安娜面無表情，也沒有表示不願意讓教師拿走行李，看到平底船就快靠岸了，要來載最後的人。利安拉著姊姊的手站了起來，說了：走，說不定索阿哥哥沒死，會在另外一艘大船上等著妳，你們會在巴達維亞團聚。利安拉著安娜的手往平底船

走去，卻看見那三個陪同來的卑南戰士已跳上船去，只剩教師還站在船邊等候，卑南戰士好像跟船上的士兵起了爭執，姊弟兩人快步的跑向平底船。安娜緊張的扯下頭巾，用生澀的卑南話大喊：下來，下來，你們三個人不能上船。戰士卻回答：卑南王要我們送他們到可以看到城堡的地方，現在還沒有看到城堡。正當安娜跟利安更緊張的又大喊：你們三個人快下船來。突然聽到一個久違的聲音用拉美語大喊：安娜，利安，我是索阿哥哥。姊弟倆愣了一下，索阿脫下扁帽從平底船上跳下來，立即飛奔上前抱住安娜。安娜急著開口問，你是要去巴達維亞嗎？你變好瘦我們都快認不出來了。安娜，利安，我要留下來，我要留在福爾摩沙，上帝恩典我沒有戰死，還能再見到你們，我簽約的兵期正好到期，我要回家。好，索阿哥哥，我們三個人一起回家。荷蘭教師很有禮貌的將安娜的行李還給了安娜說：這三位卑南戰士，我們會再送他們回來。教師上船後，一直跟站在海灘上的三個人揮手道別，平底船上的人也都跟他們揮手道別，連大船上的人也紛紛向他們揮手道別，三個人齊力大喊：祝你們一路順風，從此平平安安。大船上的士兵還發了三聲槍響向他們道別。應該說是致意也是感謝。三個人目送三艘荷蘭船往北方漂去。

哆囉嘓（東山）

蕭壠（佳里）　　麻豆　　目加溜灣（善化）

新港（新市）　　　大武壠（玉井）　　　Formosa　　　新港（成功）

蚶西港　　卓猴　　拔馬（左鎮）

熱蘭遮城（俗稱安平古堡）

大目降（新化）

大員（安平一帶）　普羅岷西亞城（赤崁樓）

木柵

噴哩（關廟）　　（內門）

大傑巔（旗山）

堯港（興達港）

桌山（大崗山）

大澤機（高樹）

阿猴林（大樹）　塔樓（里港）　珊珠瑪（三地門）

九如

搭加里揚（九曲堂）　阿緱（屏東）

打狗（高雄）　坤頭（鳳山）

大木連（萬丹）

下淡水河（高屏溪）　麻里麻崙

卑南（以台東市為中心）　火燒島（綠島）

太麻里

加瑪崙（金崙）

新遠（新園）　力力（崁頂）

加藤（南州）

力里（春日）

加羅板

巴塱衛（大武）

東阿土港（東港）　放索仔（林邊）　枋寮

相思埔　　白沙尾　嘉祿堂（平埔厝）

天台　　大寮　　（枋山）

Lamey 拉美島（小琉球）（琉球）

瑯嶠（恆春半島）

社寮

受卑南王保護的一群人，返回嘉祿堂海邊，
被從拉美島航來的荷蘭船接走路線圖。
安娜、利安、索仔也返回新遠

16
回家

　　三人決定沿著海灘走回嘉祿堂（枋山，枋寮）部落，問阿頭目已在不遠處的海灘等待，也圍了一大群嘉祿堂人。索阿穿著一身荷蘭士兵的服裝格外引人注意，目光焦點都在索阿的身上。經過他們三人一再的用拉美話說明，嘉祿堂人都知道他們三人是拉美人，也算是親戚。都爭著要他們三人去住在他們家，都說去住他們的家最舒適最安全，也有幾個人表明他們也是拉美人，二十幾年前荷蘭人去瘋狂的攻擊拉美島，他們驚恐的趁夜划著竹筏逃來嘉祿堂。又說也有的拉美人逃去瑯嶠（恆春半島），在那邊平安的生活著，也都有了後代。說著說著還流下淚來，二十幾年過去了傷痛還在，他們都在等待荷蘭人離去後，有重新返回拉美島的時機。利安跟安娜也跟他們講了他們的故事，也講了在新港（新市），蕭壠（佳里），麻豆，目加溜灣（善化，安定）也還有拉美人跟他們的後代。也講了去巴達維亞（雅加達）的 200 多位成年的拉美男人，早已全部病死在巴達維亞。一下子整個嘉祿堂都是在談論拉美島，及拉

美人的故事。最後在擺不平的情況下，問阿頭目決定，他們三人先住在我家，才平息眾人紛爭。利安三人被拉美親戚的熱情嚇到了，一個比一個純真，一個比一個善良。上帝是不是弄錯了，怎麼能給他們帶來那麼大的苦難，整個拉美島的人四散各處，骨肉分離。每個家庭都失去眾多的親人，這是何等的悲傷。願上帝憐憫能補償拉美人，當他們再回去拉美島後能永遠平靜平安的生活，一代又一代快樂又幸福。索阿也知道了一家人躲避來到新遠（新園）的事，也知道了他的生母不是黛咪的親姊姊，也知道了尚在新遠的同阿是他的阿舅，還有同阿阿舅也有生了一個女兒是叫芸阿，芸阿還是利安的未婚妻。索阿一時之間很難適應，一切變化的太突然，他當荷蘭兵大難不死，做夢也夢不到會突然跟安娜相見，又一下子知道這麼多好事。人生無常，索阿思緒紛雜……。

許久未見面的三個人突然在嘉祿堂（枋山，枋寮）見面，同睡在一間房間內，就像小時候全家躺成一排，同睡在一個大房間時一樣，三個人有說不完的話，整夜都在聊著這一段分開的日子所發生的事，終究敵不過疲累，照著小時候的規矩，三個人手拉著手互道晚安。三個人都安穩的入睡，這是這一段艱苦的日子中，睡得最安穩的一次。安娜握著索阿的手整夜都不願鬆手，安娜雖已進入夢鄉，索阿若稍有動靜，安娜反射性的又緊握住索阿的手。隔天早上三個人決定立即儘速回去新遠（新園），他阿爸，寬阿阿姨，跟芸阿一家人還在新遠焦急的等著他們的消息呢。安娜綁上瑪雅送她的黑色頭巾，把頭髮完全包覆起來。三個人都有共識，以後無論遇到任何困難都要共同克服。索阿將他精美的荷蘭士兵服裝，跟問阿頭目換了一件粗布衣，問阿頭目開懷大笑。在問阿頭目的堅持下，嘉祿堂派出十位戰士隨行，要一路護送他們回到新遠，他們向嘉祿堂辭別時的心情，竟如同要離開故鄉一樣。問阿頭目突然說：我親自帶隊送你們經過放索仔（林邊），再目送你們走去東阿土港（東

港），你們到東阿土港再搭竹筏過河就到新遠（新園）了，這樣天黑前就能到達新遠。放索仔雖跟拉美人關係緊張，但跟我問阿關係良好，而東阿土港也住著很多拉美人的親戚，你們到達東阿土港就算是安全了。而新遠就在力力溪（東港溪）的對面，這冬天的季節河水少水流緩，搭竹筏過河很安全。這就出發確保你們晚上能回到家。三個人如做夢般踏上回新遠家的路。一路果真如問阿頭目說的一樣，三個人一路平安順利於天黑前回到新遠。立刻在新遠戰士的簇擁下來到塔瑪老頭目家。芸阿見到利安回來快步上前給利安一個大擁抱。黃掛跟寬阿也來到頭目家，安娜立即跑上前跟她阿爸來一個大擁抱。黃掛見到索阿也是一個大擁抱。已是老江湖的黃掛也淚流滿面，幾乎說不出話來。連塔瑪老頭目也紅了雙眼。現場氣氛溫馨感人，每個人都想知道發生在他們三個人身上的故事。利安感受到，新遠的氣氛與他離去時完全不同，現在新遠的戰士各個武裝，氣氛肅殺殺氣騰騰。

　　利安回想，他們經過放索仔（林邊），經過東阿土港（東港）時，戰士都已做好武裝。利安簡單的跟老頭目說了他們這幾個月的情形後，問了：阿公，我看到了每位戰士都做好武裝了，我也從荷蘭人的談話中知道，城堡長官揆一有準備跟鄭成功議和，我們下淡水河（高屏溪）一帶的部落現在準備的情況如何？我很著急的想知道。利安，早上從搭加里揚（大樹，九曲堂）傳到麻里麻崙（萬丹南）的消息說，揆一長官正與鄭成功議和中，雙方互派人員傳遞訊息，目前雙方停戰中。這對我們來說是天大的壞消息，荷蘭人現在只為了能保全自己，我們福爾摩沙人要靠自己的力量抵擋海賊。我們這一帶的部落已正式結盟要聯合對抗海賊，絕不允許海賊再踏入下淡水河以東。瑯嶠君主也已正式宣布，鄭成功是他們的敵人，長山人進入瑯嶠一律砍頭，上下瑯嶠跟我們都已形成連線，互為盟友。阿公，我此次卑南行，也和卑南王睿耕德結交成為好朋友，

卑南王的姊姊瑪雅公主跟安娜，她們兩人每天還住在一起呢，我會寫信給卑南王睿耕德請他也助我們一臂之力。卑南王仁德，重信守義，一諾千金。而他的數萬戰士各個勇猛強壯，如有他幫助我們，我們不必害怕海賊們。喔！那好，明日你立即寫信給卑南王，盡量把我們這邊的情形說明清楚，但信要如何送到卑南。阿公，我們負責送到嘉祿堂（枋山，枋寮），嘉祿堂會送到巴塱衛（大武），卑南王會派人去巴塱衛取信。現在正好月初，也是我跟卑南王約定送信的時間。利安，那就太好了，信就明日一早送出，你辛苦一點晚上就先寫好信。因為情勢緊繃，鄭軍隨時會獲勝，而我們這一帶將成為第一線。你離開這四個月期間，芸阿整天像是失了魂那般，她跟你會有很多話要說，你就先下去休息吧。黃掛一家人又都聚在一起，同阿跟麻莉夫婦帶著芸阿也來一起吃飯。小蜜阿也粘上了安娜，說著她是如何的想她，常要安娜抱著她。安娜說：小蜜阿，妳都 5 歲了很重，姊姊快抱不動了。小蜜阿還會故意坐在安娜跟索阿的中間，逗得大家哈哈大笑。安娜，利安，索阿回來，黃掛是特別的開心，寬阿忙進忙出的準備著晚餐。晚餐時，麻莉直接就說了：親家，現在時局動盪，利安跟芸阿情同意合，就讓他們儘速在一起，利安今晚就來住我家，就在我家寫信給卑南王，明天再回來這裡。親家，我當然贊成，這是利安的福氣也是我黃掛的願望。同阿，麻莉夫婦眼神轉向利安。利安看了芸阿一臉期待的模樣，點點頭說：好，我也正好有很多話要跟芸芸說。現場一陣歡呼，每個人都開心不已。

　　隔日，利安寫好的兩封信裝在一起，新遠（新園）麻達立即送信去嘉祿堂（枋山，枋寮）。利安從此就搬到老頭目家，跟芸阿的阿爸同阿，芸阿的阿母麻莉，麻莉的阿爸塔瑪老頭目住在一起。而黃掛的家就在頭目家旁，走十幾步路就可以跟利安見面。安娜跟她阿爸黃掛，阿姨寬阿，小蜜阿，索阿住在一起。索阿也跟同阿阿

舅相認了，索阿也多了一個芸阿表妹。索阿也從利安口中的索阿哥哥，變成索阿表哥，塔瑪老頭目也該被索阿叫阿公。一下子每個人都不習慣新稱呼，還是直接叫名字比較習慣。傍晚時分安娜帶著索阿散步來到海邊，也想一起來看看拉美島，天氣晴朗拉美島近在眼前。安娜，我跟妳講我們運補船去拉美島運補的故事。太好了！我好想知道拉美島的一切事情。……我們被鄭成功圍困在熱蘭遮城堡內……，這期間互有戰鬥，剛開始在大員灣（安平海灣）的海戰，我們就損失了兩艘船。我們被派出城去支援普羅岷西亞（現赤崁樓位置），我們共有兩百人我也在其中，鄭軍攻擊我們，只有約 60 人順利進入普羅岷西亞，我跟其他人又撤回熱蘭遮城堡。幾天之後普羅岷西亞投降鄭軍。隊長也有帶領一支軍隊出城，去攻擊在北線尾的鄭軍，但是又吃了敗仗，隊長也戰死。揆一長官要我們堅守城堡，期待拖垮鄭軍，我們早已準備了充足的糧食，想說鄭軍一兩萬人來到大員，他們支撐不了多久，會比我們先缺糧。到那時候他們就會撤軍，我們也期待巴達維亞（雅加達）的援軍到來，所以一直堅守城堡。鄭軍也一度全力攻擊城堡，砲火從四面八方而來，他的士兵也英勇的攻城，但被我們一一擊退，我瞄準敵人發瘋似的射擊他們，我發現我的槍法神準，每次開槍敵人立即倒下。大砲手也發射砲彈，敵人被炸得飛裂四散。從早上到天黑，我分不清殺死了多少鄭軍。

　　戰鬥結束後，我們才損失幾名士兵幾個職員，此戰我們大獲全勝。戰事後得知鄭軍死亡七八百人，包括一位最重要的將領也被我軍炸死。我們終於將之前的怨氣全討了回來，士氣大振。鄭軍從此之後就圍著城堡的通道，就那個路峽，他們退到我軍大砲射程範圍外，我們知道他們攻城無效後想要圍困我們，用圍困的方式讓我們投降，但我們糧食充足，所以雙方一直僵持不下，雙方每天互有砲擊算是試探性的警告。日子一天一天的過去，我每天想念著妳，想

念著家，想念蕭壠（佳里），想念新港（新市），我不知道哪一天我會戰死，明天又會是怎麼樣。安娜拉著索阿的手說：索阿，這些都過去了，你慢慢說。等了幾個月後，巴達維亞（雅加達）的救援艦隊來了。索阿，巴達維亞的救援艦隊，就是從我們現在的前方海面上漂過去大員的，利安就是在這邊等待看得清清楚楚。喔！索阿轉頭看了安娜又說了：我們看到艦隊到達大員外海全城都興奮的大叫，每個人都充滿戰鬥的精神。而鄭軍方面，安靜無聲，他們都嚇壞了。也看到有鄭軍的小船叛逃，載滿鄭軍的人離開大員，當時滿潮在艦隊準備進港時，天氣突然轉壞起了大風浪，潮流也大亂。其中有一艘船漂到蕭壠擱淺了，他們被鄭軍圍住，經過一番戰鬥有的被殺，其他的人被鄭軍俘虜。而大風又一直狂吹，救援艦隊不得已去澎湖避風，十多天後才又返回大員外海停泊。索阿，難怪，那時我們在新遠等待，戰士都做好準備，一直等一直等，城堡方面跟救援艦隊如果出擊，我們將配合追擊敗逃的鄭軍。但等到最後都沒有消息，各部落都等到失去了信心。安娜，救援艦隊在這折騰下，援軍進入城堡內已是一個月後，但我們歡迎他們進入城堡，全城又士氣高昂了起來。揆一長官要我們全城人員做好出征的準備，等待數日後的最大潮要出征。計劃是這樣的，在外海的艦隊先開入大員海灣砲擊鄭軍，我們的砲厲害，鄭軍將潰敗逃竄，我們城堡內的所有人都已做好武裝，也分組分配好任務，連職員跟行政人員跟囚犯，都配槍要一併上陣。等待砲擊過後，揆一長官帶領全軍全城人員衝出殺敵，要徹底的擊敗鄭軍。（此時安娜的手更是緊握著索阿）我也已抱持為福爾摩沙犧牲的準備。大戰當天早晨，我們的大戰船開入大員海灣內，卻無法開到指定的位置，因為海灣內太淺了，對大船來說太淺了，大船無法靈活行駛。鄭軍的小船數十艘，卻靈活的在海灣內圍住我軍的大船攻擊。

　　激烈的戰鬥持續數小時，雙方的船互有損傷，戰鬥結束後我軍損失兩艘大船，一艘爆炸一艘嚴重受損失去戰鬥力，其他的戰艦退回大員外海，完全沒有達到我們預期的目標。我們眼睜睜的看著眼前的悲劇發生，有的士兵戰死有的被俘虜。戰鬥結束後我們清點人數，損失了近兩百名士兵，幾天內港灣內有幾具浮屍，還漂到城堡的海灘上來，我們只能幫他們埋葬祈禱。索阿，你看看遠方的拉美島緩和一下心情。那你有親自埋葬他們嗎？有啊！我見到同袍的屍體，有的斷手有的斷腳有的斷頭，但我並不害怕，都向上帝禱告後跟他們一一道別。後來我們也不敢再出擊了，知道港灣太淺大戰船無法在港灣內戰鬥，而停在外海的戰船上的砲，又打不了那麼遠，無法在海上直接攻擊鄭軍。鄭軍有一次攻擊失敗的慘痛教訓，也不敢太靠近城堡，從此雙方就僵持著。直到現在他們雙方議和，也還不知道結果。索阿，所以你們就這樣一天一天的耗著，城堡的食物一天一天的吃完。安娜，妳說對了，長官只好派船到拉美島載運新鮮的食物。仗著我們的船大砲厲害，冒險出航。我們缺乏新鮮的菜新鮮的肉乾淨的水，我們幾天就派兩艘船到拉美島補給，我是拉美人，當然被長官指定要隨船到拉美島，我也開心的不得了。因為可以離開城堡，也可以登上夢想中的拉美島。就這樣我每次都到我們的拉美島運補。哇！太棒了，上帝保佑，上帝有保佑，謝謝主讚美主。安娜，當我第一次踏上拉美島，有阿爸的朋友許樂卡一家人住在那裡，也住著 7 個幫忙採收椰子的農民工。我們把他們全部的羊，豬，菜都買下來，椰子也花錢僱請他們摘採。他們原本答應了我們，後來又沒誠信的把豬，羊都趕入岩縫洞中。隊長生氣的開槍警告他們，命令我們把豬，羊搶走，椰子也隨意採取，這拉美島的椰子本來就不是他們的，只是贌租給他們採椰子而已。隊長對他們宣告說：鄭軍侵略來襲，國難當頭，揆一長官有令，你們是荷蘭屬民，必須完全聽命。我們所取走屬於你們的豬，羊，蔬菜都會記帳，於鄭軍被擊退後會雙倍補償你們。又拉美島的椰子，林投，山野的

植物，海中的海產，是屬於這個國家所有，現在是戰時。我以運補
艦隊指揮官的身份解除你們的贌租權利，也徵召你們一起採收椰子
跟椰子嫩心，以最快的時間採收，工資也會紀錄，同樣於戰事後加
倍補償你們，如果你們不願配合就是通敵，長官有令，殺無赦。

　　許樂卡嚇壞了，表現出樂意配合的態度，我還上前去安慰他，
也跟他說了我阿爸就是黃掛，他才露出笑容。我們要在最短的時間
內裝滿兩艘運補船，而椰子樹嫩心是我們迫切需要的蔬菜，因此長
得太高大的椰子樹就直接砍倒，好快速取得椰子跟嫩心，而長在菜
園裡的菜，豆子，都徵收了，連雞也徵收了。我們也四處尋找淡水，
把所有空桶都裝滿水，我們能到拉美島運補的人都是幸運的人，當
然先吃新鮮的蔬菜，大口大口的喝椰子水。我們在城堡內吃怕了鹹
魚跟鹿肉乾，我們吃了新鮮蔬菜的人都精神了起來。索阿，拉美島
是不是像阿母說的那樣，是風景優美的人間天堂，有機會的話，我
們跟著分散各地的拉美人回去拉美島居住，這是我們從小的夢想。
安娜，阿母說的沒錯，應該說是黛咪阿姨說的沒錯，拉美島真的好
美好美，是人間天堂。索阿放開安娜緊握住的手，把安娜擁入懷
中，兩人擁吻了起來。過了許久……。索阿跟安娜說：好，我們就
等待那個時機，就回去住在拉美島，實現我們從小的夢想。安娜，
當我們第一次運補裝滿新鮮食物回熱蘭遮城堡，大家開心的程度是
比打勝仗還要開心。我們當然又需要第二次第三次運補，因為城堡
內的同袍缺乏新鮮蔬菜可吃，有很多人生病了，是雙腳腫大的病，
士氣越來越低落。城堡內的酒也喝光了，對喜歡喝酒的士兵來說也
是痛苦難熬。從第二次的運補開始，長官把生病的士兵也一起讓我
們載去拉美島，讓他們在島上休息幾天，並吃大量的新鮮蔬菜，椰
子嫩心，豐富的海鮮。神奇的事情發生了，他們都健康的復原。索
阿，許樂卡一家人在拉美島生活，你們對他們那麼兇，他們沒有逃
走嗎？安娜，他們沒逃走，我們第二次去運補時就把該給他們的錢

還他了，但那幾個農民工都逃走了，逃去打狗（高雄）。我們就這樣又運補了幾次，還把輕微受損的平底船送去拉美島修理呢。哇！索阿，還好有拉美島，要不然城堡無法支持到今天。是啊安娜，到後來的幾次運補，當我們踏上拉美島時，隊長都會帶領全隊一起跪在地上，親吻拉美島的土地，感謝它的恩賜。

又有一次運補時遇到了麻煩，可能是逃到打狗（高雄）的農民工去密報鄭成功，鄭成功的數艘小戰船在拉美島近岸埋伏，也有鄭軍的士兵上島埋伏，我們還跟他們發生戰鬥，他們被我們擊退，我也有兩個同袍戰死。敵人逃離後我們裝滿食物跟竹子返回城堡。哇！好險！你有參加戰鬥嗎？當然有啊！我是神射手啊，我清楚的看著鄭軍船上的人被我射中倒下。嗯，上帝會寬恕你的，上帝會知道你是正當的，是他們跑來侵略大員。安娜，妳說得對，我射中海盜，我一點也不憐憫他們。後來的運補長官派了更多的人員，甚至派一兩百人到拉美島。目的是要確實鞏固拉美島，讓鄭軍不敢再來拉美島，另外也是要讓每一個士兵，都能輪流到拉美島休養放鬆。揆一長官也命令我們接回許樂卡一家人去大員城堡住，避免再有不必要的麻煩，我們也遵命照做了。最後這幾次的運補，除了裝載食物飲水，我們還接到命令要送信去瑯嶠（恆春半島），跟送信去嘉祿堂（枋山，枋寮），讓他們把信送去卑南。哇！這個事我知道，當時我和利安在卑南受卑南王保護，有一天卑南王急著召見我們，這信還是我翻譯的呢。但送去嘉祿堂的信我沒看得，卑南王沒收到信。安娜，真的好巧，我送的信要瑯嶠王轉送給卑南王，竟然是妳做的翻譯。索阿，不是啦！是中士做的翻譯，我跟利安幫睿耕德看著，看中士有沒有亂翻譯啦。安娜，至於我們最後一次要送信去嘉祿堂，正巧看見嘉祿堂海邊升起大火，我們知道這是聯絡信號。就看到政務員划竹筏來海上跟我們的船會合。我們才知道他們在卑南的狀況，也知道他們從卑南帶了 30 名荷蘭士兵，跟 25 名卑南戰

士聯合遠征要來參戰。索阿，這事我最清楚，換我說：卑南王收到
瑯嶠轉來的信，叫政務員，翻譯中士，瑪雅公主，利安跟我一起去
商議，最後決定派 25 名志願的戰士協助遠征，而英明的卑南王只
是要讓遠征軍取得最新消息回去卑南，事情的發展證明一切都在他
的掌握之中。卑南遠征軍返回卑南，才有我們全部撤離卑南，來嘉
祿堂海灘等待的事情，上帝巧妙的安排，因為這樣我們又重逢。安
娜，就是我傳的話轉交的信，如果他們返回卑南，要帶著所有想離
開卑南的人，於 2 月 1 日或 2 日再回到嘉祿堂等待。

　　索阿，原來是這樣喔！所以政務員看完信把信燒了，他已知
道大事不妙，帶遠征軍返回卑南時也說了實話，這次卑南王又緊急
召見我跟利安，還有瑪雅公主去商議，英明的卑南王早已猜到結果
了。他只派 25 名戰士支援隨行，當時他就猜中大員的情況了，連
遠征軍要返回卑南的時間也都猜中。而這次我跟利安就這樣跟著荷
蘭隊伍返回嘉祿堂（枋寮，枋山）。當天我們就看到你們的船在拉
美島海面上，傍晚我們生火當信號，隔天你們就來接人了。上帝保
佑！就在昨天，昨天我們倆又見面了。我還差一點就要坐上船跟著
教師離去。當時利安安慰著我說，說不定你是在另外一艘大船上
等著我。索阿靜靜的聽著安娜的敘述，兩人雙眼互視⋯⋯慢慢貼
近⋯⋯在新遠（新園）的海灘上，在拉美島的見證下，再次擁吻了
起來。已近黃昏，海面反射閃閃亮光，安娜牽著索阿的手，一起走
回家，索阿唱起拉美情歌：

　　純潔無瑕的白沙啊！代表我的心。湛藍清澈的海水啊！傳達
我的情。迎風搖曳的椰子樹啊！考驗著我們的愛情。妳是人見人愛
的紅珊瑚啊！讓我跟著妳此生不渝。安娜應和著：

　　純潔無瑕的白沙啊！代表我的心。湛藍清澈的海水啊！傳達我的情。迎風搖曳的椰子樹啊！考驗著我們的愛情。你是少女仰慕的翠綠山巒啊！我願意我願意。

　　兩人回到家，寬阿阿姨已做好晚飯。全家 5 人坐下來吃飯，安娜主動跟她阿爸說了：時局紛亂，索阿大難不死，我年紀也很大了，我答應了索阿，願意讓他跟著我一輩子。安娜，我的乖女兒，阿爸當然同意啊！阿爸太開心了。昨天利安成家，今天妳也決定成家，老天爺終於是站在我黃掛這邊了，上帝保佑！上帝恩典。寬阿也說了：這真是太好了，前幾天我跟妳阿爸，還擔心著這輩子可能再也見不到妳，現在不但見到了妳，索阿也平安回來，你們決定要成為夫妻，這太讓人驚喜了，謝天謝地。

　　小蜜阿也說了：那晚上睡覺，我是不是不能再睡在安娜姊姊的旁邊。可以的，小小蜜阿，妳今天晚上還可以睡在姊姊旁邊。喔！那好，准安娜跟索阿結為夫妻。全家人聽了笑成一團，歡欣不已。隔天，正當塔瑪老頭目宴請各長老及部落居民，慶祝孫女成家並介紹大家早已認識的利安時說了：我已年邁，連走路時都要依靠拐杖了，我手上這支荷蘭長官發給我的權杖，代表著我對新遠（新園）的責任，現在鄭成功圍困著長官，情況危急，荷蘭軍可能隨時會戰敗，現在傳出雙方在談議和條件，這事對我們來說是天大的壞消息。前些時日，鄭軍帶荷蘭土地測量師假裝要來測量土地，假裝幫我們規劃農田，實際上是要來侵占我們的土地，明顯的是在畫地分配。幸好上帝保佑祖靈顯靈，他們都生病死去，剩下幾個沒死的也拉著肚子逃回赤崁去了，鄭軍從此數個月不敢再來。我們現在已看穿這幫海賊的底細。但我們要謹慎警戒，以便迎接更大的挑戰。現在各個部落已聯合起來，我們已不再害怕鄭軍了，但我年邁無法再

勝任這頭目的工作。我推舉利安擔任此一重任，利安博學多聞，曾任新港（新市）政務員助理多年，又精通四種語言，英明的卑南王更是他的好友，他也與卑南王同齡，雖年輕但足堪重任，不知大家意見如何？各位長老意見如何？眾人聽聞皆鼓掌說好，也說只有利安才能帶領我們度過難關。利安見狀，無法推辭說：那我先做一年，協助老頭目，只協助我們都敬重的老頭目，如還有下次的地方會議，再代表老頭目出席，看看荷蘭長官的意思，再做定論。眾人又是一陣歡呼！好，就這樣決定。正當大家開心的吃肉，大口的喝酒時，麻達緊急來報……。報告頭目，最新消息：大員方面，揆一長官與鄭成功議和完成，荷蘭軍可以安全的撤離熱蘭遮城，全福爾摩沙的荷蘭人跟隨從，全部可以安全的撤離去巴達維亞（雅加達），條件是鄭成功提供撤離所需物資，並保證他們手持武器，莊嚴的行軍擊鼓，光榮的離開。塔瑪老頭目聽到麻達的急報後，大吃一驚，眾人也大吃一驚，議論紛紛。塔瑪老頭目說了：各位長老不必驚慌，是時也，也是命也！既然揆一長官已和鄭王議和，我這支權杖也失去了意義。現在新遠（新園）恢復我們古老的傳統制度，由眾人推舉一位賢能的人擔任頭目。

一切公共事務由新頭目決定，也由新頭目來帶領大家。我再次推舉茱利安為新的新遠（新園）的第一任頭目，以便迎接新挑戰。最後在現場的長老一致贊成，新遠居民也熱烈鼓掌支持下，利安接下新遠頭目一職。此時索阿站起來說：我們現在請茱利安頭目跟大家說幾句話。安娜率先鼓掌，眾人也一致鼓掌歡迎新頭目講話。新遠的所有居民，各位長老，老頭目，大家平安。現在荷蘭人決定要離我們而去，過去依靠與荷蘭人結盟，受荷蘭人保護的時代已經遠去，我們面對的是一群有組織又殘暴的海盜，他們還有他們的王鄭成功在帶領，我們的命運就看我們能不能團結一致對付海盜，如果我們退卻了，讓他們佔領了我們的土地，我們的生命也將由他

們來決定，我們的父母，牽手，小孩，也將四散，我們甚至會悲慘到連想要做一個基本的人，也無能為力。為了我們的將來，我願意用生命捍衛新遠，捍衛福爾摩沙，捍衛大家，你們願意助我一臂之力嗎？頭目，我們願意，既使是失去生命也備感光榮，悉聽頭目差遣。好，諸位，再聽我說明一下：現在荷蘭軍與鄭軍議和，在荷蘭軍撤離前這段期間，會有一段安靜的日子，荷蘭軍要準備撤離的物資，鄭軍也會暫時的放鬆下來，而這段期間正是我們積極準備的期間。首先，我會聯合下淡水河（高屏溪）以東的所有部落一致行動。第二，我們也要與瑯嶠王，卑南王結盟，好壯大聲勢。第三，我們要跟大龜文王及山區的各個部落保持友好，互通有無。例如：珊珠瑪（三地門），古樓（來義），力里（春日境內），七佳（春日境內）部落等。第四，我們也要想辦法聯絡在北部的諸羅山（嘉義），虎尾壠（褒忠，虎尾），甚至是大肚王，向他們表明，我們這邊不和海盜妥協，與海盜誓不兩立。最後就是，我們要效仿鄭王，我們新遠的居民要分工合作。我將分配，戰士是戰士，備糧的就備糧，造武器的就造武器，每個人都有每個人的專門工作，而小孩子也暫時聯合供養，直到形勢平穩為止。從今晚起，新遠部落四周及下淡水河沿岸，都將由戰士輪流守衛。請大家安心，上帝會與我們同在。

　　宴會結束，利安分配任務後大家分頭去執行。安娜關心的問說：利安，現在大家推舉你當頭目你的責任重大，鄭王是那麼難對付的人，連荷蘭長官也沒辦法，我們人多但武器不如鄭王，要拿什麼跟鄭王對抗？姊阿，妳放心，德哈利頭目不也在新港（新市）跟他周旋著嗎？何況我們下淡水河（高屏溪）以東，這麼廣大的土地，這麼多的人團結在一起，現在沒有荷蘭人保護大家反而有危機意識，團結起來的力量驚人，而鄭王經過 9 個月的作戰，士兵損失一半元氣大傷，幾年內要復原都不容易，我們不必怕他。利安，難得你這麼有信心，阿舅這九個月在新港一定是活在恐懼之中，我們

再也沒有他的消息，我擔心阿舅。安娜，我會想辦法跟阿舅聯絡，現在大員那邊的情勢暫緩，說不定他會想辦法再寫信來給我們。利安，再沒有阿舅的消息，我都不知道要怎麼跟小蜜蜜說了，蜜阿跟來幾個月了，她雖表現堅強，但我覺得她好可憐我好心疼她。安娜，蜜阿現在把妳當成是她阿母了，幸好有妳她才會那麼堅強。利安，對了！現在荷蘭人決定要撤離去巴達維亞（雅加達），我們拉美人回拉美島的機會來了。姊姊，再等一段時間荷蘭人全部撤走後，再看看鄭王那邊會有什麼動作，到時候會有我們拉美人回去拉美島的時機。利安，我也期待那一天，跟著其他分散在各地的拉美人回去，但是我知道你沒辦法跟著回去拉美島了，如果我回去拉美島，我們全家人又要再次分開。姊阿，妳帶著阿爸，阿姨，蜜阿，還有索阿，這就是全家了啊。我會常去拉美島看你們，我們也可以常常寫信，拉美島就在眼前啊！我想你們的時候，會到海邊看看拉美島，你們想我的時候，也到拉美的白沙海灘上看新遠啊！這樣好不好。利安，我覺得不好，不知道為什麼，我聽到揆一長官已經跟鄭王議和的消息後，就覺得什麼都不好，我擔心著，這會是福爾摩沙人惡夢的開始，一個海盜王能對我們多好呢？福爾摩沙人的苦難才剛要開始。安娜說著說著哭了起來。利安跟索阿連忙安慰她，連黃掛也安慰起女兒說：我乖巧又心地善良的女兒啊！或許這一切都是天意啊！我躲海盜才來大員，現在海盜又追來大員，我也認命了，說不定溜球（拉美島）才是我的天堂，才是我們的金銀島。

　　一切都是老天爺在安排。現在荷蘭人要走了，上帝也會跟著他們離去吧！以後只能求老天爺了。老天爺啊！你要保佑我們啊！保佑我們全家人平平安安的，不要再有任何的苦難。黃掛一家人離去後，剩下老頭目一家人。老頭目塔瑪對女兒麻莉跟女婿同阿說：現在荷蘭人就要撤離去巴達維亞（雅加達），幾個月前來新遠（新園）的拉美人家庭，都在等待時機回去拉美島，分散在各地的拉美

人也是在等待著。同阿，你從拉美來新遠也二十幾年了，如果你帶麻莉要回去拉美島生活，我是完全同意的，我也擔心以後新遠的生活環境，會變成跟現在的新港（新市）一樣。你們去住在拉美島我比較放心，也有新遠的家庭想搬去拉美島住，現在拉美島空無一人，你們再回去拉美島住，生活的空間寬寬的。至於我已年邁是老老人了，我就留在我已生活一輩子的新遠，有利安跟芸阿陪著直到老去。阿爸，我被荷蘭人捉來下淡水河（高屏溪），逃命時你們救我一命，你又冒險的收留我，我幸運的跟麻莉成為夫妻，現在新遠有難利安需要人協助，現在不是我回去拉美島的時機，就讓索阿跟安娜他們回去就好。現在的拉美島已經不是從前那個拉美島，拉美人都四散了，再也無法回復到以前那個天堂島了。而芸阿跟利安才剛成為夫妻，我還想抱抱孫子呢，我若回去拉美島那我怎麼抱孫子呢。哈！哈哈，對，對，那就要看利安跟芸阿了，乖孫女啊！妳要加油加油，你爸阿，母阿，急著要抱孫呢。阿公，我看是你在急。哈！哈哈。

Chapter 17 混亂

　　幾天後。芸芸,我現在是新遠(新園)頭目,你變成了頭目夫人,這將是我們要共同承擔的責任,新遠將面臨更大的挑戰,我要你領導照顧部落小朋友的重任,所有女人都要組織起來生產糧食,甚至捉魚捕獵也要做,這些辛苦的事都要由你來幫助我。利安頭目我不會覺得苦,我會做得很好,這樣戰士們才能安心的保護新遠,阿公尚健在,只要他一句話大家都會聽命的,而我從小跟著阿爸,捕魚游泳我樣樣都會,我也喜歡捉魚,冬天時會有一群又一群的烏魚游進河口,到時候我們可以捉很多烏魚曬魚乾,做鹹魚,可好吃呢。哈!謝謝水某吔!我是會游泳但捉烏魚外行。而我阿舅,新港(新市)頭目德哈利,更是捉魚高手呢,河裡的魚海灣的魚他都捉,是我心中的偶像,跟你阿爸一樣,拉美人都是捕魚高手。他們見到水都恨不得趕快往水裡跳,都開心的熱血沸騰。嗯,我阿爸也是,現在應該說是我們的阿爸也是,他見到溪水眼睛都亮起來,會直盯著看水中有沒有魚,看到水裡有魚都興奮的像是見到寶貝一樣,就想著要用什麼方法捉起來,我那麼會游泳捉魚都是他教我的。哈!

水某吪，原來我們的阿爸那麼可愛，我從小就一直讀書，偶而跟我阿母種田，有一段時間跟著我阿爸學做生意，後來在學校當助手，又後來跟著新港政務員，四處探訪當他的助手，這美好的一切都隨著鄭王來侵略大員而變了調。上帝安排我逃難來此跟妳成為夫妻，希望這是一切美好的開始。會的利安，你聰明又很有想法，認識你的人都佩服你會四種語言，人又帥沒有哪個女人不被你吸引。芸芸，我去卑南……我……。突然傳來麻達報訊。頭目，這是從新港輾轉而來的信。利安拉著芸阿帶著信，立即到隔壁不遠處找安娜，同阿夫婦跟老頭目也跟了上來。大家知道德哈利來信都開心不已。阿舅沒死，阿舅還活著，小蜜蜜你阿爸寫信來了。利安急著把信拆開。竹筒中卷著長長的黃黃的紙，寫得密密麻麻很長的一封信：

　　我敬愛的塔瑪頭目，感恩您這段期間照顧著去您那邊的五十幾個拉美人。我姊夫黃掛，跟我女兒蜜阿，還有利安跟安娜他們，都在您的保護之下生活著，我德哈利終生不忘，此生還盼著有機會回報您的大恩大德。以後要叫我黃利了，荷蘭長官揆一已和鄭王議和，目前雙方正和平相處中，填補物資準備要撤去巴達維亞（雅加達）。鄭王掌控這邊的情勢後，第一件事是要我們不能再用荷蘭名，要立即取一個漢名。鄭王派來管理的黃兵爺要我選一個姓，他說：有長山人朋友的就跟著朋友姓，有跟農民工朋友種田的也可以跟他姓，有女兒跟農民工結婚的也可以跟著姓，他立即要求我做示範，我想起我姊夫黃掛，人好又有學問。我就說那我姓黃，沒想到黃兵爺哈哈大笑，得意的不得了說：跟著我姓，哈！哈哈，就是把我當成兄弟的意思，那好。我初到此地就有頭目要跟著我稱兄道弟，准，准你姓黃，你的子子孫孫從此都要姓黃，都是我的人了。如果你們整個社都姓黃也可以。所以說以後我是黃利了。利安唸到這邊說：這捲黃紙應該是鄭王從廈門帶來送給阿舅的，這長山人造的紙竟是如此精美，這造紙也是我們要學習的技術。後又唸了起來：鄭王初到大員大軍約一兩萬人，他們第二天就派兩個軍團一千

多人來佔領新港（新市），蕭壠（佳里），麻豆，目加溜灣（善化，安定），正巧我們的戰士們去攻打力里（春日境內），我們無力反抗只能暫時迎合他們，表現著善意。也唯有這樣才能保命，心中期盼著鄭軍會被荷蘭軍打敗撤離大員。每天我都向上帝祈禱，但上帝顯然沒有聽到，荷蘭軍被圍困在熱蘭遮城堡內，雖有幾次出擊但都失敗收場。我們在新港，隨著荷蘭軍一次又一次的戰敗而失望。有一次鄭軍集合兵力攻擊熱蘭遮城堡，但失敗收場鄭軍死亡近千人，我們跟著開心不已。兩軍雙方陷入僵持數月，在焦急等待的煎熬中，終於盼到從巴達維亞（雅加達）的援軍到來。鄭軍見援軍到來，各個都垂頭喪氣唉聲嘆氣連連。他們都說：逃來大員還不是最慘的，他們就要死在大員了，有的鄭軍整船叛逃逃回長山。我們也都認為鄭軍會知難而退，但起了大風，荷蘭軍一艘戰船漂到蕭壠擱淺，被鄭軍擄獲，從俘虜的荷蘭士兵口中得知，支援的作戰艦隊士兵才六百多人，鄭軍的士兵才又恢復精神，還取笑著巴達維亞當局，太小看他們了，也太高估荷蘭人的戰力了。

又大員港灣的那一次戰鬥，荷蘭軍的大船紛紛擱淺，無法靈活作戰，紛紛被鄭軍的小船圍攻，海戰徹底的失敗，從此被圍困在城堡內。我們也知道，如果再沒有援軍從巴達維亞（雅加達）來，荷蘭軍只能這樣被圍困著。這圍困的 9 個月害慘了我們鄰近的部落，也害慘了長山農民工。情勢所迫，原本我跟蕭壠（佳里），麻豆，目加溜灣（善化，安定），哆囉嘓（東山）的頭目跟長老們，去跟鄭王結盟。是因為鄭王保證還當眾公告，要鄭軍士兵們，不准拿任何我們原住民族的一粒米跟動一根毛，違者砍斷手臂。也保證跟公告不得調戲或強暴任何原住民族婦女，否則砍頭。鄭王還賞賜我們每一個頭目，長老，華麗的官服帽子鞋子穿上，就站在他的兩旁。我們都被鄭王的話迷惑了，就像長山人一貫的作風，他們是欺騙詐欺的能手，完全沒有荷蘭人的誠信，一分也沒有。鄭王要我們列隊站在他身旁，原來是要表現給荷蘭地方官看的，給荷蘭土地測量師

看的，給所有的荷蘭人看的，是要宣傳我們已歸順他的意思，是要荷蘭人盡速投降的意思，要向荷蘭人展示我們原住民族已背棄他們，要讓荷蘭人喪失反抗的意志。鄭王不但善於攻心，他的士兵作戰也極為英勇不怕死，鄭王身邊又有一群奸巧的謀士替他策劃。而荷蘭軍一切都計算著利益，怕死不願拼命，想著保全生命，結果就像是現在這樣了。後來我才知道，鄭王在長山連吃滿人皇帝的敗仗才逃到大員來，在何斌的慫恿下來攻擊大員，趁著荷蘭主兵力返國時來侵略。難怪他的士兵各個不怕死，因為他們如果在大員再吃敗仗，就死無葬身之地了。利安唸到這又說了：看來阿舅是要提醒我們不能相信鄭王，他是奸巧的代表。後又唸了起來：任何承諾都是無用的，一個月後，才一個月，鄭軍糧食不足，我們的牛都被收歸成是他的了，農作物器具都是他的，所有農田也是他的，他看到的所有食物一半都是他的。他也分配了士兵種植蕃薯。他原本發誓不取我們一粒米，現在連米缸也被端走。我們福爾摩沙的主人原住民族，只能煮稀飯改成一天吃兩餐。後來幾個月鄭軍更缺糧，幾乎拿走我們全部的食物，大家一天只能吃一餐了，這比多年前的蝗災還要悲慘。我不得不說實話，有的人餓死了，有的人逃往山區去了，有一些拉美親戚也已逃離不知去向。

　　只要十歲以上，還單身沒有家庭的男女都逃走了，不逃難道要餓死嗎？女人不逃，怕會被鄭軍士兵捉走，大家都害怕鄭軍士兵，不給糧會被殺，不給捉走也怕被殺。現在逃走了一半，留下來的就像我一樣，有著妻小無法遠行。鄭王也威脅著我們，結婚的男人只要逃走，就砍殺他的妻兒跟老父老母。到後來幾個月，鄭王還要我們幫他砍竹子，割很多草，是要來做火船做雲梯用來攻擊城堡的。我們就這樣被奴役著，還要假裝配合的很樂意。鄭成功他把我們的土地都佔領了，也搶走我們的食物，又把我們當作奴隸般的使喚工作，我們都不像是人了，活得生不如死。利安唸到這裡，口中唸唸有詞：這群人，海盜的本性又發作了，還反清復明呢。後又繼續唸：

鄭軍的士兵大都是海盜出身，有妻子的很少，他們喝酒會假藉發酒
瘋捉女人，先捉寡婦再捉單身的淑女，我們也莫可奈何，有的婦女
自殺了，有的男人反抗被殺了，要不就死要不就忍受這種欺辱。在
我眼下他們不敢亂來，在我看不到的地方，換成部落居民不敢跟我
說實話，我心裡痛苦但也要忍受下來。我敬重的塔瑪頭目，您要謹
記鄭軍的殘暴，他們禽獸不如，您也要謹記鄭王的奸巧。他嘴巴說
的誠信，是要別人誠信，而他的誠信是隨時可以調整的。鄭王的兒
子鄭經在廈門領軍幫他運糧來大員。鄭王一到大員就把一個長山商
人的女兒納為妾了，而鄭王早已娶了很多位老婆了啊。他才來大員
幾天，就要商人的女兒去他的帳中，說是娶的，這太可笑了！我們
福爾摩沙有這樣的嗎，荷蘭人有這樣的嗎，長山人還真野蠻。那淑
女好可憐，還要表現開心又願意，她整個人心都扭曲了，她不這樣
表現，那她的全家人都會有生命危險啊！利安唸到這裡，放下信，
長嘆了一口氣，唉！我們要拼死也不能讓這種事在新遠（新園）發
生。後拿起信又繼續唸著：而這幾個月當中，鄭軍的惡行是我永生
不能忘記的，也因為這些惡行，堅定了我的意志，我至死也要跟鄭
王周旋到底，看鄭王先死還是我先死。

　　我 6 歲時被荷蘭人從拉美島捉來新港（新市），我的父母親
友全都被荷蘭人殺死了，我認識的朋友鄰居也都四散了，幸好新港
老頭目跟黛咪姊姊救我養我，我信了上帝後也原諒了荷蘭人。沒想
到我現在看到更殘暴的人，可怕的表裡不一的人，會笑笑的殺人的
人，嘴巴講盡好話馬上做盡壞事的人，這太可怕了！我們如果相信
了他，不是失財就是要命。上帝要我放下，原諒，博愛眾人，但我
無法用這種方式去和鄭王相處，他是如何的殘暴你知道嗎？他命令
士兵把兩個荷蘭人釘在木板上，張著嘴巴用一根竹子壓住再與耳朵
綁在一起，帶到我們這邊展示，也到蕭壠（佳里），麻豆，目加溜
灣（善化，安定）遊行示眾，直到他們三天後死去。他還把十幾個
荷蘭人，包括小孩子，綁在插在土中的長竹架上，讓他們掛在半空

中，然後當士兵的射箭活靶，當射箭練習直到死去。還有更殘忍的，他竟然命令士兵，把投降的荷蘭士兵，砍去一隻手，割掉耳朵割掉鼻子，再放他們走回去熱蘭遮城堡。當他殘忍的做這些事時，是面無表情的，他是完全沒有憐憫之心的人。這些只是他想要達成，讓荷蘭人害怕乖乖投降，讓我害怕乖乖順服的手段而已。利安唸到這裡，又長嘆了一聲，唉！後又繼續唸：他的惡行還不止這樣而已，他命令投降的荷蘭人當劊子手，砍作戰被俘虜的荷蘭士兵的頭。他甚至還命令我們新港戰士，砍抵抗的荷蘭人的頭。他對自己的士兵也不放過，小事小過錯砍斷手，只要他認為的大事大過錯，就由他身邊的 30 位劊子手砍頭，連過去有戰功的將領也砍頭，只因為有一次戰事失利。不像我們是要經過法院審判的。還有更離譜的事，只因為有七個士兵，突然在赤崁遇到從長山來種田的同鄉親戚，親戚高興的宰了小牛宴請他們慶祝，結果這七個士兵跟這一家人，全被他的劊子手砍頭了，因為鄭王說過了，所有的牛都歸他的，他們是取走了他的牛所以殺無赦。

現在的鄭王像是瘋了一樣，喜怒無常暴跳如雷，一刻也靜不下來。兩個眼睛睜得大大的，看得到的東西都是他的，看不順眼的人就殺了，沒有人能猜得到他在想什麼，奇怪的是，他身邊總是圍繞著跟隨的人，像是著了魔似的跟著，高舉著說要反清復明，只要高舉著反清復明，一切的罪惡都是理所當然，這真可笑啊。反清復明跟我們原住民族，跟我們福爾摩沙人有何關係啊！而那些原本幫荷蘭人種甘蔗的長山農民工也後悔了，後悔他們背叛荷蘭人，後悔他們基於同為長山人的情感而支持鄭王，可是現在後悔都來不及了，一切都收歸鄭王所有，他們現在比我們還可憐，每天要幫鄭王種田，自己吃都吃不飽。鄭王還厚臉皮公告，農民工敢砍一支甘蔗，就砍一隻手賠，現在連一支甘蔗都是鄭王的了。所有農產品都是鄭王的，都要由他來分配給士兵們，有剩下的才輪到別人吃，農民工有的餓死有的逃回長山，也有的逃往山區，命運比我們還要悲慘。

利安幾乎快唸不下去說了：還要繼續唸嗎。眾人都靜默著，驚訝的說不出話來，而黃掛大聲的答話：兒子，繼續唸，大聲的唸，這些事我在漳州時都經歷過了，長山人悲哀啊！自己人殺自己人還執迷不悟，我逃來大員才安定下來，給荷蘭人統治又怎樣，安居樂業啊！成家立業啊！長山人做鬼也要做長山人的鬼，那早做鬼去啊！做個安穩生活的福爾摩沙人不好嗎？寧願給自己人殺死，也不願意被荷蘭人統治，好笑啊！可悲啊！長山人沒救了吧，後悔，後悔，現在後悔有屁用啊。阿爸，你別生氣，別太激動，我想問你，反清復明是什麼意思？兒子啊，那是鄭王在騙人的伎倆，現在的滿人皇帝建立了清朝，以前漢人皇帝建立的明朝滅亡了，他高舉反清復明的大旗，就是要吸收不願被滿人統治的人啊，如果明朝皇帝果真那麼英明神武，能讓大家有飯吃有錢賺，有書讀都安居樂業的，那人少的滿人皇帝，如何能推翻人多的明朝皇帝啊。

　　你沒看到阿爸就是因為在漳州活不下去了，才逃到大員來的嗎，因為我在漳州時，就聽聞荷蘭人治理下的福爾摩沙比漳州好太多了，在這邊可以安居樂業的生活，做生意，或種田，所以才逃來這裡的。反清復明，反清復明，是要恢復那貪污腐敗，海盜橫行的明朝嗎，大家想要的是要改朝換代啊！鄭王可恥，用這招來騙人，騙一些不明究理的人跟著他，目的是要保護他自己而已。喔！阿爸，那我明白道理了，這招反清復明，也洗白了他曾經是海盜的惡名，也因為這招，才跟了那麼多的謀士，鄭王真的是不簡單的人物，可怕也可敬啊。那阿爸知道他是住在長山哪裡嗎？兒子，阿爸當然知道，鄭王的父親叫鄭芝龍，年歲跟阿爸差不多，鄭芝龍是福建南安人，阿爸是福建漳州人，漳州在廈門的南邊，而南安在廈門的北邊。鄭芝龍年輕的時候，就是在荷蘭人的公司當翻譯員，就是荷蘭聯合東印度公司的小職員，後來加入了大海盜顏思齊的陣營。他看著荷蘭人做生意會賺錢，才自己學著荷蘭人做起小生意，買布

去日本賣，也因此而賺了錢，他也在日本娶了日本老婆生下了鄭森（鄭成功）而鄭王又改了名叫鄭成功。鄭芝龍因為要保護他的商船也買了戰船請了保鏢，武裝自己的船隊，最後生意越做越大加入的人越來越多，也做起了搶劫商船的勾當，甚至還跟其他的海盜起了衝突，為了要爭地盤，還與老東家荷蘭聯合東印度公司結盟，打敗知名的海盜李魁奇，這才奠定了他的福建沿海霸主的地位，若說鄭芝龍的成就都是靠著荷蘭人也不為過。鄭芝龍想保全事業降了滿清當官。他的兒子鄭成功野心更大想當皇帝，高舉反清復明的大旗，和鄭芝龍斷絕父子關係。鄭森跟他的父親斷絕父子關係是無情，現在又來攻打荷蘭人攻打大員是無義，他們鄭家不就是靠著荷蘭人在賺錢嗎。一個無情又忘恩負義的人，現在就帶著一萬多兵馬在赤崁作亂。我氣，我怨恨，我黃掛一介書生，當一個生意人也失敗，想當個農夫也不可得，一輩子都在逃。當一個長山人活不了，當一個福爾摩沙人也不能。老天爺啊！老天爺啊！請求您不要再把這種苦，降臨在我的下一輩身上，就到我為止吧！所有的罪都到我為止，長山人也都能早日醒來。

　　黃掛越說越激動，老淚縱橫。安娜安慰著阿爸，要他坐下來聽，不要再說了，就讓利安把阿舅的信唸完。利安又繼續唸著：我敬重的塔瑪頭目啊！小弟講的這些都是實話，目的是要讓您瞭解實情好做好準備，新遠（新園）一帶的部落絕對不能落入鄭王的手裡。您英明神武必有好的對策，小弟不死心，留在新港（新市）看看鄭王還有什麼把戲，也看能不能拖延鄭軍去下淡水河（高屏溪）一帶的時間。趁著荷蘭長官與鄭王議和，鄭軍們歡樂慶祝疏於防備，我速寫這封信給您報告。近日或又有我新港這一帶的人逃去您那裡，或逃去您那一帶的部落，還盼您本於過去的友誼給予協助。又我女兒小蜜，我姊夫黃掛，安娜跟利安，如他們尚在新遠，也請協助他們於適當時機回去拉美島，我在新港的一家人都很平安。現在黃兵爺對我極為信任，我還抓魚曬魚乾給他呢，他們也需要我來

穩定新港。請您聯合各個部落一起應變。鄭軍現在不敢再到哆囉嘓
（東山）以北的地方了，諸羅山（嘉義），虎尾壠（褒忠，虎尾），
大肚王都聯合起來對付鄭王了。我們也聽說了，瑯嶠王公開宣布鄭
王為敵人，期待上帝憐憫，幫助我們福爾摩沙人度過此劫難。另外
有一封家書，請您轉交給我姊夫黃掛，或轉給安娜，利安。感恩您
的大恩大德，小弟黃利（德哈利）叩。安娜催促著利安：快把阿舅
的第二封信唸給大家聽，在場的都是一家人，這家書在場的每一個
人都想知道。利安又把用新港字[註]寫得密密麻麻的家書唸了起來：
姊夫，小蜜跟著您已 9 個月，我思念她，但我不能丟下新港離去，
您就把她當孫女般愛護，必要的時候帶去我的故鄉拉美島，保存我
的血脈。這段期間您受苦了，也感恩寬阿幫我帶著小蜜。鄭王來襲
侵略我們，士兵們作惡多端，他們不會有好下場的，他們做了上帝
也無法寬恕的惡行，我拼死受辱也要留在新港，我能活到現在已萬
分感恩了，鄭王帶給我的這一些苦，我早已適應也不害怕，就如您
也受夠了他的苦一樣，老天無眼現在鄭王得勝了，這群人已轉變對
我的態度，表面又變成仁慈了又表現出要和我友好了，跟剛到時一
樣，又再次顯露詐欺的本性了，目的不外乎是要我們獻出全部的土
地，供應他們全部的人力，甚至是想佔有我們全部的女人，享用我
們全部的物資。但他們的惡行，總有一天會招受天譴的，現在就等
待上天來懲罰他們。

　　前些時日，這群會遭受天譴之人，見久圍城堡荷蘭軍堅守不
降，竟然命令我，加上麻豆，蕭壠（佳里），目加溜灣（善化，安
定）四部落，集結三千戰士要作先鋒攻打熱蘭遮城（俗稱安平古
堡），我們在槍口下，無奈又受辱的配合，不配合的話家人會有生

[註] 新港字：荷蘭人牧師用羅馬拼音將西拉雅語變成文字，幫助西拉雅人有
　　自己的文字，也成為當時的官方文字官方語言，廣泛的用於福爾摩沙各
　　族中。

命危險。長雲梯已做好，每個人也配備了長矛跟弓箭，分成三大隊準備攻城。我們得到的指令是，鄭軍會集中火力攻陷烏特勒支堡，鄭軍會再次於烏特勒支堡架好火砲，再集中火力攻破熱蘭遮城堡，然後由我們的戰士分三批攻入城堡，讓荷蘭軍無法休息彈藥耗盡。還欺騙我們說：我們如立了頭功，得勝後城堡內的所有財物，盡歸我們原住民族所有，所有荷蘭女人也歸我們原住民族分配，還另外要賞賜每一位戰士一錠黃金，而如殺死荷蘭人，每殺死一個人再加發一錠黃金。連這種謊言都編得出來，也寫了書面文字當依據保證。這幾十年來我們被長山人賤商騙得還不夠多嗎？我們私下已有默契，當真那一天要攻城時，要一致轉向攻擊鄭軍，這樣城堡內的荷蘭士兵，必會衝出來與我們一起作戰，一起消滅這群匪徒。鄭軍的士兵甚至得意洋洋的說：輪番上陣，輪番上陣。把我們的戰士都當成番了，把我們每一個人都當成番了，騙我們上陣當替死鬼，不論打贏打輸鄭軍都是贏家。我們這些男人死去時，就是他們要強佔我們的女人時，強佔我們的土地時。揆一長官仁慈，當烏特勒支堡被擊毀，鄭軍也在烏特勒支堡處架起了大砲，我們被迫集結了三千戰士，也已經做好了準備。荷蘭長官派出特使，帶了議和書，經過幾日幾回的協商，跟鄭王達成和平撤離的議和條件。他們可以安全撤離，而鄭成功提供他們撤離所需物資。對比之下，荷蘭長官是怕我們的戰士犧牲，不願意看到那麼多的生命無辜的死去，而鄭王不把我們的命當命，算計著更可怕的結局。而長官與鄭王議和，也暫停了我們反抗鄭軍的計畫，我們各自返回部落。現在雙方議和完成，荷蘭軍與鄭軍已不再敵對，鄭軍還幫荷蘭軍搬糧食，飲水，準備著荷蘭軍撤去巴達維亞（雅加達）時所需用品。應該在幾日後荷蘭軍艦隊就會南下，到時會經過打狗（高雄）一帶，你們在新遠（新園）會看得到艦隊。姊夫，小蜜還得暫時由您照顧，利安跟安娜是否安好？尤其是安娜，我要再一次的強調安娜的安危。鄭軍圍困城堡時，來不及返回城堡的荷蘭婦女，被鄭軍抓到的荷蘭婦女，都受盡了凌辱跟折磨，比死還要痛苦。

　　雙方議和後，被凌辱沒死的荷蘭婦女被遣回城堡時，她們都已不成人形連走路都困難，或許可以說，如能死去還比較快活。你們如果能回去拉美就回去拉美，能到山區躲避就到山區躲避，等到情勢穩定下來，鄭王現在的承諾可信時再做打算。如果你們選擇作戰選擇抵抗，就要不計後果勇敢的拼死保護家園，不可投降，投降是屈辱跟喪命的開始。赤崁地方官帶著兩百多人投降，將赤崁的普羅岷西亞城堡（現赤崁樓位置）獻給鄭王，原本在諸羅山（嘉義）躲藏得好好的 60 幾個荷蘭人，返回赤崁投降鄭王，結果呢？不論男人，女人，大人，小孩，都被分批砍殺了，而最後活下來的只剩下土地測量師，跟兩個幫鄭軍看病的醫生，跟他們的家人。你說有這麼悲慘的事嗎？投降！哈哈！在鄭王眼裡，投降是把命交給他全權處置而已，把死法交由他決定而已。我保證戰死比投降還快活。不論鄭王提任何條件說任何好話，做任何威脅，都不可以放下武器，反而要拿起武器怒目相向，越不怕死鄭王越是不敢胡作非為。姊夫，我打聽不到索阿的消息，或許他已戰死，或許他在海上的荷蘭船上等待航向巴達維亞（雅加達），願老天爺保佑他。而我們部落裡去城堡內的拉美親友，無論是跟荷蘭人結婚的，或是進城堡學習的，沒有一個人回到新港（新市）來，他們應該都做好了決定，要跟荷蘭人航去巴達維亞了，索阿如也在其中必定不孤單，我們放下心來祝福他們一帆風順，遠離這傷心地，跟著文明的荷蘭人去西方生活，受上帝的恩澤。至於鄭王，那天我就站在他的旁邊，他還沒有我的高，但皮膚比我白，脖子跟臉被跳蚤叮咬得一點一點的紅腫，密密麻麻清楚可見，身材中等壯碩，脾氣暴躁，雙眼不停的轉動，坐也坐不住，一會兒站起來比手畫腳，一會兒又大聲嚷嚷，一會兒摔茶杯摔東西，一會兒又安靜下來說盡好話，常說他是一個如何如何有信用的人，也常說他想攻取的沒有得不到的，還真沒看過如此不安定的人，奇怪的是？將士們都完全信服於他。我看他是在表演給我們十幾個長老跟頭目看的，也是在表演給荷蘭人看的，也是在表演給他的將士們看的，目的就是要我們降服於他，聽他

的。鄭王是個神射手，騎馬可以射中銅環，他做事果斷。我猜他大我沒幾歲或跟我同齡，將士們跟他說我懂漳州話，鄭王驚訝還問起了我，我客氣的回答他，因為我姊夫是漳州人，我自小就學得漳州話，但上天不佑，我姊姊幾年前天花過世，我姊夫離散不知行蹤，我們新港部落受夠了荷蘭人的氣，企盼王師多年，今天願望實現，老天有眼啊。

　　鄭王聽了樂開懷，說了：何斌沒騙我啊。鄭王還吹噓著：他的艦隊清晨到達鹿耳門港道口無法進入，突然天湧大潮港道變寬變深，他的大軍才得直入大員港灣，連天神都保佑著他，而他就是上天派來要拯救你們這些原住民的人。唉啊，我奉承著他說：這真是我新港（新市）人的福氣啊！上天眷顧上天有眼。鄭王大樂，還多送了我一套精美的官服。其實我內心是這樣想的：這漲潮水一天兩次，滿潮時任何船隻都可以進港來，這是每天的日常跟天神沒有關係啊。我察覺到，鄭王身邊敢說真話的將士很少，而要跟鄭王周旋唯有冷靜，用冷靜思考來克服他的暴躁，在他面前就學著如他的將士那樣，順順服服的說著好話，而真要決戰時就要拿出所有武器，所有人力，所有能做的事打敗他。姊夫，寬阿阿姊，安娜，利安，蜜阿，我想念你們，也祝福你們，願上蒼保佑你們平平安安，我也當作你們有看到這封信。請不要回信避免無謂的危險，如果你們最後去了拉美島，就安心的在拉美島生活，我等待良機能離開新港（新市）時，會先到新遠（新園）找人，如在新遠找不到你們，我會再回去拉美島會合，就像當初我們的約定。如果情況更危急，你們去了別個地方也沒關係，先保全生命要緊，上天會安排我們再次見面的，上天會共同保佑我們的。德哈利。黃掛聽完，又是老淚縱橫著說：利阿，你傻啊！你拿什麼跟鄭王周旋啊！不就一條命嗎，你的命能打敗鄭王嗎。利安說了：阿爸，我們就支持德哈利頭目吧！他有他的對策，他的想法，他的目標，或許這正是他能堅強的活下去的力量。我們就誠心為他祈禱吧。

18
瑪雅公主

　　利安啊！怎麼翻來覆去睡不著啊！現在所有下淡水河（高屏溪）以東都聯合起來了，連大傑巔（旗山，內門），阿猴林（大樹境內），搭加里揚（九曲堂）也都聯絡好了，瑯嶠王也支持我們，要跟我們一起對抗鄭王，山區各個部落都已知道利害關係，紛紛對我們表示友好，有我們擋在他們前面他們才安全。鄭王就只能在諸羅山（嘉義）以南到打狗（高雄）灣一帶活動，去大傑巔回來的戰士不是也回報了，鄭王的士兵連大武壠（以玉井為中心）也不敢進入嗎。你是在想什麼心事嗎。芸芸，我，我在想卑南……我……。利安，睡吧！這期間你累壞了，部落大小事都要由你決定，別想卑南王了，他如接到你的信會回信的，你不是說你們是好朋友，而這是你們共同的約定，過幾天就會收到他的回信，而卑南王也會支持我們對抗鄭王，我有想過如果新遠（新園）不再安全，我們也可以逃去卑南啊！我也想看看英明神武的卑南王。嗯，水某呔，妳這樣說我放心不少，那睡吧！晚安。夫妻倆相擁入眠。另外在安娜這邊：索阿，睡吧！別再走來走去了，隔壁阿爸他們都睡了。安娜，我擔心啊！荷蘭人都不能贏鄭王，我們要想出辦法啊，我們人多，但要

犧牲多少人才能得勝啊！阿舅的來信，我是憂心忡忡的。我若帶著
你們回去拉美島，讓利安一個人承擔這重任，我良心不安啊。要我
勸利安投降沒誠信的鄭王，我也做不到啊。偷生還是戰死，我內心
煎熬痛苦不已，我若戰死獨留下妳……，唉！我不知道怎麼辦才
好。尪吔，阿舅不是要我們回去拉美島嗎？帶著蜜阿一起回去嗎？
利安聰明反應超乎常人，他如無法跟鄭王抗衡他也會跑來拉美島找
我們，他也可以去卑南啊！找瑪雅公主……喔！是卑南王，他去了
卑南就天下太平了，鄭軍沒有能力去到卑南的。水某吔，妳剛才提
到瑪雅公主，妳能說詳細一點嗎，我發現妳講話聲調怪怪的，瑪雅
公主她除了跟妳是好朋友外，妳應該還有什麼秘密沒跟我說的。尪
吔，我也是憂心忡忡內心煎熬著，時局紛亂，我們已是夫妻，我就
直接跟你說清楚了。我跟利安去卑南的這段期間，在卑南王的允許
下，瑪雅公主就跟我們住在一起，第一次還是我幫他們關起門，在
門外守著的。

我們要回來新遠（新園），還跟公主約定好，三個月後利安
再回去卑南，如沒有消息她可以來新遠找我們，怎麼辦？我們才回
來幾天，就開始擔心了起來，我連作夢都會夢到公主她送別我們時
期待的眼神。哇！這太瘋狂了，這是大喜也是大憂啊！卑南王的姊
姊吔，連卑南王都是她在保護的，卑南王來赤崁訪問參加地方會議
時，帶著二十幾位隨從，就是瑪雅公主帶隊保護卑南王的。天啊！
但願是福不是禍，是禍能躲過。連荷蘭長官都對卑南王倍加禮遇，
公主來到城堡連議長夫人長官夫人都親自迎接，你們姊弟還真行，
去了卑南幾個月，連公主也跟你們住在一起睡在一塊了。如果利安
跟芸阿結婚的事讓卑南王知道，那我們是要一起去跳海嗎？尪吔，
怎麼辦啦！瑪雅公主大度，她知道芸阿的事，但卑南王睿耕德不知
道有芸阿。睿耕德還曾提醒瑪雅說：利安是長山人的兒子，要公主
能瞭解長山人的個性。我跟利安都保證，我們是守信用的拉美人。
如果我們失信了，我也不知道卑南王會做什麼打算。我現在也很

後悔把那扇門關上，但是那一天，是公主氣沖沖的自己上門來的，我是害怕啊！不敢面對才走到室外的，哪裡知道利安跟公主談了那麼久。水某吔，我知道了，現在要把上帝跟老天爺，長山人的媽祖跟觀世音菩薩，也要把我們的阿立祖，佬祖，通通請出來才有辦法了。一起去睡覺吧。現在妳當公主我學利安，一起上床去好好談談。到了半夜，安娜依喂著索阿說：尪吔，這瑪雅公主的事，要不要跟阿爸講跟他商量商量，阿爸見識廣老經驗了，可能會有辦法。水某吔，這要再考慮考慮，我不擔心阿爸知道，但我怕同阿親家知道，更怕老頭目知道，他們一家人待我們一家人不薄啊！這段期間都是老頭目在保護著我們，也供應著我們所有吃穿，現在我擔心著會發生風暴。尪吔，我和利安在卑南時，利安闖禍後悶悶不樂的，我還保證回來新遠後要向芸阿求情，到時候你陪著我一起去下跪好不好。水某吔，一起下跪沒問題，一起哭也可以，但是這有效嗎？我們全家都向老頭目下跪求情，老頭目原諒了我們，然後呢？卑南王那邊怎麼辦，是不是要芸阿全家，跟我們全家一起向卑南王下跪求情。尪吔，別說那麼嚴重啦。瑪雅公主有說：如果有一天卑南王發怒，她會出面求情，說是她事先知道有芸阿，也是她主動找上門的。

水某吔，卑南王是如此的英明睿智是有大肚量的人，利安如肯認錯他會原諒利安的。他如想懲罰利安也要看瑪雅公主的態度啊。好吧，睡覺了吧，明天還有得忙，你也該陪著芸阿去河邊學抓魚，收集食物，種種田。只要我們還在新遠（新園），都要盡量幫忙利安，他組織戰士又要與各部落聯繫，夠他忙的了。利安比我聰明百倍，兩個公主難不倒他。隔天一早，利安來見索阿，開頭就問：姊夫，我直接問你了，你在城堡內當兵見識很廣，也學得很多知識，以前你休假回家有跟我們講在雞籠（基隆）尋金礦，跟要在阿里山砍木材的事，也因為你講過卑南王的故事，我也有幸去卑南認識睿耕德。我一直想著要讓福爾摩沙團結起來，強盛起來的方法。除了

學習別人的技術，學習文字讀書，鄭王來大員（安平），我又領悟了組織的重要性，有沒有我沒想到的，而姊夫有體認的事，請姊夫賜教。喔！頭目，大敵當前，鄭王在大員荷蘭人還沒離去，你就在想讓福爾摩沙強盛起來的事。是啊姊夫，鄭王現在把大員改成安平，就是他也想要保平安的意思，面對如此強大的敵人，我們南福爾摩沙除了聯合起來抵抗外，還不足以保證我們福爾摩沙永遠的平安，我們的子子孫孫永遠的安平。如果現在不問你，等你回去了拉美島想要再請教你就不方便了，現在在安平的鄭王尚不足慮，我反而擔心那些四處流竄的鄭王的士兵，這是立即要處理的事。喔！頭目說來聽聽，為何現在的鄭王尚不足慮啊。姊夫，鄭王初得大員一帶，表面順服他的部落就只有 5 個，他的兵馬經過 9 個月的作戰病死戰死大半，也有眾多士兵逃回長山，現在恐怕不及一萬人，而他的糧草早已耗盡，要不是我們武器不如他，我們早已發起聯合攻擊了，鄭王不會是我們的對手。我只是對可預期的龐大犧牲無法做出決定，當我們慘勝後又如何，西班牙，日本，葡萄牙，英國，他們又學著來侵略我們時，我們拿什麼對抗。而我們現在聯合防守著，他一時之間也拿我們沒辦法。我正想問姊夫，你去雞籠尋找金礦時，有沒有找到更重要的礦物，鐵。製造武器的鐵，福爾摩沙有沒有鐵礦。利安，是啊！鐵礦才是現在我們福爾摩沙最需要的東西，我去找金礦時有注意到這事，但一直都沒有找到鐵礦，反而我懷疑金礦山就在離雞籠不遠處的山頭上。姊夫，如果我們福爾摩沙還不夠強壯，當我們找到金礦山，那就會是我們大災難的開始，世界各地的強大者都會來殺死我們，佔去金礦山。

如果我們在福爾摩沙找到鐵礦，用木材燒大火就可以煉出鐵來，做出各種武器，那我們才能強盛起來。我們找到的金礦山才是我們的金礦山，現在假如我們先找到金礦山，也只能保密不說，你找到了也不能說，說了出來是會害慘所有的福爾摩沙人的。嗯，頭目英明，這見解我完全同意。但還有火藥，也要會製造火藥才可

以，我在雞籠親眼目睹不遠的山區，金包里（金山）的居民有在開採硫磺，也有開採煤炭，這兩種磨成細粉是火藥的重要成分之一，我在城堡內也聽聞了，火藥還要加硝石粉，但我不知道硝石是什麼，福爾摩沙有沒有硝石我也不清楚。嗯，姊夫說的我都記住了，現在福爾摩沙人，最要緊的事是先學習文字，把荷蘭牧師為我們發明的文字（新港文）廣為傳授，這樣才能記自己的事，才能傳授知識，才能將現在發生的事傳遞給子孫，我想學荷蘭人設學校。利安，你志向遠大姊夫佩服，現在鄭王來大員，根基都還沒踏穩，就急著改地名，就強迫要人取漢名漢姓，可以想見鄭王也會設學校教漢字，這樣他才能管理我們那一帶的人為他所用。嗯，姊夫說得太有道理了，鄭王的謀士各個都是讀書人，安平，赤崁又有數千個長山農民工，他們是會用漢文漢字來教他們，甚至是教西拉雅族人，好為鄭王所用，還要他們跟著他反清復明。利安，那姊夫問你，如果鄭王也要派人來我們這一帶教漢文漢字那你會做何決定，配合還是拒絕。姊夫，我拒絕。我們全家都精通漢文漢字，我們可以自己教。以傳遞知識的角度上來看，我贊成學漢文漢字，但鄭王如要我們取漢姓漢名，我驚覺這是陷阱。他們長山人跟著父親同姓，子子孫孫都要跟著這個姓。而我們族人是跟著母親姓取祖先的名。例如阿舅，他自己取姓黃，他的子子孫孫也跟著姓黃，那豈不是亂了套了嗎，時日一久，傳了幾代後，我們會忘記了母親，也忘記了祖先，子孫後代會認為自己是長山人，認為祖先是長山人，我們讓自己的祖先也變成長山人，那是何等的可笑啊。利安，姊夫對你是萬分的佩服，你說得是一針見血啊，可是我們也要先保住性命才能做到。姊夫，謝謝你提供我寶貴的意見。利安，姊夫問你，你可有煩惱的家事要跟姊夫說。吔，姊夫怎麼問這種奇怪的事情，芸阿跟我很要好，沒什麼煩惱的事，我看了阿舅的信是很擔心阿舅，他受苦受辱了，我猜他正在策劃一件轟轟烈烈的大事，但我怎麼想也想不透他要做什麼？他要怎麼做？在一旁聽的安娜插嘴說：利安阿，姊姊正在學習做拉美島的魚乾。

　　就我們去嘉祿堂（枋山，枋寮）吃到的那種做法，我現在也要跟著去捕魚，做一些拉美魚乾給眾戰士們吃，你要先幫姊姊嚐看看。好啊！我流著口水等著。謝謝姊姊。眾戰士如能吃上妳做的拉美魚乾，那姊夫帶領著他們，訓練起來會更有精神。姊夫啊！戰士的組織作戰就由你來教導，把你在城堡內學到的，荷蘭人的戰法都教給我們的戰士們。頭目，這沒問題，這也是我想幫助你的。還有一件事要跟頭目報告：鄭軍極為奸詐，我們被圍困在城堡內時，鄭軍不時會派人員假裝投誠進來城堡查探虛實，有假扮成受苦的農民工，有時稱是不滿的士兵，還有十幾歲的鄭軍小兵，假裝投誠虛報鄭軍的兵力配置，想要誤導我們，可以說是極盡奸巧之能事。有一個農民工也假裝投誠進入城堡，長官還重金贈他，要他趁夜再次出城堡探尋鄭軍配置，他果然又於數日後入城堡來，但長官懷疑他是間諜，又發現城堡水井被丟入油脂，這個假投誠的間諜跳出城堡圍牆，想駕駛小竹筏離去時被我們追到，他立即割頸自殺。我們才覺悟，我們的兵力配置，城堡內的一切都被鄭王掌握了。後來我們檢討發現，除了冒險回來城堡的荷蘭人外，其他所有進入城堡的長山人，全部都是間諜。他們的演技一流，誤導軍情讓我們不敢出擊，有時後是誤導我們要我們出擊中圈套，就這樣荷蘭軍也錯失了出擊的良機，最終就是現在這結果了。哇！姊夫，這些事我也有體悟，但沒想到鄭軍是如此的奸詐，當我們信任他們時就是災禍的開始，他們是基於什麼樣的意志，奸詐又不要命，這真是奇怪。頭目啊！這答案簡單啊！就一句話：我們都是長山人。喔！我懂，所以我們瑪卡道，西拉雅，全福爾摩沙人，甚至荷蘭人，就都是異類。是啊！利安，你沒看到，只要是長山人，商人頭家，農民工，大部份都背叛了政府了嗎？寧願跟著海賊王，寧願為海賊犧牲生命。另外一個原因是，鄭王的兒子鄭經在長山，控制著這些在大員的長山人的親友，他也拿這些人的命做威脅，所以就是現在這種結果。鄭王夠狠，夠奸，夠詐，又有反清復明的大旗集合了一群謀士，我們的阿舅是何等的勇氣，要與他周旋到底。而頭目你，沒有鄭王的狠，

沒有鄭王的奸詐。姊夫每天夜裡跟安娜討論，都想不出好方法，如
何才能戰勝鄭王。

　　姊夫，事在人為，或許我們不能一時一刻就讓福爾摩沙強大
起來，但就從我們開始，一代又一代，我相信那一天會到來。荷蘭
人，鄭成功，都是來侵略佔領我們的土地，要來奴役我們的，我們
都經歷過這種苦，現在還有這個機會，我們就盡力去做直到生命終
止，為子孫開啟新頁。頭目，姊夫支持你。幾日後，天氣晴朗吹著
微微北風，利安帶著芸阿安娜跟索阿，在下淡水河（高屏溪）口沙
灘等待。安娜說了：從大員方面來的消息不是說，長官已經把熱蘭
遮城堡的鑰匙，在海邊交給了鄭王的地方官楊朝棟了嗎？我們這幾
天都來這邊等待，怎麼看不到荷蘭艦隊啊。水某吧，那就欣賞拉美
島吧，荷蘭艦隊一過，分散各處的拉美人會想辦法回去拉美島，我
們不是也有這計劃嗎。安娜沉默了一會兒說：索阿，我現在想起一
件事，荷蘭教師走了就換我們來教學。牧師們都走了，上帝也跟著
走了嗎？這一帶的部落都不太願意相信上帝，又都拜起佬祖來了。
是啊安娜，大員方面的消息不也說了：所有的教堂，學校都被鄭王
收為己有，耶穌跟十字架都被拆了燒了。但鄭王不反對他們拜阿立
祖，更歡迎他們拜媽祖，拜關帝爺，拜保生大帝，拜觀世音菩薩。
索阿，鄭王的謀士很厲害，他們要消滅荷蘭人在這邊 38 年的所有
印記，才能烙印他們要的新印記，可以猜得到，鄭王會懲罰信奉上
帝的人，獎賞崇拜偶像的人，這樣軟硬兼施的，連上帝也會不見。
安娜，幸好祭拜阿立祖的方式跟鄭王祭拜媽祖的方式有點像，要
不然連祭拜阿立祖也會被禁止。索阿，鄭王是要他們以祭拜媽祖，
關帝爺為主，阿立祖只能放在旁邊或是角落。他們也無奈，至少比
荷蘭人完全禁止祭拜阿立祖還要好。利安在旁邊聽了說：姊夫，姊
姊，荷蘭艦隊還在海上，鄭王就積極的展現作為，他是行動派這點
我們要跟他學習。嗯，頭目，鄭王也已經將士兵分配到哆囉嘓（東

山）以南到堯港（興達港）一帶，種上蕃薯，稻米跟黍，可見他的
行動真快。他缺糧缺的厲害不快不行，急著要在大員一帶已經開墾
的五千甲農地上種植，聽說連馬路兩旁的草地也都種植了蕃薯，好
餵養他在廈門尚有的三萬兵力跟兩千頭戰馬。

　　利安吃驚的問：什麼！鄭王在廈門還有三萬兵力，這不合道
理啊。頭目，這是根據假裝來城堡投誠的長山人說的。喔！索阿，
所以長官聽了也害怕他也上當了嗎？這圍困城堡 9 個月期間，鄭軍
也有好多次陷於危險，荷蘭救援艦隊到來後，也不見廈門增派兵力
來啊，只從廈門運來糧食而已，如在廈門的鄭經帳下還有三萬兵
力，怎麼不見支援啊。頭目，您英明啊，長山人假裝來投誠的人說
的話不能信，三千說成三萬。其實熟悉廈門的長官也不相信，廈門
那麼小的島，又住那麼多百姓，商家眾多田地有限，是沒辦法提供
那麼多食物供養三萬兵馬的。這假裝投降的鄭軍士兵，是間接的想
讓我們害怕，要讓我們獻城投降而已。嗯，姊夫，但鄭軍一直辛勤
的種地，農民工也都被徵召種地，也可以看出鄭王是有心要經營大
員一帶，學荷蘭人那一套，至少要先滿足在大員的一萬士兵所需。
嗯，頭目，我也看出鄭王這積極種地的動作，是廈門告急的現象。
因為福建沿海各地跟廣東沿海各地，都投靠滿人皇帝了，鄭王只剩
廈門，金門。而鄭王犯了戰略上的一大錯誤，他高舉反清復明的大
旗，等於告知滿人皇帝和他誓不兩立。而現在滿人皇帝，深得民心
勢力龐大，必以完全消滅鄭王為目標才會終止，管他逃到天涯海
角，等廈門被滿人皇帝消滅後，下一站就是安平了。喔！姊夫高
見，有在荷蘭軍營見識學習，果然見解精闢。但這樣又牽連上我們
福爾摩沙人了，到那時候，滿人大軍來攻擊安平，攻擊鄭軍……。
我們福爾摩沙人……，在新港（新市）的阿舅……。哇！現在我們
不只要面對鄭王，還要擔心滿人皇帝，我們福爾摩沙人何其無辜
啊。是啊頭目，如到了那一天，容我帶著你姊姊逃回拉美島，你帶
著芸阿也跟著逃回拉美島。安娜聽著嚇出一身冷汗說：我們回去

吧，都中午了還沒有荷蘭艦隊的蹤影。此時芸阿大叫著：你們看，
往打狗（高雄）方向的海面看，艦隊出現了！艦隊出現了。荷蘭艦
隊緩緩的沿著海岸由打狗往新遠（新園）方向漂來。利安，安娜，
索阿，芸阿在海岸靜靜的等待著，新遠的居民也紛紛跑來海邊觀
看。利安說了：艦隊是往下淡水河（高屏溪）而來，不會是要來此
登陸要帶領我們反攻大員的吧！這太意外了！莫非還有新的艦隊
也要從巴達維亞（雅加達）上來會合。

　　傳令，眾麻達傳令，立即飛奔至鄰近各個部落，告知荷蘭艦隊
將在下淡水河（高屏溪）口登陸，大家立即做好準備，配合長官一
起對鄭軍作戰。利安也立即備好了竹筏，準備跟索阿一起划向艦隊
查詢真相。荷蘭艦隊在下淡水河口外海上停泊，眾人等待到黑夜，
利安無法划竹筏去海上與艦隊會合，因為這二月天，天氣變來變
去，中午過後常刮起北風湧起大浪，冒險出海太危險。就這樣一大
早大家又來河口等待，艦隊還在，等到黑夜大家又回去部落。兩天
後的清晨，整排艦隊直直駛入下淡水河。利安，安娜，索阿三人，
趕緊划著竹筏前去與艦隊會合，眾人在岸邊一陣歡呼！芸阿跟同阿
夫婦也在岸邊一起等待消息。時間一分一秒的過去，芸阿看著竹筏
順利的划向河中央，也看得見整船的人在跟他們揮手大喊，但距
離太遠聽不到他們在喊什麼。利安他們的竹筏就停在大船的旁邊，
過了好久好久，都中午了還不返回，又看見利安他們的竹筏往另外
一艘大船划去，是掛幡旗的艦隊大船，又過了好久好久，都下午了
才見到利安他們的竹筏划回新遠（新園）這邊的河岸，眾人都站起
來跟利安他們鼓掌，芸阿也看見了曾哭過的安娜紅著雙眼回來。有
戰士急著詢問：頭目，現在情況如何？利安果斷的回覆：眾戰士聽
令，荷蘭長官明確回覆，他們既和鄭王簽妥議和條件，不能失信，
依照議約行事。他們將於下淡水河汲滿水後，明日一早撤回巴達維
亞（雅加達）。以後我們的安危，由我們自行保護，而這重責大任，
將落在眾戰士的身上。戰士們答覆利安說：我們將團結一致聽命頭

目發號命令。利安接著又說：還有，荷蘭長官說了耐人尋味的話，他說：或許他們回到巴達維亞後，再集結大軍來消滅鄭王，或他們去攻擊廈門，或是淡水雞籠（基隆），一切等待他們返回巴達維亞，由總督決定。長官也感謝我們的支持，他要我們不要忘了上帝，他堅信上帝會對我們福爾摩沙有最好的的安排，最後他也向我表達了對善良的福爾摩沙人的歉意，甚至說了，對拉美人拉美島的歉意，所有船上的荷蘭人都說了，來日方長，互相珍重，再見。……現在你們都回家去吧！要提防著四處流竄的鄭王逃兵，我想在這海灘上多留一會兒，想一些事。於是眾人紛紛返回部落。只剩下芸阿，索阿，安娜陪著利安還在海灘上。芸阿問說：安娜，那三個卑南戰士呢？你們不是要接他回來嗎？難道他們三個人，傻傻的要跟著去巴達維亞，那他們在卑南焦急等待的家人怎麼辦。

　　芸阿，我們划向最近的一艘船，就看到政務員跟三個卑南戰士，站在船邊跟我們揮手，這三個可愛的戰士看來是玩得不亦樂乎，還唱起卑南情歌，跳起戰士舞來逗我們開心，我拿下頭巾讓他們看清楚，是我，是我安娜。他們三人是又叫又跳開心不已，都不知道我們擔心他們擔心死了。後來政務員說了：會在今夜用船把他們三人載到嘉祿堂（枋寮，枋山）溪口海灘，於清晨到達他們上船的那個地方，讓他們走回去卑南這樣最安全，還要送他們三人很多布很多米，感謝他們的忠勇，真如卑南王的命令，要保護著荷蘭人，直到看到大員城堡為止。哈！哈哈，真可愛。我趁機要他們傳話給卑南王，也要他們幫我問候瑪雅公主，還交代了一些事情，幸好我有跟著利安去。喔！安娜姊姊，瑪雅公主？是妳的好朋友。喔！是啊，我在卑南時，公主都跟我睡在一起呢。喔！安娜姊姊，妳不是都跟利安住在一起嗎。喔！芸阿，是這樣的，公主常來找我們學寫字，公主勤學，累了晚了就留下來，這事卑南王也允許的，她跟利安就睡在姊姊的兩旁。公主大方端莊有度，卑南的婦女都是大大方方的很好相處，我跟利安都感染了那氣氛，我永生難忘在卑

南快樂生活的日子。也不敢忘記卑南王的保護，公主的愛護，我
跟利安能平安的又回到新遠（新園），就是公主跟卑南王的恩德。
喔！安娜姊姊，這卑南王被利安說得有如天神般，這瑪雅公主也被
妳說得有若……。是啊！是啊！芸阿，我在城堡當兵，知道瑪雅公
主的事，我去卑南出差時也見過她一次。利安，安娜能跟公主跟卑
南王成為好友，是我們家的無上光榮啊！也是新遠人的福氣。嗯，
索阿說得我也好想見見瑪雅公主，見見卑南王睿耕德。哈！我們也
該回部落去，不能再貪圖這夕陽美色了，走吧，明天天一亮我們再
來這邊跟艦隊送別。

　　四人分別到家後，芸阿問起利安。利安我問你，安娜姊姊搭
竹筏回來時很明顯曾哭過的樣子，你能不能說一下詳情。水某吔，
姊姊她心軟，道別的場面太感人了，連我也掉下淚來，長官，政務
員，都向我們表示歉意，他們都說：對不起拉美人，他們害拉美人
四散了。也感謝拉美島，他們最後把拉美島的椰子都砍光了，取了
嫩心當蔬菜吃，要不然他們早就都病死在熱蘭遮城了，他們對拉美
島做了最大的惡，他們對拉美人犯了最大的罪，而最後關頭救了他
們的是拉美島的椰子樹，連最後來告別的還是三位拉美人，而拉美
島現在就在眼前，靜靜的看著這一切。安娜哭了，我也哭了，索阿
也哭了，全船的人都哭了。長官跟政務員都感嘆，最後還在身邊的
是三位卑南戰士，最後來送別的是三位拉美人。利安，是啊！荷蘭
人一輩子都會記得你們三人，還有最忠心的三位卑南戰士。我還有
一件小事想問你，瑪雅公主人美嗎？她多大年紀了？能說說她嗎。
喔！水某吔，瑪雅公主跟安娜姊姊同齡，我跟卑南王睿耕德同齡，
公主端莊，美麗大方，個性外向活潑，眼睛大大的圓滾滾的，射箭
技術一流，飛鳥也能射中，她很好相處也很好學，常來跟我們學荷
蘭字，學漢字，而她早就有跟駐守在卑南的荷蘭中士學了很多荷蘭
話，我們用簡單的荷蘭話溝通，安娜姊姊學習卑南話學得比我快，
也能用簡單的卑南話跟她溝通。這次三位卑南戰士也是靠安娜跟他

們溝通，才知道三位可愛的戰士是說：他們達成卑南王交付的任務
了，可以驕傲的抬頭挺胸的回去面報卑南王。而安娜也交代了一些
事要他們轉告卑南王跟瑪雅公主。尪吔，那我直接問你，如果瑪雅
公主給你當牽手你要是不要。喔！水某吔！我已經跟你結婚了呀！
而且尊貴的公主不會看上我的。利安，公主常去找你們姊弟，就是
看上你了，而你也沒有回答，你不要，這就表示你想要。水某吔，
你想太遠了，瑪雅公主遠在卑南，而我現在就在你身邊，明天荷蘭
艦隊就要駛離下淡水河（高屏溪）去巴達維亞（雅加達），我們一
早還要去送行，別再想公主的事了。妳累了一天我幫你按摩按摩讓
你放鬆的入眠。好，就讓頭目表現表現，要用心按喔。是，遵命。
（利安心虛的回答著，認真的幫芸阿按摩。）

　　而安娜跟索阿這邊也著急著。尪吔，我今天在海邊差一點點就
說溜嘴，芸阿聰明伶俐，會不會被她看出破綻，懷疑起瑪雅公主的
事，慘了！慘了！怎麼辦？怎麼辦。安娜，妳心地善良，說謊時臉
都紅了，還好我反應快搶著回答，但我察覺芸阿起了疑心。索阿，
那該怎麼辦啦！

　　利安回去後，如被芸阿逼問起來說了實話，那該如何是好。
安娜，這種事我也不知道如何是好，就一句話，晚上看狀況先跟
阿爸阿姨說公主跟利安的事，看阿爸怎麼說，但不能讓小蜜知道。
我決定跟著妳去跟芸阿下跪賠罪，我們可以約芸阿到沒有人的適當
地方。我們倆要把責任全部擔下來，是妳關的門，也是妳在門外把
風的，所以你先跪，而你是我的牽手，以前是我的安娜妹妹，我教
導無方，夫妻有難同當，我就一起跪，就這樣決定。尪吔，這樣是
好，可是阿爸阿姨如果怪罪那怎麼辦。安娜，阿爸老江湖了做人做
事一流，會幫我們想辦法不會怪罪妳的，晚上等小蜜睡著我們就跟
阿爸說。阿爸最疼妳，你要發揮你的本事。好啦！也只能這樣了。
於是黃掛跟寬阿也都知道了利安跟瑪雅公主的事。黃掛心裡有譜說

了：女兒女婿啊！還好你們倆及時跟我說這事，沒有想到我兒子那麼有公主緣，卑南王有公主壓著，而老頭目就要靠芸阿了。至於同阿夫婦會看我的面子，而索阿求情也有效。最關鍵的芸阿，就由你們兩人跟阿爸去向她求情。阿爸，就明天嗎。女兒啊！此事不急，明天去海邊向荷蘭艦隊送行。正要入睡安娜依喂著索阿說：尪吔，幸好有跟阿爸說利安跟公主的事，看阿爸老神在在的我放心不少，終於放下心中的大石頭。水某吔，其實妳在卑南時做得對，當時的情況也由不得你，而卑南王也知道了公主的事，現在仔細想想，此事說不定會讓新遠（新園）得救。尪吔，我是擔心弟弟沒命啦！我跟利安如果失信於卑南王，沒有回去找公主，卑南王一發怒，說不定整個新遠部落的人都會沒命，卑南王從掃叭（花蓮瑞穗）管到巴塱衛（大武），你不要尋我開心好不好。阿爸說卑南王有公主壓著，這只是阿爸自己的想法。水某吔，妳放心，卑南王睿耕德不是那麼會生氣的人，不然他怎麼能從巴塱衛管到掃叭，又跟瑯嶠王有密切的往來，我們要往好處想。現在鄭王才是敵人，要想成是有瑪雅公主罩著利安，就是罩著我們，那新遠也就安全啦！下淡水河（高屏溪）以東都安全了。哈！尪吔，果真是這樣，那我最有功勞，因為緊要關頭是我關上門的。哈！哈哈，是，是妳最有功勞，夜深了別再聊了，明天還要早起去海邊向荷蘭艦隊辭行，睡吧！晚安。晚安。今天早晨吹起北風，大清早下淡水河河口沙灘已站滿了人，利安帶頭向艦隊揮手道別，荷蘭艦隊緩緩駛出下淡水河，乘著北風艦隊緩緩駛出河口，直往拉美島的方向駛去。船上的人也都向他們揮手道別。

眾人隨著艦隊的移動而移動，最後在海邊看著艦隊遠去，沒有一個人離去，大家都坐下來看著艦隊駛離，當艦隊駛出外海往拉美島的方向駛去時。艦隊船隻都依序發砲三響，向拉美島致敬。向福爾摩沙致敬。艦隊就這樣在拉美島與嘉祿堂（枋寮，枋山）之間的海域往南駛去，直到看不見荷蘭艦隊的蹤影，眾人才紛紛返回

新遠（新園）。安娜緊跟在利安的旁邊輕聲的說：利安，荷蘭人害慘了我們拉美人，但也帶給我們福爾摩沙人新的技術新的觀念，還教我們種田引進眾多農作物引進耕牛，也啟發我們認識上帝，讓我們知道原來世界這麼大，這 38 年來，福爾摩沙受苦了！也受教了，現在他們拍拍屁股走人。安娜，我也不知道該如何評價他們，但他們跟鄭王一樣是侵略者，他們剛開始是為了要賺錢，想來大員設立一個據點貿易，後來是想征服福爾摩沙來生產更多食物，目的也是要賺錢，我們連鹿也變稀少，福爾摩沙人都開始變窮，最後荷蘭人想通了想要好好的經營福爾摩沙，讓這個共和國富裕起來，建立制度，建道路，開闢農田，還做了各項建設，也規劃了以後的各項建設。但這卻引來了鄭王，鄭王是想來佔有這些荷蘭人打下來的基礎，進而再統治我們替他辦事，我們送走小氣的荷蘭人，而現在要面對霸氣的鄭王，和奸詐的長山人。利安，你別太煩惱，現在部落人人都支持你，上帝會支持善良又樸實的福爾摩沙人的。嗯，姊姊我有對策了，我們先穩住一段時間，鄭王初到大員逃兵甚多，士兵水土不服病死的也多，哪天我們一覺醒來鄭軍全撤走了也有可能。我的想法是，如果他們誠心對待我們，派教師來教導我們讀書寫字，教我們知識技術，我們就歡迎就學習。如果鄭王要求派兵來駐點，我們就讓他們知難而退。目前我們的武器不如鄭王，硬碰硬我們傷亡多。而我們人多又聯合起來了，他們也不敢貿然的得罪我們，先這樣應付他幾年，等我們漸漸壯大。利安，你說得有理，你做的決定姊姊都支持。喔！對了，芸阿有問你什麼事嗎。姊姊，芸阿有問瑪雅公主的事，但一切都很好，她很懂事一切都很好。啊！真的，嚇死姊姊了，那芸阿她不怪你。姊姊，我沒有說那麼清楚，你也要注意說話，暫時不會有風暴，懂嗎。喔！懂，我懂。又幾天後，芸阿帶著一封卑南寄來的信來找安娜。安娜姊姊，利安外出巡視，嘉祿堂送來卑南的信，妳快看看信裡寫些什麼。好，快，我看看，讓我看看。安娜看了許久，也想了許久。安娜姊姊，信上是寫些什麼？怎麼看那麼久。芸阿，我也看不太懂意思。

　　瑪雅公主有的畫圖，有的寫字，而她寫的字我也只看懂一半。
姊姊，怎麼是公主回信？你們不是寫信給卑南王嗎。喔！是因為公
主還比卑南王懂得更多字嘛，現在我才知道公主能看得懂一些字，
但要公主寫字……，這太難了啦。哈！姊姊，你看公主好可愛畫那
麼多圖。這些圖有女生拉著男生的手……在海邊散步……兩隻鳥
在親嘴……海上的一個島……島的山上有太陽……河流上有一個
橋……橋頭站一個女人……一根大木頭上坐著一個女人，還流著眼
淚……。姊姊，我看懂公主的意思了，這是公主要給利安的信。安
娜見利安跟瑪雅的事已無法再隱瞞了，只好完完全全老老實實的跟
芸阿招了。芸芸，對不起？姊姊對不起妳，我跟利安去卑南避難，
能平平安安的都是因為有公主，我們也沒有想到事情會這樣，我一
直想找機會跟你說這事，請你原諒利安，他現在剛當頭目又要跟鄭
王對抗，你要怪就怪姊姊，這事都是姊姊搞砸的，對不起！對不
起。姊姊，妳只是幫兇利安才是主謀。芸阿，不是啦！不是這樣，
我是幫兇公主才是主謀，利安是受害者啦。姊姊，別再幫利安講話
了，利安跟我說了：公主端莊，美麗大方，活潑外向。芸芸，要不
是因為我，利安不會跟我去卑南，這事都是因我而起，你看大員那
邊的長山商人，不也都有兩三個老婆嗎。姊姊，你的意思是有兩三
個老婆並不奇怪，姊姊，你要知道，利安是欺騙了瑪雅公主，利安
一回到新遠（新園）就跟我成為夫妻了，瑪雅公主現在還不知道
吧！這事要怎麼收拾。芸阿，瑪雅公主迷戀利安，她知道妳跟利安
的關係，但她現在是還不知道利安跟妳成為夫妻。姊姊，聽說鄭王
已經娶了很多個老婆，一來到大員又娶了贌商柯米細的女兒，利安
一直講說要效仿鄭王，還學得真快真像。芸阿，姊姊求求你，這事
不要跟其他人說，利安現在每天煩著公事，妳要為大局著想，拜託
你，姊姊跟你下跪。安娜說著說著真的跪了下來。耶！姊姊你快起
來，別這樣又哭又跪的難看死了。我就答應你暫時保密，當作什麼
都不知道。喔！謝謝芸芸，謝謝芸芸。對了，姊姊要跟你說一件秘
密，瑪雅公主受過兩次傷不孕的機會大，妳要多加油，多加油，這

樣懂嗎。而且公主遠在卑南，跟利安以後會有什麼發展還不知道，就讓他們去寫信，這信你就當沒看過，利安傍晚回來，由姊姊拿去給他，我們就這樣說好了喔。

　　幾天後，利安正在郊外督看戰士的訓練，麻達傳來急報說：頭目，卑南公主帶著二十名隨從，在嘉祿堂（枋山，枋寮）問阿頭目的陪同下已到部落。利安跟索阿急急忙忙的趕回家。看見問阿頭目跟二十幾個戰士在門外的大樹下休息喝茶，黃掛跟寬阿已站在門外等候。利安跟大家簡單問候後進入大廳，見到公主已在大廳正由安娜跟芸阿陪著，三個人是有說有笑的。老頭目跟同阿夫婦也趕了回來。一向沉穩的利安，見到公主突然到來，一時也心慌慌的說著：歡迎公主大駕光臨新遠（新園），今天是吹什麼風，把我盼望的瑪雅公主給吹來了！公主好久不見了！敢問公主卑南王還好嗎。利安，我弟弟很好，但惦記著你們姊弟倆，所以派我走一趟新遠。喔！公主，前幾日有收到卑南王跟妳的問候信，正想今天回一封信呢。利安，回去卑南的三位戰士說了：荷蘭人撤去巴達維亞（雅加達）了，大員一帶由海盜接管，海盜可能會越過下淡水河（高屏溪）來攻擊新遠，所以卑南王緊急命令由我來實際瞭解，好做必要的準備。公主，感謝卑南王的關心跟支持，也感謝你們，我跟安娜在卑南的時候，承蒙你們的照顧，您這次來就多住幾天，我立即吩咐今晚盛大的宴請你們，歡迎你們，我新遠感到無上的光榮。頭目，戰士們回去卑南時有說了：安娜跟他們交代說，利安當上了新遠頭目會忙一些，如果公事繁忙，無法依照約定三個月內返回卑南，還請能體諒。今日看來你確實是忙於公事。謝謝公主關心，新遠是小部落公事不多還能勝任。頭目，你的夫人，聰明可愛，漂亮又體貼，難怪你非得回新遠不可。從卑南離開時走在前面，大步的往前走。哈！公主取笑了。利安，恭喜你當上了新遠頭目，這是眾人對你的肯定，我跟卑南王沒有看錯你。公主過獎了！公主過獎了！睿耕德才是我要仿效的榜樣，我不及他的萬分之一。敢問公主，您的隨從

十男十女，他們是？頭目，他們有的是夫妻有的是朋友，出門在外時，他們都是聽我命令的戰士。喔！那我會安排好他們的住所。頭目，我想請您帶著我們到下淡水河沿岸，及出海口一帶走走勘查地形，以便立即了解新遠這一帶的形勢，如鄭王來襲可預作準備。

　　喔！那好，謝謝公主，那您跟我來，戰士們一路辛苦就讓他們休息吧。不！二十名戰士都要跟著我，你如果不放心，也可以帶著護衛一起來。喔！公主開玩笑了，就我一人陪妳去，感謝公主，感謝。於是利安交代眾人準備晚宴，今晚盛大歡迎卑南公主到訪，分派任務後，獨自一人帶著瑪雅及戰士們一路沿著下淡水河（高屏溪）往南走。利安向公主解說了這邊的地形，是一片平坦的平原，只靠這條寬廣的溪屏障，而溪床寬廣水也深，無法搭橋只能靠船，所以鄭王如果要來攻擊新遠（新園）只能乘船。利安，鄭王的船如要來攻擊新遠，必是由海面上進入下淡水河口才能攻擊新遠，因此河口要派駐足夠的人員日夜防守。冬天吹北風外海風浪大，船也不容易進入下淡水河，但春天已快來臨，一但吹起微弱的南風，要進入下淡水河就容易多了。鄭王如果要從陸地來攻擊新遠，必須是由北方而來，那他的軍隊要經過重重阻礙，翻山越嶺到我們結盟的大傑巔（內門，旗山），再於枯水期渡過大傑巔溪（高屏溪上游），再經過重重的我們結盟的部落南下，以鄭王現在的兵力，連通過大傑巔的能力都沒有。嗯，公主高見我會照辦。瑪雅公主要隨從就地等待，將與新遠頭目深入探討應對敵人的方法。瑪雅跟利安兩人，邊走邊談往海邊走去。走了一段距離後，利安開口說了：瑪雅，走，去看看拉美島。這天下午北風直吹，也吹起一陣一陣風沙，天氣涼爽兩人來到海邊，躲在漂流木堆旁擋風，這大風吹的下午河口處空無一人，利安跟瑪雅再也忍耐不住相思之苦……，北風狂吹，嘶嘶作響，而這風聲也掩蓋了一切，掩蓋了利安的狂暴……，掩蓋了瑪雅的嬌喘……，倆人的靈魂緊緊的交纏著，所有的相思都在這一刻釋放……，……。瑪雅，我們回去吧！天氣不好風那麼大，拉美島

叫我們下次再來，今天不給看。哈！好，回家去，下次要再來，回到部落你又變回頭目了，我也變回公主。這一陣子整個新遠都在忙著接待公主一行人，安娜陪著公主，所到之處大受歡迎，老頭目跟麻莉夫婦也覺得倍感光彩，麻莉跟同阿說了：沒想到瑪雅公主跟安娜姊弟這麼要好，公主氣質高雅直來直往，很有我的緣，她腰配著腰刀，手拿著弓背著箭，我們新遠的戰士都被她給比下去了。是啊麻莉，聽說公主是來幫我們的，是卑南王派她來新遠了解這邊的形勢，要幫我們對抗鄭王。對啦炕吧，這樣我們就放心了，這幾天我們多帶幾個人去河裡抓魚，公主很愛吃魚，他們的戰士也愛吃魚，卑南那邊應該有溪也有海，他們才會那麼愛吃魚。

哈！某吧，卑南那邊的河還比我們這邊多呢，海也比我們這邊的海還要大，聽利安說連海浪也大好幾倍，大海浪的聲音像是打雷那麼大聲呢。喔！卑南那麼有趣，炕吧，那卑南的山有我們這邊的山高嗎。喔！聽安娜說是同樣這一座山，我們在山的這一邊，而卑南在山的那一邊，越過這大山就可以到卑南，安娜跟利安都去過了。炕吧，有機會的話我們也去卑南玩好不好。某吧！卑南王很兇呢，卑南王又不認識我們，我不敢去。哼！小氣，那我叫利安帶我去。哈！哈哈，利安要走十天，妳可能要走一個月。怎麼，你是嫌我胖是不是。哈！不敢不敢，失言失言。從新港（新市）跟著利安來新遠的守阿夫婦，跟幾位留在新遠的拉美人，他們計畫著春天，風平浪靜時回去拉美島。也從嘉祿堂（枋山，枋寮）問阿頭目的口中得知，嘉祿堂跟東阿土港（東港）也有拉美人有同樣的計畫。這天，當著瑪雅公主的面，利安問安娜：姊姊，大家都準備著回去拉美島，本來不是拉美人的新遠居民也有人要跟著去，我們原本也是計畫著回去拉美島，現在時機到了，我們朝思暮想的拉美島就在眼前，妳有什麼想法。利安，計畫趕不上變化，你現在是新遠頭目你也跟芸阿成為夫妻，你能帶著她回去拉美島生活嗎。我昨天才問了阿爸，阿爸說：他兒子在新遠他也想住在新遠，阿爸又說他們長山，

父母親都是跟著兒子生活，而女兒是嫁出去的，習俗剛好跟我們福爾摩沙相反，而他的一生是現在最滿足，兒子，女兒就住在隔壁，也都結了婚，他一天到晚都想著要抱孫子。喔！姊姊，那看來阿爸現在也不想要去住在拉美島了，可是留在新遠不一定安全啊，我們無法預測鄭王的下一步會怎麼做。利安，索阿現在也幫著你在訓練戰士，一時之間我們都還回不去拉美島。我也有想過，我跟索阿帶著小蜜，跟著守阿夫婦一起先回去拉美島，可是我下不了決定。現在瑪雅公主也來到新遠，我更不能走。

這春天就要到來，我們拉美人都要回去拉美島了，連拉美人的朋友也要跟著去拉美島生活，我好羨慕他們，而這正是阿母生前最大的夢想，也是我們一家人共同的夢想。是啊姊姊，回不去拉美島的拉美人，都跟我們一樣吧，都有他們擔憂的事情要擔憂著，就如同我們的利阿舅舅。利安，姊姊決定了，除非遇到危險，新遠危險到不能再住下去時，那時再逃回拉美島，因為要我們姊弟分離，跟阿爸阿姨分離，那我也快樂不起來。我們想念著的拉美島就在眼前啊，我們想念她的時候，可以走去海邊看看她啊。嗯，姊姊，也只能先這樣了。守阿夫婦在一旁

公車站牌仍是天台。天台已被改成是天福村。拉美島的頭（高處平台）稱天台，而另外一端尾巴的白沙灘，稱為白沙尾。原白沙尾沙灘因開闢港口而消失不見。

聽了說：頭目，安娜，我們先回去拉美島住，我們會住在天台上離祖先的洞穴不遠處，那也是你們黛咪阿母從前住的地方，德哈利頭目小時後也是住在天台上，我們會幫你們先造好兩間房子，歡迎你們隨時回來拉美島。利安跟安娜連忙稱謝，也祝福他們從今以後，平靜的快樂的在拉美島生活。頭目，安娜，當你們想念我們的時候就到海邊看拉美島，我們想你們的時候，會到拉美島北邊的埔阿高地，看福爾摩沙看新遠這裡，以解我們的相思之苦。哈！守阿，你想得真周到，這樣一來那埔阿地，豈不成了

公車站牌仍可見相思埔，相思埔已被改成杉福村。

相思埔。對，對對，頭目取得好名，就把她稱做相思埔。守阿我問你，你幾歲時來新港（新市）的。頭目，我四歲時跟著一大群人被抓來大員，我母阿跳崖自殺了，我爸阿死在巴達維亞（雅加達）了，我跟著姑姑被分配在新港的家庭，她跟我講很多拉美島的事，我對拉美島也還有一點印象，我姑姑受了很多很多的苦她現在還住在新港，他們很多人是因為利阿頭目，要留在新港陪著他。我們要離開新港時她正發著高燒……，唉！世事多變，好不容易我去年才剛結婚，受德哈利頭目的請託，帶著蜜阿來新遠避難等待著回故鄉的機會，現在老天爺有保佑，這個機會來了，小蜜就拜託你們了。守阿，感謝你們夫婦幫忙看顧小蜜，她就由我來幫我阿舅顧著，你們安心的回去拉美島。但是現在拉美島的椰子樹都被荷蘭人砍光了，你們回去會辛苦一點。頭目，這事我們有聽索阿說過了，荷蘭人也在碧海平原上蓋了一個大寮，裡頭還架著小砲，碧海平原的椰子樹，天

台到中間路，中間路到白沙尾，整個島上中央凹地上的椰子樹，都被他們砍光了，只有在大寮子的旁邊還剩幾棵。現在平原上沒有椰子樹，剛好可以種田啊。

　　而拉美島魚多，我們可以捕魚啊。我好羨慕你們喔！抓抓魚種種田，快樂的過生活。安娜，不必羨慕，我們在拉美島等著你們，你們也可以划船來看我們啊！我們也可以划船來這裡啊！竹筏加個小帆很容易的。好啊，如果新遠（新園）這邊穩定下來，我跟利安一定去拉美島找你們，我好想去拉美島看看，只聽我阿母跟索阿講過，說拉美島有多美多美，還沒踏上過拉美島呢。哈！歡迎歡迎！歡迎光臨拉美島。安娜敘述著：哇！島叫拉美，住在天台上，看著天藍，在碧海平原的大寮子旁種田，到相思埔看新遠，在那純潔的白沙灘上散步，在天台的小高地上欣賞夕陽，也可以潛入湛藍的海水中抓魚玩水……，這比滿地的金銀還迷人吧。安娜，我看妳就跟著我們回去拉美島吧，就別再猶豫了。哈！哈哈，大家笑成一團時……。屋外傳來急切的聲音……頭目，不好了！夫人在溪邊被海賊抓走了，……快救人，快救人……。瑪雅公主拿起弓箭立即飛奔而出，屋外的卑南戰士也緊跟著，來到溪邊見麻莉跟芸阿已被海賊捉上竹筏，離岸已三十步之遙，瑪雅公主見狀立即舉弓連續勁射，命中兩名海賊咽喉海賊落入溪中死去，此時躲藏在另一處長草中的三名海賊，驚慌著連忙划小船往河中逃，其中兩人又被卑南戰士們射中胸腹多處，一人被射中大腿。瑪雅公主下令戰士停止射箭，戰士們也立即下水把在河上的麻莉跟芸阿救回岸邊。逃走的那艘小船緩緩的駛往下淡水河對岸。眾人幫麻莉跟芸阿拿掉塞在口中的布，也給她們兩人鬆綁，母女倆互相擁抱大哭。經過這一次的事之後，利安命人把近河岸的長草都砍除，以免又有海賊趁夜渡河來躲藏。也照著瑪雅公主的建議，沿著河岸到出海口，都建了高寮並派戰士日夜守護。一來保護到河邊抓魚的居民，二來警戒新遠部落免受意外的攻擊。利安並通知了沿岸的各個部落，各個部落也都比照著這個方法做了防備，麻里麻崙（萬丹南），大木連（萬丹

北),阿緱(屏東市),塔樓(里港,九如)都照著做了。海賊來抓人的消息傳遍了其他的部落,各個部落都非常氣憤,因此也更加的團結。

從此後,瑪雅公主跟卑南戰士們,得到了部落內所有人的尊敬。瑪雅公主派遣一半的卑南戰士,返回卑南向睿耕德稟告新遠這一帶的情勢,並要卑南王派遣戰士來新遠更替,用這樣的動作宣誓著與下淡水河(高屏溪)一帶的部落結盟,要鄭王不要打這一帶的主意。

嘉祿堂(枋山,枋寮)問阿頭目來向大家辭行說了:塔瑪老頭目,新頭目,瑪雅公主,安娜,各位好朋友們,感謝大家這段期間的招待,我這就要回去嘉祿堂,雖然我捨不得離開,但我就隨著這些英勇的卑南戰士一同回去嘉祿堂,我在嘉祿堂等著你們,隨時歡迎大家來嘉祿堂作客。利安請託問阿頭目,派人聯絡瑯嶠王向瑯嶠王報告這一帶的狀況。問阿頭目答應,他會親自前往瑯嶠(恆春半島),瑯嶠王跟他是舊識,而瑯嶠王也公開宣告了,再有長山人進入瑯嶠將殺無赦,以便報復鄭王假借要看管在瑯嶠的長山人派兵去瑯嶠駐點,竟然無故殺害了他們的長老,一副客人當起主人的傲慢。問阿頭目我請教你,前幾個月瑯嶠王大開殺戒,把在瑯嶠的所有長山人幾乎都殺光了,鄭王派去的士兵也幾乎都被殺光了,能逃走的沒幾個,這事是怎麼發生的。利安,這事我非常的清楚啊!在瑯嶠的長山人贌商,平常在荷蘭人的支持下,已經作威作福了,而荷蘭人尚在熱蘭遮城被鄭軍圍困著,這些贌商竟然仗著鄭軍到瑯嶠登陸,氣焰更是高漲的不得了,竟自認自己比瑯嶠王還有權威,要表現給鄭軍們看看他們在瑯嶠是多吃得開,跟當地的長老起了衝突,鄭軍的士兵竟然把長老殺了。哪知道這想殺雞儆猴的動作徹底的激怒了瑯嶠王,也集結了18個部落的數千戰士,徹底的把在瑯嶠的長山人都殺了,據說有七,八百人,剩下沒幾個人,瑯嶠王手下留情讓他們回去赤崁報訊,並公開宣告與鄭王為敵。所以我們

和瑯嶠王結盟是完全可以成功的。問阿頭目，也請你跟瑯嶠君主說明，我們卑南也願意與他結盟，而我們也與下淡水一帶的部落結盟了，我們要共同團結對抗海賊們。好，沒問題的，我遵照瑪雅公主的指示去做。

這一天，芸阿對利安說了心裡話。尪也，瑪雅公主都追到新遠（新園）來了，你跟她的事我也早就知道，安娜姊姊都已跟我說了實話，大家都不傻而我也不傻，只是沒把事情說出來。水某呢，我對不起妳，我也沒有想到事情會變成這樣，我有好幾次想要跟妳說，每次話到喉嚨又卡住了。尪吔，我看這樣好了，公主救我一命，你就每隔幾天回去找安娜一次，公主要學寫字對吧。而我們也該盡盡孝心，你阿爸年歲也大了，我們就每隔幾天回去過夜一次，陪陪他盡盡孝，長山人都是娶媳婦來盡孝的，我就學長山人去當媳婦盡盡孝，你就專心的教公主學寫字。水某吔，謝謝妳能體諒，妳好大的肚量，我不知道要說些什麼話來形容。尪吔，那你也教我學寫字吧，今夜定當能學得很多。好長的一段時間都沒有海賊的蹤影，也沒有半個長山人敢到下淡水河（高屏溪）這邊來。這春天微風徐徐，風平浪靜的日子，守阿夫婦帶著留在新遠的拉美人，也有幾個想去拉美島生活的新遠人，甚至還有一家從力力（崁頂）來的朋友，都準備好要出發去拉美島了。大家都到河口送行，守阿夫婦向大家道別時說：我們要出發去溜球了。哈！哈哈，索阿搶著回答說：椰子樹都被我們砍光了，沒有球可溜了。大家也紛紛祝福他們，去溜球平靜的生活，在那個不需要弓箭跟鏢鎗的金銀島，幸福快樂的生活。大家目送他們數艘船往拉美島漂去。利安跟安娜若有所思的想著：他們心無牽掛開心的去溜球，嘉祿堂（枋山，枋寮）的拉美親友載著逃去瑯嶠的拉美親友，已經早先一步回去了，東阿土港（東港）的拉美親友也計畫著近日啟程。而最想回去的他們兩個人，就暫時把這個從小的願望給壓下，暫時留在新遠好好的生活，等待上帝下一次的安排。

Chapter 19
鄭成功病亡

　　得知芸阿懷了身孕應該有三個月了，利安開心不已說著：這好消息要趕快跟兩方的家人講。黃掛一家人跟麻莉一家人都欣喜若狂，安娜跟瑪雅公主都被指望著也能傳出喜訊。安娜安慰著瑪雅，瑪雅你別著急，越急越沒有辦法心想事成，我也是一樣，這事急不來的。嗯，安娜姊姊，妳真會安慰人，現在大家都接受我了，原來擔心的事反而不再擔心，卻擔心起我沒辦法懷孕的事，我受過傷我自己有心理準備，幸好小蜜天天黏著我，把我當成她阿母了。公主妳煩惱太多了，當然會懷不上孩子啊！加油加油，老天爺會聽到的。安娜，我在卑南時就沒有那一個頭目或勇士敢來向我表達愛意，可能他們也擔心我的身體吧，不是真的怕我凶巴巴的。哈！公主說笑了，他們是膽小，自覺配不上公主，不論如何，妳都是我最欣賞最佩服的人，跟利安一樣一輩子我都會陪著公主。安娜，現在赤崁方面常有消息來，說那一帶的長山農民工，都被鄭王奴役著種地生產糧食，自己反而吃不上飯，唉！他們也好可憐。嗯，我也聽

說了，新港（新市），麻豆，目加溜灣（善化，安定）的居民，有的遷移去哆囉嘓（東山），有的遷移去大武壠（以玉井為中心），有的遷移去大目降（新化），甚至有的人遷移去諸羅山（嘉義）跟大傑巔（內門，旗山）了，不知道真的假的。安娜，這事肯定是真的，除了走不了的人，誰願意留下來跟海賊一起生活啊！前幾天不也有兩個拉美家庭又逃來到新遠（新園）嗎。是啊！我擔心德哈利頭目，我阿舅到底是在堅持什麼？鄭成功一發火他馬上就要被砍頭，但他一點也不怕還繼續留在新港。安娜，你阿舅真是勇敢，要是我，早已拿箭射向鄭王了。他不是來信說了要我們不必牽掛，他跟黃兵爺很要好嗎，他還四處收集鹿肉乾，也捕魚做魚乾，做鹹魚供應鄭軍們嗎？嗯，瑪雅，那個鄭成功真是奇特的人，荷蘭人都是派政務員來管理部落，也不會給我們改姓改名，他才來大員多久，就把大員改成安平鎮，自稱是承天府，也在堯港附近（興達港附近，二層行）設一個萬年縣，又想在蕭壠（佳里）或新港（新市）設一個天興縣，想用一個府兩個縣，在那小小的地方當起王，聽說還有一個小朝廷，仿效起滿人皇帝來了。

　　此時，利安突然衝進門來說：姊姊，公主，大好消息，天大的好消息，鄭成功死掉了，海賊王死掉了，你們聽聽外面的聲音。整個新遠（新園）部落都被這突然來的消息給震驚著，歡聲雷動，人人都大呼小叫的大聲叫好，男男女女都翩翩起舞好不開心，不敢相信能有此振奮人心的大好消息。利安，麻達來報有說詳細嗎？鄭王是怎麼死的。姊姊，麻達傳來的消息是說，三天前鄭王病故了，鄭王突然發狂，用雙手抓遍全身，連臉也抓得滿臉是血，最後鄭王大呼小叫的，說他對不起祖先，他怨恨，他心有不甘，然後就倒地而亡。瑪雅公主搶著回話：這叫天譴，老天爺要滅他就先讓他發狂。他對不起祖先？他才對不起我們福爾摩沙人，他跟他的士兵做了多少壞事，這叫報應。瑪雅，妳先別生氣，鄭王突然病故，現在

鄭軍內部必然一陣混亂，群龍無首，各將軍各兵爺不受控制，士兵們更是人心惶惶，我們要更加小心防範。頭目你說得對，現在更像是關鍵時刻，往好處想鄭軍們可能撤走回去長山，那我們福爾摩沙又恢復了往日的平靜生活，我們要推舉出一個人來領導福爾摩沙，就由大肚王來當領導人，他比鄭王要好好幾倍。哈！公主我推舉睿耕德，他絕對能勝任這工作。利安，我弟弟連長山話也不會說，西拉雅語瑪卡道語也聽不懂，他怎麼當領導人啊。何況卑南也還沒有完全安定下來，南方的太麻里現在是聽他的指揮了，但是跟北方的阿密斯也還常有紛爭，福爾摩沙東部就夠他忙的了，哪還有那份心力管到福爾摩沙西部來。嗯，公主說得也很貼切，我們先密切注意大員方面的發展，如有那一帶的居民逃來新遠，我們要預作準備，如是士兵一律先解除其武裝，如是長山農民工，就先安排他們適當的土地開墾耕種，跟我們一起生產糧食，如是我們福爾摩沙人，就安排他們定居下來，如是拉美人就協助他們返回拉美島。大員那一帶將會混亂一陣子，這些事是必然會發生的。

　　嗯，頭目分析的頭頭是道，那就請頭目派令，通知各聯盟部落照著這個方法去做。利安，前幾天才聽到鄭成功開國，設東都明京。怎麼才不到十天他就死了？這麼巧合？會不會是不滿意他的人暗殺的啊！真的是生病死掉的嗎？姊姊，這事只是聽說，病死或被害死或自己氣死都好，他就真的死了才是最重要的。這樣一來鄭軍很有可能撤離福爾摩沙，上帝又可以回到福爾摩沙來。平靜了幾天後，麻達又來報：頭目，大員方面來的消息，鄭成功的弟弟鄭襲自立為王稱東都主，取代鄭成功的權位。頭目，這糟了啊！鄭成功的兒子鄭經領軍固守在廈門，現在鄭成功突然去世，鄭經來不及繼位，鄭襲搶先繼位自稱東都主，鄭經如得到消息必會有反應的，這可預期的戰事恐怕無法避免。姊夫你說得是啊！從這件事也可以推測，現在在赤崁的鄭軍將領已分裂成兩派，而支持鄭襲的勢力較

大，另外那一派就是支持鄭經的，雙方廝殺難免，只希望不要波及無辜的居民。看來我們更要加強戰備，防止發生無法預測的災禍。姊夫，速做好戰鬥準備，如他們雙方戰鬥，有敗逃而來的兵士一律殲滅，如是農民工則收編種田。遵命，我這就去做。又數日後，利安收到新港（新市）的來信，是德哈利的來信，這大家期待著的信終於又來了。利安開心的把兩家人都聚在一塊，讀起了信來：利安，你託大傑巔（內門，旗山）傳來的信息我接到了，先恭喜你成了家還當了新遠頭目，也恭喜安娜跟索阿成為夫妻，我擔心受怕著的索阿既沒有戰死，也沒有去巴達維亞（雅加達），光是這好消息就夠支持著我活下去，你們也都得到鄭王去世的消息了吧，蒼天還是有眼的，這段期間新港的居民受了很多氣，也吃了很多苦，也有很多人逃去大目降（新化），逃去大武壠（以玉井為中心），逃去哆囉嘓（東山），逃去大傑巔（內門，旗山）。也有幾個拉美人要去你那邊，現在應該到了。我認為鄭王是被跳蚤咬死的。黃兵爺派令，要我準備極多的肉乾，魚乾，鹹魚，是要慶祝他們開國日要吃的。

而各個部落的酒也被他們買走，要建國慶功宴用的。我跟黃兵爺送貨去赤崁，看見鄭王臉上，手上，佈滿被跳蚤咬的小紅點，比上次看到時還嚴重許多，有的都被抓破皮了留下了傷痕。鄭王受不了搔癢還抓著肚子止癢。我回到新港（新市）心裡想著，這些小跳蚤是不甘心死去的人的冤魂化成的，趁著黑夜而來的吸血鬼，是來報仇的。真沒想到七天後，就傳來鄭王病逝的消息，這事是意外中的意外。我通令全部落哀悼，照著黃兵爺的做法，舉白布哭喪跪地長嚎，其實大家內心都開心不已，但哭得是一個比一個大聲。前幾日赤崁的鄭軍打來打去，殺來殺去死了很多人，現在是鄭成功的弟弟鄭襲當王，但有很多兵爺不服，分成兩派也都派人來新港要我支持。我都回說：我這小小部落沒什麼影響力，但你們選出來的王我們就支持，新王如要召見我我會立刻飛奔去赤崁下跪磕頭。他

們都極滿意我的表現。但我也得到消息，鄭成功的兒子會從廈門帶
兵來殺鄭襲，跟這裡支持他的將領裡應外合，把東都主鄭襲推翻。
這長山人特別愛打仗殺來殺去的，人命在他們的心中就像狗一樣，
真恐怖。新港這邊的情勢我還能應付，我也猜鄭軍有撤離大員的可
能，畢竟鄭軍現在軍心渙散逃回去長山的兵士眾多，生病死的也多
想家的更多。現在連他們的王都死了，希望幻滅了。所以說這情勢
對我們大大有利，我開心的等著看他們自己毀滅。我也知道我們的
親友順利回去拉美島了，我堅持留在新港有了回報，祝福他們。我
也知道阿蜜還在新遠（新園）把卑南公主當成阿母一樣的黏著。我
也聽了公主的英勇事蹟，在我們這一帶都盛傳著：鄭軍得罪了瑯嶠
王，得罪了大肚王，現在又得罪了卑南公主卑南王，鄭軍們是不想
活了。而利安頭目夫人已懷有身孕的事，傳令也跟我說了。這陣子
都是好消息啊，上天是眷顧著我們福爾摩沙的。最後祝福大家平安
如意，也特別向我敬愛的姊夫，及我尊敬的老頭目問安。黃利，黃
招，黃佳在新港，心與你們同在。

　　哈！阿舅太有趣了，長山人的個性他都了解的很透澈，而舅
媽跟佳阿都還順利的活著。阿舅受了苦受了辱，但他也應付的很從
容，我們也要學習他的耐心他的冷靜。太好了，阿舅平安無事鄭軍
內部大亂。好像鄭王是被阿舅周旋死的，鄭軍是被阿舅周旋亂的。
哈！哈哈，這說法聽了舒服，舒服！哈哈哈！大家都開心不已哈
哈大笑。新遠（新園）的運作漸漸上了軌道，下淡水河（高屏溪）
沿岸的守備也更穩固，瑪卡道聯盟的運作也逐漸成形。數月後，鄭
經果真率大軍從廈門來攻打安平，鄭襲的支持者與鄭經的支持者大
戰，雙方在海上在澎湖在赤崁戰鬥，雙方死傷無數，赤崁又陷入一
片混亂，最後鄭襲落敗被鄭經活捉。消息傳到新遠，利安找索阿跟
公主來商討：姊夫，幸好我們已經做好萬全的準備，果真鄭經跟鄭
襲在赤崁大戰，兵士死傷無數，長山農民工四處逃散躲藏。頭目，

我已將逃來新遠的農民工安置妥當，只有四個人，剛好安排他們教我們種田，他們都謝天謝地的感謝頭目您收留。他們說：死也不回去赤崁了！他們萬分後悔，後悔幫著鄭軍趕走荷蘭人，到如今自己連吃都吃不飽，何時沒命也不知道，還得趁黑夜逃亡。在赤崁過著像奴隸一樣的生活，所有的田地都被士兵們強佔走了，不逃，難道要在赤崁等死嗎？嗯，姊夫你做得很好，我們要善待這些長山農民工，給他們一個重新生活的機會，我們在新港（新市）時也看到了，長山的農民工都很辛勤的耕種著，他們刻苦耐勞的精神值得我們學習。利安，鄭軍內亂互爭王位廝殺，或許我們有機會可以主動出擊，把鄭軍一舉殲滅。公主好勇氣好膽識，如果他們是持續戰鬥打得難分難解，就是我們聯合出擊的良機，可惜，他們雙方戰鬥不過數日，已平息，我們沒有出擊的機會了。利安，你說的是，你這頭目做得是越來越得心應手了。哈！公主過獎了，這一切都是公主的功勞，公主的威名現在都傳到赤崁了，大員一帶的人都知道，有士兵渡河過下淡水河抓女人，被公主一箭封喉的故事，現在再也沒有人敢有非份之想。因為卑南王已派了重兵，由公主帶領著守在下淡水河對岸呢。利安，說真的這些禽獸就是該殺，來一個殺一個。對了姊夫，現在又換鄭經當了王，我們可有好的對策。頭目，聽長山農民工說，鄭經年紀二十歲左右，在廈門領兵作戰，頗有聲望。

但因為他與其弟弟的乳母有染，還生下了小孩，也因為這樣鄭成功才被氣死的。也是同樣這個理由，鄭成功的弟弟鄭襲才自立為王，因為鄭襲認為鄭經的品德不配當王。姊夫，那你的意思是鄭經領兵作戰能力很強，但品德不佳。頭目，鄭經是否能領導鄭家軍還需要時間觀察。但鄭成功突然去世，鄭經又剛剛才贏得內部的戰事，現在鄭軍內部矛盾軍心渙散，這對我們是很有利的，至少現在他們是完全沒有能力來攻擊我們了。嗯，姊夫分析得是，雖然他們沒有混亂到我們可以聯合去攻擊他們，但鄭軍現在也沒有能力來攻

擊我們，我們會有一段安穩的日子。利安，趁傍晚我們去河口射幾
隻野鴨，跟芸阿補補身子，她有了身孕需要多吃點肉，野鴨很補
的。這下淡水河口（高屏溪）在這年底的季節，有各種水鴨跟水鳥
還有大雁呢。瑪雅，謝謝妳，妳是神射手例無虛發，我只負責撿野
鴨喔。利安與瑪雅到下淡水河口射了好多隻野鴨，除了幾隻留著自
己吃，其他的都分給了左右鄰居。這是黛咪生前常教他做的事，把
過多的東西分享給部落的人吃，跟黛咪在拉美島時一樣的風俗。而
現在連新遠也很少看見鹿了，整個下淡水河一帶鹿都變得稀少。還
好冬天有數不盡的候鳥飛來這下淡水河口度冬，剛好可以補充一些
食物。而這下淡水河魚蝦豐富，平常捕捕魚種種地，新遠部落食物
還算豐足。天氣晴朗時小竹筏也可以出河口到外海捕魚。日子就這
樣平靜的在捕魚種地打獵中一天一天的過去。很快的芸阿生產了，
芸阿生了一個胖男娃，利安跟黃掛都開心的不得了，但是塔瑪老頭
目跟同阿麻莉夫婦，都顯得有些失望。都直說了，要芸阿再加油，
一定要生一個女兒，好傳承家業繁衍後代。瑪雅公主安慰著芸阿，
我們卑南生男生女一樣好，不是生女兒才是好，像我的肚子都沒有
動靜。

　　安娜也安慰著芸阿，下一胎就會生女兒了，不急，就像瑪雅
說的一樣，生男生女都是好啊。而我跟索阿也很想要有小孩，可是
一直也沒有動靜。芸阿安慰起安娜說：姊姊，是不是姊夫太忙碌
了，他整天忙著訓練戰士，又要戰備太累了。而妳也吃得太少太瘦
了啦！身體虛弱是不容易懷孕的。嗯，芸阿說得有理，我現在每天
負責去河口射水鴨，來給你們兩個補身體，命令你們兩個每天都要
吃一隻水鴨補身體。哈！謝謝瑪雅，謝謝公主。三個女人有說有笑
的，逗弄著這可愛的胖小娃。利安想把兒子取名，光阿。希望他能
像太陽光般照亮大地，照亮福爾摩沙，不再黑暗人人都看得到路。
就像是瑪卡道人是指太陽底下的人一樣，被太陽光照亮的太陽之

子。利安也思索著，鄭經在赤崁建立起自己的王國，看來是想在大員好好的經營，暫時不會撤走兵士了。現在阿舅變成又要跟鄭經打交道，不知道這次阿舅要拿什麼跟鄭經周旋，阿舅是真男兒，不計個人生死只顧著眾生，受苦受難都不放在心上，我敬佩的阿舅。要不是沒有適當的武器，我們這瑪卡道聯盟，怎麼會怕這鄭經小兒呢。而整個南福爾摩沙都找遍了，沒有那一個部落有鐵礦，這真奇怪。福爾摩沙有沙金就是有金礦，但為何會沒有鐵礦呢？上帝是在開福爾摩沙人的玩笑嗎？利安沉思著，聽到屋外鬧哄哄的出來詢問才知道，原來是有一大群一大群的烏魚游入下淡水河口（高屏溪），去溪邊抓魚的居民看到了趕回來通報大家，要大家準備全面動員去圍捕烏魚。12 月底了正是烏魚大批游到海邊甚至游入河口的季節，整個新遠部落的人都忙著要去捕烏魚。雖然天氣寒冷但大家是熱血沸騰，而這捕烏魚就屬同阿最內行了，幾艘竹筏一起出去圍捕，有時後可以捉回來好幾千尾。甚至晚上在河口海邊沙灘上放柴堆燒火，人拿著長竹竿走入淺灘打水，烏魚受到驚嚇受火光迷惑，還會自動跳上沙灘來呢。

這是老天爺每年冬天自動送上來的美食，讓新遠（新園）部落一瞬間熱鬧滾滾，除了戰備的戰士外，全新遠的大人小孩都到河口海灘湊熱鬧。整群烏魚黑鴉鴉一片，外海有海豚追逐受驚嚇的烏魚群，烏魚形成一個大大長長的圓柱體，整群游入下淡水河（高屏溪）來，有的烏魚衝出水面四處飛跳蔚為奇觀。同阿划著竹筏，指揮著其他十幾艘竹筏圍捕，光是今天就捕獲了兩千尾。同阿沾沾自喜自言自語著：這捕魚的技術還是拉美人厲害。這個季節捕烏魚，吃烏魚，曬烏魚乾，曬烏魚子，烏魚成了大家共同的話題。而外海上也有幾艘從大員來的舢舨，他們是遠從長山來捕烏魚的，但他們不敢太靠近，他們也知道近岸跟河口，是新遠人專門的捕魚區，他們都不敢越界。而他們都把烏魚醃製成鹹魚，繳了烏魚稅後有的在大員賣了，也有的烏魚運回去長山賣。利安也交代大家，如遇到追

捕烏魚而不小心越界的舢舨，不要為難他們，他們都是苦命的討海人，冒著冬天大風大浪，冒著生命危險從長山來大員，又從大員乘著北風南下，到打狗（高雄）一帶到新遠（新園）一帶抓烏魚，就賺那麼一點點錢回去長山養全家大小，這些辛苦又勤勞的討海人，利安在大員（安平一帶）在蕭壠（佳里）時就看過了。內心是很佩服他們，也心生憐憫。有一年的大颱風，這些長山來的漁民，在大員灣沙洲上的臨時住寮，全部都被大浪沖走，所有漁民都淹死了，聽說淹死數百名。可憐的這些討海人，他們在長山的父母妻兒，永遠也等不到他們回去長山。他們是何等的勇氣，或是有何等的無奈，不在長山海邊捕魚，要冒著大風大浪來這邊捉烏魚。或許是長山連年戰爭，海上都是海盜沒有一個安全的地方可以捕魚。利安也特別允許這些長山來的漁民，可以在小沙洲上搭臨時草寮居住，也可以跟部落的居民交換一些物品，但烏魚季結束就要全部撤走。長山來的漁民也願意像在大員那樣繳烏魚稅，每十尾交兩尾給部落。利安告訴漁民說：你們每抓 100 尾如交給我 20 尾，剩 80 尾去了大員又要交 16 尾，載 64 尾回去到了長山又要交 14 尾，只剩 50 尾對不對。

　　長山漁民都答：對，稅是這樣，但有時我們還要私下給官員們送魚，大員的跟長山的官員都要送。利安跟長山漁民說了：你們來這裡捕烏魚，我是可以趕走你們的，但我的觀念是，大海是大家共有的，只要你們不越界我不會為難你們。下次你們再來時，只要多帶一些漁網，布，鍋子，紙，菜刀，鐮刀來跟我們交換就可以。而我們會用你們最需要的新鮮蔬菜，水果，飲用水，柴薪跟你們交換。漁民們都感謝利安的恩情，紛紛準備利安要求的東西來贈送新遠部落，而利安也供應他們新鮮蔬果及各種食物。利安也決定在部落設學校，理所當然的找上了安娜。姊姊，現在新遠的情況漸漸穩定，我們要仿效鄭王，仿效荷蘭人。設學校教小孩子學字，

教基督的教義讓新遠成為有愛的地方。而這起頭的教師就由妳來
當。利安，我正也有這樣的想法，小孩子不分男女都 6 歲就來上
學，現在的問題是，荷蘭人走了教荷蘭文已經用不到，那是要教漢
文還是新港文。姊姊，當然是教新港文，用我們的語言，恩人牧師
幫我們發明的字，這樣才簡單又好學。而這樣才能分辨出，我們是
福爾摩沙人與漢人不同。利安，聽說鄭王在大員也開始要設學校教
漢文。姊姊，這事我也聽說了，所以我們才要堅持教新港文啊。妳
知道嗎？鄭王除了要西拉雅族人姓漢姓外，最先教他們的漢字是：
反清復明，我是大明人。反清復明，我是大明人，利安這鄭王是要
把西拉雅人教成是，大明人。要西拉雅人幫著他，反清復明。哇！
真可怕！鄭王真可怕啊。是啊姊姊，上回阿舅來信，不也說了：輪
番上陣，輪番上陣嗎。一下子要西拉雅人當犧牲打去殺荷蘭人，現
在又動壞腦筋，想讓西拉雅人去打滿人皇帝。鄭王教漢文是有他的
目的的，一來先是為了要管理西拉雅人，再來就是要利用他們了，
包括他們的資產，到最後，什麼可怕的事都有可能發生。利安，你
的想法總是與眾不同，但又是很有道理，姊姊會好好的幫你，把新
遠的小朋友教好，把這荷蘭人幫我們發明的文字，一代一代的傳承
下去。

利安，那漢文漢字呢？都不教嗎。姊姊，不是的，是挑對象教，
我們家的小孩兩種語言文字都要學，就跟我們小時候一樣，去學校
時學新港文，在家時學漢文。我們也可以挑幾個特別聰明的小朋友
學習兩種文字。這教書的事我也會幫妳，一開始就由我們姊弟倆來
教，幾年後我還想擴充到鄰近的各個部落。利安，姊姊支持你，幾
年後我們教的學生也會變成教師，就可以教更多的人。利安得知大
員方面的農田，有劃分成官田，將軍田，王田，私田。利安也找上
了他阿爸黃掛，要他管理農耕的事，帶領剛逃來的四位農民工，領
導他們並教導部落居民種田。黃掛開心的表示，這種地本來就是他

人生的最後願望，在蚶西港時養牛種地也很成功，可惜被鄭成功壞了好事，農田跟牛都被強佔了，現在逃來新遠（新園）有這麼大片的土地可以開墾耕種，正好可以大展身手一圓夢想。而新遠這一帶緊鄰下淡水河（高屏溪）跟力力溪（東港溪），如在這溪畔放牛，平地上開墾種田，是最理想的區域，比在蚶西港溪（七股溪）畔放牛要好上好幾倍。而新遠這一帶也早有放牛，荷蘭人引進來的黃牛水牛都有，只差未大量飼養而已。父子倆商量好了，要大量的放養牛，由部落專門的一群人負責，有組織的養，繁殖成數百頭的牛群好供應新遠所需。這麼肥美的草不好好的利用，對不起上天的恩賜。現在鹿也變少了，養牛正好可以補充鹿肉的不足。利安計畫再去拜訪各個部落，大龜文王（排灣），瑯嶠君主也要去拜訪，把這下淡水河以東，福爾摩沙南區都緊密的團結起來，大家不計前嫌互通有無，好對抗共同的敵人鄭經。下淡水河一帶又恢復了平靜的生活，鄭經在赤崁忙著清理整頓軍隊。新的一年又到來，安娜也有了身孕，瑪雅跟以前一樣肚子還是不爭氣，但有小蜜叫她阿母她也感到心滿意足。在卑南戰士的協助下，索阿訓練部落的戰士是訓練的有聲有色，而當過五年荷蘭兵的他更是贏得大家的信任，大家都稱他是隊長。安娜懷孕的消息讓這隊長更顯意氣風發，訓練戰士也更加賣力。

航向金銀島之
再次啟航

20
琉球

　　一切都上了軌道，新遠現在是衣食充足。在赤崁的鄭經西渡去了廈門把一切政務都交由陳永華處理。而安娜也順利的生了個女兒，大大的眼睛黃黃的頭髮，皮膚倒是很黑。索阿逢人就誇說：他的女兒說有多可愛就有多可愛。每個見過的人都說，從沒見過眼睛長得那麼大的女孩。黃掛倒是希望女兒能再生個兒子，因為他喜歡男孩，依長山的習俗黃掛希望從這女娃開始要姓黃。但索阿堅決反對說：如依照長山的習俗女兒要跟她阿爸姓，而我也不是姓黃。安娜也說：我跟索阿都是福爾摩沙人，要取一個能紀念阿母或祖先的名字，黛咪阿母的拉美名字叫做美美，而這大眼女娃是滿月的夜晚降臨世間的，那就叫月美美好了。拉美人的小孩都是由母親來命名，我跟索阿共同決定把女兒取名為，月美美。利安也覺得這個名字很好，看到月美美就能想起阿母美美，看到天上的月娘（月亮）也能想起月美美。而黃掛都把月美美叫成黃月美，黃掛還是不習慣，他認為全家人都應該同一個姓才對。但安娜跟阿爸黃掛說了：

我們家就有黛咪，黃掛，安娜，茉利安，隆克，娜美啊，全家人的感情反而更融洽。我也不叫黃安娜啊，請阿爸要改掉長山人的壞習俗壞觀念，為什麼一定要跟阿爸同姓，而不跟阿母同姓，而月美美的阿爸是索阿，是阿力索索啊。經過女兒的抗議後，黃掛也覺得有理，畢竟長山人也說，入境隨俗。黃掛才改正他的叫法，叫他的孫女，月美。從大員傳來的消息說：荷蘭與滿清的聯軍正在攻擊廈門。利安聽到這個好消息，馬上把這消息告訴索阿跟安娜，利安說了：姊姊，好消息好消息，荷蘭加上滿清的戰艦正在攻擊廈門，正在攻擊鄭經駐守的大本營，荷蘭長官沒有欺騙我們，他們真的去攻擊廈門了。利安，那太好了，如果荷蘭軍得勝，再來就是澎湖，最後就是大員，這幫海賊該得的報應來了。姊姊，很快就會有戰事的消息，我們就靜靜的等待，等待鄭經戰敗的好消息。頭目，荷蘭軍是要報熱蘭遮城之仇的，也算是替我報仇，我也是被圍困在城堡內的受害者之一。索阿，我們都是受害者，新港（新市），麻豆，蕭壠（佳里），目加溜灣（善化，安定），大目降（新化），哆囉嘓（東山）的人也都是受害者。

　　鄭王害我們現在也生活在恐懼之中，荷蘭軍聯合清軍攻擊廈門，鄭經最好是死在廈門，那大員一帶必會混亂起來，我們瑪卡道聯盟要做好戰鬥的準備。頭目，我們就準備好戰鬥，跟著荷清聯軍一起消滅這幫海賊。索阿，有時候我也很矛盾，內心很掙扎，鄭軍是侵略者，而荷蘭軍也是侵略者。頭目啊，你說得沒錯，可是我們福爾摩沙各個部族，分崩離析尚未團結一致，各項知識技能都比不上人家，我們能選擇的不多，只能挑對我們福爾摩沙有利的一方。索阿，確實是如你所說的那樣，就像郭懷一起來造反時那樣，我們選擇支持荷蘭人，而不是善於欺詐的郭懷一，這次我們當然要選擇替我們發明文字的，跟我們結盟開發土地的荷蘭人，而不是強要我們改取漢姓漢名，強佔我們的土地的鄭經。頭目，我完全支持你的

想法，荷蘭人想賺錢想傳教，但鄭經是想徹底的改造我們，讓我們
的財產跟性命都為他所用。他高舉反清復明，但反清復明與我們福
爾摩沙人何干。索阿，是啊你說得對，反清復明是他們硬要加在西
拉雅人身上的枷鎖，我們如果不消滅鄭軍，這枷鎖也會套在我們的
身上，我們的阿舅，現在每天要應付這枷鎖，也不知道阿舅在新港
（新市）還好嗎，也好久沒有他的來信了。芸阿，安娜，又相繼的
有了身孕，安娜挺著肚子還是辛苦的教學。這當教師的工作是她最
喜愛的事，但想要傳遞福音就沒那麼順利了。新遠部落的居民都不
再相信有上帝，他們甚至還說：上帝如果是那麼萬能，為何荷蘭人
守不住大員啊，所以他們寧願祭拜佬祖，阿立祖，也不願意再相信
上帝。安娜也只能用上帝的精神來跟學生們傳授，只說上帝的愛不
說上帝。安娜也自己編寫教材，這書是教得很充實很快樂。瑪雅公
主帶著小蜜每天跟她一起上下學，所有家事都落在寬阿的身上。芸
阿害喜得很厲害，她希望瑪雅公主能正式搬來一起住。

　　而小蜜把公主當成阿母般的黏著，也一起搬來頭目家住。塔
瑪老頭目跟麻莉夫婦都樂得開心，這有如多了一個女兒又多了一個
孫女，這對重女輕男，而只有一個芸阿繼承家業的塔瑪老頭目來
說，簡直是不可置信的喜事。況且一個是卑南公主瑪雅，一個是新
港（新市）頭目的女兒，蜜阿也算是個小公主啊。利安只要有空檔
也親自當起了教師來，這教師的工作他在新港也做過好幾年，算是
得心應手。而利安原本計畫著要帶安娜一起去溜球島，看看守阿夫
婦在溜球的生活情況，也因為姊姊懷孕又耽擱了下來。利安心裡想
著，以後就把拉美島改成是溜球島好了，這拉美的名字被荷蘭人弄
碎了，有的在荷蘭，有的在巴達維亞（雅加達），有的在福爾摩沙，
有的又回去溜球。這一帶的人聽到拉美都搖頭嘆息的，一副可憐又
可悲的模樣，拉美人拉美島竟是代表著悲慘與悲傷。這傷痕不只是
留在拉美人身上，也留在瑪卡道人身上，甚至是每個福爾摩沙人的

共同傷痕。而一聽要去溜球，臉上立刻露出笑容眼睛發亮，雖然現在已沒有椰子可採，沒有球可以溜，但用這個名字他們不會聯想到悲傷。我以後就少說拉美多說溜球，用這樣來結束悲傷，用溜球來迎接快樂，讓幸福從溜球開始。而這瑪卡道聯盟，如果有大龜文王跟瑯嶠王的支持，當荷清聯軍在廈門戰勝又澎湖戰勝時，我們就可以跟著荷清聯軍海陸夾擊在大員的鄭軍。又大肚王阻絕了鄭軍往北，這鄭軍是無處可逃啊！利安按照著計畫再到各部落拜訪，也了解了各個部落都積極的學習著新港文。尤其是塔樓（里港，九如），大木連（萬丹北），阿緱（屏東市），他們都還利用著荷蘭人留下來的學校在教學，大家有志一同學著自己的文字，也看到每個部落都學著長山人的耕種方式在耕種，也都放養很多牛，一片欣欣向榮不必打獵也食物充足。這打獵變成是慶祝或加菜之用，鹿不再減少了是好現象。利安也到嘉祿堂（枋山，枋寮）拜訪問阿頭目，請託他能引領他去見大龜文王跟瑯嶠王。問阿頭目見到利安到來是一見如故，他欣賞利安的聰明與堅持又志向遠大。

兩人也算是好朋友了，問阿見利安只帶著兩名隨從感到驚訝！利安啊，一段時日不見你長胖了，安娜沒跟著你來啊，她還好嗎？瑪雅公主還好嗎。頭目，我的恩人問阿頭目，安娜懷了身孕瑪雅公主陪著她在新遠（新園）養身，她們兩人現在是過著幸福又快樂的日子。公主跟安娜都特別要我感謝你過去的幫助，她們都惦記著你啊。哈！哈哈，利安啊，這新遠頭目不好當吧，要提防著鄭軍又要忙著各項雜事，還得四處出訪尋求各方力量幫助。恩人頭目，過去你幫我太多太多了，安娜跟我都把你看成是另外一個父親般敬重，都以你為榜樣，想來跟你學習跟鄰近部落的相處之道。哈！利安你客氣了，瑪卡道聯盟正是你促成的，又有瑪雅公主助你，你現在是人人知曉的大人物了啊。連大龜文王，瑯嶠王都聽到了你的名號了。頭目你過獎了，我這次來正是想拜託你借重你的好人緣，你跟

大龜文王瑯嶠王的好交情，帶我去跟他們見面交交朋友。我想把這南福爾摩沙都團結起來，一起對抗鄭軍。而現在荷清聯軍正在攻擊鄭經的老巢廈門。喔利安，那太好了！這樣對我們福爾摩沙來說是大好的消息，我答應你陪著你再去一趟瑯嶠，也去一趟山上見大龜文王^註。頭目，真是太感謝你了，有沒有嘉祿堂（枋山，枋寮）這邊的拉美人回去拉美島後的消息。利安，他們一個月前才又回來嘉祿堂一次，而我們這邊也有幾個人搬去拉美島跟他們一起生活，他們現在重新建立起部落來了，大概兩個月來一次嘉祿堂補充所需的生活器具跟物品。他們也帶來島上的物產交易，島上甚至也多出生了好幾個小孩，我們嘉祿堂去的就跟拉美人住在荷蘭人蓋的大寮旁邊，就是在碧海平原上，他們現在把碧海平原稱作大寮，現在他們要回去時都說要回去溜球。

問阿頭目，聽到你這麼說我好開心好感動啊，這大寮不就在嘉祿堂（枋山，枋寮）的正對岸嗎。哈！哈哈，是啊是啊，少數天氣特別晴朗時還可以看得到呢，只是我老眼昏花是完全看不清楚了，我也計畫著要去拉美島玩玩，去拉美島吃海鮮，渡個假好好放鬆放鬆。恩人頭目，我想以後就把拉美改稱為留球，是想讓他們從此平安的留著，不知道您的看法如何。留球好，留球好啊，他們也都說要去溜球，要回去溜球，不想再提拉美這傷心的名字，因這名字而想起傷心的往事。我也贊成用留球來稱呼。利安在問阿頭目的引領下，先拜訪了大龜文王，在幾個懂得排灣語的嘉祿堂人翻譯下，雙方有了良好的互動。利安先向大龜文王道歉，並送上長山來新遠捕烏魚的漁民送的精美禮品當見面禮，說了：我尊敬的大龜文王，我叫茉利安，我是在蕭壠（佳里）長大的，而我阿母是被捉去大員（安平一帶）的拉美人，荷蘭人被鄭成功圍困的前幾天，有數百名蕭壠加上麻豆的戰士，受荷蘭人的誘惑，不明究理的來攻擊你們，

他們是被荷蘭人脅迫的可憐人，有的人還是我小時候的鄰居，而鄭成功來襲他們有的戰死了，有的逃走了逃到山區。也幸好有他們在第一線的犧牲，抵擋著這些海盜們，至今海盜們才未能越過下淡水河（高屏溪），他們間接的保護了南福爾摩沙的安全。而現在我們南福爾摩沙，就看我們大龜文王國，瑪卡道聯盟，和瑯嶠君主能不能團結一致，共同守護好這片美麗的家園。嗯，大龜文王也回了話：意思是，我不再計較荷蘭人派蕭壠人，麻豆人來搗亂這件事，畢竟他們吃了敗仗被我們打跑了，而那一次的戰鬥看不到任何一個荷蘭人，一看就知道他們是被荷蘭人利用的，或者是被荷蘭人逼迫的。利安，今天你那麼有誠意的代替他們來道歉，又帶來那麼多精美的禮品，我接受你的提議與瑪卡道聯盟為友，共同抵擋海盜們。但是瑯嶠與我們不愉快甚久了，要跟他們一起結盟恐怕他們也不願意。

　　利安，但我可以答應你，暫時不跟他們為敵，瑯嶠王不也信心滿滿的公開宣告，要跟鄭軍誓不兩立了嗎。如果鄭軍來攻擊瑯嶠就讓他們獨自去應付，但如果鄭軍是來攻擊你們，我盡我的能力來幫忙，但我這大龜文力量薄弱武器也差，恐怕無法讓你滿意。利安聽了趕緊稱謝說：如果鄭軍由後方來攻擊嘉祿堂（枋山，枋寮），大龜文跟瑪卡道聯盟都將陷入危險，還請您能支援，即使是一人一箭協助我們，我們也是萬分感謝。利安，這沒有問題。就這樣大龜文也和瑪卡道聯盟站在同一個陣線，變成朋友關係不再打打殺殺。利安又從大龜文王口中得知，原來他們稱拉美島是叫，爪依布哇。這爪依布哇也不知道是代表何意，因為語言上溝通不易，利安也沒有仔細的問下去。雙方道別時，大龜文王特別送上最珍貴的琉璃珠當回禮，這是代表最高情誼的琉璃珠，利安心裡想著：我一個拉美人的後代，上帝安排我今天來結識大龜文王，接受這代表最高情誼的琉璃珠，拉美島就在遠方的海面上見證著這一切。溜球……留球……啊！就正式取名琉球好了。琉球，琉球，好名。就用琉球來

傳名萬代。幾天後，利安又在問阿頭目的引薦下，與景仰已久的瑯
嶠君主見了面，得到瑯嶠君主的高度肯定，瑯嶠君主不但願意與瑪
卡道聯盟共同抵抗鄭軍，也答應不再與大龜文王為敵。利安也從瑯
嶠君主的口中得知，他們的祖先是從卑南而來，而他們也和卑南王
睿耕德保持著良好的關係。利安跟問阿頭目在回程時，邊走邊欣賞
沿途的美景，右邊是山左邊是海，風平浪靜的，兩人在海灘上往北
行走心情特別愉快，對於這次的拜訪都覺得收穫滿滿。利安，你真
有心，不計勞苦的做了你想做的事，這一點我要向你學習，我們福
爾摩沙一向平靜，荷蘭人來了搞亂了一切，現在鄭王又在大員成立
東寧王國，這恐怕會是另一場風暴。恩人頭目，這就是我此行的目
的，看來這鄭經是想賴在大員不走，甚至是想利用我們幫他反清復
明，反了清復了明，卻死了我們福爾摩沙的戰士。利安啊，這都怪
我們福爾摩沙自己啊，誰也不服誰，至今沒有一個統一的領導者，
不像荷蘭人那樣有系統有組織，他們三千人三千支槍，就統治著我
們數十萬福爾摩沙原住民族，我們就如現在踩在腳下的海沙，抓起
海沙一把，一撒都隨風飄散，什麼也見不到。恩人頭目你說得對，
我們福爾摩沙人就像這些沙子混水不會黏合，非得加上紅毛土（水
泥）才會團結，也因為過去各個部落都打打殺殺的，互爭地盤彼此
抵銷了力量，被荷蘭人分化利用而不自知，所以直到今天福爾摩沙
還沒有強大起來。

　　而現在我們南福爾摩沙先團結起來了做一個開始，以後再跟
中部的，北部的福爾摩沙聯合起來，就不怕荷蘭人，西班牙人，或
海盜們了。喔！利安，你是想把大肚王，甚至凱達格蘭，噶瑪蘭也
聯合起來嗎？這太困難了啊，連荷蘭人也還沒有完全統合他們，他
們都表面上服從，但內心是抗拒的啊。恩人頭目，這點我了解，我
也聽過荷蘭牧師說，基督教在福爾摩沙北部推展的並不順利，他們
那邊的人都抗拒著。但我們都是福爾摩沙人，同住在這個大島上，

我有能力去說服他們，因為我們有著共同的未來。利安，我有聽說
西班牙人過去有在福爾摩沙北部傳天主教，不知道傳得如何。這
件事我有聽說，但我不太清楚，西班牙人很早就被荷蘭人趕走了，
他們在北部的時間才十幾年，十幾年能傳的教不多吧。利安，這荷
清聯軍攻打廈門的鄭經，你認為結果會如何。恩人頭目，光是清軍
就把鄭經困在廈門了，這又加上荷蘭軍，鄭經是必敗無疑，而廈門
失守再來就是澎湖了，所以我才急著要把南福爾摩沙聯合起來。一
來是要等待機會做荷蘭軍的接應，二來是要各個部落不被鄭經分化
利用。現在西拉雅人都在幫鄭軍打雜做勞役，長山農民工也是，他
們都變成鄭軍的奴隸了。利安，我們福爾摩沙這些年怎麼壞事那麼
多啊！西班牙人，荷蘭人，長山人，都想來佔領我們的土地，捉我
們去幫他們做工，我也擔心著戰爭很快會在嘉祿堂（枋山，枋寮）
發生。恩人頭目，鄭軍是很有可能來攻擊我們的，而有河口港灣的
地方最危險，比如瑯嶠灣（車城灣），力里溪口（指下游的林邊溪
口），嘉祿堂溪口（率芒溪，士文溪），這些鄭軍的帆船可以登
陸的地方都要嚴加防守。如果他們要攻擊瑯嶠必會在瑯嶠灣登陸，
如果他們要攻擊嘉祿堂或瑪卡道聯盟的後方，那就會在力里溪口登
陸，往北就可以攻擊我們，往南就是攻擊嘉祿堂。利安，所以我負
責把力里溪口跟嘉祿堂溪口防衛好，你也要防守好下淡水河口（高
屏溪）。問阿頭目，如果鄭軍要來攻擊你們，你要聯合大龜文王給
他們迎頭痛擊，加藤（以南州為中心，北起南潮州，南至佳冬）總
頭目也會南下來支援你。

但如果鄭軍去攻擊瑯嶠（恆春半島），一時片刻我們都來不
及救援瑯嶠。大龜文王明說了，不幫助瑯嶠君主，我反而擔心起瑯
嶠來。利安，瑯嶠王實力強大又離大員甚遠，你不擔心自己還擔心
起瑯嶠來。恩人頭目，因為瑯嶠曾擊殺七百多名鄭軍，殘餘鄭軍落
慌而逃，他們一群小人不會檢討自己為非作歹，只會想要來復仇

啊！而大員現在盛傳著，卑南王指派大軍協助固守在下淡水河（高屏溪）一帶，由瑪雅公主親自督軍，他們嚇破了膽不敢來犯。而之前有鄭軍人馬來下淡水河一帶勘查，我們都以禮相待並未與他們有衝突，是他們自己水土不服自行撤離的，所以鄭軍們也找不到理由來攻擊我們。利安你說得有理，這些長山人在長山時經年打打殺殺的，現在把這災禍帶到我們這邊來，我們何其無辜啊！這不應該是我們要承受的苦。恩人頭目，事到如今我們也只能勇敢面對，是無法逃避的責任，我們多做一份準備就越能減少一份災禍，只有我們強大起來這災禍才能避免。利安，如果我們福爾摩沙一直強大不起來，那該怎麼辦呢。恩人頭目事在人為，如果真的力量薄弱無法與敵人抗衡，那就用智取。鄭成功不也被德哈利給周旋死了嗎，而假借測量土地來下淡水河一帶的鄭軍，不也都水土不服，熱病，死的死逃的逃了嗎。喔！我懂，利安阿這我懂，就用這好辦法。

利安終於回到了新遠（新園），順利完成他想要做的事，二十多天不見芸阿，瑪雅，安娜，全家人都來迎接他，卻得知塔瑪老頭目重病臥床，已經兩天沒吃東西了，利安急忙去見阿公，但見老頭目雙腳腫脹又略發黑，腳掌的傷口流膿還發著高燒。老頭目勉強的說了：利安，你這次去大龜文，瑯嶠（恆春半島），事情辦得怎麼樣了。阿公，他們都答應跟我們站在一起對抗海賊們，我們現在更安全了。那好，那太好了。利安，阿公跟你說，你跟芸阿要多生幾個，多生幾個，阿公老朽不管用了，腳才割到一個小傷就腫成這樣，腫到大腿來了，昨夜我還夢見了我阿母來看我。

利安，我阿母是要來接我去另外一個世界的，阿公要開心的跟著我阿母去那極樂世界，新遠（新園）就拜託你了，芸阿就拜託你了，阿公累了想睡一會兒，你也去休息吧。隔日，塔瑪威老頭目仙逝，按照習俗，老頭目被隆重的打扮裝飾後，出殯日被放上竹架

抬著雲遊新遠部落,供部落居民做最後的致敬,整個新遠部落的居民,沿路列隊給老頭目送別,場面哀戚感人。今年冬天來下淡水河(高屏溪)度冬的候鳥特別多,剛好芸阿跟安娜都懷孕了。瑪雅兩三天就會到溪口射幾隻野鴨回來給她們兩人進補,這個冬天食物反而更加充足,全家人都享用這野味,享受這和平的日子。利安,你別只顧著吃,你說一下這次去拜訪各個部落的心得,分享你的所見所聞。瑪雅謝謝妳,有這美味的野鴨可吃都是妳的功勞,這次我去了阿緱(屏東市),看到了他們養牛也養小黑羊,小黑羊是大員的農民工逃到阿緱時帶來的,我注意到那些小黑羊什麼草都吃,只要是綠色的葉子牠都吃不挑食,我們應該也要養一些小黑羊,這樣食物就會更充足。也可以用羊來交易所需物品,而我也想去琉球(拉美島)拜訪守阿夫婦,帶一些小黑羊去送他們,讓他們在琉球(拉美島)養。利安,這樣很好,而且羊比較小隻要宰殺也比較方便,這是好主意。我們可以用一隻牛去換十隻羊回來繁殖。瑪雅,我這次在阿緱有認識幾個剛從搭加里揚(九曲堂,大樹),搬到阿緱來依親的朋友,也有遇到幾個從阿緱林(大樹境內)搬過來阿緱的朋友。他們都說,他們居住在搭加里揚跟阿緱林覺得越來越不安全,因為山太低矮,恐怕無法抵擋在山的另外一邊開墾的長山農民工,那些農民工常來山上砍柴,放陷阱捉鹿偶而會跟他們起衝突,而他們都可以看到農民工跟鄭軍們,就在山的另一邊開墾。他們把長草都放火燒了,把平地上的竹子都砍個精光,他們用破壞式的方式把土地搞得亂七八糟的,而捉的鹿不分大,小,公,母,連懷孕的母鹿都捉走,跟他們講也沒有用。都說現在不是荷蘭人在管了,鄭王允許他們的,要我們這些番仔早點睡別做夢。

又說,你們的族人大都跑到下淡水河(高屏溪)的另一邊去了,剩你們這兩個小部落沒有多少人,要是打起來也打不贏我們,我們愛怎麼砍柴就怎麼砍柴,愛怎樣捉鹿就怎樣捉,荷蘭人都打不贏我們鄭王了,你們失去了靠山,早晚有一天搭加里揚(九曲堂,

大樹），阿緱林（北大樹，大樹境內）都會是我們長山人的。利安，
這些壞農民工，仗著鄭軍說話大聲起來了，無恥。瑪雅，現在的農
民工已經不完全是以前勤勞的農民工了，有些是鄭經的士兵，他們
缺乏食物被分配著種田開墾。所到之處幾乎把鹿捉光，連鹿也往更
深山逃，真恐怖。利安，鄭經不是要反清復明嗎，祝福他早日成
功，把這些士兵全部都帶回去長山，還給我們福爾摩沙一個清靜的
日子，不被破壞的土地。利安你去瑯嶠（恆春半島），有什麼有趣
的事可以跟我們說，有沒有見到迷倒所有大員男士的瑯嶠公主啊。
哈！芸芸妳吃飽了喔！我沒有見到來大員參加地方會議的公主，因
為年輕的公主已成年嫁到他處去了。但瑯嶠君主說了很多事情，我
大概說一下，他說：以前荷蘭人用武力攻擊他們，也捉了好多人去
巴達維亞（雅加達）做奴隸，經過幾次戰鬥跟交流，雙方互有死傷，
後來我們也跟他加盟和解了。鄭成功剛到大員就派軍去瑯嶠搗亂，
不但殺他的長老還舉止輕浮目中無人，把他們殺跑了是剛好而已，
所以他們決定要用激烈對抗的方式跟鄭軍為敵，保護家園寧願戰死
也不願意受辱，只要鄭軍再到瑯嶠來，一律視同戰爭將予全力擊
退。利安，我佩服瑯嶠君主的勇氣，起身戰鬥願意為家園戰死。嗯，
我也敬佩瑯嶠君主甲必丹，另外甲必丹君主說到：他們的祖先也是
從卑南而來，而現在大敵當前，他前些日子還特別派特使去卑南見
卑南王睿耕德，共結友好。雙方原本都是同根生，過去雙方如有不
愉快，就都讓他隨風而去。喔！甲必丹還派特使去見我弟弟。是啊
瑪雅，我也跟甲必丹君主說了：睿耕德也是我的好朋友，我們要團
結在一起。甲必丹君主還開心的大笑了起來說：那麼巧真是有緣，
既然睿耕德是你的好朋友，那你茱利安也是我的好朋友，我們就一
起來共同對抗海賊。

　　我在返回新遠（新園）的途中，問阿頭目還特別送我到放索
仔（林邊），陪我跟放索仔頭目見面後才又折返嘉祿堂（枋山，枋
寮）。我跟放索仔頭目見了面，他們對於過去帶荷蘭人去攻擊我們

拉美島，表示了萬分的歉意，說他們也是迫不得已的，因為荷蘭人威脅著他們，荷蘭人用槍指著他們的頭，他們也沒有想到荷蘭人會那麼殘忍，那麼自私。他們以後願意用最誠懇的心來對待拉美人，對待琉球人，他們知道錯了，而現在荷蘭人得到報應都逃走了，他們再也不必因為害怕而做出違背良心的事。哼！這些放索仔，現在沒有荷蘭人可以依靠了，才這樣說的，他們害怕我們找他們算帳，噁心。瑪雅，我也不知道他們的悔過是真是假，但就給他們機會吧，現在我們福爾摩沙不能再分彼此了，我們面對的是有能力打敗荷蘭人的鄭軍。我們現在的敵人是比荷蘭人更奸詐的鄭軍，雖他們不如荷蘭人文明，但又自認高人一等自認是更有文化的人，自認是更文明的人。鄭經還想著要改造我們，我們面對著比荷蘭人更可怕的敵人。我到了東阿土港（東港）時，受到熱烈的歡迎，幸好我們的鄰居東阿土港，力力（崁頂），麻里麻崙（萬丹南）都跟我們密切友好，密切的合作。而跟著我們從新港（新市）來，去住在東阿土港的親友，有一半也都回去拉美島了，去到琉球生活，那個原本就屬於他們的金銀島。也有幾個他們的新朋友跟著他們一起去琉球住，甚至有幾個是從力力去的。哇！好羨慕他們，無所掛慮的去琉球（拉美島）生活，暫離這邊的煩憂，而我們要牽掛著新遠的未來，這整個南福爾摩沙的未來。哈！芸芸，妳何時那麼關心起南福爾摩沙？或許等我們老了放下重擔，我們也搬去琉球（拉美島）住，安享天年。

Chapter 21
失望

　　烏魚季結束，今年又是大豐收的一年，新遠（新園）部落用烏魚，烏魚乾，去換來三十幾隻小黑羊要當繁殖用。為了讓新遠更富足，也開墾了更多的田園，那四個長山逃來的農民工貢獻良多，他們有豐富的農耕知識可以傳授，而他們也願意傳授，其中有兩個農民工還識得漢字，書寫不成問題。利安請他們兩人將耕種的技術，農作物的種植季節跟方法寫起來，再翻寫成新港文送到鄰近各個部落，教大家跟著做跟著學，果然各項農作物的收成都大大的增加，現在的新遠部落前景一片光明。從安平傳來的消息說：鄭經在廈門吃了大敗仗，帶領最後的七千名兵士逃到安平，荷清聯軍徹底的擊潰鄭經，現在廈門，金門，已被清軍完全佔領，鄭經只剩下澎湖跟安平一帶可以立足。利安找來索阿商討對策。索阿，你對鄭經率領最後的殘兵七千人逃來安平，有沒有什麼看法。頭目，這算是好消息，但不算是大好的消息，我們最希望聽到鄭經戰死在廈門，如此尚在安平的殘餘勢力會瓦解。既然是荷清聯軍，可以想見條件是荷

蘭要重回大員，跟滿清貿易往來互惠互利。但鄭經未死又帶著殘餘逃來安平，假以時日會再重新集結勢力。喔！姊夫你意思是說，鄭經的反清復明大旗又會讓他的勢力復活。是的頭目，因為清軍代表滿人，而鄭經高舉反清復明的大旗讓他代表長山人，這樣變成是滿人與長山人的戰爭，這樣的訴求會讓情勢更混亂，滿清皇帝會以完全消滅鄭經為目標才會終止。如果鄭經不舉反清復明的大旗，而只是做東寧國王與滿清互不相干。則這福爾摩沙自古就與滿清無關，既不是明朝的國土，更不是滿清的國土。滿清皇帝才有可能容忍鄭經的勢力。姊夫，你說得很對，這反清復明的大旗會吸引著反清的各方勢力。這對數千年來就住在這裡，屬於我們的福爾摩沙而言，會形成巨大的傷害，我們福爾摩沙人的考驗才剛要開始。

索阿，要不是我們沒有適當的武器，現在正是攻擊鄭經的最好時機。頭目說得對，我們只能等到荷清聯軍來攻擊安平時配合出擊，才是最佳的時機，這樣才不會造成我們的戰士大量的傷亡。現在已是四月天，風平浪靜的，天氣也穩定少暴風，是荷清聯軍繼續追擊的好時機，而且荷蘭軍熟悉大員，熟悉這裡的一切，鄭經是抵擋不住的。嗯，索阿，我命令你做好戰備，也通知各結盟部落做好戰備，我們就等待著那最佳的時機斬殺敗逃的海賊們。南風徐徐晴朗的好天氣，接近中午有三艘舢舨從海面駛入下淡水河（高屏溪），守望的戰士回報，三艘舢舨直衝部落而來。大家都在岸邊警戒著，距離尚遠無法了解這三艘舢舨的意圖。等到大家都看清楚了，但見每艘船上都只有一個人，還向岸邊揮著手。安娜大喊著：是從琉球來的船，船上的人是守阿。等船靠岸，原來是守阿跟他的朋友西阿和永阿，從琉球島（拉美島）而來，一時之間整個新遠部落情緒沸騰。守阿開心的直掉眼淚說：大家好，兩年了大家都好嗎？我們從琉球載來很多的魚跟很多的龍蝦，還有很多的食物，各種豆子花生，是要來答謝你們答謝新遠（新園）的。守阿，你來得

正好，我們正好有幾隻小黑羊要給你們，要給你們帶去琉球繁殖。
我們聽嘉祿堂（枋山，枋寮）頭目說，你們常去嘉祿堂換東西，怎
麼過了兩年了才第一次回到新遠來。安娜，我們忙著蓋房子，房子
蓋好了想來，我牽手卻生了小孩，一年生一個已經生了兩個，所以
才拖到今天，而我們是送禮物來不是要來換物品的。我們換物品
會去東阿土港（東港）或嘉祿堂。哈！熱烈歡迎你們回到新遠來，
以後來要換物品，這次就收下你們的禮物，你們要多留幾天，好好
的跟我們談談在琉球的生活點滴。也歡迎你們參觀我們新開闢的田
園，還有我們放養的牛群。利安辦了盛大的晚宴宴請他們三人，魚
跟龍蝦跟其他食物，也分送給每一個新遠的家庭。守阿，你快跟我
們講這兩年在琉球的情形。好的頭目，你看我去了琉球才兩年就生
了兩個兒子，我們在琉球是無憂無慮的，每天只負責找食物而已。
想起那一天我們從新遠出發，一路順風在拉美島白沙灘右側，一個
很小的溪口靠岸，我照著同阿阿伯畫給我的簡單地圖，我們往島的
中央走去。

　　有明顯的小路，右側有長長的小山脈，左側不遠處也有一座
小山。我小時後並未到過這處大白沙灘，對眼前的一切印象模糊，
走著走著我們看到荷蘭時期，長山人贌商許樂卡的小屋還在，但已
空無一人，到處都是倒下來的椰子樹，還看到幾隻雞跟鴨子，我們
約走了一個小時，就到了拉美島的另一端，就是同阿阿伯以前住的
地方，島的天台，我對眼前的一切感到陌生，但我心裡很確定這裡
是我小時候的家。我們先找到了祖先的洞穴，在洞口禱告，祭拜，
告訴他們我們回來了，而荷蘭人也離開了，要他們安息不再害怕。
拉美島的房子都損壞了房子只剩硓咕石砌成的四面矮牆，房子長滿
長草或爬滿爬藤，甚至長了樹木。我們整理了幾間房子，清除雜
樹雜草及長爬藤，拿珊瑚礁石當椅子坐，……天藍雲白……風和日
麗，大太陽的，累了就躲在大樹下休息。這拉美島比新港（新市）

熱也比新遠（新園）熱。我們分配人員，有的整理房子，有的去海邊捉魚採集，捉到了許多章魚也撿了好多海螺，拉美島海產豐富不愁沒食物吃。往相思埔的路上小山凹處長滿了刺竹有竹筍可吃，四處也都有香蕉可採。到處可見的長草我們就用來當屋頂，很快的十幾天就可以臨時蓋一間房子。守阿，那相思埔長什麼樣子。哇！安娜，頭目取名的相思埔，果真長滿了很多樹，開圓形的小黃花，樹算高大人可以爬上樹，遠遠的看它的樹形圓圓的，它的樹葉像眉毛，細細的彎彎的圓弧，小黃花謝了以後長成長長的小豆莢。夏天的時候可以在樹下乘涼，蟬會停在樹上吱吱的叫。我們也砍它來當柴薪燒火，我們就把它取名為，相思樹。哇！相思樹，這名字取得真好，相思埔上長滿相思樹，我去琉球時一定要去看看。守阿，嘉祿堂（枋山，枋寮）頭目說他們那邊也有幾個人去住在拉美島，還有東阿土港（東港）也有親友也去住在拉美島。利安，他們有的跟我們住在天台，一部份人住在大寮，一部份人住在白沙尾。大寮，就是原來的碧海平原上，荷蘭人蓋的那個大寮子那裡，索阿有去過應該知道，那大寮子還在，我們都仔細的維護著它，不准任何人進入大寮子內。白沙尾，就是離新遠最近的那個大白沙灘，也是我們去時上島的地方。因為人少，我們現在在琉球都互相幫忙，蓋房子時大家一起來，捕了魚也分享給每一個家庭，種的農作物也是分享。而島上柴薪很多，取之不盡不怕沒柴可燒。在拉美島還有幾處白沙灘，都美得讓人說不出話來。

琉球島上的相思樹。

　　拉美島海岸邊到處都是巨大的珊瑚礁岩，走路沒有辦法走一圈，我們走中央的山脊到相思埔，走島的中央凹地到白沙尾，中央凹地的一半路上，可以轉向走到大寮，用走的大概一個小時都可以到達。晚上我們盡量不出門，白天我們常常來來去去走訪。守阿，那拉美島現在大概多少人。安娜，就只有幾十人，人還太少食物充足，我好希望你們也能搬過來一起住在琉球。琉球物產豐富風景又美，是人間的天堂，夢想中的金銀島。哇！你說得我好想馬上搬過去住，恭喜你們回到了屬於你們的，金銀島。哈！哈哈，安娜，還有一件奇怪的事，我們都盼望著生女孩，可是這兩年我們在拉美島的家庭，總共生了 9 個小孩，有 6 個是男孩才 3 個女孩。守阿，我知道你也是生男孩，可能是龍蝦吃太多了，你想生女兒的話，就少吃一些龍蝦。哈！哈哈，安娜逗得大家哈哈大笑。正當大家開懷大笑，同阿卻悶悶不樂的樣子，放下手中的龍蝦說了：你們吃你們聊，我到外面透透氣。芸阿安慰著阿爸說：安爸阿，你是不是想起了過去不愉快的經驗，都過了快 30 年了，荷蘭人也離去了，一切都已成過去，你如果想念拉美島，這次就跟守阿他們再回去走走看看。女兒，以前阿爸無時無刻想著要再回去拉美島，但是現在心情又不一樣了，原本住了兩千人的金銀島，現在是面目全非回不到過去了，連椰子樹也沒有了，拉美人分散四處，去了荷蘭，去了巴達維亞（雅加達），有的在福爾摩沙。唉！連拉美人的鬼魂也分散四處，在拉美島，在福爾摩沙，在巴達維亞。我心裡是恨荷蘭人的，但現在福爾摩沙的情勢，我們卻又盼望荷蘭人再回來攻擊安平，幫助我們趕走海盜，我心情很複雜不知道該如何面對。如果荷蘭人再回來大員，是不是又會去琉球，把現在住在琉球的幾十個人再捉來大員，他們好再把琉球當成是渡假之島。阿爸，我懂你的心情也了解你的擔憂，可是我們面對的是比荷蘭人還要可怕的鄭王。

　　鄭王現在做的是在改造西拉雅族人，好為他所用。時機到了鄭王的力量更強大時，也會來佔領我們這裡，把福爾摩沙的資源都掠奪乾淨，反了清復了明以後，他去當明朝的皇帝，可是犧牲的是我們福爾摩沙人，而在他們的故事裡我們福爾摩沙人是沒有功勞的，也不會紀錄有多少福爾摩沙人英勇犧牲。功勞獎賞跟英勇傳頌的故事，都不會有我們福爾摩沙人的份。而荷蘭人，至少是跟大家結盟，他們是小氣想賺錢，雖對我們拉美人做出違背上帝的嚴重傷害，但後期也有心想建設福爾摩沙這個共和國，還幫助我們發明文字，並沒有要滅絕我們。是啊女兒，所以阿爸內心非常掙扎，荷蘭人對我，對我們拉美人太殘忍了，阿爸沒有辦法忘記這傷痛，阿爸老了，也知道要忘記這傷痛，可是忘不了，還好有你們，你們支持著阿爸走下去。阿爸，以後不會再有這種傷痛了，我們也已經知道如何跟荷蘭人相處，而荷蘭人最後最仰賴的是我們拉美人，他們良心發現，拉美人的小孩不都進入城堡學習，當學習員也當兵，也被選中去荷蘭學習當牧師嗎。是啊，女兒說得是，可是上帝捉弄人啊！他們現在都不在福爾摩沙，都隨撤離艦隊離開了，就只剩索阿還在這裡。阿爸，這些都是鄭成功的罪過，是他來侵略所造成的這一切。阿爸，水某吔，這都是我們自己不夠強大造成的，我們樣樣不如他們，我們甚至不如廣南（現越南境內），不如柬埔寨，不如暹羅（泰國），更不要說跟日本比了。我們要結束悲慘，就只有強大起來，我相信會有那一天的，現在我們跟他們學習，一代一代的學，一代一代的進步，會有超越他們的那一天。利安眼神堅定的說著。現場每一個人都應和著說：好，好。過了十幾天，守阿，西阿，永阿要回去琉球了，這三艘贌商許樂卡留下來的舢舨，成為往來航行最佳的船，堅固又有小風帆，舢舨載了小黑羊，布，繩索，砍刀，還有幾件漁網，他們開心的跟大家告別，也答應會常常往來。守阿說：謝謝大家後會有期，風平浪靜的，我們這些舢舨這次想停靠在一處靠近天台的海灣，那裡有漂亮的白沙灘，還有一條天然的航道

可以安全的靠岸，靠岸後往右上方走穿越斷崖，這樣趕羊回去天台
比較輕鬆。就這樣大家送別他們，守阿他們也順利的返回琉球。正
當大家目送他們離去時，麻達又傳來最新的消息，荷蘭艦隊在雞籠
（基隆）登陸，重新佔領了雞籠。眾人聽到這消息又是一陣歡呼！
利安趕緊跟索阿，瑪雅協商。

　　索阿，這荷蘭人還真守信用，我們送別他們時，長官跟政務員
都說，說不定撤離去巴達維亞（雅加達）後會再回來。現在荷清聯
軍已攻下廈門，清除了鄭經的老巢，斬斷了鄭經在安平跟廈門的連
結，荷蘭軍又重回到北部的雞籠（基隆），看來是想重回福爾摩沙，
我想他們是跟滿人皇帝有所默契。你們快提供意見讓我參考。利
安，荷蘭軍怎麼不直接攻擊安平呢？跑到那麼遠沒有鄭軍的地方，
重新回到雞籠那個以前的小城堡，可見荷蘭兵力不足，自己沒有信
心重新奪回大員。嗯，瑪雅妳分析的對，荷蘭軍沒有把握一次戰
勝，所以想先在雞籠立足。頭目，公主，這荷蘭人的做法，是擔心
在安平開戰造成他們巨大的損失，他們不是不能戰勝，他們都小心
的計算著利益，並不是沒有能力擊敗鄭經，我也是猜測荷蘭人跟滿
清皇帝說好了，要在北福爾摩沙建立基地，而滿清皇帝也答應了荷
蘭人會跟他們交易，這樣就可以孤立在安平的鄭經，讓鄭經無法貿
易賺錢養兵，最後鄭經只能投降滿清。是啊！索阿想得周到，荷蘭
人也知道現在大員港灣淤沙，船隻越來越難進入，而在雞籠的天然
港灣沒有這個問題，不必花費太多的錢來建設，而且離他們主要的
貿易對象日本也近。從雞籠去漳州河，去福州，去日本都很方便，
這荷蘭人想的是要馬上貿易賺錢，而我們福爾摩沙人反而是其次的
問題。頭目你說得太對了，這小氣的荷蘭人最優先的還是賺錢，還
是他們自己，有錢賺他們才願意戰鬥。但我們也不必太過於悲觀，
鄭經在安平的勢力不除，荷蘭人在雞籠也無法安穩，鄭經不會去攻
擊雞籠嗎？淡水呢？鄭經如果也去佔領淡水，那荷蘭人能在雞籠安

心的貿易嗎？所以荷蘭軍先佔領雞籠，也會再找機會來個荷清聯軍攻擊澎湖，得勝後再攻擊安平。喔！索阿說得好，荷清聯軍下一個目標會是澎湖，因為鄭經在澎湖的兵力只有兩千人容易得手，而鄭經若失去澎湖，鄭經的所有海上貿易將中斷，安平將岌岌可危，造成的心理壓力是鄭軍們無法承受的，澎湖若失鄭經只能投降。到時候跟滿清皇帝講好條件的荷蘭人，必能名正言順的重回大員，再好好的來經營這個福爾摩沙共和國。

　　現在我們只需要做好準備，等待荷清聯軍攻陷澎湖的好消息到來。聽你們兩人這樣分析我好安心，我們現在就好好的生產糧食，好好的戰備，鄭經才剛退來安平不久，元氣尚未恢復，我們暫時也不必擔心他們會來攻擊我們。嗯，就像瑪雅說的這樣做，我們戰備的戰備，生產糧食的生產糧食，上學的上學，大家好好的生活著等待好消息。等著等著幾個月過去了，沒等到荷清聯軍的消息，卻等到安娜又生了，是個兒子，安娜給兒子取名時阿。同一天晚上芸阿也生產，生了個女兒，利安給女兒取名快阿。這兩個小孩的取名，意思是生來正逢時，而福爾摩沙快快強大的意思。已是十月天開始起北風，今年最佳的季風季節已過，等不到荷清聯軍攻擊澎湖，或攻擊安平的消息，利安難免失望，整個瑪卡道聯盟都有些失望，大家都想不透荷蘭軍的指揮官是在等什麼。大家戰備著等待接應荷蘭軍，但什麼動靜也沒有，瑪雅看穿利安的心事，安慰著利安說：利安，芸阿生了女兒安娜也生了兒子，大家都開開心心的，你也要表現的開心一點，我知道你對荷蘭軍遲遲不來攻擊鄭軍感到失望，而且最佳的季風季節已經結束，荷蘭軍又錯失了一個絕佳的好機會了，但我想明年4，5月份，他們一定會有動作的。瑪雅，謝謝妳這樣安慰我，也只能這樣期待了，但到了明年鄭軍又整補完成，荷蘭軍想要成功的機會就更加困難。利安，荷蘭軍也會加倍整補啊！而清軍也會加倍配合著，到時候雙方決戰，荷清聯軍必會大勝，我

們只負責清除那些逃竄的鄭軍殘兵，就像當年清除郭懷一的逃竄餘眾一樣。沒錯瑪雅，希望上天有眼，照著我們希望的想法來安排，等待明年春天消滅這幫海賊。利安，今年的候鳥又飛來溪口了，比去年還要早到，所以今年的烏魚也會跟著早到，你現在就陪著我去射幾隻野鴨，正好芸阿跟安娜都生產，我要大展一下身手。哈！好的，謝謝妳，我就陪妳去射幾隻野鴨，馬上就走。

才過完新年，就收到了新港（新市）的來信，利安喜出望外阿舅終於又來信了，有信來就表示阿舅還活著。利安急著跟大家分享德哈利的來信：利安，前些日子我聽到塔瑪老頭目仙逝的消息，上帝憐憫接他去了天國，你們節哀。三年了，阿蜜也長大了不少吧，我思念她，也謝謝你們幫我照顧著她。她去了新遠（新園）才是正確的，如果留在新港就麻煩了，現在在赤崁有女兒的長山農民工，是一個比一個還擔心煩惱，他們的女兒只要 13，14 歲，就有很多士兵想盡辦法的爭搶著，有女兒的長山農民工都愁眉苦臉的，沒辦法啊！十個男士兵也沒有一個女人啊！這幫人也動起歪腦筋到我們族人的身上了，但我們的習俗又跟他們不一樣，要把女兒嫁過去，誰要啊！也沒有任何家庭要招鄭軍的士兵來當女婿。他們現在士氣低落，鄭經在廈門吃大敗仗的消息，相信你們也已經知道了，去年鄭經帶著殘兵七千人來到安平，老的殘的一大堆，我們準備著也等著荷蘭軍來攻擊他們，可是等到現在都沒有荷蘭軍的消息。唉！荷蘭軍到底是誰在指揮？怎麼沒有乘勝追擊。但請你們注意，我猜今年春天是好時機，荷蘭軍會仿效鄭成功那樣，4 月份來個出奇不意，我們這邊 6 個部落，蕭壟（佳里），新港，麻豆，目加溜灣（安定，善化），大目降（新化），哆囉嘓（東山）都已經私下聯繫好了，也請你們那邊做好準備，就讓這幫海賊多活一個冬天吧！我們受夠了他們，我們現在是更窮了，勉強可以吃飽而已，而他們把我們當成奴隸一般的使喚，還要我們『反清復明』呢！我

們都假意的配合著他們。我們也要學會他們的奸巧，才能對抗他們
啊。現在鄭軍都很信任我，也仰賴我幫他們做事，他們不再監視我
了，他們以為我現在無能為力，只能乖乖的聽話。但我是在等今年
春天的這個機會。到時候你們看著，我會把這幫可惡的海賊的頭，
一個一個砍下來才能消除我心中的怨氣。我也知道親友們回去拉美
島居住，也知道現在拉美島稱為琉球。春天，就春天，我們幫荷蘭
人砍殺完鄭軍立了大功。就是我們拉美人可以放心的回去拉美島，
抬頭挺胸的去琉球居住的最佳時機，也是我們再見面團聚的日子。
願上帝降臨，保佑我們成功。德哈利。

　　哇！我好佩服阿舅喔！阿舅有目標有決心有耐心，不怕苦不
怕難不怕受辱。利安，從阿舅的來信可以看出，他的精神壓力已
到達臨界線，阿舅快受不了了，他現在唯一的目標是想砍殺鄭軍，
是死也無懼的拼命砍殺，可憐的阿舅，承擔著這麼大的重擔，他把
阿蜜託付我們帶走時應該就做了最壞的打算，我聽完信後現在很擔
心。姊姊，阿舅的氣魄無人能及，他詛咒死鄭成功，也打算詛咒死
鄭經，只能祈禱上帝達成阿舅的心願，而這也是我們的心願。春臨
大地天氣漸漸穩定，利安要瑪雅指派輪調回卑南的戰士，稟告卑南
王請求支援一千戰士，隨時可以來新遠（新園）支援作戰，在今年
五月份前，荷清聯軍最有可能出擊的好時機時來到新遠，也派了索
阿當特使到嘉祿堂（枋山，枋寮），跟問阿頭目一起去向大龜文王，
瑯嶠王請求支援作戰，同樣是在五月份前到達新遠。索阿帶回來的
消息說：大龜文王答應，他們會盡全力協同作戰，戰士不下於八百
人。而瑯嶠王也明確答應，會派出兩千名以上的戰士參加作戰，消
滅鄭軍是他們本來就想做的事。索阿也跟他們談好，一旦有荷清聯
軍攻擊澎湖的消息，那全部的戰士就要出發來下淡水河（高屏溪）
以東等待，一旦荷清聯軍攻擊安平，則全部戰士將越過下淡水河，
在搭加里揚（九曲堂，大樹）到阿緱林（北大樹）一帶的山區駐

守等待，一旦鄭軍敗逃，則全部戰士將向北推進到桌上（大崗山）一帶，與大傑巔（內門，旗山）的戰士會合，聯合出擊殲滅所有往南逃竄的鄭軍。利安盤算著，鄭軍如果敗逃往北逃竄，就由虎尾壠（堡忠，虎尾），諸羅山（嘉義），大肚王等來應付，往南則由他來應付，萬事俱備，就等荷清聯軍的到來。

　　很快的又到了南風徐徐的的四月天，今年琉球已經來了兩次船隊，也換了很多物品回去琉球。利安交代要回琉球的船隊說：他們正等待著荷清聯軍來攻擊澎湖或安平，為確保安全請他們下次去嘉祿堂（枋山，枋寮）交易。永阿也懂意思，利安是怕他們來的時候，正好雙方交戰怕他們會受到波及。利安也要永阿帶消息回去琉球，說他們計畫著，幫助荷蘭軍取得勝利後，會有很多拉美人回去琉球居住，可能連留在大員附近各個部落的拉美人都會回去。要他們在琉球積極的整理更多的房子，或加造新的房子好讓更多人居住。永阿開心的回說：那太好了！現在的琉球什麼都不缺，就缺人，不只是拉美人，拉美人的朋友也歡迎去住在琉球，這樣才熱鬧，才不怕沒有女人可以結婚。永阿開心的帶著船隊回去琉球。清晨船隊離開新遠，近午時分天空忽然轉陰，從西南方快速飄來一大片又一大片的烏雲，很快的刮起陣陣的強風，下了又大又急的大雨，這狂風驟雨來得太急太突然，部落的房子屋頂被掀起的有一大半，也有幾間倒塌，這樣的狂風驟雨持續了大概三個小時，暴風雨逐漸往北方而去才平息下來。同阿跟利安說：利安，這突然的狂風暴雨，我住在拉美島時常常遇到，但都沒有像這次這麼狂暴，在這個季節風平浪靜的天氣突然變天，是在海上捕魚的竹筏最害怕的事，是會翻船的。我們稱它是『南風奧』，這『南風奧』就像是一個小颱風那樣，但突然的來突然的去，風速又比颱風強，比颱風還危險。算算時間永阿他們應該到琉球了，他們如果還沒有到琉球那就糟了。哇！阿爸，那怎麼辦？永阿他們會不會遇上危險了。利安，現在也管不了

那麼多，我們先把新遠（新園）部落的房子修理好才要緊。這突然的狂風暴雨讓新遠部落是忙翻天，接連十幾天都是在做善後處理，大家也擔心著回去琉球的船隊，但也沒辦法連絡上他們，內心萬分著急卻無可奈何。

　　麻達急忙來報，是特別急的急報。報告頭目：從阿緱（屏東市）傳來的消息，荷清聯軍圍攻澎湖……荷清聯軍圍攻澎湖……。不要慌，不要慌，你先停一下喘口氣，先平緩下了，喝口水再說。……頭目，跟新遠頭目報告：十多天前荷清聯軍攻擊澎湖，龐大的艦隊正包圍著澎湖，在鄭經的澎湖守軍徹底絕望時。突然狂風暴雨，有如颱風的怪天氣，將荷清聯軍吹散了，據說，艦隊損失慘重，荷清聯軍各自返回自己的基地，已放棄攻打澎湖。這是天大的壞消息啊！利安趕緊跟大家商議。這是上天不幫忙我們啊！十幾天前的『南風奧』不但是來吹走我們的屋頂的，竟然還是來吹走荷清聯軍的，也吹走了我們的希望，同樣也是四月天，侵略者鄭成功就順利登陸大員，而荷清聯軍卻被吹散了！索阿，你有什麼看法。頭目，這雖然是壞消息，但我們仍然要做好戰備不能鬆懈，至少這次我們確立了，卑南王，大龜文王，瑯嶠王都願意跟我們瑪卡道聯盟共同作戰，我們南福爾摩沙更強大也更安全了。嗯，說得好，我們雖然失去了這次機會，但我們也有收穫，我們要有獨自面對鄭經的覺悟。瑪雅，妳也說說妳的看法。頭目，今年沒有機會不代表以後沒有機會，鄭經這次幸運不代表以後還會這麼幸運，鄭經這次也是嚇破膽了，他以後會加強澎湖的兵力，那在安平的兵力就減少了，這對我們而言是有利的，我們不能失去鬥志。嗯，瑪雅說得很有道理，我們不能因為失去這次機會就喪失了鬥志。安娜，妳也說一下意見。頭目，我們本來要負擔數千戰士來協同作戰的糧食，現在他們不必來了反而輕鬆，這次突然要準備這麼多食物壓力很大，而戰士們出征，我們部落裡的婦女，小孩都擔心受怕著。嗯，安娜辛苦

你了！戰爭最受苦的就是你們婦女，這事沒有人願意發生，我們被
侵略如果我們不戰鬥，家園土地將不保，連命也要交給敵人來決
定，這是沒辦法的事。小孩子的照顧方面，我想把他擴大成部落的
小孩集中一起照顧，白天送來集中，由婦女們分配來聯合照顧，晚
上再各自回到自己父母的身邊。這樣一來剩下的人力就可以種田生
產糧食。而生產糧食方面，我聽聞在埤頭（鳳山）的長山人有在養
黑豬，黑豬不挑食長得快，我們也來學他們養黑豬。我們的豬長得
慢，又兇又很會挖洞逃跑，我們改成養溫馴又好養的黑豬。

　　哇！頭目這辦法好。安娜，那就照這樣辦，吩咐各個單位增產
更多糧食，而小孩子集中照顧也更容易教導學習。頭目，麻里麻崙
（萬丹南），力力（崁頂），東阿土港（東港），加藤（以南州為
中心）都有聲音要你來當總頭目各部落才好一起行動。喔！索阿，
這暫時不妥，他們的頭目都是值得學習跟敬重的長輩，一些部落居
民的意見反而會破壞和諧，就請他們跟著我們的做法做，先將部落
富裕起來，認真學習各項知識，每個部落都跟著我們做，時間久了
我們瑪卡道聯盟的發號者自然的會出現。而我尚在摸索學習，以現
在的情況我反而認為，阿緱（屏東市）頭目來當發號者更適合，阿
緱人口眾多，又處在我們聯盟之中的適中位置，我逃難時有跟他相
處過他有這個能力。這段期間阿緱頭目每天派人輪流去阿緱林（大
樹北）查探消息，甚至前進去到阿蓮查探，可見他的見識跟能力。
頭目，你這樣說我懂你的意思，我們南福爾摩沙現在團結了起來，
力量強大了起來，鄭經不會不知道，以前他們試探性的派兵來都生
病退了回去，他們經不起這樣的損失，也從此不敢再來。而鄭經經
歷與鄭襲的爭鬥力量分散，才剛重整又失去廈門金門，安平跟廈門
兩地互通的情況已斷。現在只能勉強守住澎湖跟安平，已無能力在
大員擴充勢力。我去過澎湖，那是風大的荒地無法種田的海島，小
島眾多但基本上一棵大樹也沒有，鄭經在澎湖的兵士要由安平支援

糧食，這樣安平的糧食會不足，鄭經現在是澎湖放棄不得，守了澎湖又要消耗他大量的財力，他兩頭為難。我猜他們要解決糧食問題會試著往北拓墾。喔！索阿，你的看法完全正確我佩服，這麼說來鄭軍跟虎尾壠（褒忠，虎尾），跟諸羅山（嘉義），或跟大肚王甘仔轄的領域（統領中臺灣19個大部落）會有新的衝突，只是衝突何時才會發生的問題，而以現在鄭經的實力無法征服他們，反而會消耗鄭經更多的實力，我們南福爾摩沙又更安全了。頭目，鄭軍如果往南拓墾呢？我們是不是該擊退他們。瑪雅，我想他們也會往南拓墾，但最遠會到打狗（高雄）或埤頭（鳳山）為止，他們沒有人有那個膽敢越過下淡水河（高屏溪），下淡水河會是我們的屏障，他們膽敢強渡一律斬殺。但他們往南拓墾會壓縮到搭加里揚（大樹，九曲堂）跟阿緱林（大樹北）的生活空間，那一個小山脈恐怕無法抵擋這個壓力。到了那一天，搭加里揚跟阿緱林部落的族親，會搬到我們這一帶來，而阿緱，大木連（萬丹北）就在對岸，是他們最有可能的新居住地。現在已有家庭搬去阿緱，以後會更多。

22
夢想實現

　　新遠（新園）跟鄰近的部落，生活越來越富足安定，一切都上了軌道。利安，安娜，索阿，瑪雅，加上兩位卑南戰士，踏上拜訪琉球的旅程。對安娜，利安，索阿來說，這是實現他們小時候的夢想，夢想著要回去拉美島。三艘小船載了各式各樣的物品，也載了 6 隻小黑豬，除了索阿，另外 5 個人還沒有去過拉美島，都顯得非常興奮。尤其是安娜跟利安姊弟，這從小的夢想今天就要實現了，能親眼目睹黛咪阿母口中的夢幻島嶼。安娜想起過去在蕭壠（佳里）生活的點點滴滴彷彿就在昨日，黛咪阿母說的話句句浮現在腦海中，……在拉美島小孩子可以四處亂跑不用擔心壞人，大人們也不會打打殺殺，蓋房子大家都互相幫忙，不論誰家的小孩大家都互相照顧，吃的東西都跟左右鄰居分享，魚捕太多也分給每一個家庭，開心的事大家跟著開心一起笑，悲傷的事大家跟著悲傷一起哭，沒有小偷也沒有強盜，更不會有殺人砍頭的事……拉美島真是人間天堂。水某呢，妳是不是想起了什麼，還是暈船都沒有說話。尪吔，我想起了阿母，想起了阿母說的話，她在天國如果知道我們

今天要回去拉美島一定會很開心，阿母連最後的願望也沒有實現，連再見到拉美島一眼也沒有，她生病的時候我們要她快點好起來，答應帶她去打狗（高雄）的山上看看拉美島，結果她就去了天國。安娜，阿母在天國可以看到拉美島啊！看得可清楚了，她現在也看到了我們正要去拉美島。嗯，尪呫你這樣說我感到很欣慰。索阿你快看，一直有會飛的魚飛出海面呫！喔！飛得好遠，還發出吃，吃，吃，吃的聲音呫，哇！真的有會飛的魚呫！阿母沒有欺騙我們。哈！哈哈，阿母怎麼會欺騙我們呢，她說的都是她在拉美島生活的點點滴滴，她的美好回憶，而這飛魚我在海上航行時常常看到，已經不再感到稀奇。是啊，阿母好可憐，要不是被荷蘭人捉去大員，她是會跟同阿叔叔結婚的，在拉美島快樂的生活著。

哈！阿母如果沒有被荷蘭人捉去大員，就不會生下妳跟利安了，而我也會在拉美島出生長大，就不是跟妳結婚生子。尪呫，這一切都是上帝在安排的，上帝安排著我們的未來。水某呫，上帝安排是沒錯啦！但我們也要努力，長山人說的，盡人事聽天命，大概也是這個意思。嗯，這點我很認同，在福爾摩沙生活煩惱的事好多，紛爭也一大堆。西班牙人，荷蘭人，長山人，都要來搶福爾摩沙。哈！水某呫，因為福爾摩沙就如一位大美女啊，就如我的水某那樣的大美女啊！葡萄牙水手說的，福爾摩沙，就是美麗島的意思啊。尪呫，我們要來拉美島，我看到同阿叔叔來送行時眼眶泛淚，同阿叔叔的心傷還沒有痊癒，他還沒有忘記那悲痛。安娜，只要是親身經歷的人都忘不了那悲痛的，所以他才不願意跟我們回來拉美島啊！他害怕再看到他過去生活的地方，那個他的親人被殺死的地方，那個他被捉住綁起來的地方……。唉！死去的人讓人憐憫，但活著的人卻有無限的哀傷。尪呫，別說這些傷心事了，我們來合唱拉美情歌。好，我先唱了喔！

　　純潔無瑕的白沙啊！代表我的心。湛藍清澈的海水啊！傳達我的情。迎風搖曳的椰子樹啊！考驗著我們的愛情。妳是人見人愛的紅珊瑚啊！讓我跟著妳，此生不渝。純潔無瑕的白沙啊！代表我的心。湛藍清澈的海水啊！傳達我的情。迎風搖曳的椰子樹啊！考驗著我們的愛情。你是少女仰慕的翠綠山巒啊！我願意！我願意。利安也回想起阿母黛咪生前跟他們講的故事，睡覺前全家人躺成一排聽阿母講拉美島的故事……，他們躲在祖先的大洞穴中，跟好多人好多人靜靜的躲著，其他的人也分散逃到山上，或各處珊瑚礁岩下躲藏，因為遠遠的就看到好幾艘荷蘭船，還跟著大大小小的舢舨往拉美島航來，這是不懷好意的……。利安，你是不是想起拉美島的故事？還是想起拉美情歌。瑪雅，我想起我阿母跟我講的故事，

　　他們躲在祖先的大洞穴中，怕被荷蘭人捉到，有5，6百人躲入洞穴，後來她還是被荷蘭人用火煙燻出洞穴，被捉去了大員……，唉！最後她聽到後來被抓到大員的族親說，有兩三百人族親死在大洞穴裡面，我們這次回去拉美島，先去祖先的大洞穴禱告，願他們安息，也跟他們說，我們代表黛咪回來看她們了。利安，我們是一定要去那大洞穴看看，可是我不敢進去，我們在洞口禱告在洞口祭拜就好。瑪雅，守阿他們用竹籬笆把大洞口圍住，任何人都不可以進去，其實現在也沒有人敢進去，守阿不是說了，每天傍晚都會有大批的夜婆（蝙蝠）從大洞穴飛出來嗎？他們相信這些夜婆是祖先的使者，每天飛出來巡視拉美島，守護著琉球。利安，常聽你們說拉美島有漂亮潔白的白沙，湛藍清澈的海水，各式各樣五顏六色的魚，奇形怪狀的巨大珊瑚礁岩，是眼睛不敢直視的美，我好想快點看到拉美島。瑪雅妳看，拉美島就在前方，我們航行一半的距離了，拉美島快要清楚可見，現在的海水顏色已變得清澈湛藍，不急，有浪妳抓穩。哈哈！浪那麼小，而且我是游泳高手，才不怕。利安，這次芸阿沒能跟來可惜喔，她又懷第三胎了，我好

羨慕她。瑪雅，是我不好沒能讓妳懷孕。哈！那又不是你的問題，你說這話安慰不了我的，我認命了，還好我有小蜜，阿舅是想把小蜜給我當女兒，他才好全心全力對付鄭經。瑪雅，還好有小蜜幫忙看顧幾個小小孩。妳也別灰心，說不定我們這次上了拉美島，吃了拉美島的龍蝦，喝了拉美島的水，欣賞著拉美島的美景，妳心情大好就懷孕了也說不定，我會好好努力的。嗯，一言為定：願主保佑，能讓我瑪雅在拉美島懷有身孕，阿門。這也是我不讓小蜜跟來的原因，怕她壞了我們的好事。哈！哈哈，沒想到公主還有這一計，佩服佩服。尪咧，在卑南，在新遠（新園）你都沒讓我懷孕，這次到琉球，你要加油我們一起加油。公主妳快看，左前方遠處有一大群海豚，左後方也有一大群，哇！海豚好像是跟著我們的船隊的。耶！有吔，好多海豚喔！還跳起來旋轉呢，肚子是白色的好可愛喔。瑪雅指向遠方呼喊著：大家快看，有一大群海豚跟著我們游，還嬉戲玩樂著，好可愛，好可愛。

隨著船越來越靠近拉美島，那純潔的白沙灘清晰可見，右側有一翠綠的小山，海岸邊的巨大珊瑚礁岩也越來越清楚，仔細一看白沙灘上還站了許多人在揮手……。耶！利安，琉球島的人都來歡迎我們了。是啊，他們站在高處遠遠的就看到我們航向金銀島，都跑到白沙灘來迎接我們，太好了太開心了。利安，拉美島真的如拉美情歌所唱的那樣耶！有湛藍的海水，純白的沙灘，翠綠的山巒，但那迎風搖曳的椰子樹真

小琉球（拉美島）的海岸。-1

的沒有了……，哇！好美的小島，葡萄牙的水手沒有看到拉美島，要不然他們會把拉美島稱作是福爾摩沙。這海水，這沙灘，這珊瑚礁岩這小山巒……，太美了太美了。聽你們說拉美島的海底更美，五顏六色的珊瑚礁魚，悠遊在繽紛如花園的珊瑚之間，等我上島我要去游泳潛水，探訪拉美島的海底世界。哈！我也是聽我阿母說的，也沒有看過拉美島的海底世界，我就陪著公主一起去游泳，潛水，捉魚，捉龍蝦。那好，這次要好好的玩玩，然後肚

小琉球（拉美島）的海岸。-2

小琉球（拉美島）的海岸。-3

子裝著我們的小寶貝回家。瑪雅妳看，守阿夫婦還有永阿，他們也都站在白沙灘上揮手大喊，他們平安回到琉球，沒被那可怕的南風奧吹走，這真的是太好了，這真的是太好了。三艘小船分別停靠在白沙灘右側的小溪口，很小的溪口，溪口內無風無浪，只能駛入小舢舨或竹筏。有幾十個人來迎接他們，永阿跟守阿介紹一行人給大家認識，有幾位從力力（崁頂），東阿土港（東港），嘉祿堂（枋山，枋寮）來的新面孔，大部份是跟著利安從新港（新市）一路逃離來

到拉美島的。利安要守阿把他們
載來的物品，分別送給每一個家
庭，而小黑豬就送給守阿跟永阿
繁殖。頭目，公主，安娜，索阿，
還有這兩位勇士，歡迎你們大駕
光臨琉球，從看見你們的船在海
上時，我們就通知了所有人，見
到你們來訪我們太開心了，這讓
我們不再感到孤獨，住在琉球的
人大部份都來了，才這幾十個人，
謝謝你們沒有忘記我們。永阿，
守阿，叫我利安就好，我跟安娜
日思夜想的拉美島，從小的心願
終於如願以償，夢想實現。

風景優美的拉美島（小琉球）海岸。

　　有如做夢一樣，如今踏上拉美島的土地，感謝上帝！感謝上
帝！我們想先去祖先的大洞穴禱告，祭拜。再到四處走走，每一個
地方都走走，全琉球島都要走一遍，每一個地方我都想要看看。利
安，這沒問題我來帶路，但琉球島沒有辦法走一圈，沿著海岸有眾
多巨大的珊瑚礁岩阻擋是走不了一圈的，也有的地方是斷崖，更多
的是長滿小刺的灌木叢，不過從大白沙灘這裡往這處中央凹地一直
走到最南方，就離大洞穴不遠了，我也住在那天台上，從這裡大概
要走一個小時，今天就去住在我家，我去年就加蓋了三間房屋，準
備讓你們搬來住的，剛好可以派上用場。守阿，荷蘭人蓋的大寮子
在哪裡。喔！利安，我們走，那在島的東方在碧海平原上，嘉祿堂
（枋山，枋寮）的船來琉球，都是停在大寮那邊的海灣沙灘上，在
大寮海邊可以清楚看見嘉祿堂那一帶的海岸，我們邊走邊談，大概
走到中間的路途上，我們稱為中路的地方，再往前走往左下方走下

小山坡，有路可以直通大寮。我們走到中路再走過去一點，往左邊
看就可以看到荷蘭人蓋的大寮子了，我們把它保護的很好，任何人
都不能進去，跟祖先的洞穴一樣，任何人都不准進去。一行人跟著
守阿往前走，後面跟著所有來迎接的琉球人，一大群人有說有笑的
往前走，一向開朗的安娜感動的直掉眼淚，反而一句話也沒有。安
娜欣賞著小路兩側的翠綠小山巒，沿路都是倒塌的椰子樹，樹幹已
腐爛的椰子樹。安娜想起阿母黛咪跟她講的拉美島的故事，一次又
一次的在內心迴響著，這美麗的風景竟然隱藏著無比的哀傷，與無
限的思念，過去在這島上生活的人，是多麼的幸福又多麼的快樂，
隨著荷蘭人踏上這拉美島一切都變了調。阿母對拉美島的思念，同
阿叔叔對在拉美島留下的內心傷痛……，不是她這一次踏上拉美島
所能理解的。唉！上帝啊！你這樣安排對嗎？你這樣安排好嗎？

　　上帝我是安娜，是原本生活在拉美島純潔少女黛咪的女兒，
鄭重的請問你，你這樣安排對嗎？現在連拉美島都變成琉球島了，
大家都不願意說出拉美島，你如果是萬能的神，請你從現在起賜福
給重新生活在琉球島的人們，讓他們世世代代在此繁衍，不再有人
世間的悲苦。這美麗島嶼的悲苦早就都受完了，既使是再有一點點
的悲苦都是多餘的。上帝啊！萬能的上帝啊！也請你賜福生活在福
爾摩沙的人們，他們正在接受著重重的考驗，讓他們能有平穩的生
活，能有尊嚴的活著。任何加諸在福爾摩沙人的苦都是不公平的，
樸實又善良的福爾摩沙人，沒有必要承擔這些苦。安娜，妳又想起
什麼了，一路上沒見妳笑過妳這樣子我很擔心。瑪雅，我是觸景傷
情，雖然是第一次來拉美島，但我從小就聽我阿母講拉美島的故
事，這眼前的一切就像是做夢一樣。安娜，那我們明天去游泳，看
看拉美島的美麗海底世界，忘記這裡曾經發生過的悲傷，我們往前
看不要再想從前，過去的就讓它過去了，我們來拉美島帶著思念而
來，就是要帶著歡樂離去，我們就好好的參觀好好的玩，以後再來

琉球不知又是何年何月了。哈！謝謝公主，妳真會安慰人。是啦！
公主說得對，砍倒這些椰子樹我也有份，我們被鄭軍圍困時缺少新
鮮蔬菜吃，來拉美島砍椰子樹取嫩心吃，連林投果也被我們採光
光，也砍香蕉樹取樹心，島上的竹筍也沒有放過，我上來拉美島好
幾次了路我也熟，等走到島的中央，往左就是大寮子，往右走越過
小山脊，就是長滿相思樹的相思埔，就在前方快到了，我們現在的
位置，應該就是守阿說的中路，大家放鬆心情欣賞風景，這琉球是
很熱情的島嶼，太陽熱情人更熱情。

　　索阿，從這些倒下來的椰子樹就可以看出，你們被圍困在熱
蘭遮城時，生活是多麼的艱難。是啊！最後要是沒有這拉美島，我
們全病死了，士兵都得腳氣病雙腳腫脹無力，根本也沒能力跟鄭成
功談和，更別說是跟他打仗了。最後是拉美島救了整個被圍困在熱
蘭遮城的人，拉美島提供了最後的食物，飲水，跟柴薪。大家快看，
左前方可以看見荷蘭人蓋的大寮子，終於看到了小平原上的大寮，
大寮子是用竹子木條還有椰子樹幹搭成的，大寮子周圍還有幾棵
椰子樹，也有幾間完好的竹架草屋，而大寮前方的海面平靜湛藍，
這畫面呈現寧靜的美。守阿跟大家說了：全琉球島的椰子樹就剩下
大寮子旁邊那幾棵了。我們再直直的往前走，就會到島的天台我住
的地方，到天台後先去我家放行李，然後去大洞穴祭拜，禱告。明
天才到琉球島四處玩玩，這次你們多留幾天，好好的讓我們招待招
待，每一個琉球人都希望你們到他家作客，要好好的招待你們熱鬧
熱鬧。一行人終於來到了祖先的大洞口，是在一處小懸崖下方的洞
穴，一行人在洞口前的一個小平地上，誠心的致意，禱告，祭拜。
利安，安娜，索阿，內心有說不完的話，但呆立在洞口良久卻一句
話也沒有說出口。利安心裡想著：這就是阿母被克隆克拉出來的洞
穴口，洞穴上方被燻黑的痕跡還在，洞口上方的小榕樹看到了這
一切，洞穴內 2，3 百個族親的生命就這樣消逝了，他們的靈魂化

身為現在住在洞穴內的夜婆（蝙蝠），當夜晚來臨前飛出洞穴，巡視保護著這美麗的島嶼。你們安息，我是美美的兒子茉利安。索阿心裡想著：這就是我在我阿母肚子裡時，我們被克隆克救出來的洞穴，阿母命苦被捉去大員，生下我後去了天國。黛咪阿姨也是從這洞口被救出，被捉去大員分配住在新港（新市）……，人生無常超乎想像，我現在三十歲了，三十年了，唉！外族入侵真的可怕，為何要分族群，人性的貪婪真是罪孽，上帝為什麼把世界分成那麼多種族，全世界都同一個種族不好嗎？每一個人都能想成大家是同一族就好了啊！大家不分彼此共同合作不是更好。

就像現在的琉球人，不分彼此的共同生活在這美麗的島上，一起蓋房子一起分享食物，不論什麼事都互相幫忙，管他是從哪裡來的，管他是西拉雅，瑪卡道，還是排灣，以後要是有長山人，甚至荷蘭人再來。大家不要區分種族區分彼此共同生活，那豈不就是世界太平。祖先們，我是索阿，我回來看你們了，你們安息。瑪雅心裡想著：哇！這悲傷的洞穴，照映著這唯美的夕陽，海邊靜靜的聳立著巨大的珊瑚礁岩，往福爾摩沙望去還可以看到打狗（高雄）山就在遠方，深藍色的海面平靜無波，這唯美的地方不應該發生這麼悲痛的事，利安的阿母就這樣從這洞穴被捉去大員，她在蕭壠（佳里）生下利安，而利安卻輾轉逃去卑南跟我認識，我今天跟著他來到這個地方，命運真是奇妙，上帝關上了一道大門，卻又開啟了一扇小窗，悲傷的拉美島就讓它永遠關上了吧，而幸福歡樂就從此在琉球島開啟航行。洞穴裡面的拉美朋友你們安息，荷蘭人都離開了，現在來侵略我們的是一群海盜，我是瑪雅，請你們保佑利安，讓它能帶領著瑪卡道聯盟趕走海盜們。安娜心裡想著：阿母，我跟利安來到妳被救出來的洞穴口，克隆克阿爸拉妳出來的那一刻，似乎就註定了我的命運，我不認識安息在洞穴內的族親，此刻我能體會妳被捉去大員時的驚恐絕望，阿母，我現在生活的幸福又美滿，

雖然我不是住在這美麗的拉美島，是住在平靜的新遠（新園）一個可以看到拉美島的地方。現在的拉美島變了，已經不是妳口中的拉美島了，風景依然美麗但人事全非，氣氛也不一樣了，從小到大都一直夢想著要來拉美島，全家人一起來住在拉美島，現在夢想實現如願踏上拉美島，感受卻不一樣。妳不在了，隆克弟弟，娜美妹妹也跟著妳去了天國，唉！世事多變，今天來祭拜族親，也算是補償妳的心願。而我跟索阿結為夫妻了，也生了兩個小孩，利安也跟芸阿結婚了，也生了兩個小孩，這一切的故事，都是從三十年前妳在這裡被捉去大員時開始的。我會好好的生活著教育好我的小孩，就像妳教導我們那樣。十幾天後，利安他們一行人要離開琉球返回新遠，一大早幾乎全琉球島的人都來送行。吹南風的好天氣，這順風又風平浪靜的適合返航。守阿跟永阿來辭行說：你們要常來看我們，一路順風。

船隊被合力推離白沙灘往新遠（新園）航去。兩位卑南戰士又開心的唱起卑南情歌，兩個大男人竟然唱出無比美妙的歌聲。瑪雅跟大家解釋說：他們是唱著：你是我見過最完美的天使，我會永遠永遠都愛著你，直到我死去還是愛著你。返航途中，瑪雅問著利安說了：利安，這十幾天我們走遍了琉球島，也玩遍了琉球的海底世界，這美麗的海底世界就像是奇幻的國度，每一條珊瑚溝都有躲藏龍蝦吧，真是不可思議啊！來琉球玩讓我完全放鬆身心，但願此次我能成功懷孕，等孩子長大我們再帶他來琉球玩，沒看過琉球的海底世界，是無法想像海底是這麼漂亮的。瑪雅，我答應妳，上天保佑妳能順利懷孕。永阿，守阿他們能住在琉球生活真是幸福，但他們也好像跟世界隔離那般，對我們的到訪都熱烈歡迎，每一戶人家都來邀請我們去他家作客，來琉球生活的人們，自動又回復到單純又樂天的樣子，這是一個無心機的世界，不像在福爾摩沙那樣，每天要煩惱這個煩惱那個。利安，你心裡是不是想趕快回到新遠，擔

心起新遠來了，琉球還清楚可見新遠還在遠方。是啊！十幾天了，不知道新遠現在如何？家裡又怎麼樣了，我想小孩子……。利安，你是負責任的頭目，你這樣勞心勞力的會累垮，這次你急著要走一趟琉球，也是擔心守阿他們是不是遇到南風奧，沒有回到琉球對不對？是啊！公主英明，這是原因之一，也想說來拉美島看看完成從小的心願，也祭拜在大洞穴的族親們，現在都如願了，下一次再來琉球就是單純的帶著妳來玩的。利安，下一次也要帶芸阿來，她懷孕不能來好可惜喔，我回去要跟她說來琉球有多好玩，琉球有多麼美，比拉美情歌唱的內容還要美十倍。哈！妳不要說溜嘴，說我們在一起時，在那海邊珊瑚礁岩旁，在那純白的白沙灘，在白沙灘旁的林投樹中，在相思埔的相思樹下，還有在那……。利安，我又不是白癡，雖然芸阿對我很好，都沒有吃我的醋，但我也知道這種事不能說。我最懷念我們在相思埔相思樹下看夕陽的那一刻。

那是我這輩子覺得最幸福的時刻，如果時間能夠停留，我最希望能停在那一刻。嗯，我也是。我也懷念我們爬上相思埔小山脊看風景的那一刻，可以看到琉球的四周海面，也可以看到新遠（新園），看到打狗（高雄）山，看到福爾摩沙的高山，甚至遠到瑯嶠（恆春半島）的山脈都看得到。在那小山脊上看風景，內心特別平靜。在另一艘船上，安娜呆看著越來越遠的琉球島。安娜，妳又不發一語是想念家中的小孩嗎？厾吔，是啊，我想念小孩們也想阿爸阿姨，也想小蜜。說也奇怪，還沒來拉美島一直想著拉美島，可能是要完成阿母的心願吧，但去了拉美島沒幾天，我就想著新遠家裡的一切，我踏上拉美島是既興奮又覺得陌生，沒有黛咪阿母的拉美島，就只是琉球島了。我看到了阿母被救出的大洞穴，如願了，卻又覺得失落，拉美島上的歡樂，就是在這大洞穴消失的，我以前感念荷蘭人教我的一切知識，教我信奉上帝，但看到大洞穴，跟族親們做了禱告，我的心並沒有平靜下來。水某吔，妳心地善良又善解

人意，想得太多了，妳的成長都接收到了荷蘭人的善，到了大洞穴又震驚於荷蘭人的惡。善，惡之間都是荷蘭人在扮演，妳困惑了，內心極度不安也不解，雖然妳將你的心寄託給上帝，但面對那邪惡的現場，妳懷疑起上帝了，妳一向完全信任的上帝也沒能給你答案。尪吔，是啊！被你說中了，現在荷蘭人也走了，以後不想那麼多，就好好的過日子，把我們的小孩扶養長大為重，你這次再到拉美島，有沒有什麼感觸。水某吔，拉美島是我阿母懷了我的地方，也是我被圍困在熱蘭遮城時的救命之地，也是因為它，讓我們在我最後一趟運補任務時重逢，我們才能結為夫妻。所以拉美島算是我的幸運之島，雖然我的生母我的族親也被荷蘭人害死了，但我不想再被這個悲傷困住，我現在的目標就是幫助利安，顧好新遠顧好我們的家，跟著妳一家人幸福的生活著，只想為了以後的生活好好努力。尪吔，謝謝你你辛苦了。

守阿說，他們在琉球生活，從今往後都不分彼此，不管你是什麼人哪裡來的，只要來琉球一起生活，就是有共同的命運共同的未來，你就是琉球人，也不能說你是什麼人。是啊！守阿的想法跟我一樣，人與人相處會有衝突，會打架會戰爭，好像一切的根源都是因為區分，你是什麼人而產生的。荷蘭人，長山人，福爾摩沙人，或者說西拉雅，瑪卡道，排灣，阿密斯，卑南。而聰明又有野心的人，例如荷蘭人，例如鄭成功，就利用這些來成就他們想要的。我們在城堡裡時，也有分是荷蘭來的，還是比利時來的，鄭成功的部屬內部不合，也是分成漳州的還是泉州的還是南安的。尪吔，是啊，光我們福爾摩沙就有數十個民族，荷蘭人也是利用這一點在取得他們的利益，鄭王也會這樣做吧？！可憐又弱小的福爾摩沙人，就這樣被他們欺負來欺負去，欺騙來欺騙去，直到死去或一無所有。哈！水某吔，妳今天怎麼了，妳一向樂觀又開朗怎麼想法這

麼悲哀，在利安的串連下，現在南福爾摩沙不是團結起來了嗎，只要我們好好的學習，我相信福爾摩沙的命運會改變。我們會有超越長山人的一天，甚至也會超越荷蘭人，我們會比他們更富有，也更有知識。哈哈！你真會安慰人，當了荷蘭兵學壞了，就嘴巴厲害，我們要超越長山人還要超越荷蘭人，哈哈！我們現在連燒磚燒瓦都不會，也不會做紅毛土（水泥），也找不到鐵礦煉鐵，編織的布也比不上長山人的精美，瓷碗呢，紙呢，火槍呢，火藥，大帆船，沒有一項能贏人家。水某吔，所以這正是我們的目標啊！妳忘了我們聰明，心地善良又勇於接受挑戰，我們有聯合數十族智慧的優勢。那些小氣的荷蘭人，奸詐的長山人，不會是我們的對手的。哈！哈哈！哈！……。船隊終於駛入下淡水溪（高屏溪）在新遠（新園）靠岸，……新遠部落萬眾沸騰……。

Chapter 23
陳永華

　　黃掛親自到岸邊迎接女兒，兒子歸來。阿爸，你怎麼也來了，沒有留在家裡休息等我們。兒子啊！你們第一次坐船，阿爸擔心這海上的風險，回想起當年阿爸從漳州河坐四天的船，逃來大員時的驚險，這十幾天阿爸是坐立難安啊，看到你們回來真好。對了，有一件重要的事要跟你說：安平派贌商陳仔來傳話，說下淡水河（高屏溪）這一帶，現在由他來代表進行商品交易，鄭王要他傳話說：他們珍惜與瑪卡道聯盟的友誼，就如天上的星星與月亮那樣，情誼永存，他們不會派兵來駐點，也已嚴令兵士們不得越過下淡水河，違者斬。只希望雙方多多交流互惠友好。陳仔還說：現在安平的大小事務，除了軍事外其他的事都由他的族親陳永華管理。阿爸，我們先回家休息再談，這次我們從琉球帶回來整船的活龍蝦，先爭取時間將這些活龍蝦分送到每個家庭，我也會派麻達急送一些去給鄰近的部落長老們，這些都是琉球人的盛情，要快速的分享給大家，這龍蝦死掉了就不好吃了。哈哈！太好了，我們快回家，一邊吃龍

蝦一邊聊聊，分享你們這次去琉球玩的心得。是啊阿爸，永阿他們
都是捉龍蝦的高手，這麼多龍蝦都是他們捉的，他們用簡單的破漁
網綁上一些小魚在網上，傍晚時分放入懸崖下方的暗洞，或是珊
瑚礁的槽溝裡，隔天一早去收網，每張小網子都掛上滿滿的龍蝦，
這整個琉球島四周滿滿的龍蝦，太驚人了。喔！這麼驚人，可能是
二，三十年來琉球島沒住多少人，才會有那麼多的龍蝦，拉美人離
散而去，拉美島的海底世界反而充滿生機，神奇，神奇的大自然。
是啊阿爸，永阿他們為了要養活龍蝦讓我們帶回來新遠（新園），
他們先用竹簍把龍蝦養在海邊，今天一早取出龍蝦，用椰子樹幹的
腐碎屑，木屑，搗碎的枯樹葉掩蓋整隻龍蝦，你看就像這隻龍蝦這
樣，整隻沾滿碎屑再一隻一隻的排在船底，龍蝦就靜靜的乖乖的動
也不動。

　　最後再用這些海水沾濕的麻布袋蓋在上面，說這樣處理龍蝦
可以活上好幾天，要不然的話，龍蝦一捉上岸一兩個小時就會死
掉，死掉了沒有盡快煮熟吃就會不新鮮，不新鮮的龍蝦吃了就會拉
肚子。趁著龍蝦還活著，我們快快把牠送出去，也快快回家煮龍蝦
吃，都過了中午大家都餓了。兩家人聚在一塊聊天吃龍蝦。黃掛跟
利安他們再次講了購商陳仔來傳話之事，說陳永華等著我們回應。
阿爸，這陳仔，會不會是被派來探虛實的，鄭經把大小事務都交由
陳永華處理，莫非鄭經有什麼樣的企圖或是打算。大家幫我想想，
我們要如何回應陳永華。兒子啊！陳仔看來誠懇，陳永華是漳州府
龍溪縣人，也算是阿爸的同鄉，他明說了只想跟我們做交易，沒
有其他的目的。嗯，能彼此交易往來互相了解並不是壞事。頭目，
小心有詐，我們被圍困在熱蘭遮城時，不論是來投誠的商人，或自
稱是背叛鄭軍而進城堡來的士兵，甚至說是被壓榨不滿鄭軍的長山
農民工，到最後都證實是欺詐的奸人，都是受鄭成功指派而進來城
堡刺探軍情的，我們不可輕信上當。嗯，索阿提醒的是，這善長欺

詐的長山人是死性不改的，讓荷蘭人吃了大虧我們是得小心應對。頭目，拒絕他們，贌商要來也一樣拒絕，我們跟他們就以下淡水河（高屏溪）為界，井水不犯河水，鄭經派來的人更是不能相信，我想這其中包藏著詭計。我們儘管加強戰備，他們是無時無刻想來佔領我們的土地的，贌商一來各個部落的人數位置，地形地物都被他們掌握了，我想這是他們軍事行動前的試探。嗯，瑪雅說得極是，可是部落裡缺布，缺鐵，缺糖，缺很多物品，只靠來捕烏魚的漁民提供不夠用，該怎麼辦呢。利安，我們就要求他們在埤頭（鳳山）那邊交易，雙方將要交易的物品定期帶到埤頭交易，現在已有少數長山人居住在埤頭開墾，他們也跟搭加里揚（九曲堂，大樹南）的瑪卡道女人結婚生子，我們去埤頭除了交易外，也更容易打聽到安平一帶的消息，而這樣我們也能安全的交易。

喔！安娜說得有理也可行，我們就這樣要求他們，他們若是不肯，表示他們要來新遠（新園）交易是有其他目的，如他們同意在埤頭交易，就還能暫時相信他們。尪吔，這大事我不懂，我們現在安穩的過日子，沒有跟他們交易也沒關係啊！過去我們跟贌商交易吃的虧還不夠嗎？他們為什麼對我們就客客氣氣的，擺一副低姿態，這示好是怕我們去攻擊他們，或許是因為現在安平士氣低落，等他們又強大起來，就會對我們擺上高姿態了。不然他們現在為何要奴役西拉雅人，還要強迫西拉雅跟他們反清復明。嗯，真難得芸阿提出這寶貴的意見，很有道理啊。陳永華聰明，他自認還沒有能力來攻擊我們，掌控我們，就用這方法假裝先跟我們交朋友，這讓我起疑，鄭軍是不是在做安撫南方的我們，而想要攻擊北方的虎尾壠（褒忠，虎尾），諸羅山（嘉義），跟大肚王國（統領中臺灣）。想先掌控安平北方後再來掌控我們。頭目，我想到了，鄭經是想攻打在雞籠（基隆）的荷蘭軍。喔！索阿一語驚醒了我，那為何不是攻擊跟他有仇又更近的大肚王呢。頭目，大度王甘阿轄馬祿，勢力

龐大已連結到虎尾壠跟諸羅山，中部的福爾摩沙也都已結盟，鄭經現在沒有勝算，他怕在雞籠的荷蘭人提供武器給大肚王，那麼鄭經的死期不遠，鄭軍人少倚靠的是兵器槍砲，荷蘭人還在雞籠一天鄭經就一天睡不著覺。索阿，我完全同意你的看法，這鄭經有陳永華輔佐，是如虎添翼啊！荷蘭人在雞籠不過幾百人的兵力，但這路途遙遠，鄭軍過不了虎尾壠，更別想要過東螺（北斗）西螺，所以鄭經會從水路進攻雞籠。頭目，要不我們先對鄭軍發動攻擊，趁著他們勢力還沒恢復，只要我們先出擊大肚王會南下夾擊配合，這樣一來就可以將鄭經的勢力消滅。喔瑪雅，勇氣十足的瑪雅，這是辦法之一，這樣做我估計我們會獲勝，而瑪卡道，西拉雅，拍布拉，道卡斯，巴布薩，虹雅，虎尾壠，大武壠等族人，會有一半的傷亡，我們要先用生命去消耗他們的彈藥，當他們彈藥耗盡時，再盡情的把他們砍殺殆盡，所有的長山人都會死，中南部的福爾摩沙人怕會死了一半。大戰之後荷蘭人就又大大方方的把船開進來大員。一切又重新開始。

唉！還是困在我們沒有跟他們一樣的武器，我弟弟睿耕德派人從卑南（以台東市為中心）找到哆囉滿（新城），都沒能找到鐵礦，沒有鐵礦我們什麼武器也造不出來，一支砍刀就要用五頭鹿去換，我們是吃大虧啊！上帝創造萬物時怎麼那麼偏心，連一擔鐵也不給我們福爾摩沙。哈！公主別生氣，上帝給了我們福爾摩沙各式各樣的民族，有勇敢的，有力氣大的，有聰明的，有跑得飛快的，有堅韌的，有大肚量的，各有各的優點，而且都是善良又誠懇的大好人，這才是最重要的，這才是最好的。同阿阿爸，我知道你這是在安慰我的，這次我跟利安去拉美島體會很多，下次等芸阿生產完，我們計畫著帶芸阿再去一趟琉球，到時候你也跟著一起去，當導遊帶我們更深入探尋琉球島，好不好。這……容公主讓我再想想……芸阿是該去看看，我年紀大了怕禁不起這風浪，大家吃龍

蝦，冷了就不好吃，冷了就不甜了。同阿阿爸，你拿給我這隻棕色
的小小隻的，接近尾巴有兩個小白點的龍蝦，吃起來好甜喔！它的
湯汁吸起來好甜。哈！公主識貨啊！會吃龍蝦，我知道的琉球島有
五種龍蝦，就這品種的最好吃，但數量少體型小，頭大大的青棕色
的這個品種，量最多吃起來沒那麼甜，而白色有燦爛斑點的這種，
會長成很大隻肉也結實，而紫色條紋跟紅色的這種，也很好吃數量
相對稀少。哇！我們又長知識了，看來同阿阿爸在拉美島時是捉龍
蝦高手，也是吃龍蝦達人。哈！哈哈，謝謝公主的稱讚，的確是，
而且煮龍蝦就是要用椰子水煮才更香甜，用一般清水煮就差多了。
龍蝦用烤的也不錯，但還是用椰子水滾煮最好吃。同阿阿爸，現在
琉球島，只剩下碧海平原上，荷蘭人蓋的大寮子旁邊還有幾棵椰子
樹，其他的地方連一棵椰子樹也沒有了，倒是相思埔那整片的相思
林還完好，我最喜歡在相思埔的懸崖邊看夕陽，那裡好美好美喔。
嗯，我知道我知道那裏。

　　在那懸崖上有兩個小洞，往下看可以看見海浪衝入洞口，而
洞口的正出口方是一塊大浪會拍打而過的珊瑚礁，洞口外左前方有
一塊尖型的大珊瑚礁岩，在它的左側又有一塊平的大珊瑚礁。正確
的季節時，夕陽會從尖型的珊瑚礁岩跟平的大珊瑚礁岩中間落下，
那是最唯美的時刻，夕陽時分海面泛紅閃閃發亮，海風徐徐一片寧
靜，如剛好有大帆船漂過……，那也是留在我心中最唯美的畫面。
同阿阿爸，永阿說，那洞裡有住著好多好多的龍蝦，你知道嗎？有
進去捉過龍蝦嗎。哈哈！我當然有進去過啊！但那是一個洞中有洞
的海底洞穴，裡面很暗，是完全看不見的，那洞穴有三層，在外洞
可以看得見的龍蝦就捉不完了，再潛下水可以進入中間洞，就成為
幾乎看不見的黑暗，要等眼睛適應光線才看得到，如再往內潛入就
到了最內洞，是完全的黑暗看不見的地方，最內洞內還有一小片的
沙灘，要潛入到這裡要等風平浪靜又退潮的時刻才安全，我每次

潛入到最內洞都被滿滿的龍蝦嚇到，龍蝦亂衝亂跳的撞到胸口疼。哇！那好特別喔！同阿阿爸，下次就一起去琉球，你帶我們去那海底洞穴探險捉龍蝦。公主，這事等有要去琉球時再來商量，要進入那洞穴是非常危險的事，連起一點點的小浪也不行，沒計算好是會沒命的，而且是退潮時才能進入，漲潮時進入會沒有辦法呼吸，一旦誤入無人能救。哇！那還是在懸崖上看海看夕陽就好。利安，母阿沒能給你什麼建議，我覺得每個人都說得很有道理，現在大家都吃飽了，連煮龍蝦的椰子水也喝光了，你打算要怎麼回應陳永華，整個下淡水河（高屏溪）以東的部落，都在等著你的決定要共同應對。好，我決定，可以答應他們在埤頭（鳳山）交易，其他的事情方面，戰備的戰備生產的生產教學的教學，只要我們夠強大鄭經就不敢有非份之想，而陳永華也就無計可施，到埤頭交易也可以看看他們的誠意是真是假。

要不是我們沒有適合的大帆船，我還想派人去雞籠（基隆）跟荷蘭人說，鄭經正準備要攻擊他們，請他們做好準備。從琉球回來新遠（新園）後，安娜又懷孕了，而瑪雅仍然沒有懷孕的跡象，瑪雅心裡有數，對小蜜是更加疼愛，把她當成是自己的女兒般的呵護，小蜜聰明懂事，新港文跟漢文都學得飛快，還會教瑪雅呢。新遠部落開始固定時間去埤頭（鳳山）跟長山人交易，瑪卡道聯盟也大力的教導新港文，要跟在赤崁教漢文的陳永華一較高下，瑪卡道聯盟仿效起鄭王，將聯盟組織起來，各分職責，有人專門織布，也開始燒磚，有人做木工，有人編竹編藤編。甚至有小的打鐵廠，將能交易到的舊鐵器重新打造。也開發了更多的土地種田，有人專門捕魚，有人專門打獵，有人專門砍柴，連小孩子也集中起來由專門的人輪流照顧……。瑪卡道聯盟成長快速一片欣欣向榮，穀物多到吃不完，已成一個安樂的國度，利安已成聯盟的發號司令者，瑪卡道聯盟人心中的總頭目。時間飛快芸阿又生了一個女兒，取命

思阿。隔了三個月安娜也生了個女兒，取名相阿。安娜跟芸阿現在
都各有兩個女兒一個兒子，全家熱鬧了不少。部落去埠頭交易時得
知，鄭經派兵去攻擊在雞籠的荷蘭人，雖沒有成功，但鄭軍現在佔
領了淡水，與在雞籠的荷蘭人對峙著，目的是要破壞荷蘭人在雞
籠與日本人的貿易。這是壞消息啊！雖然這事在原本的預料之中，
現在真的發生了，一時之間利安也沒有什麼好辦法來回應。因為鄭
經的主要兵力還是屯駐在安平附近，在狗咬溪（二仁溪）以北到新
營以南。東到山區的小部落拔馬（左鎮）外側派駐六個人駐點，防
備大武壠族，鄭經並沒有派出主力去攻擊雞籠，很顯然的鄭經是在
小心的提防著他們。也得知了陳永華積極的在做文教，更積極的是
由兵士在開墾農田，可見滿清皇帝禁止長山商人來安平，發揮了制
裁的功效。滿清皇帝禁止任何長山人來大員，在大員的長山人也紛
紛回去長山，連貿易也被禁止，現在的安平也缺布，缺鐵，糧食也
要由兵士屯墾自己生產，這滿清皇帝的做法，對瑪卡道聯盟來說是
好消息啊。長山人變少了，鄭經就越沒有勢力，而福爾摩沙人就越
安全。

　　利安心裡盤算著，鄭經受這禁令影響勢力會更薄弱，暫時是
沒有能力來威脅瑪卡道聯盟的，這南福爾摩沙暫時還很安全，日子
一久鄭軍內部必有變，士兵們會叛逃回去長山，鄭經有極大的可能
會投降滿清皇帝，到那時福爾摩沙就又恢復寧靜了，只要長山人一
走，所有的亂源全都消失了。就耐心的等待那一天的到來，現在要
緊的事還是發展南福爾摩沙，等長山人都回去長山，福爾摩沙就可
以全部串連團結起來，再選出一位領導人來，那就再也不怕任何
人了。好快的又平安過了一年，卻傳來大大的壞消息：報告頭目，
荷蘭全軍撤離雞籠（基隆），荷蘭全軍已全部撤離雞籠，說是鄭軍
頻頻騷擾，無法做生意而連年虧損，巴達維亞（雅加達）當局下令
放棄雞籠，撤離福爾摩沙最後的據點。嗯，勿慌勿慌，把這消息傳

到鄰近各個部落，要各部落頭目長老們勿慌亂，這小氣只想賺錢的荷蘭人，不值得我們再對他們抱持著希望，以後我們要更加自立自強，現在是我們更團結的時候，只要我們夠團結，鄭經拿我們沒有辦法，鄭經受禁運的影響實力會越來越弱。利安找來瑪雅跟索阿商量，索阿，荷蘭全軍撤離雞籠，我們最後的一絲希望也幻滅了，以後我們福爾摩沙人的命運，就由我們福爾摩沙人來獨自面對。頭目，我不知道這算是壞消息還是好消息，從好的方面想，現在只要鄭經的勢力離開，福爾摩沙就安全了，只剩下鄭經跟福爾摩沙對決，而禁運會慢慢發揮功效鄭軍會投降滿清。從壞的方面來想，荷蘭軍離去鄭軍恐怕會肆無忌憚，鄭經如果用武力來攻打我們，我們只能獨自迎戰。索阿，鄭軍為了要生產糧食，必會想佔領更多的土地，他真的是會先攻擊大肚王嗎？頭目，這是確定的的事，從陳永華派陳仔來，說要跟我們合作交易時就被我們猜中了。我們當時判斷他會先攻擊雞籠，再來是往北攻擊拓墾，最後才是攻擊我們。這就是陳永華派人來安撫我們，示好我們的詭計。是啊！這些都被你說中了，果然鄭軍是先攻擊雞籠。

我們苦於沒有像樣的武器，就這些弓箭，鏢槍，砍刀，該如何與鄭軍決戰。頭目，不必憂慮，我們這裡是鄭軍們心中的瘴癘之地，是沒有人要來開墾的，而我們現在的武力也跟大肚王相當。大肚王甘仔轄．瑪祿，勢力龐大，如果鄭經夠聰明，學荷蘭人跟他用結盟的方式去開墾，或許雙方才不會發生衝突。喔！說得對。但是頭目你想想，鄭軍良莠不齊，如進入大肚王的領地開墾，必會生事衝突難免，鄭成功的時代就發生衝突了，大肚王的愛將阿德苟量戰死，鄭軍死亡一千多人，鄭軍退回赤崁才平息下來，雙方早已結下仇恨。現在鄭軍又缺糧，廈門已無法再運糧來安平，這缺糧的壓力會讓鄭經再冒險一次。我們就等著情勢的變化。索阿，鄭經如果出擊大肚王，必會動用一半兵力，到時我們突襲安平，勝算如何。頭

目，初期我們會大獲全勝，但不敵的鄭軍會躲入熱蘭遮城內，沒有幾個月的時間我們無法攻下，到時鄭經北征的軍隊又會返回，雙方又是一場死傷慘重的混戰，最後會是兩敗俱傷結束。唉呀！這真是困難的決定，難道我們就一直等，等荷蘭人來新遠（新園）登陸，等荷清聯軍，等到一次又一次的失去機會，連老天爺也不幫我們，吹什麼怪風把荷清聯軍給吹散了。利安，你先靜下來，如果你下定決心要出擊，那我會請我弟弟出兵相助，能趕走海賊我戰死也瞑目，能為福爾摩沙而戰，我戰死也光榮。瑪雅，謝謝妳完全支持我，假如我們一半的人都戰死了，活下來的福爾摩沙人就都從此幸福了嗎？就都從此平安了嗎。長山人死了走了，我們福爾摩沙經過大戰也弱了，英國人，日本人，葡萄牙人會不會來，我們的子孫能應付他們嗎，還是又跟我們的命運一樣。利安，上次我帶隊去埤頭（鳳山）交易，得到消息說：現在鄭軍的兵士們都受到良好的約束，陳永華仁慈，他已開始文教在教長山人，也全盤計畫要教西拉雅人。瑪雅，這反而是我最擔心的事，全盤文教的目的是要漢化西拉雅人，為他所用幫他反清復明，說不定最後是帶著他們來攻擊我們。

也因此可以看出，鄭王他們打算長期賴著不走，或許鄭王已自覺反清復明無望，但要確保自己的安全，就需要高舉這一面反清復明的大旗，而光高舉這一面大旗還不夠，還要把西拉雅人教導成擁護他的人。利安你說得對，陳永華現在是拉攏住在旁邊的西拉雅人，安撫我們，然後去攻打與他對立的大肚王國，至於瑯嶠（恆春半島），卑南，因為路途遙遠，暫時不在鄭經的計畫內。瑪雅，是如妳說的這樣沒錯，陳永華有謀略，但這反清復明的大旗最終會給他們帶來滅亡的命運，如妳是滿清皇帝妳能容忍他高舉這面大旗嗎，我們就往好處想，就等，用時間來決定，我不能讓南福爾摩沙人死傷大半，就等滿清皇帝來消滅鄭經。頭目，我也支持這個意見，就如頭目所言我們就往好處想，聽說皇帝擁有百萬兵馬，領土

有福爾摩沙的數百倍大，皇帝消滅了鄭經以後，這小小的福爾摩沙
皇帝是看不上眼的，而我們就又恢復了過去的平靜。嗯，就這樣決
定，我們就穩定的發展先壯大實力。索阿，你先去忙，戰士要好好
的訓練，我有一些事要拜託公主。瑪雅，我……。尪吔，我知道你
是要安慰我的，不是要拜託我什麼事，我一直沒能懷上孩子這不能
怪你，我自己知道是怎麼回事，這麼多年了芸阿都生三個了，我能
跟你在一起大家也都接受我，我已經是很幸福，寬阿阿姨不是也沒
有小孩嗎？我還有小蜜當我是阿母啊。瑪雅，我永遠的公主，反倒
是妳安慰起我來了，小蜜畢竟是我阿舅的女兒啊。哈！沒有關係

啦！小孩就讓芸阿去生，我們在一起的時間才多，現在連，
光阿，快阿也都叫我安母阿，思阿以後也會這樣叫我啊，我會把芸
阿生的都當成是我生的。甚至是安娜生的，月美美，時阿，相阿也
都當成是我的小孩，我身受重傷兩次沒死還能跟你成為夫妻，已經
是幸運中的幸運了，我沒有親生的小孩真的沒有關係，只要我們能
相愛到老直到死去。公主謝謝妳，牽手謝謝妳，水某吔謝謝妳，我
永遠愛著妳。

24
大肚王國

　　時光飛逝又過了三年，陳永華在大員一帶頗得民心，沒有禁止各部落間的往來，也沒有禁止祭拜阿立祖。德哈利捎來的信說，鄭成功死後鄭經當王，陳永華幫鄭經處理一切政事，陳永華主政後對待他們比較溫和，他們除了幫鄭軍打打雜，砍竹子，準備柴火外，並沒有受到太多的干擾，雖然是這樣還是有很多西拉雅的族人，往大目降（新化）的淺山遷移，或是搬去大武壠（玉井），哆囉嘓（東山）一帶的淺山區，也有搬去大傑巔（內門，旗山）的，而留下來的人都打算不走了，新港（新市）人跟我們拉美人都漸漸信任陳永華，但是鄭軍還是有很多人不安份，常做一些讓我們生氣的事，這些不守規矩的兵士還敢稱我們是番，而且是憨番，自認文明卻異常野蠻，這讓人很無奈，叫長山人不要殺小鹿，他們偏要說肉嫩才好吃，叫他們不要砍光樹林燒光長草，他們偏偏不聽，說這種方式才好開墾，而且捕魚用的漁網網目越來越細，造成現在海邊的魚越來越少了，而河裡幾乎沒有什麼大魚，如依照長山人這種破壞大自

然的做法來看，很快的福爾摩沙會沒有獵物可捕，他們所到之處對大自然都是破壞，也有一些逃走的士兵在各個部落居住，鄭經無力管好全部的兵士，而鄭軍分很多派系，有陳永華的，有劉國軒的，有馮錫範的，也有鄭經直系的。在德哈利看來，這些人早晚會起內鬨，鄭王年輕，大小事務都由陳永華處理，其他的將領諸多不滿，這一群人在長山吃了大敗仗逃來大員卻還是你爭我奪，算也是讓人大開眼界。也有許多西拉雅婦女禁不住誘惑，自行離開部落去跟長山人結婚，因為我不准部落的婦女招來兵士結婚，而從長山來的婦女用手指頭可以算得出來，算是稀有動物，所以這些還沒有結婚的士兵，想盡任何辦法散盡所有錢財也在所不惜。德哈利也交代說，蜜阿應該已經 12 歲了如果她長到 16 歲時，讓小蜜自己選擇對象，請瑪雅公主做主，讓小蜜去任何她想住的地方，或是留在新遠（新園），在這紛亂的年代能活下去才重要，要她不要牽掛在新港的阿爸阿母。利安，這德哈利頭目是狠下心來要把小蜜給我當女兒了。瑪雅，那我們就把小蜜當成是女兒吧，阿舅是不得已啊！我當了新遠頭目能體會這責任。三千位新港居民的安危，讓他不得不這樣。

從我帶著小蜜離開新港（新市）的那一刻，我就感覺到了，也幸好小蜜有跟著我來到新遠（新園），我們不能辜負阿舅的期望。在福爾摩沙中部方面，諸羅山（嘉義）與虎尾壠（虎尾，褒忠）也漸漸的適應了陳永華，允許鄭軍兵士在小部分的地方拓墾，但二林到東螺（北斗）西螺一帶仍然與鄭軍誓不兩立，鄭軍的兵士想再往北拓墾都被攻擊而無法前往。此事讓鄭王鄭經跟大肚王甘仔轄‧瑪祿都很生氣，衝突有擴大的跡象。而北福爾摩沙在大肚王阻擋著鄭軍的勢力下，道卡斯（現新竹，苗栗一帶），凱達格蘭，噶瑪蘭，都過著逍遙又平靜的日子，就如同卑南跟阿密斯一樣，不受鄭軍的任何干擾。而更往南方的福爾摩沙，鄭軍們果然試圖在加藤的最南邊（佳冬）跟瑯嶠（恆春車城）建立據點。幸好在加藤南

方這邊（佳冬）被加藤聯合大龜文王，放索仔（林邊）跟嘉祿堂（枋山，枋寮）擊退。而在瑯嶠方面，經過兩三次的衝突戰鬥後，鄭軍也被擊退，雙方都有小小的損傷但影響不大。新遠也跟琉球保持著密切的往來，也又有兩戶新遠的家庭搬去琉球住，他們都開心的期待著能天天吃龍蝦的日子。在赤崁方面，長山人農民工是被壓榨的一群人，他們生產的糧食一半歸鄭軍所有，但有鄭軍兵士協助開挖埤塘引水，農作物收成比以往更豐盛，鄭軍也解除了糧食危機。但鄭經受滿清皇帝禁運的影響，赤崁是缺鐵，缺布，缺火藥，鄭經貿易不順財力日漸萎縮，陳永華如再想不出好辦法，鄭王是無法在安平穩固的立足。瑪卡道聯盟跟鄰近的各個山上部落，都保持著良好的關係，南福爾摩沙各部落學習著長山人的農耕技術，漸漸的從狩獵轉為農耕狩獵並重，穀倉個個爆滿，幾年的安定生活各項技能都進步飛速。利安跟安娜都明白必須教育好他們的下一代，知識才是最大的力量，都把自己的小孩教導的很成功，就像當年他們的阿爸阿母在教育他們一樣，新港文，漢文都教得很成功。但荷蘭文就放棄了，荷蘭人都放棄福爾摩沙了，這荷蘭文也沒有必要再傳下去。而在下淡水河（高屏溪）對岸的搭加里揚（大樹九曲堂），跟阿緱林（大樹北）方面，傳來的都是一些令人生氣的消息。長山人一直往他們的領地範圍開墾。

長山人先是在小山上捕鹿，再來是在小山上砍柴，有時放火燒山，也常常在深夜來部落附近大喊大叫干擾他們的生活。部落裡的女人有的跟長山人結婚而離去，有的部落的家庭搬離去阿緱（屏東）住，有的搬去大木連（萬丹北），現在搭加里揚（大樹九曲堂）跟阿緱林（大樹北）的住民越來越少。這些長山人詭計多端，專門欺負樸實的福爾摩沙人，而這些瑪卡道族親又不想跟長山人太計較，總是息事寧人造成長山人得寸進尺。利安擔心照這樣下去，搭加里揚跟阿緱林，時間久了都會被長山人佔去，那這下淡水河

（高屏溪）對岸的瑪卡道最後的據點就消失了。塔樓（里港，九如）
跟阿緱（屏東）都希望新遠（新園）能派教師去支援。雖新遠已
訓練出眾多教師，但光支援力力（崁頂），麻里麻崙（萬丹南），
東阿土港（東港）就應接不暇。安娜獻策說：就請各個部落派優秀
的人選來住在新遠學習，當種子教師，像阿緱這種大部落人數多就
派來多一點，像武洛（里港東）人數少就派來少一點，這樣才能快
速的把教學做好。利安照著安娜的建議做了，竟連巒巒（萬巒），
大澤機（高樹）也派人來學習，一時之間新遠成了各個部落的文教
中心，利安在大家心目中的總頭目形象更加穩固。利安也要瑪雅讓
大多數的卑南戰士家庭返回卑南，這 7，8 年來靠卑南王的支持已
萬分感謝他，聽聞卑南與阿密斯偶有衝突，利安不好意思再留下他
們，就只留兩個戰士家庭可於緊急時去卑南求援，利安也準備了厚
禮讓他們帶回去卑南，並要他們傳話：公主在新遠幸福愉快的生活
著請卑南王放心。瑪雅，這些年來感恩你弟弟的支持幫忙，他的戰
士不但來協助防守，還訓練我們各項射箭的技巧跟集團戰鬥技能，
現在下淡水河以東一帶平靜平和，而陳永華也信守承諾，他的兵士
也沒有干擾我們，所以就讓這些輪調來的戰士回去卑南吧！卑南人
都是我們瑪卡道的恩人啊！頭目，這樣也好，阿密斯正跟我們卑南
起衝突，戰士們聽到消息也歸心似箭的，那就依照頭目的意思辦。
至於基督教方面，自從荷蘭全軍撤離雞籠（基隆）完全拋棄福爾摩
沙，安娜也死了心，傳福音的最後心願也放棄了。部落都再祭拜起
佬祖，幾個長山農民工也在家裡拜起媽祖，觀世音，她也不再勸阻
不要崇拜偶像，就讓他們去拜吧！只要能讓他們心裡平靜就好，這
沒什麼大不了的。

　　正當瑪雅，安娜，索阿跟利安在討論著眼前的局勢，麻達緊
急來報：頭目不好了，搭加里揚（大樹九曲堂）跟阿緱林（大樹北）
的族親，已全部越過下淡水河（高屏溪），都搬到阿緱（屏東）來

了。什麼？是鄭軍攻擊他們嗎？頭目不是的，是他們發現他們的部
落旁邊，山上，農田裡有不明的死豬，死雞，死羊，而且都沒有
傷口，他們都極度的害怕，整個部落渡溪而來，連牛也趕了過來，
所有生活家當也都帶了過來。他們說這是可怕的傳染病，瘟疫，如
果不逃他們也會被傳染而死去。嗯，辛苦你了！你傳我的話回去，
也要將這事再傳至各鄰近的部落，說他們中了長山人的詭計了，這
些死豬死雞死羊都是長山人養的，怎麼會死在山上又死在農田呢？
長山人如果把豬養死了把雞養死了，也都是宰殺來吃啊！我從來沒
有看過他們會把死豬死雞丟棄，即使是有少數丟棄他們也是往河裡
丟，怎麼會出現在農地裡呢？所有這些都是長山人故意做的啊！故
意把動物弄死而丟在我們的農地裡，現在他們達到目的了，搭加里
揚跟阿緱林從此是長山人的了。現在既然成了事實，就讓他們在阿
緱安居下來吧。頭目，這些卑鄙的長山人，我明天就率領戰士渡河
去把他們的頭全砍下來。瑪雅，明天就讓戰士們回去卑南，我們去
砍殺這些長山人是很容易的，但準備多時已休息數年的鄭軍，就會
來替他們報仇。搭加里揚跟阿緱林這幾年被他們干擾著，生活上也
困擾不安，既然都搬過來了就這樣了吧！頭目，你這也是息事寧人
的做法啊！這些可惡的人不給他們應有的懲罰，他們永遠也不會改
變的。是啊！他們是永遠也不會改變侵略的野心，這次我們上當下
次不能再上當，跟這些人打交道是該特別小心謹慎。頭目，你老是
說要仿效鄭王，效仿鄭王，你要學好鄭王的霸氣啊。公主，我知道
妳是既勇敢又富正義感，怨恨這些奸詐的小人，我們要學的是鄭王
的組織管理，就是不能學他的霸氣。

　　瑪雅，鄭成功最後的下場妳是知道的，他害死了無法計數的
長山人，最後自己也氣死了，鄭成功曾霸氣的擁有十幾萬兵馬，現
在如何了，不就剩下這一萬多人嗎？我們雖然日漸強大，但還不到
展現霸氣的時候，這委屈現在只能吞下只能忍辱負重。利安你很

棒，我現在完全同意你的說法，難怪整個瑪卡道聯盟都在等你的意見。隔年，利安帶著瑪雅，小蜜到各個部落探訪，所到之處都受到盛大的歡迎，他們一路來到了塔樓（里港，九如），得到了從大傑巔（內門，旗山）傳來的消息說：鄭經親自率領數千兵馬在大將劉國軒的陪同下，乘船北上與大肚王甘仔轄·瑪祿交戰，雙方互有損傷，消息來源混亂，一說甘仔轄·瑪祿戰死，一說他負傷帶領部眾往山區躲避，但可以確定的是，大肚王國的 19 個大部落中有3 個受到戰火波及，沙轆（沙鹿）部落幾乎全被殺害，連婦女小孩都被砍殺，而斗尾壠岸（后里）部落也被燒毀，大肚部落的居民被迫往山區遷移，鄭經眼見無法征服已經率領剩餘的兩千多兵士，趕回安平正在途中。利安，我們擔心的事發生了，鄭經去侵略攻擊大肚王了，現在我們景仰的大肚王生死不明，鄭經現在做的事很快就會發生在我們的身上。瑪雅，大肚王甘仔轄·瑪祿即使是戰死，大肚王國還在，巴布薩，巴宰，阿立昆，道卡斯，巴則海，虹雅等各族還是會聯合起來，鄭經迅速將兵士撤回安平，可見他主要是想去懲罰大肚王而已，或他眼見無法取勝又怕我們從後方攻擊他們。利安，這劉國軒自己管不好自己的士兵，侵入大肚王的領地不說，據傳他的士兵還做那些下流的事，劉國軒不但沒有懲罰他們還嗆大肚王，這些海賊惡性是不會改的，滿清皇帝最好是明天就能派兵來攻打安平，把他們通通砍頭。瑪雅，這大戰雙方各有損傷，大肚王國經過這一次突擊會對鄭軍更加防備，雙方已水火不容，劉國軒的兵士也別想再安穩的開墾，經過此次大戰鄭軍尚需要休息，我們下淡水河（高屏溪）一帶濕熱多雨，長山人說的瘴癘之地，又有寬廣的下淡水河（高屏溪）隔離保護，如果鄭軍膽敢來襲，我們就讓他們命喪在這南福爾摩沙。

　　瑪雅，我們都要做好心理準備，準備好犧牲生命，獻給生育養育我們的母親福爾摩沙，保護好我們的下一代，為我們的下一代開創新局。利安，我會與你並肩作戰，會死的是鄭經。利安，這次

我們探訪各個部落，看到大家都過著安穩的日子，食物充足一片和
諧，我們這幾年的努力沒有白費。瑪雅，我也感到欣慰，我們去塔
樓（里港，九如）時，我察覺塔樓頭目的兒子長阿，他很喜歡小蜜
妳有沒有發現？這我也有發現，這長阿英俊高挺一表人才，可是
我們小蜜還那麼小才 12 歲而已，沒有 16 歲我不准她談戀愛。哈！
我也不准啊！我也要幫阿舅顧好她，我猜幾天後長阿就會來新遠
（新園）學習了，塔樓頭目會派他來我們這裡學新港字，學漢字。
利安，我想也是，這次小蜜跟我們去塔樓，我看長阿一直跟著小
蜜學，眼睛跟心思都在小蜜的身上。瑪雅，我也是這樣看出來的，
要命的是小蜜情竇初開，雖害羞卻也大大方方的，我看啊！我們的
小蜜很快就要變成長阿的小蜜蜜了。不准，如果長阿來新遠學習，
我就請他回去塔樓，我就直說請他等小蜜滿 16 歲再來。公主，這
是妳說的喔！到時候就由我們卑南大公主發言，我可是不敢得罪對
我有恩的塔樓頭目阿達瑪。好，怕什麼，就由我來講。果然一個月
後，塔樓頭目阿達瑪帶著他的兒子阿達瑪‧長來新遠求學，瑪雅
沒想到塔樓頭目會親自前來，想說的話一句也說不出口，長阿就這
樣留了下來。不過瑪雅聲明，既是頭目的兒子就要文武雙全，射箭
方面就由我瑪雅親自來教導，讀書方面就由安娜親自教導。塔樓頭
目阿達瑪致謝後離去，獨留兒子跟三位同伴在新遠學習。阿緱（屏
東）部落因為有搭加里揚（大樹九曲堂）跟阿緱林（大樹北）居民
的移入人口快速增加，原本就熱鬧的大部落更加繁榮，荷蘭人時期
已規劃好來不及建設的大馬路，大廣場，法院，學校，醫院等。阿
緱頭目祿特瑪佑，也把這些預定地都保留下來，居民在這些保留地
種菜可以，但不得蓋任何建築物，這阿緱部落已成為下淡水河（高
屏溪）以東一帶的中心，四面八方的部落居民都會來此交易。阿緱
已成為這一帶的經濟中心。

　　鄭經從征戰大肚王回來後，這幾年在軍事上並沒有其他的動作，倒是陳永華不但積極的文教外，並獻策與英國人訂定通商條約，鄭經將貿易通商全押在英國人身上，英國人也提供鄭經缺乏的火藥，兵器，砲，還提供 200 擔的鐵作為通商條件，這解決了鄭經的燃眉之急。陳永華也默許了沈光文在目加溜灣（善化為開設點）開設私塾教目加溜灣人漢字，目加溜灣部落也學得興致高昂。安娜跟索阿來找利安商討教學大事。頭目，滿清皇帝干擾鄭王的海上貿易，封鎖鄭王的貿易管道，除了日本外往南的貿易管道完全中斷，現在鄭王（鄭經）與英國人簽訂了貿易協議，英國人也來了安平開館我們該如何應對，是不是趁他們根基還不穩去攻擊他們，至少讓英國人離去，不然要是英國人幫鄭王賺了大錢，我們就麻煩了。索阿，英國人天真，以為這獨家的貿易機會，會像荷蘭人一樣大發利市，現在的情況不一樣了，滿清皇帝不允許商人自由的來，而專靠一些走私一些賄賂是沒有用的，鄭王沒有辦法順利拿到我們福爾摩沙的土產，不用多久英國的船也會被禁止去長山交易，滿清皇帝怎麼會允許英國人幫著鄭王賺錢呢，這豈不是讓英國人幫著鄭經反清復明嗎。頭目英明，你說中了英國人以後的下場，而陳永華這一次的計謀也會失敗，當不會賺錢的英國人夢醒之時，就會自動離去，到那時鄭王就麻煩了。索阿，鄭王現在能收到的鹿皮有限，他四處跟福爾摩沙人為敵，沒有最賺錢的鹿皮可以賣去日本，鄭王控制的西拉雅一帶鹿都絕跡了，而他自己生產的糧食剛好夠自己的兵士食用而已，南方貿易線中斷也不能賣糖來賺錢，去長山買精美的瓷器跟布賣到世界各地也被禁止，這也不能，那也不能，那英國人拿什麼賺錢？鄭王如何抽到稅金。頭目英明，可是我擔心英國人送來 200 擔鐵，加上幫鄭王訓練兵士，連大砲手也由英國人擔任，英國人這樣幫著鄭王對我們很不利。索阿，鄭王與英國人是利益結合，彼此互不信任，不然大砲手怎麼還是英國人把持著。

　　索阿，赤崁一帶現在只種米跟蕃薯不再種甘蔗了，這表示鄭王只求吃飽無力賺錢了，只要求吃飽的軍隊會漸漸的失去力量，而唯利是圖的英國人會跟小氣的荷蘭人一樣，不用幾年會快速的離去，你不必擔心英國人。是啦！我覺得弟弟說得很有道理，利安的思慮更勝陳永華，凡事都說得準確，英國人如果跟荷蘭人一樣是要來佔領大員的，以英國艦隊的實力他們就直接攻擊鄭王了，但英國人並沒有這樣做，所以說英國人跟鄭王合作是試探性質的，三年內不堪虧損就自動跑走了。我今天是想要跟利安討論教學之事，現在聽聞沈光文在目加溜灣（善化）教漢文，很多目加溜灣的小孩子都跑去學漢文，而我們只教我們家的小孩跟少數特別聰慧的小孩漢文，其他的人都是以學新港文為主，我們要不要跟著做調整，這樣跟長山人接觸時比較不會受騙上當。姊姊，目前我們不宜教瑪卡道族人漢文，但不反對學漳州話泉州話，學漢文一事茲事體大，新港文才是我們應該要教會每一個人的工作，我們只需要培養每個部落有一兩位懂漢文的人，讓他們協助各個部落頭目，在跟長山人接觸或交易的時候用得到就可以。是啊安娜，頭目說得對，鄭王積極的要漢化西拉雅族人有他的政治目的，而我們瑪卡道人就要反其道而行，沒有自己漢化自己的道理，鄭王是可怕的敵人，我們越堅持走自己的路越能抵擋鄭王，這樣我們會更安全，這十年來的努力已見成果，以這種進步的速度我相信我們的子孫會超越長山人。哈！既然你們兩人的意見一致，那就還是教新港文，新港文好教好學這樣我樂得輕鬆，這漢文複雜難教難學。啊！我羨慕琉球人，在那美麗的島嶼生活著什麼都不必煩惱，管他福爾摩沙發生什麼事，管他世界是怎麼快速的變化，他們都優雅開心的生活著。水某吔，妳一定是教學教到壓力太大了，明天去埤頭（鳳山）交易就跟著我去逛逛，那裡住的長山人都還友善。索阿，那裡會比赤崁熱鬧嗎？赤崁我都逛過了，埤頭就一條小小的街十家店鋪不到，我不去我想留在新遠（新園）教學生。哈！好吧，那我給妳換一些女人專用的東西，跟一些針線，妳需要什麼就寫一寫，我負責去換回來。

　　琉球常有船來新遠（新園）交易，聽來交易的琉球人說，偶而有打狗（高雄）一帶的長山人開著舢舨去琉球交易，他們都很小心的提防著這些打狗人，畢竟現在琉球的人少，但來琉球交易的打狗人都是在赤崁被欺壓的農民工，他們離開赤崁遠到打狗開墾，就是想離鄭軍們遠一點，離王城越遠生活的越安心，他們都是一群善良又可憐的農民，只要是當過農民工的，莫不後悔他們幫助鄭王趕走荷蘭人，但現在一切都來不及了，他們現在過的日子比荷蘭人時代還要辛苦，鄭王也強迫他們的兒子去當兵，他們也無法反對，而有女兒的農民工就更無奈了，大家都知道是如何的無奈，但除了同情也幫不上忙。喜事是有嘉祿堂（枋山，枋寮）跟東阿土港（東港）的女人跟琉球人結婚，去琉球住了下來，新遠的人都替他們高興也羨慕他們。他們在琉球島生活，唯一的不方便是如果生病了，只能自己拔草藥煮來吃，也不知道有沒有實際的功效，只要有人說有效就有人拔來嘗試。生小孩也沒有人幫忙，較年長的婦女有生過小孩經驗的婦女，都可以是接生婆。在琉球婦女生小孩是一件令人心驚膽跳的事，原來住在這美麗的琉球島生活，並非都是無憂無慮的。突然賯商陳仔來求見利安，說有重要的事不得不來新遠，還說這關係到他全家人的生命安全。陳仔，這些年來我們交易愉快，我阿爸在荷蘭人時代也是蕭壠（佳里）跟新港（新市）的賯商，你是漳州龍溪縣人而我阿爸也是漳州城內的人，我們能在福爾摩沙相遇也算是緣分，有什麼事就直說但如果是要求來駐軍設點就免談。總頭目，陳永華要我幫忙籌措軍糧，而且只收米或黍或豆，每一個賯商都被分配了巨大的數額，限期一個月完成。頭目你救救我賣一些糧給我，我今天把我的積蓄都帶來了，不夠的部分以後我分期的還給你。陳仔，當我阿爸的面，你直說你被分配多少擔米。總頭目，如果是米要 100 擔，如果是黍或豆要 200 擔。什麼！光是你的責任額就要那麼多米？安平缺糧缺到那麼嚴重，還是有其他用途。頭目，安平糧還算充足，但我不知道一個月內要籌這麼多糧是要做何

用途。陳仔，你若不說實話那你就回去赤崁吧！現在就不誠實，還能期待你以後會分期付款還我。頭目，這消息也是聽說的還不能確定，好像是鄭王（鄭經）要西征之用。

　　總頭目，現在所有的農民每戶都被徵收一擔的米，年滿16歲的男子也要被徵召訓練，說是要防衛安平用的。喔！鄭王要西征要反清復明，如果你句句實言，那陳永華徵用這麼多米糧確實是要征戰用的。總頭目，我句句屬實我不敢騙你啊！一個月內我若沒有達成配額，我的全家性命不保啊，求求您救救我們全家大小。陳仔，這鄭王要西征要反清復明，本來就不關我們福爾摩沙人的事，你們以前在荷蘭人的時代當贌商，都賺番了也賺翻了，是你們協助鄭王趕走荷蘭人的，現在這苦果這報應你們只能自己承擔了。總頭目，我給您下跪了，求求你不要見死不救啊！80擔或是50擔也好，其他的我再自己想辦法，我求求你了。喔！對了總頭目，以後你們趕羊來埤頭（鳳山）交易，三頭羊換一支砍刀，六頭羊換一匹布，這樣您說好不好，而這些米糧我也是用錢買，我可以先付一半的錢，另外一半我分三年付清，這樣您說好不好。陳仔，你也知道的，我這新遠（新園）沒有穩定的水源沒有辦法種稻子，米很少，至於黍，豆子是有，但一下子要200擔，我這新遠居民要吃什麼，這樣吧！我負責到各個部落去籌措，鄭王要西征，我們下淡水河（高屏溪）以東一帶的部落也該出點力，為鄭王反清復明出一點力，也感謝陳永華守信，這多年來與我們和平相處，我們珍惜這份友誼，至於我能募得多少糧，目前沒有辦法知道。感恩總頭目大德，這救命之恩永生不忘啊！我也會遵守以後交易的條件，這些是前期款您收下。陳仔，我們相約20天後，我派人押糧到埤頭你來接糧，陳永華既是你的親族，我派20人保護這些糧跟著你去赤崁，你認為如何？陳永華會為難我的人嗎？總頭目，保證不會為難，完全照您的吩咐辦理，我會備妥牛車在下淡水河對岸接糧，不用麻煩你們將糧運到

埠頭，而 20 人隨糧到赤崁我完全同意，諮議參軍要是知道你們的忠義之舉，必會大大讚揚，感謝總頭目大恩大德，我給您磕頭。陳仔再三感謝後辭去。頭目，鄭王要西征是鄭王的事，你幫助他籌糧是不智之舉啊！有一就有二，以後鄭軍只要缺糧都來跟我們要，我們該如何應付。瑪雅，我有我的道理，妳先別急。頭目，若是陳仔欺騙我們該怎麼辦。索阿，我看他不像是來騙糧的。

　　除非他以後想跟我們斷絕往來，這幾年的交易他賺番了！賺翻了啊！本來 5 隻羊換一支砍刀，以後可以用 3 隻羊換得，而要用 10 隻羊才能換得的一匹布，以後只要 6 隻羊，這可見他以前賺了多少。這次運糧我指派你前去赤崁，赤崁你熟，由你全權負責，你去了赤崁主要是了解鄭軍軍情，也順便了解一下那邊的交易行情。頭目，遵命。尪咂，你去了赤崁也了解一下陳永華在那邊文教做得怎樣，可以的話盡可能的打聽新港（新市）跟蕭壠（佳里）的消息，聽說沈光文不只是在目加溜灣（善化）開私塾還免費幫居民看病，你也打聽清楚。好的安娜，我會盡可能的打聽。利安啊！阿爸認為你這次幫陳仔籌糧做得很對，這樣做至少沒有跟陳永華撕破臉，我們暫時可以得到安定，但是公主說得也對，我也是怕他們以後再來討糧，給或不給都是麻煩。阿爸，是會有這種擔憂，但是我是期待著鄭經籌糧順利，真的西征而去，如果他籌糧不順無法西征，繼續留在安平那才是我們最大的麻煩啊。喔！頭目高見啊！我懂了。是啊瑪雅，我們不是希望滿清皇帝消滅鄭經嗎？現在鄭經自認有能力反清復明了，他自己要去送死我們當然成全他，豈有不幫他的道理。大家想想，據傳滿清皇帝有百萬雄兵，明朝已被他滅亡多久了，鄭經逃來大員想守住安平赤崁都已困難，都沒有能力來攻擊我們了，勞師動眾渡海去長山，攻擊滿清皇帝的百萬雄兵，這不是等同送死？頭目說得太有道理了，可是明知自不量力困難重重，為何陳永華沒能勸阻鄭經。索阿，這反清復明的大旗喊久了，如果沒有

實際的行動只怕鄭軍的士氣會瓦解，而前來依附的能人賢士會覺得鄭王在欺騙他們，鄭王的勢力也會內鬨而瓦解。這次在長山方面必有其他勢力接應鄭經，我猜也是打著反清復明的大旗，所以鄭經是騎虎難下啊！沒西征跟著他們一起反清復明，不就擺明了是在大員招搖撞騙嗎？或許鄭經自信過人，也或許鄭經被禁運影響內部壓力很大，想抓住此次機會，力拼一搏力圖翻轉命運。

利安你分析的很中肯，我不明白，明朝皇帝昏庸無能百姓生不如死，已經戰亂數十年無一日安寧，而現在雖是滿人當皇帝，據傳是英明神武，百姓安居樂業，人人有錢賺有書讀有飯吃，這滿人明顯的比漢人還會當皇帝啊！為何漢人那麼奇怪？只能由他們來當皇帝，而當他們逃來大員還要把西拉雅也教成是漢人。公主啊！這由阿爸來跟妳解釋。我也不是漢人，我是越人啊！我們福建也是有很多的種族，古時候在中原一帶的漢人入侵了我們越人的領土，我們越人死傷的人數是無法估計的啊！眾多的越人四處逃不知所蹤，而留下來的越人就被迫學著漢人的語言，被迫學漢人的文字，被迫取了漢人的名漢人的姓，最後學了漢人的習俗，甚至祭拜了漢人當神，就這樣我們越人消失了，越人的後代不知道自己是越人，迷失了自己也忘記了祖先。最後我們都被教成是漢人，現在我的漳州鄉親正被利用著，以漢人的觀點來對抗滿清皇帝跟滿人作戰。漢人自認文明自認高人一等，而其他人是，蠻，夷，閩，寇，韃靼，匈奴，紅毛，洋鬼子，而我們福爾摩沙是東番，熟番，生番，憨番。什麼？阿爸你是越人？還有越人？怎麼上帝要創造這麼多的種族啊！上帝是不是無能。公主啊！不是上帝無能，上帝是無奈啊！上帝創造這麼多民族是要讓世界多彩多姿啊！世界上如果只有一個民族，全部是漢人，那多沒意思啊！就如同這世界只有一種魚，一種樹，一種花，那多沒意思啊！奇怪的是漢人非得把別人都教成是漢人，他們才能覺得安心，而且用的手段是強迫跟粗暴的方式。阿爸想了

又想，這都是聰明的人利用不同的民族在成就自己的私利而已，鄭
王高舉反清復明就是證明，明白的說就是用漢人來反滿人，不明究
理的反，而跟進盲從的人死得是不明不白，甚至是還覺得死得很光
榮，死是為了民族而死，被利用了還不知道。

　　阿爸，所以你們越人現在也捲入了漢人跟滿人的戰爭，跟著
漢人反清復明，要把英明神武的滿人皇帝殺死，現在鄭王還想要讓
西拉雅人也捲入。公主，是啊！大概是這種情形。如果每個人都能
像嘉祿堂（枋山，枋寮）頭目那樣的想法，像現在琉球的住民那樣，
大家不分彼此管他是什麼人，都和平的相處彼此尊重共同的生活，
那豈不是天下太平，唉！聰明的人太聰明，而愚昧的人太愚昧，被
利用了啊！苦的卻是自己。你們知道嗎？即使是漢人也分哪一個
省，哪一個州的，常常彼此是互相爭鬥的，像我們漳州跟泉州也不
太合。唉！都是聰明的人欺騙利用別人的伎倆而已，無奈的是大家
都看不清楚想不明白。阿爸逃來大員，安穩的生活了 50 年，荷蘭
人比鄭王好啊！荷蘭人統治我們 38 年，並沒有要把我們教成是荷
蘭族，還幫我們發明文字，要我們自己做自己，結盟我們形成一個
共和國，他們不賺錢不行啊！沒錢，這福爾摩沙共和國是維持不了
的，說不定連荷蘭王國也會拖誇，他們是對我們小氣了一點，但跟
鄭王比起來他們更文明啊！阿爸，這漢人那麼奇怪？都不懂得尊重
別人，我們卑南跟阿密斯也有衝突，也只是狩獵時超越了別人的領
地才會發生衝突，衝突是要彼此提醒下次不要再犯，幾千年下來維
持著平衡，並沒有要阿密斯學我們，當我們卑南人啊。漢人把越人
教成是漢人，而被教成是漢人的越人，現在卻來教西拉雅人也要他
們成為漢人，好可怕喔！這是比互相戰爭還可怕的事，會不會再來
就是我們了啊！瑪卡道族人，甚至我們卑南族人，都要被教成是漢
人，不願被教成漢人就得死，不然就自己逃，是不是這樣？公主，

妳說得在理也確實是，妳的擔憂在我們長山是事實的歷史，可憐啊！百姓無知還一昧的跟隨，被教成像是無法思考的動物，而大官們榮華富貴，踩著百姓的屍體發財，生靈塗炭真是可怕，像我這種有良知肯反省的讀書人，無法見容於官場無法見容於社會，只能選擇逃來大員，在荷蘭人的治理下安穩的生活。現在阿爸年邁了，今天能舒服的把藏在內心深處的話說出來，我死而無憾。阿爸，你身體健康，我們現在衣食充足，長命百歲是最基本的。哈哈！公主什麼時後學長山人那麼會講話了啊！我還是比較喜歡直率又真誠的妳，你們文明的卑南人，誠信又樸實，是我們野蠻的長山人要學習的對象，我兒子能與妳相遇，真是我黃掛的福氣啊！我死而無憾！死而無憾。

25
鄭經西征

　　阿蜜 16 歲已成年，瑪雅跟利安商量：利安，我們的小蜜已長大成年了，阿舅放心的把她給我們當女兒，現在是不是該給她蓋間小屋，讓她自己選擇自己喜歡的對象。哈！妳不是要顧好她嗎？怎麼她才剛成年就急著要給她蓋間小房子啊。利安，這裡的習俗不都是這樣嗎？我只是想依照習俗來辦而已。哈！習俗有好有壞不一定都得照辦，我看長阿這幾年學得不錯，他一表人才，這小屋不用蓋直接蓋一間大屋子才是。利安，說正經的，長阿很不錯負責任又認真學習，但他是塔樓（里港，九如）頭目的兒子吔，他能跟小蜜住在新遠（新園）嗎。如果塔樓頭目提出違反習俗的要求，要小蜜去住在塔樓你會願意嗎。哈！這我不煩惱，我說了習俗是習俗，我們完全以小蜜的意思為意見，按照拉美人的做法讓她自己決定，阿舅的意思也是讓小蜜決定她想去住的地方，這幾年長阿也跟小蜜偷偷私下見面啊！我看我們是顧不住小蜜了。利安，你這麼忙怎麼連這事也知道，我可是顧得很緊啊，他們絕對沒有發生什麼大事，因

為我沒有替他們把門關上，而安娜沒有我的同意也不敢把門關上。哈！哈哈，公主還記得這件事。說真的，這小屋還是要蓋，避免新遠的男士們說話，讓他們也都有機會，到時候是小蜜自己選的，我們沒什麼責任。我們就照著習俗蓋小屋，也周知各鄰近部落，說我們家小蜜成年了，要自己選結婚的對象。嗯，就這樣辦，讓我這當阿母的來處理。利安，索阿押糧去赤崁，把兩百擔的糧送去赤崁，安娜每天提心吊膽的。瑪雅，這妳放心也請妳告訴姊姊要她放心，陳仔派那麼多牛車到對岸接糧，這麼多牛車必是陳永華幫忙調派的，索阿隨糧去赤崁必會受到大大的禮遇，我們只等著他們帶消息平安歸來。我也交代了索阿要謹慎行事，探聽蕭壠（佳里）跟新港（新市）阿舅的消息時要保密，他們會很安全的回來新遠（新園）。報告頭目：押糧去赤崁的人回來了，他們的船已到達河的中央。喔！全部的人跟著我去迎接他們歸來。船隊返回新遠也帶回陳永華回贈的一批布，其中有一匹精美的絲綢，指定是要給總頭目的，也有一批精美的瓷碗，是指定要分送給各個部落頭目跟長老的。索阿，這陳永華還真會做人，還回贈禮品，就照他的指定把這些瓷碗分送給各個部落頭目跟長老，而布匹也依照各個部落捐贈的米糧數量，比例分配給各個部落。

　　陳永華聰明，要各個頭目長老以後吃飯時都能想到他，送禮物到各部落時提醒每一位頭目跟長老，這些都是長山人的伎倆，要他們仍得小心提防，我們珍惜這份友誼，但不要太樂觀而鬆懈。索阿，你這次到赤崁舊地重遊，快說說你的所見所聞。好的頭目：現在的赤崁比不上荷蘭時代的繁榮，人是多了一點但商家都沒落了，商品的種類稀少，也看不到西拉雅人來赤崁交易，或許他們已沒有什麼可以交易的東西了。喔！難怪鄭經要西征，他是想放手一搏突破困境。頭目，我見到了陳永華，收下了他這些回禮，陳永華是個能人，溫文儒雅學問淵博，他對於我精通漢文漢語很驚訝，我都小心的回應他，他也試圖探知我們這邊的情況，幸好我們這次故意穿

著舊衣去赤崁，我也一再強調這些糧是艱苦籌得，我們只剩蕃薯跟芋頭可吃了。喔！你事辦得好回應得也很好。頭目，我也探知了鄭王此次西征是勢在必行，是認真的，兵士已加強訓練，恐怕還會招募西拉雅人，而我親眼所見的是，遠從哆囉嘓（東山），大目降（新化），也運來很多柴薪很多竹子。而鄰近赤崁的住戶，他們的米糧一半都被徵收了，長山農民工的家庭是米糧每三斗徵收兩斗，現在商店也停止賣米，商家的米只能留下自己要食用的，全部都被徵收了。喔！這樣說來鄭王不久就會西征，我們有沒有好的機會去攻擊安平，把留在安平的鄭軍趕出大員。頭目，就像我們猜測的那樣，鄭王徵召西拉雅族人當勞役，也徵召他們保護安平跟赤崁，雖鄭王如此惡劣的對待長山農民工，農民工們也怨聲載道，但還是有一半的長山農民工是完全支持鄭王的，這反清復明的大旗，讓他們好像是著了魔那般，寧願死也要跟隨著鄭王。索阿，所以如果說鄭王西征我們去攻擊安平，就要先把這些追隨鄭王的農民工殺死，甚至連不明究理的西拉雅親友也殺死，最後才能跟鄭軍的守軍戰鬥，再把他們殺死。是啊！頭目，你沒有看出陳永華的謀略嗎？他徵收西拉雅人的米比長山農民工要少，說成是他照顧西拉雅人，還要西拉雅人感謝他的大恩大德呢，這就是他們奸巧的做法，拿走你所擁有的然後還你一些，說成是德政呢，還有一種做法是，定你原本就沒有的罪，再減少你的罪責，還要你認罪感謝他呢，這就是陳永華厲害的地方。這也是長山人一貫的做法。

　　嗯，你說得是，今天我們尚有能力與他們抗衡，陳永華就用另外一種方式來對待我們，西拉雅族人的命運就不同了。頭目，這鄭王果真是要漢化西拉雅人，這次他們也公告了，只要是漢化的原住民族可以免除勞役，稅也減半。而只要是與漢人結婚的原住民族婦女一律免稅，她的家人稅金也有優惠。哇！索阿，這招才是最可怕的，漢人婦女稀有，是沒有幾個漢人婦女可以跟兵士們結婚的，而眾多的原住民族婦女，恐怕會有越來越多的人跟漢人結婚，而漢

人的習俗又跟我們不同，是用娶妻子的，到最後我們原住民男人跟誰結婚。是啊，利安，索阿，這樣就糟了啊！漢人不計代價送很多很多的聘禮，現在已有西拉雅跟瑪卡道的婦女跑去跟他們結婚，以後怕會越來越多。安娜，妳說得沒錯，我這次去赤崁親眼所見，他們大都是娶了原住民族婦女，也生了小孩了，我打聽消息也是從她們身上打聽的，我不敢跟長山人打聽怕走漏風聲。索阿，有阿舅的消息嗎。唉！我問了幾個婦人他們都說德哈利老了瘦了，一頭灰白髮，而頭目夫人更顯憔悴，但他們的小孩已長大。我問這些被長山人娶來的婦女，她們都有一個共通點，她們都說：這樣她們的父母就更安全了，他們原生的家庭就沒有人敢欺負，而長山人也有很多好人，他們比較富有比較有知識，而有讀書識字的長山人，很多的婦女都願意嫁給他們。哈！看來我們福爾摩沙的男人，都要能讀書識字才行，要比長山人有學問，才能找到結婚的對象。荷蘭人來了，我們失去了富足又平靜的生活，現在鄭王來了，西拉雅族人一窮二白，連婦女也被長山人娶走了，唉！怎麼會這樣。我不能輸給東寧總制陳永華啊！我們都要加油。索阿，你這次去赤崁不是也要了解一下那邊的交易行情嗎。安娜，我說了妳會大吃一驚，原來在赤崁兩隻羊換一支砍刀，四隻羊換一匹粗布，可見以前陳仔賺翻了！賺番了！哈！哈哈，沒關係，我們羊很多卻缺鐵做砍刀，他們有賺錢才願意再來交易啊。

現在陳仔主動降低交易條件，以後他賺的是合理的利潤，我們總不能讓他賠錢吧！而他遠道而來也要負擔很多風險。安娜，妳心地善良處處為人著想，真棒，索阿真的是好福氣，所有福爾摩沙的男人連荷蘭教師都被妳迷倒，妳卻一直苦苦的等著索阿。哈！哈哈，公主愛開我玩笑，我現在都是三個小孩的媽了，再也吸引不了任何男人。水某咧，不是這樣喔，我這次去赤崁可是天天想著妳，無時無刻呢。哈！連你也開我玩笑，你說你老實說，你這次去赤

崁，有沒有去長山人經營的男人的天堂去玩玩。水某吔，我哪敢啊，我可是有要務在身呢，而那些可憐的女人，大都是從長山被捉來大員的，過著悲慘的生活，我發誓，我們一行人都是押糧去赤崁，隔兩天休息完畢就又匆匆趕回來，不信妳可以去問其他的人。哈！看你這麼緊張的，其實你們一行人去赤崁，我每天都擔心著。安娜，我這次去赤崁，沿途看到更多已開墾的農田，種了稻米跟蕃薯，甘蔗變少了，這些開墾的農田面積有荷蘭時代的兩倍大。索阿，這糧草不足也是鄭王每天要煩惱的事，此次他西征這糧草更會困擾著他，希望他這次西征能戰死在長山，則所有來大員的長山人就都得救了。為了高舉反清復明的鄭王犧牲生命，是不值得的啊！不好了！不好了！你阿爸在農地裡跌倒，摔傷了腿被人抬了回來。黃掛在農地裡摔傷腿，是為了要牽住一頭發瘋似的牛而跌倒，這次摔得不輕，都老邁了還經這麼重重一摔，骨頭摔斷了，寬阿每天細心照料著黃掛，利安跟安娜也常常陪伴著。這新遠（新園）可沒有人會接骨頭啊！黃掛安慰著他們，我老朽了，能活到這麼老足夠了，而我還能有你們陪伴著，已是最幸福的長山人，我敢說所有漳州人就我黃掛最幸福，我能老死在我最愛的福爾摩沙，當福爾摩沙的鬼，此生值得，此生值得。阿爸，怎麼最近你老是把死掛在嘴邊，這摔斷腿只要多多休息，多吃一些營養的食物就會好，你乖乖躺著腳不要亂動。

　　女兒啊！我這腳是動不了，老人最怕跌倒，而這次我又摔得這麼嚴重，要好起來只能求老天爺了，寬阿待我恩重如山，我如果有什麼三長兩短，你們要讓她自由的選擇，她還年輕，讓她自由的選擇要留在新遠或是去任何地方。阿爸，你不會有什麼三長兩短，我們也會把寬阿阿姨照顧得無微不至，你放心別胡思亂想。至於農田的事就由蕭仔負責，他對種地很有經驗，人老實又吃苦耐勞你可以放心。嗯，這樣我就安心的養傷，那頭發瘋的牛是我把牠的小牛賣了才會這樣的，你們不要打牠。黃掛經過幾個月的休養撿回了老

命，但身體大不如前走路還需要人攙扶，還好有寬阿，寬阿還會扶
著他四處走動，也會扶著他去農地看農作物。利安知道要趁著鄭
王西征的期間，好好的發展這南福爾摩沙，也利用每次去埤頭（鳳
山）交易的機會打聽鄭王西征的消息。埤頭的長山人都興奮的告訴
他說，神勇的鄭王勢如破竹，得海澄，泉州，後又得潮州，惠州，
現在最新的消息是汀州也被鄭王圍困著。利安也探知了，鄭經西征
是跟吳三桂，尚可喜，耿精忠結盟的，這狀況讓利安反而安心了不
少，這多頭馬車是開不遠的，這長山人的習性是人人想當頭，只有
當頭才有安全感，結盟是出於互相計算利益，戰勝了分配不均就會
成為大麻煩，戰敗了就會做鳥獸散，一時的勝利正醞釀著更大的風
險，滿清皇帝必會傾全力來攻擊他們。鄭王西征一切情勢的發展都
如利安預測的，近日傳來的消息是，鄭王與尚可喜不合，而耿精忠
見大勢不妙投降了滿清皇帝。但也傳來令人震驚又不安的消息，漳
州城被鄭軍攻下，漳州守將黃芳度投井自盡，整個漳州城被鄭軍蹂
躪，黃芳度的親族皆被鄭經斬殺，而已投井自盡的黃芳度，鄭經也
沒有放過他，把他的屍體撈起後五馬分屍了。利安聽到了這可怕的
消息後不知如何是好。阿爸是漳州人，也是姓黃，這漳州城曾被鄭
成功燒了，現在又被鄭經毀了，連黃氏親族也被斬殺殆盡，這麼大
的消息是包不住的，這該怎麼辦。

　　不好了！不好了，利安快來。你阿爸氣得從床上跌了下來，
坐在地上破口大罵，你快跟阿姨回家看看。幾乎所有鄰居都跑過來
看，安娜正安慰著她阿爸，黃掛坐在地上說什麼也不肯冷靜下來，
所有能罵得出口的詞句都用上了，他老人家還是不能消氣，發瘋似
的呼喊：為何老天爺要如此對待我們黃家啊，我雖不認識黃芳度，
但他的父親黃梧是我的小輩啊！黃芳度既已投井自盡還要被你五
馬分屍，連他的親族也斬殺殆盡，怎麼有人能這麼殘暴啊！什麼鄭
王，是海賊，是海盜，我黃掛即使是成了鬼魂也要纏著你，讓你以
最痛苦的方式死去，你最好死在漳州謝罪，你要是回來安平，我做

了鬼也要去安平找你索命。安娜哭著安慰起黃掛：阿爸，這鄭經如此殘暴，兵士們會失去向心力，據說從大員跟隨去西征的兵士，也利用此次機會紛紛逃走，怕再被帶來大員，他們也是糊裡糊塗的被帶來大員的。鄭經雖攻下漳州但敗象已露，這麼殘暴的人是無法讓賢能的人效力的，軍事上女兒不懂，但這做人處事女兒還算明白，你放寬心，我們會親眼看到鄭經應得的報應的，你要冷靜下來，你這樣子身體會受不了。女兒，安娜，我不甘願啊！他們父子為何專找我們漳州下手，更對我們黃家如此殘忍。阿爸，這是時代的悲劇啊！就如你說的，聰明的人在利用愚昧的人，我也搞不懂，像鄭王如此殘暴的人，就舉一支反清復明的大旗，竟然就有那麼多的人跟隨他，現在連我們福爾摩沙也牽連進去，我真是不懂長山人在想什麼？他們是不是都生病了！求求萬能的上帝治治他們啊！他們是完全不懂愛是什麼的人。姊姊，妳也冷靜下來不要哭，拿出妳的招牌笑容來，阿爸會被妳這哭聲影響。是啦安娜，利安說得是。寬阿去扶黃掛要黃掛起身坐在椅子上，但黃掛堅持坐在地上，最後瑪雅公主也求起黃掛來，並作勢要跪下來請求，黃掛連忙起身，在瑪雅公主的攙扶下坐在椅子上，眾人鬆了一口氣。但從此之後黃掛足不出戶，每天呆呆的坐在屋內，似乎是在沉思什麼，但一句話也不肯說，寬阿每天細心的幫他準備食物，還要餵他他才願意多吃一點。

黃掛一天一天的消瘦已近乎不成人形，蒼老的身軀連走路都發抖。這次的刺激太大了，雖然黃掛早已自認不是長山人，但那是嘴巴說的，雖已離開漳州數十載，但還是關心著漳州的大小事。日子一天一天的過去了，新遠（新園）一切如昔更加富足，同時也傳來鄭經戰敗退回廈門的消息，利安將這消息告訴父親，這好消息讓黃掛稍加安慰，終於肯開口說話了：利安，安娜，今天就你們姊弟在阿爸有很多話要跟你們說，我老了又摔傷這隻腳，現在連走路也困難了，此生我最開心的事是與黛咪結婚，生下了你們姊弟，雖然日子並非完全平順但也算如意，晚年又有寬阿相伴，來新遠十幾年

了享受著這種田的生活，老天爺對我不錯。我有一些話要交代你們兩個。安娜，妳要把南福爾摩沙人都教成懂新港字的人，至於教漢字就暫時擱下，鄭經的勢力若潰散教這漢字是無用的，除非鄭經得勝，而福爾摩沙從此變成漢人的天下，妳要堅持到底。至於利安，你要堅守好這南福爾摩沙，時刻備戰，一樣要堅持到底，阿爸無法想像這南福爾摩沙若落入漢人手裡，你們的子子孫孫會是什麼樣的命運。看看現在的長山人吧！多少人死於戰爭啊！若說福爾摩沙人命苦，可這當長山人命更苦啊！有時後連想活命的機會都不可得，過著非人的生活，數千年的文化代表著數千年的奸詐，善良樸實的福爾摩沙人，是永遠也無法體會的。我雖在長山出生，但我出生非地，痛苦萬分，我代表長山人跟福爾摩沙人說聲對不起，我也感謝福爾摩沙這塊土地，養育著我五十年我謝謝她，沒有她我無法活命，我感謝所有福爾摩沙人，福爾摩沙人的善良有如天使一般。人終究會死，我已年邁來日不多，你們都已成家子女成群，我這些乖巧的孫子們，有你們兩人在教導我很放心，只願老天疼惜不要再折磨福爾摩沙，鄭王就讓他死在廈門吧！而在大員的長山人就都會回去長山，福爾摩沙從此是福爾摩沙人的美麗島，恢復過去的寧靜平和，我的子孫們都快樂而幸福的生活著。

　　阿爸，你這是在說什麼啊！我們會照著你的意思做，你安心的乖乖吃飯，田裡的豆子長得可漂亮呢！還等著你去採收。好，阿爸會乖乖吃飯，再一次的提醒你們，我已經把我僅有的積蓄都拿給寬阿了，我如老去她如果想去任何地方住，你們都要支持她，讓她自由的離去。阿爸，這事你說過了，我們都記住了也會照著做。利安，安娜，還有最後一件事，萬一哪一天連這新遠（新園）也不再安穩了，你們姊弟該離開就離開，去琉球去卑南生活都可以，就是不能給長山人統治，就像當年阿爸決定離開漳州來大員一樣，生命不保談什麼也沒有用。利安志向遠大很有才能，但大勢有時候是無法阻擋的，一個人的力量恐怕無法改變大勢，福爾摩沙的人跟不

上利安的腳步也是跌倒的份，現在這福爾摩沙落後別人太多了。阿爸，兒子記住了你的提醒，新遠真的有那麼一天，我再來想辦法，真的沒辦法了我會照著你的話做，你安心的養傷安穩的睡覺，這傷才能快快的好起來。黃掛滿意安娜跟利安的回應，把這心中的牽掛都交代完畢後，安穩的睡去。利安，我有說不出來的預感，阿爸今天精神突然特別的好，受傷後一直不願說話的他，今天話卻特別多。姊姊，不必有太多擔心，阿爸聽到鄭經戰敗退至廈門，心情特別好所以話就特別多。利安，你這話雖是有道理，但是我還是覺得怪怪的。姊姊，我們逃來新遠這十幾年辛苦你了，姊夫也辛苦了！謝謝你們這樣努力的幫助我。弟弟，你這是什麼話，教學是我最樂意最開心的事，一點都不苦。姊姊，有一件事請問妳，妳提供一點意見給我，就是關於阿蜜，蜜阿 19 歲了，在小屋也住了三年，怎麼要牽手的對象還沒有定下來，她連長阿也不滿意嗎？幫我從側面了解了解，這事還是由女人來問方便一些，而瑪雅個性直接，妳來問問比較適合，拜託妳了。喂！總頭目啊，你是在急什麼啊！我也是二十幾歲才等到牽手的人啊！我不問，就讓阿蜜慢慢的挑，仔細的選，19 歲還年輕，不急，真的不急。喔！好，不急，姊姊說不急那就不急。

利安忙於公務，三個小孩都由芸阿辛苦的拉拔長大，安娜跟索阿也是大忙人，安娜的三個小孩也是由芸阿一起看著長大，芸阿像是帶著 6 個小孩的媽媽一樣，幸好麻莉幫著看顧，6 個小孩都叫麻莉阿嬤，麻莉每天是開心的哈哈大笑，同阿也一樣被這 6 個小孩叫阿公，同阿每天早上第一件事，就是催促他們起床做事做功課。光阿 15 歲了，月美美也已 14 歲，快阿，時阿都 13 歲了，最小的相阿，思阿也有 11 歲，都算是小大人了，每個都乖巧懂事，在安定的生活下都有著快樂的童年。瑪雅無法懷孕的事變得自然，瑪雅也早就坦然接受這事實，但對於蜜阿的婚事卻顯得焦慮，怎麼這阿蜜遲遲不肯下決定，要不是利安勸阻著她，她早就直接問阿蜜了，

為何阿蜜一直無法下決定牽長阿的手，想想這長阿來新遠有6，7年了吧！也看見他們偷偷的見面，但一切好像都沒發生什麼事一樣，這就奇怪了！瑪雅終於忍不住了。阿蜜啊，阿母問妳，妳對長阿有愛意嗎？還是他是塔樓（九如，里港）頭目的兒子，你無法拒絕他但又難於接受他，根本心裡也沒有他，妳今天跟阿母直接說，不許隱瞞。阿母，我愛著長阿，但是他明說，如果我接受他他要我去住在塔樓，這樣的要求違背我們的習俗，而我也想住在新遠（新園），我害怕離開新遠離開你們，所以我遲遲無法答應長阿，就這樣他堅持了三年，而我也堅持了三年。哇！天啊！我的乖女兒，這種事阿母一天都堅持不了，我不就從卑南追來新遠了嗎？塔樓離新遠不遠啊，兩三天就可以到了啊！長阿深愛著妳才會等了那麼多年，妳就去塔樓住，不要再堅持了，以後就跟著長阿，就像阿母來跟著利安一樣。好男人一旦錯過是會終生遺憾的啊。來，乖，阿母抱抱給妳信心，把握今夜就在今夜，明天就給阿母好消息，我們完全支持妳去住在塔樓，以後妳可以常回來新遠，阿母保證也會常去塔樓找妳。而塔樓離新港（新市）也比較近一點，說不定以後局勢改變了，妳有機會跟妳生父生母見面，妳要回去新港（新市）距離也近一點，安心的跟著長阿去住在塔樓吧。阿母，感謝你們十幾年來的養育之恩，我還記得4歲時跟著利安，安娜逃離新港的情形，我生父生母送別我的情景，現在回想起來就如做夢一樣。

原本是要去拉美島的，我生父要我乖乖的聽利安跟安娜的話，說是要去一個風景很美很美的地方，要我在那裡等著他，當時天真的我，不知道原來我生父生母是在哄騙我，為了讓我逃離海盜的危險哄騙我，而這美麗的拉美島妳也帶我去過兩次了，我生父的故鄉真是美景如畫，但我還是比較喜歡新遠（新園），因為新遠有妳有利安有安娜，還有一群叫我大姊姊的小朋友，而我生父生母，我雖然想念他們，但我對他們的印象已漸漸模糊，有時候一兩個月也

沒有想起他們。阿蜜，妳生父母並不是要拋棄妳，德哈利可苦了！你的生母更苦，他們都深愛著妳，才會忍痛將妳託付給利安跟安娜帶走，他擔心著海盜來襲妳生命不保，現在一切證明妳生父生母當初的決定是對的，現在住在新港（新市）的婦女命運是如何妳也是知道的，妳還能選擇所愛她們可是身不由己啊！一個 19 歲的漂亮美女，現在如果是住在新港，命運會如何啊！這我不敢想像，阿母這樣說妳能明白嗎？嗯，我明白。乖女兒啊，德哈利頭目永遠是你的阿爸，而招阿永遠是你的阿母，利安跟我也是，妳比任何人都幸福，阿母相信，以後的日子有長阿疼惜妳，你會更加幸福。而妳結了婚去住在塔樓（里港，九如），我們會想辦法跟德哈利傳達這個消息，妳也可以要求塔樓頭目傳消息去新港，這樣妳跟你生父生母再見面的機會就更大。好吧乖女兒，就這樣阿母不再囉嗦了，把握今夜把握每一次機會。阿母，謝謝妳。瑪雅，怎麼樣，跟小蜜談得怎麼樣了。呸！尪呸，你怎麼知道我跟小蜜談心事。哈！那天我說安娜不肯幫我們的忙，妳就急得坐不住了，我還會看不出來，妳還有什麼能讓我看不清楚的。哈！是被你都看得一清二楚了。呸呸，是好消息啊！我出馬沒問題，很快就會有喜事了。喔！那麼厲害，是送烤雞嗎？那一定會成功。可惡！你不要跑，讓我打到你，你不要跑。阿蜜正式帶著長阿來見瑪雅跟利安，說她已挑選了長阿跟她結婚。

　　她會違反習俗，學漢人那樣去塔樓（里港，九如）跟著長阿一家人住在一起。瑪雅跟利安開心的表示完全支持她，就這樣蜜阿跟著長阿去住在塔樓。隨著小蜜的離去，瑪雅難免失落，但也了卻了一樁心事，新遠（新園）又一切如常與琉球的往來更加密切，利安趁此機會帶著芸阿，瑪雅跟 6 個小孩子去琉球拜訪親族，索阿跟安娜留在新遠主持一切事務。自從上次帶蜜阿去拉美島（琉球）祭拜祖先，也兩年沒回去琉球（拉美島）了。琉球行一行人玩樂了

一個月後才依依不捨的離開，每個小朋友都玩得不亦樂乎，每次要離開琉球都被小朋友們抗議著，而琉球人的熱情，一再的請求他們留久一點，也讓此行從原本預定的一週變成一個月，實在是不能再留下去了，利安掛念著新遠的政務。此行看見琉球穩定而寧靜，人數也略有增加一片歡樂的景象，慢慢的琉球又恢復成拉美時期的人間天堂，更勝金銀島，利安很是欣慰。一回到新遠就被前來迎接的居民告知，他阿爸黃掛已仙逝十幾天前已下葬，回到家安娜也把詳情告訴利安，他們才知道當他們去琉球才三天，黃掛就在安穩的睡夢中離世，而當天夜晚黃掛還跟寬阿阿姨說：我還能看著蜜阿幸福的成了家，喝了她的喜酒，我對得起德哈利，德哈利啊！我將去見你姊姊黛咪了，此生我們是無緣再見面了。而隔天早上寬阿阿姨還跟安娜說：妳阿爸昨夜很開心他喝多了，醉言醉語的，常講黛咪跟德哈利還有小蜜的事，反而沒提妳跟利安，就讓他多睡一會兒。豈料近午時分不見阿爸起身，我去叫阿爸起床時，才發現阿爸已安然離世。我們一直等不到你們從琉球回來，十幾天前已處理完畢喪葬事宜。不久後，寬阿要跟著蕭仔去住在蕭仔家，利安跟安娜都支持她，寬阿人好也還年輕，蕭仔老實又勤勞可靠，這緣分算是老天爺的安排，寬阿也該有個最終歸宿。蕭仔逃來新遠受到利安的庇護，他也貢獻自己的才能，一個羅漢腳阿，三十幾歲了還能找到伴侶，做起農事來是更加賣力，他跟另外三個逃來的長山農民工，已完全融入了新遠都自認是新遠人，新遠的農業在他們的指導下，年年大豐收。這新遠是更加的富足，利安把這生產糧食的重任，完全託付給蕭仔負責。

從埤頭（鳳山）得知了最新消息，滿清皇帝實施的遷界令，禁海令，讓赤崁一帶幾乎無生意可做，物價高漲民眾苦不堪言，還在廈門的鄭經財力大降，軍心渙散鄭經已無力管轄兵士，眾多將領兵士降清而去，滿清皇帝還派人與鄭王和談但鄭王堅拒不從，還堅

持的與清軍對峙著，滿清皇帝還應允鄭王，如退去大員自成一國，就如日本國那般，則這自古就不屬於中土的海外島嶼，可讓鄭王自力更生。也可以和大清通商往來。頭目這是我此次去埠頭交易所探知的消息，想知道你有何指示。索阿，這鄭王個性偏執不識大勢，滿清皇帝只要他不反清復明退來安平既可，而他偏偏不要，高估自己的實力，他在廈門民心已失軍心也渙散，這鄭王是堅持不了多久的，這遷界令，禁海令發揮了最大的功效。鄭王投機啊！要攻打滿清就說反清復明。要拒絕滿清皇帝的議和條件，就說這大員自古不屬於中土，他做什麼決定無人能干涉。唉！滿清皇帝說我們福爾摩沙自古不屬於中土是真，是想給鄭王留一條生路，而鄭王挾大員反清復明是笨啊。這樣偏執的結果，就是滿清皇帝非得消滅鄭王不可了，鄭王在廈門會撐不了多久的，一旦鄭王葬身在廈門，我們立刻去包圍赤崁，令鄭軍殘餘兵力返回長山，讓他們平安回歸故里，我們福爾摩沙太平之日指日可待。我要你迅速做好準備，聯合所有可以聯合的力量，不能失去這次機會。遵命，我立刻去辦。瑪雅，我們去塔樓（里港，九如）探望小蜜，明天就去。喔！太好了！兩天後我們就可以跟小蜜見面了。瑪雅跟利安如願的去見到了小蜜，開心的得知小蜜在長阿的陪同下，跟她阿爸德哈利，阿母招阿，在木柵（內門境內）見過面。連德哈利的兒子佳阿，也一起來木柵跟他姊姊蜜阿見到了面，小蜜也已生了個女兒好阿。瑪雅跟利安開開心心的返回新遠（新園），把這大好的消息跟大家分享，安娜跟索阿聽到這連連的喜事都開心不已。看來當年他們逃來新遠是完全正確的決定。唯一的擔憂是得知，他們最景仰的阿舅德哈利，已白髮蒼蒼老態龍鍾。

26
鄭經亡

　　頭目，麻達傳來急報，鄭經帶領殘兵退來安平，已完全撤出廈門。什麼！鄭經沒死在廈門嗎？索阿，這鄭經是九命怪貓嗎？能在清軍的圍攻下平安又逃回安平。頭目不必失望只剩一些殘兵而已，他的兵士死的死逃的逃，經過這次西征大敗，雖然鄭經大難不死，但這反清復明的大旗恐怕已無力再號召任何人來追隨了，遷界令跟禁海令仍然實施著，鄭經的勢力只剩何時瓦解而已，現在在赤崁的長山農民工也不會再支持他了。嗯，索阿，我們按兵不動，鄭經元氣大傷已沒有能力來侵略我們，長山人不再支持他才是他的要害，而赤崁的長山農民也不再支持他，鄭經投降滿清皇帝撤出大員的日子近了。頭目分析得是，頭目睿智又冷靜，六年前我們募得糧米贈他，今日看來是完全的做對了，這兩百擔糧更勝兩萬戰士啊。索阿，戰備不可鬆懈聯盟要更加團結，我們福爾摩沙人出頭天的日子就要來臨了。頭目，鄭經再次逃來安平元氣盡失，我們為何不出兵攻擊他們，如能出擊我們必勝。索阿，卑南（以台東市為中心），瑯嶠（恆春半島），跟大龜文（排灣）等地，都沒有找到鐵礦，我

們造不出大量的武器，更別說火槍了，連火藥也還沒配出來，我們只能靠著優勢的兵力去打敗他，不知怎麼的，我一直無法下此決定。頭目，你仁慈啊！不願意看到戰士們犧牲，你想做的是成就整個福爾摩沙，而不是你自己，你珍惜每一個戰士，珍惜著每一個戰士的家庭，所以下不了決定。連原本計畫好的，要在鄭經戰死於廈門時去圍困安平，但你還是想著要讓所有長山人平安的回歸故里，你仁慈，上天會因為你的仁慈而更加疼愛福爾摩沙的。索阿，我一直思考的是整個福爾摩沙的未來，並不是想當王。或像鄭王那樣，當了王又想當皇帝，鄭王的做法讓長山人死傷遍野，我想的是我們福爾摩沙人要怎麼樣超越他們，過著自己決定自己命運的生活，每天晚上可以安心睡覺的生活。頭目，現在局勢瞬息萬變，我已做好準備就隨時等你的命令。利安，這次鄭經西征大敗帶著殘兵逃回安平，如果缺糧再來跟我們要糧，那該怎麼辦？我們這邊現在人口急速增加。

利安你出手又那麼大方，到時候我們自己會不夠吃，哈！芸阿這妳放心，鄭軍所剩無幾吃糧的人少，不會也不敢來跟我們要糧。而現在長山人遷回去長山的眾多，這吃糧的人又更少了，而最主要的是鄭王民心盡失，再也招不到士兵來加入，鄭王的勢力會一天一天瓦解，很快的將會完全消失。喔！那太好了！那太好了，期待著那一天快點來，我們的小孩也漸漸長大，我們的未來都會幸福快樂。芸阿會的，那一天會很快的到來，我等待著鄭王帶領著殘兵返回長山投降大清皇帝而去。利安，我聽到鄭王敗逃回安平的好消息原本很開心，但有一件事我要跟你說。姊姊，從小到大我們無話不說，怎麼今天妳表情怪怪的？弟弟，你知道了以後不要想太多，內心不要急要平靜的接受，你是總頭目吧，這一帶的未來還要倚靠你。姊姊妳今天怎麼了？說話前還那麼多提醒，是瑪雅怎麼了？還是芸阿怎麼了？弟弟，瑪雅跟芸阿都沒怎麼了！而是寬阿阿姨懷孕了！什麼？寬阿阿姨懷孕了？這怎麼可能。弟弟，我不是說了你

聽到了消息要平靜嗎，要比應付鄭王時還要平靜。好，我聽姊姊的話冷靜下來，這阿姨懷孕代表著阿姨並不是不能生育，而是阿爸沒能讓她懷孕。是啊弟弟，我們都目睹了阿爸跟阿姨在一起有二十年了，更年輕時的阿姨都沒能懷孕，怎麼現在中年的阿姨跟蕭仔在一起才一年，就懷孕了呢？哇！姊姊，我一向聰明，但我現在反而希望我自己笨一點。弟弟，今天趁著只有我們姊弟兩人，我有內心話要跟你說，而這些內心話也只能跟你說，也只有你才可以知道，連索阿，瑪雅，芸阿也都不能讓他們知道。姊姊，妳也要冷靜，內心也要先平靜下來，我們都是大人了，我們都還要養育兒女長大，況且就如妳所說的，我們都承擔著部落的前途。好，姊姊答應你，姊姊要說了，你聽好了：我的生父不是黃掛，而你的生父也不是黃掛。我現在正式承認我的生父是克隆克，那個救了阿母跟阿姨的荷蘭人，而你的生父是誰我不知道？阿母臨終前有沒有告訴你他是誰。姊姊，我也不知道我的生父是誰？阿母直到臨終前也沒跟我說，但我早已知道妳的生父是克隆克，我們在嘉祿堂（枋山，枋寮）等荷蘭船時我就跟妳說過了，但妳只默認著妳不敢正式承認，說出妳的生父是克隆克。

姊姊，我們都是阿母生的那才重要，福爾摩沙的女人生的小孩就是福爾摩沙人，這是我們的習俗我們的觀念，而黃掛養我們長大，他才是我們真正的父親，我們的生父是誰不重要，就像妳的生父是克隆克，有重要嗎？弟弟你說得對。姊姊問你，當年我們逃難來新遠（新園），阿爸跟你一直找各種理由，要我跟著荷蘭人去卑南，要我跟著荷蘭教師去荷蘭或去巴達維亞（雅加達），是不是跟你知道我生父是荷蘭人有關。姊姊，我不能說謊，確實是有關，但主要的原因還是擔心妳的安危，傳說中的海盜太可怕了！而荷蘭教師人好又負責，妳跟他走我才安心。當年我並不知道姊姊深愛著姊夫，請妳能諒解。利安，這事不能怪你，若是當年我心裡沒有住著索阿，我是會跟著教師離去的，而最後一刻我也決定了要跟教師離

去，我知道當時你說索阿可能在另外一艘船上等我，是要讓我抱著最後的希望是在安慰我的。但上帝安排了這一切，我開心的跟著索阿跟著你回到新遠來住。姊姊，從小我就感到奇怪，你長得跟每一個小女孩都不一樣，頭髮棕紅色的皮膚也比較白眼珠子比較黃，但我們都深信阿母跟我們講的，因為祖先有皮膚白皙的阿密，但我跟隆克，娜美，都沒有那一處像妳，所以我也對我的特徵好奇。利安，你那麼聰明，是不是還沒聽到阿母跟我講我的生父是克隆克之前，你就猜中了。是啊！我是猜中了但我選擇相信阿母，直到不小心聽到阿母臨終前對妳講的話，我還是選擇裝作不知道，我怕影響妳的心情。弟弟，你真懂事，十幾歲時就那麼懂事，而我們現在都中年了，時間過得好快！阿母也已經離世二十幾年，蚶西港（現西港境內），蕭壠（佳里），現在不知道變成什麼樣子了，我們會不會像阿母一樣，離開了拉美島後，直到死去都沒能再回去故鄉。姊姊，我也是想念蕭壠，蚶西港，那些我們的親朋好友鄰居，能不能還有再回去看看的機會，就讓上帝去安排，就像上帝安排阿母的命運一樣。弟弟，上帝把阿母的命運安排的太不公平了，連選擇愛人的機會也沒有，連命也幾乎不保。

姊姊，或許我的生父就是阿母選擇的愛人啊！十幾歲時我特別注意到了，我跟隆克，娜美，我們的特徵都一樣，也跟其他的小孩子特徵一樣，而我也仔細觀察其他家庭的阿爸們，他們的特徵我們這些小孩也有。全蕭壠就阿爸是長山人，阿爸的眼珠子又小又黑，而弟弟妹妹跟我的眼珠子是棕黃色的。我跟阿爸出門做生意要走長遠的路，我雙腳小指甲的裂縫常跑入泥土，洗腳時要特別用細竹枝挑除泥土，但我幫阿爸洗腳時，發現阿爸的雙腳小指沒有多一個小指甲。喔！喔！姊姊幫隆克，娜美洗澡時，他們兩個小鬼不愛穿鞋，雙腳小指甲的裂縫也常跑泥土進去，都要特地的清除，有一次我不小心還把娜美的小小指甲弄流血了，她還哇哇大叫，哈哈。

姊姊，另外我們四個小孩的手臂都跟阿母一樣有橫紋，但阿爸的手臂沒有橫紋。為了這事，我去赤崁時個別注意了我所能看得到的長山人，他們的手臂都沒有橫紋。新遠（新園）這邊的小朋友每個人的手臂都有橫紋，只是男生的比較明顯，女生的就像姊姊一樣這手臂橫紋比較不明顯。哇！利安，你真是聰明懂事又細心貼心的好男人。姊姊，當年阿母肚子裡有妳又帶著索阿，幸好在緊要關頭有阿爸出現，阿母跟阿爸結了婚，而阿爸也完全的疼愛阿母，這才是最重要的，想想阿母也是別無選擇，阿母的命運已夠苦的了，現在阿爸跟阿母都去了天國，我的生父是誰？我希望我的生父是黃掛。弟弟，我也是希望我的生父是黃掛。是啊！黃掛就是我們的阿爸，永遠的唯一的阿爸。弟弟，陳永華在赤崁聽說做得不錯，現在很多西拉雅族人也努力的學漢文，也有很多西拉雅人取了漢名漢姓。這事我也聽說了，有的跟著鄭王的將軍姓，有的跟著教漢文的老師姓，也有的是跟著自己的長山人朋友姓，還有更多人是取姓陳，好多人都想要姓陳。哈哈！好可愛，他們都想學陳永華有學問，所以都想姓陳。利安，那有沒有自己取姓鄭的，跟鄭王同姓。姊姊，好像只有頭目才能自己取姓鄭，而其他的人不行，但是目前為止還沒有聽到有那一個頭目取姓鄭。喔！利安啊！陳永華或鄭王能允許頭目取姓鄭嗎？

姊姊，這就是陳永華厲害的地方，他不反對頭目們取姓鄭，因為這表示是跟鄭王稱兄道弟的意思，他現在最需要拉攏各地的頭目啊！這長山人腦筋可賊得很呢。去年冬天捕烏魚的季節，只有三艘長山人的漁船來這下淡水河口（高屏溪）捕烏魚，而今年竟然連一艘漁船也沒有來，這不尋常啊。頭目，這遷界令，禁海令的功效太厲害了，今年竟然連一艘漁船也沒有出現。索阿，我猜還有更大的事要發生，這跟當年鄭成功要來攻擊大員時的氣氛一樣，當年也是等不到幾艘商船來，而漁船更是掛零。莫非滿清皇帝有軍事行動，

才會連一艘漁船也沒有。頭目，是有這種氣氛，當春天來臨就是最有可能的時候。你們倆就別猜了，長山的漁船不來，這滿滿的烏魚我們自己捉沒什麼損失，只是少了一些他們送的布而已。瑪雅妳真樂觀，我們是沒有什麼損失，甚至可說是等著大豐收，但鄭王的損失可大了。安平一帶沒商船來沒漁船來鄭王沒稅收，鄭經又不管事只顧著整天玩樂，這鄭王的勢力很快的便會消散，我們福爾摩沙人出頭天的日子不遠了。哈！果真如此那就太好了，最好是明年春天滿清皇帝派兵來攻擊安平，鄭經的小命休矣，看他還怎麼玩樂。瑪雅，現在也沒什麼事做，我們去射幾隻野鴨送給寬阿阿姨補補身。好，我們去射幾隻野鴨玩樂玩樂。過了年，寬阿生了個雙胞胎，是兩個小男生，利安想起寬阿阿姨在蕭壠（佳里）時也是因為生了雙胞胎而離家流落到蚶西港，還好現在這個壞習俗已不再有了，反而得到全部落的祝福，寬阿想起年輕時的委屈，見到來訪的人就哭個不停，說著她從前的故事，說著她19歲時生了雙胞胎，他的小孩被當成是魔鬼而不能活下來的委屈，那次也是生了兩個男生。寬阿感謝上帝還她兩個兒子，而蕭仔也感謝註生娘娘賜給他兩個兒子，蕭仔見到利安跟芸阿，瑪雅，安娜來探訪，甚至跪在地上感謝利安收留他讓他能在新遠住下來，並還能意外的結婚生子，蕭仔給兩個兒子取名蕭吉，蕭利。這是長山人給兒女取名的習俗，都要跟著父親姓，名字也不可以跟長輩相同或同音。

這長山人取名也讓居民感到新奇，因為我們福爾摩沙人取名，都是要用來紀念祖先，不是用祖母的就是用母親的名字，再加上其他的字來形成名字，而姓也是要跟著阿母姓。寬阿也沒有堅持要給兒子取名，原生家都趕她出門，就讓蕭仔取名就好，這沒有關係的，只要兒子能平安長大就好，名字叫久了就順了，聽久了就好聽，雖然這漢名叫起來怪怪的，但蕭仔識字有讀過書一定是好名字。利安跟寬阿阿姨解釋著說：阿姨，這蕭吉蕭利是一生順利平安的意思，是好名中的好名，而安娜說的也是同樣的意思，寬阿才放

下心來開懷大笑。終於從安平傳來大好的消息，鄭經已病逝。這鄭經病死的消息迅速傳了開來，每一個聽到消息的人都興奮的大叫大跳起來，連部落的小孩看到大人們的樣子也跟著又叫又跳，每個人都開心極了。利安找來索阿跟瑪雅緊急研商對策。頭目，你緊急的找我們來是不是要討論鄭經病逝的事。索阿是啊！我們辛苦等待的這一天終於來了，前幾個月才傳來陳永華病逝的消息，而現在傳來更好的好消息，鄭經才 40 歲就病逝了，這是上天在幫助我們，想必現在赤崁大亂我們該如何應對。利安，你料事如神，陳永華幾個月前去世時你說我們安全了，鄭王身邊最有能力最聰明的人死了，你要我讓卑南戰士們都回去卑南我還擔心著，現在連鄭經也死了，我們現在是完全不必再害怕他們，現在換成是他們害怕我們，要不然我們就主動去攻擊他們，讓他們離開福爾摩沙。索阿，公主這意見你認為如何。頭目，現在安平肯定是人心惶惶，軍心渙散，會亂一陣子，但現在是鄭王喪期，不宜去攻擊他們也不必去攻擊他們，他們會自亂陣腳，我們反而是要注意，鄭軍們在此混亂時期逃跑的兵士。喔！索阿說得有道理，說不定連長山農民工也會大逃亡，我建議只要有逃來我們這一帶的兵士一律斬殺，農民工則留下來幫我們種田。瑪雅，這事讓我想想，我看這樣好了，有武裝的兵士令其解除武裝，武器全部沒收，如不肯解除武裝或反抗者一律斬殺。

至於無武裝或自願投降者視同農民工，留下來幫我們耕地種田。果然才過沒幾天，又從赤崁傳消息來說：馮錫範聯合劉國軒擁立自己的女婿鄭克塽當王，並且殺害了鄭經的世子，也殺害了反對的大臣，也剷除了反對的勢力。索阿，安平的局勢又被你料中了，這長山人爭王位的殘酷，真是讓人大開眼界啊！弟弟的人馬把大哥的人馬都殺了，這當王是建立在殺死自己的兄長上面，這真是奇特啊。頭目，經過此次損耗，鄭軍的實力又更弱了，鄭氏王朝將會覆亡，我們不用派出戰士出擊就能得勝。索阿是啊！經過這事鄭軍

兵士再也不會聽令了，而民心也會盡失，這馮錫範跟劉國軒是愚蠢至極啊！把陳永華逼走了，逼死了，現在又幹這大逆不道之事，這鄭軍兵士怎麼會再聽他們的。頭目，這鄭經病逝的消息必會傳回長山，傳到滿清皇帝的耳中，鄭軍危矣！鄭軍危矣！嗯，索阿你分析得對，眼前你要辦的事是，處理好逃來的農民工跟鄭軍兵士的事。尪呧，阿爸自從冬天捕烏魚後一直咳嗽，草藥是吃了又吃，但到現在都沒有好轉。芸阿，阿爸年邁體力大不如前，又愛捉魚游泳，去年冬天那麼冷，叫他休息不要跟人家去捉烏魚，結果染了風寒，都幾個月了還不見好轉，我也很擔心，要是有荷蘭醫生就好了。尪呧，阿爸聽到鄭經病逝的消息後特別的高興，有吃了一大碗粥，有吃了一條魚，但還是咳不停一天比一天消瘦。阿爸直到現在還不願意面對拉美島的傷痛，他心裡還恨著荷蘭人，而他也擔心鄭王會來破壞他安定的生活，現在鄭經死了，他放下心中的大石頭，才會特別高興。尪呧，阿爸是擔心我們擔心他的子孫，遭遇到他在拉美島時的遭遇。水某呧，是啊！鄭王去世赤崁動盪，這要帶給福爾摩沙人的……，但願是福不是禍。利安，快來看誰回來了，是我們的小蜜帶著她的兩個小孩，跟長阿一起回來新遠（新園）看我們了。瑪雅開心的抱著小蜜的小兒子贊阿，跑來跟利安報喜，而小蜜的女兒好阿也跟著瑪雅來見阿公。

利安也抱起好阿笑得合不攏嘴。哇！我們的小蜜好棒，連生了兩個小孩都二歲三歲了，我都當阿公了。是啊！我也當阿嬤了，可見我也老了。公主也會變老啊！但住在我心中的那個卑南公主，永遠都沒有變。好了，小孫子在呢，別說這些不正經的。阿蜜這次回來，主要是要帶女兒跟兒子給大家認識的。就像利安跟安娜也常帶兒女們去琉球一樣。時間過得真快，跟著利安逃來新遠（新園）的德哈利的女兒也當人母了。阿蜜也跟利安，安娜他們說著去木柵跟他父母見面的事，阿蜜說了：我阿爸在新港（新市）每天過得戰

戰兢兢的，他現在滿頭白髮彎腰駝背，步履緩慢，他跟我阿母手牽著手走三天到木柵跟我會面，而我弟弟佳阿也長大成年了，他也跟著來木柵跟我見面。小蜜，妳去過木柵跟我阿舅見面幾次了。就兩次，第一次是去塔樓（里港，九如）不久，而第二次是上個月，主要是帶這兩個小鬼去跟他阿公阿嬤見面。我阿爸阿母特別交代要我帶小孩子們來新遠，也特別要我代替他感謝你們，他說他想念安娜，利安，索阿。也感謝瑪雅，安娜，利安，索阿，黃掛。他說他老了，應該是最後一次到木柵了，更何況是更遠的新遠，他是走不到的，至於他的故鄉拉美島嘛！他想也不敢再想，是不可能再坐著船回去的，而他也知道現在琉球島上的一切情況，都有聽說了，而我也跟他說了很多琉球的事。小蜜，我阿舅有說到鄭經去世的事嗎。有啊！他是平靜的說著，他說他活得過久，鄭成功死了，他的兒子鄭經也死了，而他還好好的，新港還好好的，這樣他就贏了，他認為他得了大勝利。他也說這鄭成功被跳蚤咬死，而這鄭經大便大不出來死去，老天爺還真是有眼，惡人的死法都不會太好看。小蜜，我阿舅有說到現在赤崁那一帶的事嗎？有啊！他說年幼的鄭克塽當王，是經過一翻混亂廝殺才產生新王的，但他不關心這些事，他冷眼旁觀著這些長山人，都逃來大員了還那麼好鬥，而他現在年邁沒體力，他回去新港後要交班了。利安，我們阿蜜回家來，你不問她在塔樓過得好不好，盡問一些安平的事，抗議。哈！公主遵命，我們就帶小孫女小孫子到部落四處參觀玩玩，現在起不談公事，不談安平的事。

利安，小蜜在塔樓過著幸福的日子，而她也跟她父母見了面，德哈利雖已年邁，但他心裡一定倍感安慰，他留在新港（新市）對抗海盜們最後終有善報。瑪雅，芸芸，我阿舅是我心目中的偶像，若說世間有英雄他就是，他才是真正的英雄，而這些長山人的王都被我阿舅給比了下去，一個是無私無我，一個是自私自利。阿舅

為了保護我們用盡一切方法，而這些王用盡一切方法來成就自己，連自己的兄長也殺害。利安，這次6個小孩獨自跟著守阿他們去琉球，你都不擔心喔！才去了十幾天我開始想他們了。哈！別擔心，最小的都15歲了，月美美跟光阿都17，18歲了，會自己照顧自己，況且琉球他們又不是沒去過，他們熟悉琉球的一切，沒問題的。是啦芸阿，小孩子們都已經長大，有自己的朋友自己的世界，琉球的小朋友單純，我還怕他們去了琉球教壞他們呢！哈！公主愛說笑，他們都還會教琉球人讀書識字呢，不會教壞他們啦！他們所到之處都被像教師一樣的尊敬著，這也是他們去琉球一次比一次高興的原因，尤其光阿跟月美美，跟本是琉球王了嘛。哈！哈哈，這是事實，我去年帶他們去時，現在琉球人都不太注意我這老公主了，目光都在光阿跟月美美的身上，一個吸引著男士，一個吸引著女士，都沒有人理我了。哈！公主別再說笑了，公主永遠青春美麗。我之所以放心的讓他們去琉球，是因為知道琉球人的善良好客，而讓他們四處去參訪，是讓他們成長成熟的最好方法，所以我去鄰近部落都會帶著他們，是一樣的道理。就像我去過卑南（台東市為中心），去過力里（春日境內），去過瑯嶠（恆春半島）一樣，而蕭壠（佳里），新港（新市）我也住過，所以才能看得更廣學得更多。利安，你說到卑南我想起了睿耕德，這戰士們不再輪流來新遠（新園），我也失去了卑南的消息，我越來越老越來越胖了，手腳不像以前那樣靈活，現在恐怕沒有體力再走回去卑南了。瑪雅，你思念卑南在所難免，我也想念卑南王，也想再去一次卑南，我們應該找個時間再去一趟卑南，索阿跟安娜也想再去卑南看看。到時候也把這六個小鬼帶去見睿耕德。

安娜，我們的同阿叔叔昨夜安然離世了。弟弟，怎麼那麼突然，昨天晚餐他不是還吃了小鬼們從琉球帶回來的魚嗎？我看他還吃得津津有味的，說這琉球的魚特別好吃，他還說吃著琉球的魚，

讓他想起在拉美島生活時的快樂時光，還說了，這也讓他想起了我們的阿母美美。怎麼就離世了呢。姊姊，同阿叔叔老邁了，他被荷蘭人從拉美島捉來福爾摩沙，在這下淡水河（高屏溪）口逃亡，從此躲在這裡生活，親人都死了或不知去向，而他的青梅竹馬我們的阿母也跟他分離，他過著逃犯般的生活，每天看著拉美島卻不想再回去拉美島，這心境是我們無法了解的，現在他安詳離世，從此他的內心不再悲苦了。姊姊，人生無常，我們離開卑南都二十年了，現在鄭軍勢力大降，對我們成不了威脅，我們的小孩也都長大了，最近瑪雅一直想著要回去卑南看看，我想陪她回去卑南圓夢，也帶這六個小鬼去一趟，妳要不要也跟著一起去，妳還記得嗎，那邊的所有男士都被妳吸引著呢。哈！哈哈，那是姊姊還年輕還沒有結婚的時候，現在姊姊滿臉皺紋，金髮也變成了白髮，誰還會跳勇士舞唱情歌給我聽，還能認得出是當年那個安娜就該高興了。哈！不會這樣，姊姊依舊美若天仙，總還會有老戰士跳著勇士舞歡迎妳的。哈！哈哈。新遠（新園）暫時由索阿領導守護著，在瑪雅的帶領下，利安，安娜，芸阿，帶著他們的小孩，並有數十人隨行，挑著豐富的禮物浩浩蕩蕩的向卑南出發，利安跟安娜特別重走他們當年走過的路，好讓他們的小孩知道，當年他們是怎麼走到卑南的。這次的行程純屬開心的旅程，不像是當年的逃亡避難，而最開心的人當然是瑪雅。

27
鄭克塽降清

　　利安，這次的卑南行了卻了我的心願，我感謝你的體貼，我當年決定來新遠（新園）找你是正確的，我覺得我是全福爾摩沙最幸福的女人，而我也已經不是當年的年輕公主了，這次回去我的族人甚至認不出我來，我胖了也老了，是胖老公主了。哈！不胖，我還抱得很輕鬆，也不老，還是深深的吸引著我，我還想跟妳生小孩呢。哈！你就剩那張嘴，明知道我不會生了還這樣說。哎呀！時間過得好快啊！人的一生很短，每一個人都應該好好的珍惜此生安定的生活著，何必為了一個王打打殺殺呢？還反清復明呢？真是一群笨蛋。瑪雅，這些跟著鄭成功來大員的士兵，沒死的也該覺醒了，能逃走跟福爾摩沙女人結婚的算是最幸運的人，而大部份的人都死掉了，對他們來說是客死異鄉啊。誰叫他們笨，被鄭王的反清復明大旗耍得團團轉，還敢笑我們是熟番跟生番，依我看啊！長山人比我們還番，是大憨番。瑪雅，他們也是苦命人，是比我們還苦命的人，不論是兵士還是農民工，為了活命有的加入鄭王的勢力，有的

四處逃難逃來大員，這也非他們願意的，他們大都是善良的人，農民工辛苦勤勞的活著，而兵士們拼命努力的活著，可憐啊。利安，我覺得他們可憐又可惡，可憐的事我們都看見了，可惡的是他們逃來大員生活，卻看不起我們福爾摩沙人，甚至欺負我們福爾摩沙人，商人欺詐，兵士仗勢欺人，只有農民工我看得順眼，但他們卻支持鄭王趕走荷蘭人，也真笨。哈！瑪雅倒是說得毫無保留，我看長山漁民也是一群勤勞又善良的人，這海上的風險他們沒在怕的，那種為生活打拼的精神是我們要學習的對象。嗯，長山人的王都那麼殘暴沒人性，我一直想著這滿人皇帝，會不會跟長山人的王一樣殘暴，這皇帝是什麼？皇帝那麼厲害有千千萬萬的人追隨著他。瑪雅，聽說現在的滿人皇帝是個英明的君主，施行的是仁政很照顧所屬的人民，我若是有那個機會，我也想見見這個滿人皇帝，他能比妳弟弟英明嗎？現在阿密斯跟布農都跟卑南和平共處了，睿耕德真是令我佩服啊。

哈！你們兩個別噁心了，睿耕德說他佩服你，你說你佩服睿耕德，都你們兩個在講，依我看呀！一個是最會哄人的小鬼頭，一個是專門偷女人心的壞蛋，害那個善良的女人走了千里的路，忘了他曾答應人家的話。哈！公主是指我囉！這千里的路我可是才跟著妳一起走去又走回來的啊！這證明了我的心是純潔無瑕的。呸吔，說真的，這次回去卑南兩個月，我也有一些感觸，這大山阻隔讓大山的兩邊形成兩個完全不同的世界，卑南是安全寧靜卻沒什麼進步，而我們這邊雖每天戰戰兢兢的但也進步很多，我一直思念的故鄉如果一直這樣的與世隔絕，不知道是福是禍是好是壞，我一時也想不明白。瑪雅，這就看用什麼角度去看，而進步不進步也看是要用什麼去做比較，我可以確定的是他們比較快樂，是無憂無慮又富足的快樂。嗯，這次去卑南幾個小鬼頭都收獲滿滿的，他們算是眼界大開，能看到這麼多跟他們不一樣的人，言語不通，可是我看他們都

很快的交了朋友，這種感覺真好，是那種最純真的友誼，真好。是
啊！人心如果都能永保小時候的純真，那該有多好。尪吔，這次小
鬼們對西乃西乃島（火燒島，綠島）特別的有興趣，一直問著西乃
西乃島的事，我跟他們說我也沒去過，他們卻說他們好想去看看。
哈哈！他們把西乃西乃島想像成另外一個拉美島（琉球）了，當
然想去看看，其實我也想去看看，但我知道那邊的海流太危險了，
西乃西乃島上住的幾十個阿密斯跟雅美，我們也不熟，去了也不知
道他們對我們友不友善。尪吔，我從前見過西乃西乃島的人來卑南
交易補給，他們都很友善，做交易的時候我們給什麼他們都覺得滿
意，我們知道他們在那小島上生活不易，要來一趟卑南又充滿危
險，所以都盡量讓他們滿載而歸。喔！這樣互相友善的往來真好，
就像琉球跟我們的往來一樣，西乃西乃島上的住民都拿什麼來卑南
交易。尪吔，你猜，你猜看看。好，我猜是龍蝦還有魚。哈！猜錯
了，不是魚更不是龍蝦，而是山羊，除了山羊還是山羊。

　　頭目，從赤崁傳來的消息說，劉國軒帶領的艦隊去澎湖迎戰滿
清皇帝的大軍，雙方將在澎湖決戰。喔！這麼快，滿清皇帝派何人
來戰帶多少兵馬。頭目，說是由施琅領軍兵士有二到三萬。喔！索
阿，東寧王國滅亡之日已到，這次沒有意外了。頭目，這是對我們
最有利的一次。是啊，這鄭家建立的東寧王國體弱不堪，沒什麼貿
易可賺錢就算了，還自己內鬥紛爭頻傳，聽到安平傳來的消息說，
現在連軍糧也吃緊，這劉國軒帶領僅有的一萬多士氣低落的兵士，
是要怎麼對抗施琅的大軍。當澎湖失守施琅會順勢來攻取安平，我
們速完成戰備，聯合所有結盟的盟友準備出擊，幫助施琅夾殺鄭
軍，這次是難得的機會，有滿清皇帝的大軍相助，我們必能成功。
總頭目，遵命。索阿，我們等待的這一天就來了，我們幫滿清皇帝
清除這反清復明的勢力後，這英明的滿清皇帝會記得我們的功勞
的，立即做好支援作戰的準備。頭目，我也要出戰，我的箭法可準

了，我會把鄭軍兵士當成是一隻一隻的野鴨射殺。瑪雅，妳忘記你自己說的，妳胖了跑不動了，妳就做後勤支援吧，我們去射射野鴨還行，這行軍打仗還是讓戰士們去執行，而新遠（新園）也需要有人留守有妳在我才安心，萬一有海盜逃過這下淡水河（高屏溪），妳就幫我一一射殺他們。好吧！就聽頭目的。總頭目，聯盟的戰士們都已做好準備，現在傳來更大的好消息，劉國軒在澎湖大敗，他帶去澎湖應戰的一萬多兵士，幾乎全部被殲滅，劉國軒帶著剩餘的殘兵逃回安平了。喔！這滿清皇帝的大軍真是神勇啊！鄭軍的一萬多大軍幾乎全被殲滅，可憐的長山人兵士，命喪澎湖成為海上的漂流屍。經此一役，鄭克塽要保命只能投降，已無其他的路可選擇。傳我命令，當施將軍來攻打安平時，若鄭軍與清軍對戰，我們全力支援清軍夾殺這批剩餘的海盜。我們這次必獲全勝，就像當年夾殺郭懷一那樣。

尪呸，光阿才19歲也要跟著出戰嗎？芸阿，這次聯盟出戰由索阿領軍，我也要出戰督軍，雖然我不懂戰技，但我在軍心就在，光阿不跟著出征，其他家庭的人怎能信服，這頭目的兒子能躲在家裡嗎？況且他還未結婚生子，其他有家室的戰士都自願參戰了，他沒有理由不參戰。嗯，我支持你的決定，這二十幾年來你們從未真正出戰過，面對兇惡的敵人我很是擔心的，男人們都去作戰了我們女人是擔心又受怕的。水某呸，這是我們為了保衛家園光榮出戰的一刻，我們並不是要去侵略別人佔領別人的土地，我們不是荷蘭軍也不是鄭家軍，他們都是侵略者，而我們是福爾摩沙軍，為保衛福爾摩沙而戰，即使是戰死，就用我們的身軀滋養這福爾摩沙的土地，死也死得其所魂在故里，比長山人魂斷海上變成孤魂野鬼要好得太多了，妳放寬心，我戰死尚有我們的子子孫孫。尪呸，我說不過你但支持你，但我還是不安心，我不希望你們戰死，不知怎麼了我害怕了起來。芸芸，這次出征，我把18歲以下的小男孩都留下

來了，由瑪雅帶領守護家園，瑪雅年輕時是卑南第一戰將，有她在比我在還更好你不必擔心。嗯，這多年來還好有她，鄭軍連想來下淡水河（高屏溪）都不敢。她一早就去集合戰士，也做了下淡水河的沿線防守，她早已忘了她是卑南大公主，早已成為瑪卡道人了。水某吔，我們若戰敗或戰死，這些小鬼們就麻煩你擔憂了，他們都已經長大，若這新遠（新園）不再安全，我重複的交代妳，讓他們去安全的地方生活，去巒巒（萬巒），去嘉祿堂（枋山，枋寮），去瑯嶠（恆春半島）或者去琉球，甚至去卑南都可以。尫也，你不是說此次出戰必能大勝嗎？怎麼盡講這些話。水某吔，這是我對戰士們講話時不得不這樣說的，這戰爭那有一定贏的，我必須坦白形勢是對我們有利。我從新港（新市）逃來新遠（新園）能與你結婚生子，二十幾年來你凡事都支持我，連瑪雅來新遠妳也不計較，我虧欠妳太多了，妳才是我這一生中最大的恩人，謝謝妳，我愛妳，至死不渝。

頭目，贌商陳仔，帶著他西拉雅的老婆跟兩個兒子逃來，我們捉住了他們。好，我去處理，你們不可對他無禮。頭目，你收留我吧！赤崁大亂人心惶惶，滿清大軍已佔領澎湖，赤崁耳語相傳，滿清大軍將攻佔安平，還限鄭王七天內投降，我們過去支持鄭王的恐怕都會被砍頭。陳仔，是鄭王派你來探虛實的吧！總頭目，仁慈的大王，陳永華死後我在赤崁每天是過得驚心膽顫的，也沒什麼生意可做，好處都被劉國軒跟馮錫範的人佔去了，我早就想來這裡受您的保護，這赤崁已不是百姓能安居樂業之所，我們長山人分成兩邊打來打去，永遠也不得安寧，現在連滿清皇帝的兵馬都來了，我能逃多遠就想逃多遠，萬一清軍來襲，我們這些支持鄭王的變成叛逆，安平，赤崁都會成為殺戮之地，沒有人可以存活。……把他殺了吧，他們已經看到了我們正整軍準備，若是他們跑回去安平密報就壞事了，……對……對……把他們都殺了。……眾人都

安靜……。陳仔，你欠我的錢可還沒還清啊。頭目，我不是不還，我現在已經破產了，我後悔當年我支持海賊王鄭成功，不滿足荷蘭人的統治，愚昧的討厭紅毛人，今天覺醒了，我將做牛做馬的還清欠你的錢，請您開恩。陳仔，你兒子幾歲了。回頭目，一個 16 一個 18。喔！身材都還壯碩，這樣吧！你老婆跟你小兒子就留在新遠幫忙做後勤支援，而你跟你的大兒子就隨我們出征吧！把你心中怨恨的海賊們都砍殺殆盡，這樣可好。啊！……頭目……這……，好，我願意跟隨大家一起出征，把殘餘的海賊們砍殺殆盡。頭目，除了卑南來不及通知外，全部結盟的盟友都已派出戰士相約在阿緱（屏東市）集結，集結完畢後將從塔樓（里港）到大傑巔（旗山，內門），最終我們的大軍分成三路，一路在噴哩（關廟）一帶小山區，一路在阿蓮到桌山（大崗山）一帶，一路在大目降（新化）一帶，等待清軍出擊時配合出擊。嗯，我們的戰士總共有多少人，大傑巔跟大目降一帶的情況如何。頭目，尚未計入珊珠瑪（三地門），瑯嶠（恆春半島），大龜文（排灣），光我們瑪卡道聯盟就有兩萬人。而大傑巔跟大目降也都會派出戰士響應，大傑巔也已派出麻達通知大武壠（以玉井為中心）跟諸羅山（嘉義）。

喔！此次我們南福爾摩沙大團結，大肚王得知必會南下配合出擊，福爾摩沙人的前途就看這一役了。南福爾摩沙聯盟全軍出發到達預定出擊地點，北路到達大目降（新化）山丘，中路軍到達噴哩（關廟）山區，南路到達阿蓮桌山（大崗山）……，大軍尚未安頓完畢，傳來施將軍的三萬大軍已在安平登陸，而鄭克塽已率文臣武將投降。頭目，前哨回報，赤崁的長山人都出門迎接滿清皇帝的大軍，鄭克塽已率領殘兵殘將投降，雙方並未戰鬥，我們下一步該如何應處。眾戰士們聽令，立刻準備退回各個部落。唉！荷蘭人強，當年我們無法團結打敗他們，而鄭軍比荷蘭人更強，我們一直等待著打敗他們的這一天，現在比鄭軍更強的滿清大軍來了，我們

沒有理由毫無保留的犧牲去攻擊他們，鄭王既已投降，我們也沒有鄭軍的殘兵可斬殺可立功，現在不願意返回長山的鄭軍兵士，必會四處逃竄，這滿清皇帝的大軍幫我們打了勝仗，全軍凱旋返回各個部落，也才可以好好的應處逃離到各處的鄭軍。聯盟的戰士毫髮無傷一箭未發各自返回部落。安娜，芸阿，瑪雅，全部落的人都出門來迎接戰士們凱旋，可以看出每一個女人都曾經大哭過的，而每一個小朋友都大跳大叫的，大家都不可置信，每一個戰士都平安的歸來，這不發一箭就得勝還是破天荒的第一次。利安，這次出征我們全擔心死了，十幾天來我都沒有睡好。芸阿，上天憐憫我們也憐憫長山人，免去了安平這一戰，這一戰一旦爆發，所有跟隨鄭王的人都得死。利安，鄭克塽投降滿清軍會把他們殺死嗎？還是會怎麼做。芸阿，這鄭克塽既已投降，他的小命暫時得以保住，滿清軍會押他回去領功，而鄭軍的兵士，將領，也會被解除武裝，不會讓他們留在福爾摩沙，等他們都離去，失去靠山的長山農民，商人也都會回去長山，我們自己經營福爾摩沙的日子近了，這美麗之島我們的福爾摩沙共和國就要誕生。

哈哈！聽你說得那麼理想，萬一鄭軍離去，而滿清大軍留下來那怎麼辦。芸阿，這不會吧！我們只需要應付逃離的兵士跟不願離去的農民工即可，他們都是跟福爾摩沙的女人結婚生子的，也是我們福爾摩沙人了，他們若是不想回去長山願意留在福爾摩沙落地生根，我們就接納他們。利安，我覺得長山人都自成他們的世界，不了解也不尊重我們，就把他們都趕回去長山吧！免得到最後麻煩一堆。哈！水某吔，這讓我想想，他們都跟我們福爾摩沙的女人結了婚，也生了孩子生了福爾摩沙人，那可怎麼辦。唉！你看，他們帶來了多少麻煩，你都這樣說了我也不知道該怎麼辦才好。芸阿你剛才說了滿清大軍要是留下來該怎麼辦？這問題我是該好好的想想，這萬一如果發生了我們該怎麼辦。

安娜，鄭氏王朝滅亡，鄭克塽跟所有鄭氏親屬都被押回長山了，除了逃走的以外，跟隨鄭成功來安平未死的殘兵也都被押回長山，不願留在赤崁的長山農民工跟商人紛紛回去長山，現在赤崁除了施將軍的兵馬外長山人稀少了。索阿，這真是天大的好消息啊！一下子減少那麼多長山人紛亂自然就減少，這鄭王來大員一帶紛亂二十幾年（鄭王朝22年），在新港（新市）的阿舅也夠苦的了，我好擔心他。安娜，阿舅會好好的，現在新港已不再受欺壓，阿舅會漸漸的恢復以前的模樣。尪吔，你這是在安慰我的。安娜，現在鄰近的部落都有不願回去長山的人逃來，這很麻煩，殺了他們我們不忍心，要讓他們住下來我們不放心，利安又有命令，也聯合各結盟部落做出一致的決定。逃來的人只先解除他們的武裝，有跟福爾摩沙女人結婚生子的可以留下來，就視同福爾摩沙人，而羅漢腳們若是漁民或農民也可以留下來，只有士兵是捉起來送去安平讓他們回去長山。利安仁慈，下令除了反抗者外不得斬殺任何人，避免滿清軍有藉口來攻打我們。索阿，這實在是困難的決定考驗著利安的智慧，辛苦他也辛苦你了！他帶領我們安穩的生活了二十幾年也不簡單，唉！這些長山的可憐人，寧願逃也不願意回去長山，可見在長山生活是多麼的凶險，但也奇怪？常聽長山人說長山有多好有多文明，還真是矛盾，都是愛面子愛吹牛的一群人。

明明是我們福爾摩沙比較好比較文明。哈！水某吔，我覺得妳最好最文明，趁入睡之前我們再努力努力，看能不能像寬阿阿姨那樣生個雙胞胎。

頭目，逃來新遠（新園）的長山人不多，都按照你的意思處理了。嗯，辦得很好，索阿，現在跟鄭王有關的人都被押回長山了，他們的命運就由滿清皇帝來決定，我有留意到施琅還留下數千名兵士在安平，這些兵士不同於鄭軍們，不但紀律嚴明裝備也更齊

全，他們航來的戰船都很新，是一支力量強大的軍隊，傳言這滿人皇帝，統領著比我們福爾摩沙還要大幾百倍的土地，多幾百倍的人民，如果滿人皇帝對我們有敵意，我怕我們是反抗不了的。頭目，這幾百倍大的土地，多幾百倍的人民不一定是真的，長山人唬我們的說詞罷了，但這滿人皇帝比鄭軍，比荷蘭人，比英國人，比日本人強是事實，以我們現在的能力是無法跟滿清皇帝對抗的。嗯，我懂你的意思，另外我問你，如果滿清軍不走要一直留在安平，那我們該如何應處。頭目，鄭克塽被押回長山都幾個月了，安平跟赤崁一帶現在處於無人管理的狀態，施琅的軍隊既不完全撤回長山，也沒有甚麼作為就愣在那兒，這還真奇怪？是在等什麼嗎。索阿，我猜是在等待滿清皇帝的命令吧，不管他們未來的動向如何，我們仍然做好我們的戰備，過好我們的日子就像平常一樣，若他們撤回長山，我想串連全福爾摩沙，成立屬於我們自己的共和國。頭目，我支持這樣的做法，但如果施琅的軍隊一直不願撤回長山，我們是該有個對策，但恕我愚昧我想不出良策。啊！索阿，我已經想到了對策，可保我們的子子孫孫平安。頭目，是有何良策能抵擋住這強大的滿清軍隊。哈！時機未到，時機到時我會說，現在我們做好成立共和國的準備，就學荷蘭人，有軍隊，有政府，有議會，有法院，有學校，有結婚登記，有土地登記，有教堂。各行各業各有所長，我們福爾摩沙會越來越強大，到那時候把你在雞籠（基隆）附近找到的金礦山挖出來。荷蘭人，英國人，長山人，日本人，會紛紛的來跟我們貿易做生意，我們福爾摩沙人出頭天的日子不遠。

瑪雅，難得這太平的日子，今年這六個小鬼頭就讓你帶隊去琉球吧！去好好玩玩這些日子辛苦你了。啊！好呀！這次你不去嗎？我留守等待施將軍的軍隊撤回長山，安娜跟索阿也會跟著去琉球玩，索阿這一陣子太辛苦了，也去琉球放鬆放鬆好好的玩玩，但是一個月內就要回來，小鬼們怎麼請求也不可以答應。好吧，你公事

為重我們選個好天氣就要出發了喔。謝謝公主，妳要幫我顧好他們喔。哈！頭目啊！他們都是大人了不再是我管得動的，這次會是他們看顧著我，下個月回來不會少了個人你放心。

　　芸芸，現在天下太平，赤崁一帶一下子少了那麼多長山人，這美麗的夕陽更顯美麗，我們好久沒像這樣散步了，這下淡水河（高屏溪）口的風景在夕陽的照射下是那麼的美。尪呔，人心裡美好看什麼風景都是美的，我知道你這次刻意的要瑪雅帶著孩子們去琉球玩，是要帶著我回復到從前你剛來到新遠（新園）時的美好時光。水某呔，時間過得真快我們的小孩子都長大成年了，最小的女兒思阿都 17 歲了，小鬼頭們都到了可以成家的年齡，我雙鬢已白不再是當年那位英俊的少年郎，現在福爾摩沙的苦難終於過去，我們的孩子們不必再過著擔心受怕的日子。尪呔，不論世局變化如何，你在我心中還是那個精通四種語言，風度翩翩的美少年，但是我還是擔心著施琅的軍隊，他們還在安平守著。水某呔，我這善良又善解人意的水某，妳不必擔心，我思考了幾個月終於想到了好辦法，施將軍如撤軍回長山，則按照計劃成立像荷蘭人一樣的共和國，如果施將軍不撤軍也沒關系，這英明的滿人皇帝才是最重要的人，施將軍只能聽命於滿人皇帝，他不敢對我們怎麼樣，英明神武的滿人皇帝不會允許他亂來，他不像鄭王那樣說要殺人就殺人，說要捉人就捉人，我們不跟他起衝突他拿不出理由來找我們的麻煩。尪呔，施琅會來攻打我們嗎？不會的，他還得請示滿人皇帝呢！這施將軍遲遲不敢撤軍又沒有什麼作為，軍隊就愣在安平，就是一個證明。喔！尪呔，你的意思是施將軍在請示滿清皇帝，還在等待皇帝的指令。哈！我善良又聰明的水某呔，這次妳完全答對了。現在我們跟施將軍的軍隊相處之道是，我們不去攻擊他們，他們才懶得理我們呢。因為我們又不舉反清復明的大旗。

　　喔！尪呫你說得在理，可是萬一施將軍最後不撤走軍隊，硬要來開墾我們的土地，或者像陳永華在漢化西拉雅族人那樣，硬要我們學他們呢，那可怎麼辦。水某呫，妳說的這是有可能的，而這也是長山人的壞毛病，什麼都要別人學他，對別人的一切都不尊重甚至是鄙視。但這也是我們學習進步的良機，只是我們得學漢語漢字，而我也不是精通漢語漢字嗎？所以我打算著，可以學漢語漢字，但也要堅持著學我們自己的文字為主。尪呫，那如果他們要求來駐軍駐點那該怎麼辦？水某呫，這好辦，駐點來教學我們就表示歡迎，那滿清皇帝會當我們是順從他的人，至於駐軍，我們只要還保持著強大的戰力，他們只會先找理由派駐一點點的試探兵力而已，就如當年荷蘭人派中士及數十個人去卑南一樣，是不敢對我們發動戰爭的，睿耕德對應荷蘭人的方法剛好給我當指引。而如果施將軍派來試探駐點的兵士有不良的行為，剛好提供我們拒絕他們的最好理由。我會讓來駐點的兵士將領都自動離去，為難這一點點的駐點兵士不難，而優待來傳授知識的教師更是簡單，最終施將軍將會明白道理，我們是歡迎教師不歡迎駐點駐軍，施將軍的將領跟兵士們，會沒有人願意到這下淡水河（高屏溪）一帶來，而有學問的教師們會爭先恐後的想來我們這裡，這滿清皇帝的勢力太強大了，我能想出來的方法就只有這樣。嗯，尪呫，就這樣辦吧，說不定施將軍明日就撤軍回長山而去，我們都想得太遠了。哈哈！最好是這樣。妳想一下往好處想，如果滿人皇帝真的要來統治安平，這漢人，越人，西拉雅族人都變成他的屬民了，滿人皇帝會疼惜善良的福爾摩沙人，還是漢人越人。哈哈！滿人皇帝會疼惜善良的福爾摩沙人，這是人性嘛。嗯，這次妳又答對了，所以妳就不要再擔心。尪呫，可是我不想給皇帝統治，我想要像現在這樣我們自己管理自己，只跟他們貿易往來。好，水某呫，我答應你，我不會讓皇帝那麼輕易的就管到我們。

　　一個月後，瑪雅帶著去琉球玩的一行人回來，每個人都開開心心的。咦？怎麼去了9個人回來10個人。

Chapter

28
再見德哈利

　　瑪雅，怎麼把守阿的兒子也帶回來了，只有他一個人來也沒有他的船來，他怎麼再回去琉球？是要游泳回去嗎？哈！給你猜，你那麼聰明能當總頭目一定猜得到。呿，這麼神秘，我猜是跟著來學習讀書識字的。利安你再想想，你只說對一點點算是猜錯了。呿，這麼奇怪？公主啊，我承認我很笨，妳能不能直接說答案。好我說，你可別嚇一跳更不要暈倒。哈！不暈倒妳快說。利安，和阿是要來跟月美美結婚的。什麼！啊！我要暈倒了，妳快扶著我我要暈倒了。你別裝了，你才不會暈倒。瑪雅，不是要妳顧好他們嗎？怎麼還會這樣。我怎麼顧啊！你姊姊自己都顧不住了，我還能怎麼辦。瑪雅，阿月美美不是去琉球玩玩順便教教書而已嗎？那麼快就這樣這樣了。哈！利安，這教書嘛！從前從前有一個男人也是去了卑南，教一個善良又愚笨的女孩寫字，然後就這樣這樣了呀。哈哈！公主說的這個事我有印象，難道這次也是送烤雞嗎？哈哈！不是送烤雞啦！是唱了一首拉美情歌。喔！這拉美情歌還比烤雞厲

害，那這次是誰多事把那門關上，這可誤人一生啊。哈！哈哈，不是我關的，我看到了是月美美自己關上門的。瑪雅，妳都看到了，沒有趕快去跟安娜通報嗎？利安，我很聽你的話也很盡責的顧著，當然立刻跟安娜說了呀。吡，那我姊姊沒做什麼反應嗎。有啊，安娜來了咳了兩聲：今天換我來教寫字。然後安娜就把門打開了呀。瑪雅，這門開了已經來不及了？那麼快！一定是有高人在教月美美，比如說像公主這樣有經驗的高人在教。哈哈！公主的能力還差人家太多了，安娜這一開門，月美美拉著和阿的手，兩個人手牽著手往相思埔走去，說是去看夕陽，就這樣這樣……。瑪雅，妳說的情節我不太敢相信，難道在那微紅夕陽的相思樹下，餘暉夕照的大珊瑚礁岩邊，閃亮發光的白沙灘上……。好了，別再猜了，反正他們就這樣這樣了，而你姊姊跟姊夫也樂得接受。你都看到了月美美幸福洋溢的帶著和阿回來，這就是最好的結局。

瑪雅，聽完妳說的這個過程，還真是完美的結局，這要好好的慶祝慶祝才行，這喜酒要讓全部落的人都喝個痛快。走，我們去跟安娜他們賀喜。姊姊姊夫恭喜啊！月美美如願找到了她的結婚對象。是啊，這次去琉球最大的收穫。安娜，這和阿誠實可靠又一表人才是好對象，月美美好眼光，他也很有我的緣。利安，我就嫌他黑了點，琉球大太陽的曬得像烏鬼一樣。姊姊，曬黑才健康啊，跟我差不多黑而已。哈！那要拜託頭目以後多多關照我家和阿，他來住在新遠（新園）一切都得仰賴頭目了。哈哈！姊姊愛說笑，都一家人豈有不照顧之理。這琉球人肯定是捉魚高手，就像同阿叔叔那樣，以後我們不怕沒魚可吃。是啊，和阿確實是捉魚捉龍蝦高手，也是因為這樣才擄獲我們月美美的心的。嗯，緣分緣分，恭喜恭喜。

　　頭目，麻達急報，施琅的軍隊不撤回長山了，滿清皇帝把安平一帶納入大清的版圖。什麼！這反清復明的勢力已經被他消滅，他們要回去長山才對啊！這土地又不是他們滿清的，自古就不是，他不好好的經營自己廣大的土地，卻賴著不走。頭目，這跟我們原先的預期不一樣，該如何是好。索阿，這不好了啊！我們想團結福爾摩沙成立一個共和國的願望落空了。這滿人皇帝勢力強大，他既然想來佔領此地，必會再派更多的兵力來，我們福爾摩沙安寧的日子又消逝了，我們福爾摩沙人又得面對一個更大的挑戰，先是荷蘭人，再來是鄭王，現在是滿人皇帝，這福爾摩沙到底是怎麼了，這美麗之島以後又會是怎麼樣。唉！我們得好好想想，我們得好好想想辦法。

　　利安，我們這次去琉球玩，有幾個鄭軍的逃亡士兵，帶著他們的西拉雅老婆，也有的是瑪卡道老婆，逃到琉球去住了下來。也有一戶是長山人農民工帶著老婆兒子，從打狗（高雄）去住在琉球，說是想看看能不能做什麼生意。喔！他們跟守阿勇阿他們相處的怎麼樣。利安，他們都和平的相處著，也一起工作種田捕魚，看到我們也很親切的打招呼問好。

　　他們說：他們現在都是琉球人了，不再是人人討厭的長山人，更不是人人害怕的海盜，他們幾個人現在都聽守阿的指揮辦事，請能讓他們在琉球住下來，他們已經逃無可逃，被捉回去長山只有死路一條。還拜託我們可憐可憐他們。我也跟他們說，守阿接納你們在琉球住下來，你們要好好的聽從他的指揮，守阿可是聽命於茉利安，瑪卡道聯盟總頭目的，我們就是總頭目的家人，守阿是我們的族人跟親友。安娜，看來跟我們這邊遇到的情形差不多，這些可憐的鄭軍小兵，不願意再回去可怕的長山，能逃則逃分散各處了。利安是啊！我們如果不收留他們，他們的妻子兒子怎麼辦？他們可都

是福爾摩沙人啊。這樣也好，現在琉球什麼都不缺，就最缺人，不然就那幾十個人也夠無聊的，相信這都是上帝的安排，要讓他們不分彼此的在美麗的琉球生活。

　　利安，現在滿清皇帝將天興州改成諸羅縣[註]，將萬年州改成鳳山縣[註]，而安平跟赤崁一帶改成臺灣縣[註]，說這三個縣隸屬於福建省，這滿人皇帝也真貪心就三個縣他也要，不是傳聞滿清皇帝統治的土地有數百倍的福爾摩沙嗎？瑪雅是啊！這滿人漢人都是貪心不足的人，自己有那麼大的土地就自己好好的經營，自己不要打來打去安居樂業不成問題，還來佔領我們的土地，多這三個縣他也好。唉！利安啊，會不會以後連我們這裡，甚至連我的家鄉卑南他也想來佔領啊。哈！那妳就一箭把想來佔領的人統統射死啊。利安，我年紀也大了再也沒那個力氣，老眼昏花現在看東西都看不清楚，箭射不準了呀。哇！那怎麼辦，那就別想了，我會努力的守好這裡直到守不住為止，睡吧！嗯。

　　頭目，麻達急報，說有一個原來是鄭軍的將領蔡機功，集結鄭軍殘兵跟長山農民工約兩千人，高舉反清復明的大旗，在桌山（大崗山）一帶與滿清軍打了起來，現在戰況已經結束，滿清軍大勝，蔡機功等已被殲滅。索阿，你看吧！這又是漢人跟滿人之分的戰事了，鄭王投降滿清皇帝才一年，蔡機功又用反清復明這招招集漢人打滿清，又添了兩千無辜冤魂。從長山來了滿人，來了漢人，他們又分福佬人跟客家人，又分漳州的，泉州的，惠州的彼此不合，我看我們福爾摩沙的紛亂何時才能停止。

[註] 滿清剛納入的版圖範圍，只有現八掌溪以南到高雄的平原區，後來慢慢侵略擴充，直到割讓臺灣給日本前，還未能有效統治全臺灣，山區都還是原住民族的天下。

頭目，如果他們都像琉球人那樣不分彼此，共同住在一起好好的生活豈不更好。唉呀！索阿，這種族民族之分真是戰爭的根源啊！聰明的人利用種族民族在成就自己的私利啊！而讓愚笨的人甘願犧牲生命啊！可怕真是可怕。

局勢又穩定下來，新遠（新園）的燒磚廠生意越來越好，居民的房屋也開始用磚塊來蓋，磚塊甚至運到琉球，琉球的船來時就用磚塊當壓艙石返航，雙邊的往來更加密切，這燒磚廠就在新遠跟麻里麻崙（萬丹南）之間的小山丘下，而山丘上茂密的樹木正好可以當柴燒，山丘的泥土綿密是上好的製磚土，這燒磚的技術是逃來的長山人教的，有這磚廠鄰近的部落都會到新遠買磚頭，新遠又更加穩定繁榮，新遠跟東阿土港（東港），成了埤頭（鳳山）一帶的農民想過來這下淡水河（高屏溪）平原的第一站。多年不見的漁船又紛紛出現在下淡水河口，漁民有的是從長山來的，也有的是從安平來的，打狗（高雄）來的。

頭目，有四位從埤頭來的長山農民請求來新遠開墾，說靠近河旁有一塊大的埔地，他們願意繳交租金來開墾。嗯，他們都是善良的貧困農民，就讓他們來，租金就如同每個部落一樣，是收成的三分之一，打合約要用新港文跟漢文並列。而他們既是到新遠來住視同新遠人受我管轄，必須聽從我的命令接受我的指揮，這下淡水河平原並不是滿人的屬地。頭目，這四位農民都滿意開心的離去，他們會帶著他們的福爾摩沙老婆跟孩子過來住在新遠開墾。嗯，辛苦你了！以後還會有長山農民的家庭來，就都按照此一條件辦理，要把他們都當成是福爾摩沙人，大家不分彼此共同努力。是，遵命。

利安，又有一群惠州，潮州，汀州的長山人幾乎全是男人，講著我們聽不懂的話請求來新遠開墾。喔！那是蕭仔說過的客家人

了，蕭仔懂客家話，叫他過來了解看看。蕭仔，這些年有你幫忙，我們的農地收成是一年比一年好，謝謝你。你跟這一群從惠州，潮州，汀州來的客家朋友談過了，他們的情況是怎麼樣，你要詳實的說來。

報告頭目，他們說赤崁安平一帶都已經是福佬的墾地，他們受到嚴重的排擠，他們曾到大傑巔（內門，旗山）一帶但語言不通不受歡迎，聽聞頭目您的威名，賢德仁教，希望能來此地開墾，他們不想回去長山，請求在此安居下來。蕭仔，你的意見如何。頭目，他們只有少數人帶了福爾摩沙老婆，但大多數是羅漢腳，情況不一很複雜，怕會帶來麻煩。蕭仔，我看他們在這下淡水河（高屏溪）對岸是找不到安身之處了，才會想到我們這下淡水河以東的平原開墾，你看他們是又累又餓又誠懇的樣子，他們都是苦命的人，只求能活下去而已。說，來了會有什麼麻煩？你沒說實話。大王，我說實話，福佬跟客家在長山時就彼此不合，常有打鬥，長山戰亂數十年，福佬客家支持的勢力不同互相戰鬥，彼此結怨頗深早已少有往來也互不通婚，現在新遠（新園），東阿土港（東港），力力（崁頂）麻里麻崙（萬丹南）都有來一些福佬人了，您若收留他們我怕以後會給您添麻煩。喔！你終於說了實話，難道你們就不能和平相處嗎？你們不都是從長山逃來的嗎？逃到福爾摩沙還要像在長山時那樣互相打鬥嗎？頭目，這說來話長啊！而這也不是我一個人能改變的事，況且他們之中有好多人是鄭軍的殘兵啊。喔！是鄭經西征時從潮州，惠州，汀州捉來福爾摩沙的那群殘兵。大王您英明，確實是如此，所以留下他們怕以後會添亂。喔！我了解了，你跟著我幫我做翻譯。

利安決定幫這群客家人準備數日糧食，要他們再往更靠近大山的山邊前進，他還派了戰士隨行保護，並由麻達傳了急報，要鄰近

山區的各個部落找適合的埔地安置他們。蕭仔傳達了指令：總頭目大德，他會幫你們找到適合安身居住之所，這附近一帶的土地都已在預定開墾之中，他要你們沿著力力溪（東港溪）前進，到更靠近大山邊的部落旁邊落腳，他會通知大澤機（高樹），巒巒（萬巒），加藤（南潮州到新埤，以南州為中心）各部落頭目協助你們。總頭目會準備數日的糧食給你們帶上，並派戰士護送你們前去，你們放心的去那地方開墾，那邊的水源還比這邊豐沛，你們要好好的跟那邊的住民相處，瑪卡道跟排灣都是善良又樸實的好人，只要你們勤奮努力你們必能安居樂業，子子孫孫同受這福爾摩沙的庇蔭。以後你們必須聽從總頭目的指令。

　　蕭仔，這事你辦得很好，以後再有客家朋友來也都按照辦理，要善待他們，他們回不去也不想回去長山，在大員（安平一帶）也無法立足，我們再不收留他們他們還能去哪裡，大山旁的部落都還沒有你們福佬人，就讓客家朋友去那邊吧，他們去了那邊也可以教教我們結盟的部落種田一起生活，甚至教讀書識字，我想這是好的安排，也只能這樣安排。頭目英明，這樣安排很好。蕭仔，他們客家人被是福佬人的鄭經捉來安平的，不說過去在長山時的爭鬥，光是這點他們就心裡不爽，而你們仗著人多也不想理他們排擠他們，自然互看不順眼對不對。頭目，這什麼事都逃不出您的慧眼，確實是有這種情形。蕭仔，我希望你們福佬跟客家能打從心裡和解，在福爾摩沙這個母親的保護下共同的生活，不要再分客家或福佬了，只會被人用來分化利用而已，都是福爾摩沙人了，永遠的福爾摩沙人。頭目說得是，我蕭仔必遵守您的教誨。蕭仔，寬阿阿姨近來好嗎？蕭吉蕭利讀書了沒。謝謝頭目關心，托您的福，寬阿每天開開心心的身體強健，蕭吉蕭利正用功的讀書學習，老師說他們都很聰明，排名都在前面呢。喔！那太好了，要把他們兄弟都好好的教育好，教育好才是最重要的，幫我問候寬阿阿姨，說我惦記著她。

　　連續幾年陸陸續續都有漳州人，泉州人來住在下淡水河平原一帶，跟新遠（新園），力力（崁頂），麻里麻崙（萬丹南），東阿土港（東港）的部落租地開墾種田，連阿緱（屏東），大木連（萬丹北），塔樓（里港，九如）也是一樣的情況，而客家人都往大澤機（高樹），巒巒（萬巒），加藤（南潮州到新埤一帶，以南州為中心）方向，去跟那邊的部落租地種田。大家相安無事各忙各的，漸漸的漳州人，泉州人，客家人在瑪卡道的部落旁形成自己的小聚落，漸漸的有福爾摩沙婦女，被這些單身的長山人娶去當妻子。而在安平赤崁方面，因長山人離去或逃竄，只剩不願意離去，自認已是大員人的長山人留著，人口減少，農作物沒人種植土地荒廢不少，糖的產量只剩原來的十分之一。蕭壠（佳里），麻豆，新港（新市），目加溜灣（善化，安定），大目降（新化），哆囉嘓（東山），也因幾年的安定而逐漸恢復元氣。這滿清軍比鄭軍有紀律多了，至少財產有了保障，也沒有那麼多不合理的勞役，生活上還算過得去。利安的兒子光阿也結了婚，安娜的兒子時阿也結了婚。利安啊，今晚特別的冷我要抱緊你一點，我看著安娜的兒子跟你的兒子都結了婚，就知道我們都老了，小鬼頭們剩下三個女的還找不到人牽手，但也到了該結婚的年紀了，你都不急嗎？

　　瑪雅，這種事急不得呀！是要看緣分的，小屋也蓋了，她們就挑不中牽手的人，我也沒有辦法啊，求求公主教教她們吧。利安，我也老了頭腦不靈活想不出什麼辦法，用這口簧琴找愛人效果很差。哈！這裡不是琉球，勇士們也不會唱拉美情歌，所以這好姻緣只能再等等。利安，現在越來越多女人嫁給長山人，該不會這三個小鬼也想著要嫁給長山人吧！你老實說，你的兩個寶貝女兒如果要嫁給長山人，你肯不肯答應。瑪雅，我又不缺錢又不想要長山人的聘禮。利安，我是說如果你女兒看上了長山人，要跟長山人結婚你會不會答應。這是好問題讓我想想，我想是這樣的，我阿母黛咪選

擇我阿爸黃掛當牽手，我阿爸也是長山人啊！只要我女兒看上的就
都隨她的意吧。茱利安，我不喜歡長山人，快阿，思阿，相阿，都
不准跟長山人結婚。不如我回去卑南找我們卑南的勇士來跟她們結
婚。喔！妳那麼不喜歡長山人。利安，你沒發覺嗎？長山人人前說
一種話，人後說的又是另外一種話，有求於人時一副討厭的嘴臉，
有勢力時一副欺負人的嘴臉，我打從心底不喜歡。瑪雅，我可是長
山人的兒子啊。是啊你是，所以當年我不放心，睿耕德一再提醒
我，我才從卑南帶著戰士要來找你算帳的。哈！哈哈！好險！還好
妳當年沒有下令殺了我，然後把我丟入下淡水河（高屏溪），阿後
來怎麼就回不去卑南了。哼！這還用說，是我一時心軟嘛！還帶人
家去下淡水河河口看風景⋯⋯。喔！⋯⋯我了解了⋯⋯我知道妳的
意思了⋯⋯啊！⋯⋯。

自從同阿生病後，芸阿就跟她阿母麻莉住在一起輪流照顧同
阿，寒流來襲臥床的同阿還惦記著想要去捕烏魚。阿爸，跟你說一
個好消息，光阿的牽手雲阿生了個胖女娃，你現在當阿祖了。芸
阿，我孝順的女兒那妳也當阿嬤了，這太好了。這蒜煮烏魚湯真好
吃，我要多吃一碗。好啊，阿爸你今天精神好多了，多吃一點病就
好快一點，等病好了我陪著你去河口看人家捉烏魚。哈！好，乖女
兒，阿爸連下床走路都困難了，病要好起來再到河口看拉美島，看
人家捉烏魚已是奢望，更別想要跟著下去捉烏魚。今天吃了兩碗烏
魚湯真是心滿意足，今年的冬天特別冷烏魚也會特別多，我想睡覺
了妳也去休息吧。

女兒，利安，你們快來，阿爸離世了。芸芸，阿爸安然離世，
他驚奇的一生已畫下句點，荷蘭人，拉美島，鄭王，滿人皇帝，
施將軍，現在都跟他無關了，他至死也不信上帝，也不信老天爺，
更不信媽祖觀世音，連近在眼前的故鄉也不肯再回去，把自己鎖在

新遠（新園）一輩子，只顧著這個家看著我們，只有家才是他的生命他的一切，對他來說其他都是多餘的。是啊！阿爸說的，當年他就是去捉龍蝦，怎麼一回到家，屋子沒了被燒了！他阿爸阿母都不見了！他的親人愛人也都不見了！整個村子的人都不見了！他驚慌的躲了起來，最後還是被荷蘭人捉住，幸好大帆船來這下淡水河（高屏溪）汲水，他才能跳船逃走。唉！這輩子他再也沒能見到他的親人他的愛人，所以他害怕離開家，深怕一個回頭家又消失不見了。現在他去了天國總算可以再跟他們相聚。芸阿，我們的阿母也年邁，以後還需要妳多多關心她照顧她，我公事太繁忙了！我想我現在需要培養一個接班人，我的體力大不如前，這總頭目還是得讓年輕人來接才好。尬吧，你的看法我都支持，但現在鄰近的部落都以你的意見為意見，一時之間誰能代替你啊！嗯，我想阿緱（屏東）頭目能力跟人品都好，而阿緱人數眾多是這一帶最大的部落，雖然他年輕但年輕才好，觀念才新頭腦才清楚，妳覺得怎麼樣？尬吧，這種大事，你找索阿，安娜，瑪雅研究，我都支持你的決定，但你不提的話沒有人敢提，你在他們的心中是最德高望重的，至於你要推薦阿緱頭目，只需要你一句話是會通過的。如果你能卸下這重擔，我們就有更多的時間相處了，才有時間去塔樓（九如，里港）找阿蜜啊，阿蜜的小孩也不知道長多大了。

安娜，姊姊，索阿，姊夫，好消息，好消息啊。利安，是什麼好消息能讓你這麼興奮？是施琅撤軍回長山了嗎？安娜不是的，是塔樓傳來的好消息，新港（新市）頭目現在搬到塔樓跟小蜜住在一起，是我們的阿舅德哈利跟阿妗搬到塔樓來了，阿舅還活得好好的，老當益壯還能走到塔樓跟小蜜住在一起。

我們準備準備，明天就去塔樓（九如，里港）跟阿舅見面，三十年不見了，我好想立刻跟阿舅見面。

　　安娜，索阿全家大小。利安，瑪雅，芸阿全家大小，帶了豐厚的禮物於隔日上路去塔樓見德哈利。利安也利用此行機會，跟沿途的部落頭目溝通意見，試探性的要卸下總頭目一職由阿緱（屏東）頭目接任。此行是順利又愉快的，但連阿緱頭目也謙稱無能力接任，其他部落頭目都推稱至少再等個幾年，因為他們認為現在的總頭目還年輕力壯。大家如願的見到了三十年不見的德哈利，雙方見面每一個人都流下開心又思念的眼淚，這開心真的是會掉眼淚的，這恍如隔世般的情景感動了好奇圍觀的每一個人，沒有人不跟著一起掉眼淚的。德哈利特別要抱抱利安跟安娜，也特別感謝第一次見面的瑪雅公主，感謝她把他的女兒當做自己的女兒照顧，八十幾歲頭髮已全白的德哈利說了：他跟老伴能活到現在全靠堅信著上帝，是上帝讓他們撐過一次又一次的苦難，這老邁之年還能來跟女兒，孫子們住在一起，也如願的再見到當年逃離新港（新市）的利安跟安娜。在新港時他常想，我都這麼老了怎麼還老不死啊！上帝忘了要帶我去天國了啊！荷蘭人走了，鄭成功死了，鄭成功的兒子鄭經也死了，鄭成功的孫子鄭克塽也被捉回去長山了。怎麼上帝還沒來帶我走啊！這苦命的人怎麼都死不了啊！原來是上帝安排著要讓我再跟大家見面的，要讓我跟大家講我的故事的，故事沒講完是不能死的。哈！阿舅你身強體健老當益壯，至少呷百二十歲，佳阿沒跟著來塔樓他還好嗎？哈！我兒子也早就結婚生子了，他就留在新港生活，現在滿清軍不像鄭軍那麼無禮，新港平靜穩定的發展中。沒生意可做長山商人紛紛回去長山，現在跟長山人衝突的事變少了，現在的新港頭目也比較好當，只要配合著全力學漢文漢語就行，官府就不太會找麻煩，學會漢文漢語的人還免勞役，而一家人有人學會漢文漢語，全家還減稅一半。現在啊！學漢文漢語學得最好的是目加溜灣（善化，安定），我們新港算是第二名，目加溜灣有沈光文在教漢文並行醫，所以我們新港比不上他。

　　沈光文他盡心盡力的教漢文，也免費幫人看病，很受目加溜灣（善化）人的信任。哈！阿舅，這長山人也是有好人的，可是我們這邊長山人還很少，這下淡水平原跟琉球可都是利安在管的喔！我們這邊不用繳稅也不必服勞役。哈！安娜，阿舅就是聽說這樣，又思念女兒思念你們，所以才走六天六夜來到塔樓的啊。是抱著死在半路，也要走到這屬於我們的世界生活。現在的大員一帶被分成三個縣，都有地方官在管他們，而這下淡水平原還是跟以前一樣真幸福，跟大員一帶比是幸福的國度，我就是想在這幸福的國度生活，好好的放下直到終老。德哈利把他從小在拉美島的一切，被荷蘭人捉來大員的過程，跟美美（黛咪）被分配在新港（新市）頭目家一起生活，長大成年後在老頭目推薦荷蘭人指定下當了新港頭目，看著海盜王鄭成功來襲，看著荷蘭人離去，看著鄭成功死去，看著鄭經死去，看著鄭克塽被捉回去長山，一一的講給在場的所有人聽，他這數十年的苦終於全部吐了出來。

　　利安跟安娜一行人道別了德哈利，也讓他們想起三十年前他們兩人帶著數十人從新港逃來新遠（新園）的過程。姊姊，阿舅他這數十年來忍住悲傷克服恐懼，割捨親情承擔責任，忘記自己的身份也忘記自己，為了達到目的到了完全不怕死的境界，我們姊弟能活到今天，也算是阿舅的犧牲換來的。是啊弟弟，當年阿舅堅持著要我們立即走，找盡理由堅持他要留在新港才有現在這種局面，原來從前沒有人知道阿舅的真實身份，連阿母也說不知道是有原因的，阿舅竟然是拉美酋長的兒子，還是唯一的後代，整個被捉去大員的數百名拉美人都堅守著這個秘密，放索仔（林邊）頭目也沒指認出他來，瑯嶠（恆春半島）君主的弟弟也沒有把他說出來，他瞬間從一個拉美人都認識的酋長兒子，變成不知道是哪裡跑出來的小男孩，阿母直到臨終前也沒跟我們說出這秘密。原來每一個人都怕他會死在荷蘭人的手裡。

　　姊姊，原來拉美族人是叫，塔麻瑪拉蓮，阿舅的阿爸是塔麻瑪拉蓮酋長。阿舅也說了：傳說很久很久很久以前，塔麻瑪拉蓮人從很遠的南方搬到拉美島來，一段時間後又有塔麻瑪拉蓮人從拉美島搬到這大山（福爾摩沙）來。有的喝了這大山的水後，時間久了變成了瑪卡道，有的又搬走吸了這大山的風後，時間久了變成了西拉雅，這塔麻瑪拉蓮，瑪卡道，西拉雅，就像是兄弟姊妹一樣，雖然分散各地，時間久了有的話講得不一樣了，但是是同一個祖先。是啊弟弟，我也很驚呀！我們都老了還是第一次聽到，幸好阿舅還記得有說出這些事，要不然現在連拉美島拉美人也都快被人遺忘了，何況是塔麻瑪拉蓮，連我們兩個人也習慣稱拉美島為琉球了，這世事多變還真不是我們能想像得到的。姊姊，我們都識字，我要用我們的文字把阿舅跟阿母的故事都寫下來。嗯，那很好，也要把我們的故事寫下來，我們要把這些故事講給孫子們聽，讓他們都知道荷蘭人來時，這福爾摩沙的故事是從拉美島開始的。是啊姊姊，阿母說了同阿叔叔也說了，阿舅也說了相同的故事。都是從金獅子號去拉美島偷水才開始的。利安，原來當年我們住在蕭壠（佳里）時，常打獵來送我的初阿，還被迫帶領三千戰士要去圍攻熱蘭遮城，可惜他後來跟鄭成功的兵士起衝突被殺死了。安娜，放下吧！初阿若還活著，也是被奴役著活著。

29
二十年後

　　利安啊！明天巡檢趙大人，要帶新任的時知縣從鳳山來拜訪你，你做好準備了沒。安娜，我沒做什麼準備，時知縣剛上任是想來看看這邊的情況的，想來要來總比不來好，見了面談談互相交換意見是好的開始。利安，時間過得好快我們都老邁了，連小孫子都已成年，我也從金髮美女變成白髮魔女了。是啊！我們來新遠（新園）都已經五十年了，新遠已變成新園，東阿土港也變成東港，麻里麻崙（萬丹南）變成下淡水社，大木連（萬丹北）變成上淡水社，時代在變社會在變我們都得適應才行。利安，世事多變，十年前我們去塔樓（里港，九如）送別阿舅，回到新遠又送別了親家麻莉，去年索阿，瑪雅也相繼離世，就剩芸阿跟我們姊弟了，眼看我們的時代就快要結束。姊姊，從前有事的時候，都還有索阿跟瑪雅一起出意見，現在他們都去了天國，只剩我們姊弟可以商量，我也老了但這總頭目一職還是卸不下來，曾經答應芸阿早一點卸下這重擔，好帶著她去遊山玩水，哈！現在都快走不動了。利安，這就是

當年阿舅在新港（新市）時的情況，你現在可以體會了吧。是啊！
阿舅全是為了新港人，跟留在新港的拉美人著想啊。蕭吉蕭利帶著
寬阿阿姨去加藤（南州）住也十幾年了，從此失去了聯絡，寬阿阿
姨恐怕也早已離世了。利安，時阿去力力（崁頂）結了婚，就隔一
條力力溪（東港溪）也不常回來看我，何況是蕭吉蕭利兄弟。唉！
是啊！跟我女兒快阿一樣嫁給福佬人後去住在阿緱，從此也很少回
來看我，他們福佬人只准她過年時回來一次，我都不知道當年支持
她嫁給福佬人是對是錯。利安，小鬼頭們都各自有自己的家庭，就
由他們各自去經營努力各自生活，我們只管把身體顧好就好。哈！
姊姊妳說得對，光阿一家人又搬去上淡水社（萬丹北）跟福佬人們
一起種田，搬來搬去的還是安定不下來。利安，你就不讓他接你的
位置，還鼓勵他外出發展，你就放下心來，光阿的才能不比你差沒
問題的。是啊！我就是看他能力好，才放心讓他外出發展的，還好
我還有思阿看著這個家，而妳也還有相阿看著家，我們都還有女兒
維持著傳統繼承家業也算是安慰了。利安，這確實是安慰，現在連
習俗也已漸漸在改變，也跟人嫁女兒娶媳婦，新遠部落裡每個人
都取了漢名，也會說漢話，我們的小孫子竟然聽不太懂瑪卡道語。
是啊！只剩下我們姊弟，還是叫安娜，還是叫利安。哈！哈哈，是
嗎？你沒聽到小孩子們都叫我荷蘭阿祖，叫你番王阿祖嗎。哈！哈
哈，荷蘭阿祖，番王阿祖，就讓他們隨意的叫我們開心的應。

　　利安，去年瑪雅離世，琉球，卑南，瑯嶠（恆春半島），嘉
祿堂（枋山，枋寮）都派人來參加告別，莊嚴又隆重，連宋知縣，
趙巡檢也親自來參加，公主在天國有知必無牽掛，她追隨在上帝左
右你也要開心才是。哈！原來姊姊今天來找我聊天，是要講這個重
點的，瑪雅無病無痛安詳離世是上帝憐惜，我雖萬般不捨也只能懷
念，不影響，不礙事，就像姊姊講的，現在我們只管把自己的身體
顧好。利安，這些年來先有吳球反清反滿人，後來又有劉卻反滿人
反清，幾年前鳳山又遇蝗災。同樣住在我們新遠（新園），漳州

的跟泉州的也不太和諧，而他們跟客家的也幾乎不往來，一往來就吵架。唉！安娜啊！長久下去我們這祥和的福爾摩沙，恐怕也無法維持住。諸羅縣以北，滿清軍跟大肚王常年的打鬥衝突，幾乎水火不容，這道卡斯族跟巴則海族的生活是一年比一年差，虎尾壠族也好不到哪裡去。是啊！虹雅族在哆囉嘓（東山），諸羅山（嘉義）選擇容忍滿清軍，讓漢人們開墾接納他們一起生活，但也是紛紛擾擾，生活上也是一年比一年差。而我們呢，現在有比二十年前要好嗎？

利安，姊姊說實話，我們以前大口的吃肉大口的吃魚，再配一些地瓜一些芋頭一些黍，整個部落既富足又安樂，還有時間玩樂呢，現在自己種的米，黍，一半要交給官府，肉也得省著吃。

人口增加了，但是姊姊不覺得有比較快樂。

是啊姊姊，我們的生活是不如從前了，我們比從前更努力更勤奮但生活上卻更加困難，我們的部落居民又天生的善良樸實，不與長山人計較，能自己支配的土地越來越少，這樣是會惡性循環啊！我們想學長山人的知識來強大自己，卻變成現在這局面，官府也歧視我們的文字，還企圖想消滅它。

諸羅縣跟臺灣縣一帶都紛擾不堪的，而我們這一帶和諧的氣氛也越來越差，這又是分人種爭地盤的結果，每個長山人都貪心的要爭更多地，租變佔，又彼此誰也不服誰，長山人爭我們的地，長山人跟長山人之間也爭來爭去，官府故意袖手旁觀，這滿人就看著他們互相殘殺，互相抵消力量。明天趙巡檢帶時知縣來跟我認識，我正好可以探探他的想法。

利安啊！姊姊聽出來你在自責，這五十年來還好有你，至少我們安定了五十年，現在日子是苦了一點，但還活得好好的，但願時間更久了以後，我們生活在這福爾摩沙的人，不論是我們還是福佬，客家，滿人，都不分彼此融合在一起，一起努力打拼共創安穩的生活。姊姊是啊，這也是我的想法啊！但太困難也太艱苦了，不知道還要多少時間才能磨合。哈！再一百年吧！我猜。哈！姊姊我看不止吧！一百年再一百年，如果到那時能達成就要感謝上帝，感謝老天爺，感謝觀世音菩薩，感謝媽祖婆了。哈！哈哈，弟弟啊！到那時候我們早已不在這世上了，看不到那祥和安樂的福爾摩沙。姊姊，我跟妳說實話，這不只是我的擔憂，以後怕還會更嚴重。是什麼事有那麼嚴重？姊姊，如果每個人都取了漢姓漢名，不再取阿母阿嬤的名字來紀念，都學漢人跟著父親姓，現在努力的學漢人的習俗，這時間一久是會忘記祖先的，說不定也會把祖先取漢姓漢名，哈！到那時候，不知道子孫們要把我們取什麼漢姓。利安啊！沒關係，就讓子孫們去取，我自己是不會取漢姓漢名的，我就叫安娜，雖然我們的阿爸姓黃，但我不姓黃你也不姓黃，也沒什麼大不了的啊。是啊！還管子孫們要跟我們取什麼漢姓，他們自己如果取了漢姓漢名我們也都管不了，還管那麼多幹嘛。哈哈！利安，小蜜的丈夫當了塔樓（里港，九如）頭目，把自己取了漢名叫鄭長，這好怪啊！他自己也知道鄭王的風評不好吧。姊姊，可能長阿也是胸懷大志啊！想仿效鄭王吧！就由他去，我想我們的小孩以後也會各取漢姓漢名的。是啊弟弟，我們還在世他們不敢取漢姓漢名，都被長山人恥笑還想著當番，我們離世後他們就沒什麼顧忌了，就由他們自己選擇吧。是啊姊姊，他們都精通漢文會給自己取個好名，不像有的族人那樣，跟著漢人頭家姓被頭家取了漢名，什麼林番，陳番婆，蔡紅毛的都有，亂七八糟的。利安，這也沒辦法啊！他們不計較也不當一回事就好，反正他們都叫著自己真正的瑪卡道正名，那些偏名只是登記時用的，就隨便啦。是啊姊姊，這不識漢字真可

怕，而識了漢字又是另外一種可怕。越來越少人學新港文了，官府也不希望我們再教新港文，處處用方法來為難我們，這福爾摩沙以後就只會剩下漢文。

是啊利安，現在我們用荷蘭語交談，連乖孫們也抗議了！說阿公阿嬤故意講他們聽不懂的話，他們的福佬話倒是講得比我們溜，而我們自己的語言卻講得怪腔怪調的，聽了也好笑。哈！哈哈，乖孫們還願意講就不錯了，連他們也想隱藏自己的身份，福佬話講得比福佬人的小孩子還要好。利安，月美美跟和阿全家搬回去琉球住，學人家去捕魚當漁夫，今年到現在都還沒來看我們，我好想他們，要不要時知縣來訪過後，你陪我再去琉球看看他們，你說好不好。好啊！趁著我們還能走，再去琉球看看，也好多年沒去琉球了，守阿夫婦也不知道還健在不健在？去年和阿跟月美美回來時說他的阿爸阿母身體都不太好了，這琉球沒醫生他們只能吃草藥，能好到那裡去，我們就再去走走看看，說不定琉球人都還期待著再見到那個金髮大美女呢。哈！哈哈，那就讓他們看清楚，我這全白的白髮，滿臉的皺紋，嚇嚇他們。哈！哈哈，這純潔無瑕的白髮啊！比那白沙漂亮，是嚇不了人的。哈！哈哈，難怪瑪雅公主隻身一個人來，什麼都不計較只求能跟著你，你這口才比阿爸還行。哈！姊姊，我還是比較希望遺傳到阿母的美貌。姊姊，我們自從離開蕭壠（佳里）就再也回不去了，阿母的墳墓也早已消失不見。是啊！阿舅要來塔樓（里港）住之前有去找阿母的墳，說找不到了，變成了農田，唉！塵歸塵土歸土，時間一久連痕跡也沒有，我們想祭拜她也只能在心裡上祭拜了。姊姊，我們堅持留在新園（新遠）守著這片土地，而不願意跟福佬混居的族人牽著他們的牛紛紛搬走了，越搬越遠，琉球，加藤（這裡指南州到佳冬一帶），巒巒（萬巒），嘉祿堂（枋山，枋寮），甚至瑯嶠（恆春半島）。利安是啊！他們響往著他們的自由，想找回他們的世界找尋他們的天堂。我們的新

遠（新園）福佬人都快比我們的族人還要多了，不跟漢人頭家姓的族人，都被說服著說取姓潘，唉！憨直的福爾摩沙人啊！荷蘭人，長山人都說我們是｛難教好騙｝，還真的是。哈！哈哈，姊姊啊！姓潘才好啊！長山人不是說了嗎，這潘，是有水有田有釆的第一等人啊。哈！哪是這樣，這分明是註明著他們是，番，而你也不出面禁止他們。

哈！哈哈，姊姊啊！為何要禁止他們姓潘啊！這樣他們的子子孫孫才會永遠記得，他是福爾摩沙人啊！記得他是瑪卡道，這比姓陳，林，李，許，蔡，蕭，黃，鄭，王……要來得好啊，我不但不禁止還要鼓勵他們，不曉得要選什麼漢姓的人，就姓潘好了，不想姓潘就姓田，江，蔡。利安，你說得有理，那我們也姓潘好不好。哈哈！讓子孫們各自自己選，隨著各自的需求自己選，而我們堅持著阿母給我們取的荷蘭名字。利安啊！讓子孫們各自依需求取漢姓這就沒道理了呀！兄弟姊妹會不同姓，跟漢人的習俗不一樣，漢人都是跟著阿爸姓，那我們這樣會不會很奇怪，姊姊被你搞混了。姊姊，妳想一下，看看現在的情勢，滿人一派，漳州一派，泉州一派，客家一派，他們都是跟著父親姓，又變成了各個宗親各個派，這紛亂也是這樣產生的，大戰爭就分成滿人漢人，大械鬥就分成福佬客家，小械鬥就分成漳州泉州，而平常的打架吵架就分成是姓李的還是姓蔡的。利安你不必說完，姊姊知道意思了，我們新園（新遠）算是最團結和諧的，也分了漳州的跟泉州的，常常惹得你生氣出門調解。是啊姊姊，福爾摩沙的紛亂並沒有隨著鄭王的離去而停止，現在土地還夠各方的人開墾就亂成這樣，哪一天土地不夠了大紛亂就會跟著來。而反清復明真的消失了嗎？妳看臺灣縣跟諸羅縣的紛亂就知道了，滿人的官府一直加稅，一直增加勞役，漢人們，尤其是漳州人泉州人，他們被當成是叛逆那樣的對待著，他們的不滿一直在累積著，只看何時是忍耐的極限而已，到那時再有漢人高舉反

清復明，要消滅滿人推翻官府，再次引發戰爭是可以預期的。是啊利安，是有這種可能，到時連我們原住民族也會被捲入，除非我們再逃去卑南，所以你預知了風險，要讓子孫們自己選自己的漢姓漢名，是想分散風險對不對。哇！我這聰明又漂亮的姊姊啊！是的，是這樣，我甚至還感應到這不只是風險，這是會發生的，長山人自己都說了，他們的歷史是數千年來的戰爭跟殺戮累積的。如果我的孫子要說他是漳州的，妳的孫子要說他是泉州的，甚至取了潘性的族人要說他是惠州的，就都隨他們說吧。

這樣也好，就分不清是滿人，漢人，還是福爾摩沙人，也搞不清楚自己是福佬，客家，還是瑪卡道，這樣就能保命不會絕種，日子久了全部住在福爾摩沙的人，都分不清楚誰是誰無法分出彼此，都成了福爾摩沙人，那一天就是福爾摩沙出頭天的日子。哇！弟弟，你的想法好特別，但這要經過多少次紛亂啊！又要經過多少次的戰爭啊！是幾個一百年以後啊！我們姊弟都老邁了，是看不到那一天的。

阿嬤，阿公，你們又用荷蘭話聊天了啊！都故意讓我們聽不懂，是有什麼天大的秘密嗎？阿母叫我來說該吃飯了，明天時知縣要來，阿母說要給你們穿件體面一點的衣服，要回去試穿看看。喔！好的，乖孫吔，我跟荷蘭阿嬤講一些我們小時候調皮的事，出糗的事，所以不能讓你們知道啊！但阿公跟荷蘭阿嬤跟你們講荷蘭時期的故事，鄭王時期的故事，可都是用你們聽得懂的福佬話呀！你們要把聽到的故事傳下去，講給自己的孫子聽喔。嗯，阿公，我也會講給我的孫子們聽呢，可是我都還沒結婚呢，連對象也沒有，現在想結婚要像福佬人那樣準備很多聘禮，不會漢文的族人，我們自己的族人美女也不選中結婚，我看我是不會有孫子了，會跟眾多的漢人羅漢腳一樣。哈哈！不會啦！緣分一切看緣分，你精通漢文漢語呀！乖孫吔，牽好荷蘭阿嬤的手小心走，我們這就回去。

　　歡迎時知縣大駕光臨這新園小地方，這是我們新園人的無上光榮，趙大人您也辛苦了！請入內坐請入內坐。頭目您客氣了，我聽趙巡檢說了你的豐功偉業，在下新任鳳山知縣時維豫，是來跟您請益學習的。時知縣過謙了，來跟我學習這我不敢當，但若知縣大人有問，我知無不言，絕無隱瞞也不敢隱瞞。頭目啊！在下時維豫是旗下籍，預定到任五年，這鳳山縣地大，我這知縣就那一點點官兵，力有未逮，還期盼您能一如過往的支持我們官府，就算是幫幫我這個小老弟啊。時知縣的吩咐定當效力，我也希望我這下淡水平原地帶平靜無波，所有居民都安居樂業，您放心，我還在這下淡水平原就會安全穩定，不會給您添麻煩。喔！在下在此先感謝頭目您。另外我也聽趙巡檢說了，遠至嘉祿堂，瑯嶠，卑南，甚至海外的琉球，他們都尊重您的意見，你們彼此友好互通，我也請您能幫我說說好話，這祥和安定才是大家共同的福氣啊。

　　我這五年的官，也不想發生一些紛亂的事啊。時知縣教導的是，沒有人願意紛亂我盡我的能力，琉球人少也跟我們關係密切，他們在琉球過著與世無爭的生活，不會有什麼事還需要勞煩大人您擔心的，至於嘉祿堂雖也與我交好，但老頭目去世後情況有了一些變化，現在他們都聽大龜文王（排灣）的，我再也沒有能力約束他們了。而瑯嶠王嘛！雖我也認識，但瑯嶠王實力強大，偽鄭時期連偽鄭都拿他沒辦法了，我這新園又小又老的頭目，講什麼話也沒辦法影響他們，那遠在天邊被這大山阻隔的卑南嘛！老卑南王是我熟識的好友，我也好久都沒有卑南的消息了，以前是靠著瑪雅公主的面子，如今公主也早已去了天國，這關係沒了，卑南的事恕我無能為力，實在是幫不上忙。嗯，頭目您說得中肯坦誠啊！難怪這鄰近的部落頭目都以您的意見為意見，在下佩服佩服，在下也聽了趙巡檢的報告，說您建議他將這下淡水巡檢司署從東港搬去赤山巔上，果然他們搬去了一年，都沒病沒事的，這也要感謝您啊。時知縣您

有所不知啊！這東港土毒水惡的，毒蚊蟲多潮濕又熱，容易生病啊！這下淡水巡檢司署設在東港二十幾年，沒發揮什麼功用不說，區區的 18 個兵士也發揮不了什麼功用，東阿土港（東港）頭目或放索阿仔（林邊）頭目如果有心要為難他們，就這 18 個人加一個巡檢能應付得來嗎？所以我就建議趙大人，他也照著做了，搬到了赤山上，離縣府也近些，這下淡水平原地帶我們會管得好好的，不會有什麼麻煩事，請時大人放心。喔！原來是這樣啊！所以這二十幾年來，八位巡檢死在任上，一位稱病離任，一位推託告老解任，是有原因的啊。時知縣能理解就好，時知縣能理解就好，現在趙巡檢把這司署搬去赤山上，會任滿升官，會任滿升官。喔！謝謝頭目美言，我趙元凱謝過頭目了。哈！趙大人言過了，言過了，我們都要感謝的人是時知縣，你只需要管好你的兵士，不要擾民不可擾民即是。

哈！哈哈，頭目言重了！在我眼下趙巡檢是不敢的，他的兵士更是不敢，若有擾民則罰，若有對民女不敬，頭目您一句話，立斬。感謝時知縣，時知縣愛民如子嫉惡如仇，我民甚幸啊！但趙大人的兵士都滿三年就可以回去故里，他們在這邊都很安分很守規矩，但若有時知縣所言之事，必會通報您法辦。頭目啊！我這下淡水巡檢司就這區區十幾個兵士，如有紛亂之事還得仰賴您的支持才能成事的，您看我還得管到瑯嶠砂碼磯頭（鵝鑾鼻）呢。哈！趙大人多慮了，我們這下淡水平原一向安定，這 18 名兵士足矣。而瑯嶠偏遠，看得到卻管不到，也不必管，管了是多費神而已，不會有什麼好處的，既不生金也不生銀，徒增風險而已，卑南更是如此了，能給這鳳山縣增加多少庫銀啊！他們願意幫忙繳多少就算多少，他們不繳你能奈何，大家相安無事天下太平，要是我茱利安當知縣，我會奏請上級劃定界線，太遠的地方就別浪費太多精神，不合算的。喔！頭目說得有理，也不知道是哪一任的知縣所寫，這鳳山縣最南到砂

碼磯（鵝鑾鼻）頭，好天氣時是可以看得到砂碼磯，但誰也沒有去過砂碼磯啊。哈！時知縣，我知道一句話，普天之下莫非王土，看得到的都是王土，砂碼磯是，這大山也是，但瑯嶠王跟大龜文王不同意啊，他們是您能管的嗎？他們講的語言沒幾個人聽得懂，如去管了您能安心的坐在這縣府的寶座上嗎？那些描述都是過分誇大了，天高皇帝遠，第一任的知縣這麼寫了，皇上也看到了知道了，記錄就這樣傳了下來，你們後任的敢改嗎？荒唐！荒唐啊。頭目，您為人直率毫不掩飾，在下萬分敬佩。頭目，若這下淡水一帶，在新園蓋個媽祖廟來讓居民們膜拜，也當成是社學的所在，不知頭目意見如何。喔！時大人，這社學我們是大力支持的，從前我們就自己教學了，漢文早在儒學教官還沒來的二十年前，我們就自己大力的在教了。至於蓋媽祖廟嘛！我也不反對，也有漳州人的家庭蓋了間簡單的小廟在拜，我也沒有禁止他，只要不勉強居民一定得參拜，我都支持，拜媽祖拜觀世音菩薩都可以，但也請您不能反對社民們祭拜佬祖祭拜阿立祖。頭目勿憂，這祭拜佬祖祭拜阿立祖，跟我們祭拜祖先是一樣的意思，是孝心的表現我怎麼能反對呢。至於這媽祖廟，就讓我帶回去鳳山縣府再研究研究。

　　知縣大人，趙大人喝茶，喝我為您準備的青草茶，這青草茶就如你們的茶葉。嚐嚐，嚐嚐，很消火氣的。嗯，真特別的茶，好茶，好茶。知縣大人，有幾件事換我這小老頭目要對您說說了。頭目您別客氣，都自己人有話直說，我這新官上任最想聽聽建言，直說，直說。時知縣啊！長山來的兵士都不准攜眷，這不合人情啊！已婚的不見妻女士氣低落，在這裡容易生事，這規定不是長久之計，而未婚的兵士常跟我的社女結婚，我的戰士們都憤怒了呀！而這些跟我的社女結婚的兵士，到任後連一個人也沒有回去長山，因為照我們的習俗是由女人繼承家業，這又造成我的社民們頗多怨言。哪天我的戰士無女可結婚，是會出問題的。頭目所言在理，但

這超出我這知縣的職權，我答應往上呈報建議更改。謝謝知縣，另外，社民們稅負過重，已經越來越貧窮，這社稷百姓貧困朝廷何能安定啊！鹽要鹽稅，店鋪要稅，田要田賦，人頭要人頭稅，渡輪要稅，捕魚船要稅，漁網要稅，網罟要稅，砍柴要稅，連我這棲身的草屋也要稅，社女要稅，社男稅更重，捕個烏魚也要稅，連牛也要稅，聽說以後生了小牛也要稅。恕我直言，這些都是過去沒有的，二十年前我們是自由繳穀，當成是雙方友誼，十年前還有漢人自願幫我們繳穀當地租，現在呢，他們也自顧不暇了，我的族人們得自己想辦法，我的族人因為土地開發又失去獵場，這烏魚也被過多長山來的漁船過分的捕捉，變得很稀少，我這善良樸實的族人，失去了大半的土地，他們終日辛勤勞動卻僅能餬口而已，再這麼下去若是有人煽動，您可會頭痛不已啊！現在這一帶的怨言是越來越多，漳州，泉州，瑪卡道，客家都在抱怨啊。嗯，頭目所言絕非造謠，我也親眼看到了這新園並不富裕，我也看到了一些窮困之人。就先這樣吧，這些窮困之人就由您來判定，我來免除他們的人頭稅，但若要縣府救濟他們，縣府也是無能為力的。至於其他稅是三個縣都要一致的，要請示知府才可以，我很同情也了解這情況，我是支持社女可以免稅，但社男嘛！是無法免除的，不是有規定懂漢文的可以減免一些稅嗎？就讓他們勤快的學，我可以再免去一些勞役。知縣大人，謝謝您能體察也見到了問題。

知縣大人，我的社民為何有的選擇離去，搬去遠方您管不到之處生活，就是不願意再承擔這麼多稅負啊！他們累了生活差了，所以四處冒險找新的地方居住。頭目，謝謝您坦白的跟我交換了寶貴的意見，我保證我的任內不加收或增加任何稅目，民以食為天，若連肚子都吃不飽了，必生亂事。是啊！時知縣，古時候沒有官府，人人是吃飽撐著閒著，現在有了官府，人人是忙著撐著找食物，您愛民如子，您這大家庭的孩子都成了窮人，這大家庭豈能富有。最

後還有一件事跟知縣報告，現在羅漢腳眾多，四處遊竄聚眾生事，而福佬客家鮮少往來互看不順眼，這非社稷之福啊。謝謝頭目您指教，在下銘記在心，偽鄭時期您就與其周旋算是與我大清站在同一陣線，鄭逆終於才伏法，有您真好在下的福氣，來日定當再來請益，這兩擔禮物您收下，趙巡檢還要帶我去跟阿緱大頭目見面，這就告辭。恭送時知縣，謝謝知縣的禮物，這次我收下了，但下次別這麼見外，以後只須要人來。我窮困，就以這琉球的黑寶貝相贈，還請大人別見笑。哈！我喜歡這黑寶貝，告辭了。

利安，知縣走了，嚇死我了，我躲在房內連出聲都不敢，一下子來了那麼多官兵，夠嚇人的。芸阿別怕，沒事的，知縣溫文儒雅，雖是滿人但漢話說得不錯書讀得不少，剛剛上任一股熱忱，我趁機跟他交換一些意見，效果還不錯，至於他能做多少只能由時間來驗證。尪吔你好棒，我們快去找安娜姊姊，她一定也是心驚膽跳的。哈！好吧，我們一起去，也跟她商量商量再去琉球探親之事。喔！你們說好了要再去琉球喔。是啊，這次就我們三個老的帶上相阿思阿的六個小鬼頭，讓琉球人都能認識他們，我們也都老了，能去一次琉球就算一次，趁還能動再去玩玩放鬆放鬆。哈！好，現在阿緱頭目漸漸的取代你的位置了，這是好事，你也該退下來了。是啊！阿緱社大人多，頭目正值壯年又有智慧，我也很放心。喔！對了，這兩擔禮物，留一份給安娜姊姊，其他的就分送給每個長老跟每個窮困的家庭，我們自己沒什麼欠缺，都分下去。

30

烏鬼阿洞

芸阿，這精美的布是知縣送給利安的，妳怎麼把它拿來給我。姊姊，這是利安吩咐的，總共有兩擔呢，都會分給有需要的人，這匹布妳就收下。喔！這時知縣出手那麼大方。是啊！他是旗下滿人，來這滿清最偏遠的地方當知縣，我猜他是富家子弟，時知縣只是來過個經歷，很快就會升官回去京城。哈！芸阿見過知縣。姊姊，我哪敢，我躲在房內偷聽利安跟知縣談話，我猜的。喔！利安啊！你跟知縣談了什麼呀！這稅負過重的事有沒有說啊。跟姊姊報告，有，有說，知縣答應任內不加稅也不新增稅目，我還說了很多，該說的都說了，時知縣也有聽進去。喔！他既是旗下來的若可以直通滿人皇帝，這他如任滿回朝，說不定會奏請皇帝將我們的大員還給我們，免得為了這小小的三個縣，折騰整個朝廷。哈！姊姊想的比我還遠還樂觀，但願，但願。姊姊，利安說得對，這哪可能啊，我們的土地不要被漢人全佔光就菩薩保佑了，這滿人在當官，漢人佔了多少我們的土地都成為滿人的，哪會想到要還我們福爾摩沙人

土地。哈！沒想到你們兩個女人今天談起政事，還說得頭頭是道，
這樣是好事，不像我們的族人都不談政事了，忌諱談論深怕惹事。
哈！我的看法是，滿人當官，利用我們福爾摩沙人跟長山人，雙方
互相抵消力量，他們才好穩穩的繼續當統治者，而這一招也會用在
福佬跟客家，漳州人跟泉州人身上，這個招數滿人在長山時就常常
運用，每次都達到他們想要的成果。喔！弟弟，那怎麼辦，這滿人
比漢人還要奸巧。安娜，這滿人聽說比漢人還要少很多人，他們當
然會想出這個方法，若說奸巧嘛！我看也算是，這就是統治者的權
謀，而現在我們要有自覺，福爾摩沙人跟漢人已成為命運共同體
了，有著共同的未來。我們福爾摩沙人勢力大時，滿人就會利用我
們來壓制漢人，當漢人勢力大時，滿人又會利用他們來侵占我們的
土地，他們滿人坐享利益。哇！弟弟那怎麼辦？這漢人貪心，而我
們的族人天真善良，這樣會被滿人利用而不自知的。是啊姊姊，我
們很願意把泉州人漳州人客家人，都視為是福爾摩沙人，可是他們
都把目光放在天上，完全看不起我們。

他們都以自己
為中心，都對別人不
放心，所以我才悲觀
的想著，我們這美麗
之島福爾摩沙，以後
的日子小紛爭跟大紛
亂，甚至是戰爭是很
難避免的，這跟在長
山常常有戰爭是相同
的道理。弟弟，那怎
麼辦？不如趁我們還

新園（新遠）小赤山上的（赤山巖）供奉觀世音菩薩。
為瑪卡道族潘姓人家創建當時是茅草屋。

沒去琉球之前，先去觀世音菩薩那邊拜拜，祈求他救苦救難，保護我們福爾摩沙的所有住民平安。喔！安娜，妳不是都說上帝嗎？怎麼今天要去求觀世音菩薩了。芸阿，上帝隨著荷蘭人離去了，雖然這輩子上帝一直在我的心中，也支持著我，但我聽說觀世音菩薩跟上帝一樣，一個用愛救苦一個聞聲救苦，現在我們的族人潘世，在小赤山上蓋了一間觀音廟，供奉著觀世音菩薩，我幾十年沒見到上帝了，就去見見觀世音菩薩也是好，除了求他保佑福爾摩沙，也保佑我們此次琉球行平安啊。好吧，姊姊我陪著妳去，就跟新園所有住民說，我們明天去小赤山祭拜觀世音菩薩，歡迎大家跟著去，而以後若有蓋媽祖廟，我也會帶著大家前去祭拜。

　　終於又等到萬里無雲風平浪靜的日子，利安，安娜，芸阿，帶著六個已成年的孫子到琉球探訪親友，船一到白沙尾，月美美跟和阿早已來到沙灘接人，安娜終於見到了她的大女兒月美美，女婿和阿，跟幾個孫子來接她，也有很多琉球人跑來看熱鬧。經過一番介紹大家才認出安娜跟利安，好多年沒來琉球了，白沙一樣潔白，山巒依然青翠，湛藍的天空，清澈的海水，大大的太陽，琉球人還是一樣的熱情好客。月美美啊！妳曬得好黑啊！每個人都曬成烏鬼了呀！哈！阿母，黑才健康啊！要走到天台還有一段路，要不要我來背妳。不用，不用，這路我跟妳阿舅走過很多次了，我一步一步慢慢走，看看風景，也看看這邊有什麼變化，我跟利安還有芸阿，還打算全琉球島都走一走，大寮，相思埔都想再去走走，能走得到的地方都想去。哈！好，我都會陪著你們，去到哪我都陪著。女兒啊！沒見到守阿跟水阿，他們夫妻是不是老了走不動了。阿母，我婆婆已過世，是去年的事，而我公公腳痛在家等著我們，但年紀大了有些重聽，他現在身體也大不如前了。

　　阿母，和阿的弟弟討海失蹤沒有回來，和阿的妹妹現在去住在大寮。為什麼她現在住在大寮。阿母，因為她先生跟和阿的弟弟同一艘竹筏去捕魚的，都一同遇難了，她現在去大寮跟著她的新愛人住。喔！那她的小孩呢。阿母，他們都住在一起，是兩個家庭變成一個家庭住在一起，因為對方的妻子生產時不順利，難產死掉了。喔！老天這樣安排啊！人各有命，我去大寮時去見見他們。還好妳跟和阿有從新園搬回來琉球住，要不然守阿夫妻怎麼辦？想當年他們夫妻倆受我阿舅德哈利的請託，帶著小蜜，阿母跟利安帶著他們從新港（新市）逃到新遠（新園），唉呀！時間過的好快啊！我的月美美也成為婦人了，難怪琉球沒有人認得我，我已成為白髮蒼蒼的老太婆。哈哈！阿母愛說笑，在女兒心中，妳永遠是那個迷倒全福爾摩沙男人的金髮美女。哈！哈哈，不止呢！阿舅跟妳說，連荷蘭人也被迷倒。哈！哈哈哈！……哈！

　　親家，你這腳傷還好吧。唉！不太好，都一個月了，發黑的範圍越來越大，去海邊撿螺不小心被珊瑚礁岩刮傷了，一般小傷口都用海水洗一洗就好了，這次啊！一直好不了，年紀大了傷口一直不癒合，昨天還發燒呢。安娜，頭目，你們還是叫我守阿就好，才聽得習慣。守阿，時間過得好快，連我也老朽了，我這次再回去新園，會卸下這總頭目的位置，新遠已變成新園，快變成長山人的天下了，雖然他們依然敬重我，但我也老了時代不一樣了，我們福爾摩沙人在新園越來越沒影響力，瑪卡道族人紛紛搬離，而福佬人越來越多，留下來的族人也把自己變成福佬人，在新遠我們這一輩的人，是最後一批瑪卡道人了。是啊，頭目，現在連琉球也有人取漢姓漢名了。喔！當年鄭王的逃兵帶著福爾摩沙人妻子，來住在琉球的幾家人呢？頭目，有一家人又搬去了瑯嶠（恆春半島），說那邊地大人多好生活，也有的住了下來都變成琉球人了，我們琉球早已不談拉美的事，我這一輩死後就更沒有人知道拉美的事了，我們

也不分是福爾摩沙人還是長山人，也不會問，大家不分彼此互相幫助。親家，這樣很好耶！在新園就不是這樣了，我們是憨番，漳州是漳州，泉州是泉州，大山旁還有客家呢。

吔！客家？哪來客家？大山旁不是瑪卡道，大山上不是排灣，魯凱嗎。哈！這說來話長也很難說清楚。因為種族眾多言語不通，大家各想各的，又有著不同的各種利益，連基本的立場跟價值觀都不同，唉！紛紛擾擾的，還是琉球好，與世無爭平靜無波。安娜，琉球有琉球的好，但是也有很多不好，人口一直沒有增加多少，小嬰兒養不活的很多，要養大小孩不容易啊！沒醫生也沒有產婆，這大海阻隔生了病成了麻煩事，水阿去年就因為肚子痛，痛到昏了過去就再也叫不醒了，唉！我們都不知道該怎麼辦，這肚子痛不就拉拉肚子就好了，可她就這樣離世。守阿，人的生死是天注定的，水阿從新港來琉球安定快樂的生活了五十幾年，也夠幸福的了，想當年你們決定成為夫妻，都還來不及宴客，海賊王鄭成功來襲，我們一群人立即逃出新港，當年的逃難過程歷歷在目，如今連我也老朽了，這次再來琉球也是想再看看他們。哈！我前幾天在新園才跟觀世音菩薩祈求，要保佑這福爾摩沙平靜安全，人人都能過著幸福安穩的日子，拉美人的苦難遭遇就到拉美人為止，若我們都離世了，人人都忘了拉美，這悲情就結束了。利安，人家琉球現在是不談拉美的。喔！好，不談，不談。

哇！這天台上看琉球好漂亮啊！站在高處整個琉球都看得到，連福爾摩沙的大山也清清楚楚，那一邊是相思埔，那是大寮山，山邊的小平原是大寮，連白沙的尾巴都看得到，看得到打狗山，鳳山也看得一清二楚，佳祿堂跟瑯嶠也能看到，而夕陽的那一邊就是祖先的大洞穴了。是啊安娜，住在這天台上風景美不勝收，但起風時風大了一點，現在啊！我編的那個鬼故事發揮了很大的作用，完全

沒有人敢進去祖先的大洞穴了,連經過那一帶也不敢,再也沒有人會進去打擾。喔!守阿,是你編的那個假的鬼故事說:你看到了一個皮膚很黑的婦人,在夜晚來井邊挑水,身邊還帶著一男一女兩個黑小孩子,說他們是從大洞穴出來挑水的,然後消失不見的事嗎。哈!是啊!為了不讓好奇又多事的人進去大洞穴,只能這樣了。我還編了另外一個更嚇人的,說水阿在傍晚剛天黑的時候,看到一群黑皮膚的小孩在洞穴外玩耍,被發現時他們立即站著不動,全部轉頭怒瞪水阿後全部飛入洞穴去。

哇!守阿你好聰明喔!聽了好可怕。安娜,這說也奇怪,我有一個鄰居說,她也是在快天黑的時候看見一個婦人,坐在大洞穴上方的平台上,面對著大海哭泣,還有哭聲,她也是先聽到哭聲才看到那婦人的,她往那婦人走去,想瞭解是遇到什麼傷心事,那婦人還轉頭看她,是一個面目全黑完

拉美人祖先的大洞穴,內有石桌,石椅,石床,有一小溪水穿越,是他們躲避敵人的天然洞穴。

全不認識的婦人,兩人兩眼對視後,她才一眨眼想看得更清楚,那婦人就消失在她的眼前,她急奔而回躲入被窩,兩天不敢下床,後來還生病了。哇!好恐怖!守阿你別說了,這是你編的第三個鬼故事吧。哈!安娜別怕,這是她說的不是我編的,從此之後我們琉球人都叫祖先的洞穴是,烏鬼阿洞。哈!姊姊,妳別聽守阿鬼扯,守阿用心良苦,我們信上帝什麼也不怕,明天照樣去祭拜也做禱告,說我們又回來看他們了,我們都已老朽死都不怕,更不相信有鬼,

我們一輩子都在做善事，心地又善良，神鬼都會幫助我們。利安你說得對，哪有什麼烏鬼？還烏鬼阿洞？被荷蘭人用火燒死燻死燻黑的，所以守阿才編這三個烏鬼的故事，目的是不讓人進去打擾祖先，不要再誤傳說洞內有黃金有寶藏，而隨便進入而已。是啊！姊姊，我們小時候阿母也講過他們在洞穴內的事，說洞穴很深很長很大，洞中有洞有三層，洞穴中央還有一條小小的流水，裡面很暗很黑，進入洞穴是很危險的事，守阿編這三個烏鬼的故事，是怕有人進去

洞口：原洞口已經塌陷，只剩下此一小入口。

出不來發生危險，也算是好意。哈！哈哈，好啦我承認，這些烏鬼的故事都是我編的，而目的也是如你們說的這樣。

　　利安跟安娜還有芸阿一行人，在琉球四處尋訪遊玩看風景，六位孫子也都介紹給琉球人認識，正想等好天氣時返回新園，守阿卻離世了。和阿說了：我阿爸昨夜一直發燒，那受傷的腳掌又腫又紅又黑，昏昏沈沈中要了一些水喝，喝完水入夢後就離世了。全部的琉球人都來給守阿送行，他們一致推舉和阿擔任他們的意見領袖，而頭目嘛！還是利安，他們都知道守阿把新遠（新園）的頭目當成是他的頭目，所以利安當然就是琉球的頭目。利安說了：那是守阿還在新遠（新園）的時候。

　　守阿他來琉球都五十幾年了，琉球從四十幾人到現在一百多人，也該有自己的頭目或頭人，而我這次回新園後也要交棒了，我已老邁無法再勝任，那就再當三天琉球頭目吧！三天後我離去，你們要推舉出自己的頭目才行。

　　利安回到新園後堅持要卸下頭目一職，眾人都要他再做幾年，也說了這下淡水平原各部落都以他的意見為意見，這眾人心目中的總頭目不是說換就能換的，是無人可以取代的。

　　芸阿，我這頭目的職位卸不下來，我看我是要做到老死了。哈！誰叫你能力那麼好，為何你不先把長山人的事，就都由長山人的頭家去處理就好，再有長山人來找你處理事情，你就要他們去找他們的頭家處理，這樣你的事就少了一半，而維持新園安寧的事也讓巡檢司去全權處理，你只要推辭巡檢的請託既可。喔！這是好辦法，就這麼辦。那水某呢，我這眾頭目心中的總頭目該如何處理。哈！一樣啊！你不是一直想推薦阿緱的頭目嗎？阿緱（屏東市）人口眾多，又地處這南北的中央地帶，他能召集的戰士眾多，連山邊跟附近形成的客家聚落也要看他的意見，是時候了，以後各個部落有紛爭你都稱老不出面，你只要指定阿緱頭目出面處理就可以，久而久之大家習慣了就定了啊！何況你真的老了，這次去琉球你走走停停的，琉球的小山坡都快走不上去了，真的沒有那體力再做這總頭目了。是啊！真的沒那個體力了，若這下淡水平原發生戰事，我是無法指揮這眾多戰士的，水某妳說得真好，我聽某嘴大富貴，就照妳說的做。想想我們新遠人的土地，漸漸的變成長山人的田園，變成長山人的新田園，現在的東阿土港長山人還比較多呢，麻里麻崙就是十年後的新園，力力跟大木連呢？二十年後也變成現在的新園了，唉！世事多變，年輕的時候一直想著教育族人，強大自己的力量，全力的找鐵礦，還想著建立福爾摩沙共和國呢。現在啊！

滿人皇帝決定一切，福爾摩沙人，漢人，就只能自求多福。尪吔，
常常傳來大肚王跟漢人們紛爭的消息。連官府都直接跟大肚王起衝
突，這大肚王比你還難當啊。在諸羅山，知縣都偏頗的支持漢人壓
縮虹雅族人的生活空間。芸阿，這都怪漢人們太貪心，一直往人家
的領地擴充，也要租也要占，先說租等漢人多了就不認帳，最後趕
走土地主人變成永久是他的，跟我們這邊類似，只是我們這邊的做
法溫和一些，是租加騙，我還在我們的力量也還在，哪一天我們的
力量不再強大，漢人們是不會客氣的。

　　芸阿，現在中部的福爾摩沙人，也有取漢姓漢名的，也想跟漢
人們和平相處，但實情是一再的被欺騙，他們一再的忍耐，這忍耐
到最後，就是我最擔心的事。尪吔，怎麼那麼多紛亂啊！荷蘭人時
期比現在安定多了。漢人們都說滿人是韃靼，對滿人是十分不滿，
他們會不會起衝突把我們福爾摩沙人也拖下水。水某吔，會，他們
起衝突會把我們拖下水，他們都指望著把我們拖下水，唉！而我們
這愚昧無知的的族人啊！會紛紛的跟著跳下水。哎呀！自己不知道
憨，被利用了還不知道，還自己安慰自己說：巧吔吃憨吔，憨吔吃
天公，天公疼憨人。

　　又過了十年，新園已成了福佬人的天下，今年的冬天是特別
的暖和，這每年都來報到的烏魚是少得可憐。老老頭目啊！這兩尾
烏魚送您，您要顧好身體，你是我們新園的寶貝啊。喔！你是誰？
我怎麼認不得你。老老頭目，我是黃仔的最小孫子，現在跟著我阿
爸捕魚，我阿公特別交代要拿烏魚來給你吃。兩條是要送你的另外
一條要送給荷蘭阿祖的。喔！你很乖很棒，謝謝你謝謝你阿爸跟阿
公。你阿公現在還好嗎？我阿公不太好，走路都走不動了，年輕時
討海太拼了，還好媽祖有保庇，沒命喪大海。喔！我知道討海人的
辛苦，我在琉球的親友也是討海人，你討海要注意安全，風浪太大

就不要太勉強，生命要顧。好的，謝謝老頭目提醒。安娜，有烏魚吃了，黃阿的乖孫拿來的。哇！謝謝他們，現在烏魚那麼少了，捉烏魚官府也課了重稅，還能分我們吃。是啊姊姊，還一次拿來三尾呢，說送妳一尾送我兩尾，我把我的一尾切成三段分給鄰居了。利安，你還是跟年輕時一樣都時時刻刻為別人著想，有你真好。姊姊最近常想著，上帝是不是忘了我們了啊！我這雙腳都不能走了，怎麼還沒來帶我走啊！我們就這樣一直活著，乖孫們就這樣一直陪著我們在新園，耽誤了他們的前途。哈！姊姊，妳有乖孫仙阿跟乖孫媳婦照顧的好好的，死不了啦。哈哈！你的乖孫有阿跟他的牽手把你照顧的更好了。姊姊，去年芸阿過世，現在就剩下我們兩個老阿祖，我最近也很少想起我的兒子女兒，卻老是想起我們小時候在蕭壠的事，蕭壠的鄰居們，蚶西港的鄰居們。利安，我也是吔，我還夢見去赤崁玩的時候，那熱蘭遮城還清晰的矗立在眼前呢，利安，我把從前的故事都一一的跟仙阿講了，讓他知道我們是從何而來，而他們如果有什麼人生的計畫，等我死後要離開新園就離開新園，現在連生小牛也要繳稅了，砍柴砍竹子砍藤都要繳稅，照這樣下去怎麼生活啊。

是啊姊姊，從前時知縣在任時還好，趙巡檢也還勝任，現在李知縣的權利都被王知府的兒子把持著，而王巡檢放任著下屬，動不動就把施世驃施大人抬出來說嘴，仗勢欺人，依我看呀！福佬人，客家人，我們福爾摩沙人都快受不了了。利安啊！別說這些煩心的事，我們連牙齒都掉光了，能吃一餐算一餐，能睡醒來就又有一天，睡不醒來就一輩子了，幸好你早已不當這總頭目，你就每天清閒的過日子，常來陪姊姊聊天，什麼事也別去想，你也管不著了。哈哈！好，我聽姊姊的話，就像小時候一樣，什麼事都聽姊姊的。利安，我們兩個都子孫滿堂人生算很圓滿，比大部份的人過得還要好，雖然我們的兒子女兒都搬離新園，各奔了前程，這也是時

勢啊！我還希望他們搬去更遠的地方呢，離官府越遠越好。哈！可是也有人搬去新港（新市），說新港現在熱鬧了，有幾條街，有新市集可以做生意。而搬去鳳山的人更多，他們說鳳山更好做生意。頭目阿公，阿嬤，吃烏魚了，王頭家拿了米粉來，我阿母煮了你們最愛吃的烏魚米粉，趁熱吃了。喔！好，正流著口水呢！這福佬人頭家還真有心沒忘了我們。是啊！這漢人吃的名堂真多，會做這米粉，還真好吃。

有阿來，阿公有話跟你說。阿公你是要講你年輕時的事嗎？我都聽很多次了，還是要說你帶戰士去大員的事，那都是古早時代的事了，我也都聽過了。哈！哈哈，還記得故事就好，阿公今天要講的是以後的事，以後會發生的事，你都要聽清楚了。喔！阿公好厲害啊！連以後的事也能猜出來。是啊乖孫，阿公跟你說，官府規定從今年開始不能用穀繳稅了，都要繳錢才可以，而且連生小牛也要報官府，生幾隻就要多繳幾隻牛的稅，你猜看看這會發生什麼事。阿公，這事大家都知道了縣府的公告都有寫，每一個人看了都搖頭嘆息愁眉苦臉的。這就對了，乖孫吧，現在阿公要跟你講的，你也要跟仙阿說，阿公老了再活也沒幾年，近期都感到胸悶疲倦，如果這新園發生什麼大事，你盡管逃到別的地方去生活，去找你阿母去找你姊姊，哪裡都可以，現在的新園已經不是從前的新遠了，以後只會更加紛亂，現在每個生活在這土地上的人，都被這重稅壓得喘不過氣來，你想一下，我們沒錢又不能用穀繳稅，這樣就得先賣了穀才有錢繳稅，而這穀商又是有官方關係的人開的，穀的價錢早被他們控制了，現在大家急著賣穀換錢來繳稅，這還得了，糧商不壓低價格收穀才奇怪，這是官府跟糧商勾結，兩頭賺的手法，這太奸詐了！官府還限期一個月要繳稅。

　　阿公預估收穀的價錢會只剩一半，那就表示稅是增加了一倍，官府還限期一個月繳稅，繳稅的人還得付搬運穀的人工費用。而過去我們賴以維生的牛現在也要抽稅，小牛一出生就要多繳稅，你再想想看，手上沒錢的人只能趕快賣牛，這又跟賣穀一樣了，牛是活的每天要吃又要人顧著牛，誰會沒事買那麼多牛來養著啊！這一時之間牛價也會大跌。阿公，你說得對，以前是有需要時才殺牛，我們原住民的牛不是耕牛，不必繳稅可以養著慢慢賣，價格穩定我們還能生活，現在官府不知民情，一下子全部的牛都要繳稅，有二十頭牛的人，是要從哪裡生出錢來繳稅啊！要牽五頭牛給官府繳稅官府又不收牛，這真是故意擾民。乖孫吔，阿公想的是更可怕的陰謀，我怕這是要逼走更多我們族人的手段，好讓出寶貴的土地，或者是要逼迫我們反抗好有一個藉口殘殺我們。王知府的兒子這次要闖大禍了，啊！這官逼民反民不得不反，只要有人煽動，早已吃不飽的農民工，對官府不滿的眾多羅漢腳，泉州人，漳州人，客家人，我們福爾摩沙人這次都受不了了，氣氛不對啊。阿公，可是我看他們都沒有呼天搶地啊！只有一些小小的抱怨。憨孫吔，這才可怕啊！會呼天搶地的表示還能忍啊！不動聲色的串連，起的風暴才會大啊！滿人統治的這幾十年所積的仇恨會一次引爆。哇！阿公你說得很有道理，那該怎麼辦呢。乖孫吔，就保命要緊，我們盡量不要捲入衝突，滿人跟漢人要輸贏就讓他們自己去輸贏，我們是福爾摩沙人啊！是他們口中的憨番啊！這次就讓漢人跟滿人當憨番，你要避得遠遠的知道嗎。阿公我懂你的意思了，阿公好厲害想得比任何人都遠。乖孫吔，還有一件事，你要好好的教育你的下一代，至少要像你一樣，漢文漢語要精通，客家話，排灣話，能學什麼就學什麼，我們的話跟文字不能忘記，雖然趨勢是漢文的天下，但你聰明，能學就學，會的學問跟語言不嫌多只怕少。阿公這道理我懂，但我自認沒有那個天份，我沒有辦法像阿公那樣，荷蘭文，新港文，漢文都精通，那對我來說太困難了。乖孫吔，阿公知道，阿公是要你記得，你養牛種田捕魚做生意都好，你的子子孫孫也一

樣，做什麼工作都好，但一定要讀書識字，知識要豐富，知識才是
力量。為什麼長山人都稱我們是憨番，熟番，大山那邊的朋友是生
番，因為他們的知識比我們好，如果哪一天我們的知識比他們好
了，那長山人就自動變成番了啊。阿公，我聽懂你的意思了，我會
努力的照著做。

　　仙阿，乖孫吔阿嬤有話跟你說。阿嬤，妳是不是腳又在痛了，
要不要我幫妳按摩按摩。好啊，阿嬤的膝蓋跟腰都又痠又疼的，你
幫我按按舒服一點，阿嬤跟你交代一些事情。阿嬤妳說我都會照著
做。哈！好乖，乖孫吔，你都當阿爸了阿嬤也當了阿祖，阿嬤的時
代就要結束，你除了要教育好你的子孫，記得有空時也要去琉球走
走，拜訪琉球的親戚不要疏遠了，人家說：一代親，二代表，三代
散了了，你姑姑還在，去找月美美姑姑玩。好的阿嬤，我雖然只有
去過一次琉球，但我愛上了琉球，那裡有如人間天堂，可是我現在
每天忙碌的顧三餐，又有小孩了責任好大，我會找機會等小孩長大
一點帶他們去琉球認親，就像當年妳帶我們去琉球一樣，我好懷念
那一次的琉球行。乖孫吔，這春暖花開理應是朝氣騰騰，但阿嬤感
應到是殺氣騰騰，最近一個月太平靜了，這不對勁啊！常有客家人
來新園不說，連平常吵吵鬧鬧的漳州人跟泉州人也都相安無事，他
們很明顯是在密謀什麼。阿嬤，我也感應到了，客家人一向很少跟
福佬人往來，怎麼最近常有 3，5 個一組的人來談事情，而且也不
是拿東西來賣，神神秘秘的。是啊，雖然阿嬤走不動了但頭腦還清
楚，這官府抽的稅又重又急沒有人受得了，所以滿人跟漢人的衝突
要發生了，當衝突發生你要袖手旁觀，不要被利用捲入衝突，一旦
衝突發生，他們都會想拉攏我們福爾摩沙人加入他們的陣營，你要
想辦法通知我們的親人跟族人，我們沒有必要加入他們的衝突，除
非戰事延燒到我們，他們來攻擊我們，這樣你懂嗎？哇！阿嬤妳好
有知識喔！妳是要我只能保衛家園，不要被煽動去加入他們。

　　是的乖孫，他們一定是在串連著要反官府，推翻官府，福佬跟客家竟然會串連，當然是針對滿人官府不是我們。這不會只是去鳳山縣府（在現今的左營）抗議而已，連臺灣府（台南）也會是目標，他們漢人這次就是要團結起來把滿人的勢力趕出福爾摩沙，我們務必自保別傻傻的加入他們。哇！阿嬤，這知府如果是妳來當就好了，我好佩服妳喔。哈！阿嬤一個老女人怎麼當知府，現在的社會變成重男輕女，跟以前是完全不同的，以前我們福爾摩沙人是重女輕男，這好習俗都被長山人來了以後給教壞了。哈！哈哈。什麼事能讓你們嬤孫聊得這麼開心。喔！利安，你來找姊姊聊天啊。是啊姊姊，有阿帶著他們全家人去找他的父母，去找他的阿兄阿姊。喔！是帶小孩子去讓他們看看嗎。是啊，去力力（崁頂），加藤（以南州為中心）還有上淡水（萬丹北），他們預定要去兩個月，如果可以的話也要去阿緱玩玩。我還要他們傳達如果發生什麼戰事要避免捲入呢。利安，那這段時間你就來跟姊姊住，我們剛好可以聊天聊到睡著，醒了再聊到天亮。哈哈！姊姊我看這樣好了，我那偌大的頭目住屋第一次只有我一個人，氣氛也怪怪的，有阿不在的這段期間，你們都來住在我那邊好了，以前你們也去住過啊！房間都空空的。喔！好啊！姊姊要住瑪雅公主那一間，我知道你把她的東西都整齊的擺在房間裡，我也好懷念從前常跟她一起睡覺的時光。哈！哈哈，好的，我更懷念著她，就這麼決定。我現在可背不動妳了，仙阿負責背妳過去，我現在呀！連走路也吃力，妳看今天第一次拿這拐杖，沒有這支拐杖啊！走不動了。哈！走不動跑不了才好，這樣就可以每天跟姊姊聊天了，才不會四處亂跑，一會兒跑去看牛，一會兒跑去看田，一會兒跑去溪邊看人捉魚，我都擔心死了怕你跌倒。哈！哈哈，這樣說也算有個歪理，我們現在都是老阿祖了，不但怕跌倒還要靠別人扶，更怕躺下去睡著就再也爬不起來了。哈！哈哈！……哈！

　　怎麼一大早外面就亂哄哄的，阿嬤，是從大山旁邊來了很多客家人的農民工，大部份是羅漢腳仔，來新園召集大家反清復明驅除韃靼人，帶頭的叫杜君英。利安，你快起床快起床，快去勸阻他們。姊姊，你不要怕。仙阿，你快把門窗都關好，鎖好，我不當總頭目都好幾年了，應當沒有人會來找我，如果有人來問要我出面當召集人，就說我重病了走不動，叫他們有什麼事都去找漢人頭家說。嗯！快快快，牽手吔像舅公講的這樣快幫忙做，兩個小孩也要他們躲入房內。安娜，這一劫難逃，我們也跟上帝祈禱了，老天爺菩薩媽祖都求了，還是沒有用，又是反清復明，鄭王都死多久了，鄭王的屍骨也被挖去向滿人皇帝行投降禮了，幾十年了吔！還反清復明驅除韃靼人。是啊利安，全被你料中了，這分種族分民族真是禍害萬年啊！一切的衝突一切的戰爭都是因為這樣來的，平時彼此不尊重彼此，說盡別族的壞吹噓自己的好，累積了怨恨久了變成了戰爭，生靈塗炭啊！一群無知的可憐人。唉！姊姊啊！我們年輕時遇

到鄭成功跟荷蘭人大戰，死的死逃的逃，中年時遇到滿清來攻打鄭克塽，受苦的又是可憐的人民，現在都老朽了還要再遇到一次，漢人們聯合要消滅滿人政府，福爾摩沙啊！福爾摩沙啊！何時才能安定啊。阿嬤，舅公你們別怕，我帶你們過力力溪（東港溪）去力力，再逃去加藤，那邊我們的族人多，可以安心一些。哈！憨孫吔，阿嬤八十幾歲了，連走路都走不動，每天也只吃一點點，阿嬤活得夠久了，阿嬤哪裡也不去，不再逃了，沒有人會對一個既將老死的老太婆怎麼樣吧。是啦！仙阿，舅公跟你說，若情況危急你帶著小孩子跟牽手先逃走，我來照顧你阿嬤就可以，我陪著她煮個粥吃還可以，等事件平息了你們再回來新園。就如你阿嬤說的這樣，沒有人會對兩個即將老死的老人怎麼樣的。舅公，這我做不到啦。仙阿，你聽舅公說，當年我也是下了決心，聽了我阿舅德哈利的勸，帶著你阿嬤逃來這裡的，這歷史恐怕又要重演，漢人越多的地方就變得越不安全，仗打起來是不會管什麼事的，你要以孩子跟牽手為重，聽話。

是啦！乖孫，萬一真的打起仗來，說不定會打好幾年至少也會打幾個月，舅公會煮東西給我吃，有他陪我什麼都安心，而且還有鄰居啊！我們平常廣結善緣鄰居們也會幫我們，你先過溪去力力好了，先去找你阿舅，等風波平息再回來新園。阿嬤，我出去外面看看怎麼變得靜悄悄的。

阿嬤我回來了。怎樣，外面現在情況怎樣。阿嬤，舅公，整個新園只剩女人跟小孩，還有我們的族人，其他的人都渡河要去埤頭（鳳山）了，他們把所有人的舢舨，竹筏，小帆船通通開走了，能拿去當武器的東西都拿走了，除了我們家沒有被搜刮，他們也把穀物吃的東西全部載走。喔！姊姊妳看，一群烏合之眾，只仗著人多而已，這要跟清軍打起來即使是打贏，是要死多少人啊。利安，

我看這死傷個幾千人是免不了的，他們還敬重著你不敢來要糧。姊姊，他們來拿我會全部給他們拿去，我會說我這老人吃不了多少糧，就都拿去都拿去。哈！哈哈，我看他們是怕被打吧，我們現在人少，但不表示都不抵抗了啊，這客家人都欠著你的恩情的，除非他們的長輩都不提當年你如何幫他們的事了，他們現在能在大山旁平穩的開墾生活，還不都是當年你的仁慈才有今天的。哈！姊姊我都忘了這些事了，妳好記憶，妳好記憶。阿嬤，舅公，我決定帶妻兒們過力力溪先去阿舅家，如果還不夠安全，會再去加藤找蕭吉蕭利他們，這大戰難免，以後的變化無法預測，我會小心應付，你們保重。喔！很好，這樣才是阿嬤的乖孫，阿嬤把這恩人牧師送給你阿祖的十字架傳給你，你帶在身上，當你想要有強大的力量接引你時，你就緊握著它，讓主接引你。阿嬤，阿祖留給妳這十字架幾十年來都陪著妳，妳就留著，我的力量強大，老天有眼菩薩保佑，我會平安無事。好吧！阿嬤就留著，你們馬上動身天黑就不好了，全家準備準備，快去。喔！仙阿等等，舅公把這些值錢的東西都裝在這袋子了，你阿嬤的也都在這裡面，就由你平均分配給二十個兄弟姊妹，我跟你阿嬤是用不到這些錢了，剩下的三坵田隨你們怎麼處理，還有十頭牛，我先請鄰居們顧著，我若分配給鄰居們，你們也不可以有意見，聽懂了嗎。舅公我聽懂了也會照著做。一路小心，鄰居桃阿會來幫忙，乖孫快走。

　　兩位老菩薩啊吃粥了。桃阿多謝喔！有沒有鳳山一帶的消息啊！你的漳州人頭家呢，有沒有他的消息。老頭目，從鳳山傳來好消息說，杜君英神勇無敵，昨夜已攻破鳳山縣城，而赤山上的滿清巡檢司守軍，早被他們砍殺殆盡。而我那漳州頭家，帶著一百多個農民工一起去打仗，都沒有他們的消息。聽說另外有一個叫朱一貴的也起兵會合，雙方要聯合去攻打臺灣府。喔！知道了，妳辛苦了。這地瓜粥配豆乳真好吃。利安，有長山人來，我們吃的東西種

類豐富，我也愛吃豆乳配蕃薯粥，我可以多吃一碗。哈！姊姊，妳多吃一點，吃完我再幫妳盛。利安啊！這杜君英勢如破竹，又有朱一貴帶兵來合擊，這滿清軍守得住臺灣府嗎？姊姊，這不好了啊！臺灣府如攻不破是不好，如被攻破了那更不好，這仗打成這樣我們福爾摩沙人是避免不了被捲入了。喔！利安為何呀！如能攻破臺灣府，滿人滿清軍都被逐出福爾摩沙，那不是好事嗎。姊姊，如攻不破臺灣府那起事的漢人們都會被殺盡，這不是好事吧。如臺灣府被攻破了，滿清軍都被殺盡，那事情就更大條了，杜君英跟朱一貴都高舉反清復明驅除韃虜的大旗，滿人皇帝就不會從長山派兵來嗎？這反清復明是滿人皇帝最不能忍受的，非得要完全除去才行，那我們福爾摩沙人的悲慘命運又要來了。他們犯了跟鄭成功相同的錯誤，這反清復明驅除韃虜，要改成驅除韃虜恢復福爾摩沙，這才會成功啊。利安是啊，我知道你的意思，這福爾摩沙自古就不屬於滿清的，恢復福爾摩沙滿人皇帝才可以接受，但反清復明是先佔有福爾摩沙後，再去攻打滿清皇帝的天下，那還得了，滿人皇帝是不會容忍的。姊姊，就是妳說的這樣，對的，就是這道理。而杜君英的大軍是一群烏合之眾，農民工，羅漢腳，流氓一堆，路過新園什麼東西都被他們拿走，我看朱一貴的大軍也差不多是這樣，攻破臺灣府的情形，會跟攻破鳳山縣城的情況一樣，亂打，亂殺，搶劫，捉女人，都會發生。利安，戰事已發生也鬧大了，收不回來了，有沒有什麼辦法。哈！姊姊再吃一碗吧我來盛。利安，我吃不下了，聽你這麼說我沒有胃口，我擔心著。喔！姊姊我想到辦法了，如果他們攻不破臺灣府，那就不關我們的事，我們又沒有參加起事，官府不敢傷及無辜，我們還要告杜君英他們搶劫呢。

但如果臺灣府被攻破，我們立刻恢復過去的作法，把這下淡水平原的所有戰士都再聯合集合起來，福爾摩沙的所有戰士跟一些客家的勇士都集合起來，像當年跟鄭王對峙那樣沿著這下淡水河佈

防，讓他們不敢越過下淡水河，我不敢想像一群烏合之眾會如何治理這一府三縣，滿清軍會再從長山來攻擊臺灣府，我們就出兵夾擊他們。我們先集合好戰士備戰，這樣可以自保也可以出擊。弟弟啊！瑪雅，索阿都去了天國，你也老朽了，現在你也不是總頭目了，沒有瑪雅幫你佈防，沒有索阿幫你帶兵，就出一張嘴啊。哈！哈哈，姊姊，當年我帶兵去攻打大員，可是連箭也沒有射出一支就凱旋而歸了啊。哈哈！是沒錯也不是吹牛，再幫姊姊盛一碗，你可要想仔細一點看看怎麼執行，姊姊相信你做得到。

　　兩位老菩薩啊！不得了了！不得了了。桃阿不急，慢慢說，現在雙方仗打得怎麼樣了。老頭目啊！朱一貴跟杜君英已攻破臺灣府，王知府逃回長山去了，連諸羅山也有義勇軍來加入朱一貴他們，所有滿清守軍死的死逃的逃，現在諸羅縣城，臺灣府城，鳳山縣城都被佔領了。桃阿，還有什麼詳細的事重要的事嗎？我是指府城被破百姓如何。老頭目啊！都被你說中了，可憐啊！搶，佔，殺，捉女人樣樣都來，反抗的就被殺死，府城亂成一團居民紛紛逃走，人心惶惶能逃就逃，他們比清軍殘暴我們該怎麼辦呀。桃阿別慌，我們會沒事的，事關重大我需要妳幫我做一件事，妳幫我集合三十位麻達來，妳兒子不是已經 15 歲了嗎，也叫來，我要他們立即去各個部落傳達訊息，要各個部落跟客家聚落立即聯合起來做好準備，把所有戰士勇士集合到下淡水河一帶佈防，從塔樓一直往下佈防到新園，保衛家園就看這一次了。好的，老頭目，老總頭目，遵命，我馬上去辦。哇！弟弟，老總頭目，你好棒，又恢復年輕時的氣勢了，就幾句話，桃阿一個弱女子馬上變成英勇的戰士般，意志堅定的說：遵命。哈哈！姊姊，我老了嘛！只能出一張嘴了，各部落頭目們接到我的傳令，還不知道會不會訕笑呢。跟總頭目報告，他們不敢也不會。哈哈！謝謝姊姊對我這麼有信心。

　　幾日後，又從臺灣府傳來消息說，杜君英與朱一貴決裂雙方戰鬥，他們分成客家派與福佬派，杜君英的客家派被朱一貴的勢力打敗，逃出府城往北逃去。而且朱一貴登基自稱為中興王。

　　以瑪卡道為主力的三萬多戰士跟客家六堆的一萬多勇士聯軍，迅速沿著下淡水河一路往南佈防，從塔樓一路佈防到新園的小赤山上，還來不及佈防到下淡水河口，朱一貴的兩萬大軍已渡過下淡水河口。一大早朱一貴的大軍渡過下淡水河猛烈攻擊新園，只有少數戰士防守的新園無法抵抗，朱一貴的大軍把整個新園搶劫一空，並放火焚燒。……我帶著兒子逃出屋子……我急急忙忙的跑到老頭目家……我看到老頭目家已經起了大火……我呼喊著但完全無法靠近……，整個新園一片混亂，我跟我兒子逃出躲入水溝長草叢中……。朱一貴的兵士往北去攻擊小赤山。我趁隙回到部落，整個新園的屋子都被燒毀了，荷蘭阿嬤跟老頭目姊弟倆，跟眾多的新園住民都被燒死……。桃阿，妳慢慢說，妳不要哭慢慢的說。仙阿，很對不起你，很對不起你們，老頭目跟荷蘭阿嬤就這樣隨菩薩去了，從此了無牽掛。朱一貴的兵士們攻陷小赤山後又往北攻擊麻里麻崙（下淡水社，萬丹南），老頭目跟荷蘭阿嬤有保庇，新卑南王派出的戰士也適時的出現[註]，聯軍大敗朱一貴們，斬殺數千朱一貴的隨眾，朱一貴率殘兵渡河逃去，我們這一帶才安定下來。桃阿，謝謝妳這一段時間的幫忙，還召集眾麻達傳出命令，這些罪惡都是朱一貴犯下的跟妳無關，你的家也被燒毀了，這完全不怪你，妳反而是立了大功勞，而且現在朱一貴他們，被聯軍跟長山來支援的滿清軍圍困在府城內，他們的報應很快就會降臨，老天爺會懲罰他們，為他們所犯的罪行付出代價。

[註] 新卑南王輾轉得知消息，急派數千戰士支援作戰，參與征討朱一貴的戰役立下戰功，事後還得到清朝的獎賞。

利安跟安娜從此去了天國跟隨在上帝左右，他們的兒孫陸續返回新園處理後事，倖存下來的新園居民都來悼念並幫忙。最讓人感傷也最讓人安慰的是，安娜跟利安姊弟倆就對坐在地上，安娜雙手緊握著那小十字架，而利安雙手緊握著他姊姊的雙手，什麼都燒成了灰燼，只在他們姊弟的中間找到了一顆燒到變形的琉璃珠。

又傳來滿清軍攻破府城的消息……，又傳來杜君英投降滿清軍……，又傳來朱一貴被捉住押送府城……。……最後又傳來朱一貴，杜君英及隨從將領們被押送去京城滿人朝廷，都被凌遲處死。據傳，朱一貴臨死前仍慷慨激言：『……你們堂堂漢人，卻在清廷當官，才真的是造反，……』

（約 1905 年）在琉球（俗稱小琉球）

乖孫吧，朱一貴口出此言反映出他的心境，所謂人之將死其言也真，他或許已不再認同他是漢人，不認為他是漳州人，他不願被滿人統治，他被容納住在大傑巔（內門），或許他已認同他是福爾摩沙人。就如同阿公給你講過的故事中那個黃掛一樣。阿公，你講的故事好精彩又好陌生，從來沒有聽到有人這樣講過，是沒有人知道嗎？還是他們不願意講，故事像是假的但又是那麼真實，阿公你講太多太複雜了，我聽了之後是不太能瞭解，而我們世代住在琉球，你怎麼會知道那麼多那一邊（指臺灣）的故事。哈！阿公年紀大了，這幾年跟你講的故事，你能記住就記住，忘了更好，是真的也沒關系，是假的也不重要，你只要好好讀書比別人都有知識，再想出更多的知識來教別人，這才是最重要的。趁著阿公還沒有老癡呆，接下來還有很多故事要講。嗯，我很想聽，你講你年輕時候的故事給我聽，什麼事都要講，我只記在心裡對任何人都不會提起，

一字也不提。哈！乖孫吔，等你跟我一樣老時，你可以跟你的乖孫講故事，到那時候應該就可以講了。

　　那阿公要再繼續講了喔！舊新園（新遠）原本離下淡水河河邊近，新園整個被焚毀以後，新園的瑪卡道紛紛搬離，他們搬去力力，加藤，巒巒，嘉祿堂。少部份的瑪卡道留下來跟福佬人一起生活，他們也搬離溪邊，在離溪邊更遠的地方從新建立新的住所，一年後他們又重建了新的家園，從此再也沒有人講新遠了，新遠完全變成新園。隔了一年，蒼天發怒，連續下了一個月的大雨，下淡水河的河水像是發瘋似的，淹沒了原本舊新園（新遠）的地方，沖走了舊新園（新遠）的一切，完全被大洪水給沖走了，連安娜跟利安合葬的墓也不見了，只剩一片平坦的沙地。阿公，他們會不會是被沖到琉球來，實現了他們從小的願望。哈！乖孫吔你很有想像力，安娜跟利安姊弟可以想要去哪裡就去哪裡，天上，人間，上山，下海，說不定他們去了荷蘭玩呢。而安娜跟利安的兒孫們分散居住在各地，就只有仙阿留在新園放牛種田，他要留在新園陪安娜跟利安，他懊惱著當時帶著妻兒去力力後，沒能立即再趕回來新園（新遠）陪他們。阿公，你是不是瑪道卡的後代？而你是我就是。哈！乖孫吔，阿公只負責講故事，其他的你要自己想，沒有標準的答案給你，因為故事還沒有講完，中間還發生很多精彩的事情喔。

　　嗯，阿公你繼續講，要不然我都還不知道臺灣有被荷蘭人統治過那麼久，更從來沒聽過西拉雅跟瑪卡道，還真的以為我們都是（唐山）過臺灣[註1]而來，誤會臺灣所有人都是從（唐山）過臺灣而來，然後再傳後代的，誤會當時的臺灣是一片荒蕪的無人島，只在大山上住著少數的原住民族。哈！很好，乖孫你真聰明，不管

[註1] 當時不稱閩南人，是稱福佬，客家。
[註2] 當時是稱長山，不稱唐山。

學校教你什麼，老師教你什麼，別人說了什麼，你都要聽了之後自己好好想一想。是嗎？是這樣嗎？要學會自己找出最真實的答案。阿公，我試試，可是那樣好難喔。乖孫呔，這不難，你要仔細的觀察謹慎的思考，答案自然的會跑出來，再跟其他人討論後就會得到驗證。阿公問你，講客家話的就是客家人嗎？講福佬話的就是福佬人嗎。阿公這當然不是啊！利安跟安娜都講著流利的荷蘭話，可是他們都不是荷蘭人啊，而利安跟安娜也講流利的福佬話，可是他們也都不是長山人啊。哈哈！對，對對，你答得好，現在雖然大家都講著福佬話，不表示我們都是福佬人^{註2}喔。而在那一邊（指臺灣）講客家話的人，不表示他們都是客家人喔。哇！對呔，那阿公我問你，現在臺灣人都有漢姓漢名，但並不表示他們都是漢人對不對。哈哈！對，完全對。阿公，就像是你講的故事中的情節那樣，是臺灣原住民族取了漢姓漢名而來。乖孫對的，阿公告訴你，現在住在臺灣的人沒有人認為他是長山人了，還自認是長山人的早在日本人來時那幾年，就統統回去長山了，留在臺灣的都已經是臺灣人。阿公，這說法我一時也很難理解，讓我先記下來再慢慢想。很好，阿公提示你一下，古早時代少數的長山男人逃來臺灣住，而少數幸運的長山男人跟臺灣原住民族的女人結了婚，這些人跟著混住在原住民族部落裡或旁邊，臺灣原住民族為了學文字長知識，學了長山人的文字跟習俗，最後他們講著相同的話，寫著相同的字，有著相同的習俗，滿清人的大清朝管理著這群人。後來滿人的清朝跟日本國打仗打輸了，這群人跟他們的土地被滿人的清朝出賣給日本國，日本國要統治臺灣時讓自認是大清朝的人，自願自由的離開臺灣回去長山。喔！阿公我懂了，不管是幾千年來就住在臺灣的臺灣人，還是這過程中有逃來臺灣的長山人，現在所有留在臺灣給日本人統治的人，都是臺灣人再也沒有長山人了。是啊乖孫，所以現在我們臺灣只有臺灣人跟日本人，所有生活在臺灣的各個族群要共同的團結起來，跟來侵略我們的日本人周旋到底。

　　乖孫吔，我們共同生活在臺灣的人，不能再分彼此了，不論是那個族群我們都是臺灣人，正共同的被日本人統治著。阿公，為什麼荷蘭人，西班牙人，長山人，滿人，日本人，都想來佔領我們臺灣（福爾摩沙）。哈！因為臺灣（福爾摩沙）是他們心中的金銀島啊。喔！阿公，那我們臺灣人（福爾摩沙人）為什麼一下子給荷蘭人，一下子給滿人，又一下子給日本人統治啊，把自己的命運都交給了別人，自己過著辛苦的日子。哈！乖孫吔，因為我們臺灣人分了彼此啊！不懂得團結啊！誰也不服誰啊！然後就被分化利用了啊！他們操弄族群分散了我們的力量，讓我們永遠成不了國，這樣他們就能永遠的統治我們，我們臺灣人原本的資源就都會被拿走，我們臺灣人也會被他們利用做他們想要做的事，我們只能求溫飽跟活下來。喔！阿公我懂，從古時候的鹿皮，烏魚，到現在的木材，金礦，都被拿走了，而自己還要幫別人種稻子種甘蔗做苦工，甚至是被他們利用來打仗，自己只能圖個溫飽。對，乖孫講得對，也變貧窮也失去生命，做著苦工，所有的土地都被侵佔。阿公，幸好我們住在琉球與世無爭的，平平安安的過著平靜的日子。是啊！是沒有那邊（指臺灣）的紛亂……。

　　阿公再跟你講故事：朱一貴的亂事，直到朱一貴死後兩年才完全平息下來，但卻發生了更嚴重的長久衝突，福佬人跟客家人形成對立的兩方，老死不相往來，也不互相通婚。客家人過著客家人的世界，福佬人有福佬人的世界。同為福佬人的也分成是泉州來的，跟漳州來的，也是互看不順眼，有個說法說：漳人不服泉州驢，泉人不服漳州豬。雙方打打殺殺發生了很多次械鬥，打死了很多人，而福爾摩沙人夾在他們之間常無辜的受波及。客家人跟福佬人之間也是常發生械鬥打打殺殺的，也是死了很多人，福爾摩沙人又是夾在他們之間左右為難。但滿人官府可開心了，就讓你們去打打殺殺，如幫助滿人官府的就封你是義民，實際上就是褒揚你讓你替他

賣命。如果是原來的福爾摩沙人幫了滿人官府，官府就賞你一點點錢財，然後改你的地名讓你覺得備受尊榮，把你原來的部落名字改成漢名，讓你不知不覺的又被漢化。哇！阿公，滿人官府好奸詐喔！乖孫，所以諸羅山就變成嘉義，虎尾壠就變成褒忠跟虎尾。還有很多很多的地名都被改了，幾乎所有荷蘭時期的福爾摩沙地名都被改了，鄭成功改一次，滿清朝改了最徹底，日本人來又改一次，改來改去是要讓你找不到回去的地方，忘記祖先來自何處，這些都是統治者的手段。

　　阿公我懂了，只要能保命，也為了保命，改地名由他，取地名也由他，臺灣人（福爾摩沙人）很無奈，對不對。唉！對，乖孫你說得對。而朱一貴的亂事嚴重的影響到了琉球，是重大的打擊，滿人官府以琉球土番疑似與朱一貴部有聯繫為理由，將琉球封鎖了。官府公告了（註 1721 年）：琉球，瑯嶠，卑南覓，為番社禁地，禁止與漢人往來，也禁止漢人前往，直到漢化為止。原本被官府認定的四個土番社，琉球，嘉祿堂，瑯嶠，卑南覓^註，只剩下嘉祿堂沒有被禁止與漢人往來。在被封鎖的這段期間，琉球發生了巨大的變化，從朱一貴事件後到日本人來統治的前二十年為止。琉球，瑯嶠，卑南覓被封鎖了 154 年。阿公，這樣很好啊！就不必管外界的紛爭了，就安全了啊，福佬客家怎麼打，漳州泉州怎麼鬥，都影響不到琉球了，官府也管不著，琉球又恢復拉美時期的太平日子了啊。乖孫是啊，是又恢復了拉美時期的日子，但一則喜一則憂，一半好一半壞，琉球人只能去嘉祿堂交易，去瑯嶠交易，偶而也去卑南交易，而琉球人只能再發揮天生的捕魚技巧，全部的琉球人都變成了漁民，男人捕魚女人種地。捕魚的男人冒著生命的危險常去瑯嶠捕魚，也去卑南，甚至去紅頭嶼，去火燒島捕魚。而原本和琉

【註】滿清朝廷公告為卑南覓（指卑南），覓為道或古道之意，當時朝廷不了解所致。

球密切往來的新遠（新園），力力（崁頂），東阿土港（東港），加藤（以南州為中心）則跟琉球慢慢的疏遠了，在琉球被封鎖的這154年中，新遠完全變成新園，力力完全變成崁頂，東阿土港完全變成東港，加藤分別變成，潮州，南州，新埤，佳冬。連放索仔也變成林邊，嘉祿堂變成枋寮跟枋山。哇！阿公，難怪我們有親人移居去火燒島（綠島），火燒島的人幾乎全部是琉球人移居過去的，而我們琉球也有很多親人，又回去住在枋寮跟枋山，連瑯嶠（恆春半島）也有很多琉球人移居過去住。哈！乖孫真聰明，完全是這樣，這中間有太多故事了，有開心的喜事，也有悲傷的故事。

在琉球被封鎖的這段期間，整個福爾摩沙也發生了巨大的變化，那邊（指臺灣）的名稱由福爾摩沙完全變成了臺灣，琉球被封鎖期間臺灣紛亂了一百多年。所有臺灣人的命運都在滿人官府的操控之下，過得既辛苦又悲慘，連大肚王國也消失無蹤。有的住在加藤（南州，潮州）跟下淡水一帶各個部落的族人，遷往新埤，萬巒，佳冬，枋寮，瑯嶠，又有的遷移到卑南，台東一帶，甚至又有的再往北遷移到洄瀾（花蓮）一帶。阿公，這麼說來，我們琉球人住在枋寮枋山的親友，就是古時候說的嘉祿堂，也是我們現在說的（平埔厝）。是啊！乖孫，是「平埔厝」，「平埔厝」是嘉祿堂。唉！原本的「平埔地」是何其的大，原本的「平埔厝」是何其的多，整個福爾摩沙的平地都是「平埔地」都有「平埔厝」，而我們也自稱自己是「平埔族」了，完全忘記了自己是瑪卡道，更別提是塔麻瑪拉蓮了，而拉美人拉美島再也沒有人知道。乖孫呲，平埔族是日本人給的統稱，正確的說應該是說，平埔地原住民族。阿公呲，我懂，可是我們現在都自稱是福佬人了，除了你還知道自己的身份，沒有人知道了，或是他們知道也假裝不知道，都說是漳州來的或是泉州來的。阿公，那後來安娜跟利安的子孫們怎麼了？住在新園的仙阿怎麼了？從琉球去火燒島（綠島）的故事又是怎樣？琉球被封

鎖的那一段日子，應該還有很多精彩的故事。哈哈！乖孫吔，這麼
多的故事讓阿公慢慢的跟你講，阿公先講我們親人去火燒島的故
事，我們親人的故事也是琉球人的故事，大概也很像安娜跟利安後
代的故事，甚至像是整個瑪卡道族人的故事，也像整個福爾摩沙人
的故事。他們都在找尋心中的金銀島，一個可以安定生活的地方，
會生金生銀平安繁衍後代的地方。哇！好耶！我最想聽去火燒島的
故事。

32
發現金銀島

　　朱一貴事件後，跟朱一貴，杜君英有牽連的親屬都一同罹難，滿清軍連朱一貴跟杜君英的將領們的親屬也殺，找到一個殺一個，包庇的人也殺，無辜被牽連的也殺，最後連找到同姓的都殺，諸羅縣，臺灣府，鳳山縣動盪了兩年才完全平息下來。而下淡水平原一帶相對的比較平靜，但也有零星的福佬客家衝突，瑪卡道最無辜了，靠福佬這邊也不是，靠客家這邊也不好。說泉州來的對也不行，說漳州來的對也不行。整個南福爾摩沙亂糟糟的，只有琉球跟大山上的住民，卑南，瑯嶠等地相對平靜安全。這造成遷移住所的人變多，應該說是逃的人變多，逃遠一點逃到更偏僻的地方，連琉球也陸續有人逃來。已會說福佬話的拉美人的後代，自然而然的再逃回來，瑪卡道也逃來，有的西拉雅也逃來，有的福佬人也自稱是瑪卡道也逃來，只要逃到琉球就安全了，因為琉球不屬官府管轄，是自己一國自己的世界。琉球頭目一視同仁仁慈對待，都是琉球人不准分彼此，共同擁有共同的未來，都只能以琉球人自稱。但琉球也有人搬走了，禁運的影響太大，一時之間物資缺乏，所有的生活用品都缺乏，唯一不缺的是食物，沒有漢人敢來琉球交易，打狗，鳳山，新園都跟琉球斷了聯繫。受不了封鎖的琉球人有的搬去嘉祿

堂，有的搬去瑯嶠，而留在琉球的跟新來琉球的，成為新的琉球人。新琉球人要捉很多魚才能去嘉祿堂換回昂貴的生活用品，甚至八十斤的魚才能換一支刀子，或一件衣服，幸好當時琉球物產豐富，魚很多很多而人口也不多，環境安全又不屬於滿清朝，琉球頭目只要管理好自己的四方領地就可以了，這四個角頭就是，天台，相思埔，大寮，白沙尾。精通漢文漢語（指福佬話，現稱臺灣話，閩南話）的琉球頭目驚覺，只能讓琉球人都學好漢語（當時指福佬話）漢文，這樣才能被解除封鎖。每一個家庭都要取漢姓，每個人都要加取一個漢名。學漢語（指福佬話）簡單，因為一半的人都會講了，但學漢字嘛！這太難了，那就頭目要會，至少要當頭目的人要精通漢文。為了要讓交易順暢，琉球頭目有時還得去嘉祿堂攀攀關係，順便得知下淡水平原一帶的消息，臺灣府（台南）一帶的消息。有時也去瑯嶠探視搬去瑯嶠的親友，跟瑯嶠王成了好朋友，甚至還搭船（小帆船）去卑南，講講從前的故事讓卑南人了解過去的連結。

哇！琉球頭目好忙好厲害，那他會講卑南話嗎？會講瑯嶠的話嗎。哈！他不會，但他會瑪卡道語，搬去瑯嶠搬去卑南的瑪卡道族人會幫他翻譯，又後來也有福佬跟客家逃到瑯嶠逃到卑南，他們也成為翻譯，琉球頭目到瑯嶠去卑南都暢行無阻。哇！阿公，嘉祿堂近在眼前但瑯嶠遠卑南更遠，大海茫茫會不會太危險了。乖孫吔，為了琉球人再危險也要去，琉球人都變成航海高手，連晚上也能平安的在海上航行，他們利用潮流風向，但不是一次就航去卑南的，是第一天先航行到嘉祿堂，停留幾天作客後再航往瑯嶠，又停留幾天作客後再航往卑南，一切看天氣好壞，要航行去火燒島（綠島）也一樣，再從卑南航往火燒島。這樣航行就安全了，他們是沿著臺灣的海岸線往卑南航去，中途要是海象起了大變化，才可以立即靠往岸邊或上岸，但仍然是危險重重，也發生過幾次的船難。船上會準備很多竹子浮筒跟繩索，突然起風浪大時，將成串的竹筒浮具套穿在身上，繩索的一端綁在身上一端綁在竹筏上，萬一翻船竹筏又

不會下沈，人不會漂走還可以拉繩索上竹筏，況且他們都是4，5艘同行人人都是游泳高手，等風暴過去幾個人還能把竹筏翻正呢，然後再一起航往目的地，命是保住了但船上的貨物都會流走。

　　乖孫，琉球雖被封鎖但日子是安定又安全，跟臺灣的紛亂相比算是幸福的國度，在臺灣生活的臺灣人就沒那麼幸福快樂了，還發生了一件驚天動地的大事。阿公，我知道，滿人官府又要迫害福爾摩沙人了。是啊！琉球被封鎖的第十年，大肚王國被滿清消滅了。哇！阿公，滿清加上漢人的勢力又往北推進了。是啊！事情是這樣的，朱一貴事件後，滿清官府對下淡水平原一帶的住民是採取溫和的態度，還有很多是被封為義民的，因為瑪卡道跟客家擊敗了朱一貴的大軍。但官府對福爾摩沙中部的各族就不是這樣了，他們的稅更重勞役更多，雖然中部各族也開始跟漢人（福佬，客家）融合接納他們，也開始跟著取漢姓漢名，官府還把取了漢姓漢名跟官府合作的稱為良番，而未取漢姓漢名的統稱為生番。但超過負荷的稅跟勞役讓各個部族再也受不了了，官府的目的也是要用這種手段讓他們受不了，而自動放棄土地搬離到更遠的地方，好讓平地地區都讓漢人（福佬，客家）來耕種，官府竟然定了福爾摩沙人比漢人更重的稅，還要福爾摩沙人服勞役替官府跟漢人做事。這讓道卡斯族大甲西社的頭人林武力（已取漢姓）再也忍受不了了，他帶領族人起身反抗跟官府起了嚴重的衝突，事情越鬧越大，中部各族各部落紛紛加入反抗的行列。

　　原大肚王國的各個族群各部落都起來反抗，漢人們卻袖手旁觀還加入滿人官府的行列，官府有人竟然把被徵召來服勞役運糧，且已取漢姓漢名的良番5人斬殺砍頭，用他們冒充起事的生番去邀功領賞，這件事又引起更大的反彈，臺灣中部所有的原大肚王國各社（部落已被漢人改稱為社），無論有無漢化都共同起來反抗暴政。雖武器不如官府官兵，但憑著優勢的人力高昂的士氣，一口氣攻陷彰化縣府，知府緊急調派鳳山縣的官兵前往支援，雙方大戰數個

月，官府不敵，滿人皇帝又從長山調派眾多裝備精良的兵士來臺支援。雙方又展開大戰，死傷遍野，林武力被斬殺，眾多族人逃離往山區走避，不願逃離的族人留下來過著被支配的生活。阿公，那整個戰事有多少人死亡。乖孫吔，不計其數啊！十幾個社，男女老幼都起來反抗參加作戰，攻陷彰化縣府時縣府官兵都被斬殺，幫助官府的漢人也被斬殺，滿清軍登陸後，威脅利誘未參加起事的各社加入滿清軍的行列，估計整整一年的戰事，加上後來不分青紅皂白的清剿斬殺，當有數萬福爾摩沙人死於戰事，包括數千被無辜斬殺的漢人，最後殺紅眼的滿清軍，是福爾摩沙人跟漢人一起斬殺的。不把他族人命當命的官員，隨意的斬殺良番意圖邀功領賞，演變成滿人，漢人，跟大肚王國福爾摩沙人的戰爭。無對等的武器應戰，大肚王國的子民死傷慘重，大肚王國從此分崩離析，大肚王國各部落的族人命運悲慘，死的死逃的逃，留下來的女人無尪，孩童無父，命運被人宰制，也只能加速漢化了。可怕的是，官府報給朝廷的死亡人數，竟稱番民死亡百餘名官兵死亡 21，臺灣人完全看清了官府，欺上瞞下報喜不報憂，好大喜功的官場文化。

中臺灣的紛亂都還沒有結束。南福爾摩沙這邊福佬人吳福生又率眾攻打鳳山縣府，吳福生失敗被斬殺，福佬人客家人又紛亂械鬥一整年，雙方殺到沒力氣了才又安定下來。哇！阿公，那原本的臺灣人夾在這紛亂中受牽連的不少吧。是啊！那一邊（指臺灣）只要發生一次戰亂或大械鬥，就會有少數的人逃來琉球請求收留，不想逃離的福爾摩沙人養成不管閒事的性格，哪邊打贏哪邊勢大就說哪邊對，福佬打贏就說我也是福佬，客家打贏就說我也是客家，漳州打贏就說我也算是漳州人，泉州打贏就說我也算是泉州人，福爾摩沙人就是想不透他們長山人怎麼那麼好鬥。阿公，那是沒有辦法的辦法啊！福爾摩沙人聰明想保命不想捲入紛爭嘛！阿公我問你，道卡斯族大甲西社的頭人叫林武力，為什麼不是叫頭目或土目。

　　喔！乖孫吔是這樣的，未漢化的各部落領導人都稱頭目或土目，已漢化或有取漢姓漢名的各社領導人稱頭人，而漢人的村落領導人稱頭家，通常是第一個來部落旁邊落腳，租地開墾的人在擔任，所以稱頭家。喔！頭家，就是第一家來跟我們租地開墾的漢人了，而晚來的漢人對他的稱呼。對啦！最先來的人都租了很大的地開墾，我們的族人為了要學種田也會參加他們開墾耕種，也會稱他為頭家，很多族人就跟著頭家姓，也有的跟著教漢文的教師姓，官府要登記繳稅須要有一個漢名。阿公，我大概可以了解以前的社會了。阿公，你說了大肚王國有各族各部落，大肚王國有多少族啊？大肚王國一定有很多有趣的故事。乖孫吔，大肚王國有聯合好幾族呢，林武力是道卡斯族，還有巴宰族，帕瀑拉族，巴布薩族，阿立昆族，羅亞族。而虎尾壠族跟虹雅族也跟大肚王友好。喔！阿公，那再加上大武壠跟我們瑪卡道，西拉雅，還有臺灣北部的各平埔地原住民族，又阿公說過的卑南，阿密斯，排灣，魯凱……臺灣到底有多少族啊。這個阿公也算不清楚，平埔地的加上住在山上的，有四十幾族吧，我也不知道這大山之中，大山之後還有多少族。就是這麼多族，又加上長山來的各族，給了朝廷分化利用的空間，臺灣在滿人統治的兩百多年間（212 年），臺灣才會如此紛亂啊。阿公，現在日本人來侵略統治我們，還正在攻打著大山之中跟大山之後的各族朋友呢，利安的盟友排灣，卑南，不知道怎麼樣了。唉！日本人的武器更進步，他們必會死傷慘重，只能靠著地形力守，臺灣平地的住民不就是一個慘痛的經驗嗎，唉！臺灣人何時才能安定下來，福爾摩沙人早已忘記他曾經是福爾摩沙，美麗之島變成這些貪婪的侵略者的金銀島。無能的滿清朝廷把臺灣賠給日本，臺灣人新的苦難也跟著開始，歷史又重演了，日本人從北臺灣登陸，長山人紛紛逃回長山，連臺灣國的總統也逃回去長山，日軍一路由北南下，一路也是遇到反抗就殺，又是死傷遍野，只有投降才能保命，日軍還從枋寮登陸，數艘鐵製大戰船帶領艦隊登陸，一路往北展開攻擊，下淡水平原的族人跟住民死傷慘重。琉球人在琉球看著日軍

的艦隊是心驚膽跳的，第二年日軍登陸琉球，頭人為了保全琉球人的性命，只能歡迎日軍。唉！一下子荷蘭人，一下子鄭家軍，一下子滿人，一下子漢人，現在又來日本人，原來的臺灣人變成不想說話，也不敢說真話的人，隱藏著自己對後代什麼也不想說，怕出事也不能說。原來臺灣的主人好像從臺灣消失一樣。

阿公，這也沒有辦法，長山人出賣我們拋棄我們逃回去長山，這正常啊！他們不想留下來他們不認為他們是臺灣人啊。臺灣人自己推舉一個長山人當臺灣民主國總統，也太笨了吧。唉！乖孫吔，你說得對，臺灣投降我們琉球跟著投降，琉球人也很無奈啊。日本人到了臺灣，才發現原來滿清朝廷是管不到住在大山中的朋友們，日本人的槍砲更勝滿清軍，這我們的好朋友是抵擋不住的，只求上天憐憫保佑他們，這過去兩百多年有我們瑪卡道，西拉雅跟其他平埔地的族人幫他們擋著荷蘭人，漢人，滿人，這次沒辦法了，但願天公還是疼惜著他們。

大甲西社事件後，臺灣各地陸續都有紛亂，械鬥，起事，幾年就來一次小亂，幾十年就來一次大亂，紛亂不安人們無助惶恐，為求安慰各地的廟宇漸多，佛祖，觀音，媽祖，保生大帝，王爺，三山國王，土地公……都有，到處都有廟，原福爾摩沙人也跟著拜，找尋心裡的力量尋求心靈的安慰，也是想尋求漢人的認同，有拜有保庇無拜出代誌，阿立祖跟佬祖都不受重視了，大多數的人也不拜阿立祖跟佬祖了，只剩極少數的人還堅持著傳統。阿公，他們好無奈喔！人要變，信仰要變，習俗也要變，什麼尊嚴，自信和語言都喪失了，只求能活著。哈！乖孫吔，也是在說我們。最後直到日本人來清查登記戶口，還會說母語的平埔地的原住民族只剩九萬多人，日本人戶口登記為「平」或「埔」，日本人稱做是平埔族，而已會說福佬話的福爾摩沙人都被登記為「福」，會說客家話的福爾摩沙人都被登記為「廣」。戶籍被登記為「福」的福爾摩沙人還自

我安慰著，日本人把我登記為「福」是指我是福爾摩沙人，沒有什麼好計較的，至少還活著就好。一夕之間人數最多的福爾摩沙人，都成為福建來的跟廣東來的，可是來臺灣的客家人，有很多是從福建境內的南部被鄭經捉來的。阿公，那就沒有人跟日本人說，不要把我登記成「福」或「廣」嗎？乖孫吧，我們連母語也不會講了，只剩下取一個瑪卡道名字當作平時的叫名，把漢名當作是登記用的偏名，自卑心作祟的人，趁此戶籍登記的良機擺脫被稱為番，有的人內心還開心著呢。

阿公，這下子多數的福爾摩沙人完全隱藏在少數的長山人之中了。乖孫吧，正確一點來說，應該是福爾摩沙人跟長山人都變成為臺灣人了，以後我們也不要再稱他們是長山人，就都是臺灣人，我們都有著共同的未來，都是被日本人壓迫統治著。阿公，我知道，就像在琉球一樣，不能再分彼此都只能是琉球人。乖孫好棒，阿公要再說你最喜歡聽的琉球故事了。

臺灣長期的紛亂琉球都沒有被捲入。出名的有黃教之亂，林爽文事件，又是一陣腥風血雨的大戰事，往後陸續又有莊大田起事，陳周全之亂，蔡牽海盜之亂。但安定的琉球人口卻穩定的增加，竟達到了有兩千多人，又恢復拉美時期的盛況了，但這長期的封鎖也苦了琉球人，琉球大海豐富的資源漸漸耗盡，又有琉球人搬離琉球去嘉祿堂，去瑯嶠，最出名的就是搬去火燒島（綠島），我們也有家人搬去火燒島。那也是不得已的事啊！又從長山來了個大海盜蔡牽來亂，像鄭王的大海盜又出現了，滿清朝廷一時之間也拿他沒有辦法，蔡牽從長山率領艦隊來攻打鳳山縣府，我們琉球人在琉球清楚的看著雙方大戰，這事成了琉球人紛紛要再移居的原因之一，因為覺得琉球不再安全，海盜若來攻擊琉球那怎麼辦，我們可是不受滿清管轄的，滿清是不會保護我們的，又有一些琉球人為了生活冒險走私各項生活物品，鳳山縣府也放話要上島來捉捕走私的人，

資源快速消耗又心裡恐懼，琉球人被逼著不得不出走。剛開始冒險
到火燒島（綠島）捕魚，發現火燒島的魚產比琉球還豐富，而魚的
種類也跟琉球的魚一模一樣，這可樂壞了早就成為漁民的琉球人，
火燒島地大約是琉球的兩倍大，島上也不缺淡水，而住在火燒島上
的原始住民很少只有幾十人。琉球的漁民們先在火燒島搭建一個公
共使用的寮子，稱為公館寮，就在離火燒島原始住民小村落不遠處
的一個山邊的小平原上。去火燒島捕魚的琉球人就共同的住在這公
館寮內，他們捕魚一段時間後載漁獲回來琉球。火燒島上的原始住
民以放山羊為主，雙方相安無事，因言語不通小有紛爭，但也沒有
什麼大事發生，送些魚給這些原住的島民，雙方也還相處的不錯。
後來陳家有人先搬去火燒島住，幾年後又有李家，蔡家，王家，田
家搬去火燒島住，又後來又有鄭家，林家，蘇家，許家，何家搬去
火燒島住，最後又有施家，董家跟另外一個林家又搬去火燒島。剛
搬去的幾個家庭，也都會回來琉球探親，他們會說著火燒島美好的
一面：魚多到捉不完，龍蝦也捉不完，又有滿山的山羊可以捉，他
們說那些山羊都是沒有人在管的。

他們回來琉球探親還會載山羊回來送親友呢，他們都宣稱已
經找到了真正的金銀島，鼓勵大家跟著搬過去住，因為在火燒島
（綠島）安全又好生活，官府更是管不著，也沒有海盜不必擔心受
怕的。阿公，他們既然找到了金銀島還回來琉球要人去分享這金銀
島，這樣真好。是啊！我們的頭人提醒他們要跟原住在火燒島的
住民好好的共同生活，既然火燒島地大，就各自一邊好好的相處，
像在琉球一樣不分彼此互相幫助，以後不要再偷別人的羊載回來琉
球，這可會出大事情的。阿公，或許他們去了火燒島連住的房子都
沒有，能帶去的東西又不多，在不能捕魚的壞天氣時，飢餓難耐
不偷羊來吃會餓死。是啊！乖孫，是有這種情形但還有更糟的事，
他們趁著火燒島的原始住民回去紅頭嶼（蘭嶼）時，把山羊整批偷
走，整船的載去東港載去琊嶠賣，這事引起了原住在火燒島的住民
的不滿，雙方發生了衝突。有一次又去偷羊，去偷羊的三個人都被

殺死了,雙方都嚴厲的指責對方的不是,一邊認為屢勸不聽賊性不改,一邊認為偷個羊就被殺太過份了,而且我們也沒有整批整船載走,那是冬天時山羊自己死掉的,你們少了羊全部賴說是我們偷的,你們這些番阿太過分了!太野蠻了。但打不過人家怎麼辦?雙方用木柴建了木柵只留一個出入口,管制人員往來也做隔離之用。陳家的人緊急返回琉球召集眾人去火燒島,回來時話說得含蓄不敢說真話,只對幾個要好的人說了實話,還編了美好的故事讓不少家庭也跟著移居去火燒島。當時琉球頭人正好去嘉祿堂各地探訪,返回琉球時一切都來不及了,頭人得知他們回來琉球帶了大批的刀械斧頭回去火燒島,還藉口說是要開墾用的,但這不祥之兆讓頭人震驚,找來陳家人逼問,才得知他們主要的目的是要去報仇的,被番阿殺死三個人是要去叫番阿交出兇手的。頭人大罵:你們才是番阿,我們都是番阿。那時觀音嬤廟早已建廟,從不去觀音嬤廟祭拜的頭人,接連數月都去祭拜,祈求火燒島的戰事不要發生。陸陸續續有幾個去火燒島的琉球人又搬回來琉球,但只是零星的幾個人,他們都說火燒島氣氛不好,雙方衝突避免不了,大戰隨時會發生,他們也都希望戰事不要發生。他們藉口說去火燒島種花生不習慣,討厭辛苦的種花生所以又回來琉球。阿公,難怪我們祭拜祖先不能用花生,是希望火燒島的戰事不要發生。但後來確實發生戰事了對不對。是啊!觀音嬤並沒有保庇,戰事還是發生了。

根據雙方大戰後又回來琉球的人說了:火燒島的原始住民從此在火燒島消失了。也有人說少許的人逃走了,少部份的女人被捉住了,還有最悲傷的事,有人說有逃往山上躲入山洞裡的人被大火燒死了。哇!阿公,如果這些回來琉球的人說的都是真實的,那最悲慘的歷史又重演了,大的一次在拉美島小的一次在火燒島,這是怎麼了?乖孫吔,阿公毫無保留地把這過去的歷史講給你聽,就是要讓你明白,有真實的歷史才有真正的反省。這世界上所有的戰爭,所有的紛亂都是因為分種族民族而引起的,我們都要有彼此是同一族的正確觀念,是用腦中的價值來判斷的。種族民族或地域之分,

只是給有心的人利用的空間而已,最後受苦的人是自己,死的也是自己,我們臺灣人受的苦夠多了,該立即停止。阿公,這火燒島就是瑪雅公主說的西乃西乃島對不對?那太陽照射下金光閃閃,風景極美,像大火燒著但不是真的火燒島對不對。是啊!就是古早時代,安娜跟利安跟瑪雅公主,坐在卑南海灘的漂流木上,看著遠方海中的那個美麗的島嶼,西乃西乃島。喔!阿公,那紅頭嶼(蘭嶼)就是瑪雅公主說的不露島對不對?哈哈!乖孫好記性好記性,完全對。現在火燒島跟紅頭嶼一樣被日本人統治著,自己管理自己的美好日子也結束了。阿公,我希望火燒島的原始住民都能安息,這種悲慘的事永遠都不要再發生,一旦起了紛爭形成惡性的螺旋停不下來。就像當年的拉美人一樣,拉美人後來也原諒了荷蘭人,但願他們都能放下。啊!牛跑去偷吃別人田裡的花生藤了。哈!這真不好意思,阿公會跟他們說的,這牛不知道田裡的花生藤不能吃,不要打牛,是我們只顧著講故事。阿公,這牛真奇怪,一不注意就喜歡跑去田裡吃花生藤吃蕃薯葉,都不乖乖的吃草。是啊!這牛是最不愛吃草的動物了除非我們看著牠,哈哈。阿公我問你,怎麼去火燒島載回來琉球的山羊,會知道是放養的不是野生的。乖孫吧,你想想,野生的山羊很兇的能說捉住就捉住嗎,這些山羊太溫馴了,而且這些山羊不是長山來的小黑羊,是比較大隻的黃棕色山羊,臺灣是沒有那種山羊的。應該是雅美人古時候從南洋來時就帶過來繁衍的。喔!阿公,那從山羊也可以推想或找出雅美人是從何而來的對不對。哈!乖孫吧,你比阿公還要聰明百倍,你要好好讀書喔。

阿公,可是我比較喜歡聽你講故事,這些故事是書中沒有的,日本老師不會教這個,他們只會教,我是堂堂正正的大日本人,而你講的這些故事我覺得反而才是重要的。嗯,那阿公再講一些書中沒有的故事,都是真實的喔!學校的書中沒有不表示是沒有,也不表示是假的,很多是學校不敢教不想教的。阿公說得仔細一些。

　　大甲西社事件之後到蔡牽海盜之亂前，臺灣的紛亂一直持續著，滿清朝廷越來越腐敗，官府的力量越來越薄弱，無法控制住福佬客家的械鬥，這中間黃教以福佬復仇為理由攻擊客家，亂是平了，但雙方對立更深。十年後又發生了林爽文事件，這次就鬧得更大了，當時的官府官員貪污，開賭場開娼館所在都有，又作威作福的百姓是苦不堪言，而當時羅漢腳阿眾多，這些娶不到某的遊民造成社會紛亂不堪，林爽文的叔伯是天地會的領袖，臺灣知府逮捕他們，林爽文率眾劫獄引起了大戰，民怨已深的臺灣各地紛紛響應，彰化縣府被攻破，臺灣知府也被殺，竹塹（新竹）也被攻陷，諸羅縣知縣也被殺，連鳳山縣也被起來響應的莊大田攻陷。這次滿清皇帝又從長山調來大批的兵士。林爽文跟莊大田是漳州人，他們胡亂攻擊泉州人的聚落跟客家人的聚落，最後官府聯合客家跟泉州人，又請諸羅山的福爾摩沙原住民族（虹雅族，虎尾壠族）幫助圍攻，最後林爽文跟莊大田的勢力被殲滅，林爽文跟莊大田被處斬。這下不好了，客家福佬泉州漳州又更加混亂對立。諸羅山的臺灣原住民族助清廷有功，朝廷大大的表揚，就把諸羅山縣改成嘉義縣了，你看我皇嘉勉你們的忠義永遠不會忘記，故改地名為嘉義永遠紀念。唉！幫助了朝廷立了最大的功勞死了最多的人，什麼也沒有得到，得到的是將你的原來地名改名，讓你忘了自己的家忘了自己祖先的居住地，善良的福爾摩沙人還四處炫耀呢。阿公，滿清皇帝又一次利用族群衝突來鞏固自己的統治，分化各個族群屢次都成功。乖孫是啊！大家傻啊！笨啊！學不到教訓啊！不只這樣而已，影響所及至今福佬客家也互不通婚，漳州泉州倒是比較不分了，傷口直到今天還沒有痊癒，所以阿公才會常常說，我們臺灣人不能再分族群地域了，我們有共同的未來共同的前途，都要放下過去的不愉快。是啊，阿公，過去臺灣的紛爭結果就是換來現在日本人的侵略統治，大家吃到苦頭了吧！剛好趁著這次學乖，團結大家成為正港的臺灣人，別再想著長山了。

唉！乖孫吔，福爾摩沙人都是在幫別人打仗，從來都不是在為自己打仗，不知不覺的抵消了自己的力量，糊里糊塗的犧牲了生命，最後喪失了自己的土地所有權，資源被搶奪一空，原本幸福快樂的日子變成只能求溫飽。阿公，那我想到一個問題，日本人會不會也利用臺灣人來幫他們打仗？哈！那還用說是一定會的，只是看何時派上用場而已，現在不正在教你們做一個堂堂正正的日本人嗎？不派我們打頭陣當替死鬼，難道是日本人先上？日本人去打仗保護我們嗎？幸好目前沒有戰爭，哪天日本人又跟滿清打仗，就是徵召我們派我們上場的時候，到時候臺灣的福佬客家，都一起去長山打長山的福佬客家，這是可能發生的事。

有時候阿公想著，眾多的琉球人搬去火燒島住，也是逃啦！他們也想找到可以安居的金銀島，從臺灣逃來琉球還是不能安心，雖然他們犯下了大錯，但也是一群可憐的人，唉！逃無可逃，一代一代的逃，心裡的恐慌激發出無比的野蠻，再也沒有可以逃的路了，為了活著只能拼了命。阿公，他們去了火燒島是安心不少，但這如同與世隔絕日子也不好過呀！他們也為了自己所犯的過錯，如同被禁錮在火燒島上。是啊乖孫，火燒島戰事牽連無辜去支援的琉球親友，很多人從此再也沒有回來琉球，有一說說他們要返航琉球時遇到風暴，其實大家心知肚明，他們戰死了或病死了，這事也造成了火燒島跟琉球的親人疏離，有一段時間火燒島的親友不敢回來琉球，琉球的人也不太願意看到他們回來探親。善良純樸的琉球人一想到那可怕的火燒島之戰，心如刀割一般，既羞恥又難堪，甚至不敢說有親友去了火燒島，尤其是聽到有人被燒死在洞穴中……，唉！天地同悲啊！這比自己被燒死還要難過呀。阿公，天快黑了，來，手來，讓我牽著你我們回家去，你眼眶都紅了，七八十年過去了，你心裡的傷也還沒有痊癒呢。乖孫是啊！把牛繩放了，我們快回家去，牛認得回家的路我們跟著牛走安心多了，天黑路暗牛也看得到路，牛會帶著我們安全的回到家，阿公跟你講了火燒島之戰的故事後，心情好多了，心中的大石頭也放了下來。

33
臺灣民主國

　　又到了捉伯勞鳥的季節，全琉球的人都忙著放鳥兒吊捉伯勞鳥，小孩子們也在林投樹中或竹子叢下放鳥合阿捉樹林中的小鳥，查阿跟一群小孩子在相思埔的埔地上放牛，每個小孩的心思都是想著要怎麼捉伯勞鳥，這一年兩次天上掉下來的禮物，是捉越多越好，每個人的注意力都在鳥兒吊上，看有沒有吊中伯勞鳥好快速的去捉住牠，一整個下午下來，每個人都能捉到十幾隻的伯勞鳥。餐桌上有一盤炒伯勞鳥，幾塊鹹魚，一盤花生，一盤蕃薯葉就算豐盛了。查阿想起故事，古時候的福爾摩沙，荷蘭人還沒來時是每天吃得飽飽的，吃不完的鹿肉吃不完的魚，食物應有盡有也不必勞苦的工作，每天自由自在的，甚至連雞都還嫌太小隻沒什麼肉，而現在連這小小鳥也要捉來吃，能捉到還很開心呢。鹿是從來也沒有看過，是故事中的神獸，山豬嘛！也是傳說中曾經有的動物，猴子倒是還看過一次，就在山豬溝還看過一次。

　　阿公，你今天跑去哪裡了，快來嚐嚐我捉的伯勞鳥炒得可真香。哈！這伯勞鳥好吃，先來一隻配飯吃，乖孫那麼厲害捉這麼多

隻伯勞鳥，阿公今天去幫別人分家，他們兄弟吵得不可開交，我去幫他們的阿母給他們分家，都分好了，哪塊地是誰的，哪棵樹是誰的，連豬羊也分清楚了，兄弟倆開開心心的。阿公今天特別開心，吃飽飯後阿公再講故事給你聽。

　　眾多親友去了火燒島定居之後，臺灣還是沒有安定下來，官府更加的無能社會更加的紛亂，放任著福爾摩沙人的土地被福佬人跟客家人侵奪，連住在大山之中的福爾摩沙人也被侵擾，三年一小亂十年一大亂的日子一直循環著，楊良斌起事，張丙起事，戴潮春起事，一次比一次鬧得更大。在阿公年輕時發生的戴潮春起事最恐怖，戴潮春，林日成，在中臺灣發動抗清起事，彰化斗六都被攻陷，連嘉義也受波及，北至淡水南至鳳山也跟著騷動，嘉義以北又是打打殺殺的兩三年，清廷又是從長山派軍來平亂，漳泉，福佬客家，又是一次互相攻擊的大屠殺，客家人被殺眾多。亂事期間福爾摩沙人避的避逃的逃，戰後客家人也往竹塹，苗栗方向遷移。幸好下淡水平原一帶相對穩定，跟古時候的做法一樣，又一次的自己組織了起來，沿著下淡水河佈防，平安的又渡過了一次大亂。而我們琉球就更加的平靜了，只聽到臺灣又紛亂的消息，但每天的心情都跟著上下起伏。

　　阿公，那搬去火燒島（綠島）的親友就更不知道這些紛亂了，他們每天只要煩惱著吃什麼就可以。哈！是啦！從這個角度來看他們去火燒島是正確的選擇。臺灣的紛亂循環不息，都還沒有恢復元氣，過了沒幾年紛亂又發生在瑯嶠。瑯嶠，這個跟我們琉球，卑南，當年仍被滿清官府列為禁地的非版圖範圍的地方，福佬跟客家還是偷偷的去移墾，剛開始也是租地開墾，慢慢的福佬客家各擁地盤，福佬大都跟我們的族人結婚，而客家有的跟我們的族人有的跟排灣結婚，卑南來的斯卡羅統領著瑯嶠，他們彼此間有一些爭鬥，瑪卡道夾在中間很為難。因為同被禁運的關係，阿公去過很多次瑯嶠。

排灣，斯卡羅，客家，福佬，瑪卡道在瑯嶠的紛擾情況，恰是一百多年前的下淡水平原的情況，也可以說是兩百多年前的大員一帶的情況。瑯嶠平靜的生活也漸漸的起風波，阿公還年輕時去平埔厝（日本時期琉球人對嘉祿堂的稱呼，一直到現在還是如此稱呼，指的是枋山一帶），去柴城（車城），去社寮，再去火燒島（綠島）。每去一次瑯嶠就又有新的感受，福佬，客家的地盤一次比一次大，斯卡羅跟排灣還有瑪卡道的地盤一次比一次小。最後的瑪卡道也隱藏成福佬人了，跟我們一樣說著流利的福佬話。這樣的折磨還不夠，竟然有英國的跟美國的砲艦先後去砲擊瑯嶠，滿清官府也派兵去瑯嶠參一腳，滿清官兵派總兵劉明燈帶兵經過嘉祿堂時，阿公親眼目睹數百滿清軍，手持火槍精神抖擻，隊伍有序後面跟了一隊人馬運糧草，這隊伍當是臺灣府最精銳的軍隊。這下糟了！瑯嶠的腥風血雨就將到來。阿公，是發生什麼大事，斯卡羅同時得罪了英國美國跟滿清。乖孫吔，事件平息之後，才知道是美國的商船在斯卡羅的領地發生船難，划小船上岸的船員被人殺害了。英國先派砲艦去瑯嶠了解情況未果，砲轟警告斯卡羅後離去，後來美國派了兩艘大砲艦來，一大隊的海軍陸戰隊人員登陸攻擊斯卡羅，卻被斯卡羅擊退帶隊官也陣亡，雙方死傷不多美國砲艦砲轟後撤離。

後來美國跟斯卡羅簽了協議，事件才平息下來。事後回想起來才驚覺，原來那一年常有澎湖船來琉球停靠補給，他們的目的地是社寮，澎湖的船都不准別人靠近，時刻都有人看守著，神神秘秘的是有原因的，他們給付食物的費用很大方都不計較，大家也沒有察覺不對，現在知道了，他們是給斯卡羅送火槍。阿公，這又是語言不通，雙方都恐懼發生的事件了。是啊！是其中一個原因，瑯嶠地區在古早的時代曾經被荷蘭人攻擊，荷蘭人也捉了一些瑯嶠人去巴達維亞（雅加達）做奴隸，跟拉美人一樣，就再也沒有回來了，荷蘭人侵略統治時期，剛開始時瑯嶠也是不願意獻出土地，雙方有大戰過幾次，後來才跟荷蘭人結盟的。斯卡羅能分辨上岸的

人是荷蘭人還是美國人嗎？阿公，這是分辨不出來，我們也分辨不出來啊。嗯，還好事件算是平穩的落幕，劉明燈也撤軍離去，這都歸功於斯卡羅英明的大股頭。當時我們琉球都盛傳著，美國人要來攻佔臺灣了，我們不必再受大清的氣，一直封鎖我們一百多年是什麼意思啊！琉球人都開心的期待著，那強大的美國艦隊啊！快來轟退那無能又貪腐的滿清軍，快來解救我們臺灣我們琉球。阿公呸，結果強大的美國艦隊沒有來解救我們，反而等到日本的艦隊來，對不對？因為現在統治我們的是日本人啊。哈哈！是有一些關連，等著等著確實是日本的艦隊，載著士兵登陸瑯嶠攻打牡丹，因為琉球王國（指沖繩）的漁民在瑯嶠一帶發生海難，又是言語不通造成雙方猜忌，數十個漁民被殺也有十幾個生還，於是日本派兵來報仇，雙方戰鬥死傷數十人，日本軍駐紮在瑯嶠好幾個月不走，後來因為日本兵生病死了好幾百人，日本才撤軍的。哇！老天保佑讓日本兵生病，要不然瑯嶠又要受更多的苦了。乖孫是啊！老天憐憫，隔年我們琉球就被解除禁運了，瑯嶠，卑南，也一同被解除禁令，我們這三個難兄難弟總共被無能的滿清官府，禁運了 154 年。我們老早就都取了漢姓漢名，也都講著福佬話，也學著福佬人的習俗，也拜著觀世音菩薩也拜土地公，但官府就像遺忘了琉球一樣，講好的只要漢化就解禁。但完全沒有誠信的官府，怕事又貪腐的一群人，官員甚至放話：你們琉球，瑯嶠，卑南，是同時被禁止的，不可能只解除你們的禁令，而我們也知道，你們琉球跟瑯嶠跟卑南交往甚密，跟生番走得近，別想矇騙我們官府。

阿公呸，是頭人沒有送禮吧！早早送禮就早早解禁了。哈！是這樣沒錯，主要是怕解了禁，生了麻煩事，官府的人沒有人願意承擔，而上奏又怕上級怪罪，所以沒有人願意處理，琉球人是叫天天不應苦往肚裡吞。阿公，琉球被禁運反而安定官府不解禁就算了啊。乖孫呸，琉球被禁運缺乏日常用品，連針線都缺更缺布，為了要換所需物品冒險渡海去換，都被當冤大頭般的對待著，雙倍

的價值換一半的錢，睜一隻眼閉一隻的官員趁機揩油，十條魚被官府拿走五條是常有的事，要不然抓你是走私喔！有的生活物品只在東港鳳山才換得到，琉球人到鳳山好像是自願送上門的肥羊，任人宰割苦不堪言啊。日本人攻打牡丹社，牡丹社人算是意外的幫了琉球一個大忙。沈葆楨因此解除了琉球，卑南跟瑯嶠的禁令，說是什麼『開山撫番』，這下大紛亂又來了，應該說是大屠殺。只有我們琉球平安的渡過了這所謂的『開山撫番』，官府首次派了 6 個士兵來琉球駐點，卻發現找不到番了啊！琉球人不番啊！還比臺灣任何地方都要有秩序都要文明，琉球人都是良民啊！自己管理自己形成一個自助助人，分工合作共享食物互相幫助的社會。而來駐點的官兵還不用擔心沒吃的，琉球人都送了他們吃不完的食物，這一官五兵可樂壞了，就像是來琉球渡假一樣，整天沒事做還可以放心的去釣魚。這琉球啊！夜不閉戶沒有小偷沒有盜匪，有的人家裡連門也沒裝。是啊阿公，我們現在也還一樣啊！誰要當盜匪那麼無聊，至今我們家也沒有裝門。乖孫吔，你有所不知，在臺灣連牛綁在田頭都還會被牽走，有人專門在偷牛呢，偷走後牛立即被牽入樹林中宰殺，只剩下一件牛皮包著一些穢物，牛的肉都被帶走了，很恐怖。哇！那一邊（臺灣）真是一個我們無法了解的世界。是啊乖孫，琉球雖被禁但也因為這樣而平靜安全，臺灣各地的紛亂就不是沒親身經歷過的我們可以想像的。隨著這騙人的開山撫番，瑯嶠跟卑南可慘了，滿清官兵進入了瑯嶠，建了恆春城設了恆春縣，這期間跟原瑯嶠住民發生了多次的衝突，建城墻也是為了防範斯卡羅跟排灣，可見雙方緊張的關係。而卑南是更加悲慘，整個東臺灣陷入了好幾次的大紛亂，甚至引發了東臺灣的大戰爭，原本在臺灣西部的少數大武壠族，跟瑪卡道族人，客家人，逃去東臺灣生活，還是躲不過這戰禍。住在東臺灣的卑南，阿密斯，布農，大武壠，瑪卡道，客家等聯合起來對抗滿清。這貪腐的滿清官府一樣用過去在臺灣西部的做法，丈量土地私侵繳稅不公又嚴苛，還欺凌婦女，東臺灣的人是忍無可忍聯合起來反抗。

　　剛開始時勢如破竹連破官府據點，雙方大戰了數個月，最後抵擋不住手中有槍的官兵，清廷派了兩艘戰艦帶三千火槍兵登陸大屠殺，至少有數千人被殺害，開山撫番說得好聽，實際上就是要去侵略佔領東臺灣，剛好牡丹社跟日本人的事件找到了藉口罷了。而沈葆楨，劉銘傳的開山撫番，最主要的目的是怕東臺灣被其他國家的勢力來佔領，想先下手為強。因為美國跟日本先後來攻打瑯嶠，這讓滿清有了警覺，這不屬於滿清版圖的東臺灣跟瑯嶠，讓滿清朝坐立難安。想侵略想佔領還稱是撫番，根本是殺番也確實是，來臺灣兩百年了還是把臺灣人都當番。

　　滿清軍在卑南（台東）登陸後，連番攻討打殺，順服者強迫漢化反抗者屠殺殆盡，所有的土地都想佔領，整個東臺灣由南到北無處不殺，東臺灣的臺灣人族群被斬殺無數，有的族群幾乎滅絕，有的部落整個被消滅，在東臺灣生活的臺灣人，倖存的紛紛逃往山區。卑南，阿密斯，布農，瑪卡道，撒奇萊雅，太魯閣各族無一倖免，連少數的客家人墾民也一同受害，而這些事就如同當年征討大肚王國的翻版，清廷的三千火槍隊犯下了滔天大罪。而這樣的打打殺殺，十幾年後東臺灣都還沒有被滿清軍征服，滿清就出賣臺灣說是割讓臺灣給日本。東臺灣的人欣喜若狂，又可以恢復過去平靜快樂的日子了，哪知日本人來了，又是更殘忍的侵略征討，日本人有大砲還有連發的槍，直到今天還在征戰，人都躲入深山了還不放過。阿公，這下子連瑪雅公主的故鄉也陷入大紛亂了，怎麼官府到哪荷蘭人漢人滿人日本人到哪，紛亂就到哪啊。唉！一個字，貪，侵略者就是有個劣根性，自以為文明完全看不起福爾摩沙人，表面上文明內心是無比的野蠻，都想來侵略佔領這美麗的金銀島。阿公，全臺灣的住民都是受害者，不論是原福爾摩沙人，後來的福佬客家同樣受苦，現在換成日本人來侵略統治我們，反而安定下來，福爾摩沙福佬客家漸漸成為一體，都成了日本人的奴僕。只是我們承受著被滿清拋棄的罪，他們犯的罪卻由我們臺灣人承擔，我們臺

灣人何其無辜。阿公，我聽了那麼多臺灣人的故事，感覺臺灣人就像是菩薩一樣，救苦救難犧牲自己，還保持著善良的心並不仇恨計較，而侵略者卻仇恨著我們。乖孫是啊！拉美人像菩薩一樣為福爾摩沙人受苦受罪，福爾摩沙人像菩薩一樣為長山人受苦受罪，臺灣人像菩薩一樣為滿清朝受苦受罪，而犯這些罪的人都不是他們。

現在我們還要共同的承受日本人的苦，不知道還要承受多久，這是我們共同生活在臺灣的人要思考的，我們要如何做才不會再受到這種痛苦循環，阿公一時也想不出方法，只知道我們臺灣人要更團結才行。阿公，現在日本人還在攻打我們大山的朋友呢，我們只能無能為力的看著，希望他們都能平安，我們臺灣人好像走不出這循環的悲情。荷蘭人來了怨恨荷蘭人，鄭王來了怨恨鄭王，還希望荷蘭人再來救我們，滿清來了又滿懷希望慶幸滿人趕走海盜，後來又後悔了，發現這是長期的災難，還盼望著美國人來拯救我們，結果現在是日本人來了，又是一次災難的開始。乖孫吔，誰叫我們臺灣人就如同是一盤散沙，誰也不服誰，又要命的愛錢愛面子，怕事又怕死。所以阿公要交代你，雖然現在是日本人在統治我們，但我們安分守己的做人，平平靜靜的過日子，日本人總不會無緣無故的抓我們去砍頭吧。哈！阿公，我看得出來你是認命了才會這樣說，我的想法是天公疼憨人，總有一天我們臺灣人會自己管理自己，不再是其他國家的屬民，我們要超越他們。喔！好棒，有志氣，跟利安一樣的志氣，那你要從好好讀書增加知識開始，並好好認真做事貢獻自己的能力。阿公，滿清出賣我們為何我們要乖乖的不反抗啊，應該趁機聯合起來，自己成立一個國家自己管理自己啊。乖孫吔，有啊！是有成立自己的國家，就叫臺灣民主國。滿清與日本的戰爭以大敗收場，滿清的北洋艦隊全軍覆沒，當年派來東臺灣殺害臺灣人的兩艘戰艦也被日本擊沉，朝廷決定把臺灣割給日本當成是賠償。憤怒的臺灣人團結一致成立了臺灣民主國，推舉唐景崧擔任第一任總統，以台北為首都，唐景崧是當時的臺灣巡撫，他還宣誓

寧願戰死也要保衛臺灣呢！後來日本軍登陸臺灣軍首戰失敗，大總統就帶著細軟逃回長山去了。丘逢甲得知總統逃回去長山，也帶著眾多臺灣人的捐款總共十萬兩白銀逃回去長山。林維源被選出當議長的第二天就棄職逃回長山。大家又再推舉劉永福為第二任臺灣民主國的總統，以臺南為首都，結果日軍都還沒攻擊臺南府城呢，劉永福又逃回去長山了，當時從長山來駐守臺灣的官兵，幾乎全部逃回長山去了，能帶走多少錢就帶走多少，能搶則搶，連漁民的船也被搶走，紛紛逃回去長山。可憐的臺灣人啊！槍都被長山人搶走帶回去長山了，早已認同臺灣的福佬客家，跟原福爾摩沙人難得的大團結一致抵抗日本軍。

日本軍從北殺到南，勇敢的臺灣人拿著刀也要抵抗，犧牲了無數的生命，光蕭壠（佳里）一役就死亡數千人啊！而竹塹跟臺中一帶也是傷亡慘重，這次連下淡水河平原一帶也捲入戰事，也是傷亡慘重啊。無奈啊！該留下來保護臺灣的軍人都逃回去長山了，臺灣人經過慘烈的犧牲後，只能投降乖乖的做一個順民。哇！利安跟安娜小時候住的地方蕭壠，遭受這麼大的苦難，那拉美人的後代也是其中的受害者。阿公吔，這長山人還真是不可靠，而臺灣人真是笨到無法原諒，怎麼會選長山人當總統，他們心在長山當然會跑啊，戰爭將至他們自然會帶著錢跑回去長山的家啊。是啊乖孫，我們臺灣人善良樸實完全的信任別人，一次又一次的被傷害也沒有覺悟，這又能如何呢！最後日本軍又殺到下淡水平原，曾成功躲過鄭成功，朱一貴，林爽文等幾次的紛亂的下淡水平原一帶又仿效過去的作法，立即團結起來想抵擋日本軍，沿著下淡水河佈防也沒有發生作用，因為日本軍從枋寮一帶登陸往北殺去，這招從後方突擊又快速推進，讓所有義勇軍秩序大亂首尾無法兼顧，日本軍突然登陸，義勇軍措手不及，我們在琉球眼睜睜的看著日本鐵戰船靠岸，日本兵在枋寮登陸。大戰是慘烈的，勇敢的義勇軍有數千人戰死，房屋也被焚燒無數，義勇軍屢敗屢戰屢戰又屢敗，最後只能投降。

隔年日本軍到琉球，為了保全琉球人，頭人無奈帶著四個角頭的名人一同迎接日本軍，這十幾年來就這樣一直被日本人管著。乖孫咄，你知道嗎？日本人都宣傳著，臺灣人認命吧！我們不會虧待你們的，你們只要乖乖的做一個效忠天皇的人民，我們會好好的建設臺灣，也不會像滿清那樣對待你們，你們能成為大日本國的國民，是你們抬頭挺胸出頭天的日子到了。你們臺灣人要記住，李鴻章上奏朝廷時是這樣寫的：『臺灣，男不歡，女不愛，鳥不語，花不香，瘴癘之地，割之可也。』阿公，我們臺灣人替滿清承擔這痛苦，救贖長山人犯的罪，他們還這樣侮辱我們。唉！阿公同樣一句話，我們臺灣人不能再分彼此了，要自立自強命運要自己掌握，絕對不能再懦弱怕事任人欺負。

阿公咄，可是我們還是沒能力反抗日本人啊！日本人都兇巴巴的，他們有槍我們又打不贏人家。是啊！現實是這樣，只能先保住性命隱忍著過日子，幸好琉球偏遠也只是一個小島，這樣比較不會引起日本人的注意，他們要求什麼我們就配合著，一切聽天由命。阿公，聽說前幾年有從那一邊（指臺灣）跑來琉球的人好像是林少貓的隨從，神神秘秘的是為了什麼事？乖孫小聲一點，不可以提也不能說，他們是為了我們臺灣人而反抗日本的英雄，他們攻打阿緱（屏東）的日本警察，跟日本人作對好幾年但失敗了，林少貓也犧牲了。他的隨從從來就沒有來過琉球懂不懂，以後切勿提起也不能跟任何人說，他們都是我們應當保護的人，這樣聽清楚了嗎。阿公，我聽清楚了也懂了，從來就沒有林少貓的隨從跑到琉球來。乖孫是的，確實也沒有。

經過日本人侵略臺灣初期的殺戮之後，被滿清出賣的臺灣人認命的配合著侵略者，如果加上西班牙人侵略北部的那一次，這次是第五次了。日本政府在臺灣各地設立衛生所，警察局，學校，也辦理了詳細的戶口普查登記，私人土地都丈量並登記。日本政府沒有

強迫臺灣人要改成日本姓名，要取日本名的可以自由的選擇取名。
日本政府也大興土木，築道路建鐵路建水庫建發電廠，各地開始設
立工廠，臺灣的經濟快速的起飛，短短的十幾年臺灣的進步比滿清
統治的兩百多年，還要進步數倍。阿公，這日本人真厲害，所有的
建設都讓我們覺得新奇。

　　乖孫，是啊，日本人的精神，做事的嚴謹大大震撼了我們。
我們臺灣人不再跟日本人敵對，但阿里山的木材，金瓜石的金礦，
正被日本人計畫著要全部佔有。我們漸漸的忘記了被滿清出賣的悲
痛，同時也被日本人以二等國民般的對待著。開始有人慶幸著日本
人把腐敗的滿清官府逼走，給日本人統治比給滿清統治要好太多
了。另一方面也得知在長山的滿清朝廷更加腐敗無能，貪官污吏
更加嚴重，官位竟然是可以用錢買來，長山人又開始流離失所了，
長山各地又開始盜匪橫行百姓鬧饑荒，滿清無力管轄龐大的領土人
民，百姓騷亂亂殺外國人，也殺傳教士燒教堂引起多國政府的不
滿，派出聯軍出戰滿清，滿清吃了大敗仗連皇帝都逃走了，整個長
山又陷入一片混亂之中，可憐的長山人。已認同自己是臺灣人而留
在臺灣的原長山人，都慶幸著當年沒有跑回去長山，他們留在臺灣
給日本人統治是正確的。

　　阿公，這還真是出乎意料之外，心在長山而跑回去長山的人，
又一次的陷入長山的紛亂之中，長山的地好像是一個大陷阱，一段
時間後就會讓長山人陷入大陷阱之中，而被滿清出賣的臺灣人，反
而是脫離陷阱生活一天比一天好，日子一天比一天平靜。哈！乖孫
也，說不定日本人隱藏著要利用我們的更大陰謀，只是時間未到還
沒有露出馬腳，趁著阿公還有體力，阿公決定再去一趟火燒島（綠
島），現在社會穩定琉球跟東港之間也有火船（交通船）交通方便
了，我帶你去一趟平埔厝（指嘉祿堂，現枋山枋寮一帶）找親友，
讓他們認識認識，好多年沒去了，我也帶你去瑯嶠跟火燒島，火燒

島的親友見到我們去會很開心的。日本人也去統治了火燒島跟紅頭嶼（蘭嶼），阿公想去了解了解親友們在火燒島生活的還好嗎。耶！當然好，謝謝阿公，我都還沒去過火燒島呢，瑯嶠，平埔厝（指嘉祿堂）只有遙望著看到，那新園（新遠）……我也想去看看安娜跟利安住過的地方，如果可以的話我也想去打狗，鳳山，蕭壠，麻豆，新港（新市）看看……還有……。哈！哈哈，塔樓，阿緱，力力，加藤，麻里麻崙，大木連，大傑巔……都想去對不對，要不是卑南還跟日本人關係緊張著，你也想去對不對。嗯，阿公我是都想去看看，這樣才會有知識啊！就像安娜跟利安一樣。哈哈！乖孫你有這種想法很棒，可是阿公年紀大了，一下子沒有辦法跑那麼多地方，蕭壠，新港，麻豆，大傑巔……有些地方阿公也沒有去過，琉球的大小事務還要阿公處理，這樣好了，這次就去新園，崁頂，東港，平埔厝，瑯嶠跟火燒島。

　　阿公，有聽過以前琉球有人吸鴉片死掉的事，那是怎麼一回事？喔！那是琉球解除禁運的時候，禁令解除後商人來幫英國人賣鴉片，官府也說那是強身的洋藥，會讓人精神百倍無病無痛，這洋藥是治百病的，捕魚疲累又長期缺乏醫生的琉球人，都興奮又期待著想嚐嚐洋藥。唉！沒見過世面又無知，有一點點錢的人都被騙了，原本就貧窮更變成一無所有，這分明是英國人騙人的伎倆，這可是害人上癮的毒品啊！憤怒的琉球人把那黑心的商人團團圍住要修理他，頭人將賣鴉片的商人驅逐出境，不得再踏上琉球一步，官府官兵護送商人離開事件才平息下來。抽鴉片煙上癮的人被綁在樹頭治療，大呼小叫的頻頻發抖冒冷汗，發作起來完全不怕打不怕痛，就好像是有幾萬隻螞蟻在咬他一樣，還好再也沒有鴉片煙可以吸，上癮的人經過幾個月的痛苦治療後也恢復正常。乖孫呧，毒品不可碰，我們等待好天氣，就出發去那一邊（臺灣）。

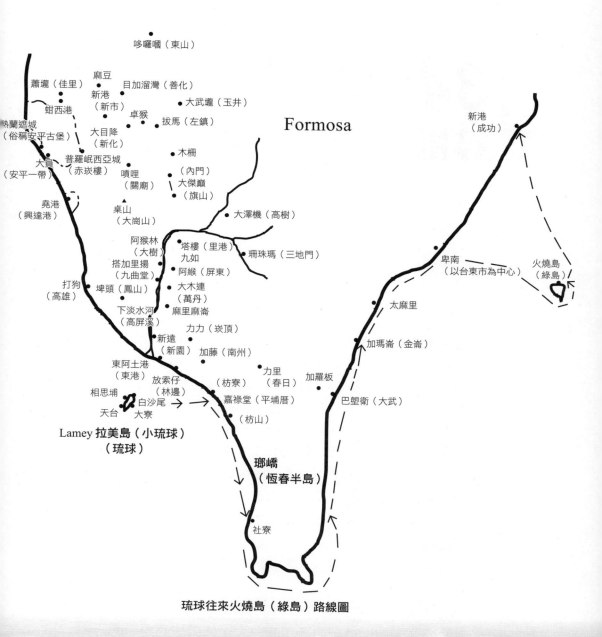

哆囉嘓（東山）

蕭壠（佳里）　麻豆　目加溜灣（善化）

新港（新市）　大武壠（玉井）

蚶西港　卓猴　拔馬（左鎮）　Formosa

熱蘭遮城（俗稱安平古堡）　大目降（新化）

普羅岷西亞城（赤崁樓）　木柵

大員（安平一帶）　噴哩（關廟）　（內門）

堯港（興達港）　桌山（大崗山）　大傑巔（旗山）

大澤機（高樹）

阿猴林（大樹）　塔樓（里港）　九如　珊珠瑪（三地門）

搭加里揚（九曲堂）　阿緱（屏東）

打狗（高雄）　坤頭（鳳山）　大木連（萬丹）

下淡水河（高屏溪）　麻里麻崙

新港（成功）

力力（崁頂）

卑南（以台東市為中心）　火燒島（綠島）

新遠（新園）　加藤（南州）

太麻里

東阿土港（東港）　放索仔（林邊）　（枋寮）　力里（春日）　加羅板

加瑪崙（金崙）

相思埔　白沙尾　嘉祿堂（平埔厝）

天台　大寮　（枋山）

巴塱衛（大武）

Lamey 拉美島（小琉球）（琉球）

瑯嶠（恆春半島）

社寮

琉球往來火燒島（綠島）路線圖

　　很快的臺灣行出發了！查阿跟著阿公到臺灣拜訪親友，這對第一次到臺灣的查阿來說是新鮮事，一切就如做夢一般，但夢中的臺灣跟實際的臺灣是不一樣的。雜亂無序的東港（東阿土港），人雖多東西應有盡有，每一個人都很和善，但有讓人窒息的感覺，放眼望去全部是長山人，看不出來有誰還是瑪卡道，原來他們都長得一模一樣，講著相同的福佬話。阿公的朋友還真多，還偷聽到有人小聲的說：琉球番王帶他孫子來七逃。吃飯時東港有頭有臉的人都來了，來聚會的人都還驚嚇的說著日本軍的侵略故事，看來他們都嚇壞了。查阿只能靜靜的聽著看著大人們說話。而這東港說是港也沒看到港在哪裡？就一個河口進來的一個小小海灣處，這河應該就是古早的力力溪現在叫做東港溪，那河的對岸就是新遠（新園），查阿努力的回想著阿公說過的故事，如今到了現場更當好好的體會體會，感受一下當年的氣氛，也想一下臺灣人的未來，自己的未來。三天後他們又來到已被稱是崁頂的力力，他們來到力力的大廟祭拜，這廟是長山人蓋的，但村民都說著相同的故事，過去這邊完

全是瑪卡道的部落，一部份的原部落居民往山邊遷移了，一些人留下來學種田，有的人都還有一個瑪卡道名子，但沒有人會瑪卡道語了。瑪卡道都取了漢姓，姓陳姓林姓蔡姓李姓⋯⋯不一定，也沒拜佬祖了，都到廟裡拜拜或家裡放了媽祖拜媽祖，還知道自己是瑪卡道的後代但不願意說。只要不說，是完全看不出是長山人還是瑪卡道。哇！力力真的有人搬去琉球住，他們還知道一兩百年前的故事，只是琉球被禁運後跟力力斷了聯繫。離開崁頂走過小竹木橋，查阿最期待的新遠（新園）就出現在眼前。阿公，下淡水河呢？那寬大可以航船可以設哨抵禦敵人的下淡水河呢。喔！乖孫，是在新園的另外一邊，舊新遠就在河邊而新園離河遠一點，新園就夾在下淡水河跟力力溪的中間。住在新園期間查阿來到了下淡水河河畔，原來這寬廣的河畔就是古早時代瑪雅公主沿線佈防的地方，而這河口河岸就是她射野鴨的地方。現在的新園到處是農田，而新園早期的住民全部都有漢姓漢名，這新園古早是福佬客家要過來下淡水平原的第一站，現在瑪卡道反而變成了少數。查阿開心的問到了一個姓潘的大哥，竟然說：他聽過老人家說過模糊的故事，但他認為那是編造的不太真實，他也有聽過新園在很久很久以前有人搬去琉球的事，但拉美島嘛！倒是完全沒有聽過，是生平第一次聽到。

好不容易又問到一個姓潘的居民，他竟然說他是福佬人⋯⋯。爺孫兩人到下淡水河口看琉球島。阿公吔，拉美島近在眼前，而新園人完全不知道拉美島。是啊！時代變遷，人變了土地也變了，所有的故事也消失不見，就像安娜，利安，瑪雅公主一樣，都被下淡水河的河水沖走了，消失的無影無蹤。每個人都忙著工作賺錢生活，這些古早的事沒有人有興趣了，但阿公跟你講我們不能忘本，不能忘記臺灣人祖先的故事，我們選了漢姓沒關係，但我們不能連祖先也選啊。阿公，我們明天就去平埔厝（枋山，枋寮）吧！這古早最多琉球親友的新遠，竟然連一個親友也沒有了，只剩阿公幾個

買賣牛的朋友。好吧！我們明天可要一早就出發，搭竹筏回東港再
往南走，再搭竹筏到林邊（放索仔），再渡河而過天黑前才能走到
平埔厝。

　　平埔厝的親友都來迎接爺孫倆，氣氛融洽又親切，爺孫倆如
同回到家一樣，談天說地也關心琉球的情況，每個人都談論著日本
軍就從北邊的海岸登陸，在茄冬腳跟義勇軍發生激烈的戰鬥……。
日本軍隊的武器太精良了，可以連發的火槍，軍隊訓練有素軍紀嚴
謹，英勇的義勇軍無法抵抗，雖誓死拼戰拼命的守護家園，最後還
是投降了，死的死逃的逃。親友們也得知琉球的事，知道琉球平安
的逃過一劫。紛雜的談論中也有人說：他們覺得日本國比滿清好太
多了，我們原本恐懼日本人是對他們不了解的關係，現在被迫當皇
民，就將錯就錯吧，滿清可是吸我們的血還出賣我們，還說我們是
男無情女無義。有的人越說越氣憤還說了：寧願當皇民也不願當滿
清的奴隸，每一個滿清官員都是喝人血吃人肉的禽獸。圍著吃飯的
人都應和著拍手叫好。熱烈的氣氛中，親友們還打聽起有沒有誰家
的兒子要來平埔厝娶某的，或是有誰家的女兒要嫁到平埔厝的。查
阿聽著也想著，原來連平埔厝的習俗也變了，男的娶女的嫁，完全
跟過去不一樣，而來吃飯的親友也都是講著福佬話，但親友跟琉球
一樣，都有平時在叫的正名，和登記用的偏名。

　　而這正名應該就是瑪卡道語了，看來親友們還知道正名的意
思，言談之間還夾雜著一些聽不懂的語詞。查阿心裡想著這一趟臺
灣行，到了五個地方竟然有五個不同的感受，他最想找到完全的瑪
卡道人還沒有遇上，新遠跟東阿土港都完全沒有痕跡了，力力跟加
藤還有一點點痕跡，嘉祿堂嘛，這邊的人都說自己是嘉祿堂人也知
道是瑪卡道，但總覺得缺少什麼，照這樣下去平埔厝（嘉祿堂）也
會消失不見，就如同阿公說的一樣，古早的平埔的厝是何其的多，

古早的平埔的地是何其的大。一週後爺孫搭了小帆船前往瑯嶠，是平埔厝親友的船，也有兩位親友要跟著去火燒島，因為他們也有親戚從東港搬去火燒島住。小帆船沿著海岸線南下，青翠的山湛藍的海跟琉球有幾分像，快到柴城（車城）時也看到一些跟琉球很像的珊瑚礁海岸，小帆船直接經過柴城，他們從社寮溪口（保力溪）上岸。哇！這小小的社寮溪平靜無波，而社寮的村落比琉球的村落還小，人也少，往北看柴城的村落大多了熱鬧多了。小帆船還沒靠岸社寮人就爭相前來迎接，這嘉祿堂的親友跟社寮的頭人可熟了，像是常常見面的朋友一樣，社寮頭人精明和善也認識阿公。言談之中都說是自己人，自己人不要客氣，他們都唉聲嘆息的述說著：瑯嶠變了，過去被禁運反而好，這三十年來一切都不如從前了，生番更是可憐，而他們也好不到哪裡去，現在日本人來了看會不會改善。建了那恆春城以後很多人搬去城內住，社寮的人口越來越少，也有的搬去對岸的柴城跟福佬一起生活。住在社寮十幾天都是頭人招待的，他說如果他去琉球也要阿公招待他，查阿終於才知道，從來不被琉球人稱呼為頭目或頭人的阿公，原來是琉球的頭人。難怪在琉球大小紛爭都是他出面處理的，連分家也是，連分配哪個角頭在哪個海域活動也是，都是他在決定的，雖沒有硬性規定，但盡量在自己的海域捕魚活動。看來阿公這次是特意的帶上他是要讓他學習的，就如同他年輕時被帶著來臺灣，被帶著去火燒島（綠島）一樣。

社寮人都力勸不要去火燒島（綠島），現在的卑南（台東）正跟日本人對抗著氣氛緊張，船無法在卑南或太麻里靠岸，只能到巴塱衛（大武）。嘉祿堂的親友說了：那就去巴塱衛靠岸過夜，再從巴塱衛直接渡海去火燒島，他們會一點排灣語，巴塱衛的住民熱情友善不會有什麼問題。社寮頭人答說：但要從巴塱衛航去火燒島就危險了，航程遠海流天氣都要配合才行，而且回程又是一次風險，你們的船小很容易發生問題的，何不等卑南穩定下來再去火燒島探

親呢。我們被說得有點動搖，但最後還是決定前行，我們也請社寮的朋友放心，如到了巴塱衛等不到好天氣，我們就再回來社寮，就去巴塱衛等個十天八天再說。阿公說了：這次沒有去火燒島就沒有下一次了，歲月不饒人，自從日本人來了以後就再也沒有去過火燒島了，老天爺會知道的會讓我們有好的天氣，火燒島的親友都快要忘記我們了，我不能讓這條去火燒島的路斷在我手上。查阿知道阿公的意思，意思是要他記得這條去火燒島的路。老天爺好像是聽到了一樣，一連兩天風和日麗又微風徐徐，是平靜無波的好天氣，一行人告別社寮，小帆船沿著南臺灣的海岸南行，這些綿連數里美麗的珊瑚礁岸，白色的沙灘，就如同琉球的海岸一般，而且更壯觀，海水也無比的清澈。難怪琉球人會搬來瑯嶠住，可以想見海底的魚也是跟琉球一樣的。一行人都靜靜的欣賞著這美妙的海岸海景，船就讓它穩穩的隨風飄盪，不知不覺中繞過了砂碼磯頭（鵝鑾鼻），這砂碼磯一帶的礁岩更是壯觀，也有幾處漂亮的白沙灘，都比琉球的白沙灘要大。哇！好漂亮的白沙灘呀。船又沿著海岸一路往北漂，風向也神奇的變成南風，這小帆船航行得更加順利，顯然嘉祿堂的船長是經驗老道的漁民，他細數著在哪個海岸抓過什麼魚，什麼季節抓什麼魚。查阿心裡想著，捕魚的人好厲害，連在茫茫大海也有說有笑，就如在陸地上走路一樣，一步一步的前進沒在怕的。查阿知道萬一起了風浪小船會緊急靠岸躲避，等天氣轉晴再把小船推下海繼續航程，但萬一來不及靠岸呢？或剛好是礁岩區呢。查阿，你在想什麼呢？坐船會不會怕。船長，我都不怕呢我在琉球也坐過竹筏，覺得很好玩而且我也不暈船。小帆船越往北漂海岸沙灘變得越不一樣，變成一顆一顆大大小小的石頭，岸邊的山也變得高大，比瑯嶠那一帶的山還要高，哇！好壯觀好美，看了心情馬上變得開朗，往北望去這海岸線之美，美得讓人說不出話來，難怪叫福爾摩沙，真是福爾摩沙。

　　船長指著遠方的島嶼說：那遠方的小島是紅頭嶼（蘭嶼），紅頭嶼比火燒島（綠島）要大得多，那還不是火燒島（綠島），火燒島在更北方。終於在天黑之前順利的在巴塱衛（大武）靠岸，熱情的巴塱衛人大人小孩都跑了過來，船長送了一些禮物跟他們交談著，他們講著我們聽不懂的排灣話。我們當夜受到熱烈的款待，這些款待很顯然超出了禮物的價值數倍。船長跟我們簡單的翻譯，他說了：巴塱衛頭目說，嘉祿堂自古就是我們大龜文王國的好朋友，我們走陸上的古道翻過山去福爾摩沙西部，第一站就是嘉祿堂啊！我們跟嘉祿堂的友誼就像是天上的星星與月亮一樣，自古從荷蘭人時期就互相往來著。而這琉球嘛！他們也知道，就是古時候稱的拉美島嘛！也是我們排灣族人稱的，那神秘又美麗的小島，爪依布哇。哇！天啊！跑了大半個臺灣都沒有人知道拉美島了，竟然就在這巴塱衛時間就如同是停止一般，還停留在有拉美島的時代，荷蘭人的時代。他們的滿清時代呢？他們記憶中沒有滿清，更完全沒有聽過鄭王，他們對滿清的印象，只有在二十年幾前有三千火槍兵來東臺灣濫殺無辜。他們熱情好客的習俗還是如阿公講的故事一樣。查阿想起，利安跟安娜帶著一群荷蘭人，逃到巴塱衛又往北逃去卑南的事。船長也吃力的敘述這一段古早時代的故事，巴塱衛頭目聽了後詢問部落的長老，得到肯定的答案，長老也驚訝！你們爪依布哇人也知道這荷蘭時期的故事，這太意外了。我們就好像是一家人般，還流傳著相同的荷蘭人的故事。長老說：老一輩的人說著故事，荷蘭人每次從西部的福爾摩沙來東部，或者是要從卑南回去西部，都會停留在巴塱衛過夜，最少一個人有時十幾人，最多有數十個人經過或停留，這是千真萬確的事。隨著談到荷蘭時期大家又熱烈了起來，傳說是怎樣又怎樣如何又如何，就像是久違不見的朋友開心的交流著，語言聽不懂但心意溫暖真誠。查阿好喜歡這種感覺，這也是利安跟安娜當年逃去卑南時停留在巴塱衛時的感覺。哇！這次的旅程最大的安慰反而是在這裡，這彌補了去新園時的失落感。新

遠一切都變了，連小赤山也只剩下幾棵樹，那燒磚廠還在，赤山巖的觀世音菩薩見證了這一切的改變。

　　只隔一天，又是萬里無雲的好天氣，事不宜遲一清早就出發，直接航往火燒島（綠島），距離火燒島很遠渡海是有危險的，火燒島隱約的出現在遠方的海面上。船長要大家把繩子綁在身上，一端綁在小帆船上，救生用的竹罐圈就放在身邊以防萬一，這往北的海流正好可以將船控制住航往東北的方向，只需要控制好尾舵，小船飛速的往火燒島前進。老經驗的船長說了：完全不必害怕，快到火燒島的時候注意那強大的海流就可以了，老天有眼媽祖有保庇，我們會平安的到達火燒島。果然如船長所說的，小船比預期的要快得多，順利的漂流到了火燒島南邊的海面上。這火燒島由南往北的強烈海流，如同一條黑色的巨大海蛇般往火燒島的左方流動，火燒島就在眼前，但船上四個人心情無比的緊張。船長要大家坐穩我們正進入最危險的時刻，必須在更南方一點的地方穿過海流，繞到火燒島的右邊前進才安全，若穿越海流失敗被海流往北帶就危險了，若翻船我們會被漂到很遠的地方，活命就看運氣。驚險萬分的情況下我們穿越了海流，小船順利的進入了一股平緩往北的小海流中，船繼續往北漂，美麗的火燒島就在我們的左邊，山比琉球的高也比琉球的美，海岸邊的黑色石頭跟琉球的珊瑚礁岩不同，但形狀各異處處驚奇，海水比琉球的海水還要湛藍，哇！也是美景，這邊的海灣都比琉球的海灣大……。船又繼續往北漂，我們看到了小村落，也看到好多人已站在海邊的黑色礁石上揮手呼喊，可以看得出來火燒島人的興奮，他們期待著有船到訪，熱烈的歡迎著我們。船長說了：公館到了，火燒島到了。

　　乖孫吔，怎麼回來琉球都一個月了，你還在想著臺灣跟火燒島的事，要平常心不要想太多。阿公，我們這一趟去了兩個月的時間，我學了很多感觸很深，故事中的跟現實中的差距好大，火燒島

的親友在那邊生活好苦啊！衣服都好破舊，男人乾脆就不穿上衣曬得像烏鬼一樣，為了躲避強風房屋都好低矮，人都很好島也很大，海裡的魚又大又多，也跟琉球的魚長得一樣，但我去火燒島才住了十幾天就好想快點回來琉球。乖孫吶，你不是也跟他們的小孩子玩成一片嗎？還答應他們會再去火燒島啊！他們都捨不得我們離開啊。

　　阿公，火燒島有火燒島的好，琉球有琉球的好，兩邊住著相同的人講的話是相同的口音，連口頭禪也一樣，他們也自稱是琉球人，但火燒島的親友都認為他們是福佬人，他們的老一輩不講古早時代的故事嗎？乖孫吶，古早時代的故事已經是古早，活著生活才是當下吧！火燒島有火燒島的世界，他們需要流傳他們想流傳的故事。唉！琉球人就有流傳下來古早時代的故事嗎？早就忘記了祖先，好像祖先是誰也不是重要的，別人講了就當真，講錯了也不知道。唉！時代就是這樣社會就是如此，再過個三十年，全部的臺灣人都會被教成是日本人，說不定你的孫子會認為我們的祖先都來自日本，而也以當日本人為榮，到那時候記得幫阿公也取一個日本名，這樣你的子孫才能安全的活著。阿公，原來我們臺灣人的祖先可以不是臺灣人，祖先是可以選的，祖先也可以是被教出來的，而我們臺灣人的後代確深信不疑。乖孫吶，所以你去了這一趟回來就一直悶悶不樂的，是阿公不好急著讓你知道，你也表現得太成熟了，這對你來說不是好事，忘了這一切等你長大了再去想這些事。阿公，火燒島的親友又有許多人搬去了新港（成功），他們說是搬去對岸臺灣一個漂亮的海灣邊，在一個有住阿密斯的村落旁，他們把那個新居住的地方取名，新港。是啊乖孫，早在上一次我去火燒島時就有火燒島的親友搬去新港了。新港，新港，或許他們的老一輩不說故事，但他們仍然記得新港，想要回家。阿公，你以後不再跟我講故事了嗎？不，阿公會再講，你能記住多少都沒有關係，你

也不一定要講故事給你的兒孫聽，就像是所有的人一樣，傻傻的一天又一天的過著日子，當個最平凡的人，過著最平凡的幸福。

　　臺灣在日本人的統治下，各項建設快速的推動，自來水，電，水庫灌溉系統，四通八達的大馬路，鐵路，學校，法院，醫院，衛生所，港口，飛機場，各種工廠，土地規劃，戶口登記……等等。日本人征討山區跟東區住民的戰爭也告一段落，全臺灣都成了日本人的統治範圍，跟清朝只統治臺灣的平原區不一樣。阿公，古早時代利安一直想要團結全福爾摩沙，成立福爾摩沙共和國，讓臺灣人出頭天的願望被日本人實現了，但不是福爾摩沙共和國也不是臺灣共和國，是叫日本國。乖孫吔，你漸漸長大漸漸懂事，現在就日本人要我們做什麼我們就配合著，現在各方面都比過去更加進步，我們也沒有能力反抗也沒有必要反抗，我們不做壞事，我們住在琉球管他誰統治我們，我要你認真學習認真讀書，天公都是疼憨人的。

　　現在長山連年的在戰爭，長山人起來跟無能的滿清作戰，阿公有預感這次滿清會滅亡，而滿清滅亡後長山會陷入誰來當王的大紛亂，這是可憐可恨的長山人的宿命，他們正為著過去在臺灣所犯的惡行，一一的受到上天的懲罰。長山，一下子各國聯軍攻打，一下子又自己內戰，這又恢復了鄭王那個時代的大紛亂，這次又不知道他們要打打殺殺多少年，慶幸我們現在是日本國跟長山無關。阿公吔！這不好了啊！長山人多地大，戰爭一起不容易停止，多年的大戰之後若又跑來一個鄭王那怎麼辦。哈哈！我們現在就看著讓日本人去應付。

　　阿公吔！大新聞，好消息，日本老師說：滿清皇朝滅亡滿清皇帝退位，現在他們成立了中華民國。這可惡的滿清，欺侮我們臺灣人的滿清滅亡了，真替長山人高興。這些貪官污吏是該有這種報應，但這跟我們日本國無關，只希望這個中華民國能給長山人帶來

幸福快樂的日子，以後跟我們日本國和平共處，長山人不要再學鄭成功來侵略我們，也不要像滿清一樣來侵略改造臺灣人。我們臺灣人祝福他們，祝福他們成立了以民為主，由民作主的中華民國，盼望我們日本國也能學中華民國，以民為主由民作主。阿公，那中華民國比日本國好，日本人要我們效忠天皇，我們是天皇的奴僕，中華民國政府是要為人民服務的，人民才是主人。

　　幾年後查阿的阿公安詳離世，所有琉球人都來送行，他遠在臺灣的友人也來送行，日本人日本警察也來送行。查阿也成年娶了牽手，依照琉球的習俗帶著檳榔香煙去通知親友。琉球娶某必備檳榔，香煙，酒。查阿心裡想著：這也是最後僅存祖先留傳下來的的習俗，琉球的老婦人可還是人人都吃著檳榔的。查阿又想起他阿公：阿公仙逝前幾年不再跟他講古早的故事了，只說著他自己的故事，，將自己從小到老的故事完整的說了一遍，還一再交代能記住也好忘記也好，就當著是趣味聽。現在我要娶某他沒能親眼看見，只能燒香祭拜他跟他說說：阿公我要娶某阿，我想念著你。時代進步消息傳播的很快，中國發生了什麼事日本人立即知道，而臺灣人琉球人也馬上會知道。在中國的長山人可慘了！雖然成立了中華民國但一直沒有平靜下來，中華民國像是分成好幾個國家一樣，互相佔著地盤互相打來打去，互相屠殺死傷遍野，這中國人就是愛打仗，中國的歷史一直循環重演著悲劇，長山人被一次又一次的利用，犧牲了自己的生命，又是分地域分種族的戰爭，中國人又是怎麼了？這次中國又要怎麼亂，唉！長山人一直學不到歷史的教訓，還牽連到臺灣來，幸好現在我們臺灣是日本國，我們琉球一樣平靜安樂。

　　長山人的中國全面大戰，臺灣安安定定琉球平平靜靜的，如果現在臺灣還是滿清或是中華民國那就慘了！是會捲入戰爭的，那又不知道要死多少無辜的臺灣人。

　　臺灣的建設大躍進，衛生條件也大大的進步，生產的糧食充足到可以賣去日本，琉球人也紛紛造了更大的漁船捕魚，日本人教著琉球人更高明的捕魚技術，家家豐衣足食生活穩定，出生的小嬰兒不再夭折，沒有節育觀念的琉球人口暴增了數倍。查阿的女兒兒子一個一個的出生，每個家庭都有一樣的情況，至少5，6個小孩，甚至有十幾個小孩的。琉球顯然已經住不下這麼多人了！又有琉球人搬離去住在高雄，鳳山，東港，林邊，枋寮，枋山，恆春。也有做生意的那一邊（指臺灣）的人搬來琉球，這又跟古早一樣，有人搬來有人搬走，日本人治下臺灣大發展，搬去東港可以做生意，搬去林邊可以種田，搬去枋寮，恆春可以種田兼捕魚，每個搬離琉球的家庭都有著不同的原因，就像古早一樣，他們也在找尋他們的天堂，找尋他們的金銀島。而這段期間中國還是戰亂不止，整個中華民國腥風血雨，中國人死的死逃的逃，但有日本人顧著，他們無法逃來臺灣。

　　日子飛快查阿的兒女們也長大成年，查阿多年的辛勞總算有了美好的代價，這跟以前比起來好太多了，臺灣在日本人的統治下治安良好，就如同古早的琉球一樣，琉球人更互助更文明，還是互相幫忙互贈食物。但有一個奇特的現象，琉球人變成視錢如命都愛著錢，這或許是古早時代沒錢也沒關系，被禁運的一百五十幾年影響的，琉球從有錢也沒用，變成沒有錢什麼也沒有用。哈！哈哈，查阿一想到這就覺得有趣，琉球人變成人人想要賺錢，想把任何東西都換成錢，有了錢也不花就存起來，日常生活就將就將就，一心一意的想存錢。存錢做什麼？等死了之後留給子孫，也讓琉球人可以打聽得到，這輩子存了多少錢，這好像是存錢比賽，誰這輩子存了多少錢，誰就比較有面子。哈哈，查阿可不這樣想，他要把賺的錢都投資在小孩的教育上，也不能重男輕女，最古早是重女輕男現在是重男輕女，這都不好會削弱臺灣人的力量，日本人統治下別想

著其他的事，就把自己的子女都教育好就好，這也是祖先們一致的期待，教育子女增加知識產生力量，這樣才能改變臺灣人的命運，臺灣人才能超越別人出頭天。

　　臺灣經過日本人的大力建設後脫胎換骨，雖日本人還是把臺灣人當成是次等國民，但臺灣人都感到很滿意了，不再想起日本人剛來時的殘殺，也不計較了也信任了日本人。

　　這一天，查阿剛放完牛牽著牛回到家裡，鄰居就急忙的跟他說了：日本人對中華民國開戰了！我們日本國跟中華民國打了起來。什麼！真的打了起來，這下糟了呀！我們現在可是日本國呢！那不就表示我們臺灣人也會捲入戰爭嗎。查阿，不會啦！聽說是在很遠很遠的地方，叫東北的地方，不是在臺灣也不是在福建啦！而我們住在琉球就更沒有關係了，你想一下，鄭王時代滿清時代，我們在琉球不也都安全的生活著，沒有我們的事你放心，這兩尾海呆魚（鸚哥魚）送你，我今天釣了五尾。哈！多謝喔！你有夠厲害的好會釣魚。鄰居回去後查阿卻擔心了起來，這下怎麼辦！日本人沒事找事做去侵略中華民國幹什麼？是想趁著中華民國剛打完內戰國力虛弱，想要去侵略人家去佔領人家的土地，這真的不好了呀！希望兩國的戰事能快快停止下來。查阿放下海呆魚急忙的跑到廟裡去，去觀世音菩薩那邊誠心的向菩薩祈求，日本國去侵略中華民國的戰事能和平解決，這打下去是會死傷遍野的，連帶的牽連著臺灣人受苦。

　　又傳來更恐怖的事，日本軍快速的佔領了中華民國的東北，成立了滿洲國，中華民國跟日本國全面開戰已無法避免。查阿又放下手邊的工作，跑到新建完成不久的王爺廟祭拜，祈求王爺能顯神威，保佑日本國跟中華民國的戰爭不要牽連到臺灣來。往後幾年每

個琉球人每天都在等待最新的戰爭消息，日本人都宣傳著皇軍又成功的佔領了那裡，中華民國軍節節敗退的消息，有的人開心的慶賀著說：誰叫長山人過去在臺灣時是如何的欺侮我們的，現在就讓日本人去修理修理他們，讓他們也嚐嚐被侵略土地被奪人被殺的滋味。但查阿心情沉重的想著：這國土廣大的中華民國必會抵抗到底，而中華民國的國民必會死傷慘重，唉！長山人這下可苦了，戰事一久不可能不牽連到臺灣來。查阿又趕緊跑去土地公廟拜拜，祈求土地公能保佑臺灣平安琉球也平安。隨著傳來的戰爭消息一天比一天多，一年比一年嚴重，世界上很多的國家都掀起了戰端，全世界都捲入了戰爭。

Chapter 35
島嶼天還未光

　　天還未光，查阿整夜難眠起身呆坐思考著，遠處的鷄鳴聲好像是啼叫著：苦哭苦喔！哭苦哭喔！這是又怎麼了，怎麼不是咕囉嘓喔！不是咕咕咕喔！每一隻應和的鷄都是叫著苦哭苦我！苦哭苦我！這一定是我聽錯了沒睡飽吧。這幾年隨著世界大戰的越演越烈，漁船都不太敢出海捕魚，只有小竹筏還可以在離岸邊近一點的地方捉捉魚，戰爭持續了好幾年物資缺乏，日本人管制了主要的食物，也把所有鐵器都收走了，也發動臺灣人捐款。查阿心裡知道臺灣人又被捲入戰爭了，琉球人只差還沒有被徵召參戰而已，日本人都宣傳著皇軍一次次大勝的消息，連中華民國的政府也逃到重慶去了，重慶在哪是不知道也是第一次聽說，反正就是中華民國軍一敗塗地，逃去很遠很遠的地方了，傻呼呼的琉球人也跟著興奮不已。但查阿憂心忡忡的：這長山人被日本人大屠殺是天地同悲的事，又不關我們臺灣人的事，是在跟著興奮什麼，臺灣人到底是在憨什麼，日本人去佔領了多少中華民國的土地，我們臺灣人是分不到的。唉！連鷄都還知道叫著苦哭哭，這混亂又彷彿回到了古早

時代，先是長山大混戰，長山人自己打自己，日本人趁亂插一腳，最後全世界都捲入戰爭。內心忐忑不安的查阿接到了最擔心的通知單，查阿的未婚二兒子必須接受皇軍徵召參加作戰。也有好幾戶人家都接到徵召令了，徵召令寫得清楚說得明白。我們偉大的天皇子民勇敢的挺身而出，為我們大日本國光榮而戰為我們大東亞共榮圈而戰，抗令者軍法審判。意思很清楚，違令者斬。唉！能怎麼辦呢！能逃嗎？千百個不願意又能怎麼樣，除非跳海自殺，這跟古早時代荷蘭人來拉美島捉人差不多意思。被徵召的人排列整齊的登船，都要表現出很英勇的氣概，願意為大日本國光榮的出戰，願意犧牲生命保衛大日本國。前來送行的父母妻兒親友們，都要表現出很光榮的樣子，一滴眼淚也沒有，紛紛鼓掌送行表現給日本人看，堅強的表面下內心是徬徨無助，淚往肚子裡吞。

　　戰爭的殘酷是每一個人都知道的事，送走了被徵召的隊伍，琉球人紛紛跑到觀音媽廟拜拜許願。沒被徵召到的家庭都許了：希望我們家的兒子不要被徵召去南洋參戰的心願。有被徵召入伍參戰的家庭都許了：希望我家的兒子能平安的回來這小山頭（琉球），一致的還願條件都是，殺豬公，演戲，蓋大廟時出錢出力。查阿也來到觀世音菩薩前拜拜，不跟著前來拜拜說不過去，怕被別人說閒話：你兒子被徵召去南洋作戰你都不會擔心。查阿連續跑了碧雲寺，三隆宮，土地公廟，拜拜也各捐了香油錢。其實查阿心裡明白，會有開戰也會有終戰的一天，每個國家的國力耗盡人民死盡之後，戰爭自然結束，這是自古以來的定律，貪婪無止盡的聰明人在興風作浪而已，他們找各種理由欺騙善良的人民而已，平時用民族主義在鞏固統治，要侵略別人時利用民族主義在合理化戰爭而已，反正這招永遠有用，而無知的人傻傻的被利用而犧牲生命，菩薩是沒有能力救我們的，上帝也沒有能力，只能自己覺醒。二兒子去南洋作戰就去南洋作戰，沒有神沒有人能解救他，一切看他自己的造化，唯一遺憾的事是他不是為了臺灣而戰。現在日本國還能四處征戰，

那表示戰事還很長，還沒到結束的階段。原來日本，德國，義大利聯合起來是想佔有全世界，這是何等狂熱的民族主義在作祟，這要殘害都少人類。唉！跟古早時代荷蘭人，鄭王，滿清，來殘害福爾摩沙人臺灣人一樣，怎麼世間的人都學不到教訓，大家都一起和平的相處，互相往來互相貿易，互通有無共同繁榮不好嗎？一定得硬要去佔領別人的土地，奴役原本土地的主人，看來人類比禽獸還不如，還會集體行動去侵略別人，比禽獸還恐怖。

戰事的發展越來越不受控制，突然傳來日本軍攻陷美國珍珠港的重大消息，日本艦隊打了大勝仗，珍珠港的美國艦隊全軍覆沒。消息傳來琉球人更加振奮，竟也跟著日本人高呼：天皇萬歲！天皇萬歲。天啊！查阿內心涼了半截，這下要倒大楣了，臺灣人自己會先沒命，連美國也被捲入大戰，戰場從亞洲，歐洲，非洲，現在連美洲也加入戰爭，還天皇萬歲呢！天皇萬歲又不是自己萬歲，天皇如果會萬歲也是我們的命換來的，是跟著日本人在高興什麼。

查阿想起他小時候阿公說的話：三十年後臺灣人都被教成是日本人了，也會認為祖先是日本人，也會以當日本人為榮，到時候如果有需要，記得也幫阿公取一個日本名。哈！悲哀啊！現在雖然沒被日本人強迫取日本名，但倒是也以當日本人為榮了，事情的演變都被阿公料中了，時間到了也要把祖先取個日本名，換個新墓碑，就如同古早時代一樣，將沒有名字不知道名字的祖先墳墓，也立個寫上漢姓漢名的新墓碑，這樣才能保證墳墓不會消失不見，也只有這樣才會活得有尊嚴，臺灣人都得這樣自欺欺人還犧牲生命幫別人打仗，隱藏祖先欺騙子孫才能活命。……唉！

隨著美國的參戰，日本軍也徵召了更多的臺灣人參戰，大山上的各族朋友也被徵召了，日本國是全國總動員，動員的人越來越多物資也越來越少，各方面的限制都很嚴格，琉球開始了食物不夠吃

的局面，這還是自古以來的第一次。有的人只能吃兩餐，也吃的很差。還沒有日本軍戰敗的消息，也沒有被徵召的人戰死的消息，但眼前的一切困難反應了日本軍無法再支撐下去的訊號。查阿抱著剛出生的小孫子冷靜的思考著未來，這生下來後只哭過一次的小孩，好像知道哭也沒有用，哪一天要死也說不定。查阿抱著孫子卻沒有一點喜悅，該有的慶祝習俗就都免了，要取什麼名字呢？唉！能活到三歲以後再說吧。

又是天還未光，傳來……，嗡，嗡，嗡，嗡的連續急促聲，哇！是空襲警報！是空襲警報，美國的飛機編隊來轟炸高雄，天剛亮，琉球人都跑到屋外看著美國的飛機，一隊又一隊的飛越琉球島的上空，轟炸高雄轟炸鳳山轟炸屏東，尤其是高雄的工廠都受到猛烈的轟炸，強烈的濃煙爆炸的火光是看得一清二楚，日本軍也以猛烈的砲火回擊，機關槍高射砲猛烈的回擊，這驚心動魄的戰爭場面就在琉球人的眼前一幕幕的上演。戰爭變成了每一個人的事每天躲著空襲警報，沒有辦法安心的下田，沒有辦法安心的出海捕魚。美國人的飛機像蜜蜂一樣，天還沒亮就嗡嗡嗡嗡的飛越琉球上空，轟炸完那一邊（指臺灣）後，又嗡嗡嗡嗡的飛越琉球往南方飛去。

當空襲警報響起琉球人都會躲避空襲，防空洞很少，琉球人自然而然的躲入到島嶼四周的珊瑚礁岩洞中，大的珊瑚礁岩石旁。查阿知道拉美人的故事，遇到危險恐慌的琉球人也還跟拉美時代一樣，會躲入洞穴中。萬一日本軍戰敗美軍登陸琉球，躲入洞穴中不肯出來投降的琉球人，又會是什麼下場。查阿每天都回想起古早時代的故事，也思考著琉球人的未來，至於去南洋作戰的二兒子就不要去想他，想太多是會崩潰的。這一天就在天台上空，英勇的日本戰鬥機追上一台落後隊伍的美國戰鬥機，雙方纏鬥著一會兒上一會兒下，誰都想飛到他的後方開火，琉球人不知道危險性紛紛跑出來觀看。雙方的戰鬥機不時的開火，機關槍噠噠作響，雙方時時繞飛

纏鬥著驚險萬分，很明顯的琉球人都替日本的戰鬥機加油，都忘了是日本去打美國的，又日本國去侵略中華民國的，還去侵略南洋各國。查阿也跑出屋外觀賞這難得的空戰實況，終於美國的戰鬥機被擊落了，每個觀看的人都驚呼著：天皇萬歲！大日本國萬歲。美國的戰鬥機冒著煙墜落在肚阿坪外海，墜落時水柱衝天但飛機沒有爆炸，美國的飛行員奇蹟似的游泳上岸，被琉球人發現送給日本警察。世代封閉的琉球人才第一次看過美國人。哇！原來美國人好高大，跟傳說中的荷蘭人一樣，是白皮膚金頭髮，這美國人飛行員全身濕透冷得直發抖，查阿也來看熱鬧吩咐人煮魚湯給他吃，也找來琉球唯一能讓他穿得下的衣服換穿，他換穿後仍略嫌小件，但這已經是琉球最高大的人的衣服了，就勉強勉強。聽不懂美國飛行員說的話是什麼意思，但從態度上可以知道他是感謝大家的意思。飛行員被日本警察綁住雙手帶走了，查阿又想起阿公的時代，美國砲艦來攻擊瑯嶠的事，當時琉球人都期待著美國人來解救琉球，解救琉球被滿清封鎖的命運，今天才第一次見到傳說中的美國人。這是好現象，美國人都打到臺灣來了，會解救臺灣趕走日本人嗎。但這也是壞現象，日本國若戰敗了，那不就表示被徵召去南洋作戰的臺灣人大多會戰死嗎。唉！戰爭沒有贏家，但貪心的人類卻一而再的發動戰爭，都會找一個藉口去合理化侵略的戰爭。

查阿有心理準備，美國人都打到臺灣來了，那表示日本軍是節節敗退，一次的空戰小勝利是起不了作用的，去南洋作戰的二兒子恐怕凶多吉少。美國飛機還是一次又一次的來轟炸高雄，清晨也來黃昏也來天天都來，除非天氣惡劣。漸漸的琉球人也習慣了，都大膽的外出數著有多少飛機飛過上空，每次都有數十台轟炸機伴隨著數十台戰鬥機。這一天出奇的有一台美國的戰鬥機，對著一個目標俯衝並開機關槍猛烈的掃射，正大膽的牽著牛外出到田邊吃草的查阿被嚇壞了，躲在刺竹叢旁看著飛機俯衝射擊，飛機就好像是盯著他一樣，他躲在刺竹叢的東邊飛機就繞飛到東邊俯衝射擊，他又

跑到刺竹叢的西邊，飛機就繞到西邊俯衝射擊，噠噠噠的猛烈射擊著。這美國的戰鬥機是怎麼了衝著我來幹什麼？真沒有想到這戰爭會變成連我也被當成目標射擊。查阿趴臥在地腦筋一片空白。飛機飛走了，驚嚇不已的查阿起身走到田邊一看，哇！原來是在射擊吊井水的竹架（吊歐），井就開在田頭好方便灌溉澆水，而用竹子做成的吊歐，就像是一支高射砲的樣子，高空飛過的美國飛機也分不清楚，吊歐被擊毀了，查阿的牛也被射死了。哈！能怎麼辦！小命能保住就算走運了，感恩觀世音菩薩有保庇，就把牛宰了分給大家吃，這陣子每個人都餓壞了，今天就來吃牛肉大餐，說不定明天就沒有這麼幸運了。

美國的飛機還是一次又一次的來轟炸臺灣，從南方飛來飛越琉球的上空飛去轟炸臺灣，轟炸完成又往南飛越琉球的上空，往南飛往南海跟菲律賓的方向。最近幾次的轟炸，美軍的飛機來去自如如入無人之境，看不到有日本的戰鬥機出擊迎戰，臺灣的目標被美國的轟炸機轟炸到完全不剩。但美國的轟炸機會刻意避開民房轟炸，平民百姓的建物不是轟炸的目標，也從不轟炸琉球。但意外的這一天有一台轟炸機轟炸完高雄返航時，竟對著琉球投下一排炸彈，轟炸機由白沙尾的方向返航而回時投下一排炸彈，大部份的炸彈落在大寮的外海，只有一顆炸彈掉落在小山頭上爆炸，幸運的只炸了幾棵樹，沒有什麼人員傷亡。第一次聽到炸彈近距離爆炸聲的琉球人，又是跑到觀音媽廟拜拜收驚。而無聊的傳言越來越神奇，越傳越離譜。有人說：他看到了觀音媽掀起衣裙接住炸彈後往大寮外海丟。又有人說：他看到了媽祖撐起了一支大傘保護住大寮，炸彈被大傘彈開紛紛落入大寮外海。

還有人說：看到有一根拐杖飛向俯衝而下的飛機，飛機閃躲遲疑了一下炸彈沒丟準，這不是王爺就是土地公顯靈。又有人說：天

空突然出現一片急飄著的烏雲往飛機的方向飄去，而影響了飛行員投彈，是上帝保佑。查阿聽到這些傳言都搖頭嘆息的，唉！人心不安的自然現象，竟然還有鄰居們深信不疑。真實的情況是轟炸完臺灣的目標後目標已被炸毀，美國的飛行員不想在陸地上丟完炸彈，這樣會傷及無辜，每次處理的方式都是返航時將剩下的炸彈丟入海中，以便節省燃料，順利的讓飛機飛回停在南海的航空母艦上，這樣做也能讓飛得不快的轟炸機飛得快一點，避免被日本的戰鬥機追擊。而這一次只是美國的飛行員緊張失誤而已，太早按下投彈按鈕造成的。

　　日本軍的敗象已露，但日本人都宣傳著：皇軍就快要研發出原子彈了，德國跟日本正全力合作加緊的研製原子彈，只要先做出來就能贏得戰爭，到時候一顆原子彈就能殺死數十萬個美國人，做出來後，丟一顆在美國，美國人只有向皇軍跪降一途。聽到日本人這樣宣傳的琉球人都驚嚇不已，日本人是瘋了嗎？為了勝利能幹出這種事，自己先發動侵略戰爭四處殘殺不檢討還這樣宣傳，這原子彈要是被這侵略者先發明了那豈不是人類的浩劫，日本人德國人都瘋狂了，自己侵略別人發動戰爭還這樣宣傳，這日本人是已經知道會戰敗才這樣宣傳的吧，一來穩定國內二來嚇嚇美國人。那萬一是美國人先做出原子彈來呢？查阿不敢再想下去，這多年來的戰爭讓查阿也漸漸的麻木，臺灣人也受夠了，三百年來受你們這些外來的侵略者欺侮支配……那原子彈就丟吧！全世界都丟一遍，將全世界的人類都殺死，沒有人類的地球才會有真正的和平……。

　　查阿也快受不了這無止盡的戰爭，餓著肚子每天擔心受怕的，不能工作，不能捕魚，睡覺也不安穩，不知道哪一天會突然死去……查阿幾乎崩潰。

　　又傳來美軍登陸攻擊大琉球（沖繩）的消息，雙方慘烈戰鬥死傷遍野，島上（沖繩）的無辜居民死傷無數。大琉球（沖繩）持

續戰鬥空前的激烈，而琉球反而平靜無波，平靜的詭異沒有空襲警報，臺灣也不再被轟炸。感覺戰爭已經遠離，戰爭已往日本的方向推進。哈哈！查阿突然感覺到，真的是觀音媽跟上帝有保庇，臺灣跟琉球都逃過一劫了，美軍沒有登陸臺灣作戰，先前傳言美軍會先拿下琉球當基地後再攻擊臺灣，原來這是假消息。

　　美軍是去攻擊大琉球（沖繩），不是謠傳的琉球，這可差很多。大琉球（沖繩）仍然激烈的攻防戰鬥著……傳來義大利已完全投降的消息……大琉球（沖繩）還是繼續慘烈的戰鬥著……又傳來德國已完全投降的消息……每個聽到消息的琉球人都沮喪著。但查阿卻異常的開心，至少這戰爭就快要結束了，日本人戰敗後最好把臺灣割讓給美國當賠償，或是讓臺灣從此自成一國，這事當然要往好處想。美國參戰後，竟能在歐洲在非洲打敗德國跟義大利，可見是世界上第一強國，能跟世界第一強國成為同一國那最好了。荷蘭人，鄭王，長山人，滿清，日本人都不可靠，都是來欺侮臺灣人的，這次換丟炸彈也不丟平民房屋的美國看看。又傳來大琉球（沖繩）已被美軍完全佔領的消息，但也傳來恐怖的死亡人數，將近三個月的戰鬥竟然死亡二，三十萬人。日軍，美軍，大琉球（沖繩）人都傷亡慘重，還傳說島上（沖繩）的房屋完全都消失了，那裡的住民很多都死在洞穴中，連樹木也都消失無蹤，只能用一片荒蕪完全絕望來形容。每一個琉球的人都在等待日本國投降的消息，日本人又宣傳著：原子彈再一兩個月就可以製造出來，只要丟一顆在大琉球（沖繩），則島上的美軍都會成為灰燼，日本軍會替戰死在大琉球的十幾萬皇軍報仇。哇！這太可怕了！查阿再次聽到這不敢相信的恐怖宣傳，他整個人驚呆了。

　　那大琉球的人怎麼辦？日本人沒有把那裡的人當人嗎？大琉球現在不也是大日本國的一部份嗎？他們跟臺灣人的命運怎麼那麼像啊！這大和民族主義好可怕啊！害人害己啊！

　　日子出奇的平靜，完全沒有戰爭的消息，空氣像是凝結了一樣，美軍沒有再發動攻擊，日本國也沒有投降。捕漁的琉球人趁機駕著竹筏出海捕魚，大家都快餓死了，這個季節鬼頭刀正肥美呢，太久沒有正常出海捕魚了，敢出海捕魚的人都滿載而歸。不好了！不好了！查阿不好了！你的好朋友添丁阿被日本警察捉走了！快去救人，他被打得可慘了。啊！哪也安捏，他不是出海去釣鬼頭刀嗎？是見鬼了嗎。是啦！是見鬼了！快跟著我去警察局救人，再慢點去會被日本警察打死。喔！是地下保證先生，請坐，你們別再打了，停止，停止。警察局長要打人的員警停止鞭打後，跟查阿說了：保證先生（居民信任的地方頭人，非日本人指定的保正），這漁民是通敵的，不是我們要打死他，是他一直不肯說實話。局長，他每天都跟我在一起，他也是今年第一次出海釣鬼頭刀，他就住在我家不遠處，怎麼他能通敵且是我不知道的。

　　局長，除非我也跟他一樣通敵。喔！保證先生我可沒有說你通敵，是我們用望遠鏡清楚的看見他拿魚給潛水艇的，他少年白頭在琉球是出了名，我們不會看錯，他拿了好幾條鬼頭刀給美國人。美國人可是我們的頭號敵人，他拿魚給敵人就是通敵，萬一他有答應敵人什麼事？

　　我們不得不懷疑是有什麼大秘密，今天非得打到他說出實話不可。局長，潛水艇潛在水中他是怎麼拿魚給他的？讓我來問問，你們一直打他也沒有用。保證先生那就麻煩你了。局長我問過他了，他承認他有拿鬼頭刀給美國的潛水艇，他說了：今天不知道怎麼了？鬼頭刀一群又一群的向著他的船游過來吃餌，他忙著這鈎中魚那鈎也中魚，他開心又忙碌著正專心的拉起魚，看到不遠處的海面下有一個大黑影往他這邊移動，這可怕的大黑影不深清楚可見，他嚇壞了！這海底有鬼啊！第一次碰到這種情況啊！他嚇得發抖跪在竹筏上，祈求觀世音菩薩保佑，他閉上雙眼誠心的祈求。哪裡

知道潛水艇竟然就浮出水面正好在他的船邊，小竹筏一陣猛烈的搖晃差一點沒翻船，潛水艇完全跟他的竹筏緊靠著，他嚇得直發抖一直跪著磕頭，完全不敢抬起頭來，口中一直唸著：不要殺我，不要殺我，求求你們不要殺我。沒想到潛水艇的蓋子打開後美國兵爬了出來，用手指著他船上的鬼頭刀，他立即抓了幾條給他，美國人說了一些他聽不懂的話，他嚇得要死又抓了幾條給他，美國人又說了一些他聽不懂的話，他正要再拿一些魚給他，美國兵向他揮一揮手表示魚夠了。他還用手比了一下小山頭，意思是要他把船開走回家去。他嚇得直接划走竹筏，美國兵還跟他大叫著揮手道別，他直接就入港了，還沒來得及跟警察大人報告，入了港就馬上被警察大人給捉住了，都還沒有說一句話就這樣一直被打著。直到我出現才停止下來。哈哈！保證先生，他說的跟我們看到的大致吻合，我們也知道他沒有辦法通敵，但拿魚給美國人讓他們有食物吃也是不行，他被打是提醒他，以後即使是被美國人用槍打死，也不能拿魚給敵人，要有為偉大的大日本國犧牲的精神，天皇萬歲。局長先生，既然他不可能通敵這次他也學到教訓了，我保他以後不會再做相同的事了，再有就連同我一起打。現在物資缺乏，就也同樣抓六尾鬼頭刀給您加加菜，而剩下的魚就讓他帶回去讓他的小孩吃個飽，如何？

　　喔！既然是保證先生作保，那就依照保證先生的意思，以後還請您跟琉球人說，有事就找我們指定的保正來說情。鬆綁，放人。

　　添丁阿被打得皮開肉綻的，回到家後坐也不能坐躺也不能躺，痛苦萬分，他覺得很丟臉每天都躲在房間內，一律謝絕親友們的探望關心。又過了一段時間後，傳來美國向日本廣島投下原子彈的消息。查阿心裡想著：天皇快點投降日本不可能戰勝了。又過了三天又傳來美國向長崎投下了原子彈……。完了！完了！完了！查阿最擔心的事發生了，原子彈用來殺人而被殺的是日本人，投原子彈的

是美國人。就當做是日本人發動侵略戰爭的贖罪吧！天皇快投降吧！同為日本國的臺灣慶幸著沒有被投擲原子彈，要是投在臺灣那就慘了。雖說美國人不應該在廣島，長崎投原子彈，但這就是戰爭的瘋狂，民族主義的禍害，日本人用民族主義發動侵略戰爭而美國人也被逼瘋了。查阿想著這數十萬人一下子化為灰燼，連屍體也找不到，大地變成一片荒蕪，非得這樣嗎？人還真的是禽獸不如，查阿無法再思考，只能期待著天皇能早日投降拯救自己的國民。過沒幾天果然傳來日本天皇代表日本無條件投降的消息。琉球人聽到這個消息都焦慮不安，查阿倒是安慰大家：這是天大的好消息啊！戰爭已經結束了而我們都還活著，日本人戰敗是日本人的事，我們臺灣人又可以安心的過日子了，我們被徵召去南洋作戰的子弟，他們現在正準備著要回家。

　　是有幾個去南洋作戰的人回來，但大部份的人都沒有回來，回來的人說：他們有的航行在海上尚未參加作戰，就被美國的潛水艇擊沉命喪大海。也有人說他們在登陸後戰死了，也有的病死也有的被毒蛇咬死了。也有人說他們逃兵逃到深山裡去了，失蹤了！消息紛亂語多保留，但永遠也不會回來是大家共同的體認。查阿的二兒子是失蹤的人之一，就當他是逃到深山去生活了，還幸運的跟當地的土人結了婚。跟古早的拉美人一樣，被捉去巴達維亞（雅加達）做苦工當奴隸，想像著他們有少數人沒累死沒病死，逃到山區去了也活了下來。就只能這樣互相安慰著，用這種說法欺騙自己安慰親人。

　　日本人都撤離臺灣回去日本，大家期盼著美國人會來接管臺灣將臺灣納入版圖，或者美國人能尊重臺灣人的意願，讓臺灣人成立臺灣國。大家一廂情願的想著：我們臺灣在日本統治以前是屬於滿清朝的，現在滿清朝已經滅亡，而中華民國成立時又沒有包括臺灣，現在美國人打敗了日本，這整個日本都是美國的了，就如同過

去的經驗那樣，誰打贏戰爭土地就是誰的，土地上的人民就由誰來統治。

大家等著等著，傳來的消息是：德國還是德國，義大利還是義大利，日本國還是日本國，打了勝仗的美國人並沒有要統治他們，更不會佔領他們的土地。哇！這就奇怪了！這美國怎麼跟其他的國家都不一樣，這美國人的想法真是進步。別的國家都是想去侵略佔領別人的土地，歷史有記載：若曾開船去看過，或去遊玩過就把土地說成是他們的，更有搬去跟當地原始住民混居後，土地也說是他們的。從不尊重別人歷史如何，人種如何，語言如何，地域如何，都可以扯成是他們的。這美國人的處理真叫人大開眼界，大家連腦袋瓜也跟著開了竅，美國人太寬大了，只要不再極權獨裁不帝制，改成民主的國家實施民主的體制就可以了，這美國人是真正為全世界人類謀幸福的人，完全不會想著要去佔領別人的土地。所以美國人是不會來佔領臺灣了，臺灣人自己成立臺灣國的機會來了，查阿歡喜的想著。

又等到了明確的消息說：日本已經放棄臺灣的主權，最後臺灣的處理方式是，由中華民國軍代表同盟國的盟軍暫時接管。查阿聽到這消息又是一陣晃神：這是什麼碗糕！暫時由中華民國軍代表同盟軍來接管臺灣，查阿傻掉了！這是美國跟中華民國在交易什麼嗎？那臺灣人的意見呢？這自古臺灣就是臺灣人的臺灣啊！臺灣在日本人統治之前是大清朝啊，那時中華民國還沒有出生呢，而中華民國成立時我們臺灣是日本國啊，既然日本國沒有被滅國那我們臺灣就還可以是日本國啊。我們不要一成立就連年戰亂的中華民國，而過去我們曾經被滿清統治的經驗也怕死了。臺灣人期待著世界第一強國美國來統治我們，美國人不要臺灣，至少是維持著臺灣仍然是日本國的，最好就是讓臺灣人成立自己的國家，怎麼是

讓曾經欺侮我們兩百多年的長山人再來臺灣，美國人是怎麼了？！
是在想甚麼……臺灣人不要長山來的中華民國啊……愚笨的美國
人……查阿語無倫次……老淚縱橫，癱軟無力的跌坐在地上。

　　臺灣人硬著頭皮迎接中華民國軍來暫時接管，臺灣人又一次的
受到了驚嚇！這哪是軍隊？隊伍七零八落衣服污損破舊，武器樣式
千奇百怪，還有大刀呢！連鍋碗瓢盆也背在身上，士兵的腳上竟然
還有人是穿著草鞋的。也有一個小隊登陸到琉球來，帶隊的長官放
話：我的士兵們千辛萬苦的來到了貴寶地，上級來不及分發食物，
就全靠你們了，你們的安全就由我們來保護著，保證你們會平平安
安的，但我的士兵要是瘦了，就由你們負責用黃金來補足，每瘦了
一斤就用一斤重的黃金來補足重量。村長帶著村民們把什麼好吃
的，雞鴨魚肉米菜統統送到了軍營，都還笑瞇瞇的說著：這些都是
我們自願捐獻的，我們知道長官您是在開我們的玩笑的，我們別說
是有黃金了，黃金連看也沒看過。哈哈！好可愛的琉球人啊！我當
然是開你們的玩笑的，我可是怕我的士兵挨餓了，挨餓的人容易發
怒啊！發了怒的士兵又手上有槍，我怕我無力管教他們。長官，長
官您放心，我們琉球人不會讓遠道而來的你們餓肚子的，我們保證
你們想吃什麼有什麼，每天都有吃不完的食物，這是我們琉球人的
待客之道，我們琉球人的習俗，你們安心的住下來，所有吃的都由
我來負責打點，最重要的是這完全是發自我們內心的心意，就讓我
們琉球人有機會表現表現，直到您的上級有發送食物為止。哈哈！
好的，那真要謝謝村長的美意了，謝謝。

　　當過日本兵的人都不敢說曾經當過日本兵，村民們也很有默
契的不能說，現在可是中華民國軍在管琉球呢。而臺灣在戰後經濟
困頓，暫時來接管的兵士又作威作福的，行政長官陳儀跋扈無能，
臺灣人苦不堪言，被滿清統治時的惡夢又浮現在腦海，臺灣人不滿

的情緒瀕臨爆發，在一次專賣局的查緝人員誤殺臺灣人民後，人民不滿的情緒完全爆發開來。臺灣又陷入了一團混亂，從臺灣北部混亂到臺灣南部來，殺聲震天人心惶惶，臺灣又是一片腥風血雨死傷無數。而琉球是完全平靜的並未捲入這場紛亂，村民們常談論著：台北現在怎麼了，台中又是怎麼了，連台南，高雄也怎麼了。查阿無奈又無助的一次又一次的聽著村民的訴說。唉！臺灣人的苦命歷史一直循環，老天爺安排送走日本人，上帝沒有安排美國人來，更兇狠的長山人又來了，這次帶來的武器更多，不該開槍也開槍，開心的送走了狗卻來了一群豬。

臺灣的紛亂終於平息了下來，有幾個臺灣人跑到琉球來，出於良心他們參加了反抗事件，軍警們正在清鄉四處抓人，他們想躲在琉球定居下來。查阿又想起了古早，鄭王投降滿清後鄭王的幾個小兵，帶著他們的臺灣人老婆逃來琉球定居的事，歷史總是無情的重演，但人可不能無情。查阿向村民們說了：他們都是我多年未見的朋友，想來琉球跟我們一起生活，他們羨慕我們琉球的安全平靜，我們不能對不起這樣的大好人，他們勇敢的做了我們不敢做的事，從現在起他們是琉球人。

於是他們在琉球住了下來，每一個琉球人都很有默契的從不提起。

兩年後，中華民國的軍隊逃來臺灣，中華民國的政府也遷來臺灣，連中華民國已經下台的總統也跑來臺灣。傳來的消息說：他們在中國跟共產黨打仗連續吃了大敗仗，潰不成軍跑來臺灣保命，看來是要來讓臺灣人保護著他們。中國人都選擇了共產黨，幫著共產黨趕走腐敗的國民黨，國民黨在中國的民心盡失不得不逃來臺灣，他們逃跑就逃跑還收刮了中國人民的黃金，帶走中國人的寶貴

古物。查阿又想起古早時代的故事，鄭成功也是這樣逃來大員（安平）的，還要西拉雅跟他高喊著反清復明，唉！這下臺灣人又糟了！又無端的被捲入了中國人的紛爭……。

　　共產黨放言要解放臺灣，而蔣總統放言要反攻大陸，反共復國解救大陸同胞……要臺灣人以一當十以十擋百……，要臺灣人殺朱拔毛……要臺灣人反共抗俄……臺灣人還要跟著殺日本鬼子……。

　　這一天，島嶼天還未光，查阿無助的走著走著，來到了天台番阿厝的高地上，想看著島嶼天光，查阿握著小兒子的當兵召集令內心百感交集，同年齡的男人都接到了徵召令，要去金門馬祖前線對抗共產黨保衛中華民國。……唉！這暗暝怎麼那麼長啊！三百年了啊！臺灣人的前途何時才能光明，臺灣人的心何時才會天光，國民政府強迫住在大山的朋友取漢姓漢名，僅剩的平埔地族人不能登記為臺灣原住民族，國民政府竟然禁止說母語。

　　乖孫吔，去學校讀書有沒有認真，老師教你什麼……。阿公啊！老師教我們寫：我是中國人。要我做一個堂堂正正的中國人，做一個活活潑潑的好學生。還有……反攻大陸，消滅萬惡共匪，解救大陸同胞。查阿聽了頻頻發抖又問：乖孫吔，學校還教你什麼。阿公，老師說我們是，中華民族。我們中華民族有五千年的悠久歷史。校長在升國旗的時候要我們跟著呼口號：蔣總統萬歲！中華民國萬歲！萬歲！萬萬歲。查阿聽完內心下了決定，永遠也不再傳下祖先的故事。古早時代的故事就讓他都消失了吧！到他為止，他就是最後一個瑪卡道。

　　琉球人還是平靜的過著捕魚的日子。金銀島的故事還持續著……，戒嚴黨禁，報禁，禁止集會遊行，禁止自由出版，限制政治參與，特地團體特定人士享有特權……。查阿老邁，看著犯人

兵（琉球人對警總管訓人員的稱呼）冒著生命危險開闢琉球的環島公路，開鑿出美人洞，查阿心生感謝他們但不能說。查阿看破，在人生的最後幾年吐完心裡的話，⋯⋯。乖孫，當你活到阿公這個年紀時，你就可以跟你的乖孫講古早的故事了。

阿公，清明節來到你的墓前跟你說說話：你感念的犯人兵早就被送去綠島做苦工了，他們也是被迫開闢綠島的環島公路。國民政府全面教導（唐山）過臺灣的故事，歌仔戲布袋戲都是（唐山）過臺灣，他們教鄭成功（收復）臺灣，不教荷蘭時期的故事，教的日本時期的故事都是壞的，我們臺灣人祖先英勇的故事完全不教，滿清朝時代臺灣人的悲慘故事也不教，臺灣人被出賣給日本替長山人承受苦難也沒有人感恩，還教臺灣人要反攻大陸，殺共匪殺日本鬼子，還要抗俄呢。臺灣人像是別人的孩子死不完，要替別人報仇擋子彈。我如果講我們祖先英勇的故事是會讓人譴罵被人視為仇敵的，親友間也會爭辯不休，甚至沒有人會相信我的。臺灣人已經又糊塗的陷入了中國人的紛亂，臺灣人都被教成是中國人了，不論是哪一族都被政府教成是中華民族是炎黃子孫。臺灣的地名都被改成中國的地名，政府想用什麼地名你就是什麼地名，我們最後的平埔厝（嘉祿堂）已改叫成嘉和。政

琉球的美人洞風景區跟環島公路，是琉球人稱的（犯人兵）所開鑿的，琉球人都感恩他們。而風景區內的珊瑚礁岩洞下，有一個天然的洞穴，終年湧泉，水質甘美，秋冬季節嚴重缺水，花矸聚落的婦女們會相約來此天然洞穴挑水，因為一個比一個美，故被琉球人稱之為：美人洞。

府教的故事跟你講給我聽的完全相反，連烏鬼洞，美人洞也被刻上不是事實的石碑介紹著，各個地方縣誌鄉誌所寫的也沒有我們祖先的故事，各地廟宇的介紹也沒有我們的祖先，我們臺灣人的祖先已在臺灣完全的消失，現在知道故事的人不想說也不敢說。

完全捏造的碑文在此屹立數十年，錯誤的引導每一個造訪此地的人，達成了統治者的目的。政府應該重新豎碑，還原正確歷史。

　　共同住在臺灣有著共同未來的臺灣人，還是跟古早一樣誰也不服誰，想說逃來臺灣吃臺灣人種的米，抽臺灣人的稅收過活，受臺灣人保護會感恩我們。但事實是我們都被罵背祖忘宗，我們不能有自己的祖先，祖先取了漢姓漢名讓我們永不翻身。……阿公對不起，我不知道要不要把臺灣人祖先的故事再傳下去。

　　臺灣人還是在爭論不休，不懂得團結，還是像散沙一樣攪了水不會相黏，現在生活在臺灣的臺灣人，或許會再一次的陷入災難，當下一次災難來臨時，或許我也會效仿利安跟安娜逃去卑南或逃回來拉美島（小琉球）。

　　……阿公我決定，當臺灣再有戰禍時，我會勇敢的拿著槍殺死侵略者，我若戰死也覺得無限光榮，而這一次臺灣人將為保衛自己的家園而戰。

航向金銀島全文完

航向金銀島後記

　　看完航向金銀島後你對自己的真實身份有存疑嗎？你跟平埔地原住民族群的關係如何？以下各點給讀者參考，希望能幫助讀者知道自己是誰，能找到回家的路。

1. 婚嫁習俗必備，檳榔，香菸，酒。要結婚前新郎會拿著檳榔，香菸去通知親友宴請親友。老一輩的親人男女都吃檳榔。漢人討厭檳榔，漢人女子更是不吃檳榔。

2. 你不知道你的第一二代祖的漢名，有墓無漢名。漢人已有文字，移民來臺居住都會記載名字，沒有不知道祖先名字的道理。只有姓而無名，往往是後代才取漢姓，也把祖先的墓碑加上漢姓，但祖先的名字大都是平埔族群語的名字，很難用漢字再加上去。

3. 你的祖先常有兩個名字，一個是漢名的偏名，而一個是叫名的正名，而這正名用漢字很難書寫表達，而後輩也聽不懂這叫名的意思。

4. 你的身體特徵，眼珠子是棕色或淺色的，是可以戴變色的隱形眼鏡來變色的。髮色也較棕色或較紅。腳的小指頭有多一個小指甲或分岔。上手臂或下手臂有一條或多條橫紋。長山人眼珠子是全黑的髮色也較烏黑。長山的女子鳳眼，眼睛較小。

5. 拜阿立祖跟佬祖那肯定是的。並非拜王爺，觀世音菩薩，媽祖，保生大帝的就是漢人。主動漢化跟半主動漢化的也是跟著拜，當時是有拜有保庇沒拜出代誌的社會氣氛。

6. 並非只有罕見姓跟姓潘才是平埔族群，自願取漢姓或跟著頭家姓的人有著常見的漢姓，最常見的姓是陳，林，李，許，蔡，

鄭，趙，黃，劉，高，田，蘇，周……等。也有整個聚落同姓的，大都是跟著來招降的將軍姓。著名的蕭壟（佳里）西拉雅族人姓黃跟楊的眾多，而頭目（土目）常姓鄭。除了又恢復原名，現在的臺灣原住民族有哪一個人沒有漢姓。讀者可以想像一下便知道理。乾隆 23 年（1758 年）賜姓平埔族群 10 姓：潘，陳，劉，戴，李，王，錢，斛，蠻，林。

7. 現在的台語中，尚夾雜著眾多的平埔族群的語言，凡是台語無法用漢文翻譯的，在排除日本語後大概就是了。例如，稱呼家是（刀），而不是（漳州泉州語的街，雞），稱番石榴是（那拔阿，那拔），裝魚的魚簍是（卡阿），蛇稱（溜）。

8. 叫別人名字及人稱是以（阿）當結尾。明阿，芬阿。不是漳州泉州語的，阿明，阿芬。習慣叫稱，安母阿，安姑阿，安姨阿。跟漳州泉州語的，阿娘，阿姑，阿姨，文法相反。老一輩的人還是改不掉語法，但現在也已經漸漸轉變。

9. 老一輩的女人哺乳，室外也坦然哺乳。

10. 個性溫和不計較，不說謊極講信用，善良易受騙，很容易相信別人，口才辯才較差。（此點僅供參考）

11. 平埔族群並未消失並非完全遷移，就地取漢姓漢名的眾多。臺灣的住民只要繁衍至第三代，大都擁有平埔族群的血緣。臺灣現住民的血緣仍是以臺灣原住民族的血緣為主。讀者可研究 400 年來的臺灣歷史，自會發現真相，也會發現國民政府來臺後，所教育跟宣傳的跟事實有著極大的出入。

12. 祖先從不說在漳州泉州時的故事，因為他們根本連漳州泉州在哪也不知道。

國家圖書館出版品預行編目 (CIP) 資料

航向金銀島 / 鄭明著 . -- 第一版 . -- 新北市 :
商鼎數位出版有限公司 , 2023.09
　面；　公分
ISBN 978-986-144-233-4(平裝)

1.CST: 臺灣史 2.CST: 通俗史話

733.21　　　　　　　　112013132

航向金銀島

著　　者　鄭明

發 行 人　王秋鴻
出 版 者　商鼎數位出版有限公司
　　　　　地址／235 新北市中和區中山路三段 136 巷 10 弄 17 號
　　　　　電話／(02)2228-9070　傳真／(02)2228-9076
　　　　　網路客服信箱：scbkservice@gmail.com

編 輯 經 理　甯開遠
執 行 編 輯　廖信凱
獨立出版總監　黃麗珍
編 排 設 計　蕭韻秀

商鼎數位文化官網

來出書吧！

2023 年 9 月 1 日出版　第一版／第一刷